계리모형론

Actuarial Model Theory

김 창 섭

法 文 社

머리말

우선 본 교제 편찬에 참여할 수 있는 기회를 부여한 한국계리사협회에 심심한 감사를 드린다. 또한 책으로 출판이 되게끔 한 법문사의 노고에 치하를 드린다.

IFRS4의 전면 도입으로 말미암아 보험계리의 중요성이 한층 부각되고 수리통계적 계리기법의 사용이 선택사항이 아니라 필수사항이 되어가는 현실을 감안할 때 본 모형론이 한국계리시험의 교재로 채택되고 필자가 후반부 뿐 아니라 피치 못할 사정으로 인해 전반부까지 집필할 수 있게 되어 무한한 영광으로 생각한다.

본 모형론을 통해 필자는 모형론 자체 뿐 아니라 전반부에 있어서는 기본 통계학에 대한 심층적 이해를 중요시하였고 후반부에 있어서는 특히 손해보험 계리에 있어서 기본이론이 되는 신뢰도 이론을 보다 넓고 깊게 다루었으며 다른 한국계리시험의 교재에서 다루지 않은 손해보험 계리에 대해서도 입문적 수준으로 다루고 있다.

파트 I 제1장에서는 확률이론의 기초가 되는 집합론과 그에 따른 확률 집합함수, 이에 더 나아가 조건부확률과 독립성을 다루고 무작위변수에 대해 정의하고 그에 대한 분포함수의 특성을 논한 뒤 무작위변수에 대한 기댓값에 대한 논의로 제1장을 마치고 있다.

파트 I 제2장에서는 제1장의 내용을 확장하여 다변량분포에 대해서 다루고 있는 바 우선 양 무작위변수에 대한 분포를 논하고 그 특수경우인 조건부 분포와 그 기댓값에 대해 논한 뒤 양 무작위변수에 있어서의 상관관계에 대한 논의를 한 뒤 상관관계가 없는 독립적 무작위변수에 대한 내용을 다룬 뒤 이를 확장하여 무작위변수가 여럿일 경우에 대한 논의로 제2장을 마치고 있다.

파트 I 제3장에서는 확률이론에 대한 마지막 장으로 각종 분포함수의 예를 다루게 된다.

파트 I 제4장에서는 실제 모형 이론이 첫 장으로 모델링에 대한 정의, 과정 및 모델링이 필요한 이유를 논하고 리스크 양 측정에 관한 설명을 다루게 된다.

파트 I 제5장에서는 보상조건 즉, 자기부담금 및 보상한도의 설정에 따라 손해모형이 어떻게 달라지는가를 논하게 된다.

파트 I 제6장에서는 총손해 분포 모형에 대해서 다루고 있는바 총손해 분포모형에 대한 입문과 합성곱을 이용한 총손해 분포 모형을 다루게 된다.

파트 I 제7장에서는 손해 모형의 추정과 선택에 대해서 논하고 있는바 우선 분포의 종류 및 경험적 분포에 대해서 논하고 수정된 데이터에 있어서의 추정과 대형 데이터 집합에 있어서의 근접화, 모수적 손해 모형, 연속형 분포에 대한 전통적 추정 및 최우 추정에 있어서의 익스포져 효과를 논하게 된다.

파트 I 제8장에서는 모델선정에 대해서 논의하게 되는 바 데이터와 모델 표식, 밀도함수와 분포함수에 있어서의 도식적 비교, 각종 가설 검증에 대해 논의하고 마지막으로 구체적인 모델 선정에 대해서 논의하게 된다.

파트 I에 있어서 마지막 장인 제9장에서는 시뮬레이션에 대해서 논의하게 되는데, 시뮬레이션의 기초원리, 특정 분포에 있어서의 시뮬레이션, 샘플 크기의 결정 및 마지막으로 계리적 모델링에 있어서의 시뮬레이션 예시에 대해서 논의하게 된다.

본 모형론에 있어 파트 II 제1장에서는 신뢰도에 대한 이해를 다루는 바, 우선 입문으로 요율산정체계를 소개하고, 신뢰도 개념의 기원, 고전적 신뢰도, 최소자승 신뢰도, 베이지안분석, 사전적 콘쥬게이트 및 실무와 연관된 갖가지 고려사항을 다루게 된다.

파트 II 제2장 손해보험 가격결정에 있어서는 가격결정에 대한 구체적인 논의에 앞서 우선 등급화에 대해서 다루고, 매뉴얼요율산정 및 개별물건요율산정에 대해서 다루게 된다.

파트 II 제3장 손해보험 지급준비금 추정에 있어서는 우선 사용될 용어에 대한 정의를 내린 뒤, 각종 지급준비금 추정방법, 최종손해액 선별 및 결과치에 대한 모니터링에 대해서 논의하게 된다.

파트 II 제4장 재보험에 대한 이해에 있어서는 재보험의 종류에 대해서 구체적으로 다루게 된다.

파트 II 제5장 기타 이슈들에 있어서는 손해보험 계리와 연관된 주제들을 다루는 바, 수익모델을 이용한 수익성제고, 손해보험업에 있어서의 위험관리 및 손해보험사에 있어서의 수익성 측정을 다루게 된다.

2015년 6월

저 자 씀

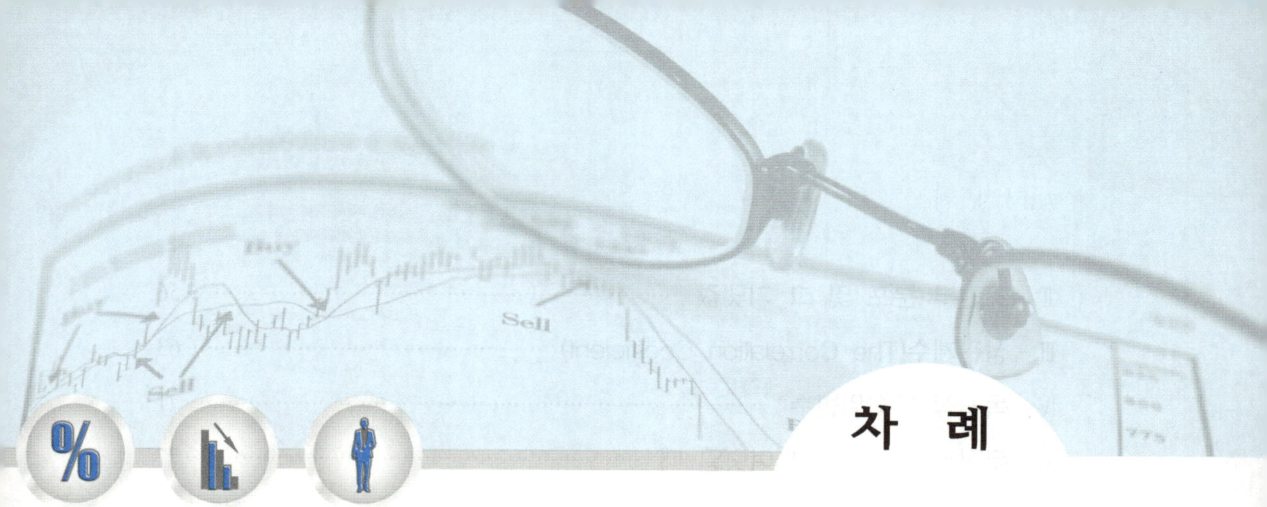

차 례

PART I 제1장 확률과 분포

PART I 제2장 다변량분포

PART I 제 3 장 특정 분포함수의 예

PART I 제 4 장 모델링(Modeling)과 리스크 양 측정

PART I 제 5 장 보상조건과 손해모형

PART I 제 6 장 총손해 분포 모형

PART I 제 7 장 손해모형의 추정과 선택

PART I
제 8 장

모델 선정

PART I 제 9 장 시뮬레이션

PART Ⅱ 제 1 장

신뢰도에 대한 이해

PART Ⅱ 제 2 장 손해보험 가격결정

PART Ⅱ 제 3 장 손해보험 지급준비금 추정

PART Ⅱ 제 4 장 재보험에 대한 이해

PART Ⅱ 제 5 장 기타 이슈들

PART I

제1장 확률과 분포

CHAPTER 01

확률과 분포

I 입 문

여러 가지 실험(experiment)에 있어 결과(outcome)에 대한 예측이 불가능할 수 있으나 통제된 실험에서는 실험 실시 전 모든 가능한 결과치에 대한 예측이 가능할 수 있다. 1에서 6까지의 숫자가 표시된 6면 주사위를 던질 때 가능한 결과치는 1, 2, 3, 4, 5, 6 이다. 동일한 조건하에서 이러한 실험을 반복할 때 무작위적 실험공간(random experiment space) 혹은 샘플공간(sample space)이라고 한다. 6면의 주사위를 던질 시 샘플 공간은 {1, 2, 3, 4, 5, 6}이 된다.

자동차보험에 있어 차량보험의 경우에는 차량가액에 의해 최대보상한도가 설정되기에 일정한 가정에서 샘플공간을 설정하기가 어렵지 않다. 하지만 배상책임보험의 경우에는 샘플공간이 무한대가 될 수 있다.

자동차보험에 있어서의 운전자 특성으로 인해 사고발생이나 손해액결과치가 무작위적이라고 보기가 힘들다. 이러한 문제로 인해 등급화(Classification)를 통해 특정 등급에 속해 있는 개별계약자들의 사고발생 및 손해액결과치가 무작위적이 되게 한다. 등급화가 완벽할 때 등급 내의 결과치가 무작위화되나 현실은 여러 가지 제약으로 인해 그렇지 못하다. 등급화가 너무 세분화되는 경우(무사고 할인)가 있는가 하면, 명백하게 세분화가 일어나야 함에도 그렇지 못한 경우(지역차별)가 있다. 등급화가 완벽하지 못할 때 언더라이팅이 중요한 위험구분 수단이 된다.

샘플공간을 $\mathscr{C}$로 표시하여 C를 $\mathscr{C}$의 일부분으로 표시하고 무작위 실험을 행했을 때 결과치가 C에 속해 있으면, C건(event)이 발생하였다고 한다. 또한 N회의 반복실험으로 C건이 f번 발생하였다고 하면, f/N를 N회 실험시의 C건의 상대적 빈도(relative frequency)라고 한다. N이 작을 경우 f/N값은 편차가 심하나 N이 커짐에 따라 C건이 일어나는 확률 P(상대적 빈도 값이 안정화된 값이거나 그 값에 근접한 값)를 정의할 수 있다.

예제 1 주사위를 던져 {1}이 나타나는 확률 $P=1/6$이라 할 수 있다.

예제 2 $N=400$이고 $f=60$이면 $f/N=60/400=0.15$가 되며, C가 발생할 확률 P는 0.15에 근접한다고 할 수 있다.

확률에 대한 정의는 상대적 빈도에 의해 이루어지거나 개인적 혹은 주관적 확률에 의할 수도 있다. 예제 1이 후자에 해당하고 예제 2가 전자에 해당한다.

특히 손해보험에 있어서는 주사위나 동전을 던지는 행위와 같은 실험적 행위 자체가 불가능함으로 상대적 빈도에 의한 정의만 존재한다. 즉 특정 데이터(샘플)를 통한 정의만 가능하다. 데이터의 양이 커질 때 혹은 N값이 커질 때 f/N값은 P값에 보다 근접할 것이다.

확률이론을 보다 논리적으로 다루기 위해서는 집합론(set theory)과 집합함수(functions of set)에 대한 이해가 필요하므로 다음 절에서는 이에 대한 논의를 하겠다.

Ⅱ 집 합 론

집합(set) 혹은 물체의 모음체(collection of objects)를 말로 정의하기가 쉽지 않으나 무엇이 그에 속하고 속하지 않는가를 구별하기란 별로 어렵지 않다. 예를 들어 10까지의 양의 정수를 특정 집합이라고 정의할 때 분수 3/4이나 14

가 그에 속하지 않는 반면 3은 그에 속하는 것을 쉽게 알 수 있다. 특정 값이 그 집합에 속할 때 그 집합의 요소(element)라고 한다. 예를 들어 A를 $0 \leqq \chi \leqq 1$인 실수의 집합이라 할 때 3/4은 그 집합의 요소가 된다. 서울에 거주하는 운전자의 모음을 집합B라고 할 때, 강남구에 거주하는 운전자는 설령 차 등록을 강원도에서 하였더라도 집합B의 요소이다. 하지만 서울에 거주하다 전주로 이사한 운전자는 더 이상 집합B의 요소로 존재하지 않게 된다. 1년 주행거리가 10,000km 이하인 운전자 집단을 집합C에 속하는 운전자라고 하고 1년 주행거리가 10,000km 이상인 운전자 집단을 집합D에 속하는 운전자라고 할 때 집합C에 속하는 운전자의 사고발생가능성은 집합D에 속하는 운전자의 사고발생가능성보다 더 낮다고 할 수 있다.

이로 인해 집단C는 상대적으로 집단D보다 우량집단이라고 볼 수 있다. 문제는 어떤 방식을 통해 집단C와 집단D을 구별할 수 있는가 하는 것이다. 실제로 미국에서는 범위로 주어지는 주행거리가 개인자동차보험에 있어서 주요한 등급변수가 되고 있다.

3/4이 집합A의 요소라는 것은 $3/4 \in A$로 표시한다.

정의 1.1: 집합A_1의 모든 요소가 집합A_2의 요소가 될 때, 집합A_1은 집합A_2의 부분집합이라고 한다. 이는 $A_1 \subset A_2$로 표시된다. $A_1 \subset A_2$이고 $A_2 \subset A_1$이면 두 집합은 동일 요소로 이루어져 $A_1 = A_2$로 표시된다.

예제 3 $A_1 = \{x : 0 \le x \le 1\}$이고 $A_2 = \{x : -1 \le x \le 2\}$이라면 A_1은 A_2의 부분집합이 되고 $A_1 \subset A_2$로 표시된다.

예제 4 $A_1 = \{(x, y) : 0 \le x = y \le 1\}$이고 $A_2 = \{(x, y) : 0 \le x \le 1, 0 \le y < 1\}$이면 $A_1 \subset A_2$이다.

예제 5 A_1 ={강남구에 거주하는 운전자}, A_2 ={서울시에 거주하는 운전자}라고 하면, $A_1 \subset A_2$가 된다.

예제 6 A_1 ={여성이면서 미혼인 운전자}, A_2 ={여성운전자}라고 하면 $A_1 \subset A_2$가 된다.

정의 1.2: 집합A에 요소가 존재하지 않는 경우 집합A를 공집합(null set)이라 한다. 이는 $A=\phi$로 표시한다.

정의 1.3: 모든 요소가 적어도 집합A_1 혹은 A_2에 속할 때 A_1과 A_2의 합집합(union)이라 한다. A_1과 A_2의 합집합은 $A_1 \cup A_2$로 표시한다. 여러 집합 $A_1, A_2, A_3 \cdots$의 합집합은 모든 요소가 적어도 여러 집합의 하나에 속하는 경우이다. 이는 $A_1 \cup A_2 \cup A_3 \cdots$ 혹은 유한집합인 경우 $A_1 \cup A_2 \cup \cdots\cdots \cup A_k$로 표시한다.

예제 7 $A_1 = \{x : x = 0, 1, \cdots, 10\}$이고, $A_2 = \{x : x = 8, 9, 10, 11$ 혹은 $11 \leq x \leq 12\}$이면 $A_1 \cup A_2 = \{x : x = 0, 1, \cdots, 8, 9, 10$ 혹은 $11 \leq x \leq 12\}$가 된다.

예제 8 A_1 및 A_2가 예제 4에서와 같이 정의되면 $A_1 \cup A_2 = A_2$가 된다.

예제 9 $A_2 = \phi$라 하면 모든 집합 A_1에 대해 $A_1 \cup A_2 = A_1$이 된다.

예제 10 모든 집합 A에 대해 $A \cup A = A$가 성립한다.

예제 11 A_1 ={25세 이하 남자 운전자}이고 A_2 ={전 연령 담보하는 운전자}인 경우 $A_1 \cup A_2$ ={25세 이하 남자 운전자 이거나 전 연령 담보하는 운전자}이다.

정의 1.4: 모든 요소가 A_1 및 A_2 각각에 속하는 집합을 A_1과 A_2의 교집합(intersection)이라 한다. 이는 $A_1 \cap A_2$로 표시된다. 여러 집합의 교집합은 모든 요소가 집합 $A_1, A_2, A_3 \cdots$ 각각에 속하는 경우로 $A_1 \cap A_2 \cap A_3 \cdots$ 혹은 유한 k 집합인 경우 $A_1 \cap A_2 \cap \cdots A_k$로 표시된다.

예제 12 A_1 ={(0, 0),(0, 1),(1, 1)} 및 A_2 ={(1, 1),(1, 2),(2, 1)}라고 할 때 $A_1 \cap A_2$ ={(1, 1)}이 된다.

예제 13 $A_1 = \{(x, y) : 0 \le x + y \le 1\}$이고 $A_2 = \{(x, y) : 1 < x + y\}$일 때, A_1과 A_2는 아무런 점도 공동으로 소유하지 않는다. 그리하여 $A_1 \cap A_2 = \phi$로 표시된다.

예제 14 모든 집합 A에 대해 $A \cap A = A$이고 $A \cap \phi = \phi$다.

예제 15 A_1과 A_2가 예제 11과 같이 정의될 때, $A_1 \cap A_2$ ={25세 이하 남자 운전자로 전 연령 담보 하에 운전하는 자}를 의미한다.

예제 16 집합 A_1과 이와 교접하는 집합 A_2가 각각의 원 내 모든 점으로 표시된다면, $A_1 \cup A_2$와 $A_1 \cap A_2$는 다음 그림과 같이 표시된다. 이를 벤다이어그램이라 한다.

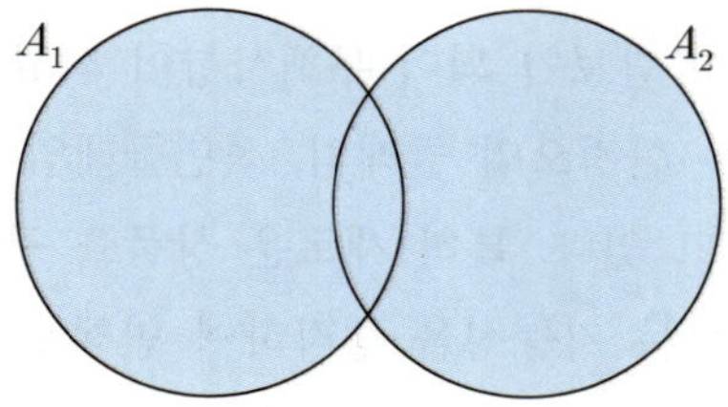

$A_1 \cup A_2$

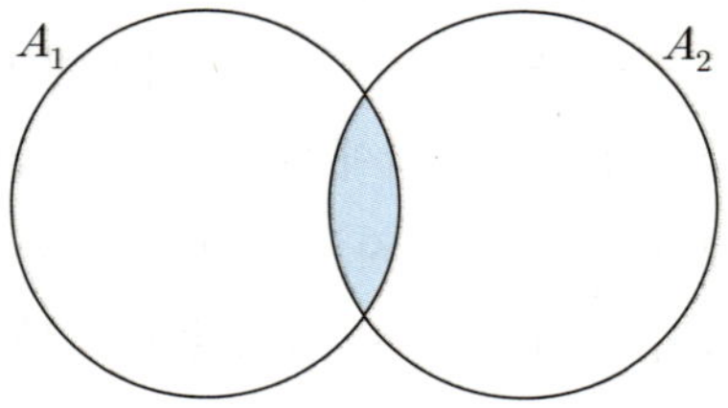

$A_1 \cap A_2$

예제 17 A_1, A_2, A_3가 각각의 원 내 모든 점으로 표시된다면, $(A_1 \cup A_2) \cap A_3$와 $(A_1 \cap A_2) \cup A_3$는 아래 그림과 같이 표시된다.

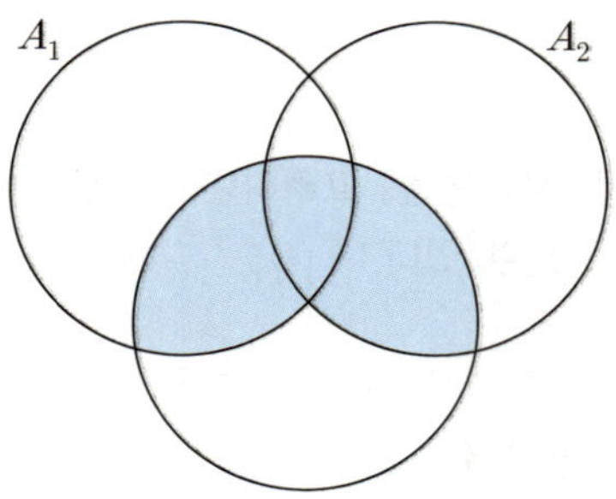

$(A_1 \cup A_2) \cap A_3$

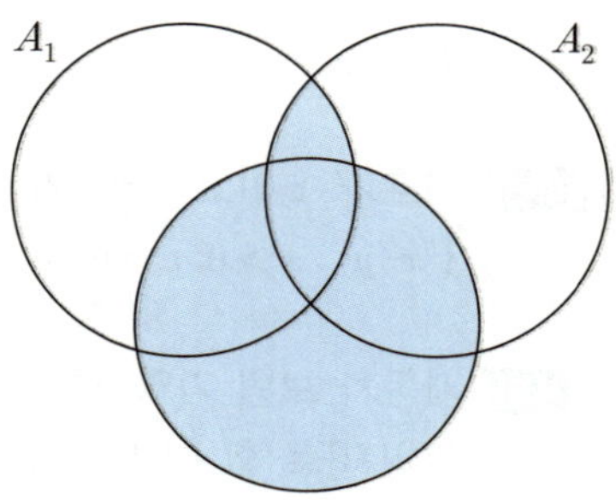

$(A_1 \cap A_2) \cup A_3$

예제 18 A_1 ={기혼운전자}, A_2 ={여자 운전자}, A_3 ={서울거주 운전자}라 하면 $(A_1 \cup A_2) \cap A_3$ ={서울에 거주하는 기혼 이거나 여자인 운전자}가 되며 $(A_1 \cap A_2) \cup A_3$ ={여자 기혼 운전자나 서울거주 운전자}가 된다.

정의 1.5: 모든 요소가 속하는 전체성(totality)이 중요한 개념인데, 이를 공간(space)이라 하고 문자 $\mathscr{A}$, $\mathscr{B}$ 혹은 $\mathscr{C}$로 표시한다.

이러한 전체성 개념은 특히 손해보험에 있어서 중요한데, 그 이유는 포함하고자 하는 모든 손해의 원인(cause of loss)과 손해의 목적물(object of loss)이 제대로 약관에 반영되었느냐가 중요하기 때문이다.

과거 우리나라의 경우, 홍수로 인한 차량피해가 약관상 면책사항이었음에도 불구하고 감독당국의 지시에 따라 담보가 되어 부책사항이 되었다. 미국에 있어서는 약관상에서 의도하지 않은 환경오염 클레임, 석면클레임 등으로 인해 보험사들이 지금도 어려움을 겪고 있다. 특히 새로운 상품을 구성하는 데 있어 약관작성 시 일어날 수 있는 모든 가능성을 생각하여 면책으로 할 것을 엄격히 면책사항으로 하고 부책으로 할 것을 부책사항으로 하여 이에 대한 손해가능성을 가능한 정확히 추정하여 보험료에 반영하는 것이 손해보험계리인의 중요한 역할 중의 하나이다.

예제 19 동전 하나를 네 번 던질 때 나타나는 머리(head)의 수를 x로 표시하기로 하면 x는 0, 1, 2, 3, 4가 된다. 그리하여 공간(space) $\mathscr{A}$={0, 1, 2, 3, 4}가 된다.

예제 20 가로가 x이고, 세로가 y인 사각형을 고려하면, 공간(space)은 $\mathscr{A}= \{(x, y) : x>0, y>0\}$로 표시할 수 있다.

예제 21 자동차 보험 가입자를 A 및 B로 나누고 A={최초 가입자}, B={여타 가입자}로 할 때 보험계약자 공간 $\mathscr{A}=\{A, B\}$가 된다. 자동차 보험 전체 요율 수준은 $\mathscr{A}$에 의해 결정되므로 A에 대한 요율 조정만 하고 B에 대해 그대로 두면 요율 불균형이 초래되게 된다. 즉 A에 대한 요율 인하 시 B의 요율이 인상되지 않으면 전체 요율 수준은 떨어지게 된다. 이는 요율 조정 시 항상 전체성을 염두에 두어야 함을 의미한다.

정의 1.6: $\mathscr{A}$를 특정 공간이라 정의하고, A를 $\mathscr{A}$의 부분집합으로 정의하면 $\mathscr{A}$에 속하나 A에 속하지 않는 요소로 이루어진 집합을 A의 여집합(complement)이라 한다. (A에 대한) A의 여집합을 A^*로 표시된다. 특히 $\mathscr{A}^* = \phi$이 된다.

예제 22 $\mathscr{A}$를 예제 19의 $\mathscr{A}$로 하고 $A=\{0, 1\}$이라 하면 $A^*=\{2, 3, 4\}$가 된다.

예제 23 A를 예제 21의 A라 하면 $A^*=$\{여타 가입자\}가 된다.

예제 24 $A=$\{우량지역\}, $B=$\{중간지역\} 그리고 $C=$\{불량지역\}이라 하고 $\mathscr{A}=\{A, B, C\}$라 하면 $A^*=$비우량지역$=\{B, C\}$가 된다.

예제 25 $A \subset \mathscr{A}$이면 $A \cup A^* = \mathscr{A}$이고, $A \cap A^* = \phi$가 되며, $A \cup \mathscr{A} = \mathscr{A}$, $A \cap \mathscr{A} = \mathscr{A}$이며 $(A^*)^* = A$가 된다.

예제 26 A를 1차원 공간에서 정의되는 특정집합이라 하고 $Q(A)$를 A 내 존재하는 점 중에서 양의 정수에 해당하는 개수로 정의한다. 그러면 $Q(A)$는 집합 A에 대한 함수가 된다. 그리하여 $A=\{x : 0 < x < 5\}$이면 $Q(A)=4$가 되고 $A=\{-2, -1\}$이면 $Q(A)=0$이 되며, $A=\{x : -\infty < x < 6\}$이면 $Q(A)=5$가 된다.

예제 27 A를 2차 공간에서 정의되는 특정집합이라 하고 $Q(A)$를 집합 A의 면적이라 한다. $A=\{(x, y) : x^2+y^2 \le 1\}$이면 $Q(A)=\pi$가 되고 $A=\{(0, 0), (1, 1), (0, 1)\}$이면 $Q(A)=0$이고, $A=\{(x, y) : 0 \le x, 0 \le y, x+y \le 1\}$이면 $Q(A)=\frac{1}{2}$이 된다.

예제 28 집합 A를 1차원 공간 하에서의 특정집합이라 하고 $Q(A)=\sum_A f(x)$이고 $f(x)=(\frac{1}{2})^x,\ x=1, 2, 3, \ldots, =0$ 여타의 경우라고 정의한다.

$A=\begin{cases} x : 0 \le x \le 3 \\ x : x=1, 2, 3 \end{cases}$라 하면 $Q(A)=\frac{1}{2}+(\frac{1}{2})^2+(\frac{1}{2})^3=\frac{7}{8}$이 된다.

예제 29 $Q(A)=\sum_A f(x)$이고 $f(x)=P^x(1-P)^{1-x},\ x=0, 1$

$=0$, 여타의 경우라고 정의하면

$A=\{0\}$일 때 $Q(A)=\sum_{x=0}^{0} P^x(1-P)^{1-x}=1-P$ 이며

$A=\{x:1 \le x \le 2\}$일 때 $Q(A)=\sum_{x=1}^{1} P=P$ 가 된다.

Ⅲ 확률 집합함수(Probability Set Function)

$\mathscr{C}$를 무작위적 실험의 모든 가능한 결과치의 집합으로 표시한다고 하면, $\mathscr{C}$는 표본공간이라 할 수 있다. 집합함수 $P(C)$를 C가 $\mathscr{C}$의 부분집합 일 때 무작위적 실험의 결과치가 C의 요소가 되는 확률이라 정의한다. 집합함수 $P(C)$가 가져야 하는 특성을 열거하면 $P(C)$는 음수가 아닌 집합함수이고, $P(\mathscr{C})=1$이며, $C_1, C_2, C_3 \cdots$가 공유하는 요소가 없는 $\mathscr{C}$의 부분집합이라 할 때, 전체 합집합에 대한 P값이 각 부분집합의 P값 합과 동일하다는 것이다. 이를 정의로 표시하면,

정의 1.7: $P(C)$가 공간 $\mathscr{C}$의 특정 부분집합에 대해 정의되고,
(a) $P(C) \ge 0$,
(b) $P(C_1 \cap C_2 \cap C_3 ...) = P(C_1)+P(C_2)+P(C_3)+ ......$ (여기서 C_i, $i=1, 2, 3...$ 일 때 아무 두 부분 합도 공유하는 요소가 없는 것으로 정의한다.
즉 $C_i \cap C_j = \varnothing$, $i \ne j$ 이다라는 것이다),
(c) $P(\mathscr{C})=1$ 라면 P는 무작위적 실험 결과치에 대한 확률 집합함수라고 부른다.

각각의 $\mathscr{C}$의 부분집합 C에 대해, $P(C)$는 무작위적 실험 결과치가 집합 C의 요소가 되는 확률, 혹은 사건C가 발생하는 확률, 혹은 집합C에 대한 확률 측정치라 한다. 확률 집합함수는 표본공간 $\mathscr{C}$의 여러 부분집합인 C에 대해 확률이 분포되어 있는 정도를 보여줌으로써 이러한 의미에서 확률분포라 부른다(distribution of probability). 확률 집합함수의 여타 특성은 아래의 정리를 통해 알 수 있다.

정리 1.1: 각각의 $C \subset \mathscr{C}$에 대해 $P(C) = 1 - P(C^*)$이다.

증명 1.1: $\mathscr{C} = C \cup C^*$이고 $C \cap C^* = \varnothing$이므로 정의1.7 (c) 및 (b)에서
$1 = P(C) + P(C^*)$이어서, $P(C) = 1 - P(C^*)$가 된다.
이는 부분집합 C에 속한 확률값은 1에서 C에 속하지 않는 확률값을 차감한 것과 같다는 의미이다. 예제 21에서와 같이 부분집합을 정의할 때
$C = A \cup B$ 이고 $A \cap B = \varnothing$이므로 $P(A) = 1 - P(B)$가 된다.
이는 최초 가입자일 확률은 1에서 최초 가입자가 아닐 확률을 차감한 것과 같다는 것이다.

정리 1.2: 공집합에 대한 확률은 0 이다. 즉 $P(\varnothing) = 0$ 이다.

증명: $C = \varnothing$ 라고 하면 $C^* = \mathscr{C}$가 됨으로 정리1.1을 통해
$P(\varnothing) = 1 - P(\mathscr{C}) = 1 - 1 = 0$이 되므로 정리가 증명된다.

정리 1.3: C_1 및 C_2가 $C_1 \subset C_2$ 인 $\mathscr{C}$의 부분집합이라고 하면, $P(C_1) \le P(C_2)$ 이다.

증명: $C_2 = C_1 \cup (C_1^* \cap C_2)$ 이므로 정의1.7 (b)에서 $P(C_2) = P(C_1) + P(C_1^* \cap C_2)$가 된다. 그러나 정의1.7 (a)로부터 $P(C_1^* \cap C_2) \ge 0$ 이므로, $P(C_2) \ge P(C_1)$이 된다.

정리 1.4: $C \subset \mathscr{C}$일 때 $0 \le P(C) \le 1$이 된다.

증명: $\varnothing \subset C \subset \mathscr{C}$이므로 정리1.3에 의해 $0 = P(\varnothing) \le P(C) \le P(\mathscr{C}) = 1$ 이므로,
$0 \le P(C) \le 1$이 된다.

정리 1.5: C_1 및 C_2가 $\mathscr{C}$의 부분집합이라고 하면,
$P(C_1 \cup C_2) = P(C_1) + P(C_2) - P(C_1 \cap C_2)$이다.

증명: $C_1 \cup C_2$와 C_2는 교접하는 부분이 없는 합집합으로 아래와 같이 표시될 수 있다. $C_1 \cup C_2 = C_1 \cup (C_1^* \cap C_2)$ 및 $C_2 = (C_1 \cap C_2) \cup (C_1^* \cap C_2)$. 그리하여 정의1.7 (b)로부터 $P(C_1 \cup C_2) = P(C_1) + P(C_1^* \cap C_2)$ 및 $P(C_2) = P(C_1 \cap C_2) + P(C_1^* \cap C_2)$가 된다.

이를 정리하면,

$P(C_1^* \cap C_2) = P(C_1 \cup C_2) - P(C_1)$

$P(C_1^* \cap C_2) = P(C_2) - P(C_1 \cap C_2)$

$\Rightarrow P(C_1 \cup C_2) = P(C_1) + P(C_2) - P(C_1 \cap C_2)$가 되어 증명이 마무리 된다.

예제 30 $\mathscr{C}$를 주사위 두 개를 던져서 나오는 두 숫자(순서 고려 쌍(ordered pair))로 이루어지는 표본공간을 표시한다고 하고, 확률 집합함수로 $\mathscr{C}$ 내에 있는 각각의 점에 대해 $\frac{1}{36}$의 확률을 배정한다고 하자. $C_1 = \{(1,1), (2,1), (3,1), (4,1), (5,1)\}$이고, $C_2 = \{(1,2), (2,2), (3,2)\}$라 하면 $P(C_1) = \frac{5}{36}$, $P(C_2) = \frac{3}{36}$, $P(C_1 \cup C_2) = \frac{8}{36}$이 되며 $P(C_1 \cap C_2) = 0$이 된다.

예제 31 두 동전을 던져 나타나는 결과치는 순서 고려 쌍(ordered pair)으로 표시하기로 하면 표본공간 $\mathscr{C} = \{(H, H), (H, T), (T, H), (T, T)\}$로 표시된다. 확률 집합함수로 $\mathscr{C}$의 각 요소에 대해 확률 $\frac{1}{4}$을 배정한다고 하자.

$C_1 = \{(H, H), (H, T)\}$, $C_2 = \{(H, H), (T, H)\}$라 하면,

$P(C_1) = P(C_2) = \frac{1}{2}$, $P(C_1 \cap C_2) = \frac{1}{4}$이 되어, 정리1.5에 의해

$P(C_1 \cup C_2) = \frac{1}{2} + \frac{1}{2} - \frac{1}{4} = \frac{3}{4}$이 된다.

예제 32 A자동차 보험사의 증권소지자는 다음과 같은 다섯 사람으로 이루어진다고 가정 한다: (남,20세), (남,30세), (남,40세), (여,20세), (여,30세). 그리하여 표본공간 $\mathscr{C}$= {(남,20세), (남,30세), (남,40세), (여,20세), (여,30세)}가 된다. 확률 집합함수 $\mathscr{C}$의 각 요소에 대해 $\frac{1}{5}$의 확률을 배정한다고 하자. C_1 ={(남,20세), (남,30세)}, C_2 ={(남,30세), (여,30세)}라 하면, $P(C_1) = P(C_2) = \frac{2}{5}$, $P(C_1 \cap C_2) = \frac{1}{5}$이 되고 정리 1.5에 의해 $P(C_1 \cup C_2) = \frac{2}{5} + \frac{2}{5} - \frac{1}{5} = \frac{3}{5}$가 된다.

$\mathscr{C}$를 표본공간이라 하고 C_1, C_2, $C_3 \cdots$이 $\mathscr{C}$의 부분집합이라 하며, 어떤 집합도 공통으로 갖고 있는 요소가 없을 때, 상호 분리집합(mutually disjoint set)이라 한다. 또한 각 부분집합 C_1, C_2, $C_3 \cdots$ 내에서 발생하는 사건을 상호 개별적 사건(mutually exclusive event)이라 한다. 그리하여 정의 1.7 (b)에 의해 $P(C_1 \cup C_2 \cup C_3 \cdots) = P(C_1) + P(C_2) \cdots$가 된다. 표본공간 $\mathscr{C}$가 $\mathscr{C} = C_1 \cup C_2 \cup C_3 \cdots$로 표시되어 상호 분리집합으로 이루어진다면, 표본공간정의에 의해 합집합에 대한 확률은 1이 된다.

$\mathscr{C}$가 k개의 상호 분리집합 $C_1, C_2 \cdots C_k$로 이루어져 이의 합집합이 표본공간 $\mathscr{C}$가 된다고 하면, $C_1, C_2 \cdots C_k$는 상호 개별적(exclusive)이면서 소진적(exhaustive)이 된다. 각각의 부분집합 내 사건 $C_i, i = 1, 2, \cdots k$가 동일한 확률을 가진다고 할 때 $P(C_i) = \frac{1}{k}, i = 1, 2 \cdots\cdots k$이 되며, 각각의 부분집합 내 일어날 사건 $C_1, C_2 \cdots C_k$는 동일한 확률을 갖는다고 한다. 집합 E를 r상호 개별적 집합의 합집합 즉 $E = C_1 \cup C_2 \cup C_3 \cdots \cup C_r, r \leq k$라 하면, $P(E) = P(C_1) + P(C_2) + \cdots + P(C_r) = r/k$가 된다.

예제 33 카드 한 장을 서양카드덱(52장으로 이루어짐)에서 뽑았다고 하면, 표본공간 ℓ은 $k = 52$ 결과치의 합집합으로 이루어진다. 각각의 결과치에 대한 확률을 $\frac{1}{52}$이라 해도 무방할 것이다. E_1을 스페이드가 나오는 결과치 집합이라 할 때 $P(E_1) = \frac{13}{52}$이 되는데 이는 $r_1 = 13$이기 때문이다. 다섯 카드를 연속해서 뽑을 때 E_1을 연속해서 스페이드 카드로 5번 뽑는 결과치의 집합이라고 하면 $r_1 = \binom{13}{5} = \frac{13!}{5!8!}$이며, $r_1 = \binom{52}{5} = \frac{52!}{5!47!}$가 된다. 일반적으로 n이 양의 정수이고, x가 비음수인 정수면, $x \leq n$일 때, 이항계수:

$$\binom{n}{x} = \frac{n!}{x!(n-x)!}$$

는 n개 중 한 번에 한 개씩 취해 x개를 취한 조합의 수와 동일해 진다. E_2를 적어도 한 카드라도 스페이드가 나오는 결과치 집합이라 하면 E_2*는 스페이드가 하나도 나오지 않는 경우이며 r_2*$= \binom{39}{5}$가 된다.

그리하여 $P(E_2^*) = \frac{\binom{39}{5}}{\binom{52}{5}}$ 이며, $P(E_2) = 1 - P(E_2^*)$ 이다.

Ⅳ • 조건부확률과 독립성

표본공간 $\mathscr{C}$의 부분집합 C_1의 요소에만 관심이 있을 때, 부분집합 C_1자체가 표본공간이 될 수 있다. 그리하여 C_1을 새로운 표본공간으로 해서 확률 집합함수를 정의할 수 있다.

확률 집합함수 $P(C_1)$가 표본공간 $\mathscr{C}$에서 정의되고 C_1이 $\mathscr{C}$의 부분집합이고 $P(C_1) > 0$ 이라 하자. C_1의 요소만 고려한다고 하면 C_1자체가 표본공간이 된다. C_2를 또 다른 $\mathscr{C}$의 부분집합이라 하면, 새로운 표본공간 C_1에 대해 C_2사건이 발생할 확률은 상대적으로 어떻게 정의될까가 문제되는데, 일단 정의되면, 그 확률은 C_1사건의 가설에 대한 상대적인 조건부확률로 정의된다. 간단히 말하면 주어진 C_1하에서의 C_2의 조건부확률이 되며, $P(C_2|C_1)$으로 정의된다. 이제 C_1이 문제의 표본공간이므로, C_2요소 중 필요로 하는 것은 C_1의 요소에 국한된다. 이는 $C_1 \cap C_2$의 요소이다. 그리하여 우리는 아래와 같이 정의할 수 있다:

$$P(C_1 | C_1) = 1 \text{ 이고 } P(C_2 | C_1) = \frac{P(C_1 \cap C_2)}{P(C_1)} \text{이 된다.}$$

$C_1 \cap C_2$ 및 C_1사건이 일어날 상대적 확률은 $\mathscr{C}$표본공간에서나 C_1공간에서나 동일하여야 함으로(상대적 확률비율이 동일) $\frac{P(C_1 \cap C_2 | C_1)}{P(C_1 | C_1)} = \frac{P(C_1 \cap C_2)}{P(C_1)}$이 성립하게 된다.

그리하여 $P(C_2 | C_1) = P(C_1 \cap C_2 | C_1)$이고, $P(C_1 | C_1) = 1$이므로

$$P(C_2 | C_1) = \frac{P(C_1 \cap C_2)}{P(C_1)} \text{이 된다.}$$

$P(C_1) > 0$일 경우, 이는 C_1사건이 주어진 하에서의 C_2사건의 조건부 확률에 대한 적절한 정의가 된다. 그리하여,

1. $P(C_2 \mid C_1) > 0$.
2. $C_2, C_3, \cdots$가 상호 구별되는 집합일 경우
   $P(C_2 \cup C_3 \cup \cdots \mid C_1) = P(C_2 \mid C_1) + P(C_3 \mid C_1) + \cdots$이며,
3. $P(C_1 \mid C_1) = 1$이 된다.

증명: $P(C_2 \cup C_3 \cup \cdots \mid C_1) = P\{(C_2 \cup C_3 \cup \cdots) \cap C_1\}/P(C_1) = \{P(C_2 \cap C_1) \cup (C_3 \cap C_1) \cup \cdots)\}/P(C_1) = \{P(C_2 \cap C_1) + P(C_3 \cap C_1) + \cdots\}/P(C_1) = P(C_2 \mid C_1) + P(C_3 \mid C_1) + \cdots$ $P(C_2 \mid C_1)$는 C_1 부분집합에 대한 확률 집합함수가 된다. $P(C_1) > 0$이 되어야 조건부확률 집합함수가 정의됨을 주목하기 바란다.

예제 34 정상적인 52카드에서 뽑은 것을 원상복귀시키지 않고(without replacement), 무작위로 다섯 카드를 뽑는다고 하자. 적어도 4장의 스페이드가 뽑혔다는 가설(C_1)에 대해 상대적으로 모든 카드가 스페이드 일(C_2) 조건부확률은, $C_1 \cap C_2 = C_2$이므로,

$$P(C_2 \mid C_1) = P(C_2)/P(C_1) = \frac{\binom{13}{5}/\binom{52}{5}}{[\binom{13}{4}\binom{39}{1} + \binom{13}{5}]/\binom{52}{5}} = \frac{\binom{13}{5}}{\binom{13}{4}\binom{39}{1} + \binom{13}{5}}$$

가 된다.

조건부확률 집합함수에서 $P(C_1 \cap C_2) = P(C_1)P(C_2 \mid C_1)$임을 보았는데 이를 확률승수법칙(multiplication rule for probability)이라 한다. $P(C_1)$과 $P(C_2 \mid C_1)$이 구해지면, $P(C_1 \cap C_2)$가 계산될 수 있다.

예제 35 그릇에 8개의 칩이 있는데 세 칩은 빨강색이고, 다섯 칩은 파란색이다. 제자리에 갖다 놓지 않고 연속해서 두 개의 칩을 꺼내어, 첫 번째 꺼낸 칩이 빨간 것(C_1)이고 두 번째 꺼낸 것이 파란 칩(C_2)일 확률을 구한다고 하면, $P(C_1) = \frac{3}{8}$이고 $P(C_2 \mid C_1) = \frac{5}{7}$이 됨을 알 수 있다. 그리

하여 $P(C_1 \cap C_2) = (\frac{3}{8})(\frac{5}{7}) = \frac{15}{56}$ 이 된다.

예제 36 52카드에서 카드를 무작위로 도로 갖다 놓지 않고 연속적으로 뽑는다고 가정한다. 세 번째 스페이드가 여섯 번째 뽑힐 확률은 아래와 같이 구한다. C_1사건을 다섯 번째까지 두 장의 스페이드가 나오는 경우라 하고, C_2사건을 여섯 번째 스페이드가 뽑히는 경우라 하면, 우리가 계산하려는 사건은 $P(C_1 \cap C_2)$가 된다.

$P(C_1) = \frac{\binom{13}{2}\binom{39}{3}}{\binom{52}{5}}$ 이고 $P(C_2 | C_1) = \frac{11}{47}$ 이 되고 $P(C_1 \cap C_2)$는 양자를 곱해서 구해진다.

예제 37 특정 자동차 보험사에 있어서 우량지역인 A지역의 고객이 40명, 불량지역인 B지역의 고객이 60명이라 하며, A지역의 경우 할인율 50% 이상인 자가 10명, 20% 이하인 자가 30명이며, B지역의 경우 할인율 50% 이상인 자가 30명, 20% 이하인 자가 30명이라고 한다.
각각의 고객이 선정되는 확률은 동일하며, A의 고객이 선정되는 경우를 사건C_1이라고 정의하고, 할인율 50% 이상인 자가 선정되는 경우를 사건C_2라 했을 때
$P(C_2|C_1) = \frac{P(C_1 \cap C_2)}{P(C_1)} = \frac{10/100}{40/100} = 10/40 = 1/4$가 된다. (우량지역에 있어서 할인율 50% 이상인 자가 선정될 확률) 이는 단순히 새로운 표본공간 C_1에서 C_2에 속하는 확률로 10/40으로도 구할 수 있다.
B지역의 고객이 선정되는 경우를 사건C_1 이라 하면,
$P(C_2 | C_1) = P(C_1 \cap C_2)/P(C_1) = \frac{30/100}{60/100} = 1/2$이 된다.
즉 우량인 A지역에 할인율 50% 이상인 자가 선정된 확률은 B지역보다 낮게 된다.

승수법칙은 셋 혹은 넷 사건(부분집합)의 경우에도 확장될 수 있다. 세 사건(부분집합)의 경우, 두 사건(집합)에 대한 승수법칙을 사용하면,

$P(C_1 \cap C_2 \cap C_3) = P([C_1 \cap C_2] \cap C_3) = P(C_1 \cap C_2) \cdot P(C_3|C_1 \cap C_2)$ 인데,

$P(C_1 \cap C_2) = P(C_1)P(C_2|C_1)$ 이므로

$P(C_1 \cap C_2 \cap C_3) = P(C_1)P(C_2|C_1)P(C_3|C_1 \cap C_2)$ 이 된다.

예제 38 무작위로 다시 덱에 뽑은 카드를 놓지 않고 네 카드를 연속적으로 뽑는다고 할 때, 연속적으로 스페이드, 하트, 다이아몬드, 클로버를 뽑을 확률은 $(\frac{13}{52})(\frac{13}{51})(\frac{13}{50})(\frac{13}{49})$가 된다. 이는 승수법칙을 확장하여 이용하였다.

공간 $\mathscr{C}$가 $P(C_i)>0, i=1, 2, \cdots, k$일 때 k 상호 개별적(exclusive)이면서 소진적(exhaustive) 사건 $C_1, C_2, \cdots, C_k$를 상정한다. 이 경우 사건 $C_1, C_2, \cdots, C_k$가 일어날 확률이 동일할 필요는 없다. $P(C)>0$인 또 다른 사건 C를 상정하기로 한다. 여기서 C 사건은 $C_1, C_2, \cdots, C_k$ 중 단 하나의 사건이 발생할 때 한 번만 발생한다고 가정한다. 그리하여 아래와 같은 등식이 성립한다:

$$C=C\cap(C_1\cup C_2\cup\cdots\cup C_k)=(C\cap C_1)\cup(C\cap C_2)\cup\cdots\cup(C\cap C_k).$$

$C\cap C_i$, $i=1,2,\cdots,k$는 상호 개별적이므로, $P(C)=P(C\cap C_1)+P(C\cap C_2)+\cdots+(C\cap C_k)$가 성립함을 알 수 있다. 그러나 $P(C\cap C_i)=P(C_i)P(C|C_i)$, $i=1, 2, \cdots, k$이므로 $P(C)=P(C_1)P(C|C_1)+P(C_2)P(C|C_2)+\cdots+P(C_k)P(C|C_k)=\sum_{i=1}^{k}P(C_i)P(C|C_i)$가 된다.

그리하여 이러한 결과값을 전 확률의 법칙(law of total probability)이라고도 부르기도 한다.

조건부 확률의 정의로부터 전 확률의 법칙을 사용하여 아래와 같이 표시할 수 있다:

$$P(C_j|C)=\frac{P(C\cap C_j)}{P(C)}=\frac{P(C_j)P(C|C_j)}{\sum_{i=1}^{k}P(C_i)P(C|C_i)}$$

이는 잘 알려진 대로 베이지의 정리(Bayes' Theorem)라고 부른다. 이를 이용하여 주어진 C하에서의 조건부확률 C_i를 ($C_1, C_2, \cdots, C_k$, $i=1, 2, \cdots, k$ 일 때) 주어진 C_i하에서의 조건부 확률 C로부터 구할 수 있다.

예제 39 C_1그릇은 붉은 칩 3개 푸른 칩 7개를 담고 있고, C_2그릇은 붉은 칩 8개 푸른 칩 2개를 담고 있다고 한다. 모든 칩은 크기와 모양이 동일하다고 가정한다. 주사위를 던져 숫자 5 혹은 6이 나오면 C_1그릇을 선정하고, 여타의 경우에는 C_2가 선정된다고 가정한다. $P(C_1)=\frac{2}{6}$이고 $P(C_2)=\frac{4}{6}$라 할 수 있다.

선정된 그릇을 다른 사람에게 건네주어 무작위로 칩 하나를 뽑게 한다. 뽑힌 칩이 붉은 것일 경우 C 사건으로 표시하기로 한다. 각각의 그릇에 담겨있는 붉은 칩 수를 고려할 때 $P(C|C_1)=\frac{3}{10}$, $P(C|C_2)=\frac{8}{10}$이라는 조건부 확률을 상정할 수 있다. 그리하여 붉은 칩이 뽑혔다는 조건하에서의 그릇 C_1이 선정될 조건부확률은

$$P(C_1|C)=\frac{P(C_1)P(C|C_1)}{P(C_1)P(C|C_1)+P(C_2)P(C|C_2)}\text{이 되어}$$

$$=\frac{(\frac{2}{6})(\frac{3}{10})}{(\frac{2}{6})(\frac{3}{10})+(\frac{4}{6})(\frac{8}{10})}=\frac{3}{19}\text{이 된다.}$$

이와 유사한 방법으로

$$P(C_2|C)=\frac{(\frac{4}{6})(\frac{8}{10})}{(\frac{4}{6})(\frac{8}{10})+(\frac{2}{6})(\frac{3}{10})}=\frac{16}{19}\text{이 된다.}$$

예제 39에 있어서, 확률 $P(C_1)=\frac{2}{6}$ 및 $P(C_2)=\frac{4}{6}$는 C_1 및 C_2의 사전적 확률이라 불리는데, 이는 그릇을 선정하기 위해 사용된 무작위적 체제에 기인한다고 알려져 있기 때문이다. 특정 칩을 뽑아, 붉은 것이 인지되어, 조건부확률 $P(C_1|C)=\frac{3}{19}$ 및 $P(C_2|C)=\frac{16}{19}$는 사후적 확률이라 부른다. 그릇 C_2에 C_1보다 많은 붉은 칩이 담겨져 있기에, $P(C_2|C)$가 $P(C_2)$보다 크고, $P(C_1|C)$는 $P(C_1)$보다 작은 것은 직감적으로 말이 된다고 할 수 있다. $P(C_1)=\frac{1}{3}$, $P(C_2)=\frac{2}{3}$이어서, 직감적으로 볼 때 칩이 아직 뽑히지 않았을 때 보다 붉은 칩이 일단 관측 되었을 때 그릇 C_2를 선정할 기회가 더 많다는 것을 보여 준다.

예제 40 예제 37에서 우량지역을 선정할 확률은 $P(A)=\frac{40}{100}=\frac{4}{10}=\frac{2}{5}$이고 불량지역을 선정할 확률은 $P(B)=\frac{60}{100}=\frac{6}{10}$이다. 할인율 50% 이상인

자를 C라 표시하면 $P(C|A)=\frac{10}{40}=\frac{1}{4}$이고 $P(C|B)=\frac{30}{60}=\frac{1}{2}$이다. 할인율 50% 이상인 자가 선정 되었을 때의 불량지역 B에 속할 조건부 확률은:

$$P(B|C)=\frac{P(B)P(C|B)}{P(B)P(C|B)+P(A)P(C|A)}=\frac{\frac{6}{10}\frac{1}{2}}{\frac{6}{10}\frac{1}{2}+\frac{2}{5}\frac{1}{4}}=\frac{6}{6+2}=\frac{3}{4}$$

이고 우량지역 A에 속할 조건부확률 $P(A|C)=\frac{\frac{2}{5}\frac{1}{4}}{\frac{2}{5}\frac{1}{4}+\frac{6}{10}\frac{1}{2}}=\frac{1}{4}$이 된다.

결국 할인율 50% 이상인 자가 선정 되었을 때 그것이 불량지역에 속할 확률 $\frac{3}{4}$은 그렇지 않을 때의 $\frac{3}{5}$보다 더 높게 된다.

예제 41 공장 C_1, C_2, C_3가 회사 생산의 10%, 50%, 40%를 생산한다. 비록 공장 C_1은 작지만, 고품질 상품을 생산하여 불량율이 1%라 한다. 공장 C_2 및 C_3는 그렇지 못하여 각각 3% 및 4%의 불량율을 나타낸다고 한다. 모든 제품이 중앙 물류센터에 보내진다. 제품1개를 선정하였는데 그것이 불량품임이 판명되었다. 이를 C라 표시하기로 한다.
공장 C_1에서 왔을 조건부 확률은 아래와 같이 구한다:
무작위로 선정된 특정제품이 각 공장에서 추출되었을 사전적 확률은: $P(C_1)=0.1$, $P(C_2)=0.5$, $P(C_3)=0.4$이고 불량품일 조건부 확률은: $P(C|C_1)=0.01$, $P(C|C_2)=0.03$ 및 $P(C|C_3)=0.04$가 된다. 그리하여 불량품이 선정되었다는 조건하에서의 사후적 확률 C_1은

$$P(C_1|C)=\frac{P(C_1\cap C)}{P(C)}=\frac{(0.1)(0.01)}{(0.1)(0.01)+(0.5)(0.03)+(0.4)(0.04)}=\frac{1}{32}$$

이 된다.

이는 사전적 확률 $P(C_1)=\frac{1}{10}$보다 훨씬 적다. 이는 당연한 귀결인데, 공장 C_1이 고품질의 상품을 생산하는 곳이기 때문이다.

간혹 C_1사건 발생이 C_2사건 발생 확률에 전혀 영향을 못 미치는 경우가 있는데, 이는 $P(C_1)>0$ 일 때 $P(C_2|C_1)=P(C_2)$인 것을 의미한다. 이 경우 사

건 C_1과 C_2는 독립적이라고 얘기한다.

더욱이 $P(C_1 \cap C_2) = P(C_1)P(C_2 | C_1) = P(C_1)P(C_2)$이다.

이는 $P(C_2) > 0$ 일 때

$$P(C_1|C_2) = \frac{P(C_1 \cap C_2)}{P(C_2)} = \frac{P(C_1) \cdot P(C_2)}{P(C_2)} = P(C_1)$$

이 된다.

$P(C_1) = 0$ 이거나, $P(C_2) = 0$이면 C_1과 C_2는 독립적이다. $(C_1 \cap C_2) \subset C_1$이고, $(C_1 \cap C_2) \subset C_2$이어서 $P(C_1 \cap C_2) = 0$이기 때문이다. 그리하여 $P(C_1 \cap C_2) = P(C_1) \cdot P(C_2) = 0$이 된다.

C_1과 C_2가 독립적이면, C_1과 C_2^*, C_1^*과 C_2, C_1^*과 C_2^*는 서로 독립적이다.

$P(C_1 \cap C_2^*) = P(C_1)P(C_2^* | C_1) = P(C_1)[1 - P(C_2 | C_1)] = P(C_1)[1 - P(C_2)] = P(C_1)P(C_2^*)$ 및 $P(C_2 \cap C_1^*) = P(C_2)P(C_1^* | C_2) = P(C_2)[1 - P(C_1 | C_2)] = P(C_2)[1 - P(C_1)] = P(C_2)P(C_1^*)$ 그리고 $P(C_1^* \cap C_2^*) = P(C_1^*)P(C_2^* | C_1^*) = P(C_1^*) \cdot [1 - P(C_2 | C_1^*)] = P(C_1^*) \cdot [1 - P(C_2)] = P(C_1^*) \cdot P(C_2^*)$이기 때문이다.

예제 42 붉은 주사위와 흰 주사위를 나타난 숫자가 서로 독립적 사건이 되도록 던진다. C_1을 붉은 주사위에서 4가 나타나는 숫자, C_2를 흰 주사위에서 3이 나타나는 숫자로 하며, 각 숫자가 나타나는 확률이 동일하다면 $P(C_1) = \frac{1}{6}$, $P(C_2) = \frac{1}{6}$로 표시할 수 있다. 독립성에 근거하여, 붉은 주사위에서 4, 흰 주사위에서 3이 나타나는 확률 $P[(4, 3)] = (\frac{1}{6})(\frac{1}{6}) = \frac{1}{36}$이 된다.

두 주사위 숫자 합이 7이 되는 확률은:

$P[(1, 6), (2, 5), (3, 4), (4, 3), (5, 2), (6, 1)] = (\frac{1}{6})(\frac{1}{6}) + (\frac{1}{6})(\frac{1}{6}) + (\frac{1}{6})(\frac{1}{6}) + (\frac{1}{6})(\frac{1}{6}) + (\frac{1}{6})(\frac{1}{6}) + (\frac{1}{6})(\frac{1}{6}) = \frac{1}{36}$

이 된다. 이와 유사한 방법으로 양 합이 2, 3, 4, 5, 6, 7, 8, 9, 10, 11, 12가 되는 확률이

$\frac{1}{36}, \frac{2}{36}, \frac{3}{36}, \frac{4}{36}, \frac{5}{36}, \frac{6}{36}, \frac{5}{36}, \frac{4}{36}, \frac{3}{36}, \frac{2}{36}, \frac{1}{36}$이 됨을 알 수 있다.

세 사건 C_1, C_2 및 C_3가 있을 때 양자가 각각 독립이라면, 상호독립인 필충

조건(if and only if)이 성립한다. 즉, $P(C_1\cap C_2)=P(C_1)P(C_2)$, $P(C_1\cap C_3)=P(C_1)P(C_3)$, $P(C_2\cap C_3)=P(C_2)P(C_3)$이면$(\rightleftarrows)$ $P(C_1\cap C_2\cap C_3)=P(C_1)P(C_2)P(C_3)$이 된다. 보다 일반적으로 볼 때 n사건 $C_1, C_2, \cdots\cdots C_n$은 $2\leq k\leq n$인 모든 k 집합에 있어서 다음이 성립할 때 상호 독립적이다:

$d_1, d_2, L\cdots d_k$가 $1, 2, \cdots, n$에서부터 추출된 구별되는 k 정수라 하면, $P(C_{d_1}\cap C_{d_2}\cap \cdots\cdots C_{d_k})=P(C_{d_1})P(C_{d_2})\cdots\cdots P(C_{d_k})$. 특히 $C_1, C_2, \cdots C_n$이 상호 독립적이면, $P(C_1\cap C_2\cap \cdots C_n)=P(C_1)P(C_2)\cdots P(C_n)$이 된다.

이러한 사건들의 조합 및 여집합 역시 독립적이 된다. 즉 C_1^* 및 $(C_2\cup C_3^*\cup C_4)$는 독립적임: $C_1\cap C_2^*$, C_3^* 및 $C_4\cap C_3^*$는 상호 독립적이다. 혼동이 없다면 관련 사건이 두 건보다 많을 때, 상호 독립적이라는 용어 대신 단순히 독립적이라는 표현이 쓰이기도 한다.

예제 43 동전을 몇 번에 걸쳐 독립적으로 던진다. 사건 C_i를 i번째 던진 동전에 머리(H)가 나올 경우라고 하면 C_i^*는 꼬리(T)가 나올 경우이다. C_i과 C_i^*과 나올 확률이 동일하다고 하면 즉 $P(C_i)=P(C_i^*)=\frac{1}{2}$, $HHTH$가 나올 확률은 독립성에 의해,

$P(C_1\cap C_2\cap C_3^*\cap C_4)=P(C_1)P(C_2)P(C_3^*)P(C_4)=(\frac{1}{2})^4=\frac{1}{16}$이 된다.

이와 유사하게, 세 번째 시도에서 처음으로 머리가 나올 확률,

$P(C_1^*\cap C_2^*\cap C_3)=P(C_1^*)P(C_2^*)P(C_3)=(\frac{1}{2})^3=\frac{1}{8}$이 된다.

또한 동전을 네 번 던져 적어도 1번 머리가 나올 확률은,

$$P(C_1\cup C_2\cup C_3\cup C_4)=1-P[(C_1\cup C_2\cup C_3\cup C_4)^*]$$
$$=1-P(C_1^*\cap C_2^*\cap C_3^*\cap C_4^*)=1-(\frac{1}{2})^4=\frac{15}{16}$$

가 된다.

V 불연속형(Discrete Type) 무작위변수

표본공간은 그 요소가 숫자가 아니라면 표현하기가 매우 곤혹스럽다. 간단한 예를 들면, 표본공간 $\mathscr{C}=\{c: c$는 머리(H) 혹은 꼬리$(T)\}\}$ X는 c가

꼬리인 경우 $X(c)=0$, c가 머리인 경우 $X(c)=1$이 되는 함수라 하면 X는 표본공간 $\mathscr{C}$에서 정의되는 실수함수임을 알 수 있으며, 표본공간에서 실수로 이루어지는 공간 $\mathscr{A}=\{0, 1\}$으로 변환시킬 수 있음을 알 수 있다. 무작위변수와 그 공간을 정의하기로 한다.

정의 1.8: 표본공간이 $\mathscr{C}$인 무작위 실험을 고려할 때, 각 요소 $c\in\mathscr{C}$에 단 하나의 실수를 배정하는 함수 $X(c)=x$를 무작위변수(random variable)라 한다.

X의 공간은 실수로 이루어지는 집합 $\mathscr{A}=\{x : x=X(c), c\in \mathrm{C}\}$이다. 집합 C는 그 요소 자체가 실수로 이루어 질 수 있다. 그러할 경우 $X=(c)=c$로 표시되며 A = C가 된다. 표본공간 C에서 정의되는 무작위변수를 X라 하고 X의 공간을 A라 하자. 아울러 A를 A의 부분집합이라 하면, $C\subset\mathrm{C}$인 사건 C처럼 사건 A를 상정할 수 있다. 사건 C에 대한 확률 $P(C)$가 이미 정의되었다. 사건 A에 대한 확률을 정의하면 $A\subset\mathrm{A}$, $Pr(X\in A)$을 정의할 수 있다. C를 C의 부분집합이어서 $C=\{c:c\in\mathrm{C}, X(c)\in A\}$라는 관계가 성립한다고 하자. 이는 $Pr(X\in A)=P_X(A)=P(C)$, $\{C=c:c\in$ C 및 $X(c)\in A\}$인 관계가 성립한다. 그리하여 $Pr(X\in A)$는 집합 A에 배정된 확률인데, 여기서 A는 무작위변수 X와 관계하는 A의 부분집합이다. 이는 $Pr(X\in A)=P_X(A)=P(C)$로 표시된다. 여기서 $C=\{c:c\in$C 및 $X(c)\in A\}$이다. 그리하여 무작위변수 X는 표본공간 C로부터, 실수의 A공간에도 확률을 그대로 유지하는 함수이다. 이러한 의미에서 $A\subset$A일 때 확률 $P_X(A)$는 종종 유추된 확률(induced probability)이라 부른다. 함수 $P_X(A)$는 Ⅲ절의 확률 집합함수 정의 (a), (b), (c) 조건을 충족한다.

즉 $P_X(A)$ 역시 확률 집합함수이다. 조건 (a), (c)는 $P_X(A)=P(C)\geq 0$이고 $\mathrm{C}=\{c:c\in\mathrm{C}\}$이고 $X(C)$는 $P_X(\mathrm{A})=P(\mathrm{C})=1$이어서, 쉽게 입증됨을 알 수 있다. 조건 (b)를 논하는 데 있어서 상호 개별적인 사건 A_1 및 A_2에 국한시키기로 한다. 여기서 $C=\{c:c\in$C 및 $X(c)\in A_1\cup A_2\}$인 $P_X(A_1\cup A_2)=P(C)$이다. 그러나 $C=\{c:c\in$C 및 $X(c)\in A_1\}\cup\{c:c\in$C 및 $X(c)\in A_2\}$이며 이는 $C=C_1\cup C_2$로 표시된다. C_1과 C_2는 서로 접하는 부분이 없는 집합이라고 가정한다. 예를 들어 $X(C_i)\in A_1$이고 또한 $X(C_i)\in A_2$라면, $X(C_i)$는 A_1과 A_2에 동시에 속하게

된다. 이는 A_1과 A_2가 서로 접하는 부분이 없으므로 모순이 된다. 그리하여 $P(C)=P(C_1)+P(C_2)$가 된다. 그러나 정의에 의해 $P(C_1)$는 $P_X(A_1)$ 및 $P(C_2)$는 $P_X(A_2)$이다. 그리하여 $P_X(A_1 \cup A_2)=P_X(A_1)+P_X(A_2)$가 된다. 이는 2개의 서로 개별적인 집합에 대한 조건 (b)가 된다. 그리하여 $P_X(A)$와 $P(C)$는 확률 집합함수가 된다. 그러나 확률 집합함수 P는 C의 부분집합 C에서 정의되나 P_X는 A의 부분집합 A에서 정의됨을 이해하기 바란다. 그러나 양자는 매우 밀접한 관계를 가지므로 $P_X(A)$대신 $P(A)$로 표시하기로 한다.

추가적인 예제가 도움이 되리라 생각하는데, 동전을 독립적으로 두 번 던진다고 가정한다. 관심사는 머리가 관측되는 수라고 하자. 그리하여 표본공간 $\mathscr{C}=\{TT, TH, HT, HH\}$가 된다. $C=TT$이면 $X(C)=0$, $C=HH$이면, $X(C)=2$, 여타의 경우 $X(C)=1$이라 하자.

그리하여 무작위변수 X의 공간 $\mathscr{A}=\{0, 1, 2\}$가 된다. $\mathscr{A}$의 부분집합 $A=\{1\}$을 고려하면, A사건의 확률은, $\mathscr{C}$의 모든 요소 중 $X(C)=1$인 것이므로 C는 TH이거나, HT 즉 $C=\{c:c=TH \text{ 혹은 } HT\}$이어서, $P(A)=Pr(X\in A)=P(C)$가 되고, $A=\{1\}$이어서 $Pr(X=1)$로 표시되고, $C_1=\{c:c\text{가 } TT\text{인 경우}\}$, $C_2=\{c:c\text{가 } TH\text{인 경우}\}$, $C_3=\{c:c\text{가 } HT\text{인 경우}\}$, $C_4=\{c:c\text{가 } HH\}$인 경우라 하면 $P(C_1)=\frac{1}{4}$, $P(C_2\cup C_3)=\frac{1}{4}+\frac{1}{4}=\frac{1}{2}$, $P(C_4)=\frac{1}{4}$이므로 $P(A)=\frac{1}{2}$이 된다.

이를 무작위변수 X로 표시하면,

$$Pr(X=0)=\frac{1}{4}, \leftarrow P(C_1)=\frac{1}{4}\text{이므로,}$$
$$Pr(X=1)=\frac{1}{2}, \leftarrow P(C_2\cup C_3)=\frac{1}{2}\text{이므로,}$$
$$Pr(X=2)=\frac{1}{4}, \leftarrow P(C_4)=\frac{1}{4}$$

가 된다.

이는 아래의 도표를 이용하여 더 간단하게 표현할 수 있다:

x	0	1	2
$Pr(X=x)$	$\frac{1}{4}$	$\frac{1}{2}$	$\frac{1}{4}$

이 도표는 $\mathcal{A}$의 요소에 대한 확률 분포를 보여주고 있다. 이는 아래와 같이 보다 간단하게 표시할 수 있다:

$$Pr(X=x)=\binom{2}{x}\left(\frac{1}{2}\right)^2, \qquad x \in \mathcal{A}$$

예제 44 동전을 독립적으로 연속해서 던지는 경우를 생각해 보자. 각 경우 머리 아니면 꼬리가 나타나고, 각각의 확률은 $P(H)=P(T)=\frac{1}{2}$이다. 표본 공간 C는 $TTHTHHT\cdots\cdots$와 같은 연속사건으로 이루어진다. 무작위변수 X는 첫 번째 머리가 나타나는 데 필요한 동전 던지기 수와 동일하다고 한다. 본 예의 경우 $X=3$이 된다. X의 공간은 $A=\{1, 2, 3, 4,\cdots\}$이 된다. 연속사건이 머리로 시작하면 $X=1$이 되며, $Pr(X=1)=\frac{1}{2}$이 된다. 연속사건이 TH로 시작하면 $X=2$가 된다. 이 경우 $Pr(X=2)=\left(\frac{1}{2}\right)\left(\frac{1}{2}\right)=\frac{1}{4}$이 된다. 일반적으로 $X=x, x=1, 2, 3, 4\cdots$이면 $x-1$번 동안 연속해서 꼬리가 나오고, 그 다음 머리가 나와, $TT\cdots TH$가 된다. 그리하여, $Pr(X=x)=\left(\frac{1}{2}\right)^{x-1}\left(\frac{1}{2}\right)=\left(\frac{1}{2}\right)^x, x=1, 2, 3\cdots$가 된다.

무작위변수 예에 대한 몇 가지 관측을 해보기로 한다. 각 경우 공간 $\mathcal{A}$ 내의 정의된 수는 $\{0, 1\}$, $\{0, 1, 2\}$와 같이 유한하거나, $\{1, 2, 3,\cdots\}$과 같이 셀 수 (countable) 있었다. $f(x)=Pr(X=x)$와 같이, 확률이 공간 $\mathcal{A}$에 어떻게 분포되어 있는지를 보여 주는 함수가 있었다. 각 경우 간단한 공식이 있었는데, 이를 표시하면

$$f(x)=\frac{1}{2},\ x \in \{0, 1\}$$

$$f(x)=\binom{2}{x}\left(\frac{1}{2}\right)^2,\ x \in \{0, 1, 2\}$$ 및

$$f(x)=\left(\frac{1}{2}\right)^x,\ x \in \{1, 2, 3\cdots\}$$이다.

더욱이 $x \in \mathcal{A}$에 대한 $f(x)$의 합은 1이 된다.

$$\sum_{x=0}^{1}\left(\frac{1}{2}\right)=\frac{1}{2}+\frac{1}{2}=1$$

$$\sum_{x=0}^{2}\binom{2}{x}\left(\frac{1}{2}\right)^2=\frac{1}{4}+\frac{1}{2}+\frac{1}{4}=1$$

$$\sum_{x=0}^{\varnothing}(\frac{1}{2})^x=(\frac{1}{2})+(\frac{1}{2})^2+(\frac{1}{2})^3+\cdots=\frac{\frac{1}{2}}{1-\frac{1}{2}}=1$$

마지막으로 $A\in\mathscr{A}$이면 $X\in A$인 확률을 $Pr(X\in A)=\sum_A f(X)$와 같은 합산으로 산정할 수 있다.

설명의 목적으로 예제 44의 무작위변수를 사용하면,

$$Pr(X=1,2,3)=\sum_{x=1}^{3}(\frac{1}{2})^x=\frac{1}{2}+\frac{1}{4}+\frac{1}{8}=\frac{7}{8}\text{이고}$$

$$Pr(X=1,3,5,\cdots)=(\frac{1}{2})+(\frac{1}{2})^3+(\frac{1}{2})^5+\cdots\cdots=(\frac{\frac{1}{2}}{1-\frac{1}{4}})=\frac{2}{3}\text{가 된다.}$$

이와 같은 무작위변수 X 및 함수 $f(x)$에 대한 특별한 이름이 있는데, 아래에서 주어지겠다.

X를 1차원적 공간 $\mathscr{A}$에서의 무작위변수라 하자. $\mathscr{A}$가 셀 수 있는 정의 수로 이루어져, $\mathscr{A}$에 유한의 점의 수 혹은 양의 정수와 일대일 대응이 되는 점으로 이루어져 있다면, 그러한 공간을 불연속(discrete)형 집합이라 한다. 함수 $f(x)$는 $f(x)>0,\ x\in\mathscr{A}$이고 $\sum f(x)=1$인 조건을 충족한다.

확률 집합함수 $P(A)$, $A\subset\mathscr{A}$가 $P(A)=Pr(X\in A)=\sum_A f(x)$와 같이 표현될 수 있으면 X는 불연속형 무작위변수라 하고, $f(x)$는 X의 확률 밀도 함수라 한다. 앞으로 이를 $p.d.f.$로 표시하기로 하겠다. 이제부터 $p.d.f.$의 정의를 $\mathscr{A}=\{1,2,3,\cdots\cdots\}$에 국한시키지 않고, 모든 실수에 아래와 같이 표현하면서 확장하기로 한다:

$$f(x)=(\frac{1}{2})^x,\ x=1,2,3\cdots$$

$$=0,\ \text{여타의 경우.}$$

예제 45 100퓨즈로 이루어진 특정 박스가 아래의 절차로 검색된다. 무작위로 5개의 퓨즈를 뽑아서 테스트를 하는데, 5개 모두 괜찮으면 그 박스는 용인된다. 실제 20개의 불량퓨즈가 박스 내에 포함되어 있어서 그 박스가 용인될 확률은 대략 $\frac{\binom{80}{5}}{\binom{100}{5}}=0.32$이다.

보다 일반화시켜서 보면, 무작위변수 X가 검색되는 다섯 개 중에 존재하는 불량퓨즈라 하면 X의 $p.d.f.$는 아래와 같이 주어진다:

$$f(x) = Pr(X = x) = \frac{\binom{20}{x}\binom{80}{5-x}}{\binom{100}{5}}, \ x = 0, 1, 2, 3, 4, 5,$$
$$= 0, \ \text{여타의 경우}.$$

X의 공간은 $\mathcal{A} = \{0, 1, 2, 3, 4, 5\}$로 주어진다. 분포가 초기하(hypergeometric) 분포를 가진 불연속형 무작위변수의 예가 되고 있다. 무작위변수 X가 A가 일차원 집합의 확률 집합함수인 $P(A)$을 갖는다고 한다. x는 실수이고, x점을 포함한 무한경계(unbounded) $-\infty$에서부터 x까지인 집합 A를 고려해본다. 그러한 모든 집합 A에 대해 $P(A) = Pr(X \in A) = Pr(X \leq x)$가 된다. 이러한 점함수는 $F(x) = P(X \leq x)$로 표시된다. 함수 $F(x)$는 무작위변수 X의 분포함수 혹은 누적분포함수라 부른다.

$F(x) = P(X \leq x)$여서 $f(x)$가 $p.d.f.$이면, 불연속형의 경우, $F(x) = \sum_{w \leq x} f(w)$가 된다.

예제 46 불연속형 무작위변수 X의 $p.d.f.$ $f(x) = x/6, \ x = 0, 1, 2, 3$이다.
X의 분포함수는

$$F(x) = 0, \ x < 1,$$
$$= \frac{1}{6}, \ 1 \leq x < 2$$
$$= \frac{3}{6}, \ 2 \leq x < 3$$
$$= 1, \ 3 \leq x \ \text{이다.}$$

[그림 1-3]에 표시한 대로 $F(x)$는 계단함수이고 각 간격에서 1, 2, 3을 포함하지 않는 상수이나, 그 높이는, 1/6, 3/6 및 6/6 인데, 이는 각 점에 있어서의 누적확률이다. $F(x)$는 오른쪽으로부터 모든 경우 연속적이다.

그림 1-3

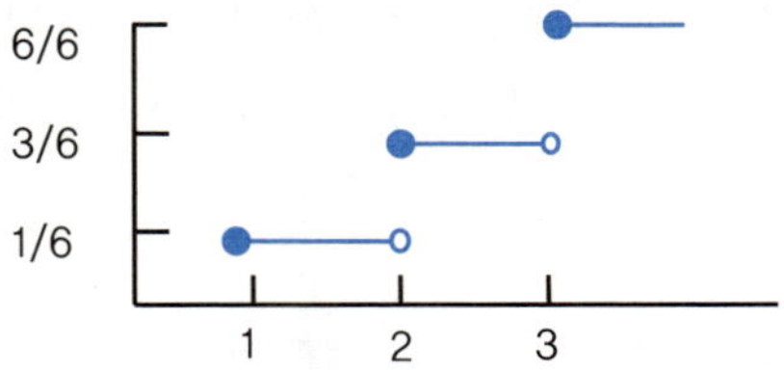

$p.d.f.$는 [그림 1-4]에서 표시되어 있다.

그림 1-4

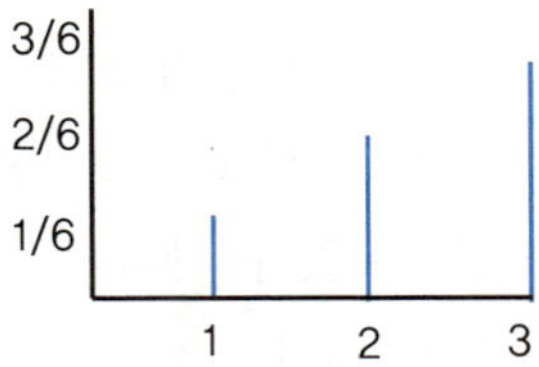

$f(x)$는 각 x에서의 확률이고, $F(x)$는 x보다 작거나 같은 점의 모든 확률을 누적한 것임을 알 수 있다. 그리하여 우리는 아래와 같이 특정 확률을 계산 할 수 있다:

$$Pr(1.5 < X \leq 4.5) = F(4.5) - F(1.5) = 1 - \frac{1}{6} = \frac{5}{6} \text{ 혹은}$$

$$Pr(1.5 < X \leq 4.5) = f(2) + f(3) = \frac{2}{6} + \frac{3}{6} = \frac{5}{6}$$

Ⅶ절에서 분포함수 $F(x) = P(X \leq x)$의 특성에 대해 보다 자세히 논의할 것이지만 $F(x)$가 확률의 일종이므로 몇 가지 관측된 특성을 열거하기로 한다.

1. $0 \leq F(x) \leq 1$
2. $F(x)$는 x가 증가함에 따라 확률을 누적시킴으로 비 감소함수이다.
3. X공간에서 가장 작은 값보다 작은 모든 y점에 대해 $F(y) = 0$이다.

4. X공간에서 가장 큰 값보다 큰 모든 z점에 대해 $F(z)=1$이다.
5. X가 불연속형의 무작위변수이면, $F(x)$는 계단함수이고 X공간 하에서의 x에서의 계단 높이는 확률 $f(x)=Pr(X=x)$값과 동일하다.

Ⅵ 연속형의 무작위변수

Ⅴ절에서 무작위변수를 정의하였는데 거기서는 불연속형만 고려하였다. 예를 들어 연속형의 무작위변수에 대해 논의하겠다. 2차원 공간 하에서 반지름이 1인 원 내에서 특정 점을 선정한 무작위 실험을 상정한다. 동 공간을 C라 부르고 그 면적은 π가 된다. $\mathscr{C}$ 내 특정 집합 C에 있을 확률이 면적 C에 비례하도록 무작위선정이 이루어진다. 특히 $C\subset\mathscr{C}$이면 $P(C)=(\text{면적}C)/\pi$가 된다.

첫째 우리는 $P(\mathscr{C})=1$임을 알 수 있다. 게다가 C_1이 $\mathscr{C}$의 부분집합이며 원의 $\frac{1}{4}$쪽이면, $P(C_1)=(\pi/4)/\pi=\frac{1}{4}$이 된다. $C_2\subset\mathscr{C}$이고 반지름이 $\frac{1}{3}$인 원 내의 모든 점이라고 하면 $P(C_2)=\pi(\frac{1}{3})^2/\pi=\frac{1}{9}$이 된다. $\mathscr{C}$ 내의 특정 점, 선 혹은 곡선 등은 면적이 0이므로 확률 역시 0이 된다. 특히 C_3가 집합 C_2의 경계선라고 하면(반지름이 $\frac{1}{3}$인 원), $P(C_3)=0$이 된다.

무작위변수 X를 특정 원점에서부터의 거리와 관계되는 무작위 실험으로 정의할 수 있다. X의 공간 $A=\{x:0\le x<1\}$로 정의하기로 하면, 어떤 $x\in A$에 대해 $Pr(X=x)=0$이 되는데, 그 이유는 $X=x$일 때 무작위 점은 원 위의 한 점이 되기 때문이다. 그러나 여전히 $X\le x$인 경우 유추된 확률 즉 X의 분포함수를 고려할 수 있다. $X\in A$이면,

$F(x)=Pr(X\le x)=(\text{반지름이 } x\text{인 특정 원의 면적})/\pi=\pi x^2/\pi=x^2,\ 0\le x<1$

이 되며, $x<0$이면 $F(x)=0$이고, $x>1$이면 $F(x)=1$이 되어

$$\begin{aligned} F(x) &= 0,\ x<0, \\ &= x^2,\ 0\le x<1 \\ &= 1,\ \ 1\le x \end{aligned}$$

가 된다.

불연속형의 경우에는 함수 f는 아래와 같은 식으로 F와 연결되었음을 상기할 수 있다.

$$F(x)=\sum_{w\le x} f(w)$$

F나 f를 이용하여 아래와 같이 확률을 계산할 수 있다:

$$Pr(a<X\le b)=F(b)-F(a)=\sum_{w\in A} f(w),\ A=\{w: a<w\le b\}$$

연속형의 경우에는 $Pr(X=x)=0$이므로 이와 같은 확률의 합은 더 이상 적절치 못함을 알 수 있다. 그러나 적분을 통해 F를 f에 연결시킬 수 있다:

$$F(x)=\int_{w\le x} f(w)du.$$

$A=\{x: 0\le x<1\}$ 이므로 $F(x)=x^2=\int_0^x f(w)dw,\ x\in A.$

미적분이론을 적용하여 $2x=f(x), 0\le x<1$ 임을 알 수 있다.

또한 $f(x)\ge 0, x\in\mathscr{A}$이고 $\int_0^1 2xdx=1$ 임을 알 수 있다.

아래와 같은 식을 통해 연속형의 경우 확률을 계산할 수 있다:

$$Pr(X\in A)=\int_A f(w)dw$$

예를 들면,

$$Pr(\frac{1}{4}<X\le\frac{1}{2})=[w^2]_{1/4}^{1/2}=F(\frac{1}{2})-F(\frac{1}{4})=\frac{1}{4}-\frac{1}{16}=\frac{3}{16}$$ 이 된다.

이러한 예를 염두에 두고, 연속형 무작위변수에 대한 정의를 하겠다.

X를 특별 구간 혹은 구간의 합으로 이루어지는 일차공간 $\mathscr{A}$하에서의 무작위변수라 하고, 함수 $f(x)$는 비음수이며, $\int_A f(x)dx=1$이 성립한다고 하자. $A\in\mathscr{A}$인 확률 집합함수 $P(A)$는 아래와 같이 표현할 수 있다:

$$P(A)=Pr(X\in A)=\int_A f(x)dx,$$

그러면 X는 연속형 무작위변수라고 불리고 $f(x)$는 X의 확률밀도 함수($p.d.f.$)라 부른다.

예제 46 연속형 무작위변수 X를 사용된 컴퓨터 테이프의 불량기록간의 거리와 동일하다고 하자. X의 공간이 $\mathcal{A}=\{x:0<x<\infty\}$로 표시된다고 하자. X에 대한 확률 모델이 아래와 같은 $p.d.f.$로 주어진다고 하자: $f(x)=\dfrac{1}{40}e^{-x/40}dx,\ x\in\mathcal{A}$ 여기서 $x\in\mathcal{A}$에 대해 $f(x)\geq 0$이라 하고, $\displaystyle\int_0^\infty \frac{1}{40}e^{-x/40}dx=[-e^{-x/40}]_0^\infty=1$이 됨을 알 수 있다. 불량기록간 거리가 40피트 이상 되는 확률을 구하면,

$$Pr(X\in A)=\int_{40}^\infty \frac{1}{40}e^{-x/40}dx=e^{-1}\text{이 된다.}$$

$p.d.f.$와 주요점에서의 확률값이 [그림 1-5]에 실려 있다.

그림 1-5

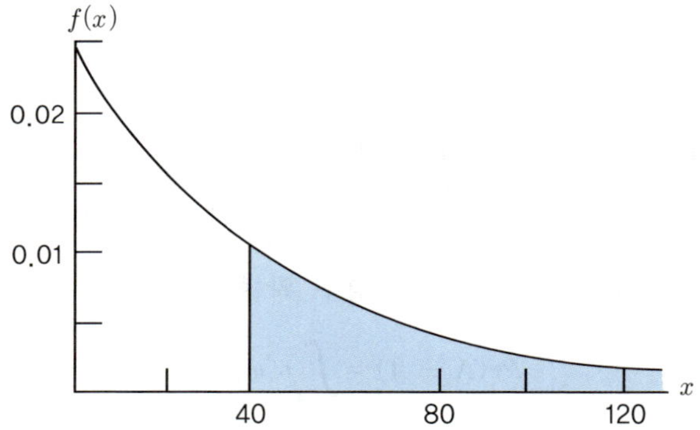

무작위변수가 불연속형이거나 연속형인 경우에만 국한시킬 경우 $p.d.f.\ f(x)$로만 확률값을 구할 수 있다.

양 유형의 확률밀도함수는 실무에서 발견되는 많은 무작위변수에 대한 분포 모델에 사용될 수 있다. 예를 들어 X가 특정 주어진 날의 자동차 사고수라면 $f(0), f(1), f(2),\cdots$는 0, 1, 2건의 사고가 발생할 확률을 나타낸다. 한편으로 X가 특정 지역에서 태어난 여성의 생존기간이라 하면, 적분 $\displaystyle\int_{40}^{50} f(x)dx$는 그 여성의 40세에서 50세 사이에 죽을 확률을 나타낸다. 적합한 함수 $f(x)$에 대해 추후 논의할 것이지만, 현실적인 모델이 사용되었는가를 판별하기 위해 실험적 증거가 사용되어야 한다.

예를 들어 연속형 무작위변수 X의 공간이 $\mathscr{A}=\{x:0<x<\infty\}$이면, X의 $p.d.f.$가 $e^{-x}, x \in \mathscr{A}$라 하면,

$$f(x)=e^{-x}, 0< x<\infty$$
$$=0, \text{ 여타의 경우가 되며,}$$

$$\int_{-\infty}^{\infty} f(x)dx=\int_{-\infty}^{0} 0dx+\int_{0}^{\infty} e^{-x}dx=1\text{이 된다.}$$

그리하여 $\int_{A} f(x)dx$를 $\int_{-\infty}^{\infty} f(x)dx$로 대체할 수 있음을 알 수 있다.

$f(x)$가 연속형 무작위변수 X의 $p.d.f.$이고, $A=\{x:a<x<b\}$이면, $P(A)=Pr(X\in A), Pr(a<x<b)=\int_{a}^{b}f(x)dx$이며, $A=\{a\}$이면, $P(A)=Pr(X\in A)$, $Pr(X=a)=\int_{a}^{a}f(x)=0$ 이다.

모든 점에서의 확률이 0이므로, $Pr(a<X<b)=Pr(a\le X\le b)$가 됨을 알 수 있다.

보다 중요한 것은 X분포를 변화시키지 않고 연속형 무작위변수 X의 $p.d.f.$값을 변화시킬 수 있는 것이다.

즉 $P(A)$변화 없이, $f(x)=e^{-x}, 0<x<\infty$
$=0$, 여타의 경우를

$f(x)=e^{-x}, 0\le x<\infty$
$=0$, 여타의 경우로 변화시킬 수 있는 것이다.

이리하여 연속형 무작위변수의 확률밀도함수가 확률 0인 집합부분에서만 다르다면, 두 상응하는 확률 집합함수는 정확하게 일치한다. 불연속 무작위변수의 경우 확률밀도함수는 어떠한 점에서도 변화시키지 말아야 한다. 그러한 $p.d.f.$의 변화는 확률분포의 변화를 초래할 수 있기 때문이다.

예제 47 연속형 무작위변수 X의 $p.d.f.$는 $f(x)=2/x^3, 1<x<\infty$, 여타의 경우 0이다. X의 분포함수는,

$$F(x)=\int_{-\infty}^{x} 0dw=0,\ x<1,$$

$$= \int_1^x \frac{2}{w^3} dw = 1 - \frac{1}{x^2},\ 1 \leqq x \text{가 된다.}$$

분포함수의 그래프가 [그림 1-6]에 나타나 있다. 여기서 $F(x)$는 모든 실수 x에 대해 오른쪽으로부터 연속적이다. $F(x)$의 미분값은 $x=1$인 경우를 제외하고 모두 존재한다. 그리하여 X의 $p.d.f.$는 $x=1$인 점을 제외하고 모든 점에서 존재한다. 집합 $A=\{1\}$의 확률값은 0이므로 $[P(A)=0]$, $x=1$에서의 $p.d.f.$를 어떤 방법으로도 정의할 수 있다. 한 가지 방법은 $f(x)=2/x^3,\ 1<x<\infty,\ 0$ 여타의 경우로 정의하는 것이다.

그림 1-6

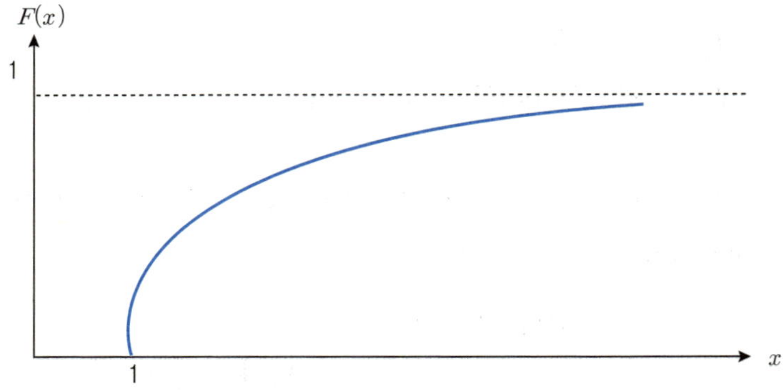

Ⅶ 분포함수의 특성

Ⅴ절에서 우리는 $F(x)=\Pr(X \leq x)$인 무작위변수 X에 대한 분포함수에 대해 정의하였다.

Ⅵ절에서는 연속형의 무작위변수의 확률분포를 정의하기 위해 동 개념을 사용하였다. $f(x)$를 $p.d.f.$로 표시할 때 불연속 무작위변수의 경우 $F(x)=\sum_{w \leq x} f(w)$로 연속 무작위변수의 경우, $F(x)=\int_{-\infty}^{x} f(w)dw$로 표시됨을 알았다.

무작위변수 자체가 연속형 혹은 불연속형인가에 따라 분포함수 $F(x)$가 연속형인가 불연속형인가로 결정지어 진다.

확률 집합함수의 특성에 따라 분포함수 $F(x)$의 몇 가지 특성을 얘기할 수 있다. 아래에서 이들 몇 가지를 언급하겠는데, 여기서 X를 불연속 혹은 연속형의 무작위변수로 제한시킬 필요는 없다고 하겠다.

$\lim_{x\to\infty}F(x)$와 $\lim_{x\to-\infty}F(x)$표시하기 위해 $F(\infty)$와 $F(-\infty)$을 사용하겠다. 또한 $b\to\infty$에 따라 집합 $\{x : x<b\}$와 $\{x : x \le -b\}$는 $\{x : x<\infty\}$ 와 $\{x : x< -\infty\}$로 표시하겠다.

1. $0 \le F(x) \le 1$이다. 왜냐하면 $0 \le Pr(X \le x) \le 1$ 이기 때문이다.
2. $F(x)$는 x에 대한 비감소함수이다. 왜냐하면 $x' < x''$이면,
   $\{x : x \le x''\} = \{x : x \le x'\} \cup \{x : x' < x \le x''\}$이고
   $Pr(X \le x'') = Pr(X \le x') + Pr(x' < X \le x'')$이기 때문이다.
   즉 $F(x'') - F(x') = Pr(x' < X \le x'') \ge 0$ 이다.
3. $F(\infty)=1$이고 $F(-\infty)=0$인데 이는 집합 $\{x : x \le \infty\}$는 일차 공간 전체이고 집합 $\{x : x \le -\infty\}$는 공집합이기 때문이다.

특성 2에 대한 증명에서 관찰되었듯이 $a<b$이면, $Pr(a<X\le b) = F(b)-F(a)$이다.

확률 $Pr(x=b)$을 산출하기 위해 $F(x)$을 사용한다고 하자. 이를 위해, $h>0$일 때, $\lim_{h\to 0}Pr(b-h<X\le b) = \lim_{h\to 0}[F(b)-(Fb-h)]$을 고려한다.

직관적으로 $\lim_{h\to 0}Pr(b-h<X\le b)$는 존재하며, 이는 $Pr(X=b)$임을 알 수 있다. 왜냐하면 h가 0에 가까움에 따라, 집합 $\{x : b-h<x\le b\}$는 (사실은 여기서 증명 없이 받아들이는) 유일점 $x=b$를 포함하는 집합이 되기 때문이다. 이 한계점이 $Pr(X=b)$가 된다. 그리하여, $Pr(X=b)=F(b)-F(b-)$가 되는데 여기서 $F(b-)$는 $F(x)$의 $x=b$점에서의 좌측 한계값이다. 그리하여 $X=b$인 확률은 $F(x)$가 $x=b$점에서의 계단높이(height of step)이다. 그리하여 분포함수 $F(x)$가 $x=b$에서 연속적이면, $Pr(X=b)=0$이다. 아래에서 4번째 특성을 기술하겠다.

4. $F(x)$는 오른쪽에서부터 연속적이다.

이 특성을 증명하기 위해 $h>0$인 $\lim_{h\to 0} Pr(a<x\le a+h)=\lim_{h\to 0}[F(a+h)-F(a)]$을 고려한다. 증명 없이 아래의 정의 즉, $h>0$이면 $\lim_{h\to 0} Pr(a<x\le a+h)=P(\varnothing)=0$임을 받아 들인다. 본 정의는 직감적으로도 그럴듯한데, 왜냐면 h가 0에 가까울수록 집합 $\{x: a<x\le a+h\}$의 한계값은 공집합이기 때문이다. 그리하여 $0=F(a^+)-F(a)$가 된다. 여기서 $F(a^+)$는 $F(x)$의 $x=a$에서의 우측 한계점이다. 그리하여 $F(x)$는 모든 점 $x=a$에서 우측으로부터 연속적이다.

앞서 설명한 것에 대해서 아래와 같이 요약할 수 있다:

분포함수 $F(x)$는 x에 대한 비감소함수이며, 우측으로부터 모든 점에서 연속적이고 $F(-\infty)=0$ 이고 $F(\infty)=1$이다. 확률 $Pr(a<x\le b)$는 $F(b)-F(a)$로 표시된다. x가 $F(x)$의 불연속적이라고 하면 확률 $Pr(X=x)$는 그 분포함수가 그 점에서의 높이이다. x가 $F(x)$의 연속적이면 $Pr(X=x)=0$ 이다.

* **참조**: 분포함수의 정의로 인해 확률 집합함수 P가 분포함수 F를 결정한다. 비록 명확하지는 않지만 확률 집합함수 P는 분포함수 F로부터 구할 수 있다. 즉 P와 F는 확률분포에 대해 동일한 정보를 제공하며, 편의에 따라 아무 함수를 사용할 수 있다.

종종 확률 모델은 확률 집합함수 즉 분포함수에 대해 합리적인 가정을 할 수 있도록 구성된다. 예로 밀폐된 간격 $[a, b]$에서부터 무작위적으로 한 점을 선별하는 실험을 고려해보자. 표본공간 $\mathscr{C}$는 $[a, b]$이다. 무작위변수 X를 $\mathscr{C}$상의 항등함수(identity function)로 정의한다. 그리하여 X의 공간은 $\mathscr{A}=\mathscr{C}$이다. 간격 A를 $\mathscr{A}$의 부분집합이라 하자. A사건이 일어날 확률은 A의 길이에 비례한다. 그리하여 A가 간격 $[a, x]$, $x\le b$라 하면, $P(A)=Pr(X\in A)=Pr(a\le X\le x)=c(x-a)$이고 여기서 c는 비례상수(constant of proportionality)이다. $x=b$라 하면 $1=Pr(a\le X<b)=c(b-a)$, 그리하여 $c=1/(b-a)$이다. 그리하여 X의 분포함수 $F(x)=Pr(X\le x)$을,

$$F(x)=0,\ x<a$$

$$=\frac{x-a}{b-a},\ a\le x\le b$$

$$= 1,\ b < x$$

가 되도록 하면, 적절한 확률모델이 만들어 진다.

그리하여 X의 $p.d.f.\ f(x) = F'(x)$는

$$f(x) = \frac{1}{b-a},\ a \le x \le b$$

$= 0$, 여타의 경우가 된다.

$F(x)$에 대한 미분 값은 $X = a$에서도 $X = b$에서도 존재하지 않으나 집합 $\{x : x = a,\ b\}$는 확률이 0인 집합이며, 편의를 위해 두 점에서의 $f(x) = 1/(b-a)$로 정의하기로 한다. 본 $p.d.f.$는 $\mathcal{A}$상에서 상수이다. 불연속형이건, 연속형이건 $p.d.f.$가 상수이면, 확률이 $\mathcal{A}$상에서 균일하게(uniformly) 분포한다고 한다. 그리하여, 본 예에서 간격 $[a, b]$에서 확률이 균일하게 분포한다고 한다. 연속형도 아니고 불연속형도 아닌 예를 들기로 한다.

예제 48 분포함수가 아래와 같이 주어진다고 하자:

$$F(x) = 0,\ x < 0$$
$$= \frac{x+1}{2},\ 0 \le x \le 1$$
$$= 1,\ 1 \le x$$

그리하여, 예를 들어

$$Pr(-3 < x \le \frac{1}{2}) = F(\frac{1}{2}) - F(-3) = \frac{3}{4} - 0 = \frac{3}{4} \text{ 그리고}$$
$$Pr(X = 0) = F(0) - F(0-) = \frac{1}{2} - 0 = \frac{1}{2} \text{이 된다.}$$

$F(x)$그래프는 [그림 1-7]에 주어졌다. $F(x)$가 일률적으로 연속형이거나 불연속형도 아니다. 실제에 있어서 분포함수가 혼합형인 경우가 종종 발생한다. 예를 들어 연령 X가 b보다 많으나, 정확한 값은 모른다고 하자. 이를 쎈써링(censoring)이라 부른다. 암 연구에 있어서도 관측 대상자가 단순히 사라졌다고 하면 연구자는 대상자가 몇 개월간 산 것은 아나 정확하게 얼마를 산 것인가를 모르는 경우가 된다. 쎈써링은 보험산업에서도 발생할 수 있다. 특

히 보상한도를 넘어가는 손해가 발생하였을 때 얼마나 초과했는지 알 수 없는 경우가 그러한 경우이며, 자기부담금이 설정되어 있을 때 손해액이 자기부담금 한도액 이하이면 보험사는 구체적으로 그 금액이 얼마인지를 알 수 없게 된다. 손해발생 자체가 보험사에 보고되지 않거나 보고되더라도 기록되지 않으면 데이터가 절단(truncated)되었다고 한다.

그림 1-7

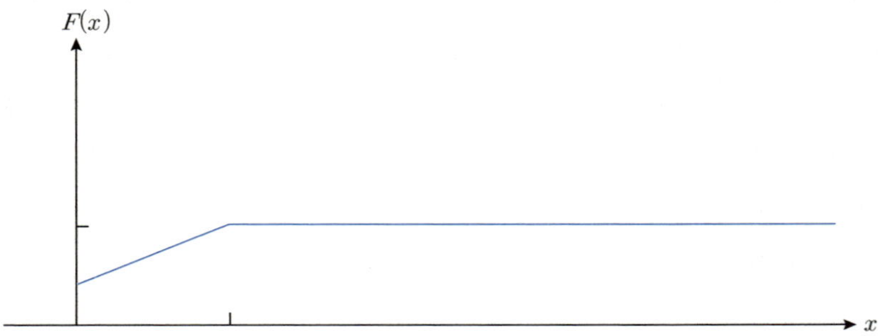

예제 49 재보험사는 풍해가 420억원과 100억원 사이일 때 담보해 주도록 동의하였다 하자. X를 10억원 단위로 표시한 풍해로 인한 손해액이라 하자. 그리고 분포함수가 아래와 같이 주어진다고 하자:

$$\begin{aligned} F(x) &= 0, -\infty < x < 0 \\ &= 1-\left(\frac{10}{10+x}\right)^3, 0 \le x < \infty \end{aligned}$$

100억원 초과 손해액은 10으로 보고된다고 하면, 센서된 분포함수는 아래와 같이 주어진다:

$$\begin{aligned} F(x) &= 0, -\infty < x < 0 \\ &= 1-\left(\frac{10}{10+x}\right)^3, 0 \le x < 10 \\ &= 1, 10 \le x < \infty \end{aligned}$$

이는 $x=10$일 때 $[10/(10+10)]^3 = \frac{1}{8}$만큼 점프하게 된다.

이제 무작위변수의 함수에 대한 중요한 사실을 지적 하고자 한다. X를 $\mathcal{A}$

공간상에 정의된 무작위변수라 하자. 무작위변수 X가 $\mathcal{A}$공간에 정의된 함수이므로 $Y=u(X)$을 생각해 보기로 하자. X가 $\mathcal{A}$공간에 정의된 함수이므로 $Y=u(X)$는 A에 정의된 복합함수라 할 수 있다.

즉 $Y=u(X)$ 자체 역시 자신의 공간 $\mathcal{B}=\{y:y=u(x),\ x\in A\}$와 확률 집합함수를 가진 무작위변수라 할 수 있다. $y\in\mathcal{B}$이면 $Y=u(X)\le y$는 $A=\{x:u(x)\le y\}$인 $X\in A\subset\mathcal{A}$일 때만 발생한다. 즉 분포함수 Y는

$$G(y)=Pr(Y\le y)=Pr[u(X)\le y]=P(A)\text{이다.}$$

아래의 예는 무작위변수의 특정함수에 대한 분포함수와 $p.d.f.$를 구하는 방법을 보여주고 있다. 본 방법을 분포함수 기법이라 부른다.

예제 50 $f(x)=\frac{1}{2}, -1<x<1$이고 여타의 경우 0이라 하고 무작위변수 X의 $p.d.f.$라 하자. 무작위변수 $Y=X^2$로 정의한다. Y의 $p.d.f.$를 구하고자 한다. $y\ge 0$인 확률 $Pr(Y\le y)$은 $Pr(X^2\le y)=Pr(-\sqrt{y}\le X\le\sqrt{y})$와 상응한다. 그리하여 Y의 분포 $G(y)=Pr(Y\le y)$는 아래와 같이 주어진다:

$$\begin{aligned} G(y) &= 0,\ y<0, \\ &= \int_{-\sqrt{y}}^{\sqrt{y}}\frac{1}{2}dx=\sqrt{y},\ 0\le y<1 \\ &= 1,\ 1\le y \end{aligned}$$

모두 연속형의 무작위변수이므로 Y의 $p.d.f.$는 모든 연속점 $g(y)$에서는 $g(y)=G'(y)$가 된다. 그리하여

$$\begin{aligned} g(y) &= \frac{1}{2\sqrt{y}},\ 0<y<1, \\ &= 0,\ \text{여타의 경우가 된다.} \end{aligned}$$

Ⅷ 무작위변수의 기댓값

X를 $p.d.f.\ f(x)$를 갖는 무작위변수로, 확실 절대근접(certain absolute convergence), 즉 불연속형인 경우 $\sum_x |x| f(x)$가 유한 한계에 근접하고, 연속형인 경우 $\int_{-\infty}^{\infty} |x| f(x) dx$가 유한 한계에 근접 한다고 한다. 무작위변수의 기댓값은 불연속형인 경우 $E(x) = \sum_x x f(x)$가 되고, 연속형인 경우 $E(x) = \int_{-\infty}^{\infty} x f(x) dx$가 된다.

간혹 기대치 $E(x)$는 수리적 기대치 혹은 기댓값이라 한다.

* **참조**: 기대치 혹은 기댓값은 경우게임에서 유래한다. 동일한 네 개의 칩에 1, 1, 1 및 2가 표시되어 있다 하자. 그릇에 담아서 섞어 놓고 1이 적힌 칩을 선택하면 1원을 받고, 2가 적힌 칩을 선택하면 2원을 받는다고 하자. 1원에 대해서는 $\frac{3}{4}$기회가, 2원에 대해서는 $\frac{1}{4}$기회가 있어, 총 금액$(1) \cdot (\frac{3}{4}) + (2) \cdot (\frac{1}{4}) = 1.25$원이라 할 수 있다. 그리하여 X의 기댓값은 이 게임에 있어서의 청구액(claim)이 된다.

예제 51 불연속형 무작위변수 X의 $p.d.f.$가 아래와 같이 주어진다고 하자:

X	1	2	3	4
$f(x)$	$\frac{4}{10}$	$\frac{1}{10}$	$\frac{3}{10}$	$\frac{2}{10}$

X가 1, 2, 3, 4가 아니면 $f(x) = 0$이 된다. 물론 $p.d.f.$를 표시하기 위해 공식이 필요하지 않음을 알 수 있다.

$E(x) = (1)(\frac{4}{10}) + (2)(\frac{1}{10}) + (3)(\frac{3}{10}) + (4)(\frac{2}{10}) = \frac{23}{10} = 2.3$이 된다.

예제 52 X가 아래의 $p.d.f.$를 갖는다고 하자:

$$f(x) = 4x^3,\ 0 < x < 1,$$
$$= 0,\ \text{여타의 경우.}$$

그리하여 $E(X) = \int_0^1 x(4x^3) dx = \int_0^1 4x^4 dx = [\frac{4}{5}x^5]_0^1 = \frac{4}{5}$가 된다.

$\mathcal{A}$공간 하에서의 무작위변수 X의 함수를 생각해보자. 이 함수를 $Y = u(X)$라 하자. 편의를 위해 X는 연속형이고 $y = u(x)$의 역함수는 $x = w(y)$이며, X

에 대해 연속 증가함수라 하자. 역함수 역시 증가함수이다. Y역시 무작위함수이고 분포함수는 아래와 같다:

$$G(y) = Pr(Y \leq y) = Pr[u(X) \leq y] = Pr[X \leqq w(y)]$$
$$= \int_{-\infty}^{w(y)} f(x)dx \text{ 여기서 } f(x)\text{는 } X\text{의 } p.d.f.\text{이다.}$$

미분의 기본정리에 의하면,

$$g(y) = G'(y) = f[w(y)]w'(y),\ y \in \mathcal{B}]$$
$$= 0,\ \text{여타의 경우가 된다.}$$

$\mathcal{B}=\{y : y = u(x), x \in \mathcal{A}\}$ 정의에 대해, 절대근접하에서, Y의 기댓값은 $E(Y) = \int_{-\infty}^{\infty} yg(y)dy$로 주어진다. $y = u(x)$이므로, $E(y)$가 적분 $I = \int_{-\infty}^{\infty} u(x)f(x)dx$에 어떻게 비교되는가를 반문할 수 있다. 이에 답하기 위해 $y = u(x)$ 혹은 $x = w(y)$로 적분 변수를 바꾼다.

$\frac{dx}{dy} = w'(y) > 0$이므로 $I = \int_{-\infty}^{\infty} yf(w(y))w'(y)dy = \int_{-\infty}^{\infty} yg(y)dy$가 된다.

즉 이 경우

$$E(Y) = \int_{-\infty}^{\infty} yg(y) = \int_{-\infty}^{\infty} u(x)f(x)dx\text{가 된다.}$$

이는 X가 불연속형이건, 연속형이건 간에 성립하며, $Y = u(x)$가 반드시 X에 대해 증가함수일 필요도 없다. $Y = u(x)$가 기댓값을 가지면, 아래의 식을 통해:

$$E[u(x)] = \int_{-\infty}^{\infty} u(x)f(x)dx\text{(연속형인 경우)}$$
$$E[u(x)] = \sum_{x} u(x)f(x)\text{(불연속형이 경우)}$$

$E[u(x)]$값을 구할 수 있다. 따라서 우리는 $E[u(x)]$을 $u(x)$의 수리적 기대치 혹은 기댓값이라 한다.

기댓값이 존재할 때 이에 대해 자명하나 유용한 사실들을 아래에서 열거하겠다.

1. k가 상수이면 $E(k)=k$인데, 이는 위 식에서, $u=k$라 놓고, 상수 곱하기 함수에 대한 함수의 적분(혹은 합)은 상수 곱하기 적분(혹은 합)으로 표시할 수 있으며, 함수 f의 적분(혹은 합)은 1이 되기에 $E(k)=k$가 성립함을 알 수 있다.
2. k가 상수이고 v가 함수이면, $E=(kv)=kE(v)$이다. 이는 위 식에서 $u=kv$라 놓고 적분(혹은 합)의 식을 k 곱하기 vf의 적분(혹은 합)의 식으로 표시할 수 있으므로 성립한다.
3. k_1과 k_2가 상수이고, v_1과 v_2가 함수이면, $E(k_1v_1+K_2v_2)=k_1E(v_1)+k_2E(v_2)$가 되는데, 이 역시 위 식에서 $v=k_1v_1+k_2v_2$로 놓으면, $(k_1v_1+k_2v_2)f$의 적분(혹은 합)식은 k_1v_1f와 k_2v_2f으로의 적분(혹은 합)으로 표시할 수 있기 때문이다.

이를 일반화 하면 $k_1, k_2, \cdots\cdots, k_m$이 상수이고 $v_1, v_2, \cdots, v_n$이 함수라고 하면, $E(k_1v_1+k_2v_2+\cdots\cdots+k_mv_n)=k_1E(v_1)+k_2E(v_2)+\cdots+k_mE(v_n)$이 된다. 이러한 기댓값의 특성으로 인해 E가 선형 오퍼레이터임을 알 수 있다.

예제 53 X가 아래의 $p.d.f.$를 갖는다고 하자:

$$f(x)=2(1-x),\ 0<x<1$$
$$=0,\ \text{여타의 경우라고 하면,}$$

$$E(x)=\int_{-\infty}^{\infty} xf(x)dx=\int_0^1 (x)2(1-x)dx=\frac{1}{3},$$
$$E(x^2)=\int_{-\infty}^{\infty} x^2f(x)dx=\int_0^1 (x^2)2(1-x)dx=\frac{1}{6}$$

이 되어 $E(6x+3x^2)=6(\frac{1}{3})+3(\frac{1}{6})=\frac{5}{2}$가 된다.

예제 54 X가 아래의 $p.d.f.$를 갖는다고 하자:

$$f(x)=\frac{x}{6},\ x=1,2,3,$$
$$=0,\ \text{여타의 경우}$$

$$E(x^3)=\sum_x x^3f(x)=\sum_{x=1}^{3} x^3\frac{x}{6}=\frac{16}{6}+\frac{81}{6}=\frac{98}{6}\ \text{이 된다.}$$

예제 55 길이 5인 수평선을 둘로 나눌 때 X를 왼쪽 부분이라 하면 X가 아래의 $p.d.f.$를 갖는다고 할 수 있다:

$$f(x) = \frac{1}{5},\ 0 < x < 5$$

$$= 0, \text{ 여타의 경우}$$

길이 X의 기댓값 $E(x) = \int_0^5 x\ \frac{1}{5} dx = [\frac{1}{2} \times \frac{1}{5} x^2]_0^5 = \frac{5}{2}$가 된다.

길이 $(5-X)$의 기댓값은 $\frac{5}{2}$ 가 된다. 그러나 양길이의 곱에 대한 기댓값은

$$E[x(5-x)] = \int_0^5 x(5-x)] = \int_0^5 x(5-x)\frac{1}{5}dx$$

$$= \frac{1}{5}[\frac{5}{2}x^2 - \frac{1}{3}x^3]_0^5 = \frac{25}{2} - \frac{25}{3} = \frac{75-50}{6} = \frac{25}{6} \neq (\frac{5}{2})^2$$

이다. 이는 일반적으로 곱에 대한 기댓값은 기댓값의 곱과 다름을 보여주고 있다.

예제 56 그릇에 촉감으로 구별할 수 없는 칩이 5개 있다. 세 개의 칩에는 1,000원이 표시되어 있고, 나머지 두 칩에는 4,000원이 표시되어 있다. 눈을 가리고 무작위로 두 칩을 원복하지 않고 집어낸다고 하자. 나올 금액을 받는다고 할 때 4,750원을 지불하고, 상당히 긴 기간 동안 반복할 수 있다고 한다. X를 1,000원짜리 칩을 뽑을 숫자라 할 때 X의 초기하(hypergeometric) 분포 $p.d.f.$는

$$f(x) = \frac{\binom{3}{x}\binom{2}{2-x}}{\binom{5}{2}},\ x = 0, 1, 2,$$

$$= 0, \text{ 여타의 경우가 된다.}$$

$X = x$라면, 참가자는 $u(x) = x + 4(2-x) = 8 - 3x$만큼의 돈(000원)을 받는다. 결국 참가자의 수리적 기대치는 $E[8-3x] = \sum_{x=0}^{2}(8-3x)f(x) = \frac{44}{10}$, 4,400원이 된다.

Ⅸ 특수 기댓값의 예

일정 기댓값은 그것이 존재할 때 특수명칭과 심벌을 갖는다.

첫째로, X를 $p.d.f.$가 $f(x)$로 표시되는 불연속 무작위변수라고 하면, $E(x)=\sum_x xf(x)$로 표시된다. 양의 확률 변수를 갖는 불연속점이 $a_1, a_2, a_3,\cdots\cdots$라 하면

$$E(x)=a_1f(a_1)+a_2f(a_2)+a_3f(a_3)+\cdots\cdots \text{가 된다.}$$

본 합은 가중치가 $f(a_i)$인 $a_1, a_2, a_3,\cdots\cdots$의 가중평균값으로 볼 수 있다.

이로 인해 $E(X)$를 X값의 산술평균 혹은 단순히 X의 평균값(혹은 분포의 평균값)이라 한다. 무작위변수 X의 평균값 μ는 그것이 존재하면, $\mu=E(x)$로 정의된다. 여기서 X는 불연속형일 수도 있고 연속형일 수도 있다.

또 다른 형태의 기댓값은 $u(X)=(X-\mu)^2$으로 표시 되는데, X가 불연속형의 무작위변수라 하면, $E[(X-\mu)^2]=\sum_x(x-\mu)^2f(x)=(a_1-\mu)^2f(a_1)+(a_2-\mu)^2 f(a_2)+\cdots$로 표시된다. 여기서 $a_1, a_2\cdots\cdots$는 양의 확률 밀도를 갖는 불연속점이다. 이는 가중치가 $f(a_i)$인 a_i값으로부터 μ까지의 괴리를 자승한 가중 평균값이라 할 수 있다. 이를 X의 분산(혹은 분포의 분산)이라 한다. X의 분산은 σ^2로 표시되고 σ^2는 그것이 존재한다면 $\sigma^2=E[(X-\mu)^2]$으로 표시되는데, X는 불연속형일 수도 있고, 연속형일 수도 있다. 간혹 X의 분산은 $var(X)$로도 표시된다. $var(X)$는 $\sigma^2=E[(X-\mu)^2]=E[X^2-2\mu X+\mu^2]$이고 E는 선형 오퍼레이터이므로

$$\begin{aligned}\sigma^2&=E(X^2)-2\mu E(X)+\mu^2\\&=E(X^2)-2\mu^2+\mu^2\\&=E(X^2)-\mu^2\end{aligned}$$

이 됨을 알 수 있다.

이렇게 X값의 분산값을 보다 손쉽게 구할 수 있다. σ를 표준편차(혹은 분

포의 표준편차)라 한다. σ는 간혹 평균값 μ로부터 분산되어 있는 정도를 표시하기도 한다. 특정 공간이 $f(x)>0$인 X점 하나만 존재한다면 $\sigma=0$이 된다.

> * **참조**: 연속형 무작위변수 X가 $f(x)=1/2a,\ -a<x<a,\ =0$, 여타의 경우와 같은 $p.d.f.$를 갖는다고 하면 $\sigma=a/\sqrt{3}$가 X분포의 표준편차가 된다. 연속형 무작위변수 Y의 $p.d.f.$가 $g(y)=1/4a,\ -2a<y<2a,\ =0$, 여타의 경우라 하면, Y분포의 표준편차 $\sigma=2a/\sqrt{3}$가 된다. 여기서 Y분포의 표준편차가 X분포의 그것보다 큰데, 이는 Y의 확률분포가 X의 확률분포보다(평균값에 대해 상대적으로) 더 산만하게 분포되어 있다는 것을 보여준다.

세 번째 특수한 경우인 무작위변수 X의 모멘트생성함수 $m.g.f.$로 부르는 것을 정의하기로 한다. $-h<t<h$에 대해 수리적 기댓값 $E(e^{tX})$가 존재하는 양의 수 h가 존재한다고 상정한다. 그리하여 X가 연속형 무작위함수 시 $E(e^{tX})=\int_{-\infty}^{\infty}e^{tx}f(x)dx$가 되며, X가 불연속형 무작위함수 시 $E(e^{tX})=\sum_{x}e^{tx}f(x)$가 된다. 이러한 기대치를 X의(혹은 그 분포의) $m.g.f.$라 하고 $M(t)$로 표시한다. 즉 $M(t)=E(e^{tx})$이다.

$t=0$일 경우 $M(0)=1$이 됨을 쉽게 알 수 있다. 예제에서 보겠지만 모든 분포에 있어서 $m.g.f.$가 반드시 존재하지는 않지만 존재할 경우의 $m.g.f.$ 중요성은 아무리 강조해도 그 도가 지나치지 않는다. 그 주요성은 $m.g.f.$가 유일하고 완전하게 특정 무작위변수의 분포를 결정할 수 있어, 두 무작위변수의 $m.g.f.$가 동일하다면, 두 변수는 동일한 분포를 갖는다는 것에서 유래한다. 이러한 특성은 이후의 장에서 매우 유용하게 쓰일 것이다. $m.g.f.$의 유일성에 대한 증명은 Analysis(해석학)에 있어서 변환율에 근거한 것이므로 여기서는 유일성만 언급하기로 한다.

$m.g.f.$가 존재할 시 무작위변수의 분포를 완전하게 결정한다는 것을 증명하지는 않겠지만 이에 대해 그것이 가능하다는 것을 어느 정도 보여줄 수 있겠다. 무작위변수가 불연속형일 때 가능하다. 예를 들어 $M(t)=\frac{1}{10}e^{t}+\frac{2}{10}e^{2t}+\frac{3}{10}e^{3t}+\frac{4}{10}e^{4t}$는 모든 실수 값 t에 대해 불연속형 무작위변수 X의 $m.g.f.$가 된다. $f(x)$를 X의 $p.d.f.$라 하고, a, b, c, d를 $f(x)>0$일 때의 X의 분포상 불연속점이라고 하면,

$$M(t)=\sum_x e^{tx}f(x) \text{ 혹은 } \frac{1}{10}e^t+\frac{2}{10}e^{2t}+\frac{3}{10}e^{3t}+\frac{4}{10}e^{4t}=f(a)e^{at}+f(b)e^{bt}+\cdots$$

가 된다. 위 식은 모든 실수 값 t에 대해 성립하는 항등식(identity)임으로, 오른쪽 식은 4항으로 이루어져야 하고, 각 합은 왼쪽 식의 각 항과 일치해야 함을 알 수 있다. 그리하여,

$$a=1,\ f(a)=\frac{1}{10};\ b=2,\ f(b)=\frac{2}{10};\ c=3,\ f(c)=\frac{3}{10};\ d=4,\ f(d)=\frac{4}{10}$$

가 됨을 알 수 있다.

혹은 보다 간단하게 X의 $p.d.f.$는

$$f(x)=\frac{x}{10},\ x=1,\ 2,\ 3,\ 4$$
$$=0, \text{ 여타의 경우가 된다.}$$

한편으로, X를 연속형 무작위변수라 하고,

$$M(t)=\frac{1}{1-t},\ t<1 \text{로 주어진다고 하면,}$$

이는 X의 $m.g.f.$가 되어,

$$\frac{1}{1-t}=\int_{-\infty}^{\infty}e^{tx}f(x)dx,\ t<1 \text{이 된다.}$$

이 때 $f(x)$를 어떻게 구할지에 대한 감은 별로 없다. 그러나 $p.d.f.$가 아래와 같이 주어지는 분포를 상정할 때,

$$f(x)=e^{-x},\ 0<x<\infty$$
$$=0, \text{ 여타의 경우}$$

$m.g.f.$ $M(t)=(1-t)^{-1}, t<1$이 됨을 쉽게 알 수 있다.

그리하여 무작위변수 X는 $m.g.f.$의 유일성에 의거하는 $p.d.f.$를 갖는 분포임을 알 수 있다.

$m.g.f.$ $M(t)$를 갖는 분포는 $M(t)$에 의해 완전하게 결정되기에, $M(t)$로부터 직접 그 분포의 몇 가지 특성을 구할 수 있다. 예를 들어, $-h<t<h$에서

$M(t)$가 존재함은 $t=0$에서의 모든 차수의 미분이 가능함을 의미한다. 그리하여 미적분의 차수변경에 관한 해석학에서의 정리를 이용하여 X가 연속형일 경우,

$$\frac{dM(t)}{dt} = M'(t) = \int_{-\infty}^{\infty} xe^{tx} f(x)dx,$$

X가 불연속형일 경우,

$$\frac{dM(t)}{dt} = M'(t) = \sum_x xe^{tx} f(x)\text{가 된다.}$$

$t=0$이라 하면 양 경우 모두 $M'(0)=E(X)=\mu$가 됨을 알 수 있다. $M(t)$에 대한 2차 미분값은 $M''(t) = \int_{-\infty}^{\infty} x^2 e^{tx} f(x)dx$ 혹은 $\sum_x x^2 e^{tx} f(x)$가 되고, 그리하여 $M''(0)=E(X^2)$이 된다. 따라서 $var(X)$는 $\sigma^2 = E(X^2) - \mu^2 = M''(0) - [M'(0)]^2$이 된다.

예를 들어,

$M(t) = (1-t)^{-1}, t<1$이면,

$M'(t) = (1-t)^{-2}$이고 $M''(t) = 2(1-t)^{-3}$이 되어

$\mu = M'(0) = 1$이 되고

$\sigma^2 = M''(0) - \mu^2 = 2-1 = 1$이 된다.

물론 $\mu = \int_{-\infty}^{\infty} xf(x)dx$와 $\sigma^2 = \int_{-\infty}^{\infty} x^2 f(x)dx - \mu^2$으로도 μ및 σ^2을 계산할 수 있다.

일반적으로 m이 양의 실수라 하고, $M^{(m)}(t)$이 $M(t)$의 m차 미분값이라고 하면 t에 대해 연속적 미분을 취함으로써 $M^{(m)}(0)=E(X^m)$이 된다. 그리하여, $E(X^m) = \int_{-\infty}^{\infty} x^m f(x)dx$ 혹은 $\sum_x x^m f(x)$가 된다.

$M(t)$로 $m=1, 2, 3\cdots$에 대한 $E(X^m)$값을 산출할 수 있음으로, $M(t)$를 모멘트생성함수($m.g.f.$)라 한다. 간혹 분포의 m차 모멘트 혹은 X의 m차 모멘트라고도 한다.

예제 57 X가 $f(x)=\frac{1}{2}(x+1)$, $-1<x<1$, $=0$ 여타의 경우의 $p.d.f.$를 갖는다고 하자.

X의 평균값은 $\mu=\int_{-\infty}^{\infty} xf(x)dx=\int_{-1}^{1} x\frac{x+1}{2}=1/3$이 되며, X의 분산값은 $\sigma^2=\int_{-\infty}^{\infty} x^2f(x)dx-\mu^2=\int_{-1}^{1} x^2\frac{x+1}{2}dx-(\frac{1}{3})^2=\frac{2}{9}$가 된다.

예제 58 X의 $p.d.f.$가 $f(x)=\frac{1}{x^2}$, $1<x<\infty$, $=0$ 여타의 경우라 하면, X의 평균값은 존재하지 않는데, 왜냐하면 $\int_{1}^{\infty}|x|\frac{1}{x^2}x=\lim_{b\to\infty}\int_{1}^{b}\frac{1}{x}dx=\lim_{b\to\infty}$ $(lnb-ln1)$가 존재하지 않기 때문이다.

예제 59 $\frac{1}{1^2}+\frac{1}{2^2}+\frac{1}{3^2}+\cdots\cdots$시리즈는 $\pi^2/6$에 근접함이 알려져 있다. 그러면

$$f(x)=\frac{6}{\pi^2x^2},\ x=1, 2, 3,\cdots\cdots,\ =0 \text{ 여타의 경우}$$

는 불연속형 무작위변수 x의 $p.d.f.$가 된다. 본 분포의 $m.g.f.$가 존재하면, 그 값은 $M(t)=E(e^{tX})=\sum_x e^{tx}f(x)=\sum_{x=1}^{\infty}\frac{6e^{tx}}{\pi^2x^2}$로 주어진다. $t>0$일 경우 본 시리즈는 근접하지 않음을 비율검증을 통해 알 수 있다. 그리하여, $M(t)$가 $-h<t<h$에서 존재하는 양의 수 h가 존재하지 않음을 알 수 있다.

PART I

제2장

다변량분포

제 I 절 양 무작위변수에 대한 분포

제 II 절 조건부 분포 및 그 기댓값

제 III 절 상관계수(The Correlation Coefficient)

제 IV 절 독립적 무작위변수

제 V 절 무작위변수의 수가 여럿일 때

CHAPTER 02

다변량분포

I · 양 무작위변수에 대한 분포

아래와 같은 예의 양 무작위변수에 대한 논의로 본 장을 시작하겠다. 동전을 세 번 던지는데 우리의 관심은 순서가 정해진 수 쌍(첫 2회 투척 시 나온 머리수, 3회 투척 시의 머리의 수)이다. 그리하여, 표본공간 $\mathscr{C}=\{c: c=c_i, i=1, 2, \cdots 8\}$이 되는데 여기서 c_1은 TTT, c_2는 TTH, c_3는 THT, c_4는 HTT, c_5는 THH, c_6는 HTH, c_7은 HHT, c_8은 HHH이다.

X_1과 X_2를 $X_1(c_1)=X_1(c_2)=0$, $X_1(c_3)=X_1(c_4)=X_1(c_5)=X_1(c_6)=1$이며, $X_1(c_7)=X_1(c_8)=2$이고, $X_2(c_1)=0$, $X_2(c_2)=X_2(c_3)=X_2(c_4)=1$, $X_2(c_5)=X_2(c_6)=X_2(c_7)=2$, $X_2(c_8)=3$인 두 함수라 한다. 그리하여, X_1과 X_2는 표본공간 $\mathscr{C}$에서 정의 되는 실수 값을 갖는 함수 인데, 표본공간으로부터 순서가 정해진 수 쌍 공간으로 전이시키는 함수가 된다: $(c_1,\cdots\cdots,c_8)$;

$$\mathscr{A}=\{(0,0),(0,1),(1,1),(1,2),(2,2),(2,3)\}$$

그리하여, X_1과 X_2는 공간 $\mathscr{C}$에서 정의되는 양 무작위변수이고, 앞의 예에서의 무작위변수 공간은 위에서 주어진 대로 2차원적 집합$\mathscr{A}$가 된다. 이제 양 무작위변수 공간에 대한 정의를 정식화하겠다.

정의 2.1: 표본공간 $\mathscr{C}$에서의 무작위 실험에 있어서 $\mathscr{C}$의 원소 c가 단 한번 할당될 때의 순서가 정해진 수 쌍 $X_1(c)=x_1$, $X_2(c)=x_2$를 고려하기로 한다. X_1과 X_2의 공간은 순서가 정해진 집합$\mathscr{A}=\{(x_1, x_2): x_1=X_1(c), x_2=X_2(c), c \in \mathscr{C}\}$가 된다.

$\mathscr{A}$를 양 무작위변수 X_1과 X_2에 연관된 공간이라 하고 A를 $\mathscr{A}$의 부분집합이라고 하면, 단일 무작위변수의 경우처럼, 사건A를 얘기할 수 있다. 사건A가 일어날 확률은 $Pr[(X_1, X_2) \in A]$로 표시 된다.

$\mathscr{C}$가 표본공간일 때 $C=\{c: c \in \mathscr{C}$ 및 $[X_1(c), X_2(c) \in A]\}$임을 고려하여 P가 $\mathscr{C}$의 부분집합 C에 정의되는 $Pr[(X_1, X_2) \in A]=P(C)$을 정의할 수 있다. 여기서도 $Pr[(X_1, X_2) \in A]$를 확률 집합함수 $P_{X1, X2}(A)$로 표시할 수 있는데, 단순하게 $P(A)=Pr[(X_1, X_2) \in A]$로 표시할 수 있다.

중요한 것은 이것이 여전히 $\mathscr{A}$공간의 부분집합 A상에 정의되는 확률 집합함수라는 것이다. 앞서 언급한 양 무작위변수에 대한 예제로 돌아가서 $A=\{(1, 1)(1, 2)\}$인 $\mathscr{A}$의 부분집합 A를 생각해 보기로 한다.

$Pr[(X_1, X_2) \in A)]=P(A)$를 계산하기 위해 C의 원소로서 $\mathscr{C}$에 있는 모든 경우의 수를 포함해야 하는데, 이에 따라 무작위변수 X_1, X_2가 A의 원소인 (X_1, X_2)값을 취하기 때문이다.

$X_1(c_3)=1$, $X_2(c_3)=1$, $X_1(c_4)=1$ 및 $X_2(c_4)=1$이고, $X_1(c_5)=1$, $X_2(c_5)=2$, $X_1(c_6)=1$, $X_2(c_6)=2$이므로 $C=\{c_3, c_4, c_5$ 혹은 $c_6\}$인 확률 집합함수 $P(C)$의 8 원소 각각에 $\frac{1}{8}$의 확률 값을 배정한다고 하면, $P(T)=P(H)=\frac{1}{2}$이어서 동전 던지기가 독립적이라고 한다면 $\frac{1}{8}$값 배정이 합리적으로 이루어 졌다고 볼 수 있다. 그 예로,

$P(\{c_1\})=Pr(TTT)=(\frac{1}{2})(\frac{1}{2})(\frac{1}{2})=\frac{1}{8}$이 됨을 알 수 있다.

$Pr(X_1=1, X_2=1$ 혹은 $2)$로 표기될 수 있는 $P(A)$는 $\frac{4}{8}=\frac{1}{2}$이 된다. 그리하여 아래와 같이 $\mathscr{A}$의 원소 각각에 대해 확률 값을 배정할 수 있다:

(X_1, X_2)	(0, 0)	(0, 1)	(1, 1)	(1, 2)	(2, 2)	(2, 3)
$Pr[(X_1, X_2)=(x_1, x_2)]$	$\frac{1}{8}$	$\frac{1}{8}$	$\frac{2}{8}$	$\frac{2}{8}$	$\frac{1}{8}$	$\frac{1}{8}$

위 도표는 무작위변수 X_1과 X_2공간인 $\mathscr{A}$의 원소에 대한 확률분포를 보여주고 있다.

통계학에 있어서는 $\mathscr{C}$공간보다는 양 무작위변수의 공간인 공간 $\mathscr{A}$에 더 관심을 갖게 된다.

더욱이 일개의 무작위변수 X에 관한 $p.d.f.$의 개념은 그대로 복수 혹은 다수의 무작위변수에 관한 $p.d.f.$개념에 확장시킬 수 있다. $\mathscr{A}$공간 하에서 특정 제약 하에, $f>0$이면, 연속, 불연속형이든 간에 양 무작위변수 X 및 Y는 확률 집합함수 $P(A), A \subset \mathscr{A}$에 따라 분포를 갖는데, 아래와 같이 표시할 수 있다:

$$\text{불연속형인 경우 } P(A)=Pr[(x, y) \in A]=\sum\sum_A f(x, y)$$

$$\text{연속형인 경우 } P(A)=Pr[(x, y) \in A]=\iint_A f(x, y)dxdy$$

이때 f는 양 무작위변수 X 및 Y의 $p.d.f.$라 부르며, 각각의 경우 $P(A)=1$이 되어야 한다. 기타 경우는 0이라는 것을 첨부하여 $p.d.f.$ $f(x, y)$의 정의를 xy 공간 전체로 확장할 수 있다.

$$\text{그리하여 } \int_A\int \text{는 } \int_{-\infty}^{\infty}\int_{-\infty}^{\infty} f(x, y)dxdy\text{로,}$$

$$\sum_A\sum f(x, y)\text{는 } \sum_y\sum_x f(x, y)\text{로 대체할 수 있다.}$$

(a) f가 정의되고 비음수이며(모든 인수(argument)의 실수 값에 대해)

(b) 적분(연속형 함수), 합(불연속형 함수)이 1이 될 때

특정함수 f는 그것이 한 개든 두 개든 무작위변수로 정의되면 $p.d.f.$가 될 수 있는 조건을 충족시키게 된다.

$p.d.f.$가 명시적으로 정의되면, 검증을 함으로써 그것의 무작위변수가

연속형인지 불연속형인지 알 수 있게 된다. 예를 들어,

$$f(x, y)=\frac{9}{4^{x+y}},\ x=1, 2, 3,\cdots,\ y=1, 2, 3,\cdots\cdots,\ =0 \text{ 여타의 경우}$$

는 불연속형 무작위변수 X 및 Y에 대한 $p.d.f.$이고,

$$f(x, y)=4xye^{-x^2-y^2},\ 0<x<\infty,\ 0<y<\infty,\ =0 \text{ 여타의 경우}$$

는 연속형 무작위변수 X 및 Y에 대한 $p.d.f.$임을 알 수 있다.

예제 1 $f(x, y)=6x^2y,\ 0<x<1,\ 0<y<1,\ =0$ 여타의 경우가 양 무작위변수 X 및 Y의 $p.d.f.$라 하자.

$$\begin{aligned} Pr\left(0<x<\frac{3}{4}, \frac{1}{3}<y<2\right) &= \int_{1/3}^{2}\int_{0}^{3/4} f(x, y)dxdy \\ &= \int_{1/3}^{1}\int_{0}^{3/4} 6x^2ydxdy+\int_{1}^{2}\int_{0}^{3/4} 0dxdy \\ &= \frac{3}{8}+0=\frac{3}{8} \text{ 이다.} \end{aligned}$$

이 확률은 $xy-$평면상에서의 사각형 집합 $\{(x, y): 0<x<\frac{3}{4}, \frac{1}{3}<y<1\}$ 위에 존재하는 표면이 $f(x, y)=6x^2y$인 입체이다.

무작위변수 X 및 Y가 A가 2차원적 집합인 확률 집합함수 $P(A)$을 가지며, A가 집합 $\{(u, v): u \le x, v \le y\}$라 하면, $P(A)=Pr[(X, Y) \in A]=Pr(X \le x, Y \le y)$가 된다.

점 (x, y)에 대한 이 함수를 X 및 Y의 분포함수라 하고, $F(x, y)=Pr(X \le x, Y \le y)$가 된다. X 및 Y가 $p.d.f.$ $f(x, y)$를 갖는 연속형 무작위변수라 하면

$$F(x, y)=\int_{-\infty}^{y}\int_{-\infty}^{x} f(u, v)dudv \text{가 된다.}$$

모든 경우에 있어서

$$Pr(a<X \le b, c<Y \le d)=F(b, d)-F(b, c)-F(a, d)+F(a, c)$$

가 $a<b, c<d$일 때 성립한다.

면적이 1인 정사각형으로 정의된 $\mathscr{C}=\mathscr{A}=\{(x, y), 0<x<1, 0<y<1\}$에서부터 무작위 점 (x, y)를 선정하는 실험을 고려하기로 한다. 우리의 관심이 X나 Y가 아니고 $Z=X+Y$라 하고, 일단 확률 모델이 채택되면 Z의 $p.d.f.$를 구해낼 수 있다. 면적이 1인 정사각형에 대한 확률분포가 균일하다고 상정한다. 그리하여 X 및 Y의 $p.d.f.$를 아래와 같이 기재할 수 있다:

$$F(x,y)=1,\ 0<x<1,\ 0<y<1,\ =0 \text{ 여타의 경우.}$$

Z의 분포함수를 $G(z)=Pr\{(X+Y\le z)\}$로 나타내면

$$\begin{aligned}G(z)&=0,\ z<0\\&=\int_0^z\int_0^{z-x}dydx=\frac{z^2}{2},\ 0\le z<1\\&=1-\int_{z-1}^1\int_{z-x}^1 dydx=1-\frac{(2-z^2)}{2},\ 1\le z<2\\&=1,\ 2\le z\end{aligned}$$

가 된다. $G(z)$가 z의 모든 값에 대해 존재하므로 z의 $p.d.f.$는

$$\begin{aligned}g(z)&=z,\ 0<z<1,\\&=2-z,\ 1\le z<2\\&=0,\quad \text{여타의 경우}\end{aligned}$$

가 된다. 일반적으로 확률 모델을 나타내는 $p.d.f.$ $f(x, y)$의 선택에 따라, Z의 $p.d.f.$가 달라짐을 알 수 있다.

$f(x_1, x_2)$을 양 무작위변수 X_1과 X_2의 $p.d.f.$라 하면(이 순간부터 무작위변수가 복수일 경우에는 결합(joint) 분포함수라는 표현을 쓰기로 한다) $f(x_1, x_2)$는 무작위변수 X_1 및 X_2의 결합 $p.d.f.$가 된다. $a<X_1<b, a<b$을 예를 들면, 이는 $a<X_1<b, -\infty<X_2<\infty$가 발생하였을 때만 생긴다. 즉 양 건은 동일한 사건으로 동일한 확률을 갖는다. 후자의 확률은 아래와 같이 주어 진다.

연속형인 경우는 $Pr(a<X_1<b, -\infty<X_2<\infty)=\int_a^b\int_{-\infty}^{\infty}f(x_1, x_2)dx_2dx_1$이고 불연속형인 경우는 $Pr(a<X_1<b, -\infty<X_2<\infty)=\sum_{a<X_1<b}\sum_{X_1}f(X_1, X_2)$가 된다.

$\int_{-\infty}^{\infty}f(x_1, x_2)dx_2$ 및 $\sum_{x_2}f(x_1, x_2)$는 x_1에 대해서만의 함수이고 $f_1(x_1)$이 된

다. 그리하여 모든 $a<b$에 대해,

$$\begin{aligned} Pr(a<X_1<b) &= \int_a^b f_1(x_1)dx_1 (\text{연속형의 경우}) \\ &= \sum_{a<x_1<b} f(x_1)(\text{불연속형의 경우})\text{가 된다.} \end{aligned}$$

그리하여 $f_1(x_1)$는 x_1에 대해서만의 $p.d.f.$이다. $f_1(x_1)$은 결합 $p.d.f.(x_1, x_2)$를, x_1을 고정시키고 모든 x_2에 대해 합(적분)함으로써 구해지므로, 이 합을 x_1-x_2면에 있어서의 한계치를 표시한다고 할 수 있다. 그리하여 $f_1(x_1)$을 x_1의 한계적 $p.d.f.$로 부른다. 마찬가지로

$$\begin{aligned} f_2(x_2) &= \int_{-\infty}^{\infty} f(x_1, x_2)dx_1 \ (\text{연속형의 경우}) \\ &= \sum_{x_1} f(x_1, x_2) \qquad (\text{불연속형의 경우}) \end{aligned}$$

를 x_2의 한계적 $p.d.f.$로 부른다.

예제 2 무작위로 동일크기와 모양을 갖는 칩 10개로부터 1개를 선정하는 실험을 상정한다. 모든 칩에는 순서가 정해진 숫자가 1개의 칩에는 (1,1), 1개의 칩에는 (2,1), 2개의 칩에는 (3,1), 1개의 칩에는 (1,2), 2개의 칩에는 (2,2), 3개의 칩에는 (3,2)로 매겨져 있다고 한다. X_1과 X_2를 각각 첫 번째 숫자와 두 번째 숫자라고 정의한다. 그리하여 X_1과 X_2의 결합 $p.d.f.$ $f(x_1, x_2)$는 여타의 경우 0이고 아래와 같이 주어진다.

	X_1			
X_2	1	2	3	$f_2(x_2)$
1	$\frac{1}{10}$	$\frac{1}{10}$	$\frac{2}{10}$	$\frac{4}{10}$
2	$\frac{1}{10}$	$\frac{2}{10}$	$\frac{3}{10}$	$\frac{6}{10}$
$f_1(x_1)$	$\frac{2}{10}$	$\frac{3}{10}$	$\frac{5}{10}$	

결합 확률이 종횡으로 합산되어 X_1과 X_2의 한계적 확률밀도함수로 표시 되었다. 이를 위해 $f(x_1, x_2)$에 대한 공식이 필요하지 않음을 알 수 있다.

예제 3 무작위로 보험계약자 10명 중 1인을 선정하는 것을 상정한다. 각각의 계약자는 A, B 혹은 C지역에 속해 있거나, 고 할인 계층 혹은 저 할인 계층에 속해 있다. 무작위변수 X_1은 A, B 및 C지역일 경우 1, 2, 3의 값이 할당 되고, 무작위변수 X_2는 고 할인 계층 시 1, 저 할인 계층 시 2가 할당된다고 한다.

A지역이고, 고 할인 계층인 계약자는 1인, 저 할인 계약자는 2인,
B지역이고, 고 할인 계층인 계약자는 2인, 저 할인 계약자는 1인,
C지역이고, 고 할인 계층인 계약자는 1인, 저 할인 계약자는 3인

이라 할 때 아래와 같은 $p.d.f.$을 구할 수 있다.

X_2		X_1			
		A	B	C	$f_2(x_2)$
		1	2	3	
고	1	$\frac{1}{10}$	$\frac{2}{10}$	$\frac{1}{10}$	$\frac{4}{10}$
저	2	$\frac{2}{10}$	$\frac{1}{10}$	$\frac{3}{10}$	$\frac{6}{10}$
$f_1(x_1)$		$\frac{3}{10}$	$\frac{3}{10}$	$\frac{4}{10}$	

예제 4 X_1 및 X_2의 결합 $p.d.f.$가 아래와 같이 정의된다:

$$f(x_1, x_2) = x_1 + x_2,\ 0 < x_1 < 1,\ 0 < x_2 < 1,$$
$$= 0,\quad \text{여타의 경우}$$

X_1에 대한 한계적 $p.d.f.$는

$$f_1(x_1) = \int_0^1 (x_1 + x_2)dx_2 = x_1 + \frac{1}{2},\ 0 < x_1 < 1,$$
$$= 0,\quad \text{여타의 경우}$$

X_2에 대한 한계적 $p.d.f.$는

$$f_2(x_2) = \int_0^1 (x_1 + x_2)dx_1 = \frac{1}{2} + x_2,\ 0 < x_2 < 1,$$
$$= 0,\quad \text{여타의 경우가 된다.}$$

$Pr(X_1 \le \frac{1}{2})$값은 $f(x_1)$이나, $f(x_1, x_2)$로부터 구할 수 있는데, 이는

$\int_0^{1/2}\int_0^1 f(x_1, x_2)dx_2dx_1 = \int_0^{1/2} f_1(x_1)dx_1 = \frac{3}{8}$이 되기 때문이다. 그러나 $Pr(x_1 + x_2 \le 1)$과 같은 값을 구하기 위해서는 아래와 같이 결합 $p.d.f.$ $f(x_1, x_2)$을 사용하여야 한다:

$$\int_0^1\int_0^{1-x_1}(x_1+x_2)dx_2dx_1 = \int_0^1 [x_1(1-x_1) + \frac{(1-x_1)^2}{2}]dx_1$$
$$= \int_0^1 (1/2 - 1/2x_1^2)dx_1 = 1/3$$

이는 집합 $\{(x_1, x_2); 0 < x_1, 0 < x_2, x_1 + x_2 \le 1\}$ 위에 정의된 표면이 $f(x_1, x_2) = x_1 + x_2$인 입체가 된다.

II • 조건부 분포 및 그 기댓값

이제 양 무작위변수에 대한 조건부 $p.d.f.$의 개념에 대해 논하기로 한다. x_1 및 x_2가 불연속형 무작위변수로 $\mathcal{A}$에 대해 양의 값을 갖고, 여타의 경우 0인 결합 $p.d.f.$ $f(x_1, x_2)$를 갖는다. $f_1(x_1)$과 $f_2(x_2)$가 x_1및 x_2의 한계적 확률밀도함수를 표시한다고 한다. $A_1 = \{(x_1, x_2) : x_1 = x'_1, -\infty < x_2 < \infty\}$이며, 여기서 x'_1는 $P(A_1) = Pr(X_1 = x'_1) = f_1(x'_1) > 0$이며, $A_2 = \{(x_1, x_2) : -\infty < x_1 < \infty, x_1 = x'_2\}$이다. 그러면 정의에 의해 A_1사건이 주어진 하에서의 A_2사건의 조건부 확률은

$$P(A_2 \mid A_1) = \frac{P(A_1 \cap A_2)}{P(A_1)} = \frac{\Pr(X_1 = x_1', X_2 = x_2')}{\Pr(x_1 = x'_1)} = \frac{f(x_1', x'_2)}{f(x_1')}$$이 된다.

즉 (x_1, x_2)가 $f_1(x_1) > 0$인 임의의 점이라고 하면, $X_1 = x_1$이 주어진 하에서의 조건부 확률 $X_2 = x_2$는 $f(x_1, x_2)/f_1(x_1)$이 된다. x_1이 주어진 하에서, $f_1(x_1) > 0$일 경우 x_2에 대한 위 함수는 불연속형 무작위변수 X_2의 $p.d.f.$조건을 충족시키는데, 이는 $f(x_1, x_2)/f_1(x_1)$이 비음수(nonnegative)이고, $\sum_{x_2}\frac{f(x_1, x_2)}{f_1(x_1)} = \frac{1}{f_1(x_1)}\sum_{x_2} f(x_1, x_2) = \frac{f_1(x_1)}{f_1(x_1)} = 1$이 되기 때문이다.

$f_{2|1}(x_2 | x_1)$는 $f_{2|1}(x_2 | x_1) = \dfrac{f(x_1, x_2)}{f_1(x_1)}$, $f_1(x_1) > 0$으로 정의되고, $f_{2|1}(x_2 | x_1)$을 불연속형 무작위변수 $X_1 = x_1$가 주어진 하에서의 불연속형 무작위변수 x_2의 조건부 $p.d.f.$라 한다.

이제 X_1 및 X_2를 결합 $p.d.f.$ $f(x_1, x_2)$와 한계적 확률밀도함수 $f_1(x_1)$와 $f_2(x_2)$를 가지는 연속형 무작위변수라고 하면, 불연속형의 경우와 마찬가지로, $f_1(x_1) > 0$일 때, $f_{2|1}(x_2 | x_1)$은 $f_{2|1}(x_2 | x_1) = \dfrac{f(x_1, x_2)}{f_1(x_1)}$로 정의된다. 여기서 x_1은 $f_1(x_1) > 0$인 임의의 고정값을 갖는 것으로 되어 있다. $f_{2|1}(x_2 | x_1)$은 비음수이며,

$$\int_{-\infty}^{\infty} f_{2|1}(x_2 | x_1) dx_2 = \int_{-\infty}^{\infty} \frac{f(x_1, x_2)}{f_1(x_1)} dx_2 = \frac{1}{f_1(x_1)} \int_{-\infty}^{\infty} f(x_1, x_2) dx_2$$
$$= \frac{1}{f_1(x_1)} f_1(x_1) = 1$$

이 된다. 이는 $f_{2|1}(x_2 | x_1)$가 연속형 무작위변수의 $p.d.f.$ 특성을 가짐을 의미한다. $f_2(x_2) > 0$일 때 연속형 무작위변수 X_2가 x_2의 값을 갖는다는 조건하에서의 연속형 무작위변수 X_1의 조건부 $p.d.f.$는 $f_{1|2}(x_1 | x_2) = \dfrac{f(x_1, x_2)}{f_2(x_2)}$, $f_2(x_2) > 0$으로 정의된다.

(연속형이든, 불연속형이든), $f_{2|1}(x_2 | x_1)$ 및 $f_{1|2}(x_1 | x_2)$ 각각은 한 개의 무작위변수에 대한 $p.d.f.$이므로 모든 $p.d.f.$의 특성을 갖는다. 그리하여 확률값과 수리적 기댓값을 계산할 수 있다. 무작위변수가 연속형이면, 확률

$$Pr(a < X_2 < b | X_1 = x_1) = \int_a^b f_{2|1}(x_2 | x_1) dx_2$$

는 $X_1 = x_1$으로 주어진 하에서의 $a < X_2 < b$인 조건부확률이라 한다. 확률

$$Pr(c < X_1 < d | X_2 = x_2) = \int_c^d f_{1|2}(x_1 | x_2) dx_1$$

는 $X_2 = x_2$로 주어진 하에서의 $c < X_1 < d$인 조건부 확률이라 한다.

$u(X_2)$가 X_2의 함수라고 하면, 기댓값 $E[u(X_2) | x_1] = \int_{-\infty}^{\infty} u(x_2) f_{2|1}(x_2 | x_1)$

dx_2는 $X_1 = x_1$으로 주어진 하에서의 $u(X_2)$의 조건부 기댓값이라 한다.

그 값이 존재한다면, $E(X_2 \mid x_1)$은 평균이 되고, $E\{[X_2 - E(X_2 \mid X_1)]^2 \mid x_1]\}$는 $X_1 = x_1$으로 주어진 하에서의 X_2의 조건부 분포에 대한 분산이 된다. 위 식은 간단하게 $var(X_2|x_1)$으로 표시될 수 있다. 이는 $X_1 = x_1$으로 주어진 하에서의 X_2의 조건부 평균 및 조건부 분산으로 불리어 진다. 물론, $var(X_2 \mid x_1) = E(X_2^2 \mid x_1) - [E(X_2 \mid x_1)]^2$이 된다.

$X_2 = x_2$로 주어진 하에서의 $u(X_1)$에 대한 조건부 기댓값은 $E[u(X_1) \mid x_2] = \int_{-\infty}^{\infty} u(x_1) f_{1|2}(x_1 \mid x_2) dx_1$으로 주어진다.

불연속형 무작위변수의 경우에 있어서의 조건부 확률값과 기댓값은 적분 대신 합산으로 계산 되는데, 아래에서 예를 들었다.

예제 5 X_1과 X_2가 결합 $p.d.f.$

$$f(x_1, x_2) = 2, \ 0 < x_1 < x_2 < 1,$$
$$= 0, \qquad \text{여타의 경우}$$

를 갖는다고 하자. 그러면 그와 함께 한계적 확률밀도함수는,

$$f_1(x_1) = \int_{x_1}^{1} 2dx_2 = 2(1 - x_1), \ 0 < x_1 < 1,$$
$$= 0, \qquad \text{여타의 경우가 되고,}$$
$$f_2(x_2) = \int_{0}^{x_2} 2dx_1 = 2x_2, \ 0 < x_2 < 1,$$
$$= 0, \qquad \text{여타의 경우가 된다.}$$

$X_2 = x_2, 0 < x_2 < 1$일 때의 X_1의 조건부 확률은

$$f_{1|2}(x_1 \mid x_2) = \frac{2}{2x_2} = \frac{1}{x_2}, \ 0 < x_1 < x_2,$$
$$= 0, \qquad \text{여타의 경우가 된다.}$$

여기서 $X_2 = x_2$일 때의 X_1에 대한 조건부 평균과 조건부 분산은,

$$E(X_1 \mid x_2) = \int_{-\infty}^{\infty} x_1 f_{1|2}(x_1 \mid x_2) dx_1$$
$$= \int_{0}^{x_2} x_1 \left(\frac{1}{x_2}\right) dx_1 \text{여서,}$$

$$= \frac{x_2}{2}, \ 0 < x_2 < 1\text{이며,}$$

$$var(X_1|x_2) = \int_0^{x_2} (x_1 - \frac{x_2}{2})^2 (\frac{1}{x_2}) dx_1$$

$$= \frac{x_2^2}{12}, \ 0 < x_2 < 1\text{이 된다.}$$

마지막으로, $Pr(0 < X_1 < \frac{1}{2} \mid X_2 = \frac{3}{4})$와 $Pr(0 < X_1 < \frac{1}{2})$값을 비교해 보겠는데, $Pr(0 < X_1 < \frac{1}{2} | X_2 = \frac{3}{4}) = \int_0^{1/2} f_{1|2}(x_1 \mid \frac{3}{4}) dx = \int_0^{1/2} (\frac{4}{3}) dx_1 = \frac{2}{3}$이나, $Pr(0 < X_1 < \frac{1}{2}) = \int_0^{1/2} f_1(x_1) dx_1 = \int_0^{1/2} 2(1 - x_1) dx_1 = \frac{3}{4}$이 된다.

$E(X_2 | x_1)$은 x_1에 대한 함수이므로, $E(X_2 \mid X_1)$은 자체의 분포평균 및 분산을 갖는 무작위변수이다. 아래의 예제를 고려해 보기로 하자.

예제 6 X_1과 X_2가 아래의 결합 $p.d.f.$을 갖는다고 하자:

$$f(x_1, x_2) = 6x_2, 0 < x_2 < x_1 < 1,$$
$$= 0, \quad \text{여타의 경우}$$

X_1의 한계적 $p.d.f.$는

$$f_1(x_1) = \int_0^{x_1} 6x_2 dx_2 = 3x_1^2, \quad 0 < x_1 < 1,$$
$$= 0, \quad \text{여타의 경우가 된다.}$$

$X_1 = x_1$일 때의 X_2에 대한 조건부 $p.d.f.$는

$$f_{2|1}(x_2 \mid x_1) = \frac{6x_2}{3x_1^2} = \frac{2x_2}{x_1^2}, \ 0 < x_2 < x_1,$$
$$= 0, \quad \text{여타의 경우이며}$$

여기서 $0 < x_1 < 1$이다. $X_1 = x_1$일 때의 조건부 평균은

$$E(X_2 \mid x_1) = \int_0^{x_1} x_2 (\frac{2x_2}{x_1^2}) dx_2 = \frac{2}{3} x_1, \ 0 < x_1 < 1\text{가 된다.}$$

이제 $E(X_2 \mid X_1) = 2X_1/3$ 자체가 무작위변수가 되며, 이를 Y로 표시하기로 하자. 분포함수 $Y = 2X_1/3$은

$$G(y) = Pr(Y \le y) = Pr(X_1 \le \frac{3y}{2}),\ 0 \le y < \frac{2}{3}$$ 이다.

$p.d.f.\ f_1(x_1)$으로부터, $G(y) = \int_0^{3y/2} 3x_1^2 dx_1 = \frac{27y^3}{8}, \quad 0 \le y < \frac{2}{3}$가 된다.

물론 $y < 0$이면, $G(y) = 0$이고 $\frac{2}{3} < y$이면, $G(y) = 1$이 된다.

$Y = \frac{2X_1}{3}$의 $p.d.f.$ 평균 및 분산은,

$$g(y) = \frac{81y^2}{8},\ 0 \le y < \frac{2}{3},$$

$$= 0, \quad \text{여타의 경우 이므로}$$

$E(Y) = \int_0^{2/3} y(\frac{81y^2}{8})dy = \frac{1}{2},\ var(Y) = \int_0^{2/3} y^2(\frac{81y^2}{8})dy - \frac{1}{4} = \frac{1}{60}$이 된다.

X_2의 한계적 $p.d.f.$는

$$f_2(x_2) = \int_{x_2}^1 6x_2 dx_1 = 6x_2(1-x_2),\ 0 < x_2 < 1,$$

$$= 0, \quad \text{여타의 경우이므로,}$$

$E(X_2) = \frac{1}{2}$이고 $var(X_2) = \frac{1}{20}$임을 쉽게 보일 수 있다.

즉 여기서 $E(Y) = E[E(X_2 / X_1)] = E[X_2]$이나, $var(Y) = var[E(X_2 \mid X_1)] \le var(X_2)$이다.

예제 6은 새로운 정의에 대해 적용할 수 있는 기회를 제공할 뿐 아니라, 무작위변수의 함수 즉 $Y = 2X_1/3$의 분포를 발견하는데 필요한 분포함수 기법을 제공해 주는 좋은 예라 할 수 있다. 일반적으로, $E[E(X_2)|X_1)] = E(X_2)$이고, $var[E(X_2 \mid X_1)] \le var(X_2)$여서 예제 6의 마지막 관찰값들은 우연의 산물이 아니다. 이를 증명하기 위해서는 양 무작위변수에 대한 함수 즉 $u(X_1, X_2)$에 대한 기댓값에 대해 언급하여야 한다. 연속형의 경우에 대해서 언급할 것이나, 불연속형의 경우에도 마찬가지로 적용된다.

물론, $Y = u(X_1, X_2)$는 무작위변수이고, $p.d.f.$, 예를 들어 $g(y)$을 가지며, $E(Y) = \int_{-\infty}^{\infty} yg(y)dy$로 정의된다. 그러나 $E(Y)$는 $E[u(X_1, X_2)] = \int_{-\infty}^{\infty}\int_{-\infty}^{\infty} u(x_1, x_2)f(x_1, x_2)dx_1dx_2$로 표시된다.

$E[u(X_1, X_2)]$을 $u(X_1, X_2)$의 기댓값이라 하며, 변수가 하나일 경우와 같이 선형 오퍼레이터임을 보일 수 있다.

X_2기댓값은 아래와 같이 두 가지 방법으로 구할 수 있다:

$$E(x_2) = \int_{-\infty}^{\infty}\int_{-\infty}^{\infty} x_2 f(x_1, x_2) dx_1 x_2 = \int_{-\infty}^{\infty} x_2 f_2(x_2) dx_2$$

후자의 단일 적분은 우선 x_1에 대해 적분한 후 구할 수 있다.

예제 7 X_1과 X_2가 아래의 $p.d.f.$를 갖는다고 하자.

$$f(x_1, x_2) = 8x_1x_2,\ 0 < x_1 < x_2 < 1,$$
$$= 0, \qquad \text{여타의 경우.}$$

$$E(X_1X_2^2) = \int_{-\infty}^{\infty}\int_{-\infty}^{\infty} x_1x_2^2 f(x_1, x_2) dx_1 dx_2$$
$$= \int_0^1\int_0^{x_2} 8x_1^2x_2^3 dx_1 dx_2$$
$$= \int_0^1 \frac{8}{3}x_2^6 dx_2 = \frac{8}{21} \text{이 된다.}$$

아울러, $E(X_2) = \int_0^1\int_0^{x_2} x_2(8x_1x_2) dx_1 dx_2 = \frac{4}{5}$ 이다.

X_2의 $p.d.f.$ $f_2(x_2) = 4x_2^3,\ 0 < x_2 < 1,\ = 0$ 여타의 경우에 있어서, $E(X_2)$는

$E(X_2) = \int_0^1 x_2(4x_2^3) dx_2 = \frac{4}{5}$ 로 구할 수도 있다.

최종적으로, $E(7x_1x_2^2 + 5x_2) = 7E(X_1X_2^2) + 5E(X_2)$

$$= (7)(\frac{8}{21}) = (5)(\frac{4}{5}) = \frac{20}{3} \text{이 된다.}$$

$E[E(X_2 \mid X_1)] = E(X_2)$ 이고, $var[E(X_2 \mid X_1)] \leq var(X_2)$ 임을

$$E(X_2) = \int_{-\infty}^{\infty}\int_{-\infty}^{\infty} x_2 f(x_1, x_2) dx_1 dx_2$$
$$= \int_{-\infty}^{\infty}\int_{-\infty}^{\infty} x_2 f(x_1, x_2) dx_2 dx_1$$
$$= \int_{-\infty}^{\infty} [\int_{-\infty}^{\infty} x_2 \frac{f(x_1, x_2)}{f_1(x_1)} dx_2] f_1(x_1) dx_1$$

$$= \int_{-\infty}^{\infty} E(x_2 \mid x_1) f_1(x_1) dx_1$$
$$= E[E(x_2 \mid x_1)]$$

의 관계가 성립함을 보임으로써 증명할 수 있다.

$$\begin{aligned} \mu_2 = E(x_2),\ var(X_2) &= E[(X_2 - \mu_2)^2] \\ &= E\{[X_2 - E(X_2 \mid X_1) + E(X_2 \mid X_1) - \mu_2]^2\} \\ &= E\{[X_2 - E(X_2 \mid X_1)^2\} + E\{[E(X_2 \mid X_1) - \mu_2]^2\} + 2E\{[X_2 - E(X_2 \mid X_1)] \\ &\quad [E(X_2 \mid X_1) - \mu_2]\} \end{aligned}$$

이며, 마지막 항목이 0인 것을 보일 수 있는데,

$$2\int_{-\infty}^{\infty}\int_{-\infty}^{\infty}[x_2 - E(X_2 \mid x_1)][E(X_2 \mid x_1) - \mu_2] f(x_1, x_2) dx_2 x_1$$
$$= 2\int_{-\infty}^{\infty}[E(X_2 \mid x_1) - \mu_2] \times \{\int_{-\infty}^{\infty}[x_2 - E(X_2 \mid x_1)]\frac{f(x_1, x_2)}{f_1(x_1)} dx_2\} f_1(x_1) dx_1$$

가 된다. 그러나 $E(X_2 \mid x_1)$은 $X_1 = x_1$일 때의 조건부 평균이고, 중간 괄호안의 값은 $E(X_2 \mid x_1) - E(X_2 \mid x_1) = 0$이 된다.

그리하여 $var(X_2) = E\{[X_2 - E(X_2 \mid X_1)]^2\} + E\{[E(X_2 \mid X_1) - \mu_2]^2\}$가 된다.

우편의 첫 번째 항목은 비음수 함수의 기댓값이므로 비음수이고, 두 번째 항목은 $E[E(X_2 \mid X_1)] = \mu_2$이므로 $var[E(X_2 \mid X_1)]$이 된다. 그리하여 $var(X_2) \geq var[E(X_2 \mid X_1)]$이 된다. 직관적으로 볼 때, 이 결과는 유용한 해석을 가능케 한다. 무작위변수 X_2와 $E(X_2 \mid X_1)$이 동일한 평균값 μ_2를 소지한다. μ_2의 값을 모를 때, 그 값을 추정하기 위해 양 무작위변수 중 하나를 사용할 수 있다.

$var(X_2) \geq var[E(X_2 \mid X_1)]$이므로, 추정치 값으로 $E(X_2 \mid X_1)$에 더 무게를 둔다. 즉 (X_1, X_2)쌍의 값으로 (x_1, x_2)을 관측하였을 때, 부지의 μ_2 값을 추정하기 위해 $E(X_2 \mid X_1)$가 더 선호된다는 것이다.

Ⅲ 상관계수(The Correlation Coefficient)

두 무작위변수를 표시하기 위해 X_1 및 X_2보다는 우리에게 더 친밀한 X와 Y를 사용하겠다.

X 및 Y가 결합 $p.d.f.$ $f(x, y)$를 갖는다고 한다. $u(x, y)$을 x 및 y에 관한 함수라고 하면, Ⅱ절에서처럼 그 값이 존재하는 한 $E[u(x, y)]$가 정의되었다. 본 절에서는 모든 수리적 기댓값이 존재한다고 가정하기로 한다. X 및 Y의 평균값 μ_1및 μ_2는 $u(x, y)$값을 x 및 y로 각각 취함으로 구해지고, X 및 Y의 분산 값 σ_1^2 및 σ_2^2는 함수 $u(x, y)$를 각각 $(x-\mu_1)^2$ 및 $(y-\mu_2)^2$로 취함으로써 구해진다. 아래와 같은 수리적 기댓값을 생각해 보자:

$$\begin{aligned} E[(X-\mu_1)(Y-\mu_2)] &= E[XY-\mu_2X-\mu_1Y+\mu_1\mu_2] \\ &= E(XY)-\mu_2E(X)-\mu_1E(Y)+\mu_1\mu_2 \\ &= E(XY)-\mu_1\mu_2 \end{aligned}$$

이를 X 및 Y의 공분산이라 하고 종종 $Cov(X, Y)$로 표시된다.

각각의 σ_1 및 σ_2값이 양수이면,

$$\rho = \frac{E[(X-\mu_1)(Y-\mu_2)]}{\sigma_1\sigma_2} = \frac{Cov(X, Y)}{\sigma_1\sigma_2}$$

를 X 및 Y의 상관계수라고 부른다. 표준편차가 양수이면, 모든 두 무작위변수의 상관계수는 두 무작위변수의 공분산을 두 무작위변수 표준편차의 곱으로 나눈 값으로 표시된다. 또한 두 무작위변수 곱에 대한 기댓값은 두 무작위변수 각각의 기댓값의 곱에 공분산을 더한 값 즉

$$E(XY) = \mu_1\mu_2 + \rho\sigma_1\sigma_2 = \mu_1\mu_2 + Cov(X, Y)$$

로 정의됨을 주목하기 바란다.

예제 8 무작위변수 X 및 Y의 결합 $p.d.f.$가 아래와 같다고 하자:

$$f(x, y) = x+y,\ 0<x<1,\ 0<y<1,$$

$$=0, \quad \text{기타의 경우,}$$

X 및 Y에 대한 상관계수를 계산할 것인데, 무작위변수가 두 개일 때를 고려한다면, 상관계수를 ρ로 표시해도 무방하다. 실제 값을 계산해 보면,

$\mu_1 = E(X) = \int_0^1 \int_0^1 x(x+y)dxdy = \frac{7}{12}$이 되고

$\sigma_1^2 = E(X^2) - \mu_1^2 = \int_0^1 \int_0^1 x^2(x+y)dxdy - (\frac{7}{12})^2 = \frac{11}{144}$이 된다.

마찬가지로, $\mu_2 = E(Y) = \frac{7}{12}$이 되고, $\sigma_2^2 = E(Y^2) - \mu_2^2 = \frac{11}{144}$이 된다. X 및 Y의 공분산은, $E(XY) - \mu_1\mu_2 = \int_0^1 \int_0^1 xy(x+y)dxdy - (\frac{7}{12})^2 = -\frac{1}{144}$가 되어, X 및 Y의 상관계수는 $\rho = \frac{-\frac{1}{144}}{\sqrt{(\frac{11}{144})(\frac{11}{144})}} = -\frac{1}{11}$이 된다.

* **참조:** 특정 종류의 두 무작위변수에 대한 분포에 있어서 상관계수 ρ는 분포에 있어서 매우 유용한 특성을 띰이 입증되었다. 불행하게도, ρ에 대한 정의는 이러한 사실을 나타내주지 못하고 있다. 훗날 보다 더 심도 깊은 분석을 하게 되겠지만 여기에서는 ρ에 대한 몇 가지 관측에 대해 언급하기로 하겠다. 곧 보이겠지만, 두 변수의 결합 분포가 상관계수를 가지면(즉 양 분산이 양의 값을 가지면) 값은 $-1 \le \rho \le 1$조건을 충족시킨다. $\rho=1$이면 그래프가 X 및 Y분포에 대한 모든 확률점을 포함하는 방정식 $y=a+bx, b>0$로 표시되는 선이 존재하게 된다. 이와 같은 극단의 경우 $Pr(Y=a+bX)=1$이 된다. $\rho=-1$이면, $1<0$인 것 외에는 동일한 상태가 성립되게 된다. 이는 아래와 같은 질문을 가능케 한다. ρ값이 -1이나 1이 아닌 경우, X및 Y에 대한 확률점이 그 선을 중심으로 하여 집중되는 선이 존재 하는가? 특정의 제한적 조건하에서 그러한 선이 존재하며, 그러한 조건하에서 ρ값은 그 선에 대한 X 및 Y에 대한 확률 점의 집중의 정도를 표시하는 측정치가 되게 된다.

다음으로 $f(x, y)$가 두 무작위변수 X 및 Y의 결합 $p.d.f.$를 표시하며, $f_1(x)$가 X의 한계적 $p.d.f.$를 표시한다고 하자. 그러면 $f_1(x)>0$일 때 $X=x$로 주어진 하에서의 Y의 조건부 $p.d.f.$는 $f_{2|1}(y|x) = \frac{f(x, y)}{f_1(x)}$로 표시된다. 그리고 $X=x$로 주어진 하에서의 Y의 조건부 평균값은 연속형태의 무작위변수일 때

$$E(Y|x) = \int_{-\infty}^{\infty} y f_{2|1}(y\,|\,x)dy = \frac{\int_{-\infty}^{\infty} y f(x,\, y)dy}{f_1(x)}$$ 로 주어지게 된다.

$X=x$로 주어진 하에서의 Y의 조건부 평균은 물론 x에 대해서 만의 함수 $u(x)$가 된다. 마찬가지로 $Y=y$로 주어진 하에서의 X의 조건부 평균은 y에 대해서 만의 함수 $v(y)$가 된다.

$u(x)$가 $u(x)=a+bx$와 같은 x에 대한 선형 함수일 경우, Y의 조건부 평균은 x에 대해 선형이라고 하거나, Y는 선형 조건부평균을 가진다고 한다. $u(x)=a+bx$일 때, 상수 a 및 b는 이제 결정되어야 하는 단순값이 된다.

X 및 Y의 분산인 σ_1^2 및 σ_2^2는 0이 아니라는 가정을 한다.

$$E(Y|x) = \frac{\int_{-\infty}^{\infty} y f(x,\, y)dy}{f_1(x)} = a+bx$$ 로부터

$$\int_{-\infty}^{\infty} y f(x,\, y)dy = (a+bx)f_1(x) \tag{2.1}$$

을 얻을 수 있다. (2.1)의 식 양 항을 x대해 적분을 하면, $E(Y)=a+bE(X)$, 혹은

$$\mu_2 = a + b\mu_1 \tag{2.2}$$

이 된다. 여기서 $\mu_1 = E(X)$이고 $\mu_2 = E(Y)$이다. 식 (2.1)의 양 항에 대해 x를 곱하고, 다시 x에 대해 적분을 취하면, $E(XY) = aE(X) + bE(X^2)$, 혹은

$$\rho\sigma_1\sigma_2 + \mu_1\mu_2 = a\mu_1 + b(\sigma_1^2 + \mu_1^2), \tag{2.3}$$

이 된다. 여기서 $\rho\sigma_1\sigma_2$는 X 및 Y에 대한 공분산이다. 식 (2.2) 및 (2.3)의 연립방정식을 풀면,

$$a = \mu_2 - \rho\frac{\sigma_2}{\sigma_1}\mu_1$$ 이 되고 $$b = \rho\frac{\sigma_2}{\sigma_1}$$ 가 된다.

즉 $u(x) = E(Y|\,x) = \mu_2 + \rho\dfrac{\sigma_2}{\sigma_1}(x-\mu_1)$이 된다.

그리하여 $X=x$로 주어진 하에서의 Y의 조건부 평균 Y는 Y의 조건부 평

균이 x에 대해 선형일 때, $u(y)=E(Y|x)=\mu_2+\rho\frac{\sigma_2}{\sigma_1}(x-\mu_1)$의 값을 갖는다고 한다.

$Y=y$로 주어진 하에서의 X의 조건부 평균이 y에 대해 선형이면, 조건부 평균 $v(y)$는 $v(y)=E(X|y)=\mu_1+\rho\frac{\sigma_2}{\sigma_1}(y-\mu_2)$로 주어진다.

다음으로 조건부 평균이 선형이라는 가정 하에서 조건부 분포의 분산 값에 대해서 살펴보기로 한다. Y의 조건부 분산은 무작위변수가 연속형일 때 아래와 같이 주어진다.

$$var(Y|x)=\int_{-\infty}^{\infty}[y-\mu_2-\rho\frac{\sigma_2}{\sigma_1}(x-\mu_1)]^2 f_{2|1}(y|x)dy$$
$$=\frac{\int_{-\infty}^{\infty}[(y-\mu_2)-\rho\frac{\sigma_2}{\sigma_1}(x-\mu_1)]^2 f(x,y)dy}{f_1(x)} \tag{2.4}$$

본 분산은 비음수이고 x에 대해서 만의 함수이다. 그렇다면, $f_1(x)$을 곱하고 x에 대해 적분하면, 그 결과치는 여전히 비음수이며, 아래와 같이 표시된다.

$$\int_{-\infty}^{\infty}\int_{-\infty}^{\infty}[(y-\mu_2-\rho\frac{\sigma_2}{\sigma_1}(x-\mu_1)]^2 f(x,y)dydx$$
$$=\int_{-\infty}^{\infty}\int_{-\infty}^{\infty}[(y-\mu_2)^2-2\rho\frac{\sigma_2}{\sigma_1}(y-\mu_2)(x-\mu_1)+\rho^2\frac{\sigma_2^2}{\sigma_1^2}E[(X-\mu_1)^2]f(x,y)dydx$$
$$=E[(Y-\mu_2)^2]-2\rho\frac{\sigma_2}{\sigma_1}E[(X-\mu_1)(Y-\mu_2)]+\rho^2\frac{\sigma_2^2}{\sigma_1^2}E[(X-\mu_1)^2]$$
$$=\sigma_2^2-2\rho\frac{\sigma_2}{\sigma_1}\rho\sigma_1\sigma_2+\rho\frac{\sigma_2^2}{\sigma_1^2}\sigma_1^2$$
$$=\sigma_2^2-2\rho^2\sigma_2^2+\rho^2\sigma_2^2=\sigma_2^2(1-\rho^2)\geq 0.$$

그리하여 분산 즉 식 (2.4)를 $k(x)$로 표시하면, $E[k(X)]=\sigma_2^2(1-\sigma^2)\geq 0$이 된다.

따라서 $\rho^2\leq 1$ 혹은 $-1\leq\rho\leq 1$이 된다.

예를 들어, 분산 즉 식 (2.4)가 양의 값을 가지나, x에 대한 함수가 아니라 하면, 즉 분산 $k>0$인 상수하고 하자. k에 $f_1(x)$를 곱하고 x에 대해 적분하면, 그 결과 값은 k가 되어 $k=\sigma_2^2(1-\rho^2)$이 된다. 그리하여, 이 경우 $X=x$로 주어진 하에서의 Y의 조건분 분포의 분산은 $\sigma_2^2(1-\rho^2)$이 된다.

$\rho=0$이라면, $X=x$로 주어진 하에서의 Y의 조건부 분포의 분산 값은 σ_2^2이 되어, Y의 한계적 분포의 분산값이 된다. 한편 ρ^2가 1에 근접하면 $X=x$로 주어진 하에서의 Y의 조건부 분포의 분산 값은 상대적으로 작고, ρ^2값은 평균값 $E(Y\mid x)=\mu_2+\rho(\sigma_2/\sigma_1)(x-\mu_1)$ 근처에 동 조건부 분포의 확률점이 높은 집중도를 나타내게 된다.

예제 9 무작위변수 X 및 Y가 선형 조건부평균 $E(Y|x)=4x+3$ 및 $E(Y|y)=\frac{1}{16}y-3$을 갖는다고 하자. 선형 조건부평균에 대한 일반 공식에 의하면 $x=\mu_1$이라면 $E(Y|x)=\mu_2$가 되고 $y=\mu_2$라면, $E(X|y)=\mu_1$이 된다. 그리하여 이 경우 $\mu_2=4\mu_1+3$ 및 $\mu_1=\frac{1}{16}\mu_2-3$이 되어 $\mu_1=\frac{15}{4}$ 및 $\mu_2=-12$가 된다. 선형 조건부 평균에 대한 일반 공식에 의하면, x 및 y 계수의 곱은 ρ^2과 같고 양 계수를 나눈 값은 σ_2^2/σ_1^2이 된다. 여기서 $\rho^2=4(\frac{1}{16})=\frac{1}{4}$이어서 $\rho=\frac{1}{2}(-\frac{1}{2}$이 아님)이 되고 $\sigma_2^2/\sigma_1^2=64$가 된다. 그리하여, 양 선형 조건부 평균으로부터 μ_1, μ_2, ρ 및 σ_2/σ_1값을 구할 수 있었으나, σ_1 및 σ_2값을 구할 수는 없었다.

예제 10 특정 선에 대해 X 및 Y에 대한 확률점의 집중도를 상관계수를 사용하여 측정하는 것을 설명하기 위해, [그림 2-1]에 표시되어 있는 영역에서 양 무작위변수가 균일분포를 가진다고 하자. 즉 X 및 Y의 결합 $p.d.f.$는 아래와 같이 주어진다:

$$f(x, y)=\frac{1}{4ah},\ -a+bx<y<a+bx,\ -h<x<h,$$
$$=0, \quad \text{여타의 경우}.$$

그림 2-1

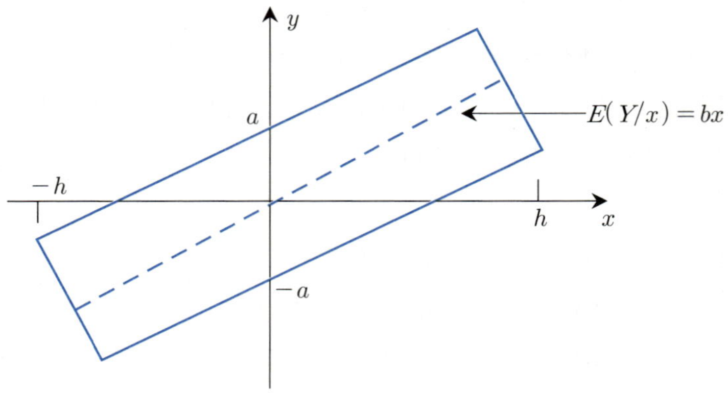

여기서 $b \ge 0$이라 가정하나, $b \le 0$인 경우에도 마찬가지로 성립한다. X의 *p.d.f.*가 균일하다는 것은 쉽게 보일 수 있다. 즉

$$f_1(x) = \int_{-a+bx}^{a+bx} \frac{1}{4ah} dy = \frac{1}{2h}, \quad -h < x < h,$$
$$= 0, \quad \text{여타의 경우가 된다.}$$

그리하여 $X=x$로 주어진 하에서의 Y의 조건부 *p.d.f.*는 균일하여

$$f_{2|1}(y \mid x) = \frac{1/4ah}{1/2h} = \frac{1}{2a}, \quad -a+bx < y < a+bx,$$
$$= 0, \quad \text{여타의 경우가 된다.}$$

조건부 평균과 분산은 $E(Y \mid x) = bx$ 및 $var(Y \mid x) = \frac{a^2}{3}$이 된다.

또한 조건부 평균과 분산의 일반 공식으로부터 $b = \rho \frac{\sigma_2}{\sigma_1}$ 및 $\frac{a^2}{3} = \sigma_2^2(1-\rho^2)$이 성립함을 알 수 있다. 게다가 $\sigma_2^2 = h^2/3$임을 알 수 있다. 위의 관계를 이용하여 3차 연립방정식을 풀면, 상관계수는 아래와 같이 표현됨을 알 수 있다:

$$\rho = \frac{bh}{\sqrt{a^2 + b^2h^2}}$$

[그림 2-1]과 연관하여 아래의 관계를 도출할 수 있다.

1. a가 작아(커)질수록, 직선효과가 보다 우세(열세)해져, ρ값은 1(0)에 가까워진다.
2. h가 커(작아)질수록, 직선효과가 보다 우세(열세)해져, ρ값은 1(0)에 가까워진다.
3. b가 커(작아)질수록, 직선효과가 보다 우세(열세)해져, ρ값은 1(0)에 가까워진다.

본 절은 하나의 정의와 그에 대한 도해적 예를 제시함으로써 마무리 짓겠다. $f(x, y)$를 두 무작위변수 X 및 Y의 결합 $p.d.f.$라 하자.

$-h_1 < t_1 < h_1$, $-h_2 < t_2 < h_2$ 이고, h_1 및 h_2가 양의 수이고 $E(e^{t_1X+t_2Y})$가 존재하고 이를 $M(t_1, t_2)$로 표시하면 이는 X 및 Y의 결합분포 $m.g.f.$로 부른다.

무작위변수가 하나일 때와 마찬가지로, $m.g.f.$ $M(t_1, t_2)$는 X 및 Y의 결합분포를 완전히 결정지으며, 또한 X 및 Y의 한계적 분포 역시 결정짓는다. 실로, X의 $m.g.f.$ $M_1(t_1)$은

$$M_1(t_1) = E(e^{t_1X}) = M(t_1, 0) \text{가 되고}$$

$$M_2(t_2) = E(e^{t_2X}) = M(0, t_2) \text{가 된다.}$$

게다가 연속형 무작위변수의 경우,

$$\frac{\partial^{k+m} M(t_1, t_2)}{\partial t_1^k \partial t_2^m} = \int_{-\infty}^{\infty}\int_{-\infty}^{\infty} x^k y^m e^{t_1X+t_2Y} f(x,y)\,dxdy \text{여서}$$

$$\frac{\partial^{k+m} M(t_1, t_2)}{\partial t_1^k t_2^m} \mid_{t_1=t_2=0} = \int_{-\infty}^{\infty}\int_{-\infty}^{\infty} x^k y^m f(x, y)\,dxdy = E(X^k Y^m) \text{이 된다.}$$

예를 들어,

$$\mu_1 = E(X) = \frac{\partial M(0,0)}{\partial t_1}, \mu_2 = E(Y) = \frac{\partial M(0,0)}{\partial t_2},$$

$$\sigma_1^2 = E(X^2) - \mu_1^2 = \frac{\partial^2 M(0,0)}{\partial t_1^2} - \mu_1^2,$$

$$\sigma_2^2 = E(Y^2) - \mu_2^2 = \frac{\partial^2 M(0,0)}{\partial t_2^2} - \mu_2^2,$$

$$E[(X-\mu_1)(Y-\mu_2)] = \frac{\partial^2 M(0,0)}{\partial t_1 \partial t_2} - \mu_1\mu_2 \text{가 되며} \tag{2.5}$$

이로부터 우리는 상관계수 ρ를 계산할 수 있게 된다.

불연속형 무작위변수의 경우에도 식 (2.5)가 성립하는 것은 자명하다. 그리하여 결합분포의 $m.g.f.$를 쉽게 구할 수 있다면, 이를 이용하여 상관계수를 구할 수 있다.

아래에서 도해적 예를 제시하였으며, 여기서 $e^w = \exp(w)$로 표시한다.

예제 11 연속형 두 무작위변수의 결합 $p.d.f.$는 아래와 같이 주어진다고 하자:

$$f(x,y) = e^{-y},\ 0 < x < y < \infty,$$
$$= 0, \quad \text{여타의 경우}$$

위 결합 $p.d.f.$의 $m.g.f.$는 $t_1 + t_2 < 1$이고 $t_2 < 1$인 한

$$M(t_1,t_2) = \int_0^\infty \int_x^\infty \exp(t_1 x + t_2 y - y)\,dy\,dx$$
$$= \frac{1}{(1-t_1-t_2)(1-t_2)} \text{이 된다.}$$

이 분포의 경우 식 (2.5)는

$$\mu_1 = 1,\ \mu_2 = 2 \tag{2.6}$$
$$\sigma_1^2 = 1,\ \sigma_2^2 = 2$$
$$E[(X-\mu_1)(Y-\mu_2)] = 1\text{이 된다.}$$

잠시 식 (2.6)이 성립한다고 하면 $\rho = 1/\sqrt{2}$가 된다. 이뿐 아니라 X 및 Y 각각의 한계적 분포에 대한 $m.g.f.$는 아래와 같다:

$$M(t_1,0) = \frac{1}{1-t_1},\ t_1 < 1,$$
$$M(0,t_2) = \frac{1}{(1-t_2)^2},\ t_2 < 1.$$

이러한 각각의 $m.g.f.$는 아래의 한계적 확률밀도함수를 갖는다.

$$f_1(x) = \int_x^{\infty} e^{-y} dy = e^{-x},\ 0 < x < \infty,$$

$$= 0, \quad \text{여타의 경우,}$$

$$f_2(y) = e^{-y} \int_0^y dx = ye^{-y},\ 0 < y < \infty,$$

$$= 0, \quad \text{여타의 경우.}$$

Ⅳ 독립적 무작위변수

X_1 및 X_2를 연속 혹은 불연속형인 무작위변수라 하고, 결합 $p.d.f.$는 $f(x_1, x_2)$이고, 한계적 확률밀도함수가 각각 $f_1(x_1)$ 및 $f_2(x_2)$라 한다. 조건부 $p.d.f.$ $f_{2|1}(x_2 | x_1)$의 정의에 따라 결합 $p.d.f$ $f(x_1, x_2)$를

$f(x_1,x_2) = f_{2|1}(x_2 | x_1) \cdot f_1(x_1)$로 표시할 수 있다.

예를 들어 $f_{2|1}(x_2 | x_1)$이 x_1에 의존하지 않는다고 하면, 연속형 무작위변수에 대한 X_2의 한계적 $p.d.f.$는

$$f_2(x_2) = \int_{-\infty}^{\infty} f_{2|1}(x_2 | x_1) f_1(x_1) dx_1$$

$$= f_{2|1}(x_2 | x_1) \int_{-\infty}^{\infty} f_1(x_1) dx_1$$

$$= f_{2|1}(x_2 | x_1) \text{이 된다.}$$

따라서 $f_{2|1}(x_2 | x_1)$이 x_1에 의존하지 않을 경우 $f_2(x_2) = f_{2|1}(x_2 | x_1)$ 및 $f(x_1,x_2) = f_1(x_1)f_2(x_2)$가 된다. 그리하여 $X_1 = x_1$으로 주어진 하에서의 조건부 분포 X_2가 x_1에 독립적이라고 가정하면, $f(x_1,x_2) = f_1(x_1)f_2(x_2)$가 되며, 이는 아래와 같은 정의를 가능케 한다.

정의 2.2: 무작위변수 X_1 및 X_2의 결합 $p.d.f.$가 $f(x_1, x_2)$이고, 한계적 확률밀도함수를 각각 $f_1(x_1)$ 및 $f_2(x_2)$라 하자. 무작위변수 X_1 및 X_2는 $f(x_1,x_2) \equiv f_1(x_1)f_2(x_2)$일 때(if and only if), 독립적이라 한다. 독립적이지 않은 무작위변수는 상호의존적이라 한다.

* **참조**: 앞선 정의에 대해 추가적인 부연설명을 하겠다. 우선 두 양의 함수의 곱 $f_1(x_1)f_2(x_2)$은 곱의 공간에서 양의 함수임을 의미한다. 즉 $f_1(x_1)$과 $f_2(x_2)$가 각각의 공간 $\mathscr{A}_1$ 과 $\mathscr{A}_2$ 에서 양수이면, $f_1(x_1)$와 $f_2(x_2)$ 곱은 곱의 공간 $\mathscr{A}=\{(x_1, x_2) : x_1 \in \mathscr{A}_1,\ x_2 \in \mathscr{A}_2\}$에서 양수임을 의미한다(if and only if). 예를 들어 $\mathscr{A}_1 = \{x_1 : 0 < x_1 < 1\}$, $\mathscr{A}_2 = \{x_2 : 0 < x_2 < 3\}$이면 $\mathscr{A} = \{(x_1, x_2) : 0 < x_1 < 1, 0 < x_2 < 3\}$이다.

다음으로 정의 2.2에 있어서 항등성은 아래와 같이 해석되어야 한다.

$f(x_1, x_2) \neq f_1(x_1)f_2(x_2)$인 $(x_1, x_2) \in \mathscr{A}$와 같은 경우가 존재할지 모르지만, A가 $f(x_1, x_2) \neq f_1(x_1)f_2(x_2)$인 집합으로 이루어져 있고 A가 그 항등성이 성립하지 않는 점집합 (x_1, x_2)으로 이루어져 있다면, $P(A) = 0$이다. 아래의 정리나 일반화에 있어서 비음수인 함수의 곱과 그것에 대한 항등성 역시 이와 같이 해석되어야 할 것이다.

예제 12 X_1 및 X_2에 대한 결합 $p.d.f.$가 아래와 같이 표시된다고 하자:

$$f(x_1, x_2) = x_1 + x_2,\ \ 0 < x_1 < 1,\ \ 0 < x_2 < 1,$$
$$= 0,\ \text{여타의 경우.}$$

이 경우 X_1과 X_2는 서로 종속적이라는 것을 보일 텐데, 우선 한계적 확률밀도함수를 구해보면,

$$f_1(x_1) = \int_{-\infty}^{\infty} f(x_1,x_2)dx_2 = \int_0^1 (x_1 + x_2)dx_2 = x_1 + \frac{1}{2},\ \ 0 < x_1 < 1,$$
$$= 0,\ \text{여타의 경우.}$$
$$f_2(x_2) = \int_{-\infty}^{\infty} f(x_1,x_2)dx_1 = \int_0^1 (x_1 + x_2)dx_1 = \frac{1}{2} + x_2,\ \ 0 < x_2 < 1,$$
$$= 0,\ \text{여타의 경우 이다.}$$

$f(x_1,x_2) \neq f_1(x_1)f_2(x_2)$이므로 무작위변수 X_1과 X_2는 서로 종속적이다.

아래의 정리로 인해, 각각의 한계적 확률밀도함수를 계산하지 않고도 예제 12의 무작위변수 X_1과 X_2가 서로 종속적임을 알 수 있다.

정리 2.3: 무작위변수 X_1 및 X_2가 결합 $p.d.f.$ $f(x_1, x_2)$를 갖는다고 하면, X_1과 X_2는 $f_1(x_1,x_2)$가 x_1에 대해서 만의 비음수함수와 x_2에 대해서 만의 비음수함수의 곱으로 표시 될 수 있을 때에만 서로 독립적이다(if and only if). 즉, $g(x_1) > 0$, $x_1 \in \mathcal{A}_1$, 여타의 경우 0이고, $h(x_2) > 0$, $x_2 \in \mathcal{A}_2$, 여타의 경우 0일 때, $f(x_1, x_2) \equiv g(x_1)h(x_2)$이다.

증명: X_1과 X_2가 독립적이라면, $f_1(x_1)$및 $f_2(x_2)$가 한계적 확률밀도함수일 때, $f(x_1, x_2) = f_1(x_1)f_2(x_2)$이다. 그리하여 $f(x_1, x_2) = g(x_1)\,h(x_2)$의 조건이 성립한다. 역으로, 연속형 무작위변수에 대해 $f(x_1, x_2) = g(x_1)\,h(x_2)$이고, c_1 및 c_2가 x_1 혹은 x_2에 대한 함수가 아닌 상수라면,

$$f_1(x_1) = \int_{-\infty}^{\infty} g(x_1)h(x_2)dx_2 = g(x_1)\int_{-\infty}^{\infty} h(x_2)dx_2 = c_1 g(x_1) \text{이고,}$$

$$f_2(x_2) = \int_{-\infty}^{\infty} g(x_1)h(x_2)dx_1 = g(x_2)\int_{-\infty}^{\infty} g(x_1)dx_1 = c_2 h(x_2) \text{이다.}$$

더욱이 $c_1 c_2 = 1$이 되는데, 그 이유는

$$1 = \int_{-\infty}^{\infty}\int_{-\infty}^{\infty} g(x_1)h(x_2)dx_1dx_2 = [\int_{-\infty}^{\infty} g(x_1)dx_1][\int_{-\infty}^{\infty} h(x_2)dx_2]$$
$$= c_1 c_2 \text{ 이기 때문이다.}$$

이러한 결과는

$f(x_1,x_2) \equiv g(x_1)h(x_2) \equiv c_1 g(x_1) c_2 h(x_2) \equiv f_1(x_1)f_2(x_2)$가 됨을 의미한다.

그리하여, X_1과 X_2는 독립적이다.

예제 12의 경우를 보면 결합 $p.d.f.$가

$$f(x_1,x_2) = x_1 + x_2,\ 0 < x_1 < 1,\ 0 < x_2 < 1,$$
$$= 0, \quad \text{여타의 경우}$$

여서, x_1에 대해서 만의 비음수함수와 x_2에 대해서 만의 비음수함수의 곱으로 표시할 수 없음을 알 수 있다. 그리하여 X_1과 X_2는 서로 종속적이다.

예제 13 무작위변수 X_1과 X_2의 $p.d.f.$가

$$f(x_1,x_2) = 8x_1x_2,\ 0 < x_1 < x_2 < 1,$$
$$= 0,\ \text{여타의 경우라 하면}$$

$f(x_1,\ x_2) = 8x_1x_2$인 것이 두 무작위변수가 독립적일 것이라고 생각할 수 있다. 그러나 공간 $\mathcal{A} = (x_1,x_2) : 0 < x_1 < x_2 < 1$을 고려하면, 그 공간이 곱의 공간(product space)이 아님을 알 수 있다. 이는 일반적으로 X_1 및 X_2의 양의 확률밀도 공간의 한계가 수직선이 아닌 커브선으로 이루어져 있으면 두 무작위변수가 종속적임을 보여 준다고 하겠다.

변수가 독립적일 때 사건발생의 확률 계산을 간단하게 할 수 있는 정리에 대해 언급하겠다.

정리 2.4: X_1과 X_2가 각각 $f_1(x_1)$ 및 $f_2(x_2)$를 한계적 확률밀도함수를 갖는 독립적 무작위변수라고 하면, $a,\ b,\ c,\ d$가 상수일 때 모든 $a < b$ 및 $c < d$에 대해 $Pr(a < X_1 < b,\ c < X_2 < d) = Pr(a < X_1 < b)\ Pr(c < X_2 < d)$가 성립한다.

증명: X_1과 X_2의 독립성으로부터, X_1과 X_2의 결합 $p.d.f.$는 $f_1(x_1)f_2(x_2)$이다. 따라서 연속형의 경우,

$$\begin{aligned} Pr(a < X_1 < b,\ c < X_2 < d) &= \int_a^b \int_c^d f_1(x_1) f_2(x_2)\, dx_2 dx_1 \\ &= [\int_a^b f_1(x_1)\, dx_1][\int_c^d f_2(x_2)\, dx_2] \\ &= Pr(a < X_1 < b)\ Pr(c < X_2 < d) \text{이며,} \end{aligned}$$

불연속형의 경우,

$$\begin{aligned} Pr(a < X_1 < b,\ c < X_2 < d) &= \sum_{a < x_1 < b} \sum_{c < x_2 < d} f_1(x_1) f_2(x_2) \\ &= [\sum_{a < x_1 < b} f_1(x_1)][\sum_{c < x_2 < d} f_2(x_2)] \\ &= Pr(a < X_1 < b)\ Pr(c < X_2 < d) \text{가 된다.} \end{aligned}$$

예제 14 예제 11에서 X_1과 X_2는 종속적이었다. 일반적으로,
$Pr(a<X_1<b,\ c<X_2<d) \neq Pr(a<X_1<b)\ Pr(c<X_2<d)$이다.
예를 들어 $Pr(0<X_1<\frac{1}{2},\ 0<X_2<\frac{1}{2}) = \int_0^{1/2}\int_0^{1/2}(x_1+x_2)dx_1dx_2 = \frac{1}{8}$이고,
이에 반해

$$Pr(0<X_1<\frac{1}{2}) = \int_0^{1/2}(x_1+x_2)dx_1 = \frac{3}{8} \text{ 이고}$$

$$Pr(0<X_2<\frac{1}{2}) = \int_0^{1/2}(\frac{1}{2}+x_2)dx_2 = \frac{3}{8} \text{ 이다.}$$

무작위변수가 독립적일 때 확률계산이 훨씬 간단할 뿐더러, 특정유형의 $m.g.f.$를 포함하여 다수의 기댓값이 보다 간단한 형태를 취한다. 아래의 결과치는 유용하게 쓰일 수 있어 정리로 기술하였다.

정리 2.5: 독립적 무작위변수 X_1 및 X_2의 한계적 확률밀도함수가 $f_1(x_1)$및 $f_2(x_2)$라 하자. X_1만으로의 함수 $u(X_1)$과 X_2만으로의 함수 $u(X_2)$ 곱의 기댓값은, 그것이 존재하는 한, $u(X_1)$의 기댓값과 $u(X_2)$의 기댓값의 곱과 같다. 즉

$$E[u(X_1)v(X_2)] = E[u(X_1)]E[v(X_2)] \text{이다.}$$

증명: X_1 및 X_2의 독립성은 X_1과 X_2의 결합 $p.d.f.$가 $f_1(x_1)f_2(x_2)$로 표시될 수 있음을 의미한다. 그리하여, 연속형의 경우 기댓값의 정의에 의해,

$$\begin{aligned} E[u(X_1)v(X_2)] &= \int_{-\infty}^{\infty}\int_{-\infty}^{\infty} u(X_1)v(X_2)f_1(x_1)f_2(x_2)dx_1dx_2 \\ &= [\int_{-\infty}^{\infty} u(x_1)f_1(x_1)dx_1][\int_{-\infty}^{\infty} v(x_2)f_2(x_2)dx_2] \\ &= E[u(X_1)]E[v(X_2)] \text{가 된다.} \end{aligned}$$

예제 15 X와 Y가 평균이 각각 v_1과 v_2이고 양의 분산이 σ_1^2 및 σ_2^2인 독립적 무작위변수라 하자. X와 Y가 독립적이라는 것은 X와 Y의 상관계수가 0임을 의미한다는 것을 증명하겠다. 이는 사실인데, 그 이유는 X와 Y의 공분산이 $E[(X-\mu_1)(Y-\mu_2)] = E(X-\mu_1)E(Y-\mu_2) = 0$이 되기 때문이다.

이제 독립적 무작위변수에 관해 매우 유용한 정리에 대해 증명하겠다. 이 정리의 증명은 $m.g.f.$가 존재하면, 그 것이 유일하고, 유일하게 확률분포를 결정한다는 것에 의존한다고 할 수 있다.

정리 2.6: X_1 및 X_2가 무작위변수이고, 결합 $p.d.f.$가 $f(x_1, x_2)$이며, 한계적 확률밀도함수가 각각 $f_1(x_1)$ 및 $f_2(x_2)$라고 하자. 아울러 $M(t_1, t_2)$가 X_1 및 X_2 분포의 $m.g.f.$라면 X_1과 X_2는 아래의 조건을 충족시켜야(if and only if) 독립적이다:

$$M(t_1, t_2) = M(t_1, 0)M(0, t_2)$$

증명: X_1과 X_2가 독립적이라고 하면,

$$\begin{aligned} M(t_1,t_2) &= E(e^{t_1X_1+t_2X_2}) \\ &= E(e^{t_1X_1}e^{t_2X_2}) \\ &= E(e^{t_1X_1})E(e^{t_2X_2}) \\ &= M(t_1, 0)M(0, t_2) \text{가 된다.} \end{aligned}$$

그리하여 X_1과 X_2의 독립성은 결합 $p.d.f.$의 $m.g.f.$가 두 한계적 분포의 $m.g.f.$ 곱으로 나누어질 수 있음을 의미한다. 다음으로 예를 들어 X_1과 X_2의 결합분포의 $m.g.f.$가 $M(t_1,t_2) = M(t_1,0)M(0,t_2)$로 주어진다면 연속형의 경우 X_1 및 X_2는 아래의 유일한 $m.g.f.$를 갖는다:

$$M(t_1,0) = \int_{-\infty}^{\infty} e^{t_1x_1}f_1(x_1)dx_1,$$

$$M(0,t_2) = \int_{-\infty}^{\infty} e^{t_2x_2}f_2(x_2)dx_2$$

그리하여

$$\begin{aligned} M(t_1,0)M(0,t_2) &= [\int_{-\infty}^{\infty} e^{t_1x_1}f_1(x_1)dx_1][\int_{-\infty}^{\infty} e^{t_2x_2}f_2(x_2)dx_2] \\ &= \int_{-\infty}^{\infty}\int_{-\infty}^{\infty} e^{t_1x_1+t_2x_2}f_1(x_1)f_2(x_2)dx_1dx_2 \text{가 된다.} \end{aligned}$$

$M(t_1, t_2) = M(t_1, 0)M(0, t_2)$이므로,

$$M(t_1, t_2) = \int_{-\infty}^{\infty}\int_{-\infty}^{\infty} e^{t_1x_1+t_2x_2} f_1(x_1)f_2(x_2)dx_1dx_2 \text{가 된다.}$$

그러나 $M(t_1, t_2)$는 X_1과 X_2의 $m.g.f.$이므로,

$$M(t_1,t_2) = \int_{-\infty}^{\infty}\int_{-\infty}^{\infty} e^{t_1x_1+t_2x_2} f(x_1,x_2)dx_1dx_2 \text{이다.}$$

$m.g.f.$의 유일성은 $f_1(x_1)$, $f_2(x_2)$ 및 $f(x_1, x_2)$로 표시되는 확률분포가 동일함을 의미한다. 그리하여, $f(x_1,x_2) \equiv f_1(x_1)f_2(x_2)$가 된다. 즉 $M(t_1, t_2) = M(t_1, 0)M(0, t_2)$이면, X_1과 X_2는 독립적이다. 이것으로 무작위변수가 연속형일 경우의 증명을 끝내기로 한다.

무작위변수가 불연속형일 경우의 증명을 적분이 아니라 합을 사용하여 행할 수 있다.

V 무작위변수의 수가 여럿일 때

무작위변수의 수가 2개일 때의 개념은 그 수가 n개일 때로 곧바로 확장될 수 있다. 아래와 같은 n 무작위변수에 대한 정의를 내리겠다.

정의 2.7: 표본공간 $\mathscr{C}$에서의 무작위 실험을 고려해 보기로 한다. 실수 $X_i(c) = x_i$, $i = 1, 2 \cdots n$에 대해 무작위변수 X_i가 $\mathscr{C}$의 개별 원소 $c \in \mathscr{C}$에 단 일회적으로(one and only one) 배정된다고 하자. 이러한 무작위변수의 공간은 $n-$차원의 순서가 정해진 집합 $\mathscr{A} = \{(x_1, x_2, \cdots, x_n) : x_1 = X_1(c), \cdots, x_n = X_n(c),\ c \in \mathscr{C}\}$이 된다. 더욱이 A를 $\mathscr{A}$의 부분집합이라 하면,

$Pr[(X_1, \cdots, X_n) \in A] = P(C)$가 되며,

여기서 $C\{= c : c \in c$ 및 $[X_1(c), X_2(c), \cdots\cdots, X_n(c)] \in A\}$가 된다.

$Pr[(X_1, \cdots, X_n) \in A]$는 확률 집합함수 $Px_1, \cdots, x_n(A)$로 표시할 수 있음을 주목하기 바란다. 이를 혼동의 여지가 없으면, 단순히 $P(A)$로 표시하겠다. n무

작위변수 $X_1, X_2, \cdots, X_n$을 연속형이건 불연속형이건 확률 집합함수 $P(A)$, $A \subset \mathcal{A}$에 따른 분포를 가지며 아래와 같이 표시할 수 있다.

$$P(A) = Pr[(X_1, \cdots, X_n) \in A] = \sum_A \cdots \sum f(x_1, \cdots, x_n) \text{ 혹은}$$

$$P(A) = Pr[(X_1, \cdots, X_n) \in A] = \int_A \cdots\cdots \int^A f(x_1, \cdots, x_n) dx_1 \cdots dx_n$$

$p.d.f.$ 정의에 대한 일상적인 확장에 따라 점 함수 f는 기본적으로 (a) f가 정의되고 관계된 모든 실수 값에 대해 비음수이고 (b) (연속형 무작위변수인 경우) 적분값 혹은 (비연속형 무작위변수인 경우) 합산 값이 관계된 모든 실수 값에 대해 1이 되는 조건을 만족한다.

n무작위변수 $X_1, X_2, \cdots\cdots, X_n$의 분포함수는 점함수로

$$F(x_1, x_2, \cdots, x_n) = Pr(X_1 \le x_1, X_2 \le x_2, \cdots, X_n \le x_n) \text{이 된다.}$$

아래에서 예를 들었다.

예제 16 $f(x, y, z) = e^{-(x+y+z)}$, $0 < x, y, z < \infty$이고 여타의 경우 0이 되는 무작위변수 X, Y 및 Z에 대한 $p.d.f.$라 하자. 그러면 X, Y, Z의 분포함수는 아래와 같이 주어진다:

$$\begin{aligned} F(x, y, z) &= Pr(X \le x, Y \le y, Z \le z) \\ &= \int_0^z \int_0^y \int_0^x e^{-u-v-w} du dv dw \\ &= (1 - e^{-x})(1 - e^{-y})(1 - e^{-z}), \ 0 \le x, y, z < \infty \text{이고} \end{aligned}$$

여타의 경우 0이다.

부수적으로 얘기하면 확률 측정치 집합이 0이 아니면, $\frac{\partial^3 F(x, y, z)}{\partial x \partial y \partial z} = f(x, y, z)$가 성립한다.

$X_1, X_2, \cdots, X_n$이 결합 $p.d.f.$ $f(x_1, x_2, \cdots, x_n)$을 갖는 무작위변수 이고, $u(X_1, X_2, \cdots, X_n)$인 연속형 무작위변수의 경우 아래의 n차원 적분이 존재하고

$$\int_{-\infty}^{\infty} \cdots\cdots \int_{-\infty}^{\infty} u(x_1, x_2, \cdots, x_n) f(x_1, x_2, \cdots, x_n) dx_1 dx_2 \cdots dx_n \tag{2.7}$$

비연속형 무작위변수의 경우 아래의 n차원 합이 존재하는 이들 변수에 대한 함수라고 하자.

$$\sum_{x_n} \cdots\cdots \sum_{x_1} u(x_1, x_2, \cdots, x_n) f(x_1, x_2, \cdots, x_n) \qquad (2.8)$$

n차원 적분(혹은 경우에 따라서는 n차원 합)값을 함수 $u(X_1, X_2, \cdots, X_v)$ 기댓값이라 하고 $E[u(X_1, X_2, \cdots, X_n)]$으로 표시한다. $Y = u(X_1, X_2, \cdots, X_n)$일 때 본 기댓값은 $E(Y)$와 같다. 물론 E는 선형오퍼레이터이다.

이제 n무작위변수에 있어서의 한계적 및 조건부 확률밀도함수에 대한 개념을 논의하겠다. 아래와 같이 이전에 사용되었던 모든 정의들은 직접적으로 n변수의 경우로 일반화시킬 수 있다.

무작위변수 $X_1, X_2 \cdots, X_n$이 결합 $p.d.f.$ $f(x_1, x_2, \cdots, x_n)$을 갖는다고 하자. 무작위변수가 연속형이라면, 두 변수의 경우와 유사하게, 모든 $a < b$에 대해,

$$Pr(a < X_1 < b) = \int_{-\infty}^{\infty} f_1(x_1) dx_1 \text{이다.}$$

여기서 $f_1(x_1)$은 아래와 같은 $(n-1)$차원 적분값으로 정의 된다:

$$f_1(x_1) = \int_{-\infty}^{\infty} \cdots \int_{-\infty}^{\infty} f(x_1, x_2, \cdots, x_n) dx_2, \cdots, dx_n.$$

그러므로 $f_1(x_1)$은 무작위변수 X_1의 $p.d.f.$이고 $f_1(x_1)$은 X_1의 한계적 $p.d.f.$라고 부른다. 각각의 $X_2, \cdots, X_n$에 대한 한계적 확률밀도함수 $f_2(x_2), \cdots, f_n(x_n)$는 마찬가지로 $(n-1)$차원 적분값이다.

현재까지는, 각각의 한계적 $p.d.f.$가 하나의 무작위변수에 대한 $p.d.f.$이었다. 이는 이제 논의될 결합 확률밀도함수에도 쉽게 확장될 수 있다. 앞에서와 마찬가지로, $f(x_1, x_2, \cdots, x_n)$을 n무작위변수 $X_1, X_2, \cdots, X_n$의 결합 $p.d.f.$라고 하자. 이제 이들 무작위변수 중 $k < n$인 특정그룹을 설정하고 이에 대한 결합 $p.d.f.$를 구하기로 한다. 이러한 결합 $p.d.f.$는 특정 k변수 그룹의 한계적 $p.d.f.$라고 부른다. 이와 같은 생각을 고정화시켜, $n=6, k=3$이라 설정하고 그룹 X_2, X_4, X_5을 선정하자. 그러면 X_2, X_4, X_5의 한계적 $p.d.f.$는 아래와 같은 세 변수로 이루어지는 특정그룹의 결합 $p.d.f.$이다. 즉 무작위변

수가 연속형이라고 하면, $\int_{-\infty}^{\infty}\int_{-\infty}^{\infty}\int_{-\infty}^{\infty} f(x_1,x_2,x_3,x_4,x_5,x_6)dx_1dx_3dx_6$는 x_2, x_4, x_5의 한계적 $p.d.f.$이다.

다음으로 조건부 $p.d.f.$의 정의로 확장하기로 한다.

$f_1(x_1)>0$이면, 기호 $f_{2,\ldots,n|1}(x_2,\cdots,x_n \mid x_1)$는 아래의 관계로 정의된다:

$$f_{2,\ldots,n\mid 1}(x_2,\cdots,x_n \mid x_1)=\frac{f(x_1,x_2,\cdots,x_n)}{f_1(x_1)}$$

그리고 $f_{2,\ldots,n\mid 1}(x_2,\cdots,x_n \mid x_1)$은 $X_1=x_1$으로 주어진 하에서의 $X_2,\cdots,X_n$의 $p.d.f.$라고 부른다. $X_i=x_i$로 주어진 하에서의 $X_1,\cdots,X_{i-1}$, $X_{i+1},\cdots,X_n$과 같은 모든 $n-1$개의 무작위변수의 결합 조건부 $p.d.f.$는 $X_1,X_2,\cdots,X_n$의 결합 $p.d.f.$를 $f_i(x_i)>0$인한 한계적 $p.d.f.$ $f_i(x_i)$로 나눈 값으로 정의된다.

보다 일반적으로는, 잔여 k변수가 주어진 하에서의 $n-k$개의 무작위변수로 이루어지는 결합 조건부 $p.d.f.$는 n변수의 결합 $p.d.f.$를 k변수의 특정 그룹 결합 $p.d.f.$(결합 $p.d.f.$값이 0이 아니한)로 나눈 값으로 정의된다.

조건부 $p.d.f.$는 특정 수의 무작위변수에 대한 $p.d.f.$이므로 이들 무작위변수에 대한 함수의 기댓값이 정의된다. 고려중인 조건부 $p.d.f.$를 강조하기 위하여, 그와 같은 기댓값을 조건부 기댓값이라 부른다. 예를 들어 연속형 무작위변수에 대한 $X_1=x_1$으로 주어진 하에서의 $u(X_2,\cdots,X_n)$의 조건부 기댓값은 $f_1(x_1)>0$이고(절대적으로) 적분 값이 수렴하는 한 아래와 같이 주어진다.

$$E[u(X_2,\cdots,X_n) \mid x_1]=\int_{-\infty}^{\infty}\cdots\int_{-\infty}^{\infty} u(x_2,\cdots,x_n)\times f_{2,\ldots,n\mid 1}(x_2,\cdots,x_n \mid x_1)dx_2,\cdots,dx_n$$

무작위변수가 불연속형일 경우에는 물론 조건부 기댓값으로 적분값 대신에 합산값으로 산출된다. 무작위변수 $X_1,\cdots,X_n$이 결합 $p.d.f.$ $f(x_1,\cdots,x_n)$을 가지고, 각각의 한계적 확률밀도함수가 $f_1(x_1),f_2(x_2),\cdots,f_n(x_n)$이라고 하자. X_1과 X_2의 독립성에 관한 정의는 아래와 같이 $X_1,X_2,\cdots,X_n$의 상호 독립성으로 일반화될 수 있다: 무작위변수 $X_1,X_2,\cdots,X_n$은 $f_1(x_1, x_2,\cdots,x_n)\equiv f_1(x_1)f_2(x_2)\cdots f_n(x_n)$일 때 상호 독립적이라고 한다.

이와 같은 $X_1,X_2,\cdots,X_n$의 상호 독립성 정의로부터 곧바로 기호 $\prod_{i=1}^{n}\varphi(i)$가

$\prod_{i=1}^{n}\varphi(i)=\varphi(1)\varphi(2)\cdots\varphi(n)$으로 정의될 때,

$$Pr(a_1 < X_1 < b_1,\ a_2 < X_2 < b_2, \cdots, a_n < X_n < b_n)$$
$$= Pr(a_1 < X_1 < b_1)\ Pr(\ a_2 < X_2 < b_2) ... Pr(a_n < X_n < b_n)$$
$$= \prod_{i=1}^{n} Pr(a_i < X_1 < b_i)$$ 가 성립함을 알 수 있다.

독립적 무작위변수 X_1및 X_2에 관한 정리 $E[u(X_1)v(X_2)] = E[u(X_1)]E[v(X_2)]$는 상호 독립적 무작위변수 $X_1, X_2, \cdots, X_n$에 대해

$$E[u_1(X_1)u_2(X_2)\cdots u_n(X_n)] = E[u_1(X_1)]E(u_2(X_2)]\cdots E[u_n(X_n)]$$ 혹은

$$E[\prod_{i=1}^{n} u_i(X_i)] = \prod_{i=1}^{n} E[u_i(X_i)]$$로 확장된다.

n무작위변수 $X_1, X_2, \cdots, X_n$의 결합 $p.d.f.$에 대한 $m.g.f.$는 아래와 같이 정의된다.

$E[\exp(t_1X_1 + t_2X_2 + \cdots t_nX_n)]$이 $-h_i < t_i < h_i$, $i = 1, 2. \cdots n$, h_i는 양수에 대해 존재한다고 하자. 본 기댓값은 $M(t_1, t_2, \cdots, t_n)$으로 표시되고 $X_1, \cdots, X_n$의 결합분포의 $m.g.f.$(혹은 간단하게 $X_1, \cdots, X_n$의 $m.g.f.$)라고 부른다. 하나의 그리고 두 개의 변수의 경우처럼 본 $m.g.f.$ 역시 유일하며, 유일하게 n변수의 결합 $p.d.f.$(그러므로 모든 한계적 분포)를 결정한다. 예를 들어, X_i의 한계적 분포의 $m.g.f.$는 $i = 1, 2, \cdots, n$일 때 $M(0, \cdots, 0, t_i, 0, \cdots, 0)$이 되며, X_i 및 X_j의 한계적 분포의 $m.g.f.$는 $M(0, \cdots, 0,\ t_i, 0, \cdots, t_j, 0, \cdots, 0)$이 된다. 본 장의 정리 2.4는 일반화될 수 있으며, 아래의 요소화된 식 $M(t_1, t_2, \cdots, t_n) = \prod_{i=1}^{n} M(0, \cdots 0, t_i, 0, \cdots 0,)$은 $X_1, X_2, \cdots, X_n$의 상호 독립성에 관한 필요하고 충분한 조건이 된다

* **참조**: X_1, X_2, X_3가 상호 독립적이면, 쌍으로 독립적(즉 X_i 및 X_j는, $i \neq j$이고 $i, j = 1, 2, 3$일 때 독립적이다)이다. 그러나 S. Bernstein의 공헌으로 제공되는 아래의 예에서 보듯이 쌍으로 독립적인 것은 반드시 상호 독립적인 것을 의미하지 않는다. X_1, X_2, X_3가 아래와 같은 결합 $p.d.f.$를 갖는다:

$$f(x_1, x_2, x_3) = \frac{1}{4},\ (x_1, x_2, x_3) \in \{(1,0,0), (0,1,0), (0,0,1), (1,1,1)\},$$
$$= 0,\ \text{여타의 경우.}$$

$i \neq j$인 X_i와 X_j의 결합 $p.d.f.$는

$$f_{ij}(x_i, x_j) = \frac{1}{4},\ (X_i, X_j) \in \{(0,0),(1,0),(0,1),(1,1)\},$$
$$= 0,\ \text{여타의 경우.}$$

X_i의 한계적 $p.d.f.$는

$$f_i(X_i) = \frac{1}{2},\ x_i = 0, 1,$$
$$= 0,\ \text{여타의 경우이다.}$$

$i \neq j$인 경우 $f_{ij}(x_i, x_j) \equiv f_i(x_i) f_j(x_j)$인 것은 자명하다. 그리하여 X_i와 X_j는 독립적이다. 하지만, $f(x_1, x_2, x_3) \not\equiv f_1(x_1) f_2(x_2) f_3(x_3)$이다.

결국 X_1, X_2 및 X_3는 상호 독립적이지는 않다.

예제 17 X_1, X_2 및 X_3는 상호 독립적이고 각각의 $p.d.f.$ $f(x) = 2x,\ 0 < x < 1$, 여타의 경우 0으로 주어진다고 하자. X_1, X_2, X_3의 결합 $p.d.f.$는 $f(x_1)f(x_2)f(x_3) = 8x_1x_2x_3,\ 0 < x_i < 1,\ i = 1, 2, 3, = 0$, 여타의 경우가 된다. 그러면 $5X_1X_2^3 + 3X_2X_3^4$의 기댓값은 $\int_0^1\int_0^1\int_0^1 (5x_1x_2^3 + 3x_2x_3^4)8x_1x_2x_3\, dx_1dx_2dx_3 = 2$가 된다.

Y를 X_1, X_2 및 X_3의 최대치라 한다. 그러면 예를 들어,

$$Pr(Y \leq \frac{1}{2}) = Pr(X_1 \leq \frac{1}{2}, X_2 \leq \frac{1}{2}, X_3 \leq \frac{1}{2})$$
$$= \int_0^{1/2}\int_0^{1/2}\int_0^{1/2} 8x_1x_2x_3dx_1dx_2x_3$$
$$= (\frac{1}{2})^6 = \frac{1}{64}\text{이 된다.}$$

마찬가지로, Y의 분포함수

$$G(y) = Pr(Y \leq y) = 0,\ y < 0$$
$$= y^6,\ 0 \leq y < 1$$
$$= 1,\ 1 \leq y\text{가 된다.}$$

따라서 Y의 $p.d.f.$는

$$g(y) = 6y^5,\ 0 < y < 1,$$
$$= 0,\ \text{여타의 경우가 된다.}$$

* **참조**: "상호"와 "쌍으로" 독립적이라는 사이에 오해의 여지가 없으면, 보통의 경우 "상호"라는 수식어를 떨어뜨린다. 따라서 예제 17에서의 경우, X_1, X_2, X_3가 독립적 무작위변수 즉 상호 독립적이라는 것을 의미한다. 간혹 그 의미를 강조하기 위해 상호 독립적이라는 말을 사용하는데, 이는 쌍으로 독립적인 것과는 상이함을 명심하여야 한다.

PART I

제 3 장

특정 분포함수의 예

CHAPTER 03

특정 분포함수의 예

I • 빈도분포함수의 예

1. 이항분포 및 관련분포

제1장에서 균일분포와 초기하(hypergeometric)분포가 도입되었다. 본장에서는 통계학에서 빈번히 사용되는 주요 무작위변수 분포의 예를 살펴보기로 한다. 이항분포 및 관련분포에 대한 논의로 본 장을 시작하겠다.

베르누이 불연속함수 실험은 무작위실험으로, 보험사고 발생, 미발생과 같이 그 결과 값이 상호 제외적(exclusive)이고 소진적(exhaustive)인 양 경우 중 한 경우, 예를 들면 성공 혹은 실패(추가적 예로 여성 혹은 남성, 삶 혹은 죽음, 정품 혹은 불량품을 들 수 있음)로 분류될 수 있는 경우이다. 베르누이 시도의 계속적 행위는 베르누이 실험이 반복해서 독립적으로 실행되어, 성공의 확률, p가 계속적 시도에도 동일한 값을 유지할 수 있을 때이다. 즉, 그러한 계속적 시행에 있어서, p는 개별 시도에 있어서 성공할 확률을 표시한다.

X를 아래와 같이 정의되는 베르누이 시도와 연계되는 무작위변수라고 하자:

$$X(\text{성공})=1 \text{ 및 } X(\text{실패})=0.$$

즉 성공 및 실패 양 결과 값은 각각 1과 0으로 표시된다. X의 $p.d.f.$는 아래와 같이 표기할 수 있다:

$$f(x)=p^x(1-p)^{1-x},\ \ x=0,1$$

이를 X는 베르누이분포를 갖는다고 한다.

X의 기댓값은

$$\mu=E(X)=\sum_{x=0} xp^x(1-p)^{1-x}=(0)(1-p)+(1)(p)=p\text{가 되고}$$

X의 분산값은

$$\begin{aligned}\sigma^2=var(X)&=\sum_{x=0}^{1}(x-p)^2p^x(1-p)^{1-x}\\&=p^2(1-p)+(1-p)^2p=p(1-p)\text{가 된다.}\end{aligned}$$

이에 따라 X의 표준편차는 $\sigma=\sqrt{p(1-p)}$가 된다.

n베르누이 시도의 계속적 행위에 있어, X_i를 i번째 시도와 연계되는 베르누이 무작위변수라고 한다. n베르누이 시도의 관측된 계속행위는 n차원의 0 및 1로 구성된다. 이와 같은 베르누이 시도의 계속적 행위에 있어서, 종종 그 발생 순서에는 상관없이 총 성공 횟수에 관심을 갖게 된다. 무작위변수 X를 n베르누이 시도에 있어서 관측된 성공 횟수라고 하면, 가능한 X의 값은 $0, 1, 2,\cdots, n$이 된다. $x=0, 1, 2,\cdots, n$인 x만큼의 성공이 발생하였다면, $n-x$만큼의 실패가 발생한다. n시도에 있어서 x성공에 대한 가짓수는

$$\binom{n}{x}=\frac{n!}{x!(n-x)!}\text{가 된다.}$$

모든 시도가 독립적으로 이루어지고, 각 시도의 성공 및 실패할 확률은 p와 $(1-p)$이므로, 위 가짓수에 대한 개별 확률은 $p^x(1-p)^{n-x}$가 된다. 그리하여 X의 $p.d.f.$ $f(x)$는 상호 독립적인 사건 $\binom{n}{x}$만큼 일어날 확률의 합으로 표시된다:

$$\begin{aligned}f(x)&=\binom{n}{x}p^x(1-p)^{n-x},\ \ x=0,1,2,\cdots,n\\&=0\ \text{여타의 경우.}\end{aligned}$$

n이 양수이면

$$(a+b)^n=\sum_{x=0}^{n}\binom{n}{x}b^xa^{n-x}$$

가 성립함을 알고 있다. 그리하여 $f(x) \geq 0$임이 명백하고,

$$\sum_{x} f(x) = \sum_{x=0}^{n} \binom{n}{x} p^{x} (1-p)^{n-x}$$
$$= [(1-p)+p]^{n} = 1 \text{이 됨으로,}$$

$f(x)$는 불연속형의 무작위변수 X의 $p.d.f.$ 조건을 충족시키게 된다.

$f(x)$형태의 $p.d.f.$를 갖는 무작위변수 X를 이항분포를 갖는다고 하고, 그러한 $f(x)$를 이항 $p.d.f.$라고 한다. 이항분포는 기호 $b(n, p)$로 표시된다. 상수 n 및 p를 이항분포의 모수(parameter)라고 한다.

그리하여 X가 $b(5, \frac{1}{3})$이라고 하면 이는 X가 아래와 같은 이항 $p.d.f.$를 가짐을 의미한다.

$$f(x) = \binom{5}{x} \left(\frac{1}{3}\right)^{x} \left(\frac{2}{3}\right)^{5-x}, \quad x = 0, 1, \cdots, 5$$
$$= 0 \quad \text{여타의 경우.}$$

이항분포의 $m.g.f.$를 쉽게 찾아낼 수 있는데, 이는 모든 실수 t에 대해

$$M(t) = \sum_{x} e^{tx} f(x) = \sum_{x=0}^{n} e^{tx} \binom{n}{x} p^{x} (1-p)^{n-x}$$
$$= \sum_{x=0}^{n} \binom{n}{x} (pe^{t})^{x} (1-p)^{n-x}$$
$$= [(1-p) + pe^{t}]^{n} \text{가 된다.}$$

X의 평균 μ와 분산 σ^2는 $M(t)$로부터 계산할 수 있다.

$$M'(t) = n[(1-p)+pe^{t}]^{n-1}(pe^{t}) \text{이고}$$
$$M''(t) = n[(1-p)+pe^{t}]^{n-1}(pe^{t}) + n(n-1)[(1-p)+pe^{t}]^{n-2}(pe^{t})^{2} \text{이므로,}$$
$$\mu = M'(0) = np \text{이고}$$
$$\sigma^{2} = M''(0) - \mu^{2} = np + n(n-1)p^{2} - (np)^{2} = np(1-p) \text{가 된다.}$$

예제 1 $n = 7$인 공평한 동전의 독립적 던지기에서 머리(성공)가 나오는 수를 X라고 하자. X의 $p.d.f.$는

$$f(x) = \binom{7}{x} \left(\frac{1}{2}\right)^{x} \left(1-\frac{1}{2}\right)^{7-x}, \quad x = 0, 1, 2, \cdots, 7,$$
$$= 0 \quad \text{여타의 경우가 된다.}$$

그러면, X의 $m.g.f.$는 $M(t)=(\frac{1}{2}+\frac{1}{2}e^t)^7$가 된다. 그리하여 평균 $\mu=np=\frac{7}{2}$이 되고 분산 $\sigma^2=np(1-p)=\frac{7}{4}$이 된다. 이와 아울러,

$Pr(0\le X\le 1)=\sum_{x=0}^{1}f(x)=\frac{1}{128}+\frac{7}{128}$이 되고

$Pr(X=5)=f(5)=\frac{7!}{5!2!}(\frac{1}{2})^5(\frac{1}{2})^2=\frac{21}{128}$이 된다.

예제 2 무작위변수 X의 $m.g.f.$가 $M(t)=(\frac{2}{3}+\frac{1}{3}e^t)^5$라고 하면, X는 $n=5$이고 $p=\frac{1}{3}$인 이항분포를 가지는데, 이는 X의 $p.d.f.$가

$$f(x)=\binom{5}{x}(\frac{1}{3})^x(\frac{2}{3})^{5-x},\ x=0,1,2,\cdots,5,$$

$=0$ 여타의 경우 로 표시됨을 의미한다

예제 3 Y가 $b(n,\ \frac{1}{3})$이라면 $Pr(Y\geqq 1)=1-Pr(Y=0)=1-(\frac{2}{3})^n$가 된다. $Pr(Y\ge 1)>0.80$이 되는 n의 최소값을 찾기를 원한다고 하자. $1-(\frac{2}{3})^n>0.80$ 이고 $0.20>(\frac{2}{3})^n$이 된다. 직감으로 혹은 로그를 사용하여, $n=4$가 됨을 알 수 있다. 즉 $n=4$인 그리고 성공확률 $p=\frac{1}{3}$인 무작위 실험의 독립적 반복에 있어서 적어도 1회 성공할 확률은 0.80보다 큼을 알 수 있다.

예제 4 무작위변수 Y를 성공확률이 p인 무작위 실험을 n회 독립적 반복 시도에서 성공이 되는 수라고 한다. 즉 Y는 $b(n,p)$이다. Y/n율을 상대적 성공빈도라고 부른다. 모든 $\epsilon>0$에 대해 $\mu=np$이고 $\sigma^2=np(1-p)$일 때

$$Pr(\left|\frac{Y}{n}-p\right|\ge\epsilon)=Pr(|Y-np|\ge\epsilon n)$$
$$=Pr(|Y-\mu|\ge\epsilon\sqrt{\frac{n}{p(1-p)}}\sigma)$$

가 된다. 그러면 $k=\epsilon\sqrt{n/p(1-p)}$인 체비세프의 부정식에 따라,

$Pr(|Y-\mu|\ge\epsilon\sqrt{\frac{n}{p(1-p)}}\sigma)\le\frac{p(1-p)}{n\epsilon^2}$이 되어

$Pr(|\frac{Y}{n}-p|\ge\epsilon)\le\frac{p(1-p)}{n\epsilon^2}$이 된다.

이제 모든 고정값 $\epsilon>0$에 대해, n이 충분히 커지면 위식에서 우편 값은 0에 근접하게 된다. 즉 $\lim_{n-\infty} Pr(|\frac{Y}{n}-p| \geq \epsilon)=0$ 이고 $\lim_{n-\infty} Pr(|\frac{Y}{n}-p| < \epsilon)=1$이 된다. 이는 모든 고정 값 $\epsilon>0$에 대해 성립하므로 정의에 있어 n의 값이 클 때 상대적 성공 빈도는 성공확률 p에 근접하게 된다. 이러한 결과는 대수의 법칙의 한 형태라고 할 수 있다. 이는 제1장에서도 확률에 대해 논의할 때 어느 정도 암시되었다.

예제 5 독립 무작위변수 X_1, X_2, X_3가 동일한 분포 함수 $F(x)$를 갖는다고 하자. Y를 X_1, X_2, X_3의 중간 값이라고 한다. Y의 분포함수 $G(y)=Pr(Y \leq y)$을 결정짓기 위해, $Y \leq y$인 것과 X_1, X_2, X_3 중 적어도 두 무작위변수가 y보다 작거나 같은 것과는 필충조건(if and only if)이 성립한다.
$X_i \leq y$일 때, i번째 시도가 성공적이라고 하면 개별시도는 성공확률 $F(Y)$를 갖는다.
$G(y)=Pr(Y \leq y)$는 세 번의 독립적 시도에서 적어도 두 번이 성공할 확률이 된다. 그리하여 $G(y)=\binom{3}{2}[F(y)]^2[1-F(y)]+[F(y)]^3$가 성립한다.
$F(x)$가 연속형의 분포함수라고 하면 X의 $p.d.f.$는 $F'(x)=f(x)$여서, Y의 $p.d.f.$는 $g(y)=G'(y)=6[F(y)][1-F(y)]f(y)$가 된다.

예제 6 성공의 확률이 p로 일정하고, 무작위 실험을 독립적으로 반복해서 계속하는 행위를 고려한다. 무작위변수가 r번째 성공이 나타나기 전의 총 실패의 수를 표시한다고 한다. 즉 $Y+r$이 정확히 r번의 성공이 나타나기 위해 필요한 수라고 한다. 여기서 r은 고정된 양수이다. Y의 $p.d.f.$를 결정짓기 위해, Y를 $\{y: y=0, 1, 2, \cdots\}$의 요소라고 하자. 그러면, 확률의 승산원칙에 의해 $Pr(Y=y)=g(y)$은 확률 $\binom{y+r-1}{r-1}p^{r-1}(1-p)^y$로 표시되는 첫 $y+r-1$ 시도에서 정확하게 $r-1$번의 성공이 발생할 확률과 $(y+r)$시도에서 성공할 확률 p의 곱으로 표시된다. 그리하여 Y의 $p.d.f.$ $g(y)$는 아래와 같이 주어진다:

$$g(y)=\binom{y+r-1}{r-1}p^r(1-p)^y, \quad y=0, 1, 2, \cdots,$$
$$=0, \quad \text{여타의 경우}$$

$g(y)$형태의 $p.d.f.$를 갖는 분포를 음이항분포라고 부른다. $g(y)$가 $p^r[1-(1-p)]^{-r}$의 확장에 있어서 일반적 수식 이라는 데서 그 이름이

붙여졌다.

본 분포의 $m.g.f.$는 $t<-ln(1-p)$인 경우 $M(t)=p^r[1-(1-p)e^t]^{-r}$가 된다. $r=1$이면, Y의 $p.d.f.$는

$$g(y)=p(1-p)^y,\quad y=0,1,2,,\cdots$$
$$=0,\ \text{여타의 경우}$$

가 되고 $m.g.f.$는 $M(t)=p[1-(1-p)e^t]^{-1}$이 된다. $r=1$가 같은 특별한 경우에 Y는 기하분포를 갖는다고 한다.

아래와 같이 이항분포는 다항분포로 일반화된다. 무작위 실험이 n번 독립적으로 실시된다고 하자. 개별 반복에 있어 실험은 상호 제외적이고, 소진적인 방법으로 k 중 한 경우 즉 $C_1, C_2, \cdots, C_k$인 경우 종료된다. p_i는 결과값이 C_i의 요소인 경우의 확률이며 n독립적 반복, $i=1,2,3,\cdots,k$에 있어 일정하다. 무작위변수 X_i를 $i=1,2,\cdots,k-1$인 C_i의 요소인 결과치 수라고 하자. 또한 $x_1, x_2, \cdots, x_{k-1}$를 비음수인 정수로서 $x_1+x_2+\cdots+x_{k-1}\le n$이 성립한다고 하자. 그러면 정확하게 실험의 x_1종결이 C_1에 있고,$\cdots$, 정확하게 x_{k-1}종결이 C_{k-1}에 있고, 정확하게 $n-(x_1+,\cdots,x_{k-1})$종결이 C_k에 있을 확률은 x_k가 단순히 $n-(x_1+\cdots x_{k-1})$를 표시할 때 $\frac{n!}{x_1!\cdots x_{k-1}!x_k!}p_1^{x_1}\cdots p_{k-1}^{x_{k-1}}p_k^{x_k}$가 된다.

이는 불연속형의 무작위변수 $X_1, X_2, \cdots, X_{k-1}$의 다항 $p.d.f.$가 된다. 이를 입증하기 위해 $x_1C_1, x_2C_2, \cdots, x_kC_k$의 구분 가능한 경우의 수는

$$\binom{n}{x_1}\binom{n-x_1}{x_2}\cdots\binom{n-x_1-\cdots-x_{k-2}}{x_{k-1}}=\frac{n!}{x_1!x_2!\cdots x_k!}$$

가 됨을 주목하고, 구분 가능한 경우의 수가 개별적으로 발생할 확률은 $p_1^{x_1}\cdots p_{k-1}^{x_{k-1}}p_k^{x_k}$가 됨을 주목하기 바란다. 그리하여 위 두식을 곱하면 다항 $p.d.f.$의 공식과 일치되는 확률이 도출된다.

$k=3$일 경우 $X=X_1$으로 $Y=X_2$로 종종 표시하는데 이때 $n-X-Y=X_3$가 된다. 그러면 X 및 Y는 3항분포를 하는데, X와 Y의 결합 $p.d.f.$ x 및 y는 $x+y\le n$인 비음수 정수이고 p_1, p_2 및 p_3는 양의 정분수로 $p_1+p_2+p_3=1$의 조건을 충족할 때

$$f(x,y) = \frac{n!}{x!y!(n-x-y)!} p_1^x p_2^y p_3^{n-x-y} \text{가 된다.}$$

그리고 여타의 경우에는 $f(x, y) = 0$이 된다. 따라서 $f(x, y)$는 불연속형의 양 무작위변수 X 및 Y의 결합 $p.d.f.$조건을 충족하게 된다. 즉 $f(x, y)$는 비음수이고 $f(x, y)$가 양인 모든 점 (x, y)에 있어서 $(p_1 + p_2 + p_3)^n = 1$이 된다.
n이 양의 정수이고 a_1, a_2, a_3가 고정된 상수라면,

$$\begin{aligned}
&\sum_{x=0}^{n}\sum_{y=0}^{n-x} \frac{n!}{x!y!(n-x-y)!,} a_1^x a_2^y a_3^{n-x-y} \\
&= \sum_{x=0}^{n} \frac{n! a_1^x}{x!(n-x)!} \sum_{y=0}^{n-x} \frac{(n-x)!}{y!(n-x-y)!} a_2^y a_3^{n-x-y} \qquad (3.1) \\
&= \sum_{x=0}^{n} \frac{n! a_1^x}{x!(n-x)!} a_1^x (a_2 + a_3)^{n-x} \\
&= (a_1 + a_2 + a_3)^n \text{이 된다.}
\end{aligned}$$

결과적으로, 삼항분포의 $m.g.f.$는 식 (3.1)에 따라 모든 실수 값 t_1과 t_2에 대해 아래와 같이 주어진다:

$$\begin{aligned}
M(t_1, t_2) &= \sum_{x=0}^{n}\sum_{y=0}^{n-x} \frac{n!}{x!y!(n-x-y)!} (p_1 e^{t_1})^x (p_2 e^{t_2})^y p_3^{n-x-y} \\
&= (p_1 e^{t1} + p_2 e^{t2} + p_3)^n.
\end{aligned}$$

각각의 한계적 분포 X와 Y의 $m.g.f.$는 아래와 같다:

$$\begin{aligned}
M(t_1, 0) &= (p_1 e^{t_1} + p_2 + p_3)^n = [(1-p_1) + p_1 e^{t_1}]^n \text{ 및} \\
M(0, t^2) &= (p_1 + p_2 e^{t_2} + p_3)^n = [(1-p_2) + p_2 e^{t_2}]^n
\end{aligned}$$

2장 Ⅳ절의 정리 2.6로부터 곧바로 X와 Y는 서로 종속된 무작위변수임을 알 수 있다. 게다가, X는 $b(n, p_1)$이고 Y는 $b(n, p_2)$이다. 따라서 X와 Y의 각각의 평균과 분산은, $\mu_1 = np_1$, $\mu_2 = np_2$, $\sigma_1^2 = np_1(1-p_1)$ 그리고 $\sigma_2^2 = np_2(1-p_2)$이다.

다음으로 $X = x$로 주어진 하에서의 조건부 $p.d.f.$를 고려하기로 하자.

$$f_{2|1}(y \mid x) = \frac{(n-x)!}{y!(n-x-y)!} \left(\frac{p_2}{1-p_1}\right)^y \left(\frac{p_3}{1-p_1}\right)^{n-x-y}, \quad y = 0, 1, \cdots, n-x,$$

$=0$, 여타의 경우가 된다.

그리하여 $X=x$로 주어진 하에서의 Y의 조건부분포는 $b[n-x, p_2/(1-p_1)]$가 된다. 그러므로 $X=x$로 주어진 하에서의 Y의 조건부 평균은 선형 함수

$$E(Y \mid x)=(n-x)\left(\frac{p_2}{1-p_1}\right) \text{이다.}$$

$Y=y$로 주어진 하에서의 X의 조건부분포는 $b[n-y, p_1/(1-p_2)]$이어서

$$E(X \mid y)=(n-y)\left(\frac{p_1}{1-p_2}\right) \text{이다.}$$

(2장 Ⅲ절의 예제 9)로부터 상관계수의 자승, ρ^2은 $-p_2/(1-p_1)$과 $-p_1/(1-p_2)$의 곱 즉 각각의 조건부 평균에 있어서의 x와 y의 계수의 곱과 같다. 양 계수 모두 음수이므로(ρ도 음수이다) $\rho=-\sqrt{\dfrac{p_1p_2}{(1-p_1)(1-p_2)}}$ 이다.

일반적으로 다항분포의 $m.g.f.$는 $t_1, t_2, \cdots, t_{k-1}$의 모든 실수 값에 대해 아래와 같이 주어진다:

$$M(t_1,\cdots,t_{k-1})=(p_1e^{t_1}+\cdots+p_{k-1}e^{t_{k-1}}+p_k)^n$$

그리하여 단일변수로 이루어지는 한계적 $p.d.f.$는 이항분포이고, 2변수로 이루어지는 한계적 $p.d.f.$는 삼항분포이고, 이러한 관계는 계속된다.

2. 포아손분포

시리즈 $1+m+\frac{m^2}{2!}+\frac{m^3}{3!}+\cdots=\sum_{x=0}^{\infty}\frac{m^x}{x!}$는 모든 m값에 대해 e^m으로 근접함을 알고 있다. $m>0$일 때 아래와 같이 정의되는 함수 $f(x)$을 고려하기로 하자.

$$f(x)=\frac{m^x e^{-m}}{x!},\ x=0,1,2,\cdots,$$
$$=0,\ \text{여타의 경우}$$

$m>0$이므로 $f(x)\geq 0$이고 $\sum_x f(x)=\sum_{x=0}^{\infty}\frac{m^x e^{-m}}{x!}=e^{-m}\sum_{x=0}^{\infty}\frac{m^x}{x!}=e^{-m}e^m=1$이 된다. 즉 $f(x)$는 불연속형의 무작위변수의 $p.d.f.$의 조건을 충족시킴을 알 수

있다. $f(x)$ 형태의 $p.d.f.$를 가진 무작위변수를 포아손분포를 가지는 변수라 하고, $f(x)$는 포아손 $p.d.f.$라 한다.

*참조: 경험에 의하면 포아손 $p.d.f.$는 아주 만족적인 결과를 내는 여러 적용방법에 사용될 수 있다. 예를 들면, 무작위변수 X는 정해진 시간 내에 정해진 지역에 침투한 라디오액티브 물질로부터 방출되는 알파 파티클의 수를 표시한다고 하자. 적절한 m값이 주어지면 X는 포아손분포를 가짐을 가정할 수 있다고 알려져 있다. 또한 무작위변수 X는 냉장고 문짝과 같은 제조 부품에 있어서의 불량품 수를 표시한다고 하자. 많은 냉장고 문짝을 검사한 결과, 적절한 m값이 주어지면 X는 포아손분포를 가질 수 있음이 알려져 있다. 특정시간 내 발생하는 자동차 사고 수(혹은 특정시간 내의 보험사고 수)는 종종 포아손분포를 가지는 무작위변수로 가정된다. 이러한 예들은 고정된 간격 내에서의(시간 혹은 공간) 특정 수의 변화(사고, 보험사고 등)를 발생시키는 과정으로 생각될 수 있다. 특정과정으로 포아손분포가 도출되면, 그 과정은 포아손 과정이라 부른다. 포아손 과정으로 단정지을 수 있는 몇몇의 가정에 대해 논의하겠다.

$g(x, w)$가 개별 간격의 길이 w에서 x변화가 일어날 확률을 표시한다고 하자. 게다가 기호 $o(h)$는 $\lim_{h\to 0}[o(h)/h]=0$인 모든 함수를 표시한다고 하자. 예를 들어 $h^2=o(h)$이고 $o(h)+o(h)=o(h)$이다.

포아손 조건(postulates)은 아래와 같다:

1. $g(1,h)=\lambda h+o(h)$, λ는 양의 상수이고, $h>0$이다.
2. $\sum_{x=2}^{\infty} g(x,h)=o(h)$
3. 겹치지 않는 간격에 있어서 변화의 수는 독립적이다.

조건 1 및 3은 실제적으로, 짧은 간격 h 내에 1회의 변화가 일어날 확률은 여타 겹치지 않는 간격 내에 발생하는 변화와는 독립적이며, 개략적으로 간격의 길이에 비례함을 의미한다. 조건 2의 내용은 짧은 동일 간격 h 내에 2회 이상의 변화가 발생할 확률은 0이나 다름없다는 것이다. $x=0$이면, $g(0,0)=1$이다. 조건 1 및 2에 의하면, 간격 길이 h 내에 적어도 한 번의 변화가 있을 확률은 $\lambda h+o(h)+o(h)=\lambda h+o(h)$이다. 그러므로 0번의 변화가 발생할 확률은 $1-\lambda h-o(h)$이다. 그리하여 간격 길이 $w+h$ 내에서의 0번의 변화가 발생할 확률 $g(0, w+h)$는 조건 3에 의하면, 간격 길이 w 내에서 0번의 변화가 있을 확률 $g(0, w)$와, 겹치지 않는 간격 길이 h 내에서 0번의 변화가 있을 확률 $[1-\lambda h-o(h)]$의 곱으로 표시 된다. 즉

$$g(0,w+h)=g(0,w)[1-\lambda h-o(h)]\text{이 된다.}$$

그러면

$$\frac{g(0,w+h)-g(0,w)}{h}=-\lambda g(0,w)-\frac{o(h)g(0,w)}{h}\text{이다.}$$

$h\to 0$ 한계를 취하면, $D_w[g(o,w)]=-\lambda g(0,w)$가 된다. 편차방정식의 해답은 $g(0, w)=ce^{-\lambda w}$ 이다. $g(0, 0)=1$인 조건은 $c=1$을 의미함으로 $g(0, w)=e^{-\lambda w}$가 된다.

n이 양의 정수이면 $g(x, 0)=0$이 된다. 동 조건이 의미하는 것은

$$g(x,w+h)=[g(x,w)][1-\lambda h-o(h)]+[g(x-1,w)][\lambda h+o(h)]+o(h)\text{이다.}$$

따라서 $x=1, 2, 3,\cdots$에 대해

$$\frac{g(x,w+h)-g(x,w)}{h}=-\lambda g(x,w)+\lambda g(x-1,w)+\frac{o(h)}{h}\text{이고}$$

$$Dw[g(x,w)]=-\lambda g(x,w)+\lambda g(x-1,w)\text{이다.}$$

수학적 연역법에 의해 위의 편미분 방정식의 해답은, $x=1, 2, 3,\cdots$에 대해 경계조건 $g(x, 0)=0$인 경우 각각에 대해 $g(x, w)=\frac{(\lambda w)^n e^{-\lambda w}}{x!}$, $x=1,2,3,\cdots$이 된다.

그리하여 간격길이 w 내에 X번의 변화가 발생하는 것은 모수 $m=\lambda w$인 포아손분포를 가짐을 알 수 있다.

포아손분포의 $m.g.f.$는 t의 모든 실수 값에 대해 아래와 같이 주어진다:

$$\begin{aligned}M(t) &= \sum_x e^{tx} f(x) = \sum_{x=0}^{\infty} e^{tx}\frac{m^x e^{-m}}{x!} \\ &= e^{-m}\sum_{x=0}^{\infty}\frac{(me^t)^x}{x!} \\ &= e^{-m}e^{me^t} = e^{m(e^t-1)}\end{aligned}$$

$M'(t) = e^{m(e^t - 1)}(me^t)$ 이고 $M''(t) = e^{m(e^t-1)}(me^t) + e^{m(e^t-1)}(me^t)^2$ 이므로 $\mu = M'(0) = m$ 이고 $\sigma^2 = M''(0) - \mu^2 = m + m^2 - m^2 = m$ 이 된다.

즉, 포아손분포는 $\mu = \sigma^2 = m > 0$의 값을 가진다. 이로 인해 포아손 $p.d.f.$는 종종 아래와 같이 표현된다:

$$f(x) = \frac{\mu^x e^{-\mu}}{x!},\ x = 0,1,2,\cdots,$$
$$= 0,\ \text{여타의 경우}$$

그리하여 포아손 $p.d.f.$ 내의 모수 m은 평균 μ가 된다.

예제 7 X가 $\mu = 2$인 포아손분포를 가진다고 하자. 그러면 X의 $p.d.f.$는

$$f(x) = \frac{2^x e^{-2}}{x!},\quad x = 0,1,2,\cdots,$$
$$= 0,\ \text{여타의 경우가 된다.}$$

본 분포의 분산은 $\sigma^2 = \mu = 2$가 된다. $Pr(1 \le X)$값을 산출하면, 대략적으로

$$Pr(1 \le X) = 1 - Pr(X = 0)$$
$$= 1 - f(0) = 1 - e^{-2} = 0.865\text{가 된다.}$$

예제 8 무작위 변수 X의 $m.g.f.$가 $M(t) = e^{4(e^t - 1)}$이라면, X는 $\mu = 4$인 포아손분포를 갖는다. 따라서 예로 $Pr = (X = 3) = \frac{4^3 e^{-4}}{3!} = \frac{32}{3}e^{-4}$이거나, $Pr(X = 3) = Pr(X \le 3) - Pr(X \le 2) = 0.433 - 0.238 = 0.195$가 된다.

예제 9 1피트 전선상에 정확하게 1결점(blemish)이 있을 확률은 약 $\frac{1}{1000}$이고 동일 길이에 2 내지 그 이상의 결점이 있을 확률은 0이나 다름없다고 하자. 무작위 변수 X가 3000피트 전선상에 있는 결점의 수라 하자. 겹치지 않는 간격에 있어서 결점의 수는 독립적이라고 가정하면, $\lambda = \frac{1}{1000}$ 및 $w = 3000$으로 포아손 과정의 조건이 근접화됨을 알 수 있다. 그리하여 X는 평균이 $3000(\frac{1}{1000}) = 3$인 근접화 포아손분포를 갖는다. 예를 들어, 3000피트 상에 정확하게 5개의 결점이 있을 확률은 $Pr(X = 5) = \frac{3^5 e^{-3}}{5!}$가 되거나, 개략적으로 $Pr(X = 5) = Pr(X \le 5) - Pr$

$(X \leq 4) = 0.101$이 된다.

II 심도분포함수의 예

1. 감마 및 카이스퀘어분포함수

본 절에서는 감마 및 카이스퀘어분포를 소개하겠다. 고급 미적분학에서 $\alpha > 0$이고 적분 값이 양수일 때 아래의 적분이 존재함이 증명되었다:

$$\int_0^\infty y^{\alpha-1} e^{-y} dy.$$

본 적분 값은 α의 감마 함수라 하고 아래와 같이 표기 한다:

$$\Gamma(\alpha) = \int_0^\infty y^{\alpha-1} e^{-y} dy.$$

$\alpha = 1$이면, 확실하게

$$\Gamma(\alpha) = \int_0^\infty e^{-y} dy$$이 됨을 알 수 있다.

$\alpha > 1$이면, 부분에 의한 적분(integration by parts)에 의해

$$\Gamma(\alpha) = (\alpha-1)\int_0^\infty y^{\alpha-2} e^{-y} dy = (\alpha-1)\Gamma(\alpha-1)$$이 된다.

따라서 α가 1보다 큰 양의 정수이면,

$$\Gamma(\alpha) = (\alpha-1)(\alpha-2)....(3)(2)(1)\Gamma(1) = (\alpha-1)!$$이 된다.

$\Gamma(1) = 1$이므로, $0! = 1$임을 알 수 있다.

$\Gamma(\alpha)$를 정의하는, 적분 내에 새로운 변수 x를 $\beta > 0$일 때 $y = x/\beta$로 표기하면서 도입하면, $\Gamma(\alpha) = \int_0^\infty (\frac{x}{\beta})^{\alpha-1} e^{-x/\beta} (\frac{1}{\beta}) dx$가 되며, 이에 상응해서 $1 = \int_0^\infty \frac{1}{\Gamma(\alpha)\beta^\alpha}$

$x^{\alpha-1}e^{-x/\beta}dx$가 된다. $\alpha>0$, $\beta>0$이고 $\Gamma(\alpha)>0$이므로

$$f(x)=\int_0^\infty \frac{1}{\Gamma(\alpha)\beta^\alpha}x^{\alpha-1}e^{-x/\beta},\quad 0<x<\infty$$
$$=0,\ \text{여타의 경우}$$

는 연속형 무작위변수의 $p.d.f.$가 된다. 이런 형태의 $p.d.f.$를 갖는 무작위 변수 X는 모수가 α 및 β인 감마분포를 갖는다고 하고, 그러한 $f(x)$을 감마형 $p.d.f.$라고 부른다.

* **참조**: 감마분포는 종종 기다리는 시간에 대한 확률 모델이다. 예를 들어 생사 테스트에 있어, 사망까지 기다리는 시간은 종종 감마분포를 갖는 무작위 변수이다. 이를 살펴보기 위해, 포아손 가정의 조건들을 가정하고, 간격의 길이 w가 시간 간격이라 하자. 구체적으로, 무작위변수 W는 k가 고정된 양의 정수일 때 정확하게 k변화(가능하면 사망)를 얻는데 필요한 시간이라 하자. 그러면 w의 분포함수는 $G(w)=Pr(W\le w)=1-Pr(W>w)$가 된다. 그러나 $w>0$에 대한 사건 $W>w$는 시간 간격길이 w 내에 k변화보다 적은 변화가 발생한 사건과 상응한다. 이는 무작위 변수 X가 간격길이 w 내에 발생하는 변화의 수라 하면,

$$Pr(W>w)=\sum_{x=0}^{k-1}Pr(X=x)=\sum_{x=0}^{k-1}\frac{(\lambda w)^x e^{-\lambda w}}{x!}\text{가 된다.}$$

또한 아래의 등식이 성립한다:

$$\int_{\lambda w}^\infty \frac{z^{k-1}e^{-z}}{(k-1)!}dz=\sum_{x=0}^{k-1}\frac{(\lambda w)^x e^{-\lambda w}}{x!}$$

이 등식이 성립 한다고 가정하면 $w>0$에 대해

$$G(w)=1-\int_{\lambda w}^\infty \frac{z^{k-1}e^{-z}}{\Gamma(k)}dz=\int_0^{\lambda w}\frac{z^{k-1}e^{-z}}{\Gamma(k)}dz\text{이고,}$$

$w\le 0$인 경우 $G(w)=0$이 된다. $G(w)$을 정의하는 적분 내 적분화 변수를 $z=\lambda y$로 표기함으로써 변화시키면, $G(w)=\int_0^w \frac{\lambda^k y^{k-1}e^{-\lambda y}}{\Gamma(k)}dy$, $w>0$이 되고 $w\le 0$인 경우 $G(w)=0$이 된다. 따라서 W의 $p.d.f.$는

$$g(w)=G'(w)=\frac{\lambda^k w^{k-1}e^{-\lambda w}}{\Gamma(k)},\quad 0<w<\infty,$$
$$=0,\ \text{여타의 경우}$$

가 된다. 즉 W는 $\alpha=k$이고 $\beta=1/\lambda$인 감마분포를 갖는다. W가 첫 번째 변화가

있을 때까지의 기다리는 시간이라 하면, 즉 $k=1$이면, W의 $p.d.f.$는

$$g(w)=\lambda e^{-\lambda w},\ 0<w<\infty,$$
$$=0,\ \text{여타의 경우}$$

가 되고 W는 평균 $\beta=1/\lambda$인 지수분포를 갖는다고 한다.

이제 감마분포의 $m.g.f.$를 알아보기로 한다.

$$M(t)=\int_0^\infty e^{tx}\frac{1}{\Gamma(\alpha)\beta^\alpha}x^{\alpha-1}e^{-x/\beta}dx$$
$$=\int_0^\infty \frac{1}{\Gamma(\alpha)\beta^\alpha}x^{\alpha-1}e^{-x(1-\beta t)/\beta}dx\text{이므로}$$

$y=x(1-\beta t)/\beta,\ t<1/\beta$ 혹은 $x=\beta y/(1-\beta t)$라 놓으면,

$$M(t)=\int_0^\infty \frac{\beta/(1-\beta t)}{\Gamma(\alpha)\beta^\alpha}\left(\frac{\beta y}{1-\beta t}\right)^{\alpha-1}e^{-y}dy\text{가 된다.}$$

$$\text{즉 } M(t)=\left(\frac{1}{1-\beta t}\right)^\alpha\int_0^\infty \frac{1}{\Gamma(\alpha)}y^{\alpha-1}e^{-y}dy$$
$$=\frac{1}{(1-\beta t)^\alpha},\ t<\frac{1}{\beta}\text{가 된다.}$$

이제 $M'(t)=(-\alpha)(1-\beta t)^{-\alpha-1}(-\beta)$이고, $M''(t)=(-\alpha)(-\alpha-1)(1-\beta t)^{-\alpha-2}(-\beta)^2$이므로 감마분포에 있어서 $\mu=M'(0)=\alpha\beta$이고 $\sigma^2=M''(0)-\mu^2=\alpha(\alpha+1)\beta^2-\alpha^2\beta^2=\alpha\beta^2$이 된다.

예제 10 기다리는 시간 W가 $\alpha=k$이고 $\beta=1/\lambda$인 감마 $p.d.f.$를 갖는다고 하자. 따라서 $E(W)=k/\lambda$이다. $k=1$이면 $E(W)=1/\lambda$이 되어 $k=1$변화에 대해 기다리는 시간의 기댓값은 λ의 역수 $1/\lambda$이다.

예제 11 X가 아래와 같은 무작위 변수라 하자:

$$E(X^m)=\frac{(m+3)!}{3!}3^m,\ m=1,2,3,\cdots$$

그러면 X의 $m.g.f.$는 아래의 시리즈에 의해 주어진다:

$$M(t)=1+\frac{4!3}{3!1!}t+\frac{5!3^2}{3!2!}t^2+\frac{6!3^3}{3!3!}t^3+\cdots$$

그러나 이는 $-1<3t<1$인 하에서의 $(1-3t)^{-4}$에 대한 마클라우린 시리즈이다. 따라서

X는 $\alpha=4$이고 $\beta=3$인 감마분포를 갖는다.

* **참조**: 감마분포는 기다리는 시간에 대한 좋은 모델이 될 뿐 아니라, 다수의 연속형 무작위변수에 대한 좋은 모델이 되고 있다. 예를 들어, 특정 소득 분포는 두 모수 α 및 β가 상당한 정도의 유동성을 제공하기에 감마분포에 의해 만족스럽게 모델화될 수 있다. [그림 3-1]에 몇 가지 감마 확률밀도함수가 나타나 있다.

그림 3-1

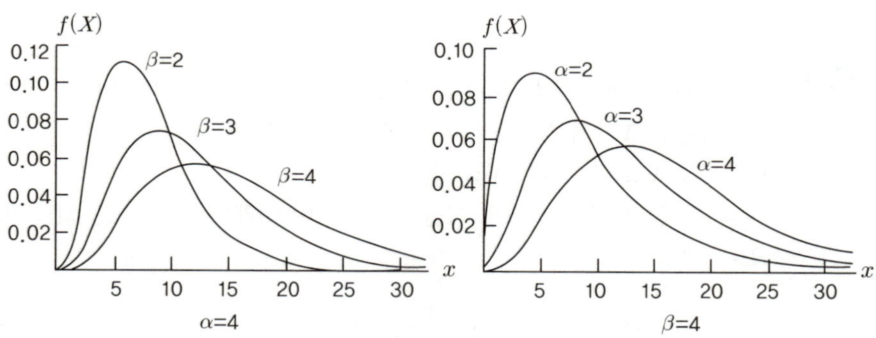

r가 양의 정수일 때 $\alpha=r/2$ 이고 $\beta=2$인 특수한 감마분포를 고려해 보기로 한다. 연속형 무작위변수 X는 아래와 같은 $p.d.f.$를 갖는다:

$$f(x)=\frac{1}{\Gamma(r/2)2^{r/2}}\,x^{r/2-1}e^{-x/2},\quad 0<x<\infty,$$
$$=0,\ \text{여타의 경우이고}$$

$m.g.f.$는 $M(t)=(1-2t)^{-r/2}$, $t<\dfrac{1}{2}$이 되며 카이스퀘어분포를 갖는다고 하며, 이런 형태를 갖는 모든 $f(x)$는 카이스퀘어 $m.g.f.$라고 부른다. 카이스퀘어분포의 평균과 분산 값은 각각 $\mu=\alpha\beta=(r/2)2=r$ 및 $\sigma^2=\alpha\beta^2=(r/2)2^2=2r$이 된다.

명백한 이유 없이 모수 r을 카이스퀘어분포(혹은 카이스퀘어 $p.d.f.$)의 자유도 수라 부른다. 카이스퀘어분포가 통계학에 있어 중요한 역할을 하고, 자주

인용되기에, 간결하게, X는 $\chi^2(r)$로 표기하여, 무작위변수 X는 자유도 r인 카이스퀘어분포를 갖는다고 한다.

예제 12 X가 아래의 $p.d.f.$을 갖는다고 하자:

$$f(x) = \frac{1}{4}xe^{-x/2}, \ 0 < x < \infty$$
$$= 0 \ \text{여타의 경우.}$$

그러면 X는 $\chi^2(4)$이다. 그리하여 $\mu = 4$, $\sigma^2 = 8$이고 $M(t) = (1-2t)^{-2}$, $t < \frac{1}{2}$이다.

예제 13 X가 $m.g.f.$ $M(t) = (1-2t)^{-8}$, $t < \frac{1}{2}$을 가지면, X는 $\chi^2(16)$이다.
무작위변수 X가 $\chi^2(r)$이면, $C_1 < C_2$일 때, $Pr(X = C_1) = 0$ 이므로
$Pr(C_1 \le X \le C_2) = Pr(X \le C_2) - Pr(X \le C_1)$
가 된다. 위와 같은 확률을 계산하기 위하여 아래와 같은 적분 값을 필요로 한다:

$$Pr(X \le x) = \int_0^x \frac{1}{\Gamma(r/2)2^{r/2}} w^{r/2-1}e^{-w/2}dw$$

예제 14 X가 $\chi^2(10)$이라 한다. $r = 10$인 경우,

$$Pr(3.35 \le X \le 20.5) = Pr(X \le 20.5) - Pr(X \le 3.25)$$
$$= 0.975 - 0.025 = 0.95 \text{가 된다.}$$

또한 $Pr(a < X) = 0.05$이면, $Pr(X \le a) = 0.95$여서 $r = 10$일 때 $a = 18.3$이 된다.

예제 15 X가 r이 양의 정수이고 $\alpha = r/2$ 및 $\beta > 0$인 감마분포를 갖는다고 하자.
무작위변수 $Y = 2x/\beta$을 정의한다. Y의 $p.d.f.$를 구하고자 한다.
Y의 분포함수는 $G(Y) = Pr(Y \le y) = Pr(X \le \frac{\beta y}{2})$가 된다.
$y = 0$이면 $g(y) = 0$이나, $y > 0$이면,

$$G(y) = \int_0^{\beta y/2} \frac{1}{\Gamma(r/2)\beta^{r/2}} x^{r/2-1}e^{-x/\beta}dx \text{가 된다.}$$

따라서 Y의 $p.d.f.$는 $y>0$이면

$$g(y)=G'(y)=\frac{\beta/2}{\Gamma(r/2)\beta^{r/2}}(\beta y/2)^{r/2-1}e^{-y/2}=\frac{1}{\Gamma(r/2)2^{r/2}}y^{r/2-1}e^{-y/2}$$가

된다. 즉 Y는 $\chi^2(r)$이 된다.

2. 정규분포함수

아래의 적분을 고려한다:

$$I=\int_{-\infty}^{\infty}\exp(\frac{-y^2}{2})dy$$

본 적분은 존재하는데, 왜냐하면 피적분함수가 적분 가능한 함수로 경계되어 있는 양의 연속함수이기 때문이다. 즉 $0<\exp(-\frac{y^2}{2})<\exp(-|y|+1)$, $-\infty<y<\infty$이고 $\int_{-\infty}^{\infty}\exp(-|y|+1)=2e$이다. 적분값 I를 구하기 위해, $I>0$이고, I^2을 아래와 같이 표기할 수 있다:

$$I^2=\int_{-\infty}^{\infty}\int_{-\infty}^{\infty}\exp(-\frac{y^2+z^2}{2})dydz$$

본 반복 적분은 극좌표로 변화시켜 구할 수 있다. $y=r\cos\theta$와 $z=r sin\theta$로 놓으면,

$$I^2=\int_0^{2\pi}\int_0^{\infty}e^{-r^2/2}r\,drd\theta$$

$$=\int_0^{2\pi}d\theta=2\pi$$

따라서 $I=\sqrt{2\pi}$이고 $\int_{-\infty}^{\infty}\frac{1}{\sqrt{2\pi}}e^{-y^2/2}dy=1$이 된다.

위 적분식에 $y=\frac{x-a}{b}$, $b>0$로 표시되는 새로운 변수 x를 도입하면, 위 식의 적분값은 여전히 1이 된다. 즉, $\int_{-\infty}^{+\infty}\frac{1}{b\sqrt{2\pi}}\exp[-\frac{(x-a)^2}{2b^2}]dx=1$이다. $b>0$이므로 이는 아래의 식이 성립함을 의미한다:

$$f(x)=\frac{1}{b\sqrt{2\pi}}\exp[-\frac{(x-a)^2}{2b^2}],\ -\infty<x<\infty$$

위 식은 연속형 무작위 변수의 확률밀도함수 조건을 충족하게 된다. 위 식 $f(x)$형태의 확률밀도함수를 갖는 연속형 무작위변수를 정규분포함수를 갖는다고 하고, 이와 같은 형태의 $f(x)$를 정규 $p.d.f.$라고 한다.
아래와 같이 정규분포의 $m.g.f.$를 구할 수 있다:

$$M(t)=\int_{-\infty}^{+\infty}e^{tx}\frac{1}{b\sqrt{2\pi}}\exp[-\frac{(x-a)^2}{2b^2}]dx$$
$$=\int_{-\infty}^{+\infty}\frac{1}{b\sqrt{2\pi}}\exp(-\frac{-2b^2tx+x^2-2ax+a^2}{2b^2})dx$$

지수부분의 상수를 정리하여 적분기호 좌측으로 몰고 다시 정리하면 $M(t)$식은 아래와 같이 정리된다:

$$M(t)=\exp[-\frac{a^2-(a+b^2t)^2}{2b^2}]\int_{-\infty}^{+\infty}\frac{1}{b\sqrt{2\pi}}$$
$$\times\exp[-\frac{(x-a-b^2t)^2}{2b^2}]dx=\exp(at+\frac{b^2t^2}{2})$$

위 적분식에서 a가 $a+b^2t$로 교체된 정규 $p.d.f.$로 간주할 수 있으므로 그 값은 1이 되어 마지막 결과값이 도출되게 된다.

정규분포의 평균 μ와 분산 σ^2은 아래와 같이 $M(t)$로부터 도출할 수 있다:

$M'(t)=M(t)(a+b^2t)$, 그리고
$M''(t)=M(t)(b^2)+M(t)(a+b^2t)^2$ 여서,
$\mu=M'(0)=a$ 및
$\sigma^2=M''(0)-\mu^2=b^2+a^2-a^2=b^2$ 이 된다.

그리하여 우리는 정규 $p.d.f.$를 아래와 같이 표시할 수 있는데,

$$f(x)=\frac{1}{\sigma\sqrt{2\pi}}\exp[-\frac{(x-\mu)^2}{2\sigma^2}],\ -\infty<x<+\infty,$$

이는 명시적으로 μ값 및 σ^2을 보여주고 있다. 또한 $m.g.f.$ $M(t)$는 아래와 같이 표시할 수 있다:

$$M(t) = \exp(\mu t + \frac{\sigma^2 t^2}{2}).$$

예제 16 X가 $m.g.f.$ $M(t) = e^{2t+32t^2}$를 가지면, $\mu=2$, $\sigma^2=64$인 정규분포를 한다.

통계학의 특정분야에서 정규 $p.d.f.$가 매우 빈번하게 사용됨으로 우리는 줄여서 $N(\mu, \sigma^2)$라고 표현하기도 한다. 그리하여 무작위 변수 X가 $N(0,1)$라면 이는 X가 $\mu=0$이고 $\sigma^2=1$인 정규분포를 갖는다고 하고 X의 $p.d.f.$는 아래와 같이 표시된다:

$$f(x) = \frac{1}{\sqrt{2\pi}} e^{-x^2/2}, -\infty < x < +\infty.$$

X가 $N(5, 4)$라면, 이는 X가 평균이 $\mu=5$이고 분산이 $\sigma^2=4$인 정규분포를 갖는다고 하고 X의 $p.d.f.$는 아래와 같이 표시된다:

$$f(x) = \frac{1}{2\sqrt{2\pi}} \exp[-\frac{(x-5)^2}{2(4)}], \ -\infty < x < +\infty$$

더욱이 $M(t) = e^{t^2/2}$이면 X는 $N(0, 1)$이다.

$$f(x) = \frac{1}{\sigma\sqrt{2\pi}} \exp[-\frac{(x-\mu)^2}{2\sigma^2}], \ -\infty < x < +\infty$$

의 그래프는 (1) $x=\mu$를 지나는 수직축에 대해 대칭이고 (2) $x=\mu$에서 최댓값 $1/(\sigma\sqrt{2\pi})$를 갖고, (3) x축에 수평적으로 근접해가며, (4) $x=\mu+\sigma$에서 변곡점을 가짐을 보일 수 있다.

* **참조**: 여기서 지금까지 논의해 온 모든 개별 분포들은 기초통계학에서 볼 수 있는 개념들을 사용하여 어느 정도 도출해 왔다. 정규분포에 관해서는 아직 그러한 도출을 시도하지 않았다. 그러나 정규분포가 통계기법 응용에 있어서 여타 분포보다 더 광범위하게 사용되고 있음을 유의하기 바란다. 많은 경우 무작위변수가 (적절한 평균값 및 분산값을 갖는) 정규분포를 한다고 가정한다. 이와 같은 예로 드릴 프레스로 만들어진 구멍의 직경, 시험성적, 일정 토지에 있어서의 수확량, 신생아의 신장 등을 예로 들 수 있겠다.

이제 매우 유용한 정리를 증명하고자 한다.

정리 3.1: 무작위 변수 X가 $N(\mu,\sigma^2)$, $\sigma^2>0$이면, 무작위 변수 $W=(X-\mu)/\sigma$에서 $N(0,1)$이 성립한다.

증명: $\sigma^2>0$이므로 분포함수 W의 $G(w)$는 아래와 같다:

$$G(w)=Pr(\frac{X-\mu}{\sigma}\le w)=Pr(X\le w\sigma+\mu),\ \text{이는}$$

$$G(w)=\int_{-\infty}^{w\sigma+\mu}\frac{1}{\sigma\sqrt{2\pi}}\exp[-\frac{(x-\mu)^2}{2\sigma^2}]dx\ \text{이다.}$$

$y=(x-\mu)/\sigma$로 적분변수를 교체하면,

$$G(w)=\int_{-\infty}^{+w}\frac{1}{\sqrt{2\pi}}e^{-y^2/2}dy\ \text{가 된다.}$$

따라서 연속형 무작위변수 W의 $p.d.f.$ $g(w)=G^{'}(w)$는

$$g(w)=\frac{1}{\sqrt{2\pi}}e^{-y^2/2},\ -\infty<w<\infty\ \text{가 된다.}$$

그리하여 W는 $N(0,1)$가 되어 정리가 증명되었다.

이 사실로 인해 아래에서 보겠지만 정규분포를 갖는 변수의 확률값 계산이 상당히 쉬워진다. X가 $N(\mu,\sigma^2)$이라면 $c_1<c_2$일 때, $Pr(X=c_1)=0$이므로,

$$\begin{aligned}Pr(c_1<X<c_2)&=Pr(X<c_2)-Pr(X<c_1)\\&=Pr(\frac{x-\mu}{\sigma}<\frac{c_2-\mu}{\sigma})-Pr(\frac{x-\mu}{\sigma}<\frac{c_1-\mu}{\sigma})\\&=\int_{-\infty}^{(c_2-\mu)/\sigma}\frac{1}{\sqrt{2\pi}}e^{-w^2/2}dw-\int_{-\infty}^{(c_1-\mu)/\sigma}\frac{1}{\sqrt{2\pi}}e^{-w^2/2}dw\end{aligned}$$

가 되는데 그 이유는 $W=(X-\mu)/\sigma$는 $N(0,1)$이기 때문이다. 즉 $N(\mu,\sigma^2)$을 갖는 X의 확률값은 $N(0,1)$인 W의 확률값으로 표시할 수 있기 때문인 것이다.

아래와 같은 적분값

$$\int_{-\infty}^{\infty}\frac{1}{\sqrt{2\pi}}e^{-w^2/2}dw\ \text{은}$$

미적분학의 근본적 정리에 의해 평가될 수 없는데, 역도함수 $e^{-w^2/2}$가 기본적인 함수로 표현될 수 없기 때문이다. 대신에, 다양한 k값에 대한 근접 적분값이 준비되어 있다. 아래와 같은 표시법을 쓰기로 한다:

$$\Phi(z) = \int_{-\infty}^{z} \frac{1}{\sqrt{2\pi}} e^{-w^2/2} dw$$

더욱이 $\Phi(z)$는 표준 정규분포 $N(0, 1)$의 분포함수이고, 그 미분값 $\Phi'(z) = \varphi(z)$은 표준 정규분포 $N(0, 1)$의 $p.d.f.$라 한다. [그림 3-2]에 양 통계치가 표시되었다.

그림 3-2

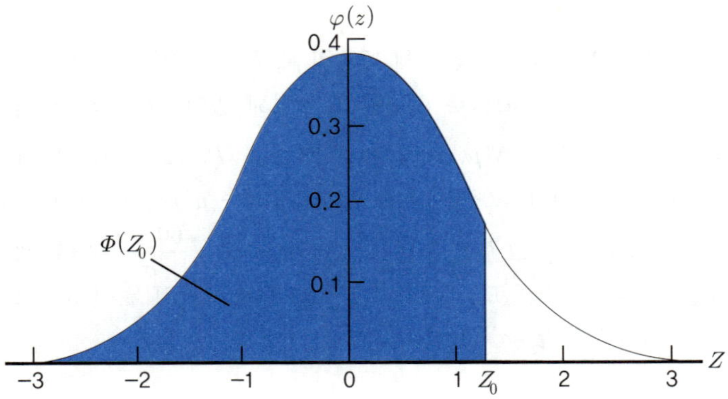

요약하면, X는 $N(\mu, \sigma^2)$임을 보였다. 그리고

$$Pr(c_1 < X < c_2) = Pr(\frac{X-\mu}{\sigma} < \frac{c_2-\mu}{\sigma}) - Pr(\frac{X-\mu}{\sigma} < \frac{c_1-\mu}{\sigma})$$
$$= \Phi(\frac{c_2-\mu}{\sigma}) - \Phi(\frac{c_1-\mu}{\sigma}) \text{이다.}$$

$\Phi(-x) = 1 - \Phi(x)$가 성립함을 보일 수 있다.

예제 17 X가 $N(2, 25)$라 하면, 표준정규분포 도표에 의해

$$Pr(0 < X < 10) = \Phi(\frac{10-2}{5}) - \Phi(\frac{0-2}{5})$$

$$= \Phi(1.6) - \Phi(-0.4)$$
$$= 0.945 - (1 - 0.655) = 0.600$$ 임을 알 수 있다.

$$Pr(-8 < X < 1) = \Phi(\frac{1-2}{5}) - \Phi(\frac{-8-2}{5})$$
$$= \Phi(-0.2) - \Phi(-2)$$
$$= (1 - 0.579) - (1 - 0.977) = 0.398$$ 이 된다.

예제 18 X가 $N(\mu, \sigma^2)$라면, 표준정규분포 도표에 의해

$$Pr(\mu - 2\sigma < X < \mu + 2\sigma) = \Phi(\frac{\mu + 2\sigma - \mu}{\sigma}) - \Phi(\frac{\mu - 2\sigma - \mu}{\sigma})$$
$$= \Phi(2) - \Phi(-2)$$
$$= 0.977 - (1 - 0.977) = 0.954$$ 가 된다.

예제 19 특정분포 $N(\mu, \sigma^2)$에 있어서 10%의 확률로 무작위변수가 60 아래에 위치해 있고 5%의 확률로 90 위에 위치해 있다. μ와 σ^2값은?

무작위변수 X가 $N(\mu, \sigma^2)$임이 주어졌고 $Pr(X \le 60) = 0.10$ 및 $Pr(X \le 90) = 0.95$임이 주어졌다. 그리하여, $\Phi[(60-\mu)/\sigma] = 0.10$이고 $\Phi[(90-\mu)/\sigma] = 0.95$이다. 표준정규분포 도표로부터, $\frac{60-\mu}{\sigma} = -1.282$, $\frac{90-\mu}{\sigma} = 1.645$임을 알 수 있다. 이러한 조건을 충족시키기 위한 μ와 σ값은 각각 대략 $\mu = 73.1$ 및 $\sigma = 10.2$이다.

* **참조**: 본 장에서 분포와 연계된 세 가지 형태의 모수를 보였다. $N(\mu, \sigma^2)$의 평균은 위치 모수라고 하는데 이는 그 값을 변화시키면 단순히 정규 $p.d.f.$의 중간 값의 위치를 변화시키기 때문이다. 즉 $p.d.f.$ 그래프는 위치만 변이된 채 나머지는 그대로이다. $N(\mu, \sigma^2)$의 표준편차 σ는 크기(scale) 모수라고 하는데, 이는 그 값을 변화시키면 분포의 퍼진 정도가 변화되기 때문이다. 즉 σ의 값이 작을 때 정규 $p.d.f.$는 그 높이가 높고 옆으로 적게 퍼져 있게 되고, 그 값이 클 때 그 높이가 높지 않고 옆으로 많이 퍼져 있게 된다. μ와 σ가 어떤 값을 갖더라도 정규 $p.d.f.$의 그래프는 익숙한 종 모양을 한다. 또한 감마분포의 β역시 크기 모수이다. 한편 감마분포의 α는 모양(shape) 모수라고 하는데, <표 3-1>을 보면 알 수 있듯이 그 값을 변화시킴에 따라 그래프 모양이 수정되게 된다. 이항 및 포아손 분포의 모수 p와 μ역시 모양 모수이다.

마지막으로 중요한 정리에 대해 논의하겠다.

정리 3.2: 무작위변수 X가 $N(\mu,\sigma^2)$, $\sigma^2>0$이면, 무작위변수 $V=(X-\mu)^2/\sigma^2$은 $\chi^2(1)$이다.

증명: $W=(X-\mu)/\sigma$가 $N(0,1)$일 때 $V=W^2$이므로, V의 분포함수는 $v\geq 0$에 대해, $G(v)=Pr(W^2\leq v)=Pr(-\sqrt{v}\leq W\leq \sqrt{v})$이다.

즉 $G(v)=2\int_0^{\sqrt{v}}\frac{1}{\sqrt{2\pi}}e^{-w^2/2}dw,\ 0\leq v$이고, $G(v)=0,\quad v<0$이다.

적분 내 변수를 $w=\sqrt{y}$로 표기함으로 바꾸면,

$$G(v)=\int_0^v\frac{1}{\sqrt{2\pi}\sqrt{y}}e^{-y/2}dy,\quad 0\leq v\text{가 된다.}$$

그러므로 연속형 무작위변수 V의 $p.d.f.$ $g(v)=G'(v)$는

$$g(v)=\frac{1}{\sqrt{\pi}\sqrt{2}}v^{1/2-1}e^{-v/2},\quad 0<v<\infty\ ,$$
$$=0,\quad \text{여타의 경우가 된다.}$$

$g(v)$가 $p.d.f.$이므로 $\int_0^\infty g(v)dv=1$이고 $\Gamma(\frac{1}{2})=\sqrt{\pi}$이어서 V는 $\chi^2(1)$이다.

Ⅲ (a, b, 0) 클래스 분포 함수

아래 정의에 의해 본 클래스에 귀속되는 분포함수들의 특성을 알 수 있다.

정의 3.1: p_k를 불연속 분포 함수의 $p.f.$라고 하자. 아래와 같은 상수 a 및 b가 존재하면 $(a,b,0)$ 클래스 분포 함수에 귀속된다고 한다:

$$\frac{p_k}{p_{k-1}}=a+\frac{b}{k},\quad k=1,2,3,\cdots$$

위의 순차식은 계수 분포에 있어서 연속적 확률값의 상대적 크기를 보여준다. 0점에서의 확률값 p_0는 전체 확률값은 1이 되어야 함으로 순차 공식으

로부터 구할 수가 있다. $(a, b, 0)$ 클래스 분포 함수는 두 모수 클래스 분포 함수라고 볼 수 있는데 그 두 모수는 a 및 b가 된다. 포아손, 이항 그리고 음이항분포에 있어서의 분포 함수를 위 식 왼쪽의 순차식 형태의 확률 함수를 대체시킴으로써 각각의 세 분포가 순차 조건을 충족시키는 것을 알 수 있으며 각각의 a 및 b 값이 <표 3-1>에 실려 있다. 게다가 동 표에서 순차식의 출발점인 p_0값들이 주어졌다. 음이항분포의 한 모수(one parameter) 특별 경우($r=1$)에 해당하는 기하분포에 속하는 통계치들도 역시 같은 테이블에 주어져 있다.

표 3-1 $(a,b,0)$ 클래스 분포들

분포	a	b	p_0
포아손	0	λ	$e^{-\lambda}$
이항	$-\frac{1}{1-q}$	$(m+1)\frac{q}{1-q}$	$(1-q)^m$
음이항	$\frac{\beta}{1+\beta}$	$(r-1)\frac{\beta}{1+\beta}$	$(1+\beta)^{-r}$
기하	$\frac{\beta}{1+\beta}$	0	$(1+\beta)^{-1}$

이들 네 분포 외에는 앞서 제시한 순차 공식을 만족시키는 계수 분포가 더 이상 없음이 보여 졌다.

순차 공식은 아래와 같이 재구성할 수 있다:

$$k\frac{p_k}{p_{k-1}}=ak+b, \qquad k=1,2,3,\cdots$$

위식 좌측에 있는 산식은 k에 대한 선형함수이다. <표 3-1>로부터 포아손분포에 있어서는 직선에 있어서 경사를 표시해 주는 경사 a는 0이나, 이항분포에 있어서는 음수이고 음이항분포 및 기하분포에 있어서는 양수임을 알 수 있다. 이러한 관계로 인해 세 분포 중 어느 것이 가장 적합한 분포일까를 판별하는데 그래프를 사용할 수 있음을 보여주고 있다. k에 대해

$$k\frac{\hat{p}_k}{\hat{p}_{k-1}}=k\frac{n_k}{n_{k-1}}$$

를 그래프에 그림으로써 그 판별을 시작할 수 있다. 세 분포 모델 중 하나가 선정되었다면 관측된 값들은 대략적으로 직선상에 있어야 하고 경사 값으로 어떤 분포 모델이 가장 적합한 모델인지에 대한 판별이 가능하다. 이러한 작업은 n_k 중에 어떠한 것도 0이면 불가능하다는 것을 주목하기 바란다. 그리하여 이와 같은 접근방법은 관측치의 수가 적은 경우에는 그 유용성이 떨어진다고 하겠다.

예제 20 아래에 있는 사고 데이터를 고려한다. 9,461건의 자동차 보험 가입자에 대해 분석을 하였다. 각 가입자당 사고 건수가 기록되었다. 또한 〈표 3-2〉에 선형이어야 하는 통계치도 실려 있다.

표 3-2 사고데이터

사고 건수, k	자동차 보험 수, n_k	$k\dfrac{n_k}{n_{k-1}}$
0	7,840	
1	1,317	0.17
2	239	0.36
3	42	0.53
4	14	1.33
5	4	1.43
6	4	6.00
7	1	1.75
8+	0	
총 합	9,461	

[그림 3-3]에서 k, 즉 사고 건수에 대한 통계치 값이 그려져 있다. 그래프 상에서 볼 때 $k=6$의 경우를 제외하고는 관련 통계치가 대략적으로 선형의 형태를 띰을 알 수 있다. k값이 증가함에 따라 본 통계치에 대한 신임도가 저하되는데 그 이유는 관측치의 수가 감소하여 결과치에 대한 변동성이 커지기 때문이며, 바로 이러한 점이 본 접근방법의 약점이라고 할 수 있겠다. 눈으로 보기에는 모든 점들이 동일한 값들을 가진 것으로 보이나 좌측에 놓인 점들이 우측에 놓인 점들 보다 훨씬 더 신뢰할 수가 있는데 그 좌측 점들이 훨씬

그림 3-3 k에 대한 비율 kn_k/n_{k-1} 그래프

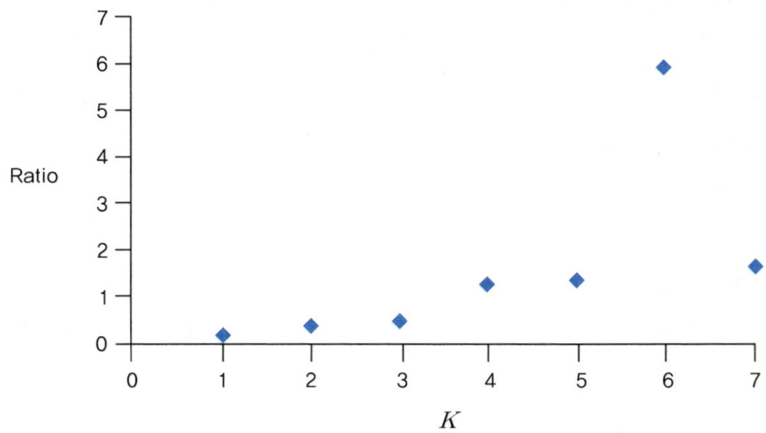

더 많은 관측치에서 산출된 것이기 때문이다. 그래프 상으로 볼 때 경사가 양의 수이고 데이터가 대략적으로 선형으로 보여 음이항분포가 적합한 분포로 여겨진다. 경사가 유의적으로 0과 다른지에 대한 판단을 단순히 그래프 상으로 판단하기에는 쉽지가 않다. 그래프상의 수직축 단위를 증가시킴으로써 경사의 기울기를 더 크게 보이게 하여 0과는 유의적으로 다르게 보이게 할 수도 있다. 그래프 상으로는 포아송분포인지 아니면 음이항분포인지 구별이 쉽지 않은데 포아송분포의 경우 기울기가 0이기 때문이다. 그러나 이항분포는 좋은 선택이 아니라는 것을 알 수 있는데, 그 이유는 경사가 음의 수라고 보기는 어렵기 때문이다. 이러한 경우에 있어서는 포아손분포 및 음이항분포 양자에 대해 피팅을 해보고 보다 정식적인 검증 절차를 거쳐 최종적으로 그 중 하나를 선별하는 것이 바람직할 것이다.

분산과 평균간의 관계를 살펴봄으로써도 적합한 분포가 어떤 것인지에 대한 판별이 가능하다. 본 데이터 집합에 있어서의 보험가입자당 평균 클레임 수는 0.2144이다. 분산값은 0.2889이다. 분산값이 평균값을 웃돌므로 음이항분포가 포아손분포에 앞서 고려되어야 한다. 역시 이는 정성적인 판단에 의한 것인데 그 이유는 아직 정식적인 방법에 의해 음이항분포를 선택할 수 있을 정도로 분산값이 충분히 큰지에 대한 검토를 하지 않았기 때문이다. 정식적인

분석의 일환으로 <표 3-3>에 포아손분포와 음이항분포에 있어서의 모수들에 대한 최우법(7장에서 다루어짐)에 의한 추정치가 주어졌다. 제7장에서 정식적인 선별 기법에 대해서 논의가 이루어질 것이다. 거기서 본 데이터 집합에 대한 모델로써 포아손분포에 비해 음이항분포가 월등하게 뛰어나다는 것이 설명될 것이다. 그러나 7장에서 설명될 방법론에 따르면 음이항분포가 특별하게 좋은 모델이 아니라는 것이어서 아직 소개되지 않은 몇 가지 분포들이 고려되어야 할 것이다.

표 3-3 포아손-음이항 비교

분포	모수 추정치	-최우값
포아손	$\hat{\lambda}=0.2143537$	5,490.78
음이항	$\hat{\beta}=0.3055594$	5,348.04
	$\hat{r}=0.7015122$	

후속되는 절에서는 본 절에서 논의된 분포들 외에 포아손, 이항 및 음이항분포와 관련이 있는 보다 일반화된 모델에 대해서도 다루어 보겠다.

연습문제

1. 7장 Ⅷ절 연습문제 3 및 5에 제시된 데이터 집합에 대해 〈표 3-2〉에 표시되어 있는 값들과 유사한 값들을 산정하라. 각각에 있어서 $(a, b, 0)$ 클래스 중에서 가장 적합한 모델을 결정하라.

2. 포아손, 음이항 및 이항분포의 모수들에 대해 허용될 수 있는 범위에 대한 지식을 사용하여 $(a, b, 0)$ 클래스에 소속되는 분포들에 있어서 모든 가능한 a 및 b에 대한 값들을 구하여라. 이들 분포들이 본 클래스에 소속되는 분포 전부이기에 여타 쌍(a, b)들로 적합한 확률 분포를 만들어 낼 수는 없다(합이 1이 되는 비음수 값들). 쌍 $a=-1$ 및 $b=1.5$(가능 값 항목에 포함되지 않는)로 적합한 분포를 만들어 낼 수 없음을 보여라.

Ⅳ 0점 절단과 조정

가끔은 앞서 논의된 분포들로는 현실 세계에서 봉착하는 데이터 집합의 특성들을 제대로 반영하지 못하는 수가 있다. 이는 음이항분포의 테일이 충분히 무겁지(두텁지) 못하다거나 $(a, b, 0)$ 클래스 내 분포들이 분포의 여타 부분에 존재하는 데이터 집합의 모양새를 제대로 그려내지 못하기 때문이다.

본 절에 있어서는 분포의 좌편 끝에 있어서의 열악한 적합성 문제 특히 0점에 있어서의 확률 문제에 대해 다루려고 한다.

보험 건수 데이터에 있어서 0점에 있어서의 확률은 분석 기간 동안 아무런 클레임도 발생하지 않는 확률이다. 손해 발생 확률이 매우 낮은 보험 응용에 있어서 0점에서의 확률값은 가장 클 수 있다. 그리하여 이 점에서의 적합성에 대해 주의를 기울이는 것이 매우 중요하다고 하겠다.

비정상적인 확률값이 0점에서 자연적으로 나타나는 상황도 존재한다. 단체 치과보험의 경우를 고려해 보기로 한다. 한 가족에 있어 남편과 그 처 두 사람이 각각 가족 전체를 커버하는 고용주 부담 플랜에 가입이 되어 있다면 클레임은 보다 더 좋은 급여를 제공하는 보험사에 제출될 것이어서 그렇지 않은 보험사에는 아무런 클레임도 제출되지 않을 것이다. 그리하여 특정 보험사에 대한 분석을 실시할 때 아무런 클레임도 제출하지 않은 기대 가입자 수가 예상했던 것 보다 훨씬 많이 나타날 것이다.

0점에서의 확률값에 대한 조정은 포아손, 이항 및 음이항분포에 있어서는 손쉽게 다루어질 수 있다.

정의 3.2: p_k를 불연속 무작위변수의 $p.f.$라고 하자. 아래와 같은 상수 a 및 b가 존재하면 $(a, b, 1)$ 클래스 분포 함수에 귀속된다고 한다:

$$\frac{p_k}{p_{k-1}} = a + \frac{b}{k}, \quad k = 2, 3, 4, \ldots$$

$(a, b, 0)$ 클래스 분포와의 유일한 차이점은 순차가 p_0가 아니라 p_1에서 시작된다는 것이다. $k=1$부터 $k=\infty$까지의 분포는 확률값들이 일정한 비율로 차이가 난다는 의미에서 $(a, b, 0)$ 클래스 분포와 동일한 모양을 가지는데 그 이유는 $\sum_{k=1}^{\infty} p_k$는 간격 $(0, 1)$에 있는 어떤 수로도 정할 수 있고 그 나머지는 $k=0$일 때의 확률값이 되기 때문이다.

$p_0=0$일 때와 $p_0>0$일 때의 상황을 구별하기로 한다. 첫 번째 부 클래스를 절단된 분포(좀 더 구체적으로는 0에서 절단된 분포)라고 한다. 이들 부 클래스에 속하는 분포로 0점 절단된 포아손, 0점 절단된 이항, 0점 절단된 음이항(그리고 음이항의 특별 경우로 0점 절단된 기하)분포를 들 수 있다.

두 번째 부 클래스를 0점 조정된 분포라고 부르는데 그 이유는 확률이 $(a, b, 0)$ 클래스에 대한 확률로부터 조정되었기 때문이다. 이들 분포들은 $(a, b, 0)$ 클래스 분포와 모든 확률이 0점에 축퇴된 분포와의 혼합 분포로 볼 수 있다. 이들 분포 또한 다르게는 0점에서 절단된 분포라고 부르기도 하는데 그 이유는 분포 자체가 절단된 분포와 모든 확률이 0점에서 축퇴된 분포와의 혼합 분포로 볼 수 있기 때문이다. 이제 이와 같은 상응성을 보다 정식으로 보이고자 한다. 모든 0점 절단된 분포는 그 조정이 p_0라고 놓는 0점 조정 분포라고 볼 수 있는 것에 주목하기 바란다.

세 가지 형태의 분포들을 도입함에 따라 용어상의 혼돈이 올 수가 있겠다. 일반적인 불연속형 분포를 언급함에 있어서 계속해서 $p_k=Pr(N=k)$라고 하자. 0점 절단된 분포를 의미할 때는 p_k^T를 사용하고, 0점 조정된 분포를 의미할 때는 p_k^M을 사용하기로 한다. 다시 한 번 강조하고자 하는 것은 0점 조정된 분포는 0점 절단된 분포가 될 수 있다는 것이다.

$P(z)=\sum_{k=0}^{\infty} p_k z^k$를 $(a, b, 0)$ 클래스 분포의 $p.d.f.$라 하고 $P^M(z)=\sum_{k=0}^{\infty} p_k^M z^k$를 이에 상응하는 $(a, b, 1)$ 분포의 $p.d.f.$라고 하자. 즉 이는

$$p_k^M = cp_{k,} \quad k=1, 2, 3, \cdots$$

가 된다. 그리고 p_0^M는 임의의 숫자이다. 그러면

$$P^M(z) = p_0^M + \sum_{k=1}^{\infty} p_k^M z^k$$
$$= p_0^M + c\sum_{k=1}^{\infty} p_k z^k$$
$$= p_0^M + c[P(z) - p_0]$$

가 된다. $P^M(1) = P(1) = 1$이기에

$$1 = p_0^M + c(1 - p_0)$$

가 되고 그 결과로

$$c = \frac{1 - p_0^M}{1 - p_0} \quad \text{혹은} \quad p_0^M = 1 - c(1 - p_0)$$

가 된다.

p_k^M의 합이 1이 되어야 하기에 이러한 관계가 성립하여야 한다. 그러면

$$P^M(z) = p_0^M + \frac{1 - p_0^M}{1 - p_0}[P(z) - p_0] \tag{3.2}$$
$$= (1 - \frac{1 - p_0^M}{1 - p_0})1 + \frac{1 - p_0^M}{1 - p_0}P(z)$$

가 된다.

이는 축퇴된 분포와 이에 상응하는 $(a,b,0)$ 분포에 있어서의 $p.d.f.$들의 가중 평균이 된다. 또한

$$p_k^M = \frac{1 - p_0^M}{1 - p_0}p_k, \quad k = 1, 2, \cdots \tag{3.3}$$

가 된다. $P^T(z)$를 $(a,b,0)$ 클래스 분포의 $P(z)$에 상응하는 0점 절단된 분포의 $p.d.f.$라고 하자. 그러면 식 (3.2) 및 (3.3)에서 $p_0^M = 0$으로 놓음으로써

$$P^T(z) = \frac{P(z) - p_0}{1 - p_0}$$

및

$$p_k^T = \frac{p_k}{1 - p_0}, \quad k = 1, 2, \cdots \tag{3.4}$$

가 된다. 그러면 식 (3.3)으로부터

$$p_k^M = (1 - p_0^M) p_k^T, \quad k = 1, 2, \cdots \tag{3.5}$$

및

$$P^M(z) = p_0^M(1) + (1 - p_0^M) P^T(z) \tag{3.6}$$

이 된다. 그러면 0점 조정된 분포 역시 축퇴된 분포와 $(a,b,0)$ 클래스의 0점 절단된 분포와의 가중평균이 됨을 알 수 있다. 아래의 예제에서 이러한 관계를 볼 수 있다.

예제 21 모수가 $\beta = 0.5$ 및 $r = 2.5$인 음이항 무작위 변수를 고려하기로 한다. 첫 번째로 본 무작위 변수에 대한 첫 4가지 확률들을 구하여라. 그러고 나서 이에 상응하는 0점 절단된 및 0점 조정된 ($p_0^M = 0.6$인) 음이항 분포의 확률들을 구하여라.

〈표 3-4〉로부터 음이항 분포의 경우 아래와 같이 구할 수 있다:

$$\begin{aligned} p_0 &= (1+0.5)^{-2.5} = 0.362887, \\ a &= \frac{0.5}{1.5} = \frac{1}{3}, \\ b &= \frac{(2.5-1)(0.5)}{1.5} = \frac{1}{2}. \end{aligned}$$

첫 세 개의 순차 확률값은 아래와 같다:

$$\begin{aligned} p_1 &= 0.362887\left(\frac{1}{3} + \frac{1}{2}\frac{1}{1}\right) = 0.302406, \\ p_2 &= 0.302406\left(\frac{1}{3} + \frac{1}{2}\frac{1}{2}\right) = 0.176404, \\ p_3 &= 0.176404\left(\frac{1}{3} + \frac{1}{2}\frac{1}{3}\right) = 0.088202. \end{aligned}$$

0점 절단된 무작위 변수에 있어서, 정의에 의해 $p_0^T = 0$가 된다. 순차식은(식 3.4로부터) $p_1^T = 0.302406/(1 - 0.362887) = 0.474651$로 시작된다. 그리하여

$$\begin{aligned} p_2^T &= 0.474651\left(\frac{1}{3} + \frac{1}{2}\frac{1}{2}\right) = 0.276880, \\ p_3^T &= 0.276880\left(\frac{1}{3} + \frac{1}{2}\frac{1}{3}\right) = 0.138440 \end{aligned}$$

가 된다. 원 무작위 변수에 있어서의 모든 확률값들을 사용할 수 있으면 0점 절단된 확률값들은 원 확률값들에 $1/(1-0.362887)=1.569580$을 곱합으로써 구해질 수 있다.

0점 조정된 무작위 변수에 대해서는 임의적으로 $p_0^M=0.6$라 놓는다. 식 (3.3)으로부터 $p_1^M=(1-0.6)(0.302406)/(1-0.362887)=0.189860$이 된다. 그러면

$$p_2^M=0.189860(\frac{1}{3}+\frac{1}{2}\frac{1}{2})=0.110752,$$
$$p_3^M=0.110752(\frac{1}{3}+\frac{1}{2}\frac{1}{3})=0.055376$$

이 된다. 0점 조정된 무작위 변수에 있어서는 각 원 음이항분포 확률값들에 $(1-0.6)/(1-0.362887)=0.627832$를 곱함으로써 그 상응하는 값을 구할 수 있다. 또한 $j\geq 1$에 대해 $p_j^M=0.4p_j^T$임을 주목하기 바란다.

지금까지 $(a,b,0)$ 클래스 분포에 있어서의 0점 조정 분포들에 대해서만 논의하여 왔지만 $(a,b,1)$ 클래스에는 추가적인 분포들이 존재한다. (a,b)모수 범위는 $-1<r<0$ 와 같은 경우를 포함하는 확장된 음이항분포까지도 포함할 수 있다. $(a,b,0)$ 클래스에 있어서는 $r>0$이어야 한다. 샘플 공간에 추가적인 범위를 추가함으로써 모수에 대한 제한이 $\beta>0, r>-1,\ r\neq 0$ 인 "확장된" 절단 음이항분포(ETNB)가 정의된다.

아래의 순차 방정식

$$p_k=p_{k-1}(a+\frac{b}{k}),\quad k=2,3,\cdots \tag{3.7}$$

이 $p_0=0$일 때 적합한 분포로 정의되는지를 확인하기 위해서는 어떠한 값 p_1에서도 순차적으로 획득한 p_k의 순차적 값이 각각 양의 수이고, $\sum_{k=1}^{\infty}p_k<\infty$임을 보이면 된다. ETNB분포에 있어서는 아래의 모수 범위에서 이러한 조건이 성립되어야 한다:

$$a=\frac{\beta}{1+\beta},\ \beta>0 \text{ 및 } b=(r-1)\frac{\beta}{1+\beta},\ r>-1, r\neq 0$$

(Ⅳ절 연습문제 1번 참조) $r\to 0$일 때, ETNB분포에 대한 극한의 경우가 로

가리쓰믹분포로 아래의 관계가 성립한다:

$$p_k^T = \frac{[\beta/(1+\beta)]^k}{kln(1+\beta)}, \quad k=1,2,3,\cdots \tag{3.8}$$

(Ⅳ절 연습문제 2번 참조) 로가리쓰믹분포에 있어서의 $p.g.f.$는 아래와 같다:

$$P^T(z) = 1 - \frac{\ln[1-\beta(z-1)]}{\ln(1+\beta)} \tag{3.9}$$

(Ⅳ절 연습문제 3번 참조) 0점 조정 로가리쓰믹분포는 0점에서의 임의의 확률값을 배정하고 잔여 확률값에 대해서는 1에서 배정된 확률값을 차감한 값을 곱해줌으로써 구해진다.

특이한 극단의 경우로 $-1 < r < 0$ 및 $\beta \to \infty$일 때도 적합한 분포가 되는데 이 분포를 시부야분포라고도 부른다. 시부야분포의 $p.g.f.$는 $P(z) = 1-(1-z)^{-r}$이며 아무런 모멘트도 존재하지 않는다(Ⅳ절 연습문제 4번 참조). 모멘트가 존재하지 않는 분포들은 클레임 건수를 모델링하는 데 있어서 별 주목을 못 받는데(우측 테일이 추완적으로 조정되지 않으면) 그 이유는 무한적인 클레임 건수의 발생도 기대될 수 있기 때문이다. 그러한 경우를 담보해주는 보험에 있어서 가격결정을 하는 것이 상당히 어려울 것이다.

예제 22 모수가 $r=-0.5$ 및 $\beta=1$인 ETNB분포에 있어서 첫 네 확률을 구하여라. 절단된 경우와 $p_0^M=0.6$로 임의적으로 설정하여 조정된 경우에 대해서도 첫 네 확률을 구하여라.

$a=1/(1+1)=0.5$이고 $b=(-0.5-1)(1)/(1+1)=-0.75$이다.

$p_1^T=-0.5(1)/\ [(1+1)^{0.5}-(1+1)]=0.853553$이 된다고 하면 후차적인 값들은 아래와 같다:

$$p_2^T = (0.5-\frac{0.75}{2})(0.853553) = 0.106694,$$
$$p_3^T = (0.5-\frac{0.75}{3})(0.106694) = 0.026674.$$

0점 조정된 확률값들은 0점 절단된 확률값들에 0.4를 곱함으로써 구해지기에 $p_1^M=0.341421$, $p_2^M=0.042678$ 및 $p_3^M=0.010670$이 된다.

본 예제에 적용될 수 있는 "자연적" ETNB분포가 존재하는가에 대한 질의를 해 볼 수 있는데 이는 순차가 p_2 대신 p_1에서 시작될 수 있는가에 대한 질의로 볼 수도 있다. p_0에 대한 자연적 값은 $p_1=(0.5-0.75/1)p_0=-0.25p_0$을 만족하여야 할 것이다. 이는 둘 중 하나의 확률값을 음의 수를 갖게 하여 수용할 수 없는 해가 됨을 알 수 있다. 이러한 현상은 $r<0$일 때 항상 발생함을 쉽게 보일 수 있다.

$(a, b, 1)$ 클래스 분포 중에서 방금 논의된 경우를 넘어서는 분포는 존재하지 않는다. <표 3-4>에 $(a, b, 1)$ 클래스 분포에 대한 주요 통계치들이 제시되어 있다.

표 3-4 $(a,b,1)$ 클래스 분포

분포[a]	p_0	a	b	모수 범위
포아손	$e^{-\lambda}$	0	λ	$\lambda>0$
ZT 포아손	0	0	λ	$\lambda>0$
ZM 포아손	임의적	0	λ	$\lambda>0$
이항	$(1-q)^m$	$-\frac{1}{1-q}$	$(m+1)\frac{q}{1-q}$	$0<q<1$
ZT 이항	0	$-\frac{1}{1-q}$	$(m+1)\frac{q}{1-q}$	$0<q<1$
ZM 이항	임의적	$-\frac{1}{1-q}$	$(m+1)\frac{q}{1-q}$	$0<q<1$
음이항	$(1+\beta)^{-r}$	$\frac{\beta}{1+\beta}$	$(r-1)\frac{\beta}{1+\beta}$	$r>0, \beta>0$
ETNB	0	$\frac{\beta}{1+\beta}$	$(r-1)\frac{\beta}{1+\beta}$	$r>-1,$[b] $\beta>0$
ZM ETNB	임의적	$\frac{\beta}{1+\beta}$	$(r-1)\frac{\beta}{1+\beta}$	$r>-1,$[b] $\beta>0$
기하	$(1+\beta)^{-1}$	$\frac{\beta}{1+\beta}$	0	$\beta>0$
ZT 기하	0	$\frac{\beta}{1+\beta}$	0	$\beta>0$
ZM 기하	임의적	$\frac{\beta}{1+\beta}$	0	$\beta>0$
로가리쓰믹	0	$\frac{\beta}{1+\beta}$	$-\frac{\beta}{1+\beta}$	$\beta>0$
ZM 로가리쓰믹	임의적	$\frac{\beta}{1+\beta}$	$-\frac{\beta}{1+\beta}$	$\beta>0$

[a] ZT = 0점 절단, ZM = 0점 조정; [b] 로가리쓰믹분포인 $r=0$을 제외한다.

연습문제

1. $\beta > 0$ 이고 $r > -1$이나 $r \neq 0$인 확장된 절단 음이항분포에 있어서 식 (3.7)에서 주어진 순차적 값 p_k는 어떠한 p_1값에 있어서도 양의 수이고 $\sum_{k=1}^{\infty} p_k < \infty$가 됨을 보여라.

2. 0점 절단된 이항분포에 있어서 $r \to 0$일 때, $p.f.$가 식 (3.8)과 같이 됨을 보여라.

3. 로가리쓰믹분포에 있어서의 $p.g.f.$가 식 (3.9)와 같이 됨을 보여라.

4. $-1 < r < 0$ 및 $\beta \to \infty$인 ETNB분포인 시부야분포에 있어서 평균값이 존재하지 않음을 보여라(즉 평균값을 정의해 주는 합의 값이 존재하지 않음). 본 무작위 변수가 비음수 값을 가지므로 이는 어떠한 모멘트도 존재하지 않음을 보여준다고 하겠다.

PART I

제4장 모델링(Modeling)과 리스크 양 측정

CHAPTER 04

모델링(Modeling)과 리스크 양 측정

I 모델링에 근거한 접근방법

어떠한 주어진 문제 해결에 있어서 모델링에 근거한 접근 방법이 고려될 수 있다. 계리학과 연관되는 여러 과제는 미래 보험 비용을 예측하거나 추정하는데 있어서 사용되는 수리적 모델빌딩으로 간주될 수 있다.

하나의 모델은 과거 데이터와 결합된 계리인의 전문지식과 과거 경험에 근거하여 만들어진 단순화된 수리적 표현이라고 말 할 수 있겠다. 과거 데이터는 계리인으로 하여금 모델 형태를 선정하게끔 도움을 주고 또한 통상적으로 모수라고 하는 부지의 통계량을 추정하는데 가이드가 된다. 모델은 가용 데이터에 대한 단순성과 적합성에 있어서의 균형된 해법을 제시해 주는 것이다.

단순성은 예를 들면 부지의 모수의 갯수(적을수록 더 단순화됨)로 측정될 수 있다. 한편 데이터에 대한 적합성은 데이터와 모델 결과치와의 괴리의 정도로 측정될 수 있다. 특정 모델에 대한 선별은 적합성 및 단순성과 같은 두 가지 기준에 있어서의 균형을 염두에 두고 이루어지는 것이다.

1. 모델링 과정

모델링 과정은 다음 페이지에 표시된 [그림 4-1]에서 보여주고 있으며

그림 4-1 모델링 과정

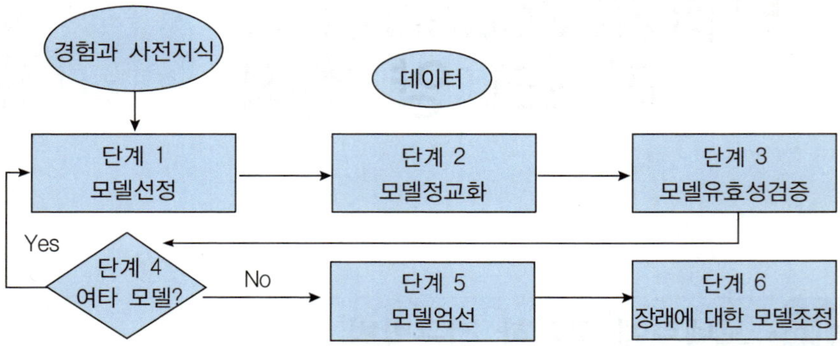

이는 여섯 단계로 이루어진다.

단계1－하나 혹은 여러 개의 모델이 분석자의 기 전문지식이나 경험과 가능하다면 가용 데이터의 형태에 근거하여 선정된다. 예를 들어 생명표에 관한 연구에 있어서 연령, 성별, 증권 만기, 증권의 형태, 의료 기록 및 각종 라이프 스타일 관련 변수 등에 관한 정보가 모델에 포함될 수 있겠다. 보험 손해 규모에 관한 연구에 있어서는 로그 정규, 감마, 와이블분포와 같은 통계 분포함수가 포함될 수도 있겠다.

단계2－선정된 모델은 가용데이터에 근거하여 정교화된다. 예로 생명표 연구에 있어서의 생명보험 증권상에 담겨진 정보가 될 수 있으며, 재물보험 클레임 연구에 있어서는 특정 재물보험 증권하에서 실제로 지급된 보험손해액과 관련된 정보일 수 있다.

단계3－추정된 모델은 주어진 데이터를 적절하게 반영하고 있는지에 대한 검증을 필요로 하게 된다. 이를 위해 다양한 검증 테스트 기법이 사용될 수 있다. 예를 들면 카이스퀘어 적합성 검증(Chi-square Goodness-of-Fit Test)이나, 콜모고로브-스미로노브 검증(Kolmogorov-Smirnov Test) 혹은 보다 계량적인 검증방법이 있다. 검증방법에 대한 선택은 모델링을 하는데 있어서의 최종 목적이 무엇인가와 직접적으로 관련이 있을 수 있다.

단계4－여타 가능한 모델에 대해서도 한번 생각해 봐야 한다. 특히 단계3에서 고려된 여러 모델이 적절하게 가용데이터를 반영해주지 못하고 있다고 판단될 때 더더욱 그렇다. 본 단계에서는 하나 이상의 유효 모델을 고려해 보는 것도 가능할 것이다.

단계5－단계1～4에서 고려된 모든 유효 모델에 대해 일정 기준하에 비교해 보고 최적의 모델을 선정한다. 이는 앞서 취득한 검증 결과치에 의하거나 아니면 또 다른 기준치를 설정하여 이루어질 수 있다. 특정 모델이 선정되면 탈락된 모델들에 대해서는 추후 민감도 분석을 위해 남겨 둘 수 있다.

단계6－최종적으로 선정된 모델은 앞으로의 사용을 위해 일부 조정될 수 있다. 이는 데이터가 수집된 시기와 선정된 모델이 사용되는 시기와의 예견되는 인플레이션 효과를 반영하기 위해 추정된 모수들에 대한 조정이 될 수 있다.

모델 개선을 위해서는 새로운 데이터가 수집되거나 환경적 변화에 고려를 반영하여 앞서 언급한 6단계 과정은 되풀이 되어야 할 것이다.

2. 모델링이 필요한 이유

모델링이 필요한 이유를 설명하기 위해서는 모델링을 하지 않았을 때 할 수 있는 것 즉 순전히 경험치에 의거하여 추정을 하는 것과 비교해 보면 된다. 순전히 경험치에 의거한 접근방법은 인플레이션 효과 같은 것은 고려하되 과거 샘플 데이터에서의 숫치가 미래에 있어서도 그대로 나타나는 것을 가정한다. 아래 예제 1을 고려해 보기로 한다.

예제 1 각기 다른 연령과 사망급여로 1,000명의 피고용자로 이루어진 단체 생명보험 집단을 고려하기로 한다. 과거 5년 동안 14명의 피고용자가 사망하였으며 사망 급여로 58억을 지급받았다(본 플랜에 있어 급여액이 연봉에 연동되어 있어 지급된 급여액은 인플레이션이 조정되어 있음). 내년에 있을 사망급여 지급에 대한 경험적 추정치를 산정하라.

> 내년에 있을 사망급여 지급 추정치는 물론 급여액 인상에 따른 조정이 필요하겠지만, 58억의 5분의1인 11억6천이 될 것이다. 그러나 단기적 결과치에 있어서는 상당한 변동성이 예상되기에 본 단체 생명보험 집단의 과거 5년의 경험치로 미래에 기대되는 사망급여 지급액을 어느 정도 타당하도록 추정하기에는 당연히 어렵다고 볼 수 있다.

이 경우 보다 합리적인 접근 방법은 생명표의 사용이 되겠지만 모델을 구축하는 것이 될 것이다. 본 생명표는 본 단체 생명보험 집단 1,000명이 아니라 보다 많은 인구에 의존한 것이 될 것이다. 이와 같은 모델을 이용하여 우리는 차년도에 있을 기대 사망급여액을 추정할 수 있을 뿐아니라 사망급여액의 표준편차를 산출하거나 아니면 사망급여 지급 분포에 있어서의 각종 퍼센타일 숫치를 추정함으로써 내재된 위험의 정도까지 추정할 수 있겠다.

이러한 접근방법은 미국 생명보험 계리협회의 계리적 원론(Actuarial Principles) 위원회에 아래와 같이 코드화 되었다(Principles of Actuarial Science [104, p. 571], Principle 3.1):

"계리적 리스크는 미래 환경변화를 고려한 제 가정을 포함하는 계리적 리스크 변수에 적용되는 각종 가능성과 연관된 가정에 의거한 함수적 모델링을 통해 구현될 수 있다."

여기서 언급된 계리적 리스크 변수들은 빈도, 시간, 심도 등이며 이는 클레임 발생, 클레임 발생 시간, 클레임 종결에 필요한 비용 등을 의미한다.

Ⅱ 리스크 양에 대한 측정

1. 입　문

확률론에 근거한 모델링은 리스크 익스포져에 대한 정보를 제공해 준다.

위험에 노출된 정도는 종종 하나의 수치 혹은 소수의 수치들로 표시될 수 있겠다. 그 수치들이 몇 개가 될 것이냐는 모델의 특성에 달려 있으며 "주요 리스크 지표들"로 종종 불려진다. 그와 같은 주요 리스크 지표들을 통해 계리인들 혹은 위험관리인들은 자사가 특정 리스크에 처해 있는 정도를 알 수 있다. 특히 Value-at-Risk(VaR) 값은 총체적 손해액을 표시해 주는 지표이다.

위험관리인들은 종종 악성적 결과치에 대한 가능성에 대해 관심을 갖게 되는데 이는 특정 확률수준에 있어서의 VaR값을 통해 표시될 수 있다. 또한 VaR값은 그와 같은 악성적 결과치가 야기되었을 때 자사가 지탱되기 위해 필요한 자본의 양을 결정하는데 사용될 수도 있다. 투자자들, 감독당국들 및 등급 결정 대행기관들은 그와 같은 악성적 결과치가 현실화되었을 때 특정 회사가 얼마나 지탱할 수 있는 가에 많은 관심을 갖게 된다.

그러나 VaR값에는 별로 바람직하지 않은 특성이 존재한다. Var값은 악성적 결과치에 최저 한계값을 표시해 줄 뿐이지 악성적 결과치 자체 분포에 대한 정보를 제공해 주지 못하기 때문이다. 이보다 좀 더 유용한 즉 악성적 결과치 분포에 대한 정보를 간단하게나마 제공해 주는 것이 Tail-Value-at-Risk(TVaR)인 것이다. 본 TVaR 개념은 여러 분야에서 각각 독립적으로 발전되어 왔는데 조건부 테일 기댓값(Conditional Tail Expectation)이라고 불리었고 북미에서 주로 통용되었다. 테일 조건부 기댓값(Tail Conditional Expectation)이라고도 불리었으며 유럽에서는 기대 부족값(Expected Shortfall)이라고도 불리었다.

2. 리스크 양 측정과 일관성(Coherence)

리스크 양 측정은 리스크와 연관 있는 손해액을 표시하는 무작위변수로부터 실수 라인(모든 음이 아닌 실수로 이루어진 집합)에 대한 매핑으로 볼 수 있다. 리스크 양 측정은 리스크 익스포져를 계량화시키는 단일 숫자에로의 표시라고도 할 수 있다. 예를 들어 특정 분포함수에 대한 표준편차 혹은 복수의 표준편차는 불확실성에 대한 정도를 측정해주는 것이므로 리스크에 대한 측정치가 될 수 있다. 정규분포함수를 염두에 둔다면 그러한 논리는 별 문제없음을 알 수 있다. 금융분야에 있어서는 초과할 확률(이를테면 0.05%)이 매우 적은 손해액 규모는 그것자체가 간단한 리스크 양 측정치가 된다.

리스크 양 측정치를 함수 $\rho(X)$로 표시한다면 $\rho(X)$는 위험 X로 인한 악성적 결과치에 대한 방지책으로 보유해야 하는 순자산의 양을 표시해 준다고 편의적으로 볼 수 있겠다. 여러 손해들이 단일 손해로 간주되었을 때 야기되는 리스크 양 측정에 있어서의 행태가 리스크 양 측정치에 대한 연구에서 대두되었다.

보험사에 있어서 전반적 리스크 익스포져에 대한 고려를 할 때, 그 보험사의 필요자본액 산출시 리스크 양을 합치는 것은 중요한 과제가 된다. 특정 보험사에 있어서 예를 들면 개별 생명보험, 주택소유자 보험, 자동차 보험, 단체생명 보험, 연금보험 및 건강보험과 같이 특화된 상품만을 취급하는 부문이나 부서가 존재할 수 있다. 그 보험사의 특정 부문에 있어서의 리스크 양이 측정될 때에는 그 측정된 리스크 양이 전체 회사 기준 리스크 양 측정치와 일관된 결과로 산출되어야 한다. 그리하여 무작위변수 X와 Y는 각각 두 부문에 있어서의 손해액 관련 무작위변수로 간주될 수 있고 $X+Y$는 두 부문을 합쳐서 이루어지는 전체 회사의 손해액 무작위변수로 간주될 수 있겠다.

Artzner에 의해 일관성(Coherence) 개념이 도입되었는데 이는 리스크 양 측정에 있어서 성대한 업적으로 간주되고 있다.

특정 집합에 있어서 X 와Y가 요소라면 cX와 $X+Y$역시 요소가 되는 무작위변수 집합을 고려하기로 한다.

정의 4.1: 일관성 있는 리스크 양 측정은 리스크 측정치 $\rho(X)$가 모든 두 손해액 무작위변수 $X+Y$에 대해 아래의 4가지 특성이 성립할 때이다:

1. 합산 소량성(Subadditivity): $\rho(X+Y) \le \rho(X)+\rho(Y)$
2. 일면성(Monotonicity): 모든 가능한 결과치에 대해, $X \le Y$ 면 $\rho(X) \le \rho(Y)$
3. 양의 동질성(Positive homogeneity): 어떠한 양의 a값에 대해, $\rho(aX) = a\rho(X)$
4. 변환 불변성(Translation invariance): 어떠한 양의 a값에 대해, $\rho(X+a) = \rho(X)+a$

합산 소량성은 두 리스크를 더한 리스크 양 측정치(즉 그 측정치를 지지할 수 있는 필요자본량)는 각각의 리스크를 분리하여 측정한 리스크 양 측정치보다 클 수가 없다는 것을 의미한다. 합산 소량성은 리스크를 합치므로 어느 정도 리스크 분산효과가 있을 수 있다는 것을 의미한다. 일반적으로 이는 전사적 수준에서 필요로 하는 특성이다. 그렇지 않다면 특정 기업은 그 기업을 소규모 단위로 분할하는 것이 더 유리할 수 있기 때문이다. 합산 소량성을 필요로 하는 것이 과연 적절한 것인가에 대한 토의가 과거에 있었다. 특히 소규모 기업들을 합친다고 해서 과연 합친 후 리스크 양이 그 전보다 반드시 적어진다고 볼 수 있느냐에 대한 의구심이 존재하였으나 여기서는 합산 소량성이 위험 분산효과를 반영하고 있기에 합산 소량성을 일관성을 위한 필요조건으로 간주하기로 하겠다.

일면성은 특정 한 리스크에 있어서의 손실액이 다른 한 리스크보다 어떠한 조건하에서도 크다면 리스크 측정치(즉 그 측정치를 지지할 수 있는 필요자본량) 역시 크다는 것을 의미한다.

양의 동질성은 리스크 측정(즉 그 측정치를 지지할 수 있는 필요자본량)에 사용된 화폐와는 리스크 측정치가 독립적인 것을 의미한다. 또한 이는 특정 리스크에 있어서 익스포져 양을 배로 증가시키면 리스크 양 측정치도 배가 된다는 것을 의미한다. 특정 리스크 포지션을 배로 증가시키게 되면 분산효과는 전혀 없기 때문에 당연한 것이다.

변환 불변성은 추가적인 불확실성이 없는 리스크를 추가해도 기존 리스크 양에 추가되는 것이 없다(즉 그 측정치를 지지할 수 있는 필요 자본량에 추가되는 것은 없다)라는 것을 의미한다. 특히 무작위변수 X를 0으로 만듦으로써 특정 결과치에 요구되는 자산의 가치는 그 결과치의 값과 동일하다는 것이다. 또한 특정 보험사가 자본 필요액을 추가적 무위험 자본을 유입시킴으로써 충족하였다면 추가 자본액 주입으로 인해 야기되는 또 다른 자본액 유입이나 유출은 없다는 것이다.

리스크 양 측정치가 이와 같은 네 가지 요건을 충족시킨다면 일관성 있는 리스크 양 측정치로 간주될 수 있는 것이다. 그와 같은 요건을 충족시키는 리스크 양 측정치가 상당히 많이 있는 것으로 알려져 있다.

예제 2 (표준편차 원리) 표준편차로 분포의 불확실성이 측정된다. 평균이 μ이고 표준편차가 σ인 손해액 분포를 고려해 보기로 한다. k가 모든 분포에 있어서 동일한 상수인 통계치 $\mu+k\sigma$를 리스크 양 측정치(종종 표준편차 원리라고 부르기도 한다)라고 한다. 계수 k는 통상적으로 정규분포와 같은 특정 분포에 있어서 손해액이 특정 값으로 지정된 리스크 양 측정치를 넘어가는 확률이 작긴 하지만 존재하도록 설정된다.

4장 연습문제 1에서 표준편차 원리가 일관성 원칙에 위배될 수 있다는 것을 증명하게끔 이루어져 있다.

무작위변수 X가 정규분포를 하고 $k=1.645$라고 하면 그 값을 넘어가는 확률은 $Pr(X>\mu+k\sigma)=5\%$가 되고 $k=2.576$이라면 그 값을 넘어가는 확률은 0.5%가 된다. 하지만 분포가 정규분포가 아니라면 그러한 확률값은 달라질 것이다. 역으로 특정 리스크 양 측정치를 넘어가는 확률을 먼저 정해 놓고 그 통계치 $\mu+k\sigma$값 즉 k값을 산정할 수 있다. 이러한 원리가 VaR 개념에 내재해 있는 것이다.

Ⅲ • Value-at-Risk

Value-at-Risk(VaR)는 리스크에 대한 익스포져를 측정하는 표준적 리스크 측정치가 되어왔다. 일반적 용어로 표현하면 VaR값은 상당히 높은 확실성을 가지고 한 기업이 기술적으로 도산하지 않기 위해 필요한 자본량을 나타내어 준다. 확실성의 정도는 임의적으로 설정되는데 실무 적용에 있어서는 전체 한 기업에 대한 수치로 99.95%와 같은 높은 수치가 될 수도 있고 그 특정 기업 내에서의 한 부문 혹은 리스크 클라스에 대해서는 이보다 훨씬 낮은 수치가 될 수도 있다. 이와 같이 낮은 수치는 부문간 혹은 리스크 클라스간 분산효과를 반영해 주기 때문에 가능할 것이다.

$F_X(x)$를 1년과 같은 고정기간 동안 보험 리스크의 특정 집합 혹은 전체 보험사와 같은 리스크 포트폴리오에서 발생하는 결과치에 대한 분포함수를 표시한다고 하자. 악성적 결과치를 손해로 정의하기로 한다. 무작위변수 X의 양의 값이 악성적 결과치인 손해를 나타낸다고 한다. 무작위변수 X에 대한 VaR값은 $VaR_p(X)=\pi_p$로 표시되는 분포 X의 $100p$ 퍼센타일 값이 된다. 논의

의 보험사가 이정도의 자본을 보유하고 있다면 $100p\%$의 가능 결과치를 흡수할 수 있어 도산을 피할 수 있게 된다. 1년기간 동안 p=99.95%라면 이는 차년도에 악성적 결과치로 인해 도산할 가능성은 매우 적은 가능성인 0.05%가 된다고 해석할 수 있겠다.

정의 4.2: X가 손해 무작위변수를 나타낸다고 하면 $100p\%$ 수준에서의 X에 대한 Value-at-Risk는 VaR(X) 혹은 π_p로 표시되고 무작위변수 X의 분포에 있어서 $100p$ 퍼센타일 값이 된다.

연속형 분포에 있어서는 무작위변수 X에 있어서의 $VaR_p(X)$를 간단하게

$$Pr(X > \pi_p) = 1 - p$$

를 만족하는 π_p로 표시할 수 있겠다.

VaR값이 일관성의 네 가지 조건 중에 하나인 합산 소량성을 만족시키지 못하는 것이 잘 알려져 있다.

예제 3 (VaR값의 비일관성) Z가 아래와 같은 $c.d.f.$ 값을 가지는 연속형의 손해 무작위변수를 표시한다고 하자:

$$F_Z(1) = 0.91$$
$$F_Z(90) = 0.95$$
$$F_Z(100) = 0.96$$

95% 퍼센타일 $VaR_{95\%}(Z)$값은 90을 넘어가는 가능성이 5%이므로 90이 된다. 이제 Z를 그 합이 Z가 되는 무작위변수 X와 Y로 분해시키되 서로 종속적인 관계를 갖는다고 하자. 즉 $X+Y=Z$가 된다. 이는 아래와 같이도 정의할 수 있겠다.

$$X = \begin{cases} Z, & Z \leq 100, \\ 0, & Z > 100, \end{cases}$$

및

$$Y = \begin{cases} 0, & Z \leq 100, \\ Z, & Z > 100, \end{cases}$$

리스크 X에 대한 $c.d.f.$는 아래의 조건을 충족시킨다고 하자:

$$F_X(1) = 0.95$$
$$F_X(90) = 0.99$$
$$F_X(100) = 1$$

이는 $VaR_{95\%}(X) = 1$가 됨을 의미한다.
이와 유사하게 리스크 Y의 $c.d.f.$는 $F_Y(0) = 0.96$을 충족시켜 손해가 발생하지 않을 확률이 96%가 됨을 알 수 있다. 그리하여 95% 퍼센타일이 0의 값을 초과할 수 없으므로 $VaR_{95\%}(Y) \leq 0$이 된다. 그리하여 X와 Y 각각의 95% 퍼센타일의 합이 $VaR_{95\%}(Z)$ 값보다 적게 되고 이는 합산 소량성을 위배하게 되는 것이다.

본 예제가 보기에 따라서는 인위적인 것으로 보일지 모르지만 그러한 가능성의 존재는 비정상적이거나 비생산적인 조작을 초래할 기회를 제공할 수 있어 일관성이 존재하는 리스크 측정치를 탐구해 보도록 하겠다.

Ⅳ • Tail-Value-at-Risk

고정된(통상적으로 비교적 짧은 시간) 시간 동안에 있어서의 거래 리스크에 대한 금융 리스크 관리에 있어서 VaR값은 광범위하게 사용되어 왔다. 이 경우 이득 혹은 손해에 대한 분포로 정규분포가 종종 사용되었다. 적어도 이득 혹은 손해에 대한 분포가 정규분포로 제한된다면 VaR값은 일관성 요건을 충족시키게 된다. 그러나 흔히 우로 치우치는 형태를 가지는 보험 손해 분포를 다루기 위해 정규분포가 보통의 경우 사용되지는 않는다. 그리하여 VaR값의 사용은 합산 소량성의 부족으로 인해 다소 문제가 있을 수 있다고 하겠다.

정의 4.3: X가 손해 무작위변수를 의미한다고 하자. X에 대한 $TVaR_p(X)$으로 표시되는 Tail-Value-at-Risk 값은 $100p\%$ 를 초과하는 X분포의 기대 손해값이 된다.

부호표시의 용이성을 위해, 또한 TVaR값의 모호성을 제거하기 위해 연속형 분포에 대한 고려로 제한하기로 한다. 일반적으로 연속형 분포에서 도출된 결과치는 불연속형 분포 뿐아니라 혼합형 분포에 있어서도 적용될 수 있다. 실용적인 측면을 고려하였을 때 연속형 분포에 대해서만 고려하는 것도 충분하리라고 생각된다.

$TVaR_p(X)$는 다음과 같이 표시할 수 있겠다:

$$TVaR_p(X) = E(X|X > \pi_p) = \frac{\int_{\pi_p}^{\infty} xf(x)dx}{1 - F(\pi_p)}$$

또한 본 통계치가 유한의 값을 갖는다면 부분 적분(Integration by Parts) 기법을 사용하여 아래와 같이 다시 표시할 수 있겠다:

$$TVaR_p(X) = \int_p^1 \frac{VaR_u(X)du}{1-p}$$

그리하여 TVaR값은 임계수준 p값을 초과하는 모든 VaR값의 평균값으로 간주할 수 있겠다. 이로 TVaR값이 VaR값보다 분포함수의 테일 부분에 대해 훨씬 많은 정보를 보여주고 있음을 알 수 있겠다.

마지막으로 TVaR값은 아래와 같이도 표현할 수 있다:

$$\begin{aligned} TVaR_p(X) &= E(X|X > \pi_p) \\ &= \pi_p + \frac{\int_{x_p}^{\infty} (x - \pi_p) f(x)dx}{1-p} \\ &= VaR_p(X) + e(\pi_p) \end{aligned} \quad (4.1)$$

여기서 $e(\pi_p)$는 $100p$ 퍼센타일에서 평가된 초과 손해 함수의 평균값을 표시해 줌을 알 수 있다. 그리하여 TVaR값은 VaR값을 초과하는 모든 초과 손해액의 평균값만큼 VaR값보다 큼을 알 수 있겠다. 또한 $\pi_p = VaR_p(X)$이기에 식 (4.1)에서 $TVaR_p(X)$는 $VaR_p(X)$의 함수로 표시될 수 있으며 연습문제 7에서 $TVaR_p(X)$는 $VaR_p(X)$에 대한 비감소 함수로 표시될 수 있음을 보여주고 있다.

TVaR에 대한 개념은 독자적으로 보험업계에서 개발되어 조건부 테일 기댓값(Conditional Tail Expectation)이라고 불리었고 북미에서 주로 통용되었다.

테일 조건부 기댓값(Tail Conditional Expectation)이라고도 불리었으며 유럽에서는 기대 부족값(Expected Shortfall)이라고도 불리었다. VaR값이 모 아니면 도 식의 리스크 측정치여서 VaR 임계치를 초과하는 극한적 사건이 발생하게 되면 손해에 대해 완충작용을 할 수 있는 자본이 존재하지 않게 될 수 있다. 또한 $TVaR$값 하단에 존재하는 VaR값은 $TVaR$값이 필요자본량을 결정함으로 힘든 시간의 시작점을 표시해 주고 볼 수도 있다. 그리하여 $TVaR$값은 힘든 시간에 있어서의 초과손해의 평균값을 표시하게 된다고도 볼 수 있다.

예제 4 (정규분포) 평균이 μ이고 표준편차가 σ이며 $p.d.f.$가 아래와 같이 주어지는 정규분포를 고려하기로 하자:

$$f(x) = \frac{1}{\sqrt{2\pi}\,\sigma} \exp[-\frac{1}{2}(\frac{x-\mu}{\sigma})^2]$$

$\phi(x)$와 $\Phi(x)$를 각각 표준 정규분포 $(\mu=0, \sigma=1)$의 $p.d.f.$와 $c.d.f.$를 표시한다고 하자. 그러면

$$VaR_p(X) = \mu + \sigma\Phi^{-1}(p)$$

이고 적절한 미적분을 통해 아래의 식이 성립함을 알 수 있겠다:

$$TVaR_p(X) = \mu + \sigma\frac{\phi[\Phi^{-1}(p)]}{1-p}$$

각각의 경우에 있어서 리스크 측정치가 적절한 k값을 선정함으로써 표준편차 원리에 부합됨을 알 수 있겠다.

예제 5 (지수분포) 평균이 θ이고 $p.d.f.$가 아래와 같이 주어지는 지수분포를 고려해 보기로 한다:

$$f(x) = \frac{1}{\theta}\exp(-\frac{x}{\theta}), \quad x > 0$$

그러면

$$VaR_{p(X)} = -\theta\ln(1-p)$$

이고

$$TVaR_p(X) = VaR_p(X) + \theta$$

가 성립하게 된다. 그리하여 지수분포에 있어서는 모든 값 p에 대해 VaR값에 대한 TVaR값 초과분은 상수 θ가 됨을 알 수 있다.

예제 6 (파레토분포) 규모 모수가 θ이고 형태 모수가 $\alpha > 1$ 이며 $c.d.f.$가 아래와 같이 주어지는 파레토 분포를 고려하기로 한다:

$$F(x) = 1 - \left(\frac{\theta}{x+\theta}\right)^{\alpha}, \quad x > 0.$$

그러면

$$VaR_p(X) = \theta[(1-p)^{-1/\alpha} - 1]$$

이고

$$TVaR_p(X) = VaR_p(X) + \frac{VaR_p(X) + \theta}{\alpha - 1}$$

가 된다. 파레토분포에 있어서는 VaR값에 대한 TVaR값 초과분은 VaR값에 대한 선형 증가 함수로 표시됨을 알 수 있다. 이는 보다 큰 VaR값은 상응하여 보다 큰 초과 손해 평균값을 야기하게 되고 이는 보다 큰 TVaR값을 초래함을 알 수 있게 된다.

*TVaR*값은 일관성 있는 리스크 양 측정치로 잘 알려져 있다. 그리하여 두 리스크를 결합하였을 때 그 리스크 양이 각각 개별이었을 때 그 리스크 양을 합친 것보다 클 수 없음을 알 수 있다(*VaR*값의 경우에는 그러한 현상이 생길 수 있었다). *TVaR*값은 그와 같은 일관성 있는 리스크 양 측정치 중의 하나이다. 그리하여 *TVaR*값은 어떠한 형태로든지 *VaR* 임계치를 초과하는 테일 부분에 대한 고려를 반영하려고 하는 보험 분야에 있어서 적합하게 사용될 수 있는 리스크 양 측정치인 것이다. *TVaR*값은 초과 손해 평균값 혹은 부족분에 대한 기댓값과 같은 단일 수치로 테일 부분에 대한 형태를 나타내 주는 리스크 양 측정치인 것이다.

예제 7 (테일 비교) 특정 보험사에 있어서 세 가지 형태의 손해액 분포를 고려해 보기로 한다. 차년도 손해액은 100억이고 표준편차는 223.607억이라고 상정한다. 손해액 분포에 있어서 비교적 높은 퍼센타일의 임계치를 구하려고 한다. 정규분포, 파레토분포, 와이블분포를 사용하여 각각

99%, 99.9% 및 99.99%에 대한 임계치를 구하였다. 각각의 분포에 있어서의 모수값은 정규분포(100, 223.607), 파레토분포(150, 2.5), 와이블분포(50, 0.5)가 된다. 누적분포함수의 공식으로부터 $\pi_{0.90}$, $\pi_{0.99}$, $\pi_{0.999}$ 값을 구할 수 있으며 이는 〈표 4-1〉에 표시되었다.

본 예에서 보듯이 분포에 따라 결과치가 크게 다름을 알 수 있겠다. 여타 분포에서 보다 정규분포에서 테일 부분이 가벼움(얕음)을 알 수 있다. 그리하여 정규분포에 있어서는 극한 결과치에 대한 확률값이 작아 임계치 역시 작음을 알 수 있다. 파레토분포와 와이블분포에 있어서 $\tau < 1$이라면 테일이 무거워(두터움) 상대적으로 임계치가 큼을 알 수 있다. 본 모형론은 가용 정보에 근거하여 최적의 분포를 선정하는 작업이라고 볼 수 있는데 평균값과 표준편차값만 가지고는 필요 자본량을 결정하는 극한의 임계치를 추정하기에는 부족함을 알 수 있겠다.

표 4-1 예제 7에 있어서의 임계치

임계 수준	정규분포	파레토분포	와이블분포
0.900	386.56	226.78	265.09
0.990	620.19	796.44	1,060.38
0.999	791.00	2,227.34	2,385.85

실제 실무에 있어서 VaR값이나 TVaR값을 획득하기 위해서는 데이터로부터 직접 구하거나 예제 7에서와 같이 분포함수를 통한 공식에서 구할 수 있다. VaR값을 데이터로부터 직접 추정할 경우에는 경험데이터로부터 퍼센타일 임계치를 구하는 방식을 사용할 수 있다. TVaR값은 주어진 임계치를 초과하는 관측치에 대한 기댓값이므로 임계치를 초과하는 관측치의 평균값이 자연스러운 추정치가 될 것이다. 그러나 이러한 접근방법을 사용하기 위해서는 상당히 많은 양의 관측치가 존재해야 됨을 명심해야 된다. 임계치를 초과하는 관측치가 별로 많지 않을 경우에는 모든 관측치에 대한 혹은 적어도 상대적으로 낮은 임계치를 초과하는 관측치에 대한 분포함수를 위한 모델을 우선적으로 고려하는 것이 바람직할 수 있다. 그러고 나서 VaR값 및 TVaR값은 추정된 분포함수에서 직접적으로 산출할 수 있다. 이는 연속형 분포함수의

경우 아래의 관계를 이용하여 쉽게 구할 수 있겠다:

$$
\begin{aligned}
TVaR_p &= E(X|X>\pi_p) \\
&= \pi_p + \frac{\int_{\pi_p}^{\infty}(x-\pi_p)f(x)dx}{1-p} \\
&= \pi_p + \frac{\int_{-\infty}^{\infty}(x-\pi_p)f(x)dx - \int_{-\infty}^{\pi_p}(x-\pi_p)f(x)dx}{1-p} \\
&= \pi_p + \frac{E(X) - \int_{-\infty}^{\pi_p} xf(x)dx - \pi_p[1-F(\pi_p)]}{1-p} \\
&= \pi_p + \frac{E(X) - E[\min(X,\pi_p)]}{1-p} \\
&= \pi_p + \frac{E(X) - E(X\wedge\pi_p)}{1-p}
\end{aligned}
$$

여기서 $E(X\wedge\pi_p)$는 아래 정의 4.4를 이용하여 다음과 같이 계산된다:

$$pE(X)+(1-p)\pi_p.$$

정의 4.4: 한계적(limited) 손해 변수는 아래와 같이 표시된다:

$$Y=X\wedge u\begin{cases}X, & X<u,\\ u, & X\geq u.\end{cases}$$

위 식의 기댓값, $E(X\wedge u)$는 한계적 기댓값으로 불리운다.

예제 8 위 식을 사용하여 파레토 분포함수(150, 2.5)의 경우 임계치 99.9%에 있어서의 TVaR값을 산출하라.

이는 아래와 같이 구할 수 있다:

$$\pi_p = VaR_p = \theta[(1-p)^{-1/\alpha}-1] = 150[(1-.999)^{-1/2.5}-1] = 2{,}227.34$$

$$E(X) = \frac{\theta}{\alpha-1} = \frac{150}{1.5} = 100$$

$$
\begin{aligned}
E(X\wedge\pi_p) &= \frac{\theta}{\alpha-1}[1-(\frac{\theta}{\pi_p+\theta})^{\alpha-1}] \\
&= \frac{150}{1.5}[1-(\frac{150}{2227.34+150})^{1.5}] = 98.4151
\end{aligned}
$$

$$
\begin{aligned}
TVaR_p(X) &= \pi_p + \frac{E(X)-E(X\wedge\pi_p)}{1-p} \\
&= 2{,}227.34 + \frac{100-98.4151}{0.0001} = 3{,}812.23
\end{aligned}
$$

연습문제

1. 표준편차 원리는 일관성 범주 1, 3 및 4를 충족함을 증명하라. 범주 2를 충족하지 못함을 보여주기 위해 확률값 0.25로 (0,4) 값을 취하고 확률값 0.75로 (4,4) 값을 취하는 양변량 변수 (X, Y)를 고려하라. $k=1$임을 사용하여 일면성이 충족되지 않음을 보여라.

2. 예제 5에서 제시된 VaR 및 TVaR 공식이 올바름을 보여라.

3. 예제 6에서 제시된 VaR 및 TVaR 공식이 올바름을 보여라.

4. 예제 7에서 제시된 모수들과 VaR 산출이 올바름을 입증하라.

5. 식 (4.1)을 사용하여 와이블분포(50,0.5)에 있어서의 99.9% 임계수준에서의 TVaR값을 구하여라.

6. 모수가 $\theta = 500$인 지수분포와 모수가 $\alpha = 3$ 및 $\theta = 1{,}000$인 파레토분포를 고려하기로 한다. 95% 임계수준에서의 VaR 및 TVaR값을 구하여라.

7. X의 분포가 $-\infty < x_0 < \infty$일 때, (x_0, ∞)에서 연속이라고 가정한다(이는 $Pr(X \le x_0) > 0$이면서 불연속적 매스(mass) 포인트가 x_0에서나 그 밑에 점에 존재할 수 있는 가능성을 전혀 배제하지는 않는다). $x > x_0$에 대하여 $f(x)$를 $p.d.f.$라 하고 $h(x)$를 하자드율함수라 하고, $e(x)$를 평균 초과 손해함수라고 하자. 아래가 성립함을 보여라:

$$\frac{d}{dx}E(X|X > x) = e(x)h(x), \ \ x > x_0.$$

그리하여 $E(X|X > x)$가 $x > x_0$에 있어서 비감소함을 보여라.

PART I

제 5 장 보상조건과 손해모형

CHAPTER 05

보상조건과 손해모형

I 입 문

앞 장들에서는 기본적인 확률과 분포에 연계된 통계적 이론들을 다루었다. 본 장에서는 그러한 통계적 이론들이 보험 특히 손해보험실무에서 어떻게 적용되는지를 살펴보겠다. 본 장에 있어서 모든 무작위변수들이 비음수의 모든 실수 영역 혹은 그 일부 집합에서 정의된다고 가정한다.

II 자기부담금과 손해모형

보험사는 종종 자기부담금 d가 명시되어 있는 보험상품을 판매한다. 기본적으로 이에는 두 가지 목적이 있는데 첫 번째로는 클레임 청구 금액이 별로 크지 않을 경우에는 피보험자가 부담해도 재정적 부담이 되지 않기 때문에 그러한 클레임은 피보험자에게 전가시키기 위한 것이다. 두 번째로는 그러한 클레임 자체가 보험사에 보고되지 않게 함으로써 클레임과 관련된 제반 비용을 절약하고자 함이다. 피보험자가 재정적 능력이 상당할 경우에 있어서 자기부담금이 크다면 자기부담금은 자가보험(self insurance) 역할을 할 수도 있다.

보험손해 x가 d이거나 d보다 작다면 보험회사는 아무것도 지급하지 않는다. 보험손해가 d보다 크다면 보험사는 피보험자나 피보험자와 관련이 있는 제3자에게 $x-d$금액만 지급하는 것이 자기부담금제인 것이다. 그리하여 본 장에서는 아래와 같이 정의할 수 있다.

정의 5.1: 통상의 자기부담금은 손해 무작위변수를 초과 손해 무작위변수로 변환시킨다.

그리하여 무작위변수 X는 아래와 같이 Y^L로 표시할 수 있다:

$$Y^L = \begin{cases} 0, & X \le d \\ X-d, & X > d. \end{cases}$$

Y^L에 대한 확률밀도함수 $p.d.f.$는 아래와 같이 정의되며,

$$f_{Y^L}(y) = f_X(y+d),\ y > 0. \tag{5.1}$$

누적확률밀도함수 $c.d.f.$는 아래와 같이 정의된다:

$$F_{Y^L}(y) = F_X(y+d),\ \ y > 0.$$

예제 1 분포함수는 파레토분포이고 $\alpha=3$이고 $\theta=2{,}000$일 때, 통상의 자기부담금은 500으로 주어졌다. 확률밀도함수 $p.d.f.$와 누적확률밀도함수 $c.d.f.$를 산출하라.

이 경우 $\alpha=3$이고 $\theta=2{,}500$인 파레토분포이며 좌측이 쎈써드되고 변수가 우측으로 이동되었음을 주목하기 바란다. 확률밀도함수 $p.d.f.$와 누적확률밀도함수 $c.d.f.$는 아래와 같이 산출할 수 있다:

$$f_{Y^L} = \begin{cases} 0.488, & y=0, \\ \dfrac{3(2{,}000)^3}{(2{,}500+y)^4}, & y>0, \end{cases}$$

$$F_{Y^L} = \begin{cases} 0.488, & y=0, \\ 1-\dfrac{(2{,}000)^3}{(2{,}500+y)^3}, & y>0. \end{cases}$$

통상의 자기부담금이란 제도 외에 프랜차이즈 자기부담금제가 존재한다. 프랜차이즈 자기부담금제하에서는 손해액이 자기부담금액을 초과하는 경우

자기부담금액을 공제하지 않고 손해액 전액을 지급한다. 이러한 프랜차이즈 자기부담금제의 예로 장애보험(disability insurance)을 들 수 있다. 장애가 예를 들어 7일 혹은 그 이하로 지속될 경우에는 보험급여가 지급되지 않으나 그 이상으로 지속될 경우에는 일당(daily) 급여가 장애 시작 일부터 소급 적용되어 지급되어 프랜차이즈 자기부담금제가 적용됨을 알 수 있다. 프랜차이즈 자기부담금제의 문제는 보험급여 영수를 위해 피해액을 부풀리거나 장애의 정도를 과장하는 경우가 발생한다는 것이다. 이러한 이유 때문에 프랜차이즈 자기부담금제는 매우 조심스럽게 사용되어야 한다.

정의 5.2: 프랜차이즈 자기부담금제는 통상의 자기부담금제와는 달리 자기부담액을 차감하고도 양의 급여가 존재할 경우 자기부담금액을 추가하여 지급하는 제도이다.

프랜차이즈 자기부담금제하에서의 무작위변수 Y는 아래와 같이 표시할 수 있다:

$$Y^L = \begin{cases} 0, & X \le d \\ X, & X > d. \end{cases}$$

또한 이 경우 Y에 대한 확률밀도함수 $p.d.f.$ 는 아래와 같이 정의되며,

$$f_{Y^L}(y) = \begin{cases} F_X(d), & y = 0, \\ f_X(y), & y > d, \end{cases}$$

누적확률밀도함수 $c.d.f.$는 아래와 같이 정의된다:

$$F_{Y^L}(y) = \begin{cases} F_X(d), & 0 \le y \le d, \\ F_X(y), & y > d. \end{cases}$$

예제 2 예제 1에서와 동일한 파레토분포 가정을 할 때 확률밀도함수 $p.d.f.$와 누적확률밀도함수 $c.d.f.$를 구하라.

아래와 같이 각각 구할 수 있다:

$$f_{Y^L} = \begin{cases} 0.488, & y = 0, \\ \dfrac{3(2{,}000)^3}{(2{,}000 + y)^4}, & y > 500 \end{cases}$$

$$F_{Y^L}(y)=\begin{cases}0.488, & 0\le y\le 500,\\ 1-\dfrac{(2{,}000)^3}{(2{,}000+y)^3}, & y>500\end{cases}$$

두 자기부담금제하에서의 기대 비용도 아래 정리 5.3에서와 같이 산출할 수 있다.

정리 5.3: 통상의 자기부담금제하에서의 손해당 기대비용은 아래와 같다:

$$E(X)-E(X\wedge d)$$

또한 프랜차이즈 자기부담금제하에서의 손해당 기대비용은 아래와 같다:

$$E(X)-E(X\wedge d)+d[1-F(d)]$$

예제 3 자기부담금 500을 사용하여 예제 1 및 2에서의 기대비용을 산출하라.

누적확률밀도함수 $c.d.f.$는 예제 1과 예제 2에서 바로 구할 수 있다. 정의 5.3과 주어진 분포가 파레토분포인 것을 인지하여 관련 공식을 사용하여 아래와 같이 자기부담금 500에 이르기까지의 누적확률밀도함수값 및 그 기댓값을 아래와 같이 산출할 수 있다:

$$F(500)=1-\left(\frac{2{,}000}{2{,}000+500}\right)^3=0.488,$$
$$E(X\wedge 500)=\frac{2{,}000}{2}\left[1-\left(\frac{2{,}000}{2{,}000+500}\right)^2\right]=360$$

$E(X)$가 1,000이므로 통상의 자기부담금제하에서의 손해당 기대비용은 1,000−360=640이고, 프랜차이즈 자기부담금제하에서의 손해당 기대비용은 640+500(1−0.488)=896이 된다.

연습문제

1. 통상의 자기부담금 5,000과 아래와 같은 누적확률밀도함수가 주어졌을 때 확률밀도함수 $p.d.f.$와 누적확률밀도함수 $c.d.f.$를 산출하라.

$$F_X(x) = \begin{cases} 0, & x < 0 \\ 1 - 0.3e^{-0.00001x}, & x \geq 0 \end{cases}$$

2. 연습문제 1과 동일한 분포가 주어졌을 때 프랜차이즈 자기부담금제하에서의 확률밀도함수 $p.d.f.$와 누적확률밀도함수 $c.d.f.$를 산출하라.

3. 연습문제 1과 2에서 주어진 조건을 사용하여 각각의 손해당 기대비용을 산출하라.

4. 리스크1은 모수 $\alpha > 2$ 및 θ로 주어진 파레토분포를 가지고 리스크2는 모수 0.8α 및 θ로 주어진 파레토분포를 가진다고 하자. 각각의 리스크는 따로따로 통상의 자기부담금이 k인 보험에 가입하였다. 리스크1에 대한 손해당 기대비용을 산출하라. k가 무한에 근접할 때 리스크1의 손해당 기대비용 대비 리스크2의 손해당 기대비용의 한계(limit)를 산출하라.

5. (자기부담금을 적용하기 전) 손해액 분포는 다음 주어진 표를 따른다고 한다. 통상의 자기부담금 10,000을 상정하기로 한다. 기존의 자기부담금 10,000이 적용되었을 때 제거 되었던 손해 건수 만큼 손해 건수를 추가로 제거하기 위해 자기부담금액을 인상하였다. 이 경우 손해당 기대비용 변화 퍼센트를 산정하라.

x	$F(x)$	$E(X \wedge x)$
10,000	0.60	6,000
15,000	0.70	7,700
22,500	0.80	9,500
32,500	0.90	11,000
∞	1.00	20,000

Ⅲ • 통상의 자기부담금제 하에서의 손해제거율과 인플레이션 효과

자기부담금제 효과를 평가하는데 있어서 손해제거율(loss elimination ratio)을 살펴보는 것은 의미 있는 일이다.

정리 5.4: 손해제거율은 통상의 자기부담금제로 감소하는 기대 지급액 대비 자기부담금제가 없었을 때의 기대 지급액 비율로 표시된다.

여러 형태의 담보 변형으로 기대 손해 지급액이 감소될 수 있지만 손해제거율이라는 용어는 자기부담금제의 기대손해 변화효과를 위해서만 존재한다. 자기부담금제가 없다면 기대 손해 지급액은 $E(X)$가 된다. 자기부담금제가 존재하면 정리 5.3에 의해 기대 손해 지급액은 $E(X)-E(X\wedge d)$가 된다. 그리하여 손해제거율은 $E(X)$가 존재한다는 가정하에 아래와 같이 정의된다:

$$\frac{E(X)-[E(X)-E(X\wedge d)]}{E(X)}=\frac{E(X\wedge d)}{E(X)}$$

예제 4 통상의 자기부담금액 500하에서 모수가 각각 $\alpha=3$, $\theta=2{,}000$인 파레토분포에 있어서 손해제거율을 산정하라.

예제 3으로부터 우리는 손해제거율 360/1,000=0.36을 산정할 수 있다. 그리하여 통상의 자기부담금액 500을 도입함으로써 36%의 손해액이 제거될 수 있음을 알 수 있겠다.

주지하다시피 인플레이션으로 인해 비용은 올라간다. 그러나 자기부담금제하에서는 그 인플레이션 효과가 증폭되게 된다. 우선 첫째로 자기부담금 임계치 밑에 있던 손해액이 임계치 위로 부상함으로써 추가 손해액을 지급해야 하고, 둘째로 자기부담금이 인플레이션 효과가 반영된 손해액에서 차감되기에 그 효과는 증폭되게 된다. 예를 들어 특정 보험사고로 인해 인플레이션 전에는 손해액이 600이었다고 하자. 자기부담금액이 500이므로 보험사는 100을 지급하게 된다. 10%의 인플레이션이 있게 되면 손해액은 660이 되고 보험사는 이제는 160을 지급하여야 하여 보험사에게 60% 비용증가 효과를 야기하게 된 것이다.

정리 5.5: 통상의 자기부담금 d 하에서 일률적 인플레이션 $1+r$이 있게 되면 손해 당 기대비용은 아래와 같이 된다:

$$(1+r)\{E(X)-E[X\wedge d/(1+r)]\}$$

증명: 인플레이션이 있게 되면 손해액은 무작위변수 $Y=(1+r)X$로 주어지게 된다. $f_Y(y)=f_X[y/(1+r)]/(1+r)$ 및 $F_Y(y)=F_X[y/(1+r)]$이므로

$$\begin{aligned}E(Y\wedge d) &= \int_0^d yf_Y(y)dy+d[1-F_Y(d)]\\ &= \int_0^d \frac{yf_X[y/(1+r)]}{1+r}dy+d[1-F_X(\frac{d}{1+r})]\\ &= \int_0^{d/(1+r)}(1+r)xf_Xdx+d[1-F_X(\frac{d}{1+r})]\\ &= (1+r)\left\{\int_0^{d/(1+r)}xf_Xdx+\frac{d}{1+r}[1-F_X(\frac{d}{1+r})]\right\}\\ &= (1+r)E(X\wedge\frac{d}{1+r})\end{aligned}$$

가 된다. 그리하여 $E(Y)=(1+r)E(X)$가 되어 정리 5.5가 입증되었다.

예제 5 통상의 자기부담금액 500하에서 모수가 각각 $\alpha=3$, $\theta=2{,}000$인 파레토분포에 있어서 10%의 인플레이션 효과를 산정하라.

예제 3에서 우리는 기대비용이 640이었음을 알고 있다. 10% 인플레이션으로

$$\begin{aligned}E(X\wedge\frac{500}{1.1}) &= E(X\wedge 454.55)\\ &= \frac{2{,}000}{2}[1-(\frac{2{,}000}{2{,}000+454.55})^2]=336.08\end{aligned}$$

가 됨을 알 수 있다. 그리하여 인플레이션 효과를 반영한 손해당 기대비용은 1.1(1,000−336.08)=730.32가 되어 10% 인플레이션 효과는 14.11% 기대비용 증가를 가져옴을 알 수 있겠다.

연습문제

1. 아래의 분포함수를 이용하여 통상의 자기부담금 5,000이 주어진 하에서의 손해제거율을 결정하라. 아래 분포함수는 Ⅱ절 연습문제 1에서 사용한 것과 동일한 것이다.

$$F_X(x) = \begin{cases} 0, & x < 0, \\ 1 - 0.3e^{-0.00001x}, & x \geq 0 \end{cases}$$

2. 위 연습문제 1의 분포함수를 이용하여 통상의 자기부담금 5,000이 주어진 하에서의 10% 인플레이션 효과를 결정하라.

3. 손해 무작위변수가 $\mu = 7$이고 $\sigma = 2$인 로그정규분포를 한다고 가정한다. 통상의 자기부담금액이 2,000이고 매년 10건의 보험사고가 발생한다고 상정한다. 손해제거율을 결정하라. 자기부담금액은 동일하게 2,000인데 균일적 인플레이션 20%가 있게 되면 손해 지급액은 얼마가 될 것인가?

4. 손해 무작위변수가 $\alpha = 2$이고 $\theta = k$인 파레토분포를 한다고 가정한다. 통상의 자기부담금액이 $2k$라고 상정한다. 100% 인플레이션 전과 후의 손해제거율을 결정하라.

5. 손해 무작위변수가 평균이 1,000인 지수분포를 한다고 상정한다. 통상의 자기부담금이 500이라면 손해제거율이 두 배로 증가하기 위해서 자기부담금을 얼마나 올려야할 것인가를 결정하라.

6. 무작위변수 X는 아래 표와 같은 통계치를 갖는다고 가정한다. 손해당 통상의 자기부담금액 15,000이 있으나 증권한도는 없다고 상정한다. 손해당 기대

비용을 결정하고 또한 인플레이션 50%가 발생하였을 때의 손해당 기대비용을 결정하라(손해당 통상의 자기부담금액은 15,000 그대로 있다고 가정한다).

x	$F(x)$	$E(X \wedge x)$
10,000	0.60	6,000
15,000	0.70	7,700
22,500	0.80	9,500
∞	1.00	20,000

7. 손해 무작위변수가 $\mu = 6.9078$이고 $\sigma = 1.5174$인 로그정규분포를 한다고 가정한다. 통상의 자기부담금액이 10,000이 있을 때 손해제거율 대비 그 금액이 1,000이 있을 때 손해제거율 비율을 결정하라.

8. 손해 무작위변수의 평균값이 2,000이다. 통상의 자기부담금액이 1,000일 때 손해제거율은 0.3이 된다고 상정한다. 손해액이 1,000보다 클 확률은 0.4이다. 손해액이 1,000보다 작거나 같을 때의 손해액 크기의 평균을 결정하라.

Ⅳ • 보상한도와 손해모형

자기부담금과 반대되는 개념이 보상한도이다. 전형적인 보상한도 개념은 손해액이 u보다 작을 경우에는 손해액 전부를 보험사가 지불하고 손해액이 u보다 클 경우에는 보험사가 u만 지급하는 경우에 나타난다. 보상한도가 존재함으로써 나타나는 효과는 오른쪽으로 쎈써드(censored)된 무작위변수의 출현이다. Y를 보상한도가 부과되었을 때의 무작위변수라고 하면 Y는 아래와 같은 혼합분포함수를 갖게 된다:

$$F_Y(y) = \begin{cases} F_X(y), & y < u, \\ 1, & y \geq u \end{cases}$$

및

$$f_Y(y) = \begin{cases} f_X(f), & y < u, \\ 1 - F_X(u), & y = u \end{cases}$$

이 경우 인플레이션 효과는 아래와 같이 산출할 수 있게 된다:

정리 5.6: 보상한도가 u일 때, 일률적 인플레이션 $1+r$이 있게 되면 손해기대비용은 $(1+r)E[X \wedge u/(1+r)]$가 된다.

증명: 손해기대비용은 $E(Y \wedge u)$가 된다. 이는 정리 5.5에 대한 증명으로 우리는 정리 5.6에서 주어진 식과 동일함을 알 수 있다.

예제 6 $\alpha = 3$이고 $\theta = 2{,}000$인 파레토분포에 보상한도 3,000이 부과되었다고 상정한다. 이때에 있어서의 손해당 손해기대비용과 기대비용에 있어서의 비례적 감소 부분을 결정하라.

이와 같은 파레토분포에 있어서의 기대비용은 아래와 같이 주어진다:

$$E(X \wedge 3{,}000) = \frac{2{,}000}{2}[1 - (\frac{2{,}000}{2{,}000 + 3{,}000})^2] = 840.$$

또한 비례적 감소부분은 (1,000−840)/1,000가 된다. 인플레이션 발효 후 기대비용은 아래와 같이 된다:

$$1.1E(X\wedge 3{,}000/1.1)=1.1\frac{2{,}000}{2}[1-(\frac{2{,}000}{2{,}000+3{,}000/1.1})^2]=903.11.$$

또한 인플레이션 발효 후 비례적 감소부분은 (1,100−903.11)/1,100= 0.179가 된다.

인플레이션 발효 후 기대비용 증가는 7.51%로 일반 인플레이션율보다 더 낮음을 주목해 볼 만하다. 그 효과는 자기부담금제의 경우와 반대로 인플레이션율이 증폭되지 않고 오히려 줄어들었음을 알 수 있다. [그림 5-1]은 오른쪽으로 센써된 확률밀도함수를 보여주고 있다. 무작위변수의 값이 0과 3,000사이에서는 확률밀도함수가 원래의 파레토 분포와 동일하나 3,000을 넘어가는 경우에 있어서는 $\Pr(X>3{,}000)=(2{,}000/5{,}000)^3=0.064$이고 3,000에 고착되어 있음을 알 수 있다.

보상한도와 통상의 자기부담금은 어느 것이 보험사의 보험지급금에 영향을 미치든지 나머지 하나는 보험증권 소지자의 보험지급금에 영향을 미친다

그림 5-1 예제 6에 대한 확률밀도함수

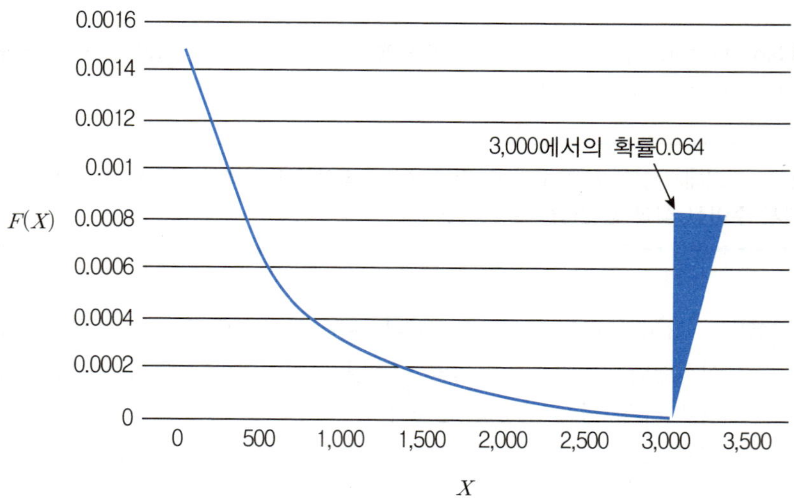

는 점에서 양자가 같이 움직인다는 것을 알 수 있다. 예를 들어 보험증권에 자기부담금 500이 명시되어 있다면 이는 증권소지자에게 지급되는 보험지급금이 왼쪽으로 절단되(truncated) 있고 자기부담금 만큼 변이되는 것을 말해주고 보상한도가 3,000으로 명시되어 있다면 이는 보험손해당 비용이 오른쪽으로 쎈써드되어 있음을 말해 주게 된다.

연습문제

1. 아래 분포함수에 보상한도가 150,000만큼 부과 되었을 때의 10% 인플레이션 효과를 결정하라. 아래 분포함수는 Ⅱ절 연습문제 1 및 Ⅲ절 연습문제 1에서 사용된 것과 동일한 것이다.

$$F_X(x) = \begin{cases} 0, & x < 0, \\ 1 - 0.3e^{0.00001x}, & x \geq 0 \end{cases}$$

2. 손해 무작위변수 X가 $\alpha = 2$이고 $\theta = 100$인 파레토분포를 한다고 가정한다. d가 모든 양의 실수 범위에서 존재할 때, 평균 초과 손해 함수 $e(d)$의 범위를 결정하라. 그러고 나서 $Y = 1.1X$라 하고 d가 모든 양의 실수 범위에서 존재할 때 비율 $e_Y(d)/e_X(d)$의 범위를 결정하라. 마지막으로 Z가 오른쪽으로 500에서 쎈써드되고 (즉 X에 500이라는 보상한도가 설정되고) d가 간격 0에서 500범위 내에 존재할 때 $e_Z(d)$의 범위를 결정하라.

PART I

제6장

총손해 분포 모형

CHAPTER 06

총손해 분포 모형

I 입 문

보험사는 리스크 풀링(pooling)이 가능하기에 존재할 수 있게 된다. 많은 고객에게 보험계약을 팔 수 있으므로 해서 관리 가능하고 고객들로 하여금 보험계약을 구매할 마음이 생길 수 있을 정도의 보험가격을 책정하기 위해 개별 리스크들은 총체적 리스크로 결합된다. 아래와 같은 간단한 예제를 들기로 한다.

예제 1 보험 가능한 사고가 발생할 확률은 10%이고 그러한 사고가 발생했을 때 지급되는 손해액은 5,000이다. 시장조사에 의하면 그러한 사고에 대비한 보험계약을 구매하기 위해 고객은 기껏해야 550을 지급할 수 있다고 한다. 사업비를 제외하였을 때 보험사가 이득을 볼 수 있는 확률이 95%가 되기 위해 팔아야 하는 보험계약의 수는 얼마가 될까?
판매된 보험계약 증권의 수가 n이라고 상정한다. 클레임 수 C에 대한 합리적인 모델은 $m=n$이고 $q=0.1$인 이항분포가 그러한 분포로 볼 수 있을 것(한 증권당 보험사고가 발생하면 1건에 지나지 않는다는 전제하에)이고 총 손해지급액은 $5{,}000C$가 될 것이다.
바람직한 결과치 즉 보험사가 이득을 볼 수 있는 확률이 95%가 되기 위해서는 아래의 식이 충족되어야 하며

$$\begin{aligned} 0.95 &\le \Pr(5{,}000C < 550n) \\ &= \Pr(C < 0.11n) \\ &= \Pr\left(Z < \frac{0.11n - 0.1n}{\sqrt{0.1(0.9)n}}\right), \end{aligned}$$

(여기서 근사치는 중심극한 정리를 사용한 결과이다), 정규분포 공식에 의해 아래가 성립함을 알 수 있다:

$$\frac{0.11n-0.1n}{\sqrt{0.1(0.9)n}}=1.96$$

그리하여 답은 n=3,457.44가 되어 적어도 3,458건의 보험계약 증권이 판매되어야 한다는 것을 알 수 있다.

본 장에 있어서의 목적은 보험사 시스템(보험사 전체가 될 수 있고, 특정 보종이 될 수 있으며, 특정 단체 보험계약이 될 수 있을 뿐 아니라 심지어는 특정 한 보험계약 증권이 될 수도 있다)에 의해 지급되는 총 손해액에 대한 모델을 구축하는 것이다. 빌딩 블록은 앞선 장에서 커버된 클레임 수와 클레임 지급액을 설명해 주는 무작위변수가 될 것이다.

정의된 특정 보험계약 집합에 있어서 고정된 기간 동안 발생하는 모든 클레임에 지급되는 손해액을 모델링하는 데는 두 가지 방법이 있다. 첫 번째 방법은 보험금이 지급될 때 이를 기록하고 뒤에 지급된 보험금을 합하는 것이 첫 번째 방법이다. 이 경우 총손해액을 무작위 사고 발생 건수 N만큼 개별 보험지급금 $(X_1, X_2, \cdots, X_N)$을 합한 S로 표시할 수 있다. 그리하여,

$$S=X_1+X_2+\cdots+X_N, \qquad N=0,1,2,\cdots, \tag{6.1}$$

이며, 여기서 $N=0$일 때 $S=0$이 된다.

정의 6.1: 총체적(collective) 리스크 모델은 식(6.1)로 표시된다. 여기서 별도의 명시가 있지 않는 한, X_j는 독립적이고 동일하게 분포된 $(i.i.d.)$ 무작위변수이다. 좀 더 정식적으로 표현하면 독립성 가정은:

1. $N=n$이라는 조건하에 무작위변수 $X_1, X_2, \cdots, X_n$는 $i.i.d.$인 무작위변수이다.
2. $N=n$이라는 조건하에 무작위변수 $X_1, X_2, \cdots, X_n$의 공통된 분포는 n값에 의존하지 않는다.
3. N에 대한 분포는 어떠한 연유에도 $X_1, X_2, \cdots$ 값에 의존하지 않는다.

예제 1에서 사용된 두 번째 모델은 개별 보험계약에 무작위변수를 부여한다.

정의 6.2: 개별 리스크 모델은 고정된 수치 n만큼의 보험계약의 합 $S=X_1+\cdots+X_n$으로 총체적 손해가 표시된다. n보험계약의 손해액은 $(X_1, X_2, \cdots, X_n)$이며, 여기서 X_j는 독립적이나 동일하게 분포한다는 가정은 되어 있지 않다. X_j는 통상적으로 그 값이 0이 될 때의 확률이 특정 크기를 갖고 존재하는데 이는 그 보험계약에 있어서 보험금 지급이 이루어지지 않을 확률에 해당된다.

개별 리스크 모델은 고정된 수치의 보험계약 혹은 보험계약의 집합으로부터의 보험 손해액을 서로 합치는데 사용된다. 그리하여 개별 리스크 모델은 피고용자 n으로 이루어진 단체 생명보험 계약 혹은 단체 건강보험 계약에서 발생하는 손해액을 모델링하는데 사용된다. 개별 피고용주는 각각의 서로 다른 커버리지의 보험계약(연봉에 대한 배수로서의 생명보험 급여액)을 소지할 수 있을뿐더러 서로 다른 수준의 손해발생 확률(상이한 연령과 건강의 정도)을 가질 수 있다.

X_j가 동일하게 분포하는 특별 경우에 있어서는 개별 리스크 모델은 N분포가 $N=n$일 때 $\Pr(N=n)=1$가 되는 일점 분포(즉 항상 $N=n$ 이어서 N은 더 이상 무작위변수가 아닌)를 가지는 총괄적 리스크 모델의 특수한 경우가 된다.

식 (6.1)의 분포 S는 분포 N과 분포 X_j를 통해 구해진다. 이러한 접근방법을 통해서 빈도분포와 심도분포는 개별적으로 분리해서 모델화된다. 이들 분포를 통한 각종 정보로 S분포에 대한 정보를 획득하게 된다. 이러한 접근방법에 대한 대안적 방법으로 단순하게 S에 대한 정보를 직접(즉 매월 발생하는 총 손해액) 획득하여 이전 장에서 취급한 특정 모델을 사용하여 S분포에 대한 모델링을 할 수도 있겠다. N분포와 X_j분포에 대한 모델링을 각각 개별적으로 하는 데에는 아래와 같은 일곱 가지의 분명한 이점이 존재한다:

1. 보험 증권의 수가 변함에 따라 기대 클레임 수 역시 변화하게 된다. 과거 데이터에 의거하여 산출되는 미래 클레임 수를 예측하기 위해서는 보험 비즈니스에 있어서의 양적 성장이 제대로 반영되어야 한다.
2. 통상의 경제적 인플레이숀 효과와 추가적 클레임 인플레이숀 효과는 피보험자 혹은 피보험자와 연관 있는 제3자에 의해 발생하는 보험 손

해액과 보험사에 의해 이루어지는 보험금 지급액에 반영되어 있다. 그러한 효과들은 인플레이숀과 연계되어 있지 않은 보험 증권에 표시되어 있는 자기부담금제나 보험 증권에 있어서의 보상한도의 존재 및 총체적 결과치의 사용으로 인해 무시될 수 있다.

3. 자기부담금액 변화효과나 보험증권의 보상한도 변화효과는 심도분포에 있어서의 모수를 변화시킴으로써 손쉽게 수행될 수 있다.
4. 자기부담금액 변화로 인한 여파를 보다 손쉽게 이해할 수 있다.
5. 가설적 손해규모 분포를 구하기 위해 서로 상이한 자기부담금액이나 보상한도가 포함되어 있는 데이터를 하나로 합칠 수 있다. 이러한 접근방법은 데이터상에 시간이 지남에 따라 변화하는 보험 증권상의 보험조건이 반영되어 있는 데이터를 합치는데 유용하다.
6. 보험가입자에게 커버되지 않은 보험 손해, 보험사 클레임 비용 및 재보험자 클레임 비용 등이 상호 일관성 있게 모델은 구축된다. 이러한 특징은 재보험사에 전가되는 손해액에 대한 고찰을 할 때 원수보험사에서 유용하게 사용된다.
7. S 분포의 형태는 N 분포와 X분포의 형태에 의해 좌우된다. 이러한 분포형태의 이해는 증권상의 구체적 조건들을 수정할 때 유용하게 사용될 수 있다. 예를 들어 심도분포가 빈도분포에 비해 상당히 무거운 테일(분포의 우측 끝 부분의 확률이 상당히 높음)을 갖고 있다면 혹은 손해액이 심도분포에 의해서 결정된다면 총체적 클레임 분포에 있어서의 테일의 형태는 빈도 분포의 선택에 상대적으로 무감각해진다.

요약해서 부연 설명을 하면 빈도와 심도를 각각 별개로 검토함으로써 훨씬 정확하고 유동적인 모델이 구축될 수 있다는 것이다.

S에 대한 모델 식 (6.1)을 구축함에 있어서 N이 보험사에 발생한 실제 보험사고 건수라고 하면, X_j는 (i) 보험가입자에게 발생한 손해액, (ii) 보험사의 클레임 지급액, (iii) 재보험사의 클레임 지급액, 혹은 (iv) (자가보험에 있어서의) 보험가입자가 지급한 자기부담금이 될 수 있다. 각 경우에 있어서의 S에 대한 해석은 달라지며, 심도분포 역시 일관성 있게 구축될 수 있다.

본 장에서 무작위변수 N, $X_1, X_2, \cdots$, 및 S등이 관심의 초점이 되기에 이들 용어에 대해 언급할 때 매우 조심스럽게 할 필요가 있다. 이에 부연설명을 하면, N은 클레임 수 무작위변수로 N의 분포함수는 클레임 수 분포함수가 된다. 단순히 클레임 수로도 표현되며, 경우에 따라서는 그냥 클레임이라고도 표현된다. 통상적으로 사용되는 또 다른 용어는 빈도분포함수이다. X_j는 개별 혹은 단일 손해 무작위변수이다. 혼동의 염려가 없다면 개별이나 단일이라는 접두어는 생략되기도 한다. 엄밀히 따지자면 X_j는 실제의 현금거래를 나타내기에 손해액보다 지급금이 더 적합할 수 있다. 그러나 손해액이 보다 보편적으로 사용되는 용어여서 본 장에서는 손해액이라는 용어를 사용하기로 한다. 일반적으로 보험사고가 발생하면 손해액이 곧바로 지급되는 것이 아니라 어느 정도 손해사정기간이 지나서 지급된다. 특히 보험사고가 크거나 보험증권상에 담보가 되는지를 확인하기 위해서는 시간이 필요하기 때문이다. 그 규모가 어느 정도 크다면 그 사고에 대한 개별 지급준비금이 적립이 되고, 필요하다면 지급되어야 하는 손해액 중 일부가 먼저 지급되는데 이러한 과정을 염두에 둘 때 지급금이라는 용어보다는 손해액이라는 용어가 더 적합한 것이다. X_j에 있어서의 또 다른 용어는 심도이다. 마지막으로 S는 총체적 손해 무작위변수 혹은 총손해 무작위변수인 것이다.

예제 2 자기부담금이 250인 자동차 차량보험에 있어서 1년 동안 지급된 총손해액을 모델링하기 위해 총체적 리스크 모델을 사용할 수 있는지 기술하라.

이를 위해 N^L이 자기부담금을 초과하지 않는 건수를 포함하는 자동차 사고 건수라고 하자. 제5장으로부터 개별 손해 무작위변수는 Y^L이 됨을 알 수 있다.

연습문제

1. 예제 10이 어떻게 총체적 리스크 모델로 사용될 수 있는지 설명하라.

2. 아래에 기술된 각각의 경우에 있어서 어떤 모델(개별 혹은 총체)이 총체적 손해액을 더 잘 다룰 수 있는지를 설명하라.

   (a) 가입된 근로자의 연령, 성별이 다를 뿐 아니라 가입된 근로자에게 상이한 사망 급여가 부여될 때의 단체 생명보험
   (b) 특정 병원에 있어서의 연 총 의료과실 비용이 주어진 한도를 초과할 경우 지급되는 재보험계약
   (c) 일년에 가족당 최고 두 번 방문까지 지급하는 개별 치과보험, 동일한 보험료로 가족규모와 상관없이 커버되는 단일 보험계약

Ⅱ 합성곱을 이용한 총손해 분포 모형

S를 N개의 관측된 클레임 $X_1, X_2, \cdots, X_N$의 집합으로 구성되고 식 (6.1)에 따라 독립성 조건을 충족시키는 총손해액 무작위변수라고 하자. 본 절에서 이루어지는 접근방법은 아래의 세 단계를 거치게 된다:

1. 데이터에 의거하여 무작위변수 N에 대한 분포를 위한 모델을 만들어낸다.
2. 역시 데이터에 의거하여 무작위변수 X_j에 대한 공통 분포를 위한 모델을 만들어낸다.
3. 만들어진 두 모델을 사용하여 S분포 도출을 위한 필요 산출을 수행한다.

앞 두 단계는 본 교재 여타 곳에서 다루어진 방법을 따르면 된다. 그리하여 빈도 및 심도 모델은 이미 만들어졌고 분포 S와 연관된 문제들을 해결하기 위한 수리적 작업만이 필요하다고 상정한다.

아래와 같이 표현되는 무작위 합

$$S = X_1 + X_2 + \cdots + X_N$$

(여기서 N은 빈도분포를 가진다)은 아래와 같은 분포함수를 가진다:

$$\begin{aligned} F_s(x) &= Pr(S \le x) \\ &= \sum_{n=0}^{\infty} p_n Pr(S \le x | N = n) \\ &= \sum_{n=0}^{\infty} p_n F_X^{*n}(x) \end{aligned} \tag{6.2}$$

여기서 $F_X(x) = Pr(X \le x)$는 X_j에 대한 공통 분포함수이고 $p_n = Pr(N = n)$이다. 여기서 S에 대한 분포를 합성분포(compound distribution)라고 한다. 식 (6.2)에서 F_X^{*n}는 X에 대한 $c.d.f.$의 "n차 콘볼류션"이라고 하고 아래와 같이 구할 수 있다:

$$F_X^{*0} = \begin{cases} 0, & x < 0, \\ 1, & x \geq 0 \end{cases}$$

및

$$F_X^{*k}(x) = \int_{-\infty}^{\infty} F_X^{*(k-1)}(x-y)dF_X(y)dy, \quad k = 1,2,\cdots \tag{6.3}$$

모든 $x \geq 0$에 대해 테일 부분은 아래와 같이 표시할 수 있다:

$$1 - F_S(x) = \sum_{n=1}^{\infty} p_n [1 - F_X^{*n}(x)] \tag{6.4}$$

X가 연속형 무작위변수이고 음의 값을 갖는 확률이 0이라면 식(6.3)은 아래와 같이 간단하게 표시될 수 있다:

$$F_X^{*k}(x) = \int_0^x F_X^{*(k-1)}(x-y) f_X(y)dy, \quad k = 2,3,\cdots$$

또한 $k=1$이라면 윗식은 $F_X^{*1}(x) = F_X(x)$로 표시된다. 위의 식을 미분을 함으로써 아래와 같은 $p.d.f.$가 얻어진다:

$$f_X^{*k}(x) = \int_0^x f_X^{*(k-1)}(x-y) f_X(y)dy, \quad k = 2,3,\cdots$$

그리하여 X가 불연속형이라면 S는 $x > 0$일 경우 아래와 같이 주어지는 $p.d.f.$를 갖게 된다:

$$f_S(x) = \sum_{n=1}^{\infty} p_n f_X^{*n}(x), \tag{6.5}$$

그리고 $x = 0$인 불연속형 매스 포인트(mass point)에서 $Pr(S=0) = p_0$가 된다. $Pr(S=0) \neq f_S(0) = \lim_{x \to 0^+} f_S(x)$ 임을 주목하기 바란다.

0, 1, 2,⋯에서 확률값이 존재하는 X가 불연속형 빈도 분포함수를 가지면 식 (6.3)은 아래와 같이 간단히 표시할 수 있다:

$$F_X^{*k}(x) = \sum_{y=0}^{x} F_X^{*(k-1)}(x-y) f_X(y), \quad x = 0,1,\cdots, \; k = 2,3\cdots$$

이에 상응하는 $p.d.f.$는 아래와 같이 표시된다:

$$f_X^{*k}(x) = \sum_{y=0}^{x} f_X^{*(k-1)}(x-y) f_X(y),\ \ x=0,1\cdots,\ \ k=2,3,\cdots$$

부호를 간단히 하기 위해 $x \neq 0$ 에 대해 $f_X^{*0}(0)=1$ 및 $f_X^{*0}(x)=0$라고 하면 S는 아래와 같은 $p.d.f.$를 가지는 불연속형 분포함수를 가지게 된다:

$$f_S(x) = Pr(S=x) = \sum_{n=0}^{\infty} p_n f_X^{*n}(x), \quad x=0,1,\cdots \tag{6.6}$$

S에 대한 $p.g.f.$는 고정된 n에 있어서 $X_1,\ldots,X_n$가 서로 독립적이기 때문에 아래와 같이 표시할 수 있다:

$$\begin{aligned} P_S(z) &= E[z^S] \\ &= E[z^0]Pr(N=0) + \sum_{n=1}^{\infty} E[z^{X_1+X_2+\ldots+X_n}|N=n]\Pr(N=n) \\ &= Pr(N=0) + \sum_{n=1}^{\infty} E[\prod_{j=1}^{n} z^{X_j}]Pr(N=n) \\ &= \sum_{n=0}^{\infty} Pr(N=n)[P_X(z)]^n \\ &= E[P_X(z)^N] = P_N[P_X(z)] \end{aligned} \tag{6.7}$$

S가 불연속함수일 경우 $p.g.f.$가 사용된다. S에 대한 모멘트생성함수는 아래와 같이 표시된다:

$$M_S(z) = P_N[M_X(z)].$$

본 장에 있어서 클레임규모 분포가 합성분포에 있어서의 2차적 분포 역할을 하고 있음을 알 수 있다.

$P_N(z) = P_1[P_2(z)]$ (즉 N자체가 합성분포)일 경우 $P_S(z) = P_1\{P_2[P_X(z)]\}$가 되어 별 추가적 어려움이 없음을 알 수 있다.

일반적인 통계학교제로부터 S에 대한 모멘트는 N에 대한 모멘트와 X_j에 대한 모멘트로 표시될 수 있음을 알 수 있다. 첫 3차까지의 모멘트는 아래와 같이 표시된다:

$$\begin{aligned} E(S) &= \mu_{S1}' = \mu_{N1}'\mu_{X1}' = E(N)E(X), \\ Var(S) &= \mu_{S2} = \mu_{N1}'\mu_{X2} + \mu_{N2}(\mu_{X1}')^2, \\ E\{[S-E(S)]^3\} &= \mu_{S3} = \mu_{N1}'\mu_{X3} + 3\mu_{N2}\mu_{X1}'\mu_{X2} + \mu_{N3}(\mu_{X1}')^3 \end{aligned} \tag{6.8}$$

여기서 첫 번째 첨차는 상응하는 무작위변수를, 두 번째 첨자는 모멘트의 차수를, 프라임(′)표시는 원초 모멘트(원점에 대한 모멘트)를, 그리고 프라임 표시가 없는 것은 중심 모멘트(평균에 대한 모멘트)를 표시한다. 모멘트는 첫 몇 개의 모델과 샘플 모멘트를 매칭시킴으로써 총 클레임에 대한 대략적 확률을 구하는 데 사용될 수 있다.

예제 3 과거 10개월 동안 관측된 클레임 수와 개별손해액의 평균값(표준편차값)은 각각 6.7(2.3)과 179,247(52,141)이다. 월간 총 클레임에 대한 평균값과 분산값을 결정하라.

$$
\begin{aligned}
E(S) &= 6.7(179{,}247) = 1{,}200{,}955, \\
Var(S) &= 6.7(52{,}141)^2 + (2.3)^2(179{,}247)^2 \\
&= 1.88180 \times 10^{11}
\end{aligned}
$$

가 된다.

그리하여 총 클레임에 대한 평균값과 표준편차값은 각각 1,200,955와 433,797이 된다.

예제 4 (예제 3의 연속임) 총클레임에 대한 근접화된 분포로써 정규분포와 로그 정규분포를 사용하여 클레임액이 기대비용의 140%를 넘어서는 확률을 산출하라.

이는

$$Pr(S > 1.40 \times 1{,}200{,}955) = Pr(S > 1{,}681{,}337).$$

을 의미한다. 정규분포에 있어서는

$$
\begin{aligned}
Pr(S > 1{,}681{,}337) &= Pr\left(\frac{S - E(S)}{\sqrt{Var(S)}} > \frac{1{,}681{,}337 - 1{,}200{,}955}{433{,}797}\right) \\
&= Pr(Z > 1.107) = 1 - \Phi(1.107) = 0.134
\end{aligned}
$$

가 되며, 로그 정규분포에 있어서는 평균과 2차 모멘트가 아래와 같이 정의 되므로,

$$E(S) = \exp(\mu + \frac{1}{2}\sigma^2) \quad \text{및} \quad E(S^2) = \exp(2\mu + 2\sigma^2)$$

이를 각각 1.200955×10^6와 $1.88180 \times 10^{11} + (1.200955 \times 10^6)^2 = 1.63047 \times 10^{12}$를 대입하고 로그를 취하면 아래와 같이 두 개의 방정식에 두 개의 해를 구하는 꼴이 된다:

$$\mu+\frac{1}{2}\sigma^2=13.99863, \quad 2\mu+2\sigma^2=28.11989$$

이를 통해 $\mu=13.93731$ 와 $\sigma^2=0.1226361$가 됨을 알 수 있고,

$$\Pr(S>1{,}681{,}337)=1-\Phi\left[\frac{\ln 1{,}681{,}337-13.93731}{(0.1226361)^{0.5}}\right]$$
$$=1-\Phi(1.135913)=0.128$$

가 됨을 알 수 있다.

$E(N)$값이 클 경우에 정규분포는 양호한 근접화 방식이라고 할 수 있다. 특히 N이 포아송분포, 이항분포 혹은 음이항분포를 가질 때, 중심극한 정리에 따르면 λ, m 혹은 r가 각각 무한에 근접하면 S에 대한 분포는 정규분포가 된다. 본 예제에서는 비록 이론적 근거는 없지만 로그 정규분포를 통해 양호한 근접화가 이루어졌다고 할 수 있겠다.

예제 5 (단체 치과 보험) 근로자와 그 가족을 커버해 주는 단체 치과보험에서 각각의 기혼 근로자의 보험료가 가족구성원이 몇 명인가에 상관없이 동일하게 부과된다고 상정하기로 한다. (단위가 25,000원으로 주어졌을 때) 동 단체 치과보험을 통해 1년 동안 지급된 (현 가치로 조정된) 급여를 (가)에서와 같이 동 보험을 제공한 보험사에서 정리하였다고 상정한다. 또한 보험 개별 인증서당(즉 근로자당) 연단위로 치과치료를 받은 사람 수에 대한 분포는 (나)에 주어져 있다:

X	$f_X(x)$
1	0.150
2	0.200
3	0.250
4	0.125
5	0.075
6	0.050
7	0.050
8	0.050
9	0.025
10	0.025

(가) 예제 5에 있어서의 손해액분포

n	p_n
0	0.05
1	0.10
2	0.15
3	0.20
4	0.25
5	0.15
6	0.06
7	0.03
8	0.01

(나) 예제 5에 있어서의 빈도분포

이제 유관 보험사는 본 단체 치과 보험 플랜에 속해 있는 기혼 근로자들에 대한 기혼자당 연 비용분포를 산출하려고 한다. 기혼 근로자당 보험비용은 아래와 같이 표시할 수 있겠다:

$$f_S(x) = \sum_{n=0}^{8} p_n f_X^{*n}(x).$$

525(21×25)금액까지의 S에 대한 $p.d.f.$를 결정하라. 기혼 근로자당 총 손해액에 대한 평균값과 표준편차값을 결정하라.

525금액까지의 분포가 〈표 6-1〉에 주어져 있다. 예를 들어 $f_X^{*3}(4) = f_X^{*1}(1) f_X^{*2}(3) + f_X^{*1}(2) f_X^{*2}(2)$이다. 일반적으로 첨자의 합이 원하는 수치가 되는 두 종렬을 선택하면 그 값이 된다(이 경우 1+2=3). 그러고 나서 각 종렬의 합이 원하는 수치가 되는 이들 종렬로부터 모든 조합을 합친다(이 경우 1+3=4 및 2+2=4). $f_S(x)$를 구하기 위해 $f_X(x)$콘볼류션 매트릭스의 각각의 횡렬을 도표상에서 바로 아래 횡렬의 확률값을 곱하고 이들을 합하면 된다. 예를 들면 $f_S(2) = 0.05(0) + 0.10(0.2) + 0.15(0.0225) = 0.02338$이다.

식 (6.8)을 사용하여 분포 $f_S(x)$의 1, 2차 모멘트는 아래와 같이 주어짐을 알 수 있다:

$$E(S) = 12.58, \quad Var(S) = 58.7464.$$

그리하여 본 단체 치과보험 플랜에 있어서의 연비용은 $12.58 \times 25 = 314.50$ 천원이 되고 표준편차는 191.6155 천원이 됨을 알 수 있다.

표 6-1 예제 5를 위한 총 확률분포

x	f_X^{*0}	f_X^{*1}	f_X^{*2}	f_X^{*3}	f_X^{*4}	f_X^{*5}	f_X^{*6}	f_X^{*7}	f_X^{*8}	$f_S(x)$
0	1	0	0	0	0	0	0	0	0	0.05000
1	0	0.150	0	0	0	0	0	0	0	0.01500
2	0	0.200	0.02250	0	0	0	0	0	0	0.02338
3	0	0.250	0.06000	0.00338	0	0	0	0	0	0.03468
4	0	0.125	0.11500	0.01350	0.00051	0	0	0	0	0.03258
5	0	0.075	0.13750	0.03488	0.00270	0.00008	0	0	0	0.03579
6	0	0.050	0.13500	0.06144	0.00878	0.00051	0.0001	0	0	0.03981
7	0	0.050	0.10750	0.08569	0.01999	0.00198	0.00009	0.00000	0	0.04356
8	0	0.050	0.08813	0.09750	0.03580	0.00549	0.00042	0.00002	0.00000	0.04752
9	0	0.025	0.07875	0.09841	0.05266	0.01194	0.00136	0.00008	0.00000	0.04903
10	0	0.025	0.07063	0.09338	0.06682	0.02138	0.00345	0.00031	0.00002	0.05190
11	0	0	0.06250	0.08813	0.07597	0.03282	0.00726	0.00091	0.00007	0.05138
12	0	0	0.04500	0.08370	0.08068	0.04450	0.01305	0.00218	0.00022	0.05119

13	0	0	0.03125	0.07673	0.08266	0.05486	0.02062	0.00448	0.00060	0.05030
14	0	0	0.01750	0.06689	0.08278	0.06314	0.02930	0.00808	0.00138	0.04818
15	0	0	0.01125	0.05377	0.08081	0.06934	0.03826	0.01304	0.00279	0.04576
16	0	0	0.00750	0.04125	0.07584	0.07361	0.04677	0.01919	0.00505	0.04281
17	0	0	0.00500	0.03052	0.06811	0.07578	0.05438	0.02616	0.00829	0.03938
18	0	0	0.00313	0.02267	0.05854	0.07552	0.06080	0.03352	0.01254	0.03575
19	0	0	0.00125	0.01673	0.04878	0.07263	0.06573	0.04083	0.01768	0.03197
20	0	0	0.00063	0.01186	0.03977	0.06747	0.06882	0.04775	0.02351	0.02832
21	0	0	0	0.00800	0.03187	0.06079	0.06982	0.05389	0.02977	0.02479
p_n	0.05	0.10	0.15	0.20	0.25	0.15	0.06	0.03	0.01	

보험 기간 동안 총손해에 자기부담금이 결부되어 있는 것은 흔히 있는 일이다. 증권소지자에게 보험 손해가 발생하면 이는 보험 커버리지라고 부르고 보험손해가 보험사에게 발생하면 재보험 커버리지라고 부른다. 후자의 경우 악성적(단일의 매우 큰 클레임과 대비되어) 연도에 대한 보호차원에서 보험회사에게는 매우 흔한 기법이다. 보다 정식적으로는 아래와 같이 정의할 수 있다.

정의 6.3: 자기부담금제와 결부된 총손해에 대한 보험을 정지손해보험(stop loss insurance)이라고 한다. 이러한 보험에 있어서의 기대비용을 순 정지손해 보험료라고 하고 $E[(S-d)_+]$ 로 산출된다. 여기서 d는 자기부담금이고 $(\,\bullet\,)_+$는 결과치가 양수이면 괄호안의 수치를 사용하고 그렇지 않으면 0으로 대체된다는 의미를 표시한다.

특정 총손해 분포에 있어서 아래와 같이 표시되고,

$$E[(S-d)_+] = \int_d^\infty [1 - F_S(x)]dx$$

분포함수가 연속형이면, 순 정지손해보험료는 바로 순 정지손해보험료의 정의에서 도출된다:

$$E[(S-d)_+] = \int_d^\infty (x-d) f_S(x) dx$$

불연속형인 경우에 있어서도 유사하게 아래와 같이 순 정지손해보험료는 산출된다:

$$E[(S-d)_+] = \sum_{x>d}(x-d)f_S(x)$$

총 손해분포에 있어서 확률값이 0인 구간이 존재한다면 아래의 결과를 이용하여 순 정지손해보험료를 손쉽게 산출할 수 있다.

정리 6.4: $Pr(a < S < b) = 0$라고 하면 $a \le d \le b$에 대해 아래의 식이 성립한다:

$$E[(S-d)_+] = \frac{(b-d)}{(b-a)}E[(S-a)_+] + \frac{d-a}{b-a}E[(S-b)_+]$$

이는 순 정지손해보험료를 선형 구내보간법을 사용하여 산출할 수 있음을 의미한다.

증명: 가정 $a \le x < b$일 때, $F_S(x) = F_S(a)$로부터 아래의 결과를 도출할 수 있다:

$$\begin{aligned} E[(S-d)_+] &= \int_d^{\infty}[1-F_S(x)]dx \qquad (6.9) \\ &= \int_a^{\infty}[1-F_S(x)]dx - \int_a^{d}[1-F_S(x)]dx \\ &= E[(S-d)_+] - \int_a^{d}[1-F_S(x)]dx \\ &= E[(S-d)_+] - (d-a)[1-F_S(a)]. \end{aligned}$$

그러면 식 (6.9)에서 $d=b$로 놓으면,

$$E[(S-b)_+] = E[(S-a)_+] - (b-a)[1-F_S(a)]$$

가 되고,

$$1-F_S(a) = \frac{E[(S-a)_+] - E[(S-b)_+]}{b-a}$$

가 도출되는데 이를 식 (6.9)의 값과 대체함으로써 원하는 결과를 도출할 수 있게 된다. 분포가 불연속형인 경우에 있어서는 S가 발생하는 확률이 균일하다면 추가적 단순화가 가능하다고 하겠다.

정리 6.5: $k=0,1,\ldots$이라면 특정 값 $\Pr(S=kh)=f_k \geq 0$와 $h>0$이고 여타 모든 x에서 $\Pr(S=x)=0$인 것을 가정한다. 그러면 j가 비음수인 정수이면서 $d=jh$라면,

$$E[(S-d)_+]=h\sum_{m=0}^{\infty}\{1-F_S[(m+j)h]\}$$

이다.

증명:

$$\begin{aligned}E[(S-d)_+] &= \sum_{x>d}(x-d)f_S(s)\\ &=\sum_{k=j}^{\infty}(kh-jh)f_k\\ &=h\sum_{k=j}^{\infty}\sum_{m=0}^{k-j-1}f_k\\ &=h\sum_{m=0}^{\infty}\sum_{k=m+j+1}^{\infty}f_k\\ &=h\sum_{m=0}^{\infty}\{1-F_S[(m+j)h]\}.\end{aligned}$$

귀결 6.6: 정리 6.5 조건하에서 아래의 식이 성립한다:

$$E\{[S-(j+1)h]_+ = E[(S-jh)_+]-h[1-F_s(jh)].$$

$d=0$일 경우 $E[(S-0)_+]=E(S)=E(N)E(X)$가 성립되기 때문에 위와 같은 결과치는 손쉽게 사용될 수 있는데 이는 빈도 및 심도분포에서 바로 얻을 수 있는 통계치이다.

예제 6 (예제 5의 연속) 특정 보험사가 근로자당 총 손해 자기부담금제 도입의 효과를 검토하고 있다. 자기부담금 25,000, 30,000 50,000 및 100,000원을 부과했을 때 순 보험료의 감소분을 결정하라.

〈표 6-1〉로부터 0, 25,000, 75,000원에서의 $c.d.f.$값이 각각 0.05, 0.065, 0.08838 및 0.12306임을 알 수 있다. $E(S)=25(12.58)=314.5$이므로 우리는 아래와 같이 구할 수 있다:

$$\begin{aligned}E[(S-25)_+] &= 314.5-25(1-0.05)=290.75,\\ E[(S-50)_+] &= 290.75-25(1-0.065)=267.375,\\ E[(S-75)_+] &= 267.375-25(1-0.08838)=244.5845,\\ E[(S-100)_+] &= 244.5845-25(1-0.12306)=222.661\end{aligned}$$

정리 6.4로부터 $E[(S-30)_+]=\frac{20}{25}290.75+\frac{5}{25}267.375=286.07$가 도출된다. 원래의 순 보험료 314.5와 비교하면, 그 감소분은 각각 23.75, 28.43, 47.125 및 91.839이 됨을 알 수 있다.

연습문제

1. 식 (6.7)로부터 식 (6.8)에서의 모멘트간 관계가 유효함을 보여라.

2. 특정 개인이 병원 입원이 허용되었을 때 병원비는 아래와 같이 부과된다:

1.

부과 종류	평균	표준편차
병실	1,000	500
기타	500	300

2. 그 개인에 있어서의 병실부과와 기타부과와의 공분산 값은 100,000이다.

특정 보험사가 병실부과에 대해서는 100%를, 그리고 기타부과에 대해서는 80%를 변제해주는 보험증권을 판매하였다. 병원 입원 수가, 모수가 4인 포아손분포를 한다고 할 때 보험사의 보험금지급에 대한 평균값과 표준편차값을 구하여라.

3. 총 클레임 수에 대하여 모수가 각각 $r=15$ 및 $\beta=5$인 합성 음이항 분포로 모델링되었다. 클레임 크기는 간격 (0,10)에서 균일 분포를 한다. 정규 근접화를 사용하여 클레임 지급액이 보험료를 초과하는 확률이 0.05가 되도록 보험료를 결정하라.

4. 자동차 운전자들을 동질적인 세 개의 클라스로 나눌 수 있다고 상정한다. 각각의 운전자에 있어서 클레임 수는 모수가 λ인 포아손분포를 한다고 상정한다. 아래 데이터를 사용하여 무작위적으로 선정된 운전자의 클레임 수에 대한 분산값을 구하여라.

클라스	모집단에서의 비율	λ
1	0.25	5
2	0.25	3
3	0.50	2

5. X_1, X_2 및 X_3는 확률함수가 아래와 같이 주어지는 상호 독립적인 손해 무작위변수라고 가정한다. $S = X_1 + X_2 + X_3$인 $p.d.f.$를 구하라.

x	$f_1(x)$	$f_2(x)$	$f_3(x)$
0	0.90	0.50	0.25
1	0.10	0.30	0.25
2	0.00	0.20	0.25
3	0.00	0.00	0.25

6. X_1, X_2 및 X_3는 확률함수가 아래와 같이 주어지는 상호 독립적인 손해 무작위변수라고 가정한다. $S = X_1 + X_2 + X_3$ 및 $f_S(5) = 0.06$ 일 때의 p를 구하여라.

x	$f_1(x)$	$f_2(x)$	$f_3(x)$
0	p	0.6	0.25
1	$1-p$	0.2	0.25
2	0	0.1	0.25
3	0	0.1	0.25

7. AID 환자에 관한 아래의 정보를 고려하기로 한다:

1. 특정 개인이 AID 환자가 아니라는 조건하에서 특정 개인의 의료비용 무작위변수는 평균이 1,000이고 분산이 250,000이다.
2. 특정 개인이 AID 환자라는 조건하에서 특정 개인의 의료비용 무작위변수는 평균이 70,000이고 분산이 1,600,000이다.
3. m그룹에서 AID환자가 무작위적으로 선택되는 사람의 수는 모수가 x 및 $q = 0.01$인 이항분포를 한다고 가정한다.

특정 보험사는 보험료를 동 그룹의 총 클레임 분포에 있어서 평균값에 10%의 표준편차를 더한 값으로 결정하려고 한다. 모든 사람이 AID 환자가 아님이 입증된 10인으로 구성된 그룹에 있어서의 보험료는 P이다. 무작위적으로 선정된 10인으로 이루어진 그룹의 보험료는 Q이다 P/Q값을 구하여라.

8. 도시 기획자로부터 사무실 흡연 패턴을 분석해달라는 부탁을 받았다. 도시 기획자는 아래 표와 같은 주중에 피는 담배 갯수 분포에 대한 정보를 제공하였다.

클라스	남성	여성
평균	6	3
분산	64	31

무작위로 선정된, N근로자로 이루어진 사무실에서 남성근로자 수는 모수가 N및 0.4인 이항분포를 한다. 무작위로 선정된 8명의 근로자로 이루어진 사무실에서 주중에 흡연된 흡연 갯수의 평균값에 표준편차값을 더한 값을 구하여라.

9. 특정 그룹에 있어서 총 클레임 수는 간격 (0,10)에서 균일 분포를 한다고 상정한다. 보험사 A가 자기부담금이 6이고 보험료가 기대 정지 손해 클레임액과 동일한 보험료로 정지 손해 커버리지를 제안하고 있다. 보험사 B는 보험료가 7이고 배당금(보험료 환급)이, 초과액(보험료-총 클레임액)이 있다면 그 초과액 중 $7k$를 넘는 금액인 그룹 커버리지를 제안하고 있다. 두 제안에 있어서 동 그룹에의 기대비용이 동일한 k값을 구하여라.

10. 특정 그룹 건강보험에 있어서 총클레임액의 평균값이 언더라이터에 의해 추정된 지수분포를 한다고 가정한다. 기대 클레임액의 125% 초과 총 클레임액에 대한 총 정지손해 보험의 보험료가 기대 정지손해 클레임액의 두 배로 책정되었다. 기대 클레임액을 산정하는데 있어서 언더라이터가 오류를 범했

다는 것이 발견되었다. 언더라이터의 추정치는 정확한 추정치의 90%이다. 보험료에 부과된 보험사 이익을 포함한 사업비율을 산정하라.

11. 무작위 손해 X는 아래 표에 표시된 확률함수를 가지고 있다. $E(X)=4$ 및 $E[(X-d)_+]=2$일 때 d를 구하여라.

d	$f(x)$
0	0.05
1	0.06
2	0.25
3	0.22
4	0.10
5	0.05
6	0.05
7	0.05
8	0.05
9	0.12

12. 특정 재보험자는 d를 초과하는 총 클레임액을 지급하고 그에 대한 댓가로 정지 손해 보험료 $E[(S-d)_+]$를 영수한다. $E[(S-100)_+]=15$, $E[(S-120)_+]=10$가 주어지고 총 클레임액이 80보다 크고 120보다 작거나 같은 확률은 0이다. 총 클레임액이 80보다 작거나 같을 확률을 구하여라.

13. 손해 무작위변수 X의 $p.d.f.$ $f(x)=\dfrac{1}{100}$, $0<x<100$이다. 손해 발생으로 인한 재정적 충격을 완화하기 위해 두 종의 보험 커버리지를 구입할 수 있다.

$$A=\begin{cases}0, & x<50k,\\ \dfrac{x}{k}-50, & x\geq 50k\end{cases}$$

및

$$B = kx, \quad 0 < x < 100.$$

여기서 A와 B는 각각 손해 X가 발생하였을 때의 지급되는 금액이다. 두 보험 커버리지의 순보험료는 동일하다. k를 구하여라.

14. 양로원 보험에 있어서 양로원 체류 평균 기간은 440일이고 30%의 체류자가 30일 이내에 퇴소한다고 한다. 이러한 퇴소는 30일 기간 동안 균일하게 일어난다. 동 양로원 보험으로 첫 30일 동안은 매일 20을 지급하고 그 이후로는 100을 지급한다. 1회 체류에 대한 기대 급여액을 구하여라.

15. 아래와 같은 N클레임 수에 대한 확률분포가 주어지는 보험 포트폴리오를 상정한다:

n	$Pr(N=n)$
0	0.5
1	0.4
3	0.1

개별 클레임액은 아래의 분포를 가진다:

x	$f_X(x)$
1	0.9
10	0.1

개별 클레임액과 N은 상호 독립적이다. 총 클레임 대비 기대 클레임 비율이 3.0을 넘길 확률을 산정하라.

16. 특정 보험사는 여행 시 사고로 사망하였을 때 m금액을 지급하는 단체 여행 사고 생명보험을 판매하고 있다. 특정 단체에 부과되는 총 보험료는 기대 총

지급 보험금에 그 단체의 총 클레임액에 대한 표준편차값을 합한 금액이다. 표준보험료는 아래에 제시된 두 가정에 의거한 것이다:

1. 동 그룹 내 모든 개별 클레임은 상호 독립적이다.
2. q가 동 그룹 내 특정 개인이 여행 시 사고로 사망할 확률일 때 $m^2q(1-q)=2{,}500$이다.

100인으로 이루어지는 특정 그룹에서 독립성 가정이 위배되는데 그 중 세 사람이 항상 여행을 같이 하기 때문이다. 그 중 한 사람이 여행 중 사고로 사망하면 세 사람 모두 사망한다고 가정한다. 이 그룹의 보험료와 표준보험료와의 차이를 구하라.

17. 아래 표에서 보여주는 대로 특정 생명보험사에는 일 년 만기 정기보험으로 16,000명이 가입되어 있다.

급여수준	가입된 피보험자 수	클레임이 발생할 확률
1	8,000	0.025
2	3,500	0.025
4	4,500	0.025

모든 클레임은 상호 독립적이다. 동 보험사의 보유한도는 인당 2(단위)이다. 단위당 0.03의 재보험료를 주고 재보험을 구입하였다. 동 보험사의 보유 클레임, S와 재보험료의 합이 1,000이 넘어갈 확률이 아래와 같이 주어졌다:

$$\Pr\left[\frac{S-E(S)}{\sqrt{Var(s)}}>k\right]$$

정규분포 근접화를 사용하여 k값을 결정하라.

18. 개별 손해액 Y에 대한 확률밀도함수가 아래와 같이 주어졌다:

$$f(y)=\begin{cases}0.02(1-\frac{y}{100}), & 0<y<100\\ 0, & \text{기타의 경우}\end{cases}$$

지급액 Z는 자기부담금 10을 넘어가는 손해의 80%에 해당된다. $E(Z)$값을 구하여라.

19. 개별 손해분포가 모수가 $\mu=100$ 이고 $\sigma^2=9$ 인 정규분포를 한다고 가정한다. 클레임 수 N에 대한 분포는 아래 표에 주어져 있다. 총 클레임액이 100을 초과하는 확률을 구하여라.

n	$Pr(N=n)$
0	0.5
1	0.2
2	0.2
3	0.1

20. 특정 고용주가 아래의 두 가지 특성을 가지는 생명보험 프로그램을 자가보험 형태로 운영하고 있다:

1. 클레임이 발생하였다는 가정 하에 클레임액은 0.4 확률로 2,000이고 0.6 확률로 3,000이다.
2. 클레임 수는 아래 표에 주어진 것과 같은 분포를 갖고 있다.

n	$f(n)$
0	1/16
1	1/4
2	3/8
3	1/4
4	1/16

본 고용주가 고용주의 연 클레임 비용 한도를 5,000으로 제한시키는 총 정지 손해 보험을 구입하였다. 이 총 정지 손해 보험의 보험료는 1,472이다. 총 정지 손해 보험 보험료를 포함하여 본 고용주의 이러한 프로그램을 운영하는데 소요되는 기대 연 비용을 결정하라.

21. 특정 개인이 병원에 입원을 하면 k일 혹은 그보다 적은 날을 체류하는 확률은 $k=0,1,2,\cdots$일 때 $1-0.8^k$로 주어진다. 특정 입원비 담보 보험은 일당 고정된 금액을 지급하는데 입원 시작 4일째부터 10일째까지(즉 최대 7일까지) 지급한다. 보험금 지급 최대 일수를 7일에서 14일로 늘일 경우 인당 기대비용 증가율을 결정하라.

22. 총 클레임 S에 대한 확률밀도함수는 $f_S(x)=3x^{-4},\ x\geq 1$ 로 주어진다. 상대적 부과율 θ와 λ값은 아래의 식이 성립하도록 선정된다:

$$\Pr[S\leq(1+\theta)E(S)]=\Pr[S\leq E(S)+\lambda\sqrt{Var(S)}]=0.90.$$

θ와 λ값을 구하여라.

23. 100초과 첫 1,000에 대해서는 총 발생비용의 80%를, 그다음 1,000에 대해서는 90%를 그 이후로는 100%를 변제해주는 보험증권을 상정한다. 상이한 d값에 대해 본 커버리지에 대한 기대비용을 $R_d=E[(S-d)_+]$형태로 표현해 보라.

24. 특정 보험가입자에 의해 한 해 동안 자동차 사고가 발생하는 건수는 모수가 $\lambda=2$인 포아손분포를 한다고 한다. 사고가 발생하여 사고금액이 자기부담금을 넘어갈 확률은 0.25이다. 클레임 수와 사고금액은 서로 독립적이다. 특정 연도에 있어서 자기부담금을 넘어가는 사고가 발생하지 않을 확률은?

25. 특정보험사에 의해 총 손해 분포가 지수함수를 사용하여 모델링되었다. 그러나 평균값이 불확실하다. 간격(2,000,000, 4,000,000)에서의 균일 분포가 평균값이 무엇이 될 것인가를 추정하기 위해 동 보험사에 의해 사용되었다. 기대 총 손해액을 결정하라.

26. 일당 100을 최대 30일까지 지급하는 단체 입원비 보험을 고려해 보기로 한다. 하루가 되지 않은 입원비에 대해서는 비례로 계산해서 보험 급여가 지급된다. 입원기간 무작위변수 T는 $0 \le t \le 30$일 때 아래와 같은 연속(생존)함수이다:

$$\Pr(T \ge t) = \begin{cases} 1-0.04t, & 0 \le t \le 10, \\ 0.95-0.035t, & 10 < t \le 20, \\ 0.65-0.02t, & 20 < t \le 30. \end{cases}$$

특정 보험기간 동안 가입 피보험자가 병원에 입원할 확률은 0.1이고 한 번 이상 입원할 확률은 0이다. 금전에 대한 시간 가치를 무시하고 가입 피보험자당 순 보험료를 결정하라.

27. 의료보험과 치과보험은 아래와 같은 합성 포아손분포를 가지면서 서로 독립적이라고 가정된다:

클레임 형태	클레임액 분포	λ
의료클레임	균일(0, 1,000)	2
치과클레임	균일(0, 200)	3

X를 의료보험 및 치과보험 양자를 담보하는 보험 증권 하에서 발생하는 클레임액이라고 상정한다.
특정 클레임에 있어서 (100 초과) 기대비용인 $E[(X-100)_+]$를 결정하라.

28. 특정 보험가입자에 있어서 총 클레임액에 대한 분포는 모수가 $m=12$ 및

$q=0.25$인 이항분포를 한다고 한다. 보험료가 클레임액을 초과하는 한 그 초과분의 80%를 배당금 D로 지급한다고 한다. 보험료는 5이다. $E(D)$를 결정하라.

29. 한 해 동안 발생하는 클레임 수는 평균이 1.5인 기하분포를 한다고 한다. 한 해 동안 발생하는 클레임 중 첫 세 건의 클레임에 대해서는 아무것도 지급하지 않고 그 후 클레임부터는 매 클레임 당 100을 지불하는 보험을 상정한다. 한 해 동안 지급되는 기대 보험금을 결정하라.

30. 모수 $\lambda=5$인 포아손분포와 모수 $p(100)=0.80$, $p(500)=0.16$ 및 $p(1{,}000)=0.04$인 클레임액 분포인 합성 분포를 상정한다. 총 클레임액이 정확하게 600이 되는 확률을 결정하라.

31. 총 보험지급금이 합성분포를 한다고 한다. 빈도분포는 모수가 $r=16$ 및 $\beta=6$ 인 음이항분포를 하고 심도분포는 간격 (0,8)에서 균일 분포를 한다. 정규 분포 근접화를 사용하여 총 지급금이 보험료를 상회할 확률이 5%가 되도록 보험료를 결정하라.

32. 손해발생 수는 $\lambda=3$인 포아손분포를 하고 손해액은 $\alpha=3$, $\theta=2$이고 $\gamma=1$인 버(Burr) 분포를 한다고 한다. 총 손해액의 분산을 구하여라.

PART I

제 7 장

손해모형의 추정과 선택

CHAPTER 07

손해모형의 추정과 선택

I 입 문

정의 7.1: 데이터 의존 분포는 적어도 데이터 혹은 데이터를 산출한 지식의 양만큼 복잡해지며, 또한 데이터 포인트 수가 증가할수록 혹은 그에 대한 지식이 증가할수록 모수의 수는 증가한다.

정의 7.2: 모수적 분포는 모수라고 부르는 하나 혹은 그 이상의 값을 특정함으로써 결정된 분포함수의 집합이다.

여기서는 단지 두 개의 데이터 의존 분포가 고려된다. 양 분포 다 유사하게 데이터에 의존하게 된다. 고려되는 두 형태의 분포에 대한 가장 간단한 정의는 아래와 같다:

정의 7.3: 경험적 분포는 개별 데이터에 $1/n$의 확률을 할당함으로써 얻어진다.

정의 7.4: 케넬 유화(kernel smoothed) **분포**는 개별 포인트를 연속적 무작위변수로 교체하고 교체된 각 무작위변수에 $1/n$의 확률을 할당함으로써 얻어진다. 사용된 무작위변수는 교체된 데이터 포인트와 유관하게 위치와 크기 변화만 있고 나머지는 동일하여야 한다.

경험적 분포는 각 데이터 포인트에 확률 1이 할당된 케넬 유화 분포의 특수 형태임을 주목하기 바란다. 케넬 유화 분포와 본질적으로는 유사하지만 상이한 숫자를 산출하는 대안적인 경험적 분포를 추후에 제시하겠다. 다음 절에서는 쎈써링이나 절단에 의해 데이터가 수정되었을 때 본 절의 정의가 어떻게 정정되는가를 보여주겠다. 케넬 유화화와 관련하여 사용될 수 있는 몇 가지 분포가 있는데 그 중 일부를 다음 절에서 소개하겠다. 본 장에서는 다섯 개의 예제를 되풀이해서 사용하겠다. 사용되는 데이터가 단순한 데이터 집합이기에 데이터 A, B, C 및 D(1과 2)로 부르겠다.

• 데이터 집합A－본 데이터 집합은 손해보험 계리 논문집에서 널리 알려진 것으로 Dropkin에 의해 1956-58년 기간 동안 수집된 것으로 한 해 동안 한사람의 운전자에 의해 야기된 사고 수에 관한 데이터 집합이다. <표 7-1>에 94,935명의 운전자에 대한 결과치가 제시되어 있다.

표 7-1 데이터 집합A

사고 수	운전자 수
0	81,714
1	11,306
2	1,618
3	250
4	40
5 와 그 이상	7

• 데이터 집합B－본 데이터 집합의 숫자들은 가공의 것이다. 산재보험 의료비로 지급된 보험금에 관한 것으로 어떠한 보험 증권 혹은 보험증권 집합과도 전혀 연관이 없다. 지급된 보험금은 전체 손해액이다. <표 7-2>에 지급된 20건의 무작위 샘플이 제시되어 있다.

표 7-2 데이터 집합B

27	82	115	126	155	161	243	294	340	384
457	680	855	877	974	1,193	1,340	1,884	2,558	15,743

• 데이터 집합C－본 데이터의 관측치는 일반 배상책임보험으로부터 야기된 227건의 사고에 대한 보험 지급금이다. 본 데이터는 <표 7-3>에 제시되어 있다.

표 7-3 데이터 집합C

보험 지급금 범위	보험지급금 수
0-7,500	99
7,500-17,500	42
17,500-32,500	29
32,500-67,500	28
67,500-125,000	17
125,000-300,000	9
300,000 이상	3

• 데이터 집합D1－본 데이터의 수치 역시 가공의 수치이다. 5년 만기의 정기 생명보험을 가정하며 모든 보험증권은 동일시점에서 판매되어 모든 증권의 증권유효 개시일은 동일하다. 일부 계약은 증권소지자의 사망으로, 일부 계약은 보험계약 해지로 종결되며 나머지는 만기일의 도래로 종결된다. 별개로 된 두 경우가 제시되었다. 데이터 집합D1(<표 7-4>)에서는 증권 유효 개시일 부터 30명의 보험가입자가 관찰되었다. 보험계약기간인 5년 이전에 사망하거나 해약하는 경우에 있어서의 시기가 제시되었다. 물론 통상의 경우 중도해약하는 보험가입자의 경우 언제 사망했는지를 알 수 없을 뿐 아니라, 사망한 보험가입자가 사망하지 않았을 경우 언제 중도해약할지에 대해서도 알 수 없다. 12명의 보험가입자가 5년의 만기까지 사망하지 않고 보험계약을 유지했음을 주목하기 바란다.

표 7-4 데이터 집합D1

보험가입자	사망시점	해약 시점
1	–	0.1
2	4.8	0.5
3	–	0.8
4	0.8	3.9
5	3.1	1.8
6	–	1.8
7	–	2.1
8	–	2.5
9	–	2.8
10	2.9	4.6
11	2.9	4.6
12	–	3.9
13	4.0	–
14	–	4.0
15	–	4.1
16	4.8	–
17	–	4.8
18	–	4.8
19-30	–	–

• 데이터 집합D2(<표 7-5>)에 있어서는 사망과 해약 중 첫 사건만이 관측되었다. 또한 증권 효력 개시 후 추가 10명의 증권소지자에 대한 정보가 실려 있다. 그리하여 도표상의 결과치는 40명의 보험계약 증권소지자에 관한 것이다. 첫 관측이라고 명시된 종렬은 처음으로 관측했을 때의 시점이고 최후 관측이라고 명시된 종렬은 마지막 관측했을 때의 시점이다.

표 7-5 데이터 집합D2

보험가입자	첫 관측치	최후 관측치	사건[a]	보험가입자	첫 관측치	최후 관측치	사건
1	0	0.1	s	16	0	4.8	d
2	0	0.5	s	17	0	4.8	s
3	0	0.8	s	18	0	4.8	s
4	0	0.8	d	19-30	0	5.0	e
5	0	1.8	s	31	0.3	5.0	e
6	0	1.8	s	32	0.7	5.0	e
7	0	2.1	s	33	1.0	4.1	d
8	0	2.5	s	34	1.8	3.1	d
9	0	2.8	s	35	2.1	3.9	s
10	0	2.9	d	36	2.9	5.0	e
11	0	2.9	d	37	2.9	4.8	s
12	0	3.9	s	38	3.2	4.0	d
13	0	4.0	d	39	3.4	5.0	e
14	0	4.0	s	40	3.9	5.0	e
15	0	4.1	s				

* [a]S는 중도해약을, d는 사망을, e는 5년 만기 종결을 의미함.

확률분포로부터 관측치가 수집되었을 때에 있어서 이상적인 경우는(근본적으로) 각 관측에 있어서의 정확한 값을 얻을 수 있는 경우이다. 이러한 경우가 "온전한 개별 데이터"의 경우로 데이터 집합B 및 D1이 적용된다고 하겠다. 정확한 데이터의 수집이 불가능한 데는 두 가지 이유가 있다. 첫 번째 이유로 데이터 관측치가 속하는 범위만이 기록되는 그룹화를 들 수 있다. 데이터 집합C와 사고가 5건 이상 발생한 데이터 집합A가 그러한 경우이다.

두 번째 정확한 값의 수집이 불가능한 경우는 데이터에 센써링이나 절단이 발생한 경우이다. 데이터가 아래쪽에서 센써드가 되었을 경우는 관측치가 센써링 되는 포인트보다는 적은데 정확한 값을 알 수 없는 경우이다. 데이터가 위쪽에서 센써드가 되었을 경우는 관측치가 센써링 되는 포인트보다는 큰데 정확한 값을 알 수 없는 경우이다. 센서링은 결과적으로 그룹화된 데이터를 창출하게 되는 것을 주목하기 바란다. 아예 처음부터 데이터가 그룹화되었다면 쎈써링은 아무 의미가 없게 된다. 예를 들어 데이터 집합C에 있어서 300,000에서 위쪽으로 쎈써드되었다면 과연 그런지 우리가 알 수 없고 데이터를 취급하는데 있어서 아무런 영향도 못 미치게 된다. 이에 비해 데이터 집합B에서 위쪽으로 1,000에서 쎈써드가 되었다면 15개의 개별 관측치와 5개로 이루어진 1,000에서부터 무한까지의 간격을 갖는 그룹 관측치가 존재하게 된다.

보험 비지니스에 있어서 위쪽으로의 쎈서링은 매우 흔하다. 예를 들어 특정 보험사고에 대해 100,000 이상은 지급되지 않는다면 손해액이 100,000 이상이라면 단지 사고액이 100,000이라는 것만 알 뿐이지 정확한 금액은 알 수 없다. 데이터 집합 D2에서는 무작위적 쎈써링이 존재한다. <표 7-5>에 있어서의 5번째 보험가입자를 고려해 보자. 여타 다른 정보가 없다면 우리가 아는 것은 단지 1.8년 후에 사망했다는 것이다. 보험증권 자체의 특성으로 인해 모든 보험가입자의 정보는 5년차에 쎈써드되었다. 또한 데이터 집합A역시 5건에서 위쪽으로 쎈써드되었다는 것을 주목하기 바란다. 이는 일부 데이터는 개별 데이터이고 일부 데이터는 그룹화되어 있는 데이터라고 하는 것 보다 일상적인 표현이다.

데이터가 아래쪽에서 절단(truncated)되었을 경우에는 그 절단 점 아래 데이터는 기록되지 않은 것이다. 데이터가 위쪽에서 절단(truncated)되었을 경우에는 그 절단 점 위 데이터가 기록되지 않은 것이다. 보험 비지니스에 있어서 아래쪽으로의 절단은 매우 흔하게 일어나는 현상이다. 자동차 차량보험에 있어서 클레임당 자기부담금이 250이라면 250 이하 클레임의 경우 보험사의 주목을 받지 못하게 되고 어떠한 데이터 상에도 나타나지 않게 된다. 데이터 집합D2에 있어서 관측치 31-40은 일정하지 않은 값에서 아래쪽으로 절단되었다. 어쩔 수 없이 데이터 집합은 절단되기도 한다. 예를 들어 데이터 집합B에서 250 아래쪽으로 절단된다면 7건의 관측치는 소멸되고 잔여 13건의 관측치는 변하지 않고 그대로 남아 있게 된다.

Ⅱ 온전한 개별 데이터에 대한 경험적 분포

정의 7.3에서 언급한 대로 경험적 분포는 각각의 개별 데이터 포인트에 확률 $1/n$을 할당하는 것이다. 이러한 정의는 각각의 개별 데이터 포인트 값이 기록되어 있을 경우이다. 또 다른 정의는 아래와 같다:

정의 7.5: 경험적 분포함수는 아래와 같이 주어진다:

$$F_n(x) = \frac{\text{관측수} \le x}{n}$$

여기서 n은 총 관측 수이다.

예제 1 데이터 집합A 및 B에 있어서의 경험적 확률 함수를 구하여라. 데이터 집합A에 있어서 경험적 분포함수도 구하여라. 데이터 집합A에 있어서 5건 이상의 사고는 5건의 사고로 가정한다.

샘플크기의 첨자(혹은 샘플 크기를 모를 경우 n)가 경험적 함수를 나타내기 위해 사용된다. 함수에 첨자가 없다면 무작위변수에 대한 참(true) 함수를 나타낸다. 데이터 집합A에 있어서 경험적 확률함수는 아래와 같다:

$$p_{94,935}(x) = \begin{cases} 81,714/94,935 = 0.860736, & x = 0, \\ 11,306/94,935 = 0.119092, & x = 1, \\ 1,618/94,935 = 0.017043, & x = 2, \\ 250/94,935 = 0.002633, & x = 3, \\ 40/94,935 = 0.000421, & x = 4, \\ 7/94,935 = 0.000074, & x = 5. \end{cases}$$

경험적 분포함수는 아래와 같이 각각의 데이터 포인트에서 점프를 하는 계단 함수이다.

$$F_{94,935}(x)=\begin{cases}0/94{,}935=0.000000, & x<0,\\ 81{,}714/94{,}935=0.860736, & 0\le x<1,\\ 93{,}020/94{,}935=0.979828, & 1\le x<2,\\ 94{,}638/94{,}935=0.996872, & 2\le x<3,\\ 94{,}888/94{,}935=0.999505, & 3\le x<4,\\ 94{,}928/94{,}935=0.999926, & 4\le x<5,\\ 94{,}935/94{,}935=1.000000, & x\ge 5.\end{cases}$$

데이터 집합B의 경우,

$$p_{20}(x)=\begin{cases}0.05, & x=27,\\ 0.05, & x=82,\\ 0.05, & x=115,\\ ... & ...\\ 0.05, & x=15{,}743\end{cases}$$

이다.

예제에서 살펴본 대로 경험적 모델은 불연속형 분포함수로 표시된다. 그리하여 밀도함수나 하자드율 함수를 구하기 위해 미분을 취할 수가 없다. 경험적 관점에서 하자드율 함수를 추정하는 것과 가장 근접하게 할 수 있는 것은 아래와 같이 정의되는 누적 하자드율 함수를 추정하는 것이다.

정의 7.6: 누적 하자드율 함수는 아래와 같이 정의된다:

$$H(x)=-\ln S(x).$$

$S(x)$가 미분이 가능하다는 데서 그 이름이 유래되었다:

$$H'(x)=-\frac{S'(x)}{S(x)}=\frac{f(x)}{S(x)}=h(x),$$

그러면

$$H(x)=\int_{-\infty}^{x}h(y)dy$$

가 된다.

분포함수는 $F(x)=1-S(x)=1-e^{-H(x)}$ 로부터 얻을 수 있다. 그리하여 분포함수를 추정하는 또다른 방법으로 누적 하자드율 함수를 추정할 수 있겠다.

경험적 추정치를 정의하기 위해서는 추가적인 기호를 필요로 한다. 샘플 크기 n에 있어서 $y_1 < y_2 < \dots < y_k$ 를 k가 n보다 작거나 같은 샘플에 속한 k개의 유일한 값이라고 하자. s_j를 관측치 y_j가 샘플에서 관측되는 수라고 하자. 그리하여 $\sum_{j=1}^{k} s_j = n$이다. 또한 데이터 집합에 있어서 주어진 값보다 크거나 같은 관측 수이다. 관측치 자체와 관측수 양자를 리스크 집합이라고 부르기로 한다. $r_j = \sum_{i=j}^{k} s_i$ 를 y_j보다 같거나 큰 관측수라고 하기로 한다. 이러한 기호를 사용하여 경험적 분포는 아래와 같이 표시할 수 있겠다:

$$F_n(x) = \begin{cases} 0, & x < y_1, \\ 1 - \dfrac{r_j}{n}, & y_{j-1} \le x < y_j, \quad j = 2, \cdots, k, \\ 1, & x \ge y_k \, . \end{cases}$$

예제 2 숫자 1.0, 1.3, 1.5, 1.5, 2.1, 2.1, 2.1 및 2.8 로 이루어지는 데이터 집합을 고려하기로 한다. I 절에서 언급했던 수식을 결정하고 경험적 분포함수를 산출하라.

본 데이터 집합에는 5개의 값이 존재하여 $k=5$이다. 값 y_j, s_j 및 r_j은 〈표 7-6〉에서 주어지고 $F_8(x)$는 아래와 같이 주어진다:

표 7-6 예제 2의 값들

j	y_j	s_j	r_j
1	1.0	1	8
2	1.3	1	7
3	1.5	2	6
4	2.1	3	4
5	2.8	1	1

$$F_8(x)=\begin{cases}0, & x<1.0,\\ 1-\dfrac{7}{8}=0.125, & 1.0\le x<1.3,\\ 1-\dfrac{6}{8}=0.250, & 1.3\le x<1.5,\\ 1-\dfrac{4}{8}=0.500, & 1.5\le x<2.1,\\ 1-\dfrac{1}{8}=0.875, & 2.1\le x<2.8,\\ 1, & x\ge 2.8.\end{cases}$$

정의 7.7: 누적 하자드율에 대한 넬슨-엘덴 추정치는 아래와 같이 주어진다:

$$\hat{H}(x)=\begin{cases}0, & x<y_1,\\ \displaystyle\sum_{i=1}^{j-1}\frac{s_i}{r_i}, & y_{j-1}\le x<y_j,\ j=2,\cdots,k,\\ \displaystyle\sum_{i=1}^{k}\frac{s_i}{r_i}, & x\ge y_k.\end{cases}$$

위 추정치는 계단 함수이기에(하자드율 함수 추정이 가능하게 하는) 미분이 불가능하다.

예제 3 앞선 예제에 대한 넬센-엘덴 추정치를 산출하라.
우리는 아래와 같이 산출할 수 있다:

$$\hat{H}(x)=\begin{cases}0, & x<1.0,\\ \dfrac{1}{8}=0.125, & 1.0\le x<1.3,\\ 0.125+\dfrac{1}{7}=0.268, & 1.3\le x<1.5,\\ 0.268+\dfrac{2}{6}=0.601, & 1.5\le x<2.1,\\ 0.601+\dfrac{3}{4}=1.351, & 2.1\le x<2.8,\\ 1.351+\dfrac{1}{1}=2.351, & x\ge 2.8.\end{cases}$$

위 식의 값들은 지수화를 통해 차선적인 분포함수를 추정하는데 사용될 수 있다. 예를 들어 $1.5\le x<2.1$에 대해 추정치는 $\hat{F}(x)=1-e^{-0.601}=0.452$ 인데 경험적 추정치인 0.5와 동일하지가 않다. 여타 기법에 의해 함수가 추정되었을 때 우리는 그 표시로 카렛(모자)을 씌운다.

예제 4 데이터 집합D1에 있어서 사망에 이르기까지의 시간에 대한 경험적 생존 함수, 누적 하자드율 함수에 대한 넬센-엘덴 추정치를 결정하라. 넬센-엘덴 함수로부터 생존함수를 추정하라. 중도 해약을 한 보험가입자도 사망 시점을 안다고 가정한다.
추정치들은 〈표 7-7〉에 실려 있다. 경험적 함수의 경우, 그 값들은 현재의 y값(주어짐)에서부터 다음의 y값(주어지지 않음)까지의 간격으로 주어졌다.

표 7-7 예제 4에 대한 데이터

j	y_j	s_j	r_j	$S_{30}(x)$	$\hat{H}(x)$	$\hat{S}(x)=e^{-\hat{H}(x)}$
1	0.8	1	30	$\frac{29}{30}=0.9667$	$\frac{1}{30}=0.0333$	0.9672
2	2.9	2	29	$\frac{27}{30}=0.9000$	$0.0333+\frac{2}{29}=0.1023$	0.9028
3	3.1	1	27	$\frac{26}{30}=0.8667$	$0.1023+\frac{2}{29}=0.1393$	0.8700
4	4.0	1	26	$\frac{25}{30}=0.8333$	$0.13933+\frac{2}{29}=0.1778$	0.8371
5	4.8	2	25	$\frac{23}{30}=0.7667$	$0.1778+\frac{2}{29}=0.2578$	0.7727

본 예제에 있어서는 모든 보험가입자의 만기가 5년이어서 그 이후의 연도에 있어서의 결과치에 대해서는 관심이 없다. 여기서 소개된 경험적 분포를 구하는 방법들은 개별 관측치가 사용 가능하고 절단이나 쎈써링이 없는 경우에만 사용 가능하다. 다음 절에서는 이러한 상황이 수정되었을 때에 대한 논의를 하겠다.

연습문제

1. 데이터 집합D1을 사용하여 중도해약 시점에 대한 경험적 분포 함수와 분포 함수에 대한 넬슨-엘덴 추정치를 구하여라. 사망한 보험가입자의 경우 중도 해약 시점을 알고 있다고 가정한다.

2. 아래 표는 1949년과 1980년 사이에 발생한 35건의 허리케인에 의한 총 피해액에 관한 것이다. 손해액은(주택건설 지수를 사용하여) 1981년 수준으로 인플레이션 조정된 것이다. 기재된 손해액들은 추세화된 5,000,000 초과 허리케인 피해액들이다.
정부는 모든 허리케인 피해로 인한 손해액 5,000,000 초과분에 대해서 100% 보상해주는 프로그램을 위한 기금화를 고려하고 있다. 이에 대해 예비적 추정치를 산출하려고 한다.

2-1. 허리케인 손해액에 대한 평균값, 표준편차값, 상관계수, 비대칭성(ske-wness)을 추정하라.

2-2. 500,000,000에서의 1차 및 2차 한정(limited) 모멘트를 추정하라.

추세화된 허리케인 손해액

연도	손해액(1,000)	연도	손해액(1,000)	연도	손해액(1,000)
1964	6,766	1964	40,596	1975	192,013
1968	7,123	1949	41,409	1972	198,446
1971	10,562	1959	47,905	1964	227,338
1956	14,474	1950	49,397	1960	329,511
1961	15,351	1954	52,600	1961	361,200
1966	16,983	1973	59,917	1969	421,680
1955	18,383	1980	63,123	1954	513,586
1958	19,030	1964	77,809	1954	545,778
1974	25,304	1955	102,942	1970	750,389
1959	29,112	1967	103,217	1979	863,881
1971	30,146	1957	123,680	1965	1,638,000
1976	33,727	1979	140,136		

3. 특정 클레임 집합에 있어서 무작위로 30건의 클레임이 선정되었다. 2건의 클레임은 2,000, 6건의 클레임은 4,000, 12건의 클레임은 6,000 그리고 10건의 클레임은 8,000이었다. 경험적 비대칭 계수(skewness coefficient)를 결정하라.

Ⅲ 그룹 데이터에 있어서의 경험적 분포

그룹 데이터에 있어서는 앞서 정의된 경험적 분포의 구축이 불가능하다. 그러나 경험적 분포의 근접화는 가능하다. 방법은 가능한 곳에서는 경험적 분포의 값들을 구하고 이들 값들을 합리적인 방법으로 연결하는 것이다. 그룹 데이터에 있어서는 보통의 경우 각 점들을 직선으로 연결함으로써 분포함수가 구해진다. 그룹 경계를 종종 $c_0 = 0$와 $c_k = \infty$인 $c_0 < c_1 < \cdots < c_k$로 한다. 수치가 c_{j-1}와 c_j사이에 위치하는 경우 $\sum_{j=1}^{k} n_j = n$인 n_j로 표시한다.

그와 같은 경우에 있어서 각 그룹 경계치에 대한 경험적 분포를 도출할 수 있겠다. 즉, $F_n(c_j) = (1/n)\sum_{i=1}^{j} n_i$이다. 그룹 경계치에 위치하는 관측치에 대한 규칙은 없음을 주목하기 바란다. 이 경우 딱 맞는 접근방법은 없으나 사용된 접근방법이 무엇이든지 관측치를 그룹에 할당하는 데에 있어서의 일관성은 유지되어야 한다. 데이터 집합C에 있어서 어떻게 관측치 할당이 이루어졌느냐에 대해 아는 바가 없음을 주목하기 바란다. 그 접근방법을 알았다고 해서 그것이 후차적인 여러 산출에 영향을 미치지는 않는다.

정의 7.8: 그룹 데이터에 있어서 분포함수는 그룹 경계점을 직선으로 연결한 경험적 분포함수의 값들을 연결함으로써 구해지는데 이를 오지브(ogive)라 부른다. 공식은 아래와 같이 주어진다:

$$F_n(x) = \frac{c_j - x}{c_j - c_{j-1}} F_n(c_{j-1}) + \frac{x - c_{j-1}}{c_j - c_{j-1}} F_n(c_j), \quad c_{j-1} \le x \le c_j$$

본 함수는 그룹 경계점들을 제외하고 미분이 가능하다. 그리하여 확률밀도함수까지 구할 수 있겠다. 확률밀도함수의 완결성을 위해 임의적으로 우편 연속성을 가정한다.

정의 7.9: 그룹 데이터에 있어서 경험적 확률밀도함수는 오지브를 미분함으로써 얻어진다. 결과 함수를 히스토그램이라고 부른다. 그에 대한 공식은 아래와 같이 된다:

$$f_n(x)=\frac{F_n(c_j)-F_n(c_{j-1})}{c_j-c_{j-1}}=\frac{n_j}{n(c_j-c_{j-1})},\ c_{j-1}\le x<c_j$$

히스토그램을 만들어낼 수 있는 컴퓨터 프로그램에 의해 바의 높이가 n_j/n가 되는 바차트를 창출해 낸다. 각각의 그룹의 간격이 동일하다면 바차트는 유효하다. 그렇지 않다면 앞에서 언급한 공식이 필요하다고 하겠다. 본 접근방법의 장점은 실질적인 확률밀도함수의 존재이며 무엇보다도 히스토그램 내의 면적이 경험적 확률값을 구하는데 쓰일 수 있다는 것이다.

예제 5 데이터 집단C에 대한 오지브와 히스토그램을 구하여라.
분포함수는 아래와 같다:

$$F_{227}(x)=\begin{cases}0.000058150x, & 0\le x\le 7{,}500,\\ 0.29736+0.000018502x, & 7{,}500\le x\le 17{,}500,\\ 0.47210+0.000008517x, & 17{,}500\le x\le 32{,}500,\\ 0.63436+0.000003524x, & 32{,}500\le x\le 67{,}500,\\ 0.78433+0.000001302x, & 67{,}500\le x\le 125{,}000,\\ 0.91882+0.000000227x, & 125{,}000\le x\le 300{,}000,\\ \text{정의되지 않음}, & x>300{,}000.\end{cases}$$

여기서 예를 들어 범위 $32{,}500\le x\le 67{,}500$의 경우 산출된 값은

$$F_{227}(x)=\frac{67{,}500-x}{67{,}500-32{,}500}\frac{170}{227}+\frac{x-32{,}500}{67{,}500-32{,}500}\frac{198}{227}$$

가 된다.

300,000보다 큰 값은 정의가 되지 않는데 마지막 간격이 무한이기 때문이다. [그림 7–1]에 125,000까지의 오지브 그래프가 실려 있다:

그림 7-1 배상책임 손해액에 대한 오지브

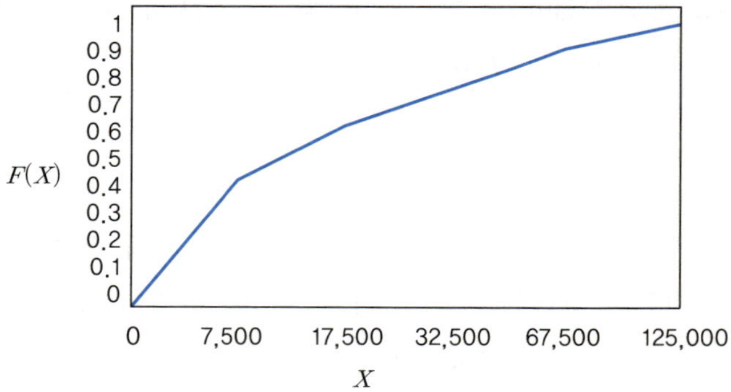

미분값은 아래와 같은 계단 함수를 취한다:

$$f_{227}(x) = \begin{cases} 0.000058150, & 0 \le x < 7{,}500, \\ 0.000018502, & 7{,}500 \le x < 17{,}500, \\ 0.000008517, & 17{,}500 \le x < 32{,}500, \\ 0.000003524, & 32{,}500 \le x < 67{,}500, \\ 0.000001302, & 67{,}500 \le x < 125{,}000, \\ 0.000000227, & 125{,}000 \le x < 300{,}000, \\ \text{정의되지 않음}, & x \ge 300{,}000. \end{cases}$$

이에 대한 125,000까지의 그래프가 [그림 7-2]에 실려 있다:

그림 7-2 배상책임 손해액에 대한 히스토그램

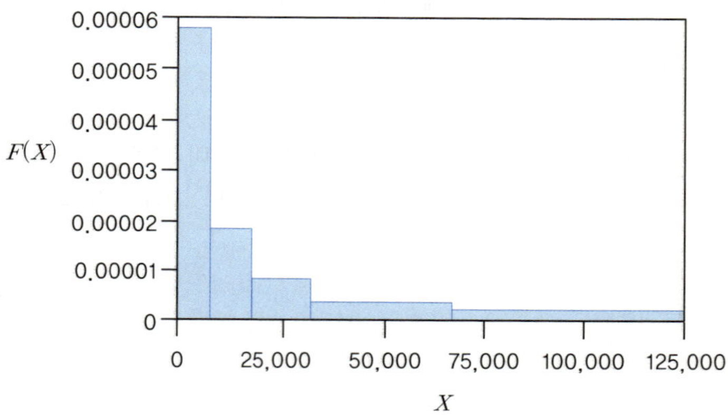

연습문제

1. 아래 표에 실려 있는 데이터에 대한 오지브와 히스토그램을 구하여라.

보험금 지급 범위	보험금 지급 수
0-25	6
25-50	24
50-75	30
75-100	31
100-150	57
150-250	80
250-500	85
500-1,000	54
1,000-2,000	15
2,000-4,000	10
4,000 이상	0

2. 아래는 한 해 동안 발생한 태풍피해 손해액(억원으로 표시됨)이다:

1	1	1	1	1	2	2	3	3	4
6	6	8	10	13	14	15	18	22	25

2-1. 클라스 경계점 0.5, 2.5, 8.5, 15.5 및 29.5를 사용하여 오지브를 구하여라.

2-2. 2-1에서와 동일한 경계점을 사용하여 히스토그램을 구하여라.

3. 아래 표에서 특정 클라스의 부동산 담보 대출관련 데이터가 대출시점부터 1993년 12월 31일까지 기록되었다. 두 가지 종류의 부동산 담보대출 관련 데이터가 게재되었는데 한 가지는 기존 대출을 대환한 재대출이고 또 한 가지는 원대출에 관한 것이다. 도표상의 각 데이터는 대출 수와 표시된 햇수가

지난 후에도 여전히 유효한 대출 퍼센트를 나타내고 있다. (동일 그래프상에) 가능한 대로 두 종류의 오지브를 그려라. 오지브를 통해 볼 때 생존변수(대출 종결까지 소요되는 시간)가 재대출과 원대출의 분포에 있어서 다르게 보이는가?

	재대출		원대출	
햇수	대출 수	생존 햇수	대출 수	생존 햇수
1.5	42,300	99.97	12,813	99.88
2.5	9,756	99.82	18,787	99.43
3.5	1,550	99.03	22,513	98.81
4.5	1,256	98.41	21,420	98.26
5.5	1,619	97.78	26,790	97.45

4. 아래 자료상의 데이터가 수집(단위는 억원)되었다. 히스토그램을 그려보아라.

손해액	관측치 수
0–2	25
2–10	10
10–100	10
100–1,000	5

5. 40건의 손해액이 관측되었다. 16건의 손해가 1과 4/3 (1억 단위로) 사이에서 관측되었고 16건 손해액의 총 금액은 20이다. 10건의 손해가 4/3과 2사이에서 관측되었고 총 금액은 15이다. 추가 10건의 손해가 2와 4사이에서 관측되었고 총 금액은 35이다. 잔여 4건의 손해는 4보다 크다. 이들 관측치에 의거하여 조성된 경험적 모델을 사용하여 $E(X \wedge 2)$ 값을 결정하라.

6. 샘플 크기 2,000건에서 1,700건의 관측치는 6,000보다 크지 않고, 30건의 관측치는 6,000보다 크되 7,000보다 크지 않고 잔여 270건의 관측치는 7,000보다 크다. 6,000과 7,000 사이에서 관측된 30건의 관측치의 총 손해액은 200,000이다. 이들 관측치와 연계된 경험적 분포의 $E(X \wedge 6{,}000)$ 값은

1,810이다. 경험적 분포에 있어서의 $E(X \wedge 7{,}000)$ 값을 결정하라.

7. 전체 샘플의 크기가 알려지지 않은 샘플에 있어서 0과 50사이에서 36건의 관측치가 존재하고 50과 150 사이에서는 x건, 150과 250 사이에서는 y건, 250과 500 사이에서는 84 건, 500과 1,000 사이에서는 80건 그리고 1,000 이상에서는 아무 건도 존재하지 않는다. 이들 관측치로 부터 구축된 두 개의 오지브 값은 $F_n(90)=0.21$ 및 $F_n(210)=0.51$이다. x값을 구하여라.

Ⅳ 수정된 데이터에 있어서의 추정

1. 포인트 추정

쎈써링이나 절단 때문에 데이터가 온전해지지 못하게 되는 것은 자주 일어나는 일이다. 정식적 정의는 아래와 같다:

정의 7.10: 특정 관측치가 d점 이하에서는 기록이 없고 그 이상에서만 관측된 값에 대한 기록이 있을 때 아래쪽에서 절단(좌측 절단이라고도 함)되었다고 한다.
특정 관측치가 u점 이상에서는 기록이 없고 그 이하에서만 관측된 값에 대한 기록이 있을 때 윗쪽에서 절단(우측 절단이라고도 함)되었다고 한다.
특정 관측치가 d점 이하에서는 d라고 기록되고 그 이상에서는 관측된 값이 기록될 때 아래쪽에서 쎈써드(좌측 쎈써드라고도 함)되었다고 한다.
특정 관측치가 u점 이상에서는 u라고 기록되고 그 이하에서는 관측된 값이 기록될 때 윗쪽에서 쎈써드(우측 쎈써드라고도 함)되었다고 한다.

보험업 클레임 데이터에 있어서는 좌측 절단과 우측 쎈써링이 가장 빈번한 경우라고 하겠다. 통상의 자기부담금 d가 적용될 때 좌측 절단 현상이 생긴다. 보험가입자에 있어서 손해액이 d이하일 경우 지급받는 보험금이 없으므로 보험사에게 보험사고의 발생을 보고하지 않게 된다. 손해액이 d보다 클 경우에는 어김없이 손해가 보험사에 보고될 것이다. 보험 증권 한도가 우측 쎈써링의 예이다. 손해액이 u를 초과한다면 그 금액이상의 손해액은 지급되지 않는다. 또한 실제 손해액이 기록되지도 않는다. 단지 u보다 큰 손해가 발생했다는 것만 알게 될 것이다.

생명표에 대한 분석을 수행하는 데에 있어서 사람의 출생서부터 사망까지 추적하는 것은 그 실효성이 떨어진다. 분석기간 동안 다양한 연령을 가진 그룹의 사람들을 수년간 추적하는 것이 보다 통상적인 분석 형태이다. 특정 사람이 분석대상이 될 때에는 그 사람은 생존해 있게 된다. 사망 시 이 사람의 연령은 적어도 분석시작 시점의 연령보다 높을 것이다. 그리하여 좌측 절단 현상이 발생하게 된다. 분석 종료 시점에서 그 사람이 여전히 생존해 있다면 우측 쎈써링이 발생하게 된다. 사망 시 그 사람의 연령은 모르지만 적어도 그 연령이 분석 종료 시점보다는 많을 것이다. 분석 종료 전에 중도해약을 해도 우측 쎈써링은 발생하게 된다. 이와 같은 분석은 장애보험, 증권 중도해약 혹은 은퇴 등과 같은 여타 경우에도 적용될 수 있음을 주목하기 바란다.

좌측 절단과 우측 쎈써링이 계리업무에서 가장 흔하게 발생하기에 본 절에서는 이 두 경우만 커버하기로 한다. 축약의 목적으로 절단은 항상 좌측 절단을 의미하며, 쎈써드는 우측 쎈써드를 의미하기로 하자.

절단 혹은 쎈써드된 데이터로부터 경험적 분포를 도출하기 위해서는 우선적으로 부호에 대해 정의하여야 한다(그룹데이터에 반해). 개별데이터에 있어서는 아래의 사실들이 필요하다. 첫째로 특정 관측치에 대한 절단 포인트이다. j번째 관측치에 대한 절단 포인트를 d_j로 표시하기로 한다. 절단 포인트가 존재하지 않는다면 $d_j = 0$이다. 다음으로는 관측치 자체를 기록한다. 쎈써드 데이터에 있어서 관측치가 쎈써드되지 않았다면 x_j로 표시하고 쎈써드되었다면 u_j로 표시한다. 좀 더 정식적으로 제시하면 쎈써링 포인트를 사전에 인지하고 있었는지 아니면 없었는지에 대한 구별이 가능하다. 예를 들어 배상책임보험에 있어서 증권한도는 통상적으로 클레임이 발생하기 전에 이미 인지하고 있는 사실이다. 이와는 상이하게 보험가입자 생존에 대한 생명표 분석에 있어서 중도해약을 하는 가입자의 경우 해약을 할 것인지가 보험 가입 시 모른다는 것이다. 본 절에서는 이와 같은 두 가지 경우에 구별을 두지 않을 것이다.

추정치를 산출하기 위해서는 원천 데이터는 사용하기 편한 상태로 요약되어야 한다. 가장 주목을 받을 값은 쎈서드가 되지 않은 관측치이다.

$y_1 < y_2 < \dots < y_k$는 k가 쎈써드가 되지 않은 관측치의 수보다 같거나 작을 때 샘플에 나타나는 x_j의 k개의 고유한 값이라고 하자. 또한 s_j를 샘플에서 쎈써드가 되지 않은 관측치 y_j가 나타나는 갯수라고 하자. 마지막으로 j번째 관측치 y_j의 리스크 집합을 r_j로 표시하기로 한다. 생명표 분석을 염두에 둘 때 리스크 집합은 특정 연령에 관측되는 사람들로 이루어진다. 여기에 포함된

것으로 그 연령 혹은 후에 사망한 모든 사람들(x값을 가짐)과 그 연령 혹은 후에 센서드된 사람들(u값을 가짐)을 포함한다. 그 공식은 아래와 같다:

$$r_j = (x_i \text{갯수} \geq y_j) + (u_i \text{갯수} \geq y_j) - (d_i \text{갯수} \geq y_j)$$

다르게 표현하면 d_i의 총 수는 x_i와 u_i의 합의 총 수와 동일함으로 아래의 공식 역시 성립한다:

$$r_j = (d_i \text{갯수} < y_j) - (x_i \text{갯수} < y_j) - (u_i \text{갯수} < y_j) \tag{7.1}$$

후자의 공식이 더 개념적으로 이해하기 쉬운데 그 이유는 주어진 연령 전에 진입한 모든 보험가입자에서 이미 퇴출된 보험가입자를 차감한 것이기 때문이다. 주요한 점은 리스크 집합이 연령 y_j에 생존상태에서 관측된 보험가입자 수이기 때문이다. 주어진 데이터가 손해액에 관한 것이라면 리스크 집합은 관측된 손해액(실제 손해액이거나 증권 한도 때문에 최대 손해액)이 y_j값보다 크거나 같은 보험가입자 수가 될 것이다. 이러한 관계는 아래의 순차적(recursive) 형태의 공식으로 귀착된다:

$$\begin{aligned} r_j = r_{j-1} &+ (d_i\text{의 수가 } y_{j-1} \text{ 와 } y_j \text{ 사이일 때}) - (x_i\text{의 수가 } y_{j-1}\text{일 때}) \\ &- (u_i \text{ 수가 } y_{j-1}\text{와 } y_j \text{ 사이일 때}). \end{aligned} \tag{7.2}$$

여기서 사이라는 것은 y_{j-1}보다 크거나 같고 y_j보다 작은 것을 의미하고, r_0는 0으로 놓았다.

예제 6 데이터 집합 D2를 사용하고 식 (7.1)과 (7.2)를 이용하여 r_j를 산정하라. 산정된 결과치가 〈표 7-8〉과 〈표 7-9〉에 실려 있다.

표 7-8 예제 6에 있어서의 값들

i	d_i	x_i	u_i	i	d_i	x_i	u_i
1	0	-	0.1	16	0	4.8	-
2	0	-	0.5	17	0	-	4.8
3	0	-	0.8	18	0	-	4.8
4	0	0.8	-	19-30	0	-	5.0
5	0	-	1.8	31	0.3	-	5.0
6	0	-	1.8	32	0.7	-	5.0
7	0	-	2.1	33	1.0	4.1	-
8	0	-	2.5	34	1.8	3.1	-
9	0	-	2.8	35	2.1	-	3.9
10	0	2.9	-	36	2.9	-	5.0
11	0	2.9	-	37	2.9	-	4.8
12	0	-	3.9	38	3.2	4.0	-
13	0	4.0	-	39	3.4	-	5.0
14	0	-	4.0	40	3.9	-	5.0
15	0	-	4.1				

표 7-9 예제 6에서의 리스크 집합 산정치

j	y_j	s_j	r_j
1	0.8	1	$32-0-2=30$ 혹은 $0+32-0-2=30$
2	2.9	2	$35-1-8=26$ 혹은 $30+3-1-6=26$
3	3.1	1	$37-3-8=26$ 혹은 $26+2-2-0=26$
4	4.0	2	$40-4-10=26$ 혹은 $26+3-1-2=26$
5	4.1	1	$40-6-11=23$ 혹은 $26+0-2-1=23$
6	4.8	1	$40-7-12=21$ 혹은 $23+0-1-1=21$

지금까지 한 모든 작업에도 불구하고 아직 생존함수에 대한 추정치를 산출하지 못하였다. 가장 빈번하게 사용되는 생존함수 추정치로 카플란-메이어 곱-한도 추정치가 있다. y_1 전에는 아무도 사망하지 않았기에 이 값에 이르기까지 생존함수는 1로 남게 된다. 조건부적으로 생각하면 y_1 직전에는 r_1의 사망할 수 있는 사람이 있었고 그 중에 s_1의 사람이 사망하였다. 그리하여 y_1을

지나 생존할 확률은 $(r_1 - s_1)/r_1$이 된다. 이의 값이 $S(y_1)$가 되고 동일한 생존함수가 y_2에 이르기까지 유지되게 된다.

또다시 조건부적으로 생각해서 y_2에서의 새로운 생존함수 값은 $S(y_1)(r_2 - s_2)/r_2$이 된다. 일반적 공식은 아래와 같이 주어진다:

$$S_n(t) = \begin{cases} 1, & 0 \le t < y_1 \\ \prod_{i=1}^{j-1} (\frac{r_i - s_i}{r_i}), & y_{j-1} \le t < y_j,\ j = 2, \cdots, k \\ \prod_{i=1}^{k} (\frac{r_i - s_i}{r_i}) \text{ 혹은 } 0, & t \ge y_k \end{cases}$$

$s_k = r_k$이면 $t \ge y_k$에 대해 $S(t) = 0$이여서 일리가 있음을 알 수 있다. 주어진 값에 이르러 샘플 내에 있는 모든 사람들이 사망하여 경험적으로 주어진 연령을 넘어 생존하는 것은 불가능함을 알 수 있다. 그러나 쎈써링 때문에 최종 사망 연령에 이르러서도 생존해 있는 사람이 있을 수 있으나 사망에 앞서 그러한 모든 사람이 쎈써드되게 된다. 최종적으로 관측된 사망 연령을 넘어 생존해 있는 사람들이 있을 수 있으나 생존함수를 완결지을 수 있는 데이터가 존재하지 않게 된다. 이 경우 취할 수 있는 한 방편(앞선 공식에서 첫 번째 사용한 것)은 최종값에서의 함수를 그대로 유지하는 것이다. 또 하나의 방편으로 들 수 있는 것은 관측된 사망인지 아니면 쎈써드된 연령인지 구별 없이 최종으로 관측된 연령을 넘으면 함수값이 0이라고 선언하는 것이다.

이는 최소의 합리적 방편으로 이를 통해 모멘트 값들을 산출할 수 있게 된다. 중간적 방편으로는 현재 수준의 값에서 점차적으로 0이 되게 지수커브를 사용하는 것이다.

$\omega = \max\{x_1, \cdots, x_n, u, \cdots, u_n\}$ 이라고 하자. 그러면 $t \ge \omega$에 대해 아래가 성립된다:

$$S_n(t) = e^{(t/\omega)\ln s^*} = (s^*)^{t/\omega}, \text{ 여기서 } s^* = \prod_{i=1}^{k} (\frac{r_i - s_i}{r_i}) \text{ 이다.}$$

s_j 및 r_j값을 구하기 위한 또 다른 방법이 있는데 이는 엑셀Ⓡ 스프레드 작업을 통해 구하는 것이다. 이에 있어서의 아홉 단계는 아래와 같다:

1. 각각의 데이터 포인트를 위해 횡렬 하나를 필요로 한다. 특별한 순서에 의해 데이터 포인트들을 정렬할 필요는 없다.
2. 각각의 횡렬은 세 개의 입력을 필요로 한다. 첫 번째 입력은 d_j, 두 번째 입력은 u_j 혹은 x_j(둘 중의 하나가 되어야 함)이고 세 번째 입력은 두 번째 입력이 x값(관측된 값)이면 문자 "x"(인용부호는 제거)가 되어야 하고 두 번째 입력이 u값(센써된 값) 이면 문자 "u" 가 되어야 한다. 예를 들어 셀 B6 : B45에 d_j가 입력되어 있다면 C6 : C45에는 u_j와 x_j가 입력되어 있고 x/u 문자가 D6 : D45에 입력되어 있게 되겠다.
3. 단계 4-7에 따라 y, r 및 s을 위한 종렬을 준비한다.
4. 순서를 정해 관측된 값들(셀 F2에서 시작된다고 하자)을 위해 최저의 d값으로부터 시작한다. F2에서의 공식은 =MIN(B6 : B45)가 된다.
5. 그러고 나서 셀 F3에는 아래의 공식을 입력한다:

=MIN(IF(C$6:C$45>F2, IF(D$6: D$45="x", C$6:C$45, 1E36), 1E36))

이는 어레이 공식이기 때문에 Ctrl-Shift-Enter와 함께 입력되어야 한다. 본 공식을 셀들 F4, F5 등에 값 1E36가 나타날 때 까지 복사한다. 종렬 F에는 이제 유일하게 순서가 정해진 y값들이 담겨있게 된다.

6. 셀 G3에는 아래의 공식을 입력한다:

=COUNTIF(B$6:B$45,"<"&F3)-COUNTIF(C$6:C$45,"<"&F3)

본 공식을 셀들 G4, G5 등에 종렬 F에 최종값이 보이기 전까지 복사한다. 본 종렬은 리스크 집합 값들을 담게 된다.

7. 셀 H3에는 아래의 공식을 입력한다:

=SUM(IF(C$6:C$45=F3), IF(D$6:D$45="x",1,0),0))

본 어레이 공식을 Ctrl-Shift-Enter와 함께 입력하고 G 종렬의 횡렬값들과 매치되게 H4, H5 등에 연속적으로 복사한다. 본 종렬은 s값들을 담게 된다.

8. $S(y)$에 대한 산출을 셀 I2에 1을 입력함으로써 시작한다.

9. 다음의 $S(y)$값의 산출을 셀 I3에 아래의 공식을 입력함으로써 시도한다:

=I2*(G3-H3)/G3

그러고 나서 본 공식을 셀 I4, I5 등에 연속적으로 복사함으로써 본 과정을 마무리한다.

예제 7 데이터 집합D2에 대한 카플란-메이어 추정치를 구하여라.

이전의 예제에 의거하면 아래와 같이 구할 수 있다:

$$S_{40}(t)=\begin{cases} 1, & 0\le t<0.8,\\ \dfrac{30-1}{30}=0.9667, & 0.8\le t<2.9,\\ 0.9667\dfrac{26-2}{26}=0.8923, & 2.9\le t<3.1,\\ 0.8923\dfrac{26-1}{26}=0.8580, & 3.1\le t<4.0,\\ 0.8580\dfrac{26-2}{26}=0.7920, & 4.0\le t<4.1,\\ 0.7920\dfrac{23-1}{23}=0.7576, & 4.1\le t<4.8,\\ 0.7576\dfrac{21-1}{21}=0.7215, & 4.8\le t<5.0,\\ 0.7215 \text{ 혹은 } 0 \text{ 혹은 } 0.7215^{t/5.0}, & t\ge 5.0. \end{cases}$$

카플란-메이어 추정 외에 또 다른 방법으로 앞서 소개한 수정된 넬센-엘덴 추정을 들 수 있다. 앞 절에서처럼 본 방법은 누적 하자드율 함수를 직접적으로 추정한다. 본 추정치에 대한 직감적 도출을 아래서 설명하였다. $r(t)$를 시간 t에서의 리스크 집합이라고 하고 $h(t)$를 하자드율 함수라고 하자. 또한 $s(t)$를 시간 t 이전까지의 기대 총 관측 사망 수라고 하자. 그러면 아래의 식이 가능해 진다:

$$s(t)=\int_0^t r(u)h(u)du.$$

본 식에 미분을 취하면,

$$ds(t) = r(t)h(t)dt$$

가 되고,

$$\frac{ds(t)}{r(t)} = h(t)dt$$

가 된다.

이번에는 양 편에 적분을 취하면 아래와 같이 된다:

$$\int_0^t \frac{ds(u)}{r(u)} = \int_0^t h(u)du = H(t).$$

이제 시간 t까지의 관측된 사망 수인 실 기대 수 $s(t)$를 $\hat{s}(t)$로 대체하기로 한다. 이는 각각의 사망 시점에 있어서 s_i 만큼 증가하는 계단 함수가 된다. 그리하여 위 식의 왼편은 아래와 같이 된다:

$$\sum_{t_i \le t} \frac{s_i}{r_i}.$$

위 식에 의해 추정치 $\hat{H}(t)$가 정의된다. 넬센-엘렌 추정치를 공식으로 표현하면 아래와 같다:

$$\hat{H}(t) = \begin{cases} 0, & 0 \le t < y_1, \\ \sum_{i=1}^{j-1} \frac{s_i}{r_i}, & y_{j-1} \le t < y_j,\ j = 2, \ldots, k \\ \sum_{i=1}^{k} \frac{s_i}{r_i}, & t \ge y_k \ . \end{cases}$$

그러면 아래와 같이 된다:

$$\hat{S}(t) = e^{-\hat{H}(t)}.$$

$t \ge \omega$에 대해 또 다른 추정치는 $\hat{S}(t) = 0$ 및 $\hat{S}(t) = \hat{S}(y_k)^{t/\omega}$가 된다.

예제 8 데이터 집합D2에 있어서의 생존함수에 대한 넬센–엘렌 추정치를 구하여라.

이는 아래와 같이 된다:

$$\hat{H}(t)=\begin{cases} 0, & 0 \le t < 0.8, \\ \dfrac{1}{30}=0.0333, & 0.8 \le t < 2.9, \\ 0.0333+\dfrac{2}{26}=0.1103, & 2.9 \le t < 3.1, \\ 0.1103+\dfrac{1}{26}=0.1487, & 3.1 \le t < 4.0, \\ 0.1487+\dfrac{2}{26}=0.2256, & 4.0 \le t < 4.1, \\ 0.2256+\dfrac{1}{23}=0.2691, & 4.1 \le t < 4.8, \\ 0.2691+\dfrac{1}{21}=0.3167, & t \ge 4.8. \end{cases}$$

$$\hat{S}(t)=\begin{cases} 1, & 0 \le t < 0.8, \\ e^{-0.0333}=0.9672, & 0.8 \le t < 2.9, \\ e^{-0.1103}=0.8956, & 2.9 \le t < 3.1, \\ e^{-0.1487}=0.8618, & 3.1 \le t < 4.0, \\ e^{-0.2256}=0.7980, & 4.0 \le t < 4.1, \\ e^{-0.2691}=0.7641, & 4.1 \le t < 4.8, \\ e^{-0.3167}=0.7285, & 4.8 \le t < 5.0, \\ 0.7285 \text{ 혹은 } 0 \text{ 혹은 } 0.7285^{t/5.0}, & t \ge 5.0 \end{cases}$$

양 추정치에 있어서 데이터가 절단되면, 결과적 분포함수는 지급금이 최소 절단 포인트(즉 최소 d값) 위에 존재한다는 전제하에 지급금에 대한 분포함수가 된다는 것을 주목하기 바란다. 경험적으로 볼 때, 그 값 아래서의 정보가 전혀 존재하지 않기에 그 범위 내에서의 얻을 수 있는 정보는 전혀 없게 된다. 본 절에 있어서의 모든 부호와 공식은 앞 절에서의 그것들과 일관되게 사용되었다는 것을 주목하기 바란다. 쎈써링이나 절단이 없다면 본 절에서 보여진 공식들로 산출된 결과값과 앞 절에서 사용된 경험적 공식으로 산출된 결과값이 동일하다는 것을 주목하기 바란다.

연습문제

1. 중도해약을 사망으로 취급하여 예제7을 다시 풀라. 본 문제를 풀기 위한 가장 간단한 방법은 x와 u라벨을 교체하는 것이다. 이 경우 사망으로 인해 데이터가 쎈써링되는데 그 이유는 사망한 보험가입자에 있어서는 중도해약시점이 더 이상 관측되지 않기 때문이다. 5년 만기 동안 존속한 보험가입자들이 만기 시점에 중도해약하는 것으로 취급하라.

2. 데이터 집합D2에 있어서의 중도해약 시점에 대한 카플란-메이어 추정치를 구하여라. 5년 만기 동안 존속한 보험가입자들이 만기 시점에 중도해약하는 것으로 취급하라.

3. 변수가 중도해약을 하는데 걸리는 시간일 때에 있어서의 데이터 집합D2에 대한 넬센-엘렌 추정치 $H(t)$ 및 $S(t)$를 구하여라.

4. 산재보험 손해액에 대한 분포함수에 있어서의 카플란-메이어 및 넬센-엘렌 추정치를 구하여라. 첫 번째로 데이터 집합B를 원천 데이터로 사용하라.

5. 5개의 무작위로 선정된 자동차보험 가입자에 있어서 첫 자동차 사고를 일으키는데 걸리는 시간이 1, 2, 3, 4, 5로 주어졌다. 그런데 차후에 5개의 시간 중 하나는 실제로는 보험료 미납 시간이며 어떤 것이 그것인지는 알려지지 않았다고 한다. 최소 합성-한도 추정치 $S(4)$ 즉 최초 클레임이 시간 4가 경과된 뒤 발생하였다면 주어진 시간들 중에서 어떤 것이 보험료 미납 시간이 될 것인가?

6. 우측으로 센서드된 생명표 분석에 있어서 아래에 실린 정보가 주어졌다. 넬센-엘렌 추정치를 사용하여 시간 12에 있어서의 생존함수 추정치를 구하여라.

시간 t_j	사망자 수 s_j	가망자 수 r_j
5	2	15
7	1	12
10	1	10
12	2	6

7. 생쥐 출산 시에 300마리가 관측되었다. 추가적으로 20마리의 생쥐가 연령 2(일)에 처음으로 관측되었고 30마리의 생쥐가 연령 4에 더 관측되었다. 연령 1에 6마리, 연령 3에 10마리, 연령 4에 10마리, 연령 5에 a마리, 연령 9에 b마리, 연령 12에 6마리가 각각 사망하였다. 또한 45마리의 생쥐가 연령 7에, 35마리의 생쥐가 연령 10에, 15마리의 생쥐가 연령 13에 관측되지 못하였다. 다음과 같은 합성-한도 추정치 $S_{350}(7)=0.892$ 및 $S_{350}(13)=0.856$를 얻었다. a 및 b값을 결정하라.

8. n을 출생 시부터 관측된 사람 수라고 하자. 쎈써드된 데이터는 없고 동일 연령에는 아무도 두 사람 이상 사망하는 경우는 없다고 가정한다. 9번째 사망 시에 있어서의 누적 하자드율에 대한 넬센-엘렌 추정치는 0.511이고, 10번째 사망 시에는 그 값이 0.588이 되었다. 3번째 사망 시에 있어서의 생존함수 값을 추정하라.

9. 특정 분석에 있어서 모든 가입자들이 출생 시에 합류한다고 가정한다. 그러나 일부 가입자들은 사망 외에 다른 이유에서도 본 분석을 떠날 수 있다. 3번째 사망 시 1건의 사망(즉 $s_3=1$)이 있었고, 4번째 사망 시 2건의 사망이 있었고, 5번째 사망 시 1건의 사망이 있었다. 다음과 같은 합성-한도 추정치 $S_n(y_3)=0.72$, $S_n(y_4)=0.60$, $S_n(y_5)=0.50$가 주어졌다. 시간 y_4 및 y_5 사이에 있어서의 쎈써드된 관측치의 수를 구하여라. 사망 시점에는 쎈써드된 관측치

가 없다고 가정한다.

10. 생명표에 우측 센서드 데이터는 존재하되 좌측 절단 데이터는 없다고 가정한다. 센서드 되지 않은 관측치가 연령 3, 5, 6 및 10에 발생하였다고 한다. 이들 연령에 있어서의 리스크 집합은 각각 50, 49, k 및 21이다. 또한 그 연령에 관측된 사망자 수는 각각 1, 3, 5 및 7이다. 시간 10에 있어서 생존함수에 대한 넬슨-엘렌 추정치는 0.575이다. k값을 구하여라.

11. 관측치 2,500, 2,500, 2,500, 3,617, 3,662, 4,517, 5,000, 5,000, 6,010, 6,932, 7,500, 및 7,500 을 고려하기로 한다. 데이터 상에서의 절단은 일어나지 않는다고 가정한다. 첫째로 모든 관측치에 있어서 센서드는 되어있지 않다는 가정 하에서 7,000에서의 누적 하자드율 함수에 대한 넬슨-엘렌 추정치를 구하여라. 둘째로 2,500, 5,000 및 7,500에서의 관측치가 우측 센서드 되었다는 가정하에서의 누적 하자드율 함수에 대한 넬슨-엘렌 추정치를 구하여라.

12. 특정 데이터 집합에서 관측치에 대한 절단은 없다고 가정한다. $s_3=1$, $s_4=3$ 및 카플란-메이어 추정치 $S_n(y_3)=0.65$, $S_n(y_4)=0.50$, $S_n(y_5)=0.25$가 주어졌다고 가정한다. 또한 y_4 및 y_5 관측치 사이에 6개의 우측으로 센서드된 관측치가 있고 센서드가 되지 않은 특정 관측치와 동일한 값을 갖는 우측 센서드된 관측치는 없다고 가정한다. s_5를 구하여라.

V · 대형 데이터 집합에 있어서의 근접화

1. 도 입

본 절이 필요한 이유는 보험사들이 가격결정, 준비금 적립 혹은 특정 보험 프로그램을 위한 기금화를 위해 사망(혹은 기타 보종의 담보)에 이르기까지 소요되는 시간에 대한 모델을 구해야 하는 때가 있을 수 있기 때문이다. 그러한 때를 열거하면:

(a) 보통의 경우 햇수로 측정된 통합 연령과 같은 불연속 값에 대한 생존함수 값
(b) 대부분의 관측치들이 절단되거나 쎈써드 된 대형 데이터를 특정 시간 동안 수집 함
(c) 가용데이터가 주어진 하에서 적절한 모델을 부여할 모수적 분포를 얻을 수 없음

보험사(혹은 보험사 그룹)가 대형 규모의 생명보험 포트폴리오로 이루어진 과거 경험치에 의거하여 생명표 분석을 하려고 할 때 그러한 현상이 발생한다(본 절에서는 생명보험에 대한 논의로 국한시키겠지만 여타 보종에도 동일하게 적용될 것이다).

전형적인 생명표에는 본질적으로 통합된 연령에만 분포함수 혹은 생존함수의 값들이 제시되어 있다. 특정 연령 범위에서 잘 작동하는 모수적 모델이 있기는 하다(마케함 모델이 연령 30대 이상에서 잘 작동함이 알려져 있다). 그러나 연령 0에서부터 연령 100까지에 있어서 패턴의 변화가 너무 많아서 생존함수를 단순한 일개의 함수로 감당하기는 턱없이 부족한 것이 현실이다.

전형적인 생명표 분석은 3년이나 5년 정도와 같은 단기간 동안의 시간에서 이루어진다. 예를 들어 보험사 보험증권에 의해 2009년 1월1일부터 2011년

12월 31일까지 커버되는 사람들이 생명표 분석에 포함된다. 일부 사람들은 2009년 이전에 보험가입이 이루어져 동 분석이 시작될 때 커버되는 경우도 있을 수 있다. 생명표 분석기간 동안 일부는 사망할 것이고, 일부는 중도해약을 할 것이며(분석기간 동안에 만료되는 정기 보험 때문에) 일부 사람의 증권은 만료가 될 것이며, 동 분석이 종결되는 시점에서도 여전히 보험가입이 되어 있는 사람도 있을 것이다. 보험증권이 중도해약 되거나 만료가 되면 그 후에 발생하는 사망에 대해서는 보험사가 알 수 없다고 가정된다. 일부 사람들은 동 분석기간 동안에 보험가입을 하여 특정 잔여기간 동안 보험이 커버될 수도 있겠다. 본 보험증권에서도 사망, 중도해약, 만기 등과 같은 이유로 여타 보험 증권과 같이 유사한 증권 수 감소가 일어난다. 사망 시 연령에 있어서는 본 생명표에 포함된 모든 증권이 좌측 절단이 되겠다. 2009년 이전에 보험증권이 유효 개시되었다면 거의 모든 보험증권에 있어서 2009년 1월1일 시점이 좌측 절단시점이 된다. 분석기간 동안 보험가입이 되었다면 절단 포인트는 보험계약 유효 시작 시점이다. 본 분석에서 사망을 제외한 이유로 퇴소하게 되는 모든 사람들은 그 시점에서 그들에 대한 관측치는 우측 쎈써드되게 된다. 왜냐하면 우리가 인지하는 것은 사망이 장차 부지의 연령에 발생하게 될 것이기 때문이다.

단순한 모수적 분포가 부적절하고 대규모의 데이터가 이용 가능하다면 대규모 데이터의 존재로 생존함수의 주요 특성들이 획득될 수 있기에 비모수적 모델 사용의 결정은 합리적인 것이라 하겠다. 좌측 절단(생명표 분석 진입 시의 연령 때문에)과 우측 쎈써링(고정된 시간에 본 분석이 종결되기 때문에)의 존재로 인해 대규모의 데이터를 다루어야 한다면 카플란-메이어 추정에는 많은 양의 정렬과 수 세기(counting)를 필요로 한다. 이와 같은 데이터를 통해 생명표 분석을 하는데 제기된 문제들을 해결하기 위해 지금까지 여러 가지 다양한 방법들이 제시되었을 뿐 아니라 수많은 논문들이 발표되었다. 여기서 제시된 예제들은 생명표 분석과 연관 있는 것들이지만 이와 유사한 경우에 있어서도 충분히 적용가능하다고 하겠다.

우선 시작은 통상적으로 데이터가 수집되는 두 유형의 방법에 대한 검토로 하겠다. 그 두 유형에 있어서의 추정치가 제시되겠다. 그 두 유형 중 한 방법의 추정치에 관한 정식적 도출을 위해서는 아직 여기서 다루지 않은 테크

닉을 사용하기에 단지 여기서는 공식만을 제시하겠다. 모든 경우에 있어서 우선적으로 특정 값(연령)에 대한 집합 $c_0 < c_1 < \cdots < c_k$가 정립되고 목표는 이러한 값들에 대해서 생존함수의 추정치를 도출해 내는 것이 된다(필요에 따라서는 중간 값들을 구하기 위해 일종의 구내보간법이 사용될 것이다).

j가 특정 연령이 아니라 간격이 될 수 있는 하에서 조건부 일 기간에 있어서의 사망에 대한 확률 $q_j = [S(c_j) - S(c_{j+1})]/S(c_j)$을 추정할 수 있도록 모든 방법들이 고안될 것이다. 그러한 값들에서 $S(c_j)/S(c_0)$는 아래와 같이 평가된다:

$$\frac{S(c_j)}{S(c_0)} = \prod_{i=0}^{j-1}(1-q_i).$$

2. 개별 데이터 포인트의 사용

이 경우 데이터는 관측된 각 개별 사람에 대해 기록된다. 이러한 접근방법은 간혹 세리아팀(seriatim) 방법이라고 부르는데 그 이유는 데이터 포인트들이 일련의 개별 관측치로 분석되기 때문이다. 추정치는 $\hat{q_j} = d_j/e_j$와 같은 형태를 취하는데 여기서 d_j는 각 간격에 있어서 관측된 사망자 수를, e_j는 그 간격에 관측된 사망자가 될 수 있었던 사람 수로 익스포져의 측정치이다. 연속적인 간격 경계선에서 사망이 발생하면, 그 사망은 이전 간격에서 발생한 것으로 간주한다. 연령 c_j 이후 특정 상응되는 간격에 진입자는 없고 그 간격에 사망자는 있으되 진출자 역시 없으면(온전한 데이터로 간주), e_j는 연령 c_j에 도달하는 사람의 수가 되고 사망자 수는 이항분포를 하게 된다. 불온전한 데이터의 경우 적절하고 적용하기에 편리한 근접화를 필요로 하게 된다. 적용하기에 편리하다는 의미는 가능하면 데이터 집합을 통과하는 선이 일회적이라는 것이다. 이러한 경우에 대한 이해를 위해 아래의 예제를 들기로 한다.

예제 9 생명표에 대한 분석이 2009년 1월 1일부터 2011년 12월 13일 기간 동안의 관측치에 의거하여 행해 졌다. 5개의 보험증권이 관측되었고 아래의 정보가 기록되었다. 단순화를 위해 3-1995를 1995년 3월 1일로 해석하기로 한다. 또한 모든 사건은 발생한 달의 첫 날에 일어난 것으로 한다. 게다가 모든 달의 길이는 한해의 12분의 1이라고 간주한다. 생명표 확률을 추정하기 위해 충분할 정도로 필요정보가 요약되었다.

1. 4–1976에 출생해 8–2008에 보험증권을 구입하였고 1–2012시점에 유효한 증권소지자
2. 6–1976에 출생해 7–2008에 보험증권을 구입하였고 1–2010시점에 사망
3. 8–1976에 출생해 2–2010에 보험증권을 구입하였고 2–2011시점에 중도해약
4. 5–1976에 출생해 6–2009에 보험증권을 구입하였고 3–2010시점에 사망
5. 7–1976에 출생해 3–2009에 보험증권을 구입하였고 5–2011시점에 중도 해약

주요한 정보는 각각의 개인이 언제 첫 관측되었고, 언제 최종적으로 관측되었으며 관측이 종료된 이유가 무엇이냐는 것이다. 5개의 증권에 대해 “x”가 사망을 “s”가 기타 이유를 사용하면, 상응 값들은(연령 $33-6$은 33년 6개월을 의미)$(32-9,35-9,s)$, $(32-7,34-3,x)$, $(33-6,34-6,s)$, $(33-1,33-10,x)$, $(32-8,34-10,s)$가 된다. 1, 2 증권의 경우 본 분석이 시작되기 전에 구입되어 분석이 시작될 때 처음으로 관측되었다는 것을 주목하라. 관측이 중도해약 때문에 중단된 것과 분석 종료로 인해 중단된 것에 대한 구별을 두지 않았다.

다음 단계는 각 연령 간격에 대한 정보를 입력하고 d_j 및 e_j 산출을 위한 합을 계산하는 것이다. 사망자 수를 세는 것은 명약관하한 일이다. 익스포져에 관해서는 자주 사용되는 접근방법으로 두 가지가 있다.

• 적확 익스포져 방법

이 방법에 의거하면 연령 간격 내 관측 하에서의 적확한 총시간을 익스포져로 하는 것이다. 사망이 발생하면 그 사람에 대한 익스포져는 사망이 발생한 바로 그 연령에서 종결되게 된다. d_j/e_j는 간격 (c_j, c_{j+1})에서 하자드율이 일정하다는 가정 하에 하자드율에 대한 최우추정치이다. 추정된 하자드율은 공식 $q_j=1-\exp(-d_j/e_j)$을 이용하여 사망에 대한 조건부 확률로 전환시킬 수 있다.

• 계리적 익스포져 방법

이 방법 하에서는 익스포져 기간이 사망 시의 바로 그 연령에 끝나는 것이 아니라 연령 간격의 끝까지 연장된다. 이 방법은 온전한 데이터에 있어서 경험적 추정치를 재산출 해 낼 수 있다는 장점이 있으나 여타 경우에 있어서 비일관적 추정치라는 것이 보여 졌다. 이 경우 사망에 대한 조건부 확률 추정치는 $q_i = d_j/e_j$로 주어진다.

관측치의 수가 커, 조건부 사망확률의 크기가 작을 경우에 있어서 방법의 선택이 결과치에 영향을 미칠 가능성은 적다.

예제 10 예제 9에 있어서 양 방법을 사용하여 모든 연령에 있어서의 모든 가능한 생존율을 추정하라.

첫째로 연령 32, 33, 34 및 35에서 데이터가 존재함을 관찰하라. 사망 건수는 간격 33-34 및 34-35에서 발생하였다. 세리아팀 접근방법에 의해 각 증권이 분석되어 각 간격에 있어서 익스포져에 대한 각 증권의 기여분이 전체에 합쳐진다. 각 연령 간격에 있어서 관측하의 시간 기록을 위해 적확 익스포져 방법을 사용하여 각각의 간격에 대한 기여분이 합쳐진다. 숫자는 월수를 나타낸다.

$$32-33: e_{32} = 3+5+0+0+4 = 12$$
$$33-34: e_{33} = 12+12+6+9+12 = 51$$
$$34-35: e_{34} = 12+3+6+0+10 = 31$$
$$35-36: e_{35} = 9+0+0+0+0 = 9$$

맞는지 확인을 하면, 5개 증권의 총 기여분은 각각 36, 20, 12, 9 및 26인데, 이는 관측에 있어서의 시간과 동일하다. 두 개의 0이 아닌 생존확률은 $\widehat{q_{33}} = 1-\exp[-1/(51/12)] = 0.20966$ 및 $\widehat{q_{34}} = 1-\exp\ [-1/(31/12)] = 0.32097$로 추정된다.

계리적 익스포져 방법 하에서는 4번째 사람에 대한 간격 33-34에서의 익스포져는 9에서 11로 늘어나 총 53이 된다(관측이 연령 33-1까지는 시작되지 않아 1년 전체에 대한 익스포져가 아님 주목하기 바란다). 2번째 사람에 대한 간격 34-35에서의 익스포져는 3에서 12로 늘어나 총 40이 된다. 생존확률 추정치는 $\widehat{q_{33}} = 1/(51/12) = 0.23529$ 및 $\widehat{q_{34}} = 1/(31/12) = 0.38710$가 된다.

예제 11 계리적 익스포져 방법을 사용하여 데이터 집합D2에 있어서 모든 생존확률을 구하여라.

간격 3−4에 있어서 사망 시 시간이 4.0으로 할당됨을 인지하면 추정값은 각각 $\hat{q}_0 = 1/29.4 = 0.03040$, $\hat{q}_1 = 0/28.8 = 0$, $\hat{q}_2 = 2/27.5 = 0.0727$, $\hat{q}_3 = 3/27.3 = 0.1099$, $\hat{q}_4 = 2/29.4 = 0.0930$가 된다. 이에 상응하는 생존확률은 각각(카플란−메이어 추정치는 괄호 안에 표시) $\hat{S}(1) = 0.9660(0.9667)$, $\hat{S}(2) = 0.9660(0.9667)$, $\hat{S}(3) = 0.8957(0.8923)$, $\hat{S}(4) = 0.7973(0.7920)$, $\hat{S}(5) = 0.7231(0.7215)$가 된다.

1) 보험가입 연령

앞선 예제들은 생명보험과 유관된 것들이지만 방법론은 좌측 절단과 우측 쎈써링이 있는 어떠한 경우에도 적용될 수 있다. 그러나 생명보험 분석에서만 적용되는 상황이 있을 수 있다. 1년 만기정기보험을 고려해 보기로 한다. 가망 보험가입자는 1976년 2월 15일에 출생하였고 보험가입은 2011년 10월 15일에 신청하였다고 하자. 보험료는 연령에 따라 부과된다고 한다. 일부 보험사는 연령기준을 가장 최종의 생일(이 경우 35)로 삼고, 일부 보험사는 가장 가까운 생일(이 경우 36)로 삼는다. 양 보험사가 가망 보험가입자의 실제 나이 $q_{35.67}$를 사용하여야 함에도 불구하고 한 보험사는 보험료를 q_{35}에 의거하고 다른 보험사는 q_{36}에 의거하고 있다. 한 보험사가 연령기준을 최종 생일로 삼고 있다고 하자. q_{35}를 추정하는데 있어서 우리의 관심사는 실제 나이 35인 사람이 차년도에 사망할 확률(통상적인 이해)이 아니라, 35세로 배정된 무작위적 사람(연령 35세에서 36세 사이의 어떤 연령)이 다음 년도에 사망할 확률이다. 이에 대한 한 가지 해결방법은 실제 나이에 의거하여 만들어 진 생명표를 사용하고 평균 가망 보험가입자의 연령이 35.5이고 보험료를 결정할 때는 구내보간법을 사용하는 것이다. 두 번째 해결방법은 보험가입자의 실제 연령이 아니라 보험사가 배정한 연령을 사용하는 것이다. 본 예제에서 보험 가입자는 20011년 10월 15일에 실제 나이 35세가 된다. 또한 배정된 새로운 출산일은 1976년 10월 15일이 된다. 이와 같이 이루어지면 생명표 분석에 보험가입시 연령이 사용된다고 하고 결과치 값은 직접적인 보험관련 산정을 위해 사용될 수 있게 된다.

예제 12 예제 9에 있어서의 보험사가 보험가입 연령을 최종 생일에 따라 배정한다고 하자. 계리적 익스포져 방법을 사용하여 모든 가능한 생존 값을 산출하라.

1. 4-1976에 출생해 8-2008에 보험증권을 구입하였고 1-2012시점에 유효한 증권소지자. 이제는 출생일이 8-1976이고, 진입은 32-5에 해 퇴소는 35-5에 함
2. 6-1976에 출생해 7-2008에 보험증권을 구입하였고 1-2010시점에 사망. 이제는 출생일이 7-1976이고, 진입은 32-6에 해 퇴소는 34-2에 함
3. 8-1976에 출생해 2-2010에 보험증권을 구입하였고 2-2011시점에 중도해약. 이제는 출생일이 2-1977이고, 진입은 33-0에 해 퇴소는 34-0에 함
4. 5-1976에 출생해 6-2009에 보험증권을 구입하였고 3-2010시점에 사망. 이제는 출생일이 6-1976이고, 진입은 33-0에 해 퇴소는 33-9에 함
5. 7-1976에 출생해 3-2009에 보험증권을 구입하였고 5-2011시점에 중도해약. 이제는 출생일이 3-1977이고, 진입은 32-0에 해 퇴소는 34-2에 함

새로운 정의 하에서 익스포져 값은 아래와 같이 된다:

$$\begin{aligned}
32-33 &: e_{32}=7+6+0+0+12=25\\
33-34 &: e_{33}=12+12+12+12+12=60\\
34-35 &: e_{34}=12+12+0+0+2=26\\
35-36 &: e_{35}=5+0+0+0+0=5
\end{aligned}$$

기대했듯이 각각의 가망 보험가입자가 자신의 실제 연령보다 적은 연령에 배정되는 것이 반영되어 익스포져가 전에 보다 더 젊은 연령 간격에 배정되었다. 추정치는 $\widehat{q_{33}}=1/(60/12)=0.2$ 및 $\widehat{q_{34}}=1/(26/12)=0.4615$이다.

생명표 분석 개시 후에 관측이 시작된 보험가입시 연령을 가진 사람들은 새로이 배정된 생일에 처음으로 관측되는 것을 주목하기 바란다. 그리하여 그런 사람들과 유관한 숫자에는 근접화 문제가 존재하지 않게 된다.

2) 보험개시일 기준 생존 분석

이제까지 논의해 온 생명표 분석은 흔히 캘린더 기준 혹은 날짜 기준 분석이라고 일컫는데 그 이유는 분석기간이 특정 캘린더 일에서 다음 캘린더

일까지이기 때문이다. 보험가입자에 대한 생명표 분석에 있어서 좀 다른 분석 기간 설정이 자주 이루어지고 있다.

관측치들을 특정 캘린더 일에서 다음 캘린더 일까지로 분류하지 않고 특정 보험가입자에 대한 관측을 고정된 분석시작 이후에 오는 첫 증권 개시일에 시작하고 고정된 분석종류 이전 마지막 증권 개시일에 그 관측을 종료하는 것이다. 그러한 분석 기법을 흔히 보험개시일 기준 분석이라고 부른다. 이에 대해 앞에서 든 예를 들어 보여주겠다.

예제 9에서 첫 증권이 관측 하에 있게 된 것은 연령 33-0에 8-2009에서이고 보험가입 연령 35-0에 8-2011에 본 분석에서 퇴소되었다. 증권소지자 2는 연령 33-0에 7-2009에 관측이 시작되었다. 증권소지자 5는 2011 보험개시일에 중도해약을 하여 관측은 연령 34-0에 3-2011 시점에서 종결되었다. 여타 연령에서는 전과 동일하다. 이러한 상황 하에서 모든 대상자의 관측은 정수 연령에서 시작되고 분석 종결 시 유효한 증권소지 대상자들은 정수 연령에서 분석 종결 시에도 유효한 증권을 소지하고 있다. 단지 사망 시와 중도해약 시에 있어서의 연령이 정수가 아닐 수 있다(계리적 익스포져 방법에서는 익스포져를 계산하는데 있어서 사망의 경우는 다음 익스포져 정수 연령에 위치하게 됨을 주목하기 바란다). 이와 같은 편리성에도 단점은 있는데 본 예제에서와 같이 3년 동안 행해진 분석에 있어서 어떠한 특정 증권소지자도 2년 이상 관측되지 못한다는 것이다. 캘린더 기준 방법에 있어서는 3년까지 관측되는 증권소지자도 있었다.

모든 예제에 있어서 1년이라는 기간이 사용되었다. 간격의 길이 $(c_{j+1}-c_j)$가 1이 아니라면 추가조정이 필요하게 된다. 익스포져는 관측되는 기간의 부분이 될 뿐 그 기간의 길이만큼 되지 못한다.

3. 간격의거 방법

사건이 발생한 시점에 있어서 정확한 연령을 기록하는 것이 아니라 사건 발생이 속하는 연령 간격과 사건의 종류만 기록하는 것이 간격의거 방법이다. 개별적 방법에서처럼 보험증권 포트폴리오에 있어서 단지 합계만을 기록하여 그 결과로 각 연령 간격에 있어서 4-6개의 데이터만 있게 된다:

1. 이전 간격에서 넘어온 간격시작에서의 사람 수
2. 간격 시작에서 새로이 추가되는 사람 수
3. 간격 중간에서 진입한 사람 수
4. 간격 중간에서 사망으로 퇴소하는 사람 수
5. 사망 이외의 이유로 간격 중간에서 퇴소하는 사람 수
6. 사망 이외의 이유로 간격 종결시점에서 퇴소하는 사람 수

예제 13 예제 9에서의 두 가지 방법론을 고려하기로 한다. 첫 번째의 경우에는 실제 연령과 캘린더 기준 분석 방법을 사용하라. 두 번째 경우에 있어서는 보험가입연령에 있어서 최종 생일을 연령으로 사용하고 보험개시 기준 분석 방법을 사용하라. 각각에 있어서 필요 값들로 이루어진 생명표를 만들어라.

실제 연령 분석 방법에 있어서의 5 사람에 대한 진입연령, 퇴소연령, 퇴소원인 값들은 $(32-9,35-9,s)$, $(32-7,34-3,x)$, $(33-6,\ 34-6,s)$, $(33-1,33-10,x)$ 및 $(32-8,34-10,s)$이다. 연령 32에는 아무도 없다. 연령 32와 33사이에는 3 사람이 진입하고 아무도 퇴소한 사람이 없다. 연령 33과 34사이에는 2 사람이 진입하고 사망으로 인해 한 사람이 퇴소하였다. 각 연령 경계에서는 아무도 진입하거나 퇴소한 사람이 없다. 〈표 7-10〉에 전체 값들이 제시되어 있다.

표 7-10 예제 13에 있어서의 실제 연령 값

연령	해당 연령자 수	진입자 수	사망자 수	퇴소자 수	다음 연령자 수
32	0	3	0	0	3
33	3	2	1	0	4
34	4	0	1	2	1
35	1	0	0	1	0

보험가입연령 분석에 있어서의 값들은 $(33-0,35-0,s)$, $(33-0.34-2,x)$, $(33-0,34-0,s)$, $(33-0,33-9,x)$ 및 $(32-0,34-0,s)$이다. 이 경우에 있어서는 정수 연령에 존재하는 진입 및 퇴소자가 존재한다. 〈표 7-11〉에 그 값들이 표시되어 있다. 첫 도표에서는 진입하고 퇴소하는 것이 연령 간격 내에서 발생하였지만 두 번째 도표에서는 진입하는 것은 연령 시작점에서, 사망이외의 이유로 퇴소하는 것은 연령 종결점에서 이루어졌음을 주목할 필요가 있다.

표 7-11 예제 13에 있어서의 보험가입 연령 값

연령	해당 연령자 수	진입자 수	사망자 수	퇴소자 수	다음 연령자 수
32	0	1	0	0	1
33	1	4	1	2	2
34	2	0	1	1	0

이와 같은 상황에 대한 분석은 비교적 쉽게 이루어질 수 있다. 간격 연령 c_j부터 연령 c_{j+1}까지에 있어서, P_j를 연령 c_j에서의 관측 하에 있는 사람 수라고 하자. 이 숫자는 이전 간격에서 넘어 온 사람들과 연령 c_j에 진입한 사람들을 포함한다. n_j, d_j, 및 w_j를 간격 내에서의 진입자 수, 사망자 수 및 퇴소자 수라고 하자. 방정식 $P_{j+1} \neq P_j + n_j - d_j - w_j$가 성립하는데 그 이유는 수식 왼편은 적확 연령 c_{j+1}에서 진입하거나 퇴소하는 사람들에 대한 조정이 있어야 되기 때문이다. 생존확률을 추정하는 데에 있어서 언제 특정 사건이 연령 간격 내에서 발생하는 지에 대한 선정된 방법과 가정이 매우 중요하다.

간격 내에서는 균일 분포를 가정하는 접근방법이 있다. 적확 익스포져 방법에 있어서 간격시작시점에서 진입한 P_j는 익스포져 전 단위(1년) 만큼을 기여하고(평균적으로) 간격 내 n_j진입은 반년만큼 기여한다. 또한 사망하거나 퇴소하는 사람들은 평균적으로 반년만큼 익스포져를 차감시킨다. 그리하여 순 익스포져는 $P_j + (n_j - d_j - w_j)/2$ 가 된다. 계리적 익스포져 방법에 있어서는 사망 시 익스포져를 차감시키지 않기 때문에 순 익스포져는 $P_j + (n_j - w_j)/2$ 가 된다.

예제 14 예제 13에 있어서의 두 데이터 집합에 양 방법을 적용하라.

적확 연령 데이터에 있어서의 연령 32–35에 있어서의 적확 익스포져는 $0+(3-0-0)/2=1.5$, $3+(2-1-0)/2=3.5$, $4+(0-1-2)/2=2.5$ 및 $1+(0-0-1)/2=0.5$가 각각 된다. 계리적 익스포져 방법 하에 있어서는 값들이 $0+(3-0)/2=1.5$, $3+(2-0)/2=4.0$, $4+(0-2)/2=3.0$, 및 $1+(0-0-1)/2=0.5$ 로 변화하게 된다.

보험가입 연령 데이터에 있어서 연령 32–34에 대한 적확 익스포져는 $1+(0-0-0)/2=1.0$, $5+(0-1-0)/2=4.5$, 및 $2+(0-1-0)/2=1.5$이다. 계리적 익스포져는 $1+(0-0)/2=1.0$, $5+(0-0)/2=5.0$, 및 $2+(0-0)$

$/2 = 2.0$이다.

진입은 간격의 시작에서 발생하고 P_j에 그렇게 포함되었으며 퇴소는 간격의 종결 점에서 발생하여 w_j에는 포함되지 않음을 주목하기 바란다.

본 장에 있어서 모든 추정 절차와 관련한 목표는 절단이나 쎈써링의 존재에도 불구하고 무작위변수에 대한 온전한 확률변수를 도출해 내는 것이다. 손해 데이터에 있어서는 지급준비금이나 증권한도의 존재에도 온전한 확률분포를, 생명과 유관한 데이터에 있어서는 출생부터 사망에 이르기까지의 데이터를 추적할 수 없지만 사망 시 연령에 대한 확률분포를 도출해 내는 것이다. 이러한 상황 하에서 도출된 확률을 종종 단일-감퇴(decrement) 확률이라고 부르고 생명보험 수학에서는 보통 q_j'로 표시된다. 생명보험에 있어서는 쎈써링율이 종종 생존율 이상으로 중요하다. 예를 들어 데이터 집합D2에 있어서 사망에 이르는 시간 및 중도 해약에 이르는 시간이 중요한 요소인데 그 전자 즉 사망에 이르는 시간은 중도해약으로 인해 관측치가 쎈써드되고 후자 즉 중도해약에 이르는 시간은 사망에 의해 쎈써링이 발생하게 된다. 첨자로 감퇴되는 것이 어떤 것인가를 확인한다. 예를 들어 감퇴가 사망이나 중도해약으로 발생하였다면 q_j'는 연령 c_j에 특정 보험가입자가 살아있고 보험에 여전히 가입되어 있되 연령 c_{j+1}에 중도해약할 확률에 대한 계리적 부호이다. 여기서 감퇴는 중도해약에 의해서만 발생하고 사망은 불가능하다도 상정한다. 쎈써링이 주요 감퇴의 또 다른 원인일 때 종종 사용되는 가정은 모든 감퇴가 함수적으로 독립적이라는 것이다. 이는 상호간에 서로 영향을 주지 못함을 의미한다. 예를 들어 특정 연령에 중도해약하는 사람은 그 다음 달에 중도해약을 하지 않는 사람과 사망할 확률은 동일하다는 것이다.

예제 15 데이터 집합D2와 계리적 방법을 사용하여 단일 감퇴 확률을 구하여라. 합리적이라고 생각되는 가정을 하여라.

첫째로 사망 감퇴를 고려하기로 한다. 본 절에서의 부호가 사용되어 관련 값들이 〈표 7-12〉에 실려 있다. 부호 n_j^b는 간격의 시작점에서 진입한 수이고 n_j^m는 간격의 중간에서 진입한 수이다. 이들 범주는 사건의 시간에 의거한 것이 아니고 그 특성에 따른 것이다. 분석 중에 판매된

30증권은 정의에 의해 0시간에 진입된 것으로 본다. 분석이 시작할 때 유효기간이 1년이 경과한 증권은 어떤 유효기간에도 진입할 수 있다고 본다. 그러한 증권들은 앞선 간격 n_j^m에 포함되어 있다. 사망 이외의 이유로 퇴소한 증권소지자들에 대해서는, 부호 w_j^m는 간격 중에 퇴소한 수를 w_j^e는 간격 종결시점에 퇴소한 수를 보여 준다. 우연히 퇴소한 사람의 경우에는 직전 간격에 배정하고 사망 역시 직전 간격에 배정한다. 중도해약에 있어서는 값 $q_j'^{(w)}$가 〈표 7-13〉에 주어졌다. 부호의 일관성을 위해 이제 d_j는 중도해약 수를 나타내고 w_j는 기타 감퇴 수를 나타낸다.

표 7-12 예제 15에 있어서의 단일 감퇴 생존 확률

j	P_j	n_j^b	n_j^m	d_j	w_j^m	w_j^e	$q_j'^{(d)}$
0	0	30	3	1	3	0	$1/30.0 = 0.0333$
1	29	0	1	0	2	0	$0/28.5 = 0.0000$
2	28	0	3	2	3	0	$2/28.0 = 0.0715$
3	26	0	3	3	3	0	$3/26.0 = 0.1154$
4	23	0	0	2	4	17	$2/21.0 = 0.0952$

표 7-13 예제 15에 있어서의 단일 감퇴 중도해약 확률

j	P_j	n_j^b	n_j^m	d_j	w_j^m	w_j^e	$q_j'^{(d)}$
0	0	30	3	3	1	0	$3/31.0 = 0.0968$
1	29	0	1	2	0	0	$2/29.5 = 0.0678$
2	28	0	3	3	2	0	$3/28.5 = 0.1053$
3	26	0	3	3	3	0	$3/26.0 = 0.1154$
4	23	0	0	4	2	17	$4/22.0 = 0.1818$

예제 16 자기부담금 0, 250 및 500과 보상한도 5,000, 7,500 및 10,000인 증권 하에서의 손해액데이터가 수집되었다. 〈표 7-14〉에 그러한 데이터가 실려 있다. 계리적 방법을 사용하여 손해액에 대한 분포함수를 추정하라.

표 7-14 예제 16에 대한 데이터

범위	자기부담금 0	자기부담금 250	자기부담금 500	총계
0-100	15			15
100-250	16			16
250-500	34	96		130
500-1,000	73	175	251	499
1,000-2,500	131	339	478	948
2,500-5,000	83	213	311	607
5,000-7,500	12	48	88	148
7,500-10,000	1	4	11	16
5,000 일 때	7	17	18	42
7,500 일 때	5	10	15	30
10,000 일 때	2	1	4	7
총계	379	903	1,176	2,458

〈표 7-15〉에 산정된 값들이 나타나 있다. 자기부담금과 보상한도가 간격의 양 끝에 위치함으로 해서 합리적인 가정은 제시된 첫 번째 것밖에 없다.

표 7-15 예제 16에 있어서의 분포함수 산정

c_j	P_j	n_j^b	d_j	w_j^e	$q_j'^{(d)}$	$\hat{F}(c_j)$
0	0	379	15	0	$15/379=0.0396$	0.0000
100	364	0	16	0	$16/364=0.0440$	0.0396
250	348	903	130	0	$130/1,251=0.1039$	0.0818
500	1,121	1,176	499	0	$499/2,297=0.2172$	0.1772
1,000	1,798	0	948	0	$948/1,798=0.5273$	0.3560
2,500	850	0	607	42	$607/850=0.7141$	0.6955
5,000	201	0	148	30	$148/201=0.7363$	0.9130
7,500	23	0	16	7	$16/23=0.6957$	0.9770
10,000	0					0.9930

연습문제

1. 〈표 7-13〉에서의 산정이 맞는지를 입증하라.

2. 보험개시 기준 방법에 의거한 분석을 통해 아래에 있는 값들을 얻었다. 적확한 카플란-메이어 추정치, 적확한 익스포져 및 계리적 익스포져를 사용하여 ${q_{45}}'^{(d)}$ 및 ${q_{46}}'^{(d)}$값을 추정하라.

d	u	x	d	u	x
45	46.0		45	45.8	
45	46.0		46	47.0	
45		45.3	46	47.0	
45		46.7	46	46.3	
45		45.4	46		46.2
45	47.0		46		46.4
45	45.4		46	46.9	

3. 다음 표에 22건의 보험금 지급이 이루어져 있다. 최소한의 간격 수와 계리적 익스포져를 이용한 간격 의거 방법을 사용하여 자기부담금이 500일 때 5,000 이상의 지급금이 발생한 확률을 추정하라.

자기부담금	지급금[a]	자기부담금	지급금
250	2,221	500	3,660
250	*2,500*	500	215
250	207	500	1,302
250	3,735	500	*10,000*
250	*5,000*	1,000	1,643
250	517	1,000	3,395
250	5,743	1,000	3,981
500	*2,500*	1,000	3,836
500	525	1,000	*5,000*
500	4,393	1,000	1,850
500	*5,000*	1,000	6,722

* [a] 이탤릭체로 표시한 지급금은 증권 최고한도 지급금이다.

4. 19건의 손해액이 관측되었다. 6건은 자기부담금이 250, 6건은 자기부담금이 500 그리고 7건이 자기부담금 1,000을 가지고 있다. 3건의 손해액이 증권 한도에서 지급되었는데 각각의 값은 1,000, 2,750 및 5,500이다. 증권 한도 내에서 지급된 16건의 사고는 한 건은 간격(250, 500), 두 건은 간격(500, 1,000), 4건은 간격(1,000, 2,750), 7건은 간격(2,750, 5,500), 한 건은 간격(5,500, 6,000) 그리고 한 건은 간격(6,000, 10,000)에 위치해 있다. 자기부담금이 500인 증권에서 클레임 지급금이 5,500을 초과할 확률을 추정하라.

Ⅵ · 모수적 손해 모형

모수적 손해 모형(모델)을 사용하려면 모수에 값들을 배정하여야 한다. 그 배정을 임의적으로도 할 수 있으나 모델화하고자 하는 현상에 있어서의 관측치를 토대로 하는 것이 훨씬 더 합리적일 것이다. n개의 서로 독립적인 관측치가 수집되었다고 하자. 더 나아가 몇몇의 테크닉에 있어서는 모든 관측치가 동일한 무작위변수에서 도출되었다고 가정한다. 여타의 테크닉에서는 그러한 제한이 다소 완화되기도 한다. 모수적 모델링에 있어서는 기본적으로 서로 부합될 수 없는 두 가지 접근방법이 있다. 본 장에서는 전통적 접근방법에 대해서만 취급하기로 한다. 또 하나의 접근방법으로 베이지안 접근방법이 있는데 이에 대해서는 신뢰도를 논의할 때 다루기로 한다.

Ⅵ-1절에서 소개되는 기법은 상대적으로 수행하기가 쉬우나 신통치 않은 결과치를 제공하는 경향이 있다. Ⅵ-2절에서 최우추정기법이 소개된다. 본 기법은 사용하기에 다소 어려우나 월등한 통계적 특성을 간직하고 있을 뿐 아니라 여러 형태의 데이터를 취급할 수 있다.

1. 모멘트기법과 퍼센타일 매칭

본 기법에 있어서 우리는 n관측치가 동일한 모수적 분포에서 유래되었다고 가정한다. 특히 분포함수가 아래와 같이 주어졌다고 하자:

$$F(x|\theta), \quad \theta^T = (\theta_1, \theta_2, \cdots, \theta_p).$$

여기서 θ^T는 θ에 대한 치환형태이다. 즉 θ는 칼럼 벡터로 추정해야하는 p 모수들을 담고 있다. 또한 $\mu_k'(\theta) = E(X^k|\theta)$를 k번째 원모멘트라 하고, $\pi_g(\theta)$를 무작위변수의 $100g$퍼센타일이라고 한다. 즉 $F[\pi_g(\theta)|\theta] = g$이다. 분포함수가 연속적이라고 하면 그 방정식에는 적어도 한 개의 해가 존재한다.

이러한 무작위변수로부터 도출된 n개의 독립적 관측치로 이루어진 샘플에 있어서 $\hat{\mu}_k = \frac{1}{n}\sum_{j=1}^{n} x_j^k$를 k번째 모멘트의 경험적 추정치라고 하고 $\hat{\pi}_g$를 $100g$ 퍼센타일에 대한 경험적 추정치라고 한다.

정의 7.9: θ의 모멘트기법 추정치는 아래의 p 방정식에 있어서의 해가 된다:

$$\mu_k'(\theta) = \hat{\mu}_k,\ k = 1,2,\cdots,p$$

본 추정치를 생각하게 한 동기는 본 추정치에 의해 데이터(경험적 분포에 의해 제시된 것처럼)와 동일한 첫 p 원모멘트가 산출되기 때문이다. 모멘트기법에 있어서의 전통적인 정의에서는 모멘트 표시를 위해 양의 정수가 사용된다. 임의적 음수 혹은 비정수적 모멘트 역시 사용될 수 있다. 특히 역 분포에 대한 모수를 추정하는 데에 있어서 그에 매칭되는 음수의 모멘트 사용은 월등히 좋은 접근방법이 될 수 있다.

예제 17 모멘트기법을 사용하여 앞 절에서 제시되었던 데이터 집합B에 대한 지수분포, 감마분포 및 파레토분포의 모수들을 추정하라.

첫 두 샘플 모멘트들은

$$\hat{\mu}_1 = \frac{1}{20}(27 + \cdots + 15,743) = 1,424.4$$
$$\hat{\mu}_2 = \frac{1}{20}(27^2 + \cdots + 15,743^2) = 13,238,441.9$$

이다. 지수분포에 있어서의 방정식은

$$\theta = 1,424.4$$

이다. 그리하여 해 $\hat{\theta} = 1,424.4$이다.

감마분포에 있어서의 두 방정식은

$$E(X) = \alpha\theta = 1,424.4$$
$$E(X^2) = \alpha(\alpha+1)\theta^2 = 13,238,441.9$$

이다. 첫 방정식에 제곱을 취한 뒤 이것으로 두 번째 방정식을 나누어 주면

$$\frac{\alpha+1}{\alpha} = 6.52489,\quad 1 = 5.52489\alpha$$

가 된다. 그리하여 $\hat{\alpha}=1/5.52489=0.18100$ 및 $\hat{\theta}=1,424.4/0.18100=7,869.61$가 얻어진다.

파레토분포에 있어서의 두 방정식은

$$E(X)=\frac{\theta}{\alpha-1}=1,424.4$$
$$E(X^2)=\frac{2\theta^2}{(\alpha-1)(\alpha-2)}=13,238,441.9$$

이다. 첫 방정식에 제곱을 취한 뒤 이것으로 두 번째 방정식을 나누어 주면

$$\frac{2(\alpha-1)}{\alpha-2}=6.52489$$

가 된다. 그리하여 $\hat{\alpha}=2.442$ 및 $\hat{\theta}=1,424.4(1.442)=2,053.985$가 된다.

모멘트기법에 의해 구해진 방정식들에 반드시 해가 존재하리라는 보장도 없고 그 해가 유일한 해라는 보장도 또한 없다.

정의 7.10: θ에 대한 **퍼센타일 매칭 추정치는** p 방정식에 있어서의 모든 해이며 아래와 같이 표시된다:

$$\pi_{g_k}(\theta)=\widehat{\pi_{g_k}},\ \ k=1,2,\cdots,p$$

여기서 $g_1, g_2, \cdots g_p$는 p개의 임의적으로 선정된 퍼센타일이다. 퍼센타일에 대한 정의로부터 동 방정식은 아래와 같이 표현할 수도 있다:

$$F(\widehat{\pi_{g_k}}|\theta)=g_k,\ \ k=1,2,\cdots,p$$

본 추정치를 사용하는 데 있어서의 동기는 데이터(경험적 분포로 표시된)와 매치되는 p퍼센타일을 가진 모델이 창출될 수 있다는 것이다. 모멘트기법에서와 마찬가지로 각 방정식에 해가 존재한다는 보장도 없고 그 해가 반드시 유일하다는 보장도 없다. 본 기법에 있어서의 한가지 문제는 불연속형 무작위 변수(경험적 분포에서처럼)에 대한 퍼센타일이 항상 잘 정의되는 것은 아니라는 것이다. 예를 들어 데이터 집합B에는 20건의 관측치가 존재한다. 384와 457사이에 존재하는 모든 숫자에 있어서 위 아래로 각각 10건의 관측치가 존

재하여 중간값으로 사용될 수 있게 된다. 보통은 가운데 값이 사용된다. 그러나 여타 퍼센타일에 있어서는 어떠한 구내보간법에 대한 원칙이 존재하지 않는다. 아래 정의가 여기서 사용될 것이다.

정의 7.11: 퍼센타일에 대한 **유화된 경험적 추정치**는 다음과 같이 산정된다:

$$\hat{\pi}_g = (1-h)x_{(j)} + hx_{(j+1)}$$

여기서 $j = \lfloor (n+1)g \rfloor$ 및 $h = (n+1)g - j$ 이다. 또한 $\lfloor . \rfloor$ 는 최대 정수 함수를 의미하고 $x_{(1)} \le x_{(2)} \le \cdots \le x_{(n)}$는 샘플로부터의 순서 통계치이다.

동일한 값을 갖는 두 개 이상의 데이터 포인트가 존재하지 않는 한 어떠한 두 퍼센타일도 동일한 값을 갖지 않는다. 본 정의에 있어서 한 가지 특징은 $\hat{\pi}_g$가 $g < 1/(n+1)$ 혹은 $g > n/(n+1)$에서는 얻어질 수 없다는 것이다. 소규모의 샘플에서 매우 크거나 적은 퍼센타일 값을 추정할 수 있다고 기대하지 않기 때문에 그 특징은 합리적인 것으로 보인다. 퍼센타일 추정이 필요할 경우에는 항상 유화된 경험적 기법이 사용될 것이다.

예제 18 퍼센타일 매칭기법을 사용하여 데이터 집합B에 대한 지수분포 및 파레토분포의 모수들을 추정하라.

지수분포의 경우 50퍼센타일을 사용한다. 경험적 추정치는 전통적 중간값 $\widehat{\pi_{0.5}} = (384 - 457)/2 = 420.5$이며 풀어야 하는 방정식은 아래와 같다:

$$0.5 = F(420.5|\theta) = 1 - e^{-420.5/\theta}$$

$$\ln 0.5 = \frac{-420.5}{\theta}$$

$$\hat{\theta} = \frac{-420.5}{\ln 0.5} = 606.65$$

파레토분포의 경우 30과 80퍼센타일을 사용한다. 유화된 경험적 추정치는 아래와 같다:

$$30\text{퍼센타일}: j = \lfloor 21(0.3) \rfloor = \lfloor 6.3 \rfloor = 6,\ h = 6.3 - 6 = 0.3$$

$$\widehat{\pi_{0.3}} = 0.7(161) + 0.3(243) = 185.6$$

$$80\text{퍼센타일}: j = \lfloor 21(0.8) \rfloor = \lfloor 16.8 \rfloor = 16,\ h = 16.8 - 16 = 0.8$$

$$\widehat{\pi_{0.8}} = 0.2(1,193) + 0.8(1,340) = 1,310.6$$

풀어야하는 방정식은

$$0.3 = F(185.6) = 1 - (\frac{\theta}{185.6 + \theta})^{\alpha}$$
$$0.8 = F(1,310.6) = 1 - (\frac{\theta}{1,310.6 + \theta})^{\alpha}$$
$$\ln 0.7 = -0.356675 = \alpha \ln(\frac{\theta}{185.6 + \theta})$$
$$\ln 0.2 = -1.609438 = \alpha \ln(\frac{\theta}{1,310.6 + \theta})$$
$$\frac{-1.609438}{-0.356675} = 4.512338 = \frac{\ln(\frac{\theta}{1,310.6 + \theta})}{\ln(\frac{\theta}{185.6 + \theta})}$$

이다.

심플렉스 기법을 사용하여 본 방정식을 풀면 $\hat{\theta} = 715.03$가 된다. 그러면 첫 방정식으로부터

$$0.3 = 1 - (\frac{715.03}{185.6 + 715.03})^{\alpha}$$

가 되고 이로 $\hat{\alpha} = 1.54559$를 구할 수 있게 된다.

예제 18에서 구한 추정치 값들이 예제 17에서 구한 추정치 값들과 상당히 상이한데 이는 퍼센타일 매칭 기법이 별로 신빙성이 없음을 보여준다고 하겠다.

연습문제

1. 관측치가 250에서 쎈써드되었다는 가정 하에 데이터 집합B에 있어서의 지수 분포 모델에 대한 모멘트기법 추정치를 구하여라.

2. 데이터 집합B에 있어서의 로그 정규분포 모델에 대한 모멘트기법 추정치를 구하여라.

3. 특정 샘플에 있어서의 20 및 80퍼센타일은 각각 5와 12이다. 퍼센타일 매칭 기법을 사용하여 모집단이 와이블분포를 한다는 가정 하에 $S(8)$을 구하여라.

4. 특정 샘플에 있어서 평균값 35,000, 표준편차값 75,000, 중간값 10,000 및 90퍼센타일이 각각 100,000로 주어졌다. 퍼센타일 매칭 기법을 사용하여 와이블분포의 모수들을 추정하라.

5. 크기 5인 샘플에서의 값들이 4, 5, 21, 99 및 421이다. 모멘트기법을 사용하여 파레토분포 피팅(추정)을 한다고 한다. 적합화(추정된)된 파레토 분포에 있어서의 95퍼센타일 값을 구하여라.

6. 연도 1에 있어서는 평균 크기 10,000인 100건의 클레임이, 연도 2에 있어서는 평균 크기 12,500인 200건의 클레임이 발생하였다. 인플레이션으로 인해 클레임 크기가 매년 10% 증가한다고 가정한다. 모수 $\alpha=3$ 및 θ(미정)인 파레토분포를 사용하여 클레임 크기 분포를 모델링하고자 한다. 연도 3에 있어서의 θ값을 모멘트기법을 사용하여 추정하라.

7. 특정 무작위 샘플에 있어서 20퍼센타일 값은 18.25이고 80퍼센타일 값은 35.8이다. 퍼센타일 매칭 방법을 사용하여 로그 정규 분포의 모수들을 추정하고 이들 추정치를 사용하여 관측된 값이 30을 초과할 확률을 추정하라.

8. 특정 클레임 과정이 A가 평균이 1인 지수분포를 가지고, B가 평균이 10인 지수분포를 가지는 무작위변수 A 및 B의 혼합분포로 이루어진다고 가정한다. 가중치 p가 분포 A에 배정되고 가중치 $1-p$가 분포 B에 배정되었다. 본 혼합분포의 표준편차는 2이다. 모멘트기법에 의해 p를 추정하라.

9. 20건의 관측치로 이루어진 무작위 샘플에 있어서 각 관측치를 크기순서 대로 정렬하면 아래와 같이 된다:

12	16	20	23	26	28	30	32	33	35
36	38	39	40	41	43	45	47	50	57

유화된 경험적 추정치를 사용하여 샘플 60퍼센타일을 구하여라.

10. 아래와 같이 20건의 1년간 태풍 손해(10억 단위로 표시)가 기록되었다:

1	1	1	1	1	2	2	3	3	4
6	6	8	10	13	14	15	18	22	25

유화된 경험적 추정치를 사용하여 75퍼센타일을 구하여라.

11. 관측치 1,000, 850, 750, 1,100, 1,250 및 900가 미지의 모수 α 및 θ를 가지는 감마분포로 무작위 샘플로 획득되었다. 모멘트기법을 통해 이들 모수값을 추정하라.

12. 로그로지스틱분포로부터 무작위 샘플 클레임을 추출하였다. 동 샘플에서 80%의 클레임이 100을 초과하고 20%가 400을 초과한다고 한다. 퍼센타일 매칭을 사용하여 로그로지스틱 모수들을 추정하라.

13. $x_1, \cdots, x_n$을 $c.d.f.\ F(x) = x^p,\quad 0 < x < 1$인 모집단으로부터 추출된 무작위 샘플이라고 하자. 모멘트기법을 사용하여 p를 추정하라.

14. 10건의 클레임으로 이루어진 무작위 샘플이 감마분포로부터 추출되어 아래와 같이 주어졌다:

1,500 6,000 3,500 3,800 1,800 5,500 4,800 4,200 3,900 3,000

모멘트기법에 의해 α 및 θ값을 추정하라.

15. 로그정규분포로부터 추출된 5개의 클레임으로 이루어진 무작위 샘플이 아래와 같이 주어졌다:

500 1,000 1,500 2,500 4,500

모멘트기법을 통해 μ 및 σ을 추정하라. 손해액이 4,500을 초과할 확률을 추정하라.

16. 무작위변수 X는 $p.d.f.\ f(x) = \beta^{-2} x \exp(-0.5x^2/\beta^2),\quad x, \beta > 0$를 갖는다. 본 무작위변수에 있어서 $E(X) = (\beta/2)\sqrt{2\pi}$ 및 $Var(X) = 2\beta^2 - \pi\beta^2/2$이다. 아래와 같은 5건의 관측치가 주어졌다:

4.9 1.8 3.4 6.9 4.0

모멘트기법에 의해 β값을 추정하라.

17. 무작위변수 X는 $p.d.f.\ f(x) = \alpha\lambda^{\alpha}(\lambda + x)^{-\alpha-1},\quad x, \alpha, \lambda > 0$를 갖는다.

$\lambda = 1{,}000$이라고 알려져 있다. 아래와 같은 5건의 관측치가 주어 졌다:

43 145 233 396 775

α의 추정치를 모멘트기법을 사용해서 추정하라.

18. 다음 데이터를 사용하여 음이항 모델의 모수들을 모멘트기법을 사용하여 추정하라.

클레임 수	증권 수
0	9,048
1	905
2	45
3	2
4+	0

19. 다음 데이터를 사용하여 음이항 모델의 모수들을 모멘트기법을 사용하여 추정하라.

클레임 수	증권 수
0	861
1	121
2	13
3	3
4	1
5	0
6	1
7+	0

20. 보험 손해가 $\alpha = 2$인 버분포를 한다. 15건의 사고에 대한 손해액에 대한 무작위 샘플은 195, 255, 270, 280, 350, 360, 365, 380, 415, 450, 490, 550, 575, 590 및 615 이다. 모수 Υ 및 θ에 대한 유화된 경험적 추정치를 30 및

65퍼센타일과 퍼센타일 매칭기법을 사용하여 구하여라.

21. 보험 손해가 와이블분포를 한다. 16건의 사고에 대한 손해액에 대한 무작위 샘플은 54, 70, 75, 81, 84, 88, 97, 105, 109, 114, 122, 125, 128, 139, 146, 및 153 이다. 모수 τ 및 θ에 대한 유화된 경험적 추정치를 20 및 70퍼센타일과 퍼센타일 매칭기법을 사용하여 구하여라.

22. 특정 보험 손해가 $p.d.f.$ $f(x) = \theta^{-1}\exp[-(x-\delta)/\theta]$, $x > \delta$인 분포를 가지고 있다고 한다. 샘플 평균값은 300이고 샘플 중간값은 240이다. 이들 두 값을 매칭시킴으로써 δ 및 θ 값을 추정하라.

2. 최 우 법

1) 도 입

모멘트기법이나 퍼센타일 매칭기법을 사용하여 추정하는 것이 쉽기는 하나 추정된 모수 추정치들은 관측 집합의 전체보다는 데이터에 있어서 소수의 몇몇 특성들만 사용해서 추정되기에 별로 바람직하지 못한 결과치를 초래하는 경향이 있다. 모집단의 우측 테일이 무거울 경우 특히 가능한 많은 양의 관측치를 사용하는 것이 중요하다. 예를 들어 정규분포의 모수를 추정할 때 샘플 평균값과 샘플 분산값만 있으면 충분하다. 그러나 파레토분포의 모수들을 추정하는 데에 있어서 α를 성공적으로 추정하기 위해서는 모든 극한 관측치들을 알아야 한다. 앞선 기법에 있어서의 또 하나의 단점은 모든 관측치가 동일한 무작위변수에서 추출되었음을 가정하여야 하는 것이다. 그 가정을 포기한다면 모집단의 모멘트 혹은 퍼센타일로 무엇을 사용할 것인가가 애매해진다. 예를 들어 관측치들 절반이 자기부담금 50을 가지고 있고 또 다른 관측치들 절반이 자기부담금 100을 가지고 있다면 샘플 평균을 무엇과 동일하다고 할 것인가가 불분명해진다는 것이다. 마지막으로 이들 기법들에 있어서 어떤 모멘트 혹은 퍼센타일을 사용할건지에 대해서 임의적으로 결정해야 한다.

개별 데이터 포인트를 사용하는 추정치들이 다양하게 존재한다. 모든 추정치들은 목적함수를 설정하고 그 목적함수를 최적화하는 모수값을 결정함으로써 도출된다. 예를 들어 모수적 모델에 대한 분포함수와 넬센-엘렌 추정에서 도출된 분포함수간의 최대 차이값을 최소화함으로써 모수들에 대한 추정이 이루어질 수 있다. 많은 가능성 중에 여기서 사용되는 유일의 추정치는 최우추정치이다. 본 추정치의 일반적 형태가 본 도입부분에서 소개되고 다음 절에서 유용하게 사용될 수 있는 특별 경우의 최우추정치가 소개될 것이다.

최우추정치를 정의하기 위해서 데이터 집합이 n사건 $A_1,\cdots,A_n$으로 구성됨을 가정한다. 여기서 A_j는 j번째 관측치로 관측된 사건을 의미한다. 예를 들어 u에서 우측 쎈써링이 일어나면 쎈써드된 점에서 관측된 사건은 간격 u에서부터 무한까지에 놓이게 된다. 추가적으로 사건 A_j가 무작위변수 X_j에 대한 관측치라고 가정한다. 무작위변수 $X_1, \cdots, X_n$ 는 동일한 확률분포를 가질 필요가 없으나 동일한 모수 벡터 θ에 의존하여야 한다. 또한 무작위변수는 독립적이라고 가정된다.

정의 7.11: 우적(likelihood) 함수는

$$L(\theta) = \prod_{j=1}^{n} \Pr(X_j \in A_j | \theta)$$

로 정의된다. 또한 θ에 대한 최우 추정치는 우적 함수를 최대화시키는 벡터값이다.

유효한 모수값에서 동 함수가 최적값을 갖는다는 보장은 없다. 여러 모수값들이 0이 되거나 무한값에 가까워지면서 우적 함수 자체가 계속해서 증가할 수도 있다. 또한 본 함수가 거국적으로 최대화될 뿐아니라 국지적으로도 최대화될 수 있기에 유의하여야 한다. 종종(부분적 미분값이 0이 되도록 만듦으로써) 우적 함수를 분석적으로 최대화하는 것이 불가능할 수도 있다. 수치해석(Numerical Analysis) 접근방법이 보통 이 경우 필요하게 된다.

관측치들이 독립적이라고 가정하기 때문에 정의 7.11에 나타난 곱의 형태는 결합확률 $Pr(X_1 \in A_1, \ldots, X_n \in A_n | \theta)$로 나타내는데 이는 우적 함수가 특정 모수값이 주어진 상태에서 얻어진 샘플 결과치가 획득되는 확률이 된다는 것을 의미한다. 그리하여 추정치는 실제 관측치를 관측할 가능성이 가장 많은 모델을 산출하는 모수값이 된다. 본 추정치가 관심을 끄는 가장 주요한 이유 중의 하나는 그 추정치가 거의 항상 존재한다는 것이다. 즉 바라는 확률에 대한 수식적 표현이 가능하다면 본 모델에 대한 실행이 가능하다는 것이다. 바라는 확률에 대한 수식적 표현이 불가능하다면 아예 그러한 모델을 말할 필요조차 없는데 그 이유는 그 경우 그러한 모델을 사용해서 보다 큰 계리적 문제를 해결할 수 없기 때문이다.

예제 19 데이터 집합B가 250에서 센써드가 되었다고 상정한다. 지수 분포에 대한 θ의 최우 추정치를 구하여라.

첫 7개의 데이터는 쎈써드가 되지 않았다. 그 데이터에 대해서는 집합 A_j 는 단일 포인트가 관측치 x_j에 상응된다. 연속적 모델에 있어서 단일 포인트에 대한 우적 함수를 산정하기 위해서는 $Pr(X_j = x_j) = f(x_j)$로 해석하는 것이 필요해 진다. 즉 확률밀도 함수가 사용되어야 한다는 것이다. 그리하여 첫 7건에 대한 결합 확률분포는 아래와 같게 된다:

$$f(27)f(82)\cdots f(243) = \theta^{-1}e^{-27/\theta}\theta^{-1}e^{-82/\theta}\cdots\theta^{-1}e^{-243/\theta} = \theta^{-7}e^{-909/\theta}.$$

마지막 13건의 관측치에 대해서는 A_j집합이 간격 250부터 무한으로 주어진다. 그리하여 $Pr(X_j \in A_j) = \Pr(X_j > 250) = e^{-250/\theta}$가 된다. 그러한 관측치가 13건이 있으므로 이들과 쎈써드되지 않은 관측치로 이루어지는 우적 함수는 아래와 같이 표현된다:

$$L(\theta) = \theta^{-7}e^{-909/\theta}(e^{-250/\theta})^{13} = \theta^{-7}e^{-4,159/\theta}$$

우적 함수의 로그 형태를 최대화하는 것이 훨씬 쉽다. 그리하여 로그 우적 함수를 $l(\theta) = \ln L(\theta)$로 표시한다. 그리하여

$$l(\theta) = -7\ln\theta - 4,159\theta^{-1}$$
$$l'(\theta) = -7\theta^{-1} + 4,159\theta^{-2} = 0$$
$$\hat{\theta} = \frac{4,159}{7} = 594.14$$

가 된다.

이 경우 1차 미분을 행하기가 매우 쉬웠다. 2차미분을 하였더니 그 값이 마이너스 숫자여서 구하여진 해가 최대값임이 입증되었다.

2) 온전한 개별 데이터

절단도 없고 쎈써링도 없이, 각각의 개별 관측치가 기록되었다면 우적 함수를 표시하는 것은 쉽다:

$$L(\theta) = \prod_{j=1}^{n} f_{X_j}(x_j|\theta), \quad l(\theta) = \sum_{j=1}^{n} \ln f_{X_j}(x_j|\theta)$$

주어진 부호는 각각의 관측치가 반드시 동일한 분포에서 올 필요가 없음을 의미한다.

예제 20 데이터 집합B를 사용하여 지수분포에 대한, α가 2로 알려진 감마분포에 대한, 양 모수가 알려지지 않은 감마분포에 대한 최우 추정치를 각각 구하여라.

지수분포에 있어서의 일반적 해는 아래와 같다:

$$
\begin{aligned}
l(\theta) &= \sum_{j=1}^{n}(-\ln\theta - x_j\theta^{-1}) = -n\ln\theta - n\bar{x}\theta^{-1} \\
l'(\theta) &= -n\theta^{-1} + n\bar{x}\theta^{-2} = 0 \\
n\theta &= n\bar{x} \\
\hat{\theta} &= \bar{x}
\end{aligned}
$$

데이터 집합B에 있어서는 $\hat{\theta}=\bar{x}=1,424.4$가 된다. 로그 우적 함수의 값은 -165.23가 된다. 이 경우 모멘트기법에 의한 값과 최우법에 의한 값이 동일하다.

$\alpha=2$인 감마분포에 있어서는,

$$
\begin{aligned}
f(x|\theta) &= \frac{x^{2-1}e^{-x/\theta}}{\Gamma(2)\theta^2} = x\theta^{-2}e^{-x/\theta} \\
\ln f(x|\theta) &= \ln x - 2\ln\theta - x\theta^{-1} \\
l(\theta) &= \sum_{j=1}^{n}\ln x_j - 2n\ln\theta - n\bar{x}\theta^{-1} \\
l'(\theta) &= -2n\theta^{-1} + n\bar{x}\theta^{-2} = 0 \\
\hat{\theta} &= \frac{1}{2}\bar{x}
\end{aligned}
$$

가 된다.

데이터 집합B에 있어서 $\hat{\theta}=1,424.4/2=712.2$가 되고 로그 우적 함수 값은 -179.98가 된다. 역시 이경우에 있어서도 모멘트기법을 통해 구하여진 값과 동일하다.

모수가 알려지지 않은 감마분포에 있어서는 함수 자체가 그리 간단하지가 않다:

$$
\begin{aligned}
f(x|\alpha,\theta) &= \frac{x^{\alpha-1}e^{-x/\theta}}{\Gamma(\alpha)\theta^{\alpha}} \\
\ln f(x|\alpha,\theta) &= (\alpha-1)\ln x - x\theta^{-1} - \ln\Gamma(\alpha) - \alpha\ln\theta
\end{aligned}
$$

x에 대한 부분 미분 시 감마함수에 대한 미분을 필요로 한다. 위 방정식은 분석적으로는 풀 수 없다. 수치해석법을 사용하여 구한 추정치는 $\hat{\alpha}=0.55616$ 및 $\hat{\theta}=2,561.1$가 되고 로그 우적 함수값은 -162.29가 된다. 이들 값은 모멘트기법에 의한 값들과 상이하게 되었다.

3) 온전한 그룹 데이터

데이터가 온전하고 그룹화되어 있을 경우에는 관측치들은 아래와 같이 요약될 수 있다. 특정 숫자의 집합 $c_0 < c_1 < \cdots < c_k$ 로 시작하기로 하자. 여기서

c_0는 가장 적은 관측치이고(종종 0), c_k는 가장 큰 관측치이다(종종 무한대). 샘플로부터 n_j를 간격 $(c_{j-1,}c_j)$에 위치하는 관측 수라고 하자. 그러한 데이터에 있어서의 우적 함수는

$$L(\theta)=\prod_{j=1}^{k}[F(c_j|\theta)-F(c_{j-1}|\theta)]^{n_j}$$

가 되고 그것의 로그형태는 아래와 같이 된다:

$$l(\theta)=\sum_{j=1}^{k}n_j\ln[F(c_j|\theta)-F(c_{j-1}|\theta)]$$

예제 21 데이터 집합C를 이용하여 지수분포에 대한 최우 추정치를 구하여라.
로그 우적 함수는

$$\begin{aligned}l(\theta)&=99\ln[F(7,500)-F(0)]+42\ln[F(17,500)-F(7,500)]+\cdots+\\&\quad 3\ln[1-F(300,000)]\\&=99\ln(1-e^{-7,500/\theta})+42\ln(e^{-7,500/\theta}-e^{-17,500/\theta})+\cdots+\\&\quad 3\ln e^{-300,000}/\theta\end{aligned}$$

이다. 수치해석 기법을 사용하면 $\hat{\theta}=29,721$가 되고, 로그 우적 함수의 값은 -406.03가 된다.

4) 절단된 혹은 쎈써드된 데이터

데이터가 쎈써드 되었을 때에도 추가적인 복잡성은 존재하지 않는다. 예제 19에서 목격하였다 시피 우측 쎈써링은 단순히 쎈서링 포인트에서부터 무한대 까지의 간격만을 만들어 내기 때문이다. 그 예제에 있어서 쎈써링 포인트의 아래쪽에 위치했던 데이터는 개별 데이터여서 우적 함수는 확률밀도함수와 분포함수 양 자를 내포하는 것이었다.

데이터가 절단되면 좀 더 문제가 복잡해진다. 해결하기 위한 방법이 두 가지 있다. 한 방법은 개별 관측치에서 절단 포인트를 차감함으로써 데이터를 이동시키는 것이다. 다른 한 방법은 절단된 포인트 아래에서는 관측치에 대한 정보가 없다고 인정하고 원 모집단에 대한 모델 적합화를 시도하는 것이다.

예제 22 데이터 집합B에 있어서 포인트 200에서 좌측으로 절단되었다고 가정한다. 양 방법을 사용하여 $\theta=800$로 알려져 있을 때 파레토분포의 α값을 추정하라. 그러고 나서 그 모델을 사용하여 자기부담금 0, 200, 및 400에서의 지급금당 비용을 추정하라.

데이터 이동 접근방법을 사용하면 데이터 값들은 각각 43, 94, 140, 184, 257, 480, 655, 677, 774, 993, 1,140, 1,684, 2,358, 및 15,543가 된다. 우적 함수는

$$L(\alpha)\prod_{j=1}^{14}\frac{\alpha(800^{\alpha})}{(800+x_j)^{\alpha+1}}$$

$$\begin{aligned}l(\alpha)&=\sum_{j=1}^{14}[\ln\alpha+\alpha\ln 800-(\alpha+1)\ln(x_j+800)]\\&=14\ln\alpha+93.5846\alpha-103.969(\alpha+1)\\&=14\ln\alpha-103.969-10.384\alpha\end{aligned}$$

$$l'(\alpha)=14\alpha^{-1}-10.384$$

$$\hat{\alpha}=\frac{14}{10.384}=1.3482$$

와 같이 된다.

데이터가 이동되었기에 자기부담금이 없는 비용을 추정하기란 불가능하다. 200의 자기부담금하에서는 기대 비용이 추정된 파레토 분포의 기댓값 $800/0.3482=2{,}298$이 된다. 자기부담금을 400으로 올리는 것은 모델화된 분포에 있어서 자기부담금 200을 부과하는 것과 동일한 효과를 가진다. 그리하여 지급금당 기대비용은 아래와 같이 계산된다:

$$\frac{E(X)-E(X\wedge 200)}{1-F(200)}=\frac{\frac{800}{0.3482}\left(\frac{800}{200+800}\right)^{0.3482}}{\left(\frac{800}{200+800}\right)^{1.3482}}=\frac{1{,}000}{0.3482}=2{,}872.$$

데이터 비이동 접근방법에 있어서는 우적 함수를 도출하는데 필요한 주요 의문점을 짚고 넘어가야 한다. 이는 값이 200 이하일 경우 데이터 집합으로부터 누락되는 관측치에 대한 확률은 얼마가 될까인 것이다. 이는 조건부 확률을 의미하게 되어 우적 함수는 아래와 같이 된다(여기서 x_j값은 원래의 값이 된다):

$$\begin{aligned}L(\alpha)&=\prod_{j=1}^{14}\frac{f(x_j|\alpha)}{1-F(200|\alpha)}=\prod_{j=1}^{14}\left[\frac{\alpha(800^{\alpha})}{(800+x_j)^{\alpha+1}}\Big/\left(\frac{800}{800+200}\right)^{\alpha}\right]\\&=\prod_{j=1}^{14}\frac{\alpha(1{,}000^{\alpha})}{(800+x_j)^{\alpha+1}}\end{aligned}$$

$$l(\alpha)=14\ln\alpha+14\alpha\ln 1{,}000-(\alpha+1)\sum_{j=1}^{14}\ln(800+x_j)$$

$$= 14\ln\alpha + 96.709\alpha - (\alpha+1)105.810$$

$$l'(\alpha) = 14\alpha^{-1} - 9.101$$

$$\hat{\alpha} = 1.5383.$$

본 모델은 자기부담금이 없다는 가정하의 손해액에 관한 것이므로 자기부담금이 없을 때의 기대 지급금은 $800/0.5383$가 된다. 자기부담금 200 및 400을 부과할 때의 기대비용은 아래와 같이 된다:

$$\frac{E(X) - E(X\wedge 200)}{1-F(200)} = \frac{1,000}{0.5383} = 1,858$$

$$\frac{E(X) - E(X\wedge 400)}{1-F(400)} = \frac{1,200}{0.5383} = 2,229$$

그리하여 거의 모든 관측치의 형태에 있어서 우적 함수가 도출될 수 있음을 보았다. 아래의 두 단계에 의해 그 과정이 요약될 수 있다고 하겠다:

1. 분자에 있어서 x의 실제 관측치 값을 알면 $f(x)$를 사용한다. 그 관측치가 y와 z사이에 있다는 것만 알면 $F(z) - F(y)$를 사용한다.
2. 분모에 있어서 d를 절단 포인트라고 하면(절단 포인트가 없다면 0을 사용하라), 분모는 $1 - F(d)$가 된다.

예제 23 데이터 집합D2에 있어서 사망에 걸리는 시간에 대한 파레토 및 감마 모델을 구하여라.

표 7-16 예제 23에 있어서의 우적 함수값

관측치	x, y	d	L	관측치	x, y	d	L
1	$y=0.1$	0	$1-F(0.1)$	16	$x=4.8$	0	$f(4.8)$
2	$y=0.5$	0	$1-F(0.5)$	17	$y=4.8$	0	$1-F(4.8)$
3	$y=0.8$	0	$1-F(0.8)$	18	$y=4.8$	0	$1-F(4.8)$
4	$x=0.8$	0	$f(0.8)$	19-30	$y=5.0$	0	$1-F(5.0)$
5	$y=1.8$	0	$1-F(1.8)$	31	$y=5.0$	0.3	$\frac{1-F(5.0)}{1-F(0.3)}$
6	$y=1.8$	0	$1-F(1.8)$	32	$y=5.0$	0.7	$\frac{1-F(5.0)}{1-F(0.7)}$
7	$y=2.1$	0	$1-F(2.1)$	33	$x=4.1$	1.0	$\frac{f(4.1)}{1-F(1.0)}$
8	$y=2.5$	0	$1-F(2.5)$	34	$x=3.1$	1.8	$\frac{f(3.1)}{1-F(1.8)}$

9	$y=2.8$	0	$1-F(2.8)$	35	$y=3.9$	2.1	$\frac{1-F(3.9)}{1-F(2.1)}$
10	$x=2.9$	0	$f(2.9)$	36	$y=5.0$	2.9	$\frac{1-F(5.0)}{1-F(2.9)}$
11	$x=2.9$	0	$f(2.9)$	37	$y=4.8$	2.9	$\frac{1-F(4.8)}{1-F(2.9)}$
12	$y=3.9$	0	$1-F(3.9)$	38	$x=4.0$	3.2	$\frac{f(4.0)}{1-F(3.2)}$
13	$x=4.0$	0	$f(4.0)$	39	$y=5.0$	3.4	$\frac{1-F(5.0)}{1-F(3.4)}$
14	$y=4.0$	0	$1-F(4.0)$	40	$y=5.0$	3.9	$\frac{1-F(5.0)}{1-F(3.9)}$
15	$y=4.1$	0	$1-F(4.1)$				

<표 7-16>은 어떻게 이들 값들에 대한 우적 함수를 도출할 수 있는 가를 보여준다. 사망에 있어서는 시간이 알려져 있으므로 x에 대한 실제 값 사용이 가능하다. 중도해약이나 시간 5에 도달한 경우에 있어서는 관측치는 쎈써드가 되고 그리하여 사망은 중도해약 시점 y에서 무한대까지의 간격에서 발생하게 된다. 도표상에서는 $z=\infty$가 별로 주목받지 못했는데 그 이유는 모든 간격 관측치가 무한대에서 종결되기 때문이었다. 우적 함수는 수치해석적으로 최대화되어야 한다. 파레토분포에 있어서는 해가 존재하지 않는다. α와 θ 값이 커짐에 따라 우적 함수 값도 커지기 때문이다. 감마분포에 있어서는 로그 우적함수가 $\hat{\alpha}=2.617$ 및 $\hat{\theta}=3.311$에서 최대화된다.

불연속형 데이터로 인해 아무런 추가적인 문제가 발생하지 않았다.

예제 24 데이터 집단A에서 5건 혹은 그이상의 사고 건수를 기록한 운전자들은 정확하게 5건의 사고 건수를 기록하였다고 가정한다. $m=8$일 때 포아손분포 및 이항분포에 대한 최우 추정치를 구하여라.

일반적으로 온전한 데이터가 존재할 때 불연속형 분포에 있어서의 우적 함수는 아래와 같이 정의 된다:

$$L(\theta)=\prod_{j=1}^{\infty}[p(x_j|\theta)]^{n_{x_j}}$$

여기서 x_j는 관측된 값 중의 하나이고, $p(x_j|\theta)$는 x_j를 관측할 확률이며

n_{x_j}는 샘플에서 x_j가 관측될 건수이다. 포아손분포에 대해서는

$$L(\lambda) = \prod_{x=0}^{\infty} (\frac{e^{-\lambda}\lambda^x}{x!})^{n_x} = \prod_{x=0}^{\infty} \frac{e^{-n_x\lambda}\lambda^{xn_x}}{(x!)^{n_x}}$$

$$l(\lambda) = \sum_{x=0}^{\infty} (-n_x\lambda + xn_x\ln\lambda - n_x\ln x!) = -n\lambda + n\bar{x}ln\lambda - \sum_{x=0}^{\infty} n_x\ln x!$$

$$l'(\lambda) = -n + \frac{n\bar{x}}{\lambda} = 0$$

$$\hat{\lambda} = \bar{x}$$

가 된다.

이항분포에 있어서는

$$L(q) = \prod_{x=0}^{m} [\binom{m}{x} q^x (1-q)^{m-x}]^{n_x} = \prod_{x=0}^{m} \frac{m!^{n_x} q^{xn_x} (1-q)^{(m-x)n_x}}{(x!)^{n_x}[(m-x)!]^{n_x}}$$

$$l(q) = \sum_{x=0}^{m} [n_x\ln m! + xn_x\ln q + (m-x)n_x\ln(1-q)] - \sum_{x+0}^{m} [n_x\ln x! + n_x\ln(m-x)!],$$

$$l'(q) = \sum_{x=0}^{m} \frac{xn_x}{q} - \frac{(m-x)n_x}{1-q} = \frac{n\bar{x}}{q} - \frac{mn - n\bar{x}}{1-q} = 0$$

$$\hat{q} = \frac{\bar{x}}{m}$$

가 된다.

본 문제에 있어서는 $\bar{x} = [81.714(0) + 11,306(1) + 1,618(2) + 250(3) + 40(4) + 7(5)]$ $/94,935 = 0.16313$가 되어 포아손분포에 있어서는 $\hat{\lambda} = 0.16313$가 되고, 이항분포에 있어서는 $\hat{q} = 0.16313/8 = 0.02039$가 된다.

다음 연습문제 6번에서 사고가 5건 이상 발생하였을 때 그 사고 수를 모른다는 가정하에서의 포아손 모수를 추정하는 문제가 주어진다.

연습문제

1. 역 지수분포, $\alpha=2$일 때의 역 감마분포, 역 감마분포를 사용하여 예제 20 문제를 풀어라. 이렇게 구한 추정치들을 모멘트기법에 의해 구한 추정치들과 비교하여라.

2. 데이터 집합C를 이용하여 감마, 역 지수 및 역 감마 분포에 대한 최우 추정치를 구하여라.

3. 역 지수, 감마 및 역 감마 분포를 사용하여 데이터 집합B에 대한 최우 추정치를 구하여라. 250에서 데이터가 쎈써드되었다고 가정하라. 이렇게 구한 추정치들을 예제 20 및 연습문제 1에서 구한 추정치들과 비교하여라.

4. 양 모수를 모를 때의 파레토분포를 사용하여 예제 22 문제를 풀어라.

5. 예제 23 문제를 되풀이해서 풀되, 이번에는 중도해약을 하는데 걸리는 시간에 대한 분포를 구하여라.

6. 예제 24 문제를 되풀이해서 풀되, 이번에는 5건 이상의 사고를 기록한 운전자들의 실제 사고 건수를 모른다고 가정하여라. 이경우가 쎈써링 경우임을 주목하라.

7. q_{35}를 추정하기 위해 사람들에 대한 관측이 시작되었다. 10명의 사람이 연령 35.4에서 처음으로 관측되었다. 그 중에서 6명이 연령 36에 이르기 전에 사망하였고 4명이 연령 36까지 생존하였다. 추가적인 20명이 연령 35에서 처

음으로 관측되었다. 그 중에서 8명이 연령 36 전에 사망하였고 나머지 12명은 36까지 생존하였다. 연령 35에서 사망에 이르는 시간이 확률밀도함수 $f(t)=w$일 때 $0 \le t \le 1$이고, $t>1$일 때, $f(t)$는 정의되지 않는다고 주어질 때 q_{35}에 대한 최우 추정치를 구하여라.

8. 주어진 모델이 $h(t)=\lambda_1,\ 0 \le t < 2$ 및 $h(t)=\lambda_2,\ t \ge 2$인 하자드율 함수를 가진다고 상정한다. 연령 0부터 다음 표에 주어진 것처럼 5개의 항목에 대해 관측되었다 λ_1 및 λ_2에 대한 최우 추정치를 구하여라.

최종적으로 관측된 연령	원인
1.7	사망
1.5	쎈써링
2.6	쎈써링
3.3	사망
3.5	쎈써링

9. 목표는 q_x를 추정하는 것이다. 연령 q_x에 있는 특정 사람이 사망에 이르는 시간은 균일 밀도함수를 갖는다. 생존분포 분석에 있어서 10명의 사람이 연령 x에 관측되었다. 그 중에서 연령 $x+0.5$에서 1명이 사망하였고 1명은 관측에서 제외되었다. q_x에 대한 최우 추정치를 구하여라.

10. 10명의 사람이 아래와 같은 생존함수를 갖는다고 한다:

$$S(t)=(1-\frac{t}{k})^{1/2},\ 0 \le t \le k.$$

여기서 t는 출생 시부터의 시간이다. 출생 시에 10명의 사람이 관측되었다. 시간 10에 2명의 사람이 사망하였고 8명의 사람이 관측에서 사라졌다. k에 대한 최우 추정치를 구하여라.

11. 500건의 손해액이 관측되었다. 그 중 5건의 손해액은 1,100, 3,200, 3,300, 3,500, 3,900이다. 나머지 495건의 손해액에 대해 아는 것은 그 손해액들이 4,000을 넘어간다는 것이다. 지수분포 모델에 있어서의 평균값에 대한 최우 추정치를 구하여라.

12. 100명의 사람이 연령 35에서 관측되었다 그 중에서 15명의 사람이 연령 35.6에서 본 분석에서 퇴소하였고 10명의 사람이 연령 35와 연령 35.6 사이의 부지의 어떤 시간에 사망하였으며 3명의 사람이 연령 35.6 이후 연령 36이전 부지의 어떤 시간에 사망하였다. 잔여 72명의 사람은 연령 36세까지 생존하였다. q_{35}에 대한 곱-한도 추정치와 최우 추정치를 구하여라. 후자의 경우 연령 35와 36사이에서 사망에 이르는 시간은 균일 분포를 한다고 가정하라.

13. 생존함수는 $S(t)=1-t/w,\ 0\le t\le w$이다. 보험사고 발생보고에서 종결에 이르는 시간에 대한 분포를 추정하기 위해 5건의 클레임이 분석되었다. 5년 후 4건의 클레임이 종결되었고 종결에 걸린 시간은 각각 1, 3, 4 및 4이다. 계리사 X는 최우법을 사용하여 w를 추정하였다. 계리사 Y는 모든 클레임이 종결되기를 기다렸는데 마지막 클레임이 6년이 경과된 후 종결되었다. 그 때에 계리사 Y는 최우법을 사용하여 w를 추정하였다. 두 추정치를 구하여라.

14. 만든 지 3년이 되었을 때 4개의 자동차 엔진이 처음으로 관측되었다. 그러고 나서 추가적으로 r년이 더 관측되었다. 그 때까지 3개의 엔진이 망가졌는데 각각 4, 5 및 7년이 지난 후 망가졌다. 네 번 째 엔진은 $3+r$까지도 여전히 작동되었다. 생존함수는 간격 0에서 w까지 균일 분포를 갖는다고 한다. w에 대한 최우 추정치는 13.67이다. r을 구하여라.

15. 10건의 클레임이 관측되었다. 10 건 중에서 7건의 크기는(단위 1,000) 각각 3, 7, 8, 12, 12, 13 및 14이다. 잔여 3건의 클레임은 15에서 쎈써드되었다. 제

시된 모델은 아래와 같은 하자드율 함수를 갖는다고 한다:

$$h(t) = \begin{cases} \lambda_{1,} & 0 < t < 5, \\ \lambda_{2,} & 5 \le t < 10, \\ \lambda_{3,} & t \ge 10. \end{cases}$$

세 모수에 대한 최우 추정치를 구하여라.

16. 5건의 관측치 521, 658, 702, 819 및 1,217 가 주어졌다. 사용되는 모델은 아래와 같은 분포함수를 가지는 단일 모수 파레토분포이다:

$$F(x) = 1 - (\frac{500}{x})^{\alpha}, \quad x > 500, \ \alpha > 0$$

α에 대한 최우 추정치를 구하여라.

17. 다음과 같은 심도를 가지는 5건의 클레임이 관측되었다: 11.0, 15.2, 18.0, 21.0 및 1,217. 아래 모델에 의거하여 μ에 대한 최우 추정치를 구하여라:

$$f(x) = \frac{1}{\sqrt{2\pi x}} \exp[-\frac{1}{2x}(x-\mu)^2], \quad x, \ \mu > 0$$

18. 크기 5인 무작위 샘플이 $\tau = 2$인 와이블분포로부터 취해 졌다. 두 건의 샘플 관측치는 50을 초과하는 것으로 알려 졌고 나머지 세 건의 관측치는 20, 30 및 45이다. θ에 대한 최우 추정치를 구하여라.

19. 철수와 영희는 전구 볼 비즈니스에 있어서 경쟁자이다. 영희는 자신의 전구 볼을 철수의 전구 볼 수명의 두 배라고 광고하고 있다. 20개의 철수가 만든 전구 볼과 10개의 영희가 만든 전구 볼을 테스트하기로 한다. 두 사람이 만

든 전구 볼의 수명은 시간(hour)으로 측정된 지수 분포를 한다고 가정한다. 각각의 모수를 개별적으로 추정하여 철수의 것은 $\theta_P = 1{,}000$, 영희의 것은 $\theta_S = 1{,}500$로 추정되었다. 30건 모두의 관측치를 사용하여 영희의 주장대로 $\theta_S = 2\theta_p$라는 전제하에 $\hat{\theta}^*$에 대한 최우 추정치를 구하여라.

20. 100 건의 손해액 중에서 62건은 1,000보다 작고, 38건은 1,000보다 크다는 것이 판명되었다. 평균값이 x인 지수분포를 고려하기로 한다. 주어진 정보만 사용하여 θ에 대한 최우 추정치를 구하여라. 이제 1,000보다 작은 62건의 손해액 합은 28,140이고 나머지 1,000보다 큰 38건에 대한 손해액 크기는 여전히 모른다고 가정한다. 이와 같은 추가적 정보를 사용하여 θ에 대한 최우 추정치를 구하여라.

21. 아래의 값들은 10건의 손해액 무작위 샘플로부터 산정되었다:

$$\sum_{j=1}^{10} x_j^{-2} = 0.00033674, \qquad \sum_{j=1}^{10} x_j^{-1} = 0.023999,$$
$$\sum_{j=1}^{10} x_j^{-0.5} = 0.34445, \qquad \sum_{j=1}^{10} x_j^{0.5} = 488.97$$
$$\sum_{j=1}^{10} x_j = 31{,}939, \qquad \sum_{j=1}^{10} x_j^2 = 211{,}498{,}983$$

$\tau = 0.5$인 와이블분포로부터 손해액이 도출되었다. θ에 대한 최우 추정치를 구하여라.

22. 1997년에 보고된 클레임들 중에서 1997년(년차 0)에 종결된 클레임 수는 알려지지 않았고 1998년(년차 1)에 종결된 클레임 수는 3건이고 1999년(년차 2)에 종결된 클레임 수는 1건이다. 1999년 이후에 종결된 건 역시 알려지지 않았다. 1998년에 보고된 클레임들 중에서 1998년(년차 0)에 종결된 클레임 수는 5건이고 1999년(년차 1)에 종결된 클레임 수는 2건이고 1년 이후에 종결된 건수는 알려지지 않았다. 1999년에 보고된 클레임들 중에서 1999년(년

차 0)에 종결된 클레임 수는 4건이고 0년 이후에 종결된 건수는 알려지지 않았다. N가 무작위로 선정된 클레임이 종결되는 년차이고 확률함수 $\Pr(N=n)=p_n=(1-p)p^n,\ n=0,1,2,\cdots$를 가진다고 가정한다. p에 대한 최우 추정치를 구하여라.

23. 샘플 n개의 상호 독립적인 관측치 $x_1,\cdots,x_n$가 $p.d.f.$ $f(x)=2\theta x\exp(-\theta x^2)$, $x>0$로부터 도출되었다. θ에 대한 최우 추정치를 구하여라.

24. $x_1,\cdots,x_n$는 $c.d.f.$가 $F(x)=x^p,\ 0<x<1$인 모집단에서 도출되었다. p에 대한 최우 추정치를 구하여라.

25. 감마분포에서 구하여진 10건의 손해액에 대한 무작위 샘플이 아래와 같이 주어졌다:

1,500 6,000 3,500 3,800 1,800 5,500 4,800 4,200 3,900 3,000

25-1. $\alpha=12$ 라고 알려져 있다고 하자. θ에 대한 최우 추정치를 구하여라.

25-2. α 및 θ에 대한 최우 추정치를 구하여라.

26. 로그 정규분포로부터 도출된 5건의 클레임으로 이루어진 무작위 샘플이 아래와 같이 주어졌다:

500 1,000 1,500 2,500 4,500

최우법에 의해 μ와 σ를 추정하라. 손해액이 4,500을 초과할 확률을 구하여라.

27. $x_1, \cdots, x_n$ 가 $p.d.f.$ $f(x)=\theta^{-1}e^{-x/\theta}$, $x>0$로 주어진 무작위변수로부터 도출된 무작위 샘플이라고 하자. θ에 대한 최우 추정치를 구하여라.

28. 무작위변수 X는 $p.d.f.$ $f(x)=\beta^{-2}x\exp(-0.5x^2/\beta^2)$, $x,\beta>0$를 갖는다고 한다. 이러한 무작위변수에 있어서 $E(X)=(\beta/2)\sqrt{2\pi}$ 이고 $Var(X)=2\beta^2-\pi\beta^{2/2}$이다. 아래와 같은 5건의 관측치가 주어졌다:

4.9 1.8 3.4 6.9 4.0

β에 대한 최우 추정치를 구하여라.

29. $x_1, \cdots, x_n$가 $c.d.f.$ $F(x)=1-x^{-\alpha}$, $x>1, \alpha>0$로 주어진 무작위변수로부터 도출된 무작위 샘플이라고 하자. α에 대한 최우 추정치를 구하여라.

30. 손해액이 $c.d.f.$ $F(X)=1-\theta/x$, $x>\theta$인 분포를 갖는다고 한다. 20건의 손해액 샘플에는 9건의 10이하, 6건의 10과 25 사이, 5 건의 25 초과 손해액이 존재한다고 한다. θ에 대한 최우 추정치를 구하여라.

31. 손해액이 간격 $(0, w)$에서 균일분포를 갖는다고 한다. 모든 클레임에 자기부담금 4가 부여되었을 때 5건의 손해액이 관측되었는데, 3건의 손해액은 5, 9 및 13값을 가짐이 관측되었고 나머지 두 건의 손해액은 값 $4+p$에서 센써드가 되었다. w에 대한 최우 추정치는 29이다. p값을 구하여라.

32. 3건의 손해액이 관측되었는데 그 값들은 66, 91 및 186이다. 여타 7건의 손해액들은 60이하인 것으로 알려져 있다. 손해액은 $c.d.f.$ $F(x)=e^{-\theta/x}$, $x>0$인 역 지수 분포를 가진다고 한다. 모수 중앙값에 대한 최우 추정치를 구하여라.

33. 논의의 보험증권에는 자기부담금 100이 결부되어 있다고 한다. 7건의 손해액이 관측되었는데 그 값들은 120, 180, 200, 270, 300, 1,000 및 2,500이다. 원손해액(자기부담금 적용전 손해액)은 $\theta=400$ 및 α는 미지수인 파레토 분포를 갖는다고 한다. α에 대한 최우 추정치를 구하여라.

34. 무작위변수 X가 $p.d.f.$ $f(x)=\alpha\lambda^{\alpha}(\lambda+x)^{-\alpha-1},$ $x,\alpha,\lambda>0$를 갖는다고 한다. $\lambda=1{,}000$이라고 알려져 있다. 아래와 같은 5건의 관측치가 주어졌다:

43	145	233	396	775

α에 대한 최우 추정치를 구하여라.

35. 아래와 같은 20건의 관측치가 수집되었다. $\Pr(X>200)$를 추정하고자 한다. 모수적 모델이 필요한 경우 $F(x)=1-(100/x)^{\alpha}$, $x>100, \alpha>0$ 인 단일 모수 파레토분포를 사용하여라.

132	149	476	147	135	110	176	107	147	165
135	117	110	111	226	108	102	108	227	102

35-1. $Pr(X>200)$에 대한 경험적 추정치를 구하여라.

35-2. 단일 모수 파레토 모수 α에 대한 모멘트기법 추정치를 구하여라. 그 결과치를 사용하여 $Pr(X>200)$를 추정하라.

35-3. 단일 모수 파레토 모수 α에 대한 최우 추정치를 구하여라. 그 결과치를 사용하여 $Pr(X>200)$를 추정하라.

36. 다음 표에는 250건의 손해액에 대한 샘플 결과치가 실려 있다. $c.d.f.$가 $F(x)=e^{-\theta/x}$, $x>0$인 역 지수 분포를 고려하기로 한다. x에 대한 최우 추정치를 구하여라.

손해액	관측치 수	손해액	관측치 수
0-25	5	350-500	17
25-50	37	500-750	13
50-75	28	750-1,000	12
75-100	31	1,000-1,500	3
100-125	23	1,500-2,500	5
125-150	9	2,500-5,000	5
150-200	22	5,000-10,000	3
200-250	17	10,000-25,000	3
250-350	15	25,000-	2

37. 확률밀도함수가 아래와 같이 주어지는 역 가우시안분포를 고려하기로 한다:

$$f_X(x) = (\frac{\theta}{2\pi x^3})^{1/2}\exp[-\frac{\theta}{2x}(\frac{x-\mu}{\mu})^2],\quad x>0$$

37-1. $\bar{x} = (1/n)\sum_{j=1}^{n} x_j$ 일 때 아래의 관계가 성립함을 보여라:

$$\sum_{j=1}^{n}\frac{(x_j-\mu)^2}{x_j} = \mu^2\sum_{j=1}^{n}(\frac{1}{x_j}-\frac{1}{\bar{x}}) + \frac{n}{\bar{x}}(\bar{x}-\mu)^2$$

37-2. 샘플 $(x_1, \ldots, x_n)$에 대해 최우 추정치가 아래와 같이 주어짐을 보여라:

$$\hat{\mu} = \bar{x} \qquad \text{및} \qquad \hat{\theta} = \frac{n}{\sum_{j=1}^{n}(\frac{1}{x_j}-\frac{1}{\bar{x}})}$$

38. $X_1, \ldots, X_n$ 가 서로 독립적이고 $m_j > 0$가 알려진 상수일 때 평균이 $E(X_j) = \mu$ 이고 분산이 $Var(X_j) = (\theta m_j)^{-1}$인 정규분포를 한다고 가정한다. μ 및 θ에 대한 최우 추정치가 아래와 같음을 증명하라:

$$\hat{\mu} = \bar{X} \text{ 및 } \hat{\theta} = n[\sum_{j=1}^{n} m_j (X_j - \bar{X})^2]^{-1}$$

여기서 $\bar{X} = (1/m)\sum_{j=1}^{n} m_j X_j$이고 $m = \sum_{j=1}^{n} m_j$이다.

VII 불연속형 분포에 대한 전통적 추정

불연속형 분포에 대한 모수 추정에 있어서 특별히 고려해야 하는 사항들이 있는데 이에 대한 논의를 본 절에서 하겠다.

1. 포아손분포

이전 절에서 논의되었던 연속형 모델에 있어서의 추정 원리는 빈도분포에 있어서도 동일하게 적용된다. 포아손 모델에 의한 피팅을 통한 추정기법을 설명하기로 한다.

예제 25 병원 배상책임 보험에 있어서 (가)에서 주어진 대로 과거 10년 동안 일련의 클레임들이 보고되었다. 모멘트기법과 최우법을 사용하여 포아손 모수를 추정하여라.

(가) 연별 병원 배상책임 클레임 수

연도	클레임 수
1985	6
1986	2
1987	3
1988	0
1989	2
1990	1
1991	2
1992	5
1993	1
1994	3

이들 데이터는 다양한 방법으로 요약될 수 있다. 〈표 7-17〉에서 보인 것처럼 0건의 클레임이 발생한 햇수, 1 건의 클레임이 발생한 햇수 등

과 같이 햇수로 빈도를 측정할 수도 있다.
1985–1994 기간 동안 발생한 총 클레임 수는 25 건이다. 그리하여 연간 평균 클레임 수는 2.5이다.

표 7–17 빈도 기준의 병원 배상책임 클레임

빈도(k)	관측 수 (n_k)
0	1
1	2
2	3
3	2
4	0
5	1
6	1
7+	0

<표 7-17>을 통해서도 평균을 산출할 수 있다. n_k가 k건의 클레임이 정확하게 발생한 빈도를 표시하는 햇수를 나타낸다고 하자. 기대 빈도(샘플 평균)는 아래와 같다:

$$\bar{x} = \frac{\sum_{k=0}^{\infty} k n_k}{\sum_{k=0}^{\infty} n_k}$$

여기서 kn_k는 빈도 에 대해 관측된 수를 나타낸다. 그리하여 포아송 모수에 대한 모멘트 기법 추정치는 $\hat{\lambda} = 2.5$이다.

본 데이터에 대한 최우 추정치 역시 손쉽게 구할 수 있다. 관측치 k에 대한 우적 기여분은 p_k가 된다. 그리하여 관측치 전체에 대한 우적 기여분은 아래와 같이 된다:

$$L = \prod_{k=0}^{\infty} p_k^{n_k}$$

그리고 로그 우적 기여분은 아래와 같이 된다:

$$l=\sum_{k=0}^{\infty}n_k \ln p_k$$

우적 함수 및 로그 우적 함수는 미지의 모수들에 대한 함수로 고려된다. 포아손분포의 경우 단 하나의 모수가 존재하여 간단하게 최대화시킬 수 있다.

포아손분포의 경우

$$p_k=\frac{e^{-\lambda}\lambda^k}{k!}$$

및

$$\ln p_k=-\lambda+k\ln\lambda-\ln k!$$

이다.

로그 우적 함수는

$$\begin{aligned} l&=\sum_{k=0}^{\infty}n_k(-\lambda+k\ln\lambda-\ln k!)\\ &=-\lambda n+\sum_{k=0}^{\infty}kn_k\ln\lambda-\sum_{k=9}^{\infty}n_k\ln k! \end{aligned}$$

인데 여기서 $n=\sum_{k=0}^{\infty}n_k$는 샘플 크기이다. 로그 우적 함수에 있어서 λ에 대해 미분을 취하면 아래의 식을 얻을 수 있다:

$$\frac{dl}{d\lambda}=-n+\sum_{k=0}^{\infty}kn_k\frac{1}{\lambda}.$$

로그 우적 함수에 미분을 취한 것을 0으로 놓으면 최우추정치는 결과 방정식의 해값이 추정치가 된다. 그리하여 추정치는

$$\hat{\lambda}=\frac{\sum_{k=0}^{\infty}kn_k}{n}=\bar{x}$$

가 된다. 그리하여 포아손분포에 있어서 최우법하의 추정치와 모멘트 기법하의 추정치는 동일하게 된다.

N이 평균 λ인 포아손분포를 가지게 되면,

$$E(\hat{\lambda}) = E(N) = \lambda$$

이고

$$Var(\hat{\lambda}) = \frac{Var(N)}{n} = \frac{\lambda}{n}$$

이 된다. 그리하여 $\hat{\lambda}$은 불편적이고 일관성 있는 추정치가 된다. 최우 추정치는 점근적으로 평균이 λ이고 분산은 아래와 같이 주어진다고 보일 수 있다:

$$\begin{aligned} Var(\hat{\lambda}) &= \left\{ -nE[\frac{d^2}{d\lambda^2}\ln p_N] \right\}^{-1} \\ &= \left\{ -nE[\frac{d^2}{d\lambda^2}(-\lambda + N\ln\lambda - \ln N!)] \right\}^{-1} \\ &= [nE(N/\lambda^2)]^{-1} \\ &= (n\lambda^{-1})^{-1} = \frac{\lambda}{n}. \end{aligned}$$

이 경우 분산에 대한 점근적 근접치가 실제값과 동일함을 알 수 있다. 이와 같은 정보로부터 우리는 모수의 참값에 대한 근접적인 95% 신뢰구간을 만들 수 있음을 알 수 있다. 그 신뢰구간은 $\hat{\lambda} \pm 1.96(\hat{\lambda}/n)^{1/2}$이고 이것은 근접화된 것인데 그 이유는 그 값을 정의하기 위해서 대(large) 샘플론을 필요로 하기 때문이다. 샘플 크기가 작다면 여기서 정의된 신뢰구간은 매우 조심스럽게 사용되어야 한다.

현재 까지 제시된 공식에 있어서는 각 관측된 빈도의 수를 알고 있다고 가정하였다. 때로는 그러한 빈도의 수를 모를 수도 있다. 가장 빈번하게 발생하는 예는 최종 입력이 $k+$로 주어지는 경우인데 여기서 데이터 수는 k번만큼의 수이거나 그 이상으로 클레임이 관측될 경우이다. n_{k+}가 그러한 수일 경우 우적 함수에 있어서의 기여도는 아래와 같이 된다:

$$(p_k + p_{k+1} + \ldots)^{n_{k+}} = (1 - p_0 - \ldots - p_{k-1})^{n_{k+}}$$

동일한 조정이 모든 종류의 그룹 빈도 데이터에도 적용될 수 있다. 빈도 3-5에 5건의 관측치가 있다면 우적 함수에 대한 기여도는 아래와 같이 된다:

$$(p_3 + p_4 + p_5)^5$$

예제 26 다음에 제시되어 있는 데이터로 포아손분포에 대한 최우 추정치를 구하여라.

클레임 수 (날)	관측치 값
0	47
1	97
2	109
3	62
4	25
5	16
6+	9

우적 함수는

$$L = p_0^{47} p_1^{97} p_2^{109} p_3^{62} p_4^{25} p_5^{16} (1 - p_0 - p_1 - p_2 - p_3 - p_4 - p_5)^9$$

이다. 또한 λ의 함수로 위식이 정의될 때는 좀 더 복잡한 형태를 띠게 된다. 미분을 취할 수는 있으나 그 미분값을 0으로 놓고 방정식을 푸는 데 있어서 수치해석 기법을 사용하여야 한다. 수치해석 기법을 사용하여 우적 함수를 직접적으로 최대화하는 것이 더 손쉬운 방법일 수도 있다. 최종 관측치 9건의 관측치 값을 6으로 가정하고 샘플 평균값을 구한 뒤 그것을 최대화 시작값으로 놓는 것이다. 물론 이러한 가정으로 최우 추정치가 저평가될 수 있지만 시작하기에는 좋은 가정이다. 본 예에 있어서 최우 추정치 값은 $\hat{\lambda} = 2.0226$인데 이 값은 모든 관측 수가 기록되었을 때의 값과 매우 유사하다.

2. 음이항분포

음이항분포에 있어서의 모멘트 방정식은

$$r\beta = \frac{\sum_{k=0}^{\infty} k n_k}{n} = \bar{x} \tag{7.3}$$

및

$$r\beta(1+\beta)=\frac{\sum_{k=0}^{\infty}k^2n_k}{n}-(\frac{\sum_{k=0}^{\infty}kn_k}{n})^2=s^2 \tag{7.4}$$

이다. 여기서 해는 $\hat{\beta}=(s^2/\bar{x})-1$과 $\hat{r}=\bar{x}/\hat{\beta}$가 된다. 분산 추정치가 n이 아니라 $n-1$로 나누어서 구해졌음을 주목하기 바란다. 이는 모멘트기법에 있어서 반드시 요구되지는 않지만 흔히 사용되는 접근방법이다. 또한 $s^2<\bar{x}$ 이면 β가 음의 수가 되어 허용될 수 없는 값임을 주목하기 바란다.

예제 27 (예제 25의 계속) 모멘트기법을 통해 음이항분포의 모수들을 추정하라. 샘플 평균값과 분산값은 각각 2.50이고 3.050이다. 그리하여 모수들에 추정값은 각각 $\hat{r}=11.364$이고 $\hat{\beta}=0.22$이다.

동일한 평균값을 가지는 포아손분포와 비교하였을 때 β는 "가외적 포아손"의 변동을 측정해주는 것으로 볼 수 있겠다. $\beta=0$이면 가외적 포아손분포의 변동이 없음을 의미하고, $\beta=0.22$이면 동일한 평균값을 가지는 포아손분포와 비교하였을 때 분산이 22% 증가됨을 의미한다고 하겠다.

이제 최우 추정기법에 대해서 논하기로 한다. 음이항분포에 있어서 로그 우적 함수는 아래와 같이 주어진다:

$$\begin{aligned}l&=\sum_{k=0}^{\infty}n_k\ln p_k\\&=\sum_{k=0}^{\infty}n_k[\ln\binom{r+k-1}{k}-r\ln(1+\beta)+k\ln\beta-k\ln(1+\beta)].\end{aligned}$$

위 우적 함수는 두 개의 모수 β 및 r에 대한 함수이다. 로그 우적 함수의 최대값을 구하기 위해 각 모수에 대해 1차 미분을 하고 그 미분 값을 0으로 놓은 뒤 모수에 대한 해를 구하는 절차를 따른다. 로그 우적 함수에 1차 미분을 취하면 아래와 같이 된다:

$$\frac{\partial l}{\partial\beta}=\sum_{k=0}^{\infty}n_k(\frac{k}{\beta}-\frac{r+k}{1+\beta}) \tag{7.5}$$

및

$$\frac{\partial l}{\partial r} = -\sum_{k=0}^{\infty} n_k \ln(1+\beta) + \sum_{k=0}^{\infty} n_k \frac{\partial}{\partial r} \ln \frac{(r+k-1)\ldots r}{k!} \tag{7.6}$$

$$= -n\ln(1+\beta) + \sum_{k=0}^{\infty} n_k \frac{\partial}{\partial r} \ln \prod_{m=0}^{k-1}(r+m)$$

$$= -n\ln(1+\beta) + \sum_{k=0}^{\infty} n_k \frac{\partial}{\partial r} \sum_{m=0}^{k-1} \ln(r+m)$$

$$= -n\ln(1+\beta) + \sum_{k=0}^{\infty} n_k \sum_{m=0}^{k-1} \frac{1}{r+m} \quad .$$

이들 방정식을 0으로 놓으면 아래의 값들을 구할 수 있게 된다:

$$\hat{\mu} = \hat{r}\hat{\beta} = \frac{\sum_{k=0}^{\infty} k n_k}{n} = \bar{x} \tag{7.7}$$

및

$$n\ln(1+\hat{\beta}) = \sum_{k=1}^{\infty} n_k \left(\sum_{m=0}^{k-1} \frac{1}{\hat{r}+m}\right) \tag{7.8}$$

평균값에 대한 최우 추정치는 샘플 평균이 된다(정의에 의해 모멘트기법에서처럼). 식 (7.7) 및 (7.8)은 수치해석 기법을 통해서 풀 수 있다. 식 (7.8)에서의 $\hat{\beta}$를 $\hat{\mu}/\hat{r}$로 교체하면 아래의 식이 도출된다:

$$H(\hat{r}) = n\ln\left(1+\frac{\bar{x}}{\hat{r}}\right) - \sum_{k=1}^{\infty} n_k \left(\sum_{m=0}^{k-1} \frac{1}{\hat{r}+m}\right) = 0 \tag{7.9}$$

식 (7.4)의 우편의 값이 식 (7.3)의 우편의 값보다 크다면 식 (7.9)는 유일한 해를 갖는다는 것을 보일 수 있다. 그렇지 않다면 음이항분포의 사용이 바람직하지 않은데 그 이유는 샘플 분산값이 샘플 평균값보다 작기 때문이다.

식 (7.9)는 $\hat{r}$에 대해 뉴튼-랍슨 기법을 사용하여 수치적으로 풀 수 있다. k번째 반복시도를 위한 식은

$$r_k = r_{k-1} - \frac{H(r_{k-1})}{H'(r_{k-1})}$$

이다.

r_0에 대한 유용한 초기값은 r에 대한 모멘트기법에 의한 추정치이다. 물론

어떠한 루트-발견 기법(양분, 쎄칸트)도 사용될 수 있다.

로그 우적 함수는 두 변수로 이루어진 함수이다. 수치해석 기법을 사용하여 직접적으로 최대화시킬 수 있다. 온전한 데이터가 주어진 하에서의 음이항분포의 경우에는 평균에 대한 추정치가 샘플 평균이 되어야한다는 것을 알기에 $\beta=\bar{x}/r$로 놓음으로써 하나의 해만 구하면 되는 것이다.

예제 28 예제 25에 있어서의 데이터를 이용하여 음이항분포에 있어서의 모수들에 대한 최우 추정치를 구하여라.
우적 함수의 최댓값은 $\hat{r}=10.9650$ 및 $\hat{\beta}=0.227998$ 일 때 발생한다.

예제 29 트뢰블리거에 의해 1년 동안 발생한 운전자당 사고건수를 분석함으로써 자동차 보험에 있어서의 23,589 운전자들의 운전 형태가 분석되었다. 데이터, 적합화된 포아손분포 및 음이항분포가 다음 표에 주어졌다. 주어진 정보에 의거하여 어느 분포가 더 좋은 모델인가를 판별하라.

자동차 보험 클레임 빈도 분포에 있어서의 두 모델

연당 클레임 수	운전자 수	포아손분포 기대치	음이항분포 기대치
0	20,592	20,420.9	20,596.8
1	2,651	2,945.1	2,631.0
2	297	212.4	318.4
3	41	10.2	37.8
4	7	0.4	4.4
5	0	0.0	0.5
6	1	0.0	0.1
7+	0	0.0	0.0
모수		$\lambda=0.144220$	$r=1.11790$
			$\beta=0.129010$
로그 우적 값		-10,297.84	-10,223.42

기대 건수는 샘플 크기(23,589)를 모델에 의해 배정된 확률을 곱함으로써 구해진다. 음이항분포 확률에 의해 도출된 기대 건수가 실제 관측된 건수에 훨씬 더 근접해 있음을 알 수 있다. 또한 로그 우적 함수가 훨씬 큰 값에서 최대화 된다. 보다 정교한 모델 선정 절차(훨씬 높다는 것

에 대한 의미 설명을 포함)가 다음 장에서 설명될 것이다. 그러나 적어도 이 경우에 있어서 음이항분포의 우월성은 쉽게 파악할 수 있겠다.

3. 이항분포

이항분포는 두 모수 m과 q를 가진다. 흔히 m값은 알려져 있다. 이 경우 한 개의 모수 q만 추정하면 된다. 보험의 경우에 있어서는 q가 사망이나 장애와 같은 사건이 발생할 확률로 종종 이용된다. 그러한 경우에 있어서의 q값은 통상적으로 아래와 같이 추정된다:

$$\hat{q} = \frac{\text{관측된 사건의 횟수}}{\text{가능한 사건의 최대횟수}}$$

이는 m이 알려져 있을 때의 모멘트기법에 해당된다.

빈도 데이터가 본 장에 있어서의 이전 예제의 형태로 주어지면, 모수 m의 값은 가능한 최대 관측 수이고 알려져 있거나, 고정되어 있거나 혹은 알려지지 않을 수도 있다. 어떠한 경우에 있어서도 m값은 최대 가능 관측 횟수보다 작아야 한다. 로그 우적 함수는

$$\begin{aligned} l &= \sum_{k=0}^{m} n_k \ln p_k \\ &= \sum_{k=0}^{m} n_k \left[\ln\binom{m}{k} + k\ln q + (m-k)\ln(1-q)\right] \end{aligned}$$

이다.

m값이 알려져 있거나 고정되어 있으면 l은 q에 대해서만 최대화하면 된다:

$$\frac{\partial l}{\partial q} = \frac{1}{q}\sum_{k=0}^{m} kn_k - \frac{1}{1-q}\sum_{k=0}^{m}(m-k)n_k$$

위 식을 0으로 놓고 풀면 아래와 같이 된다:

$$\hat{q} = \frac{1}{m}\frac{\sum_{k=0}^{m} kn_k}{\sum_{k=0}^{m} n_k}$$

이는 관측된 사건에 있어서의 샘플 비율이다. 모멘트기법에 있어서 x가

고정되어 있을 때 x에 대한 추정치는 모멘트 식이 아래와 같이 주어지기 때문에 최우 추정치와 동일하다:

$$mq = \frac{\sum_{k=0}^{m} kn_k}{\sum_{k=0}^{m} n_k}$$

m이 알려지지 않았을 때는 최우 추정치 q는

$$\hat{q} = \frac{1}{\hat{m}} \frac{\sum_{k=0}^{\infty} kn_k}{\sum_{k=0}^{\infty} n_k} \tag{7.10}$$

이다.

여기서 $\hat{m}$은 m에 대한 최우 추정치를 나타낸다. m 및 q에 대한 최우 추정을 적용하는 손쉬운 접근방법으로 m에 대한 여러 가능한 값들에 대한 우적 프로파일을 아래와 같이 고안하는 것이다:

단계 1: $\hat{m}$값이 최대 관측 횟수가 되도록 해서 시작함
단계 2: 식 (7.10)을 사용하여 $\hat{q}$를 구함
단계 3: 그 값에서의 로그 최우값을 산정함
단계 4: $\hat{m}$을 1만큼 증가시킴
단계 5: 단계 2-4를 최대값을 발견할 때까지 되풀이 함

예제 30 15,160건으로 이루어진 보험 증권 포트폴리오에 있어서 1년 동안 발생한 증권당 클레임 수가 다음 표에 주어졌다. 모멘트기법과 최우법에 의한 추정치들을 구하여라.

증권당 클레임 건수

증권당 클레임 건수	증권 수
0	5,367
1	5,893
2	2,870

3	842
4	163
5	23
6	1
7	1
8+	0

샘플 평균값과 분산값은 각각 0.985422 및 0.890355이다. 분산값이 평균값보다 적음으로써 이항분포가 시도해 볼만한 합리적인 분포임을 보여주고 있다. 모멘트기법에 의하면 $mq=0.985422$과 $mq(1-q)=0.890355$이다.

그리하여 $\hat{q}=0.096474$이고 $\hat{m}=10.21440$가 된다. 그러나 m은 정수 값만 취할 수 있다. 반올림을 하여 $\hat{m}=10$을 선택하기로 한다. 그러고 나서 추정치 $\hat{q}$를 첫 모멘트 방정식을 사용하여 0.0985422로 조정한다. 그렇게 함으로써 $10(0.0985422)(1-0.0985422)=0.888316$이기 때문에 모델 분산값과 샘플 분산값간에는 괴리가 발생하게 된다. 이러한 괴리는 모수가 정수 값을 가질 때 초래되는 모멘트기법에 있어서의 한계인 것이다.

이제 최우추정기법에 시선을 돌리기로 한다. 데이터로부터 $m \geq 7$임을 알고 있다. m이 알려져 있다면 q 만 추정하면 된다. m이 알려져 있지 않다면 고정된 값 m을 7부터 시작하여 최댓값을 발견할 때까지 그 값을 증가시킴으로써 우적 함수 값을 최대화시키는 우적 프로파일을 도출해낼 수 있다. 그 결과치가 〈표 7-18〉에 실려 있다.

표 7-18 이항분포 우적 프로파일

$\hat{m}$	$\hat{q}$	−로그 우적 값
7	0.140775	19,273.56
8	0.123178	19,265.37
9	0.109491	19,262.02
10	0.098542	19,260.98
11	0.089584	19,261.11
12	0.082119	19,261.84

가장 큰 로그 우적 함수 값이 $m=10$일 때 발생하였다. 사전적으로 m 값이 알려지지 않았다면 모수들에 대한 최우 추정치는 $\hat{m}=10$과 $\hat{q}=$

0.0985422이다. 이 결과치는 모멘트기법에 의한 추정치와 동일한데 모든 데이터에 있어서 이러한 결과가 발생하는 것은 아니다.

VIII • 최우 추정에 있어서의 익스포져 효과

대규모의 보험가입자로 이루어진 그룹으로부터 합해진 데이터를 수집하였을 때도 여전히 최우추정기법을 사용할 수 있다. 아래의 예제에서 포아손분포를 사용하여 그러한 경우를 보이겠다.

예제 31 다음 표에 게재된 데이터를 사용하여 포아손분포 모수에 대한 최우 추정치를 구하여라.

연도별 자동차 클레임 건수

연도	익스포져	클레임 건수
1986	2,145	207
1987	2,452	227
1988	3,112	341
1989	3,458	335
1990	3,698	362
1991	3,872	359

λ를 단일 익스포져에 대한 포아손분포 모수라고 하자. 연도 k에 e_k 익스포져가 존재한다면 클레임 수는 모수 λ_{e_k}를 갖는 포아손분포를 가진다. n_k를 연도 k에 있어서의 클레임 수라고 하면 우적 함수는

$$L = \prod_{k=1}^{6} \frac{e^{-\lambda e_k}(\lambda e_k)^{n_k}}{n_k!}$$

이다.

최우 추정치는 아래에서 구할 수 있다:

$$l = \ln L = \sum_{k=1}^{6} [-\lambda e_k + n_k \ln(\lambda e_k) - \ln(n_k!)]$$

$$\frac{\partial l}{\partial \lambda} = \sum_{k=1}^{6} (-e_k + n_k \lambda^{-1}) = 0$$

$$\hat{\lambda} = \frac{\sum_{k=1}^{6} n_k}{\sum_{k+1}^{6} e_k} = \frac{1,831}{18,737} = 0.09772$$

이 예제에서의 답은 우리가 기대했던 대로 익스포져당 평균 클레임 수이다. 이러한 테크닉은 여타 분포에도 적용될 수 있다. 그러나 동 모델에 대한 해석에 있어서는 좀 조심해야 한다. 예를 들어 음이항분포가 사용된다면 각 익스포져 단위별로 음이항분포에 의해 클레임이 발생하여야 한다. 이는 총 클레임 건수가 음이항분포를 갖는다는 가정과는 사뭇 다른데 그 이유는 총 클레임 건수는 상이한 모수의 포아송분포를 가지는 각 개별 클레임의 합이기 때문이다.

연습문제

1. 이항 분포의 모수 m이 알려졌다고 가정한다. k에 대한 최우 추정치를 고려한다.

1-1. 최우 추정치는 불편 추정치임을 증명하라.

1-2. 최우 추정치의 분산값을 구하여라.

1-3. q가 $\hat{q}$로 교체된 공식 $1-\alpha \doteq \Pr(\hat{\theta}-z_{\alpha/2}\sqrt{v(\hat{\theta})} \le \theta \le \hat{\theta}+z_{\alpha/2}\sqrt{v(\hat{\theta})})$을 이용하여 신뢰구간에 대한 간단한 공식을 구하여라.

2. 식 (7.7)을 사용하여 기하분포에 있어서의 β에 대한 최우 추정치를 구하여라. 또한 최우 추정치의 분산값을 구하라.

3. 리스크 10,000명에 있어서 발생한 클레임 건수가 다음 표에서처럼 주어졌다.

클레임 건수	증권 수
0	9,048
1	905
2	45
3	2
4+	0

3-1. 포아손분포 모델에 있어서의 λ에 대한 최우 추정치를 구하고 λ에 있어서의 95% 신뢰구간을 구하여라.

3-2. 기하분포 모델에 있어서의 β에 대한 최우 추정치를 구하고 β에 있어서의 95% 신뢰구간을 구하여라.

3-3. 음이항분포 모델에 있어서의 r 및 β에 대한 최우 추정치를 구하여라.

3-4. $m=4$임을 가정하고 이항분포 모델에 있어서의 q에 대한 최우 추정치를 구하여라.

3-5. 우적 프로파일을 만듦으로써 m 및 q에 대한 최우 추정치를 구하여라.

4. 특정 자동차 보험 증권 하에서는 저보험(under-insured) 및 미보험(uninsured) 운전자로 인한 사고에 대해 보험 급여가 지불된다. 1,000건의 증권에서 발생한 데이터가 표에 실려 있다.

클레임 건수	저보험 운전자 수	미보험 운전자 수
0	901	947
1	92	50
2	5	2
3	1	1
4	1	0
5+	0	0

4-1. 각각의 변수 N_1 =저보험 클레임 건수 및 N_2 =미보험 클레임 건수에 대한 포아손분포 모델에 있어서의 λ에 대한 최우 추정치를 구하여라.

4-2. N_1 및 N_2는 서로 독립적이라고 가정한다. 각각의 변수가 파레토분포를 할 때, 그 변수의 합도 파레토분포를 한다는 특성을 이용하여 $N=N_1+N_2$에 대한 파레토분포 모델을 구하여라.

5. 연습문제 4에 있어서 N에 대한 모델의 모수값을 추정하는 또 다른 방법은 각각의 1,000 증권에 대해서 저보험 및 미보험 클레임 건수 합을 이용하는 것이다. 이렇게 하여 얻어진 결과치가 다음 표에 실려 있다.

클레임 건수	증권 수
0	861
1	121
2	13
3	3
4	1
5	0
6	1
7+	0

5-1. 포아손분포 모델에 있어서의 λ에 대한 최우 추정치를 구하라.

5-2. 기하분포 모델에 있어서의 β에 대한 최우 추정치를 구하라.

5-3. 음이항분포 모델에 있어서의 r 및 β에 대한 최우 추정치를 구하라.

5-4. $m=7$임을 가정하고 이항분포 모델에 있어서의 q에 대한 최우 추정치를 구하라.

5-5. 우적 프로파일을 만듦으로써 m 및 q에 대한 최우 추정치를 구하여라.

6. 다음 표에 실려 있는 데이터는 노인들로 이루어진 단체 보험 플랜에서 1년 동안 발생한 의약 조제 건수를 나타낸다.

의약 제조 건수	빈도	의약 제조 건수	빈도
0	82	16-20	40
1-3	49	21-25	38
4-6	47	26-35	52
7-10	47	36+	91
11-15	57		

6-1. 포아손분포 모델에 있어서의 λ에 대한 최우 추정치를 구하라.

6-2. 기하분포 모델에 있어서의 β에 대한 최우 추정치를 구하고 β에 있어서의 95% 신뢰 구간을 구하여라.

6-3. 음이항분포 모델에 있어서의 r 및 β에 대한 최우 추정치를 구하라.

7. 3,000 보험 증권으로 이루어진 샘플에서 1,000 증권에 클레임이 없었고, 1,200 증권에 1건의 클레임이, 200증권에 2건의 클레임이 발생하였다. 최우 추정기법과 정규분포 근접화를 사용하여 포아손분포 모델의 평균값에 대한 90% 신뢰구간을 구하여라.

8. 포아손분포로부터 도출된 크기 10인 샘플에 값들 10, 2, 4, 0, 6, 2, 4, 5, 4 및 2가 실려 있다. 포아손분포 모델에 있어서의 최우 추정치에 대한 상관 계수를 구하여라.

PART I

제8장 모델 선정

CHAPTER 08

모델 선정

I · 도 입

데이터를 사용하여 모델을 구축하는데 있어서 그 과정은 최선의 모델을 선정한 후 종결되어야 한다. 완벽한 모델이 존재할 수 없으므로 전적인 책임을 회피하기 위해서는 선정된 모델에 대한 제약, 한계, 조심할 점 등에 대해 언급하는 것이 별로 이상하지 않을 수 있다. 본 장에서는 선정된 모델을 평가하기 위한 다양한 기법들에 대해서 다룰 것이다. 그러나 명심해야 하는 것은 어떠한 모델이 최종적으로 선정되었다 하더라도 그것은 현실에 대한 근접화에 지나지 않는다는 것이다. 아래의 모델 구축자의 모토에서 그러한 현실이 잘 반영되어 있다:

모든 모델은 틀리지만, 몇몇의 모델은 유용하다.

그리하여 모델 구축의 목표는 질문에 대한 답을 주기 위해 충분한 모델을 결정하는 것이 될 수 있다. 어느 정도가 충분한 것인가에 대한 답은 어디에 쓰일 것인가에 달려 있을 수 있다. 모델 구축에 있어서 또 하나 중요한 것은 질문에 대한 확고한 이해가 답을 찾는데 많은 도움을 줄 수 있다는 것이다.

본 장에서는 구체적인 모델링 전략이 고려될 것이다. 어떠한 확률적 모델링 상황에서도 사용될 수 있는 단일 접근 방법이 가장 선호될 수 있을 것이다. 하지만 현실적으로는 특정 모델링 상황에서 더 좋은(더 신뢰할 수 있고 더 정확하다는 의미에서) 접근방법이 있을 수 있을 것이다. 예를 들어 대부분의 모델링 상황에 있어서 최우법이 좋은 추정기법이 될 수 있지만 특정 분포에 있어서는 최고의 기법이 되지 않을 수도 있는 것이다. 비록 여기에서는 언급되지 않았지만 특정 분포에 대해 최적화된 기법을 각종 논문들을 살펴봄으로써 발견할 수도 있겠다. 또한 여기서 사용되는 수많은 가설 검증으로는 근접된 결과만을 얻을 수 있다. 특정 경우에 있어서는 보다 나은 근접화 혹은 실제와 동일한 결과치를 얻을 수도 있다. 본 장의 목표는 대부분의 경우에 합리적인 답을 제공하고 다양한 상황에 대해서도 손쉽게 변형시킬 수 있는 기법을 제시하는 것이다.

본장에서는 통계적 가설 검증에 대한 기본적 이해를 필요로 한다. 잔여 절들에서는 다양한 평가 기법과 모델 선정 기법에 대해 다룰 것이다. 모든 개별 기법에는 장단점이 존재하여 상이한 기법으로 인해 상이한 모델이 선정될 수 있어 모델링이 과학이 아니라 예술이라고 말할 수 있게 까지 해준다. 간혹 현실에 있어서의 실제 적용에는 모델링에 있어서의 목적 자체가 한 모델을 다른 모델에 비해 선호하게도 만든다.

II • 데이터와 모델 표식

모델 선정에서 제안될 모든 접근방법은 제시된 모델을 데이터에 비교하거나 또 다른 모델과 비교하는 것이다. 제시된 모델은 확률밀도 함수나 분포함수 혹은 한도 기댓값 함수나 평균 초과 손해 함수와 같은 함수적 통계치로 나타내진다. 데이터는 경험적 분포함수나 히스토그램에 의해서 나타내진다. 개별적이고 온전한 데이터가 존재할 때 그래프는 쉽게 도출될 수 있다. 데이터에 대한 그룹화가 일어났거나 데이터에 절단 혹은 쎈써링이 있게 되면 어려움이 나타나게 된다. 여기서 다루어지는 경우는 모든 데이터가 동일한 값에서 절단되거나(0이 될 수도 있다) 모든 데이터가 동일한 값(무한대일 수도 있다)에서 쎈써드되는 경우로 국한시키기로 한다. 복합 절단이나 쎈써링에 대해서는 논외로 하기로 한다. 그러한 경우는 연속형 모델에만 적용된다는 것을 주목하기 바란다. 불연속형 데이터에 있어서 쎈써링, 절단 및 그룹화에 있어서는 그와 같은 문제는 거의 발생하지 않는다고 할 수 있다. 데이터는 가능한 각 개별 관측치에서의 상대적 빈도나 누적적 빈도로 손쉽게 나타내진다.

데이터를 나타내는 데 있어서 개별 데이터의 경우에는 경험적 분포가 사용되고 그룹화된 데이터의 경우에는 히스토그램이 사용될 것이다.

선정된 모델을 절단된 데이터에 비교함에 있어서는 경험적 분포가 절단된 포인트에서 시작되며 그 경험적 분포가 조건부 값들(즉 관측치가 절단 포인트를 넘어간다는 조건하에서의 분포함수 및 확률밀도함수)을 나타낸다는 것을 유념해야 할 것이다. 경험적 값들과 비교하기 위해서는 모델 자체도 절단되어야 할 것이다. 데이터 집합에 있어서의 절단 포인트를 t로 놓기로 하자. 수정된 함수는 아래와 같게 된다:

$$F^*(x) = \begin{cases} 0, & x < t, \\ \dfrac{F(x) - F(t)}{1 - F(t)}, & x \geq t \end{cases}$$

$$f^*(x) = \begin{cases} 0, & x < t, \\ \dfrac{f(x)}{1 - F(t)}, & x \geq t \end{cases}$$

본 장에 있어서는 분포함수나 (확률)밀도함수를 나타낼 때 첨자는 경험적 모델(카플란-메이어, 넬센-엘렌, 오지브 등등의)에 있어서의 샘플 크기를 나타내고 (*)는 추정된 모수적 모델인 것을 나타낸다. 실제의 모(population) 분포에는 아무런 표식이 붙지 않는다.

Ⅲ • 밀도함수와 분포함수에 있어서의 도식적 비교

선정된 모델이 얼마나 데이터와 잘 매치되는지를 직접적으로 확인하기 위해서는 각각의 밀도함수나 분포함수를 그려보는 것이다.

예제 1 (가) 및 (나)에 주어진 데이터 집합B 및 C를 고려한다. 본 예제와 그 이후의 예제에 있어서 값 15,743은 값 3,476으로 교체한다(그래프를 한 페이지 내에서 그릴 수 있도록 하기 위해). 데이터 집합B는 50에서 데이터 집합C는 7,500에서 절단하라. 각 데이터 집합에 대해서 지수분포 모델의 모수를 추정하라. 추정된 분포함수를 그리고 모델 핏의 적합성 정도에 대해 설명하라. 이러한 작업을 1,000에서 쎈서드된 데이터 집합 B에 대해 되풀이 하라(이 경우 절단은 없다).

(가) 데이터 집합B(최댓값 바뀜)

27	82	115	126	155	161	243	294	340	384
457	680	855	877	974	1,193	1,340	1,884	2,558	3,476

(나) 데이터 집합C

지급금 범위	지급금 건수
0-7,500	99
7,500-17,500	42
17,500-32,500	29
32,500-67,500	28
67,500-125,000	17
125,000-300,000	9
300,000 이상	3

데이터 집합B에는 19건의 관측치가 담겨 있다(절단으로 인해 첫 번째 관측치는 제거됨). 우적 함수에 대한 기여도 예(첫 가능 관측치)는 $f(82)/[1-F(50)]$ 이다. 지수 분포 모수에 대한 최우 추정치는 $\hat{\theta}=802.32$ 이다. 경험적 분포함수는 50에서 시작되고 매 데이터 포인트마다 1/19씩 점프한다. 절단 포인트 50을 고려한 분포함수는 아래와 같이 정의된다.

$$F^*(x)=\frac{1-e^{-x/802.32}-(1-e^{-50/802.32})}{1-(1-e^{-50/802.32})}=1-e^{-(x-50)/802.32}$$

[그림 8-1]에 이들 두 함수가 그려져 있다. 적합성이 우리가 생각한 만큼 좋지 않은데 보다 적은 값의 x에서는 모델의 분포함수가 샘플의 분포함수를 저평가하고 보다 큰 x값에 있어서는 고평가하기 때문이다. 이러한 결과치는 별로 바람직하지 않은데 테일 확률이 왜곡되기 때문

이다.

그림 8-1 50에서 절단된 데이터 집합B에 대한 모델 대 데이터 *c.d.f.*

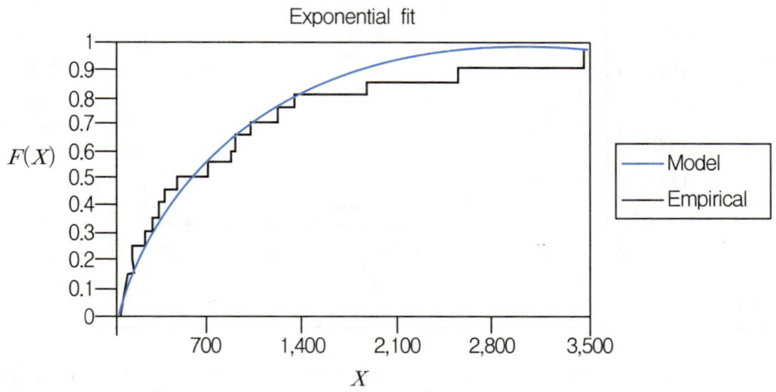

데이터 집합 C에 있어서도 우적 함수는 절단된 값을 사용하고 있다. 예를 들어 첫 간격에 있어서의 우적 함수에 대한 기여분은

$$[\frac{F(17{,}500)-F(7{,}500)}{1-F(7{,}500)}]^{42}$$

이다. 또한 최우 추정치는 $\hat{\theta}=44{,}253$이다. 첫 번째 히스토그램 막대기의 높이는 아래와 같이 주어진다:

$$\frac{42}{128(17{,}500-7{,}500)}=0.0000328.$$

그리고 마지막 바는 간격 125,000에서 300,00까지이다(30,000부터 무한대까지의 바는 정의될 수가 없다). 확률밀도 함수는 7,500에서 절단되어, 그 식은 아래와 같이 된다:

$$f^*(x)=\frac{f(x)}{1-F(7{,}500)}=\frac{44{,}253^{-1}e^{-x/44{,}253}}{1-(1-e^{-7{,}500/44{,}253})}=\frac{e^{-(x-7{,}500)/44{,}253}}{44{,}253},\ x>7{,}500$$

밀도함수 대 히스토그램의 그래프가 [그림 8-2]에 그려져 있다. 지수분포 모델은 초기 확률을 저평가하고 있음을 알 수 있다. 그래프 상으로는 125,000 이상에서 어떻게 비교되는지를 확인하기가 곤란하다고 하겠다.

그림 8-2 7,500에서 절단된 데이터 집합C에 대한 모델 대 데이터 밀도 함수

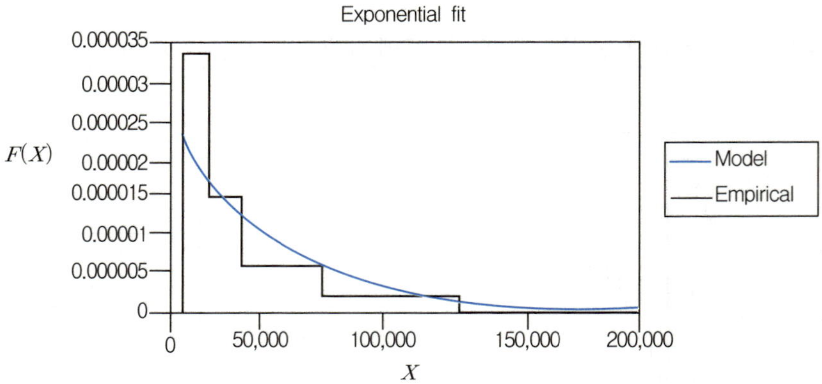

한도가 조정된 데이터 집합B에 있어서 최우 추정치는 $\hat{\theta}=718.00$이다. 그래프를 그리는 데에 있어서 경험적 분포함수는 1,000까지만 그려져야 한다. [그림 8-3]에 그려져 있다. 여전히 지수 분포 모델의 적합성은 별로 좋지 않다.

그림 8-3 1,000에서 쎈써링된 데이터 집합B에 대한 모델 대 데이터 *c.d.f.* 플롯 함수

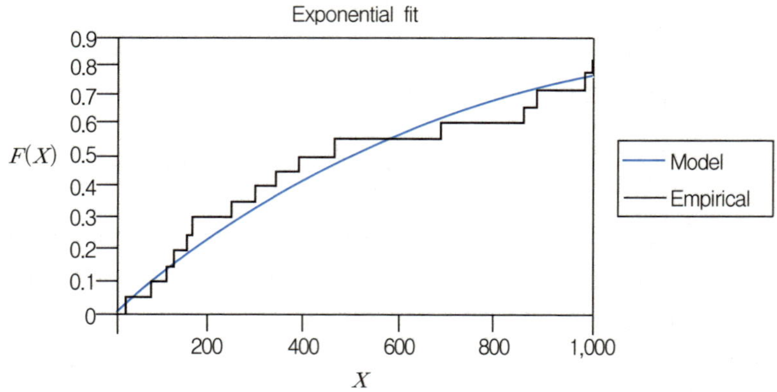

모델의 분포함수가 경험적 분포함수와 유사할 때 상세한 구별이 쉽지 않게 된다. 이것들 간의 차이를 증폭시키는 방법 중 두 가지 방법이 여기서 제시될 것이다. 첫 번째 방법은 그저 두 함수의 차이를 그려보는 것이다. 즉 $F_n(x)$가 경험적 분포 함수이고 $F^*(x)$가 모델 분포 함수라고 하면 $D(x)=F_n(x)-F^*(x)$를 그려보는 것이다. 그룹 데이터에 있어

서 그러한 차이를 그리는 것은 불가능하다고 하겠다.

예제 2 앞선 예제에 있어서의 데이터 집합B에 대해 $D(x)$를 그려 보아라.

50에서 절단된 데이터 집합B에 있어서의 $D(x)$에 대한 그래프가 [그림 8-4]에 제시되었다. 동 모델에 있어서의 적합성이 별로라는 것이 그래프 상에서 증폭되어 나타나 있다.

그림 8-4 50에서 절단된 데이터 집합B에 있어서의 모델 대 데이터 $D(x)$

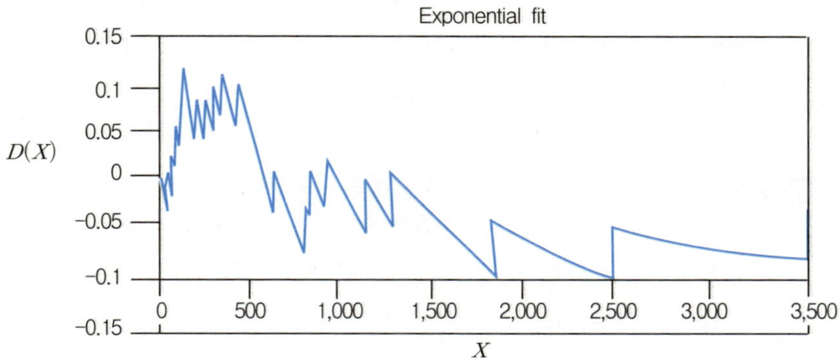

1,000에서 쎈써드된 데이터 집합B에 있어서의 그래프는 그 쎈써드 값에서 중단되어야 한다. [그림 8-5]에 그에 대한 그래프가 나타나 있고 적합성이 별로라는 것이 여기에서도 보이고 있다.

그림 8-5 1,000에서 쎈써드된 데이터 집합B에 있어서의 모델 대 데이터 $D(x)$

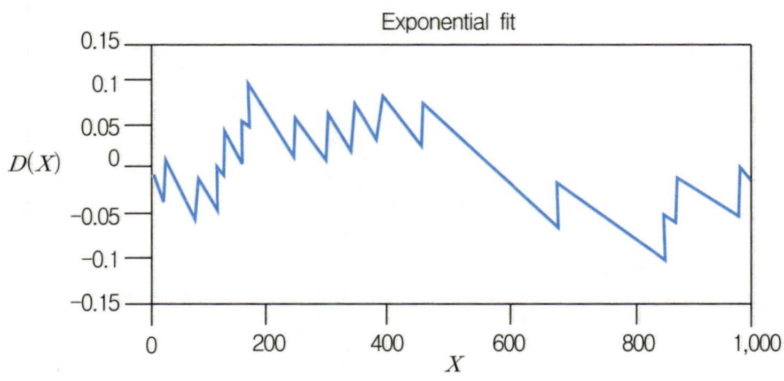

모델 대 데이터의 차이점들을 두각시켜 보여주는 또 다른 방법에는 $p-p$ 그래프가 있다. 이는 확률 그래프라고 부르기도 한다. 관측치를 $x_1 \leq \cdots \leq x_n$와 같이 순서를 정해 배열함으로써 만들어 진다. 그래프를 그리기 위한 좌표 $(x,\ y)$는 $(F_n(x_j), F^*(x_j))$로 나타낸다. 모델 적합성이 좋으면 그래프 상에서의 점(선)들이 (0, 0)으로부터 (1, 1)까지 이르는 45도 가까이에서 나타날 것이다. 그러나 이를 위해서는 경험적 분포에 있어서의 정의가 사뭇 달라져야 한다. $F(X_j)$의 기댓값이 $j/(n+1)$임을 보일 수 있어 경험적 분포는 그 값을 가져야지 통상의 j/n 값을 가져서는 안 된다. 두 개의 관측치가 동일한 값을 가지면 양 점 모두를 그리던지(동일한 "y"값을 가질 것이나 "x"값은 달라질 것이다), 두 "x"값을 평균하여 그 평균값을 그려 넣을 수도 있다.

예제 3 앞선 예제에서의 데이터를 사용하여 $p-p$를 그려라.

50에서 절단된 데이터 집합B에 있어서, $n=19$ 및 관측된 값들 중 하나의값은 $x=82$이다. 경험적 분포에 있어서의 값은 $F_{19}(82)=\frac{1}{20}=0.05$이다. 또 다른 좌표의 값은

$$F^*(82)=1-e^{-(82-50)/802.32}=0.0391$$

이다. 그려진 점들 중의 하나는 (0.05, 0.0391)이 될 것이다. 온전한 그래프가 [그림 8-6]에 실려 있다.

그림 8-6 50에서 절단된 데이터 집합B에 있어서의 $p-p$

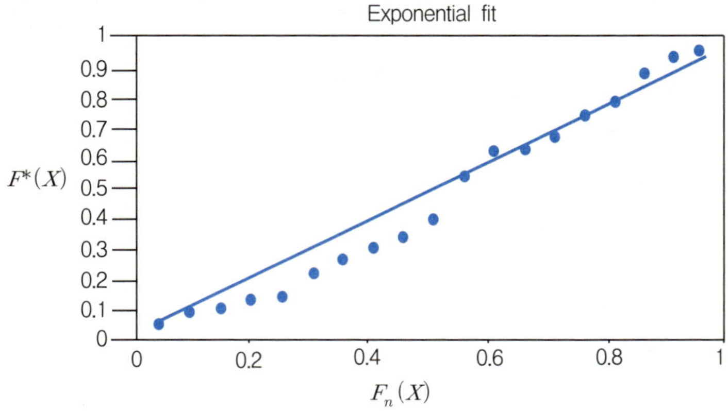

관측치 값이 작을 때 지수분포 모델이 데이터가 실제로 보여주는 것보다 더 적은 확률값을 부여하고 있음을 쉽게 알 수 있다. 1,000에서 센써드된 데이터 집합B에 있어서도 유사한 그래프를 그려낼 수 있는데 [그림 8-7]에 그 결과치가 그려져 있다. 이 경우 그래프는 약 0.75에서 중단되는데 이는 그 점에서 센써링이 되기 전 온전한 데이터하에서 이르게 되는 누적확률값이기 때문이다. 그것보다 더 높은 확률값을 가지는 경험치는 없는 것이다. 또다시 지수분포 모델이 경험치를 저평가하는 경향이 있음을 볼 수 있다.

그림 8-7 50에서 절단된 데이터 집합B에 있어서의 $p-p$

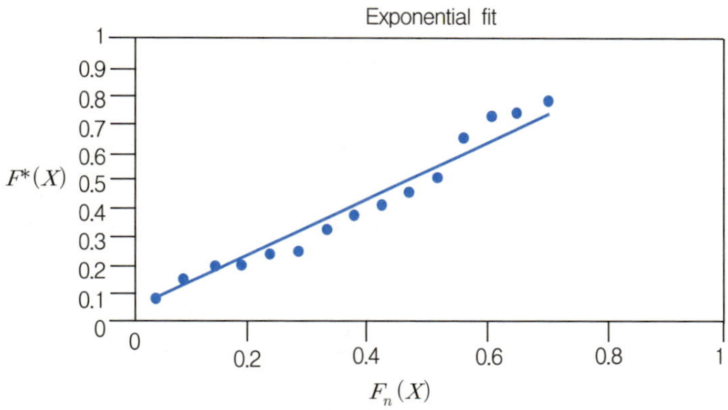

연습문제

1. 예제 1을 지수분포 모델 대신 와이블분포 모델을 사용하여 되풀이 하라.

2. 와이블분포 모델을 사용하여 예제 2를 되풀이 하라.

3. 와이블분포 모델을 사용하여 예제 3을 되풀이 하라.

Ⅳ 가설 검증

사진으로도 많은 것을 얻을 수 있지만 사진으로 전달된 의사는 간혹 수식을 통하여 전달함으로써 의사 전달이 더 명확할 수 있다. 아래와 같은 가설을 검증하는데 있어서 그러한 원리가 적용된다고 하겠다:

H_0 : 데이터는 선정된 모델과 함께 모집단에서부터 추출되었다.

H_1 : 데이터는 그러한 모집단에서 추출되지 않았다.

검증 통계치는 통상의 경우 모델 분포함수가 경험적 분포함수에 얼마나 가까운가를 보여주는 측정치이다. 귀무가설이 선정된 모델을 온전하게 규정하고 있어서(예를 들면 평균 100을 갖는 지수분포), 임계값들은 잘 알려져 있다. 그러나 종종 모델 이름만 제시될 뿐 모수들에 대해서는 침묵을 지키는 경우가 있다. 모수들이 데이터로부터 추정되면 검증 통계치는 모수값들이 미리 규정되었을 때보다 작을 수가 있다. 이러한 결과는 추정 기법 자체가 데이터에 근접한 분포를 산출해 내는 모수들을 선택하는 경향이 있기 때문이다. 귀무가설에 대한 기각이 검증 통계치의 값이 클 때 발생함으로 근접화 자체로 인해 타입 II 오류(모델이 받아들여질 수 없음에도 불구하고 받아들이는 것)의 발생 확률을 높이고, 타입 I 오류(받아들여질 수 있는 모델을 기각하는 것)의 발생 확률을 낮추는 경향이 있다. 계리적 모델링에 있어서의 이러한 경향은 받아들여질 수 있을 정도로 서로 상충적이다.

근접화를 피할 수 있는 한 가지 방법은 무작위로 샘플을 반반으로 나누는 것이다. 그 반을 모수들을 추정하는데 사용하고 나머지 반을 가설검증을 하는데 사용한다. 일단 특정 모델이 선정되면 전체 데이터를 사용하여 모수들을 재추정하는 것이다.

1. 콜모고로브-스미르노브(Kolomogorov-Smirnov) 검증

t를 좌측으로 절단되는 포인트(절단되는 포인트가 없으면 $t=0$이다)라 하고 u를 우측으로 쎈써드되는 포인트(쎈써링이 되는 포인트가 없으면 $u=\infty$)라고 하면 검증 통계치는 아래와 같이 된다:

$$D=\max_{t \le x \le u}|F_n(x)-F^*(x)|$$

본 검증은 계단 함수 $F_n(x)$가 제대로 정의되기 위해서 개별데이터에만 사용되어야 한다. 또한 모델 분포 함수 $F^*(x)$는 관련 범위에서 연속적이라고 가정한다.

예제 4 예제 1에 있어서의 D를 산출하라.

표 8-1 예제 4를 위한 D값 산정

x	$F^*(x)$	$F_n(x-)$	$F_n(x)$	최대 격차
82	0.0391	0.000	0.0526	0.0391
115	0.0778	0.0526	0.1053	0.0275
126	0.0904	0.1053	0.1579	0.0675
155	0.1227	0.1579	0.2105	0.0878
161	0.1292	0.2105	0.2632	0.1340
243	0.2138	0.2632	0.3158	0.1020
294	0.2622	0.3158	0.3684	0.1062
340	0.3033	0.3684	0.4211	0.1178
384	0.3405	0.4211	0.4737	0.1332
457	0.3979	0.4737	0.5263	0.1284
680	0.5440	0.5263	0.5789	0.0349
855	0.6333	0.5789	0.6316	0.0544
877	0.6433	0.6316	0.6842	0.0409
974	0.6839	0.6842	0.7368	0.0529
1,193	0.7594	0.7368	0.7895	0.0301
1,340	0.7997	0.7895	0.8421	0.0424
1,884	0.8983	0.8421	0.8947	0.0562
2,558	0.9561	0.8947	0.9474	0.0614
3,476	0.9860	0.9474	1.0000	0.0386

〈표 8-1〉에서 필요한 값들이 제시되어 있다. 경험적 분포 함수가 각각의 데이터 포인트에서 점프를 하기에 모델 분포 함수는 점프하기 직전과 직후에서 비교되어야 한다. 도표에서 점프 직전의 값을 $F_n(x-)$로 표시하기로 한다. 최댓값은 $D=0.1340$이다.
데이터 집합B가 1,000 포인트에서 쎈써드가 되어 있어서 20건의 관측치 중에서 15건의 관측치가 쎈써드되어 있지 않다. 〈표 8-2〉에서 필요한 산출이 제시되어 있다. 최댓값은 $D=0.0991$이다.

표 8-2 쎈써링되었을 때의 예제 4를 위한 D값 산정

x	$F^*(x)$	$F_n(x-)$	$F_n(x)$	최대 격차
27	0.0369	0.00	0.05	0.0369
82	0.1079	0.05	0.10	0.0579
115	0.1480	0.10	0.15	0.0480
126	0.1610	0.15	0.20	0.0390
155	0.1942	0.20	0.25	0.0558
161	0.2009	0.25	0.30	0.0991
243	0.2871	0.30	0.35	0.0629
294	0.3360	0.35	0.40	0.0640
340	0.3772	0.40	0.45	0.0728
384	0.4142	0.45	0.50	0.0858
457	0.4709	0.50	0.55	0.0791
680	0.6121	0.55	0.60	0.0621
855	0.6960	0.60	0.65	0.0960
877	0.7052	0.65	0.70	0.0552
974	0.7425	0.70	0.75	0.0425
1,000	0.7516	0.75	0.75	0.0016

이제 남은 것은 임계치를 구하는 것이다. 본 검증에 있어서 통상적으로 사용되는 임계치로 $\alpha=0.10$일 때 $1.22/\sqrt{n}$, $\alpha=0.05$일 때 $1.36/\sqrt{n}$ 및 $\alpha=0.01$일 때 $1.63/\sqrt{n}$이다. $u<\infty$일 때 임계치는 상대적으로 작아야 하는데 모델 분포와 실제 분포와의 차이가 클 가능성이 적기 때문이다.

예제 5 이전 예제에 있어서 콜모고로브-스미르노브 검증을 완결하라.
50에서 절단된 데이터 집합B에 있어서 샘플 크기는 19이다. 유의수준 5%에서의 임계치는 $1.36/\sqrt{19}=0.3120$이다. $0.1340<0.3120$이기 때문에 귀무가설은 기각되지 않고 지수분포 모델은 가능성 있는 모델이 된다. 지수분포 모델이 본 모집단에 대해서 적절한 모델일 가능성은 희박하지만 그러한 결론에 도달하기에는 샘플 크기가 너무 작다. 1,000에서 쎈써드된 데이터 집합B에 있어서 샘플 크기는 16이고 임계치는 $1.36/\sqrt{16}=0.34$이며 여전히 이 경우에 있어서도 지수분포 모델이 가능성 있는 모델로 간주되고 있다고 하겠다.

본 검증과 곧 설명할 안더슨-달링 검증에 있어서도 귀무가설이 선정된 모델을 완전하게 규정할 수 있어야만 임계치가 올바르게 설정되었다고 할 수 있다. 귀무가설 분포의 모수를 추정하기 위해 데이터 집합이 사용되었다면(본 예제에서처럼), 올바른 임계치는 더 작아야 한다. 양 검증에 있어서 그러한 임계치 값의 조정은 가설화된 특정 분포와 특정 모수의 참 값에 의존한다고 하겠다. 이러한 경우에 어떻게 시뮬레이션이 사용될 수 있는지에 대한 논의가 제9장 Ⅳ절에서 주어질 것이다.

2. 안더슨-달링 검증

본 검증은 콜로고로브-스미르노브 검증과 유사한데 단지 두 분포 함수간의 차이를 측정하는 측정치가 다를 뿐이다. 검증 통계치는 아래와 같이 주어진다:

$$A^2=n\int_t^u \frac{[F_n(x)-F^*(x)]^2}{F^*(x)[1-F^*(x)]}f^*(x)dx.$$

즉 이는 경험적 분포함수와 모델 분포함수간의 차이를 제곱한 가중 평균치이다. x가 t혹은 u에 근접할 때 가중치는 매우 커질 것인데 그 이유는 요소 중의 하나의 작은 값이 분모에 포함되어 있기 때문이다. 본 검증 통계치는 적정성 검증 시 분포의 중간쪽 값보다는 테일쪽 값들에 더 무게를 두는 경향이 있다. 본 공식을 통해 통계치를 구하는 것이 사뭇 힘들어 보인다. 그러나 개별 데이터(본 검증 기법 역시 그룹 데이터에서는 작동하지 않는다)에 대해서는 적

분식이 아래와 같이 단순화될 수 있다:

$$A^2 = -nF^*(u) + n\sum_{j=0}^{k}[1-F_n(y_j)]^2\{\ln[1-F^*(y_j)] - \ln[1-F^*(y_{j+1})]\}$$
$$+ n\sum_{j=1}^{k}F_n(y_j)^2[\ln F^*(y_{j+1}) - \ln F^*(y_j)].$$

여기서 겹치지 않는 비 센써드된 데이터 포인트들은 $t=y_0<y_1<\dots<y_k<y_{k+1}=u$이다. $u=\infty$일 때 첫 합으로 표시된 식에서 마지막 항목은 0이 됨을 주목하기 바란다($\ln(0)$ 값만 계산하면 된다). 임계치들은 유의수준 10%, 5% 및 1%에서 각각 1.933, 2.492 및 3.857이다. 콜모고로브-스미르노브 검증에서와 같이 $u<\infty$일 때 임계치는 더 작아야 한다.

예제 6 50에서 절단된 데이터 집합B에 있어서 19개의 데이터 포인트가 존재한다. (가)에 산출된 값들이 제시되어 있는데, 여기서 Summand는 두 합에 상응하는 값들의 합을 의미한다. 총합은 1.0226이고 검증 통계치는 $-19(1)+19(1.0226)=0.4292$이다. 검증 통계치가 임계치 2.492보다 작기 때문에 지수분포 모델은 가능성 있는 모델로 간주 된다.

(가) 예제 6에 있어서의 안더슨-달링 검증(절단 데이터 경우)

j	y_j	$F^*(x)$	$F_n(x)$	Summand
0	50	0.0000	0.0000	0.0399
1	82	0.0391	0.0526	0.0388
2	115	0.0778	0.1053	0.0126
3	126	0.0904	0.1579	0.0332
4	155	0.1227	0.2105	0.0070
5	161	0.1292	0.2632	0.0904
6	243	0.2138	0.3158	0.0501
7	294	0.2622	0.3684	0.0426
8	340	0.3033	0.4211	0.0389
9	384	0.3405	0.4737	0.0601
10	457	0.3979	0.5263	0.1490
11	680	0.5440	0.5789	0.0897
12	855	0.6333	0.6316	0.0099
13	877	0.6433	0.6842	0.0407
14	974	0.6839	0.7368	0.0758
15	1,193	0.7594	0.7895	0.0403
16	1,340	0.7997	0.8421	0.0994
17	1,884	0.8983	0.8947	0.0592

18	2,558	0.9561	0.9474	0.0308
19	3,476	0.9860	1.0000	0.0141
20	∞	1.0000	1.0000	

1,000에서 쎈써드된 데이터 집합C에 있어서의 결과치는 〈표 8-3〉에 제시되어 있다. 총합은 0.7602이고 검증 통계치는 $-20(0.7516)+20(0.7602)=0.1713$이다. 검증 통계치가 임계치 2.492를 초과하지 못하기 때문에 지수분포 모델은 가능한 모델로 간주된다.

표 8-3 예제 6에 있어서의 안더슨-달링 검증(쎈써드된 데이터 경우)

j	y_j	$F^*(x)$	$F_n^*(x)$	Summand
0	0	0.0000	0.00	0.0376
1	50	0.0369	0.05	0.0718
2	82	0.1079	0.10	0.0404
3	115	0.1480	0.15	0.0130
4	126	0.1610	0.20	0.0334
5	155	0.1942	0.25	0.0068
6	161	0.2009	0.30	0.0881
7	243	0.2871	0.35	0.0493
8	294	0.3360	0.40	0.0416
9	340	0.3772	0.45	0.0375
10	384	0.4142	0.50	0.0575
11	457	0.4709	0.55	0.1423
12	680	0.6121	0.60	0.0852
13	855	0.6960	0.65	0.0093
14	877	0.7052	0.70	0.0374
15	974	0.7425	0.75	0.0092
16	1,000	0.7516	0.75	

3. 카이스퀘어 적합도 검증

콜모고로브-스미르노브 및 안더슨-달링 검증에 있어서는 약간의 주의를 필요로 한다. 두 검증에 있어서는 $k-1$개의 임의적 값 $t=c_0<c_1<\dots<c_k=\infty$

을 우선 선정해야 한다. $\hat{p}_j = F^*(c_j) - F^*(c_{j-1})$가 절단된 관측치가 c_{j-1}로부터 c_j까지의 간격에 위치할 확률이라고 하자. 또한 $p_{nj} = F_n(c_j) - F_n(c_{j-1})$가 그 때의 경험적 분포에 의한 확률이라고 하자. 그러면 검증 통계치는 아래와 같다:

$$\chi^2 = \sum_{j=1}^{k} \frac{n(\hat{p}_j - p_{nj})^2}{\hat{p}_j}$$

여기서 n은 샘플 크기이다. 본 공식을 표현할 수 있는 또 다른 방법은 $E_j = n\hat{p}_j$가 그 간격 내에 위치하는 기대 관측수라고 하고(가설적 모델이 참이라고 가정하고) $O_j = np_{nj}$를 그 간격 내에 위치하는 관측수라고 하면,

$$\chi^2 = \sum_{j=1}^{k} \frac{(E_j - O_j)^2}{E_j}$$

가 도출된다.

본 테스트에 있어서의 임계치는 자유도가 간격수의 합(k)에서 1을 차감하고 다시 여기서 추정된 모수의 수를 차감한 수인 카이스퀘어 분포에서 도출된다. 본 검증이 얼마나 정확한 지에 대한 몇몇 기준이 제안되었다. 이들 제안은 주로 값 $E_j = n\hat{p}_j$에 집중되어 있다. 가장 보수적인 주장은 그 값이 적어도 5 이상이여야 한다는 것이다. 그 값이 1까지 내려가도 수용할 수 있다고 주장하는 사람도 있다. 모두들 동의하는 바는 그 값들이 간격 간에 유사할 때 가장 잘 작동한다는 것이다. 데이터가 그룹 데이터라면 그룹을 주어진 것으로 하고 다르게 선택할 수 있는 도리는 없게 되나 인접 그룹을 함침으로써 E_j 값을 증가시킬 수는 있다. 개별 데이터에 있어서는 본 검증의 질을 향상시키기 위해서 그룹화할 수도 있겠다.

예제 7 계속 사용되는 예제에 있어서의 지수분포에 대한 카이스퀘어 적합도 검증을 시행하라.

세 가지 모두의 데이터에 대해 본 검증을 실시할 수 있다. 50에서 절단된 데이터 집합B에 대해서 경계치를 각각 50, 150, 250, 500, 1,000, 2,000 및 무한대로 잡았다. 〈표 8-4〉에서 계산된 값들을 실었다. 총 $\chi^2 = 1.4034$이다. 자유도 4(6열-1-추정된 모수 1)이고 유의수준 5%하에서의 검증을 위한 임계치가 9.4877(이 값은 엑셀Ⓡ 함수 CHINV(.05,4)

로 구할 수 있다)이며 p값은 0.8436 (CHIDIST(1.4034,4)로부터)이다. 그리하여 지수분포 모델은 적합한 모델이라고 할 수 있겠다.

표 8-4 예제 7을 위한 50에서 절단된 데이터 집합B

범위	$\hat{p}$	기댓값	관측된 건수	χ^2
50-150	0.1172	2.227	3	0.2687
150-250	0.1035	1.966	3	0.5444
250-500	0.2087	3.964	4	0.0003
500-1,000	0.2647	5.029	4	0.2105
1,000-2,000	0.2180	4.143	3	0.3152
2,000-∞	0.0880	1.672	2	0.0644
총 합	1	19	19	1.4034

1,000에서 쎈써드된 데이터 집합B에 있어서는 첫 간격이 0-150이고 마지막 간격이 1,000-∞이다. 앞서 논의된 두 검증 기법과는 달리 쎈써드된 관측치도 사용될 수 있다. 〈표 8-5〉에서 산출값을 볼 수 있다. 총 $\chi^2 = 0.5951$이다. 자유도가 3(5열-1-추정된 모수 수 1)이고 유의수준 5%하에서의 검증을 위한 임계치가 7.8147이며 p값은 0.8976이다. 역시 여기서도 지수분포 모델은 적합한 모델이라고 할 수 있다.

표 8-5 예제 7을 위한 1,000에서 쎈써드된 데이터 집합B

범위	$\hat{p}$	기댓값	관측된 건수	χ^2
0-150	0.1885	3.771	4	0.0139
150-250	0.1055	2.110	3	0.3754
250-500	0.2076	4.152	4	0.0055
500-1,000	0.2500	5.000	4	0.2000
1,000-∞	0.2484	4.968	5	0.0002
총 합	1	20	20	0.5951

표 8-6 예제 7을 위한 50에서 절단된 데이터 집합C

범위	$\hat{p}$	기댓값	관측된 건수	χ^2
7,500-17,500	0.2023	25.889	42	10.026
17,500-32,500	0.2293	29.356	29	0.004
32,500-67,500	0.3107	39.765	28	3.481
67,500-125,000	0.1874	23.993	17	2.038
125,000-300,000	0.0689	8.824	9	0.003
300,000-∞	0.0013	0.172	3	46.360
총 합	1	128	128	61.913

데이터 집합C에 있어서는 그룹화가 이미 이루어져 있다. 결과치는 〈표 8-6〉에 주어졌다. 검증 통계치는 $\chi^2 = 61.913$이다. 임계치 9.488에 대해서 자유도 4가 도출되었다. p값은 얼추 10^{-12}이다. 이로부터 우리는 지수분포 모델이 적합한 모델이 아님을 단정지을 수 있다. 마지막 두 그룹을 합함으로써 보다 정교한 검증이 가능하다(마지막 그룹에 있어서의 기대 건수가 작기 때문이다). 125,000부터 무한대까지의 그룹의 기대 건수는 8.997이고 관측된 건수는 기여도 1.002에 대해 12건이다. 이제 검증 통계치는 16.552가 되었고 자유도는 3이며 p값은 0.00087이다. 여전히 검증 결과는 지수분포 모델을 기각하는 것이다.

간혹 검증 기법은 상이한 상황에 적합하게 하기 위해 조정이 필요할 수도 있다. 아래의 예제는 그룹화된 빈도 데이터에 대한 검증으로 이러한 경우를 잘 설명해주고 있다.

예제 8 7장 예제 31에서 선정된 포아손분포 모델에 대한 근접화된 적합도 검증을 실시하라. 다음에 데이터가 반복되어 실려 있다.

연도별 자동차 클레임 수

연도	익스포저	클레임 수
1986	2,145	207
1987	2,452	227
1988	3,112	341
1989	3,458	335
1990	3,698	362
1991	3,872	359

매 해에 있어서 클레임 수는 서로 독립되고 동일한 무작위변수들로 생성된 건수들의 합의 결과치이다. 이러한 경우 중심 극한 정리에 의하면 정규 분포 근접화가 가능하다. 기대 건수 E_k는 익스포져에 1개의 익스포져 단위의 추정 기댓값(빈도)을 곱한 것이며, 분산값 V_k은 익스포져에 1개의 익스포져 단위의 추정 분산값을 곱한 것이다. 그러면 검증 통계치는

$$Q=\sum_k \frac{(n_k-E_k)^2}{V_k}$$

이고 자유도가 데이터 수에 추정된 모수의 수를 차감한 값이 되는 근접화된 카이스퀘어 분포를 하게 된다. 기대 건수는 $E_k=\lambda e_k$이고 분산값 역시 $V_k=\lambda_{e_k}$이다. 검증 통계치는

$$Q=\frac{(207-209.61)^2}{209.61}+\frac{(227-239.61)^2}{239.61}+\frac{(341-304.11)^2}{304.11}+\frac{(335-337.92)^2}{337.92}+\frac{(362-361.37)^2}{361.37}+\frac{(359-378.38)^2}{378.38}=6.19$$

가 된다. 자유도 5 및 유의수준 5%에서 임계치는 11.07이므로 포아손분포 가설은 기각되지 못하게 된다.

본 검증에 있어서 주목해야 하는 한 가지 매우 중요한 점이 있다. 샘플 크기는 두 배로 되었는데 샘플 값들은 별로 변한 것이 없다고 상정한다(각 개별 관측치가 한 번이 아니라 두 번 나타나는 것을 상상해 보라). 콜모고로브-스미르노브 검증 기법에 있어서는 검증 통계치의 변화가 없을 것이나 임계치는 보다 작아질 것이다. 안더슨-달링 검증 기법이나 카이스퀘어 검증 기법에 있어서는 통계치는 두 배로 되나, 임계치에 있어서의 변화는 없을 것이다. 그 결과 샘플 크기가 커지면 귀무가설(선정된 모델이 적합하다는)을 기각할 가능성은 더 커지게 된다. 이와 같은 결과는 별로 놀랄 일이 되지 못한다. 귀무가설이 참이 아니라는 것을 우리는 알고 있고(관측치들을 창출해 내는 매우 복잡한 행태를 가진 모집단을 몇 개의 모수를 가진 단순한 분포함수가 제대로 설명할 수 있다는 것은 매우 예외적일 수밖에 없다), 크기가 충분히 큰 샘플은 거기에 대한 설득력 있는 물증이 되는 것이다. 이러한 검증 기법을 사용함에 있어서 비록 모든 모델이 잘못된 것이기는 하지만 몇몇은 쓸모 있는 것이라는 것을 기억하여야 할 것이다.

4. 우적 비율 검증 기법

"특정 모집단이 분포 A를 가질 수 있을까"라는 질의는 "분포 B는 분포 A보다 특정 모집단을 더 적절하게 나타낼 수 있을까?"로도 표현할 수 있겠다. 보다 정식으로 표시하면:

H_0 : 특정 데이터는 분포 A를 가지는 특정 모집단으로부터 추출되었다.

H_1 : 특정 데이터는 분포 B를 가지는 특정 모집단으로부터 추출되었다.

가 된다. 정식의 가설 검증을 수행하기 위해서는 분포 A가 분포 B의 특별한 경우가 되어야 한다. 즉 예를 들면 지수분포 대 감마분포의 관계이다. 이와 같은 검증을 손쉽게 수행할 수 있는 방법은 아래와 같다:

정의 8.1: 우적 비율 검증은 다음과 같이 실시한다: 첫째로 우적 함수를 $L(\theta)$로 나타낸다. θ_0를 우적 함수를 최대화시키는 모수들의 값이라고 하자. 단 귀무가설의 임계치 내에 존재하는 모수들의 값만 고려하기로 한다. $L_0 = L(\theta_0)$이라고 하자. θ_1가 모수들이 대립가설로부터 추출된 모든 가능한 값들을 가질 수 있는 최우 추정치라고 하고 $L_1 = L(\theta_1)$이라고 하자. 검증 통계치는 $T = 2\ln(L_1/L_0) = 2(\ln L_1 - \ln L_0)$가 된다. $T > c$라면 귀무가설은 기각된다. 여기서 c는 $\alpha = \Pr(T > c)$로부터 산출되었고 T는 자유도가 대립가설로부터 도출된 모델 내 자유로운 모수들 수에서 귀무가설로부터 도출된 모델 내 자유로운 모수들 수를 차감한 것이 되는 카이스퀘어분포를 가진다.

본 검증은 일리가 있는데 대립가설이 참이라면 강제로 모수를 귀무가설로부터 선정하게 되면 우적 값은 현저하게 작아진다는 것이다.

예제 9 데이터 집합B(가장 많은 관측치를 가지는 원 데이터)를 산출한 모집단이 1,200이 아닌 평균값을 가진다는 가설을 검증하고자 한다. 본 모집단이 감마분포를 가지는 것을 가정하고 우적 비율 검증을 5% 유의수준 하에서 실시하라. 또한 p값을 산정하라.

가설들은 아래와 같다:

$$H_0 : \mu = 1{,}200 \text{ 인 감마분포}$$
$$H_1 : \mu \neq 1{,}200 \text{ 인 감마분포}$$

이전 작업으로부터 최우추정치는 $\hat{\alpha}=0.55616$ 및 $\hat{\theta}=2,561.1$ 임을 알고 있다. 로그 우적 함수의 최댓값은 $\ln L_1=-162.293$이다. 다음으로 우적 함수 값은 $\alpha\theta=1,200$인 α 및 θ에 대해 최대화되어야 한다. 이러한 제약은 α는 모든 양의 실수 범위에서 자유로운 값을 가질 수 있지만 $\theta=1,200/\alpha$가 성립하여야 한다. 그리하여 귀무가설 하에서는 그렇게 자유로운 모수는 하나밖에 존재하지 않게 된다. 우적 함수는 $\hat{\alpha}=0.54955$이고 $\hat{\theta}=2,183.6$일 때 최대화된다. 위의 최댓값에서 로그 우적 값은 $L_0=-162.466$이다. 검증 통계치는 $T=2(-162.293+162.466)=0.346$이다. 자유도 1일 때(유의수준 5%하에서)의 카이스퀘어 분포 하에서 임계치는 3.8415이다. $0.346<3.8415$ 이므로 귀무가설은 기각되지 못한다. 자유도 1을 가진 카이스퀘어 무작위변수의 확률이 0.346을 초과할 확률은 0.556이어서, p값 역시 대립가설을 지지하는데 별 도움이 되지 못하고 있다.

우리는 우적 비율 검증을 대립가설이 귀무가설보다 더 많은 모수 수를 가질 때 사용하고 싶어 할 것이다. 그러한 경우에 있어서 이 검증은 적절하지 못하다고 할 수 있다. 예를 들어 두 모수를 갖는 로그분포 모델에 있어서 세 모수를 갖는 버분포 모델에 있어서 보다 로그 우적 값이 더 클 수 있어 음의 검증 통계치가 산출되어 카이스퀘어 분포가 적절하지 못하다고 할 수 있다. 귀무가설이 대립가설의 경우와 대비하여 한계적 경우(특별한 경우라기보다)일 때도 본 검증방법은 여전히 사용될 수 있으나 검증 통계치 분포는 혼합 카이스퀘어 분포가 된다. 그럼에도 불구하고 정식의 가설 검증이 행해지지는 않았다는 것을 이해하고 있다는 전제하에 이러한 경우에 있어서 무언가를 결정하기 위해 "검증"이라는 것을 시행했다고는 할 수 있을 것이다.

연습문제

1. 콜모고로브-스미르노브 검증 기법을 사용하여 와이블분포 모델이 예제 5에서 사용된 데이터에 적합한 모델인지 결정하라.

2. 특정 무작위변수로부터 5건의 관측치가 수집되었다. 그 관측치는 각각 1, 2, 3, 5 및 13이다. $f(x)=2x^{-2}e^{-2/x}$, $x>0$인 귀무가설에 대한 콜모고로브-스미르노브 검증 통계치를 결정하라.

3. 특정 무작위변수로부터 수집된 5건의 관측치 0.1, 0.2, 0.5, 1.0 및 1.3이 주어졌다. 모집단의 확률밀도함수가 $f(x)=2(1+x)^{-3}$, $x>0$인 귀무가설에 대한 콜모고로프-스미르노브 검증 통계치를 결정하라.

4. 예제 6에 있어서 와이블분포에 대한 안더슨-달링 검증을 수행하라.

5. 예제 7에 있어서 문제의 모델을 와이블분포 모델로 대체하고 반복하라.

6. 말기 환금(換金)(말기 환자의 생명 보험 증권을 할인 매각하여 그 대금을 환자의 의료비로 쓰는 것) 계약 통보를 받은 시점부터 150건의 증권소지자에 대한 관측을 시작하였다. 쎈써드된 관측치는 없다. 첫 해에 21건의 사망 사건이 있었고, 두 번째 해에는 27건, 세 번째 해에는 39건 그리고 네 번째 해에 63건의 사망 사건이 있었다. 생존 분포 모델은

$$S(t)=1-\frac{t(t+1)}{20},\quad 0\le t\le 4$$

이다. 5% 유의수준에서 카이스퀘어 적합도 검증을 실시하라.

7. 365일 매일동안 클레임 건수가 기록되었다. 그 결과치는 50일 동안에는 아무런 클레임이 없었고, 122일 동안에는 1건의 클레임이, 101일 동안에는 2건의 클레임이, 92일 동안에는 3건의 클레임이 기록되고 네 건 이상 클레임이 발생한 날은 없었다. 포아손분포 모델에 있어서의 λ에 대한 최우 추정치를 결정하고 2.5% 유의수준 하에서의 카이스퀘어 적합도 검증을 실시하라.

8. 1년의 기간 동안 일당 사고건수는 표에서 주어진 것처럼 분포하였다. 각 그룹에 최소한 5건의 기대 관측치가 발생할 수 있도록 하는 최대 그룹 수를 사용하여 평균이 0.6인 포아손분포로부터 데이터가 추출되었다는 가설을 검증하라. 유의수준 5%를 사용하라.

사고 건수	일 수
0	209
1	111
2	33
3	7
4	3
5	2

9. 균일 (0,1) 분포로부터 1,000건의 관측치를 시뮬레이션을 하였다. 그 결과치를 동일 범위 20을 사용하여 그룹화하였다. 각 범위 내에서 관측된 수를 제곱하고 합산을 하였더니 51,850이 되었다. 카이스퀘어 적합도 검증에 있어서의 p값을 구하여라.

10. 20건의 클레임 금액 데이터를 $\alpha=2$이고 θ는 알려지지 않은 파레토분포로부터 추출하였다. θ에 대한 최우 추정치는 7.0 이다. 또한 $\sum_{j=1}^{20}\ln(x_j+7.0)=49.01$이고 $\sum_{j=1}^{20}\ln(x_j+3.1)=39.30$이다. 귀무가설 $\theta=3.1$을 검증하기 위해 우적 비율 검증이 사용되었다. 본 검증에 있어서의 p값을 구하여라.

11. 각 익스포져 단위에서 기하분포를 한다는 가정 하에서 예제 8을 다시 풀라. 근접화된 카이스퀘어 적합도 검증을 실시하라. 기하분포가 포아손분포보다 더 선호될 수 있는지에 대해 답하라.

12. 데이터 집합B(가장 큰 값을 가지는 원래의 데이터)를 사용하여 감마분포 모델이 지수분포 모델보다 더 적합한지를 결정하라. 지수분포 모델은 $\alpha=1$ 인 감마분포 모델인 것을 상기하라.

13. 데이터 집합C를 사용하여 데이터 집합C에 있는 숫자들을 산출한 모집단에 대한 모델을 선정하라. 선정 시 지수, 감마, 변형된 감마 모델로부터 선정하라. 첫 두 분포에 대한 정보는 7장 예제 21과 7장 Ⅵ-2-4)절 연습문제 2에서 각각 얻을 수 있다.

14. 7장 Ⅷ절 연습문제 5에서 구해진 각 분포 모델에 대한 카이스퀘어 적합도 검증을 실시하라.

15. 7장 Ⅷ절 연습문제 7에서 구해진 각 분포 모델에 대한 카이스퀘어 적합도 검증을 실시하라.

16. 7장 Ⅷ절 연습문제 8에서 구해진 각 분포 모델에 대한 카이스퀘어 적합도 검증을 실시하라.

17. 예제 8에서 주어진 데이터에 대해 2차적 분포가 통상의(0에서 절단된 것이 아닌) 포아손분포를 하는 포아손-포아손분포의 모수들을 모멘트기법을 사용하여 추정하라. 본 모델을 사용하여 카이스퀘어 적합도 검증을 실시하라.

18. 다음에 데이터가 주어졌는데 동 데이터는 23,589건의 자동차 보험 증권으로부터의 결과치들을 나타낸다. 제목이 "적합화된 모델"인 제3 종렬은 적합화된(최우법에 의해) 음이항분포에 있어서의 기대 손해 건수이다.

클레임 수, k	증권 수, n_k	적합화된 모델
0	20,592	20,596.76
1	2,651	2,631.03
2	297	318.37
3	41	37.81
4	7	4.45
5	0	0.52
6	1	0.06
$\geq$ 71991	0	0.00

18-1. 유의수준 5%하에서 카이스퀘어 적합도 검증을 실행하라.

18-2. 모수 r 및 β인 음이항분포의 최우 추정치를 구하여라. 이는 실제로 우적함수를 최대화할 필요 없이 주어진 숫자로부터 도출될 수 있다.

V · 모델 선정

1. 도 입

이제까지 모델을 선정하는데 있어서 필요한 거의 모든 기법들을 다루었다. 바람직한 접근방법을 얘기하기 전에 두 가지 개념에 대해서 논하려고 한다. 첫 번째 것은 절약과 관련이 있다. 절약의 원리는 상당히 명백한 증거가 있기 전에는 보다 단순한 모델이 선호된다는 것이다. 그 이유는 복잡한 모델이 데이터 매칭을 하는데 있어서 효과적일 수 있지만 그러한 것으로 인해 모델의 관측치들이 도출된 모집단과 잘 매치된다고 볼 수 없기 때문이다. 예를 들어 단일 x값들이 주어지는 10쌍의 (x, y) 집합에 있어서 10개의 점들을 모두 통과하는 9차 이하의 다항식이 언제나 존재한다. 그러나 이들 점들이 무작위 샘플에 지나지 않는다면 모든 모집단 값들이 그 9차이하의 다항식선상에 놓일 수 있는 가능성은 아주 희박하다. 그러나 샘플로 추출된 점들 뿐 아니라 모집단에 속하는 여타 점들까지에도 근접하게 지나가는 직선(1차 다항식)이 존재할 수도 있다. 이러한 관점은 대부분의 가설 검증에서도 그대로 적용된다고 하겠다. 그리하여 아주 명백한 물증이 있지 않는 한 가설 검증을 기각(그리하여 좀 더 복잡한 모델이 더 잘 모집단을 설명할 수 있다고 주장하기 위해)하지 않는 것이 바람직하다고 하겠다.

두 번째 개념에 대해서는 명명할 수 있는 이름은 없다. 말로 표현하자면 충분히 많은 모델을 검토하게 되면 설령 그렇지 않더라도 그 중 하나는 좋게 보인다는 것이다. 사용할 수 있는 900개의 모델이 있다고 하자. 대부분의 데이터 집합에 대해서 그 중 적어도 하나는 매우 적합한 모델로 보일 것이나 모집단에 대한 정보는 별로 제공해 주지 않을 수 있다.

그리하여 모델을 선정하는 데 있어서 우리는 두 가지 점을 고려해야 한다:

1. 가능하다면 간단한 모델을 사용하라.
2. 잠재 가능한 모델의 수를 제한하라.

잔여 절에 있어서 제시되는 기법들은 첫 번째 점과 연관하여 도움을 줄 것이다. 두 번째 점과 연관하여서는 어느 정도의 경험을 필요로 한다고 하겠다. 특정 상황에 있어서는 특정 모델이 더 잘 적용될 수 있는데, 오직 경험만이 모델 구축자의 능력을 배가시킬 수 있어서 그것과 관련해서 여기서는 단지 몇 가지 중요한 점들에 대해서만 짚고 넘어가겠다.

본 절에서는 두 가지 형태의 모델 선정 규준에 대해서 논하겠다. 첫 번째 규준은 모델 구축자의 판단에 의거한 것이 되겠고 두 번째 규준은 대부분의 경우 모든 모델 구축자가 차트나 그래프보다는 수치적 측정치에 의거해서 동일한 결론에 도달할 것이라는 의미에서 보다 정식의 규준이 될 것이다.

2. 판단에 의거한 접근방법

본인의 판단에 의해 모델을 선정하는 경우에는 여기에서 제시되는 개념들 중 적어도 하나는 관계가 있을 것이다. 모든 경우에 있어서 모델구축자의 경험이 매우 중요하다고 하겠다.

첫째로, 선정에 대한 결정이 본 절에서 제시된 다양한 그래프(혹은 그래프 상의 도표)에 의거해 이루어질 수 있는데 이를 통해 모델구축자는 필요한 적용에 중요한 모델의 다양한 측면들에 초점을 둘 수 있다. 예를 들어 테일 부분에 있어서의 적합도가 중요하다 든지 혹은 중간값에 있어서의 적합도가 중요하다 든지 하는 것이다. 점수 의거 접근방법에 있어서도 선정된 모델을 지지하기 위해서는 보다 설득력 있는 구도가 필요한 것이다.

둘째로, 모델 선정에 대한 결정은 유사 상황에 있어서의 특정모델의 성공적 적용에 영향을 받을 수 있다. 예를 들어 941 CSO 생명표는 대부분의 연령 범위에 있어서 마케함 분포를 따른다고 알려져 있다. 제한된 컴퓨터 연산 능력 시절 하에서 그러한 분포로 인해 결합 생명표 값에 대한 산출이 훨씬 쉬웠었다. 본 모델의 적합도가 어느 정도 상당하다면 이러한 장점은 적합도가 더 좋은 다른 모델의 사용을 배척시킨다. 이와 마찬가지로 모델구축자의 회사와 여타 회사에 의해 파레토분포가 특정 배상책임 보종에 잘 사용되어 왔다면 대안적 모델로 바꾸기 위해서는 통상적으로 요구되는 물증보다 더 많은 양의 물증이 요구될 것이다.

셋째로, 특정 상황자체가 곧바로 필요 분포를 결정해 버릴 수도 있다. 예를 들면 기껏해야 매 해 두 번의 진찰을 제공해주는 치과 보험 프로그램이 있으며 보험가입자는 매 해 진찰을 받을 것인가에 대해 두 번의 서로 독립된 선택을 할 수 있다고 상정하자. 매번에 있어서의 체크업 받을 확률을 q라고 하면 필요 분포는 $m=2$인 이항분포가 되어야 한다.

마지막으로, 본 절에서 논의한 보다 수학적인 접근방법들이 상호 간에 항상 일치하는 것은 아니기에 적어도 어떠한 수학적 접근방법을 선택할 것인가에 대한 판단이 필요하게 된다.

3. 점수에 의거한 접근방법

일부 모델구축자는 모델 선정에 있어서 자동화된 과정을 선호할 수도 있다. 그렇게 하기 위한 손쉬운 방법은 각 모델에 점수를 배정하고 가장 높은 점수가 매겨진 모델을 선정하는 것이 된다. 고려할 만한 점수 기준을 아래에 열거하였다:

1. 콜모고로브-스미르노브 검증 통계치에 가장 낮은 점수 부여
2. 앤더슨-달링 검증 통계치에 가장 낮은 점수 부여
3. 카이스퀘어 적합도 검증 통계치에 가장 낮은 점수 부여
4. 카이스퀘어 적합도 검증에 있어 p값에 가장 높은 점수 부여
5. 최대치에 있어서의 우적 함수 값에 가장 높은 점수 부여

카이스퀘어 p값만 제외하고 모두 절약의 원칙에 좀 위배된다고 할 수 있다. 첫째로, 우적 함수에 대해 고려해 보기로 하자. 예를 들어 지수분포를 와이블분포 모델에 비교하면, 와이블분포 모델은 우적 값이 지수분포 모델보다 항상 같거나 크다. 와이블분포의 모수 τ가 1인 경우와 같은 아주 극히 드문 경우에 있어서만 양 분포에 있어서의 우적 값이 동일하다. 그리하여 와이블분포 모델은 항상 지수분포 모델보다 선호될 수 있는데 이는 명백히 절약 원리에 위배된다. 세 개의 검증 통계치에 대해서는 동일한 관계가 성립되는지에 대해서 확실하게 얘기할 수는 없으나, 그럴 개연성은 충분히 있으며, 보다 복잡한 모델이 선정되었다면, 적합도 측정값은 그에 비례해 좋을 것이다. 카이

스퀘어 검증 p값의 경우 예외인 단 한 가지 이유는 보다 복잡한 모델의 경우 자유도가 떨어지기 때문이다. 그래서 보다 복잡한 모델이라고 하더라도 작은 p값을 가질 수 있다. 그러나 언급된 첫 두 검증 통계치에 대해서는 그에 상응하는 조정이 존재하지 않는다.

우적 값에 대해서 보정할 수 있는 방법은 두 가지가 있다. 한 가지는 우적 비율 검증을 실시하는 것이고, 또 한 가지는 추가 모수를 사용할시 거기에 대한 벌칙을 가하는 것이다. 우적 비율 검증에 있어서는 실질적으로 특정 모델이 또 다른 모델의 특별한 경우일 때 만이다(예시하면 파레토분포 모델 대 일반화된 파레토분포 모델). 그러한 개념은 5% 유의수준 하에서의 검증을 사용함으로써 수식화할 수 있다. 최적의 단일 모수 모델로 시작하라(가장 큰 우적 값을 갖는). 가장 큰 우적 값을 갖는 두 모수 모델의 우적 값이 적어도 1.92 이상 증가할 때 두 번째 모수를 추가하라(그래서 양 모델간의 우적 값의 차이의 두 배가 임계치인 3.84를 초과할 때). 그러고 나서 세 모수 모델을 시도하라. 세 모수 모델과 두 모수 모델에 있어서 우적 값 차이는 여기서도 1.92 이상 나야 한다. 앞선 단일 모수 모델과 두 모수 모델사이에서 단일 모수 모델이 선택되었다면 세 모수 모델과 단일 모수 모델에 있어서의 우적 값 차이는 3.00 이상 나야 한다(왜냐하면 검증 통계치가 자유도 2를 갖기 때문이다). 세 개의 모수를 추가시키기 위해서는 3.91값의 증가가 필요하고, 네 개의 모수를 추가시키기 위해서는 4.74값의 증가를 필요로 한다. 본 절에 있어서는 이러한 관계가 특정 분포가 또 다른 분포의 특별한 경우가 아니더라도 유효하다고 할 수 있으나 더 이상 우적 비율 검증이라는 표현은 하지 말아야 할 것이다.

특정 분포가 또 다른 분포의 특별한 경우가 되어야 한다는 문제를 차치하고서라도 우적 비율 검증 기법은 여타 가설 검증 기법과 동일한 문제를 안고 있다. 샘플 크기가 배로 증가한다면 로그 우적 값 역시 두 배로 증가하여 보다 많은 모수의 수를 갖고 있는 모델이 선정될 가능성은 높아지며 절약 원리를 무색하게 만드는 경향이 생길 것이다. 역으로 데이터 양이 많다면 보다 복잡한 모델을 고려하는 경향이 커질 것이다. 이러한 문제를 다소 완화시키는 기법이 슈와쯔 베이지안 규준(SBC)으로 모델의 선호 순위를 결정할 때 로그 우적 값에서 $(r/2)\ln n$을 차감하는 것을 추천하는데 여기서 r은 추정된 모수의 수이고 n은 샘플 크기이다. 그리하여 하나의 모수를 추가하기 위해서는 로그 우적 값이 $0.5\ln n$만큼 증가하는 것을 필요로 하고 있다. 보다 큰 샘플 크기에 있어서 보다 높은 로그 우적 값을 필요로 하게 되는데 그렇다고 해서 샘플 자체 크기만큼 비례적으로 크게 하는 것을 요구하지는 않는다.

예제 10 본 절에 있어서 계속 사용되고 있는 예제에 수록된 데이터에 대한 모델로 지수분포 모델과 와이블분포 모델 중에서 하나를 선택하라.

몇몇의 앞선 예제와 연습문제에서 이에 관한 그래프들이 제시되었었다. 〈표 8-7〉에서 수치적 측정치들이 요약되어 있다. 절단된 데이터가 사용된 데이터 집합B에 있어서 샘플 크기 19일 때의 SBC가 산정되었고, 1,000에서 쎈써드된 데이터 집합B에 있어서는 20건의 관측치가 존재한다. 데이터 집합B에 대한 양 경우에 있어서 와이블분포 모델에서 약간의 좋아진 수치값이 보이나 그리 설득력 있는 결과는 아니다. 데이터 집합C에 있어서는 와이블분포 모델이 월등하게 좋고 훌륭한 적합성을 나타냄이 자명하다고 하겠다.

표 8-7 예제 10에 대한 결과치

	B 50에서 절단된 모델		B 1,000에서 쎈써드된 모델	
범주	지수분포	와이블분포	지수분포	와이블분포
$K-S$*	0.1340	0.0887	0.0991	0.0991
$A-D$*	0.4292	0.1631	0.1713	0.1712
χ^2	1.4034	0.3615	0.5951	0.5947
p 값	0.8436	0.9481	0.8976	0.7428
우적 값	-146.063	-145.683	-113.647	-113.647
SBC	-147.535	-148.628	-115.145	-116.643
	C			
χ^2	61.913	0.3698		
p 값	10^{-12}	0.9464		
우적 값	-214.924	-202.077		
SBC	-217.350	-206.929		

$*K-S$ 및 $A-D$는 콜모고로브-스미르노브와 앤더슨-달링 검증을 의미함

예제 11 특정 보험사 기록에는 특정 보험 담보에 대해 동 보험사에 클레임으로 청구된 일별 클레임 건수에 대한 일년치 데이터가 실려 있다. 다음 표에 그 결과치가 실려 있다. 포아손분포 모델이 적절한지를 판별하라.

일당 클레임 건수	관측된 일 수
0	47
1	97
2	109
3	62
4	25
5	16
6	4
7	3
8	2
9+	0

데이터에 포아손분포 모델을 적합화하였다. 모멘트기법과 최우법을 사용하여 아래와 같은 평균치에 대한 추정치를 구하였다:

$$\hat{\lambda}=\frac{742}{365}=2.0329$$

카이스퀘어 적합도 검증 결과치가 <표 8-8>에 실려 있다. 이와 같은 도표를 작성할 때는 항상 마지막 그룹의 기대 건수는 아래와 같이 주어진다:

$$E_{k+}=n\widehat{p_{k+}}=n(1-\hat{p_0}-\ldots-\widehat{p_{k-1}})$$

마지막 세 그룹은 기대 건수가 최소한 1을 넘기기 위해 합쳐졌다. 검증 통계치는 자유도 6에 9.93이다. 5% 유의수준 하에서의 임계치는 12.59이고 p값은 0.1277이다. 본 검증에 의해 포아손분포 모델이 수용 가능한 모델로 판정되었으나 값이 클 때 적합도가 최악이며 포아손분포 모델이 관측치를 저평가하고 있다는 것을 주목해야 하고, 매우 위험스러운 선정 결과가 될 수 있다고 하겠다.

예제 12 다음 자료에는 298 보험 계약에 대해 보험계약 당 관측된 클레임 건수가 실려 있다. 적절한 모델을 결정하라.

보험계약 당 클레임 건수	보험 계약 수	적합화된 분포 포아손	음이항	폴리아-아에플리
0	99	54.0	95.9	98.7
1	65	92.2	75.8	70.6
2	57	78.8	50.4	50.2
3	35	44.9	31.3	32.6
4	20	19.2	18.8	20.0
5	10	6.5	11.0	11.7
6	4	1.9	6.4	6.6
7	0	0.5	3.7	3.6
8	3	0.1	2.1	2.0
9	4	0.0	1.2	1.0
10	0	0.0	0.7	0.5
11	1	0.0	0.4	0.3
12+	0	0.0	0.5	0.3
모수		$\lambda=1.70805$	$\beta=1.15907$	$\lambda=1.10551$
			$r=1.47364$	$\beta=0.545039$
카이스퀘어		72.64	4.06	2.84
자유도		4	5	5
p 값		$<1\%$	54.05%	72.39%
-우적		-577.0	-528.8	-528.5
SBC		-579.8	-534.5	-534.2

포아손, 음이항 및 폴리아-아에플리(Polya-Aeppli)분포가 데이터에 적합화되었다. 폴리아-아에플리(Polya-Aeppli)분포와 음이항분포가 모두 가능한 분포이다. 카이스퀘어 검증 통계치의 p값 및 로그 우적 값 양자 모두 폴리아-아에플리(Polya-Aeppli)분포가 음이항분포 보다 조금 낫다고 보여주고 있다. SBC 역시 양 분포가 포아손분포에 비해 월등히 낫다는 것을 입증해 주고 있다. 음이항분포와 폴리아-아에플리(Polya-Aeppli)분포에 있어서의 최종적인 선정은 친숙성, 이전 사용성 및 산출 용이성에 의존한다고 할 수 있겠다.

예제 13 자동차 배상책임 보험 증권에 관한 스위스 데이터를 고려한다. 적절한 모델을 결정하라.

		적합화된 분포		
사고 건수	관측된 빈도	포아손	음이항	포아손-역감마
0	103,704	102,629.6	103,723.6	103,710.0
1	14,075	15,922.0	13,989.9	14,054.7
2	1,766	1,235.1	1,857.1	1,784.9
3	255	63.9	245.2	254.5
4	45	2.5	32.3	40.4
5	6	0.1	4.2	6.9
6	2	0.0	0.6	1.3
7+	0	0.0	0.1	0.3
모수		$\lambda=0.155140$	$\beta=0.150232$	$\lambda=0.144667$
			$r=1.03267$	$\beta=0.310536$
카이스퀘어		1,332.3	12.12	0.78
자유도		2	2	3
p값		< 1%	< 1%	85.5%
-우적		-55,108.5	-54,615.3	-54,609.8
SBC		-55,114.3	-54,627.0	-54,621.5

예제 13의 자료에서 세 가지 모델이 고려되었다. 포아손분포는 매우 적합도가 떨어진다고 하겠다. 실제 경험치에 비해서 테일 부분이 너무 가볍다. 음이항분포가 훨씬 나아 보이나 카이스퀘어 통계치의 p값이 너무 낮아 적합한 모델로 받아들여 질 수 없다고 하겠다. 적합도를 향상시키기 위해 데이터 규모를 늘려야 한다. 포아손-역감마분포의 경우에는 적합도가 거의 완벽에 가깝다고 할 수 있다(p 값이 상당히 높게 나온다). 포아손-역감마분포에는 음이항분포와 마찬가지로 두 개의 모수가 존재함을 주목하기 바란다. SBC의 경우에 있어서도 동일한 결과를 초래하고 있다. 본 예제에서 보는 바와 같이 포아손-역감마분포에 있어서 음이항분포에서 보다 훨씬 더 두터운 오른쪽 테일을 보이고 있다.

예제 14 종합 의료보험에 대한 클레임과 연관하여 남성 클레임(955 건)과 여성 클레임(1,291건)이 분리되어 분석되었다. 아래 표에 데이터가 제시되어 있으며 자기부담금은 250이다. 통상의 모델이 사용될 수 있을까?

손해액	남성	여성
25-50	184	199
50-100	270	310
100-200	160	262
200-300	88	163
300-400	63	103
400-500	47	69
500-1,000	61	124
1,000-2,000	35	40
2,000-3,000	18	12
3,000-4,000	13	4
4,000-5,000	2	1
5,000-6,667	5	2
6,667-7,500	3	1
7,500-1,000	6	1

결합 데이터 집합이 사용될 때에는 로그 정규분포가 최상의 두 모수 모델이라고 할 수 있다. 로그 정규분포의 음 우적 값(NLL)은 4,580.20이다. 본 값은 한 모수 역 지수분포 모델의 경우보다 19.09만큼 높으며, 세 모수 버분포 모델보다는 0.13만큼 낮은 것이다. 어떤 모델도 다른 모델의 특별한 경우의 모델이 아니므로 로그 우적 비율 검증(LRT)은 사용될 수 없으나 1.92 차이를 기준으로 사용하면 로그 정규분포 모델이 선호됨을 알 수 있다. SBC에 있어서는 $0.5\ln(2,246)=3.86$ 만큼의 개선 효과를 필요로 하는데 역시 로그 정규 분포 모델이 그 값을 초과해 로그 정규분포 모델이 선호됨을 알 수 있겠다. 모수들의 값은 $\mu=4.5237$ 및 $\sigma=1.4950$이다. 분리된 로그 정규분포 모델이 남성으로 이루어진 데이터에 사용되었을 때($\mu=3.9686$ 및 $\sigma=1.8432$)와 여성으로 이루어진 데이터에 사용되었을 때($\mu=4.7713$ 및 $\sigma=1.2848$) 각각의 NLL은 1,977.25 및 2,583.82이고 그 합은 4,561.07이다. 본 결과치는 공통의 로그 정규분포 모델(즉 남성과 여성을 합한 데이터를 사용)을 사용하였을 때 보다 19.13만큼 개선된 것이며 이는 LRT(3.00의 개선 필요)나 SBC(7.72 필요) 양 기준에서 봐도 유의적인 값이다. 가끔은 양 모델에 동일한 비크기 모수를 사용할 수 있는 것이 유용할 때가 있을 수도 있다. 공통의 σ값을 사용했을 때의 NLL은 4579.77이 되는데 이는 분리된 모델을 사용했을 때 보다 현저히 낮은 값이다.

연습문제

1. 1,000건의 보험 증권이 샘플링되었고 개별 증권에 있어서의 사고 건수가 기록되었다. 그 결과치가 아래에 제시되어 있다. 정식의 통계적 검증 없이, 이항, 포아손, 음이항, 정규 및 감마분포로 이루어지는 5개의 모델 중에서 어느 모델이 가장 적합한 것인지에 대해 결정하라.

사고 건수	보험증권 수
0	100
1	267
2	311
3	208
4	87
5	23
6	4
총 합	1,000

2. 예제 1에 있어서 각각의 세 개의 데이터 집합에 대해 변형된 감마분포 모델이 지수분포 모델이나 와이블분포 모델에 비해 더 적합한 모델인지를 결정하라.

3. Ⅳ절 연습문제 7의 데이터 집합으로부터 포아손분포의 모수 λ에 대한 최우 추정치는 $\hat{\lambda}=0.60$이고, 음이항분포의 모수 r 및 β에 대한 최우 추정치는 $\hat{r}=2.9$, $\hat{\beta}=0.21$임을 알고 있다. 양 모델 중에서 한 모델을 선정하는 우적 비율 검증을 실시하라.

4. 샘플 크기 100으로부터 5개의 모델이 적합화되었고 그 결과치들은 다음 표에 주어졌다. SBC를 사용하여 최적의 모델을 선정하라.

모델	모수의 수	NLL
일반화된 파레토	3	219.1
버	3	219.2
파레토	2	221.2
로그 정규	2	221.4
역지수	1	224.3

5. 7장 VI절 연습문제 19를 상기한다. (유의수준 5%하에서) 우적 비율 검증과 SBC를 사용하여 실비아의 주장이 신빙성이 있는지를 검증하라.

6. 260건의 관측치로 이루어진 샘플에 5개의 모델이 적합화되었다. 아래의 수치들은 각 모델에 있어서의 모수의 수와 우적 값이다:

$$1,\ -414.\ 2,\ -412,\ 3,\ -411,\ 4,\ -409,\ 6,\ -409.$$

SBC를 사용하여 어느 모델(모수의 수로 확인)이 선정되어야 할지를 결정하라.

7. 7장 Ⅷ절 연습문제 3과 8장 Ⅳ절 연습문제 14에서의 결과치를 이용하고 카이스퀘어 적합도 검증, 우적 비율 검증, 및 SBC를 통하여 $(a, b, 0)$클래스에 속하는 분포 중에서 최적의 모델을 결정하라.

8. 7장 Ⅷ절 연습문제 5와 8장 Ⅳ절 연습문제 15에서의 결과치를 이용하고 카이스퀘어 적합도 검증, 우적 비율 검증 및 SBC를 통하여 $(a, b, 0)$클래스에 속하는 분포 중에서 최적의 모델을 결정하라.

9. 7장 Ⅷ절 연습문제 6과 8장 Ⅳ절 연습문제 19에서의 결과치를 이용하고 카이스퀘어 적합도 검증, 우적 비율 검증, 및 SBC를 통하여 $(a, b, 0)$클래스에 속하는 분포 중에서 최적의 모델을 결정하라.

10. 다음 표에 보고된 자동차 사고에 있어서의 의료보험 건수에 대한 데이터가 실려 있다.

의료보험 건수	자동차 사고 건수
0	529
1	146
2	169
3	137
4	99
5	87
6	41
7	25
8+	0

10-1. $(a, b, 0)$클래스에 속하는 분포 중에 적절한 분포가 있다고 생각되는가? 그렇다면 어떤 분포인가?

10-2. $(a, b, 0)$클래스에 속하는 각 분포에 대한 최우 추정치를 구하여라.

10-3. 카이스퀘어 적합도 검증, 우적 비율 검증, 및 슈와쯔 베이지안 기준에 의거하여 $(a, b, 0)$클래스에 속하는 분포 중에 어떤 분포가 최적 적합도를 나타낼 것이라고 생각하는가? 선정된 분포 모델은 받아들여질 수 있는가?

11. 7장 Ⅷ절 연습문제 3, 5, 6 및 위 연습문제 10에서 제시된 네 개의 데이터 집합에 대해 $(a, b, 0)$클래스에 속하는 분포 중에서 최적의 모델이 선정되었다. 각 데이터 집합에 있어서, 0점 조정된 포아손, 기하, 로가리쓰믹 및 음이항분포에 대한 최우 추정치를 구하여라. 카이스퀘어 적합도 검증과 우적 비율 검증을 통하여 8개의 모델 중에서 최적의 모델을 선정하고 선정된 모델이 받아들여질 수 있는지를 결정하라.

12. 지금까지의 논의에서 아직 언급되지 않은 빈도분포로 제타분포가 있다. 이 제타분포는 $p_k^T = k^{-(\rho+1)}/\zeta(\rho+1)$, $k=1, 2, ..., \rho>0$인 0에서 절단된 분포이다. 분모가 제타 함수인데 그 값은 수치해석적으로만 $\zeta(\rho+1) = \sum_{k=1}^{\infty} k^{-(\rho+1)}$의 관계를 이용하여 구할 수 있다. 0점 조정된 제타분포는 통상의 방법을 이용하여 표시될 수 있다.

12-1. 7장 Ⅷ절 연습문제 7에 제시된 데이터를 이용하여 0점 조정된 제타분포에 대한 최우 추정치를 구하여라.

12-2. 0점 조정된 제타분포가 받아들여질 수 있는지를 결정하라.

13. 위 연습문제 11에서 7장 Ⅷ절 연습문제 3, 5, 6 및 위 연습문제 10에 있어서의 데이터 집합을 통해 추정하여, $(a, b, 0)$ 및 $(a, b, 1)$ 클래스 중에서 최적 모델이 선정되었다. 이들 데이터에 대해 포아손–포아손, 폴리아–아에플리, 포아손–역 가우시안 및 포아손–ETNB분포들을 피팅하고, 이들 분포들 중에서 연습문제 11에서 선정된 분포와 대체될 수 있는 분포가 있는지를 결정하라. 다시금 선정된 최적의 모델은 받아들여질 수 있는지를 결정하라.

PART I

제 9 장

시뮬레이션

제 I 절　시뮬레이션의 기초원리

제 II 절　특정 분포에 있어서의 시뮬레이션

제 III 절　샘플 크기의 결정

제 IV 절　계리적 모델링에 있어서의 시뮬레이션 예시

CHAPTER 09

시뮬레이션

I · 시뮬레이션의 기초원리

계리이론의 실무적용에 있어서 시뮬레이션 기법을 이용한 분포 추정의 관행에는 기복이 좀 있었다. 예를 들어 1970년대에 있어서는 총체적 손해 분포 추정에 있어서 시뮬레이션 기법이 통상적으로 사용되었는데 그 이유는 그 당시만 해도 분석적 기법들이 적절하지 못하였기 때문이었다. 그러나 전형적인 시뮬레이션 기법을 이용한 추정은 특정 보험사의 메인프레임 컴퓨터를 이용하여 하루 종일 걸리는 것이었기에 그 보험사의 컴퓨터에 상당한 부하를 제공하였다. 1980년대에 있어서는 반복형태식과 같은 분석적 기법들이 개발되어 계산속도 뿐만 아니라 정확도에 있어서도 상당한 개선을 가져왔다. 오늘날에 있어서는 개인 컴퓨터조차 복잡한 시뮬레이션을 돌릴 수 있을 정도로 충분한 파워를 가지게 되었으며 모델 분석에 있어서는 분석적 접근방법에 뒤지지 않게 되었다.

이와 아울러, 투자 방식이 보다 복잡하게 되어가고, 보험 계약 역시 이자율 변화에 민감한 성분을 포함시키고 주식시장 실적과 연관되는 금융보장까지 포함시키기에 이르렀다. 이러한 보험 상품들을 분석하기 위해서 함수적 접근방법이 필수로 떠오르기까지 되었다. 이러한 변화 및 여타 복잡한 상황에 대한 이해에 대처하기 위해 시뮬레이션 기법이 각광받기 시작하였다.

본 장에 있어서는 어떻게 시뮬레이션 기법이 보험에 있어서 몇 가지 복잡한 모델링과 관련된 문제들을 해결하거나 여타 기법을 대체할 수 있는 기법이 될 수 있는지에 대해 설명을 하겠다. 시뮬레이션에 대해 아주 상세한 설명을 하는 대신 어떻게 시뮬레이션 기법을 통해 복잡한 문제를 해결할 수 있는지에 대한 아이디어를 제공하겠다. 또한 시뮬레이션을 통해 앞선 장에서 다루었던 몇 가지 통계적 기법에 대한 평가를 시도하겠다. 이러한 용도에의 시뮬레이션 기법의 사용에 대해서는 부스트랩 기법에 강조를 두면서 다루겠다.

1. 시뮬레이션 접근방법

시뮬레이션 기법에 있어서 묘미는 그것이 한번 만들어지면 더 이상 추가적인 노력이 별로 필요 없다는 것이다. 목표가 무작위변수 X에 대한 분포와 연관된 값을 구하는 것이라면 그 전 과정은 아래와 같은 네 단계로 요약될 수 있다:

1. 각각의 분포와 상호간의 종속성이 알려진 무작위변수 $X, Y, Z, \ldots$로 이루어진 S에 대한 모델을 구축한다.
2. $j=1,\cdots,n$에 대해 의가(pseudo) 무작위 값들 $x_j, y_j, z_j, \cdots$을 생출하고 단계 1에서 구축한 모델에 있어서의 s_j값을 산출한다.
3. S의 $c.d.f.$는 $F_n(s)$, 의가 무작위 샘플 $s_1,\cdots,s_n$에 의거하는 경험적 $c.d.f.$로 근접화될 수 있다.
4. 평균값, 분산값, 퍼센타일값, 혹은 확률값들과 같은 각종 통계치를 산출한다.

그러나 두 가지 의문이 남게 되는데 그중 한 가지에 대해선 다다음 절까지 그 설명을 미루기로 한다. 다른 한 가지 의문은 의가 무작위변수를 생출한다는 것이 무엇을 의미하느냐 하는 것이다. $c.d.f.$ $F_X(x)$를 가지는 무작위변수 X를 고려하기로 한다. 이는 어떤 연관된 현상에 의해 산출된 실제의 무작위변수이다. 예를 들어, 무작위로 발생하고 기록된 특정 자동차 인적 손상 의료비 지급을 수집한 실험의 결과치일 수 있다. $c.d.f.$는 알려져 있다고 가정한다.

예를 들어, 그 *c.d.f.*가 아래와 같은 파레토 *c.d.f.*일 수 있다:

$$F_X(x) = 1 - (\frac{1,000}{1,000+x})^3.$$

이제 동일한 파레토분포에 의해 생성되었지만 어떤 상이한 과정의 결과치인 두 번째 무작위변수 X^*를 고려하기로 한다. X^*로부터의 무작위 샘플 x_1^*, ..., x_n^*과 같은 값들은 X로부터 구해진 값들과 구별이 불가능하다고 상정한다. 그리하여 자동차 클레임을 관측함으로써 X에 대한 정보를 취하는 것은 X^*를 관측함으로써 정보를 취하는 것으로 대체될 수 있다고 하겠다. 파레토분포로부터 특정 무작위 샘플을 획득하는 것이 여전히 힘들어 별로 임무를 완수를 했다고 말할 수 있는 정도에 아직 이르지 못하였다.

한 가지 가정에 대한 제약을 묵인함으로써 어느 정도의 진전이 가능할 수 있다고 하겠다. 일련의 숫자 $x_1^{**}, \cdots, x_n^{**}$를 X^*로부터의 무작위 샘플로 대체할 수 있다고 상정한다. 여기서 $x_1^{**}, \cdots, x_n^{**}$는 전혀 무작위 샘플이 아니라 독립적이지 않을 수 있으며 무작위적이 아닐 수 있지만 무작위 변수 X^*와 연관된 특정의 알려진 과정에 의해 생출된 일련의 숫자들이다. 그와 같은 일련의 샘플을 의가 무작위 샘플이라고 부르는데 그 이유는 그러한 샘플이 어떻게 생출되었는지에 대해 전혀 모르는 자는 그러한 샘플을 X^*(및 X)로부터의 무작위 샘플과 도무지 구별할 수 없기 때문이다.

의가 무작위 샘플을 생출하는 과정을 개발하는 분야는 상당히 많은 진전을 이루었다. 그러한 의가 무작위 샘플을 생출하는 데 있어서 별로 어려움을 겪지 않는 것은 간격 (0, 1) 상의 균일분포로부터 손쉽게 얻을 수 있기 때문이다. 그 이유는 U가 균일(0, 1) 분포를 가지면 역함수가 존재할 때 $X = F_X^{-1}(U)$로 인해 $F_X(x)$가 *c.d.f.*가 된다. 그러므로 단순히 균일 의가 무작위 수 u_1^{**}, $\cdots, u_n^{**}$가 존재하면 $x_j^{**} = F_X^{-1}(u_j^{**})$가 된다. 이를 무작위변수를 생출하기 위한 역함수 기법이라고 한다. 특정 분포에 대한 구체적인 기법들이 개발되었으며 그중 몇 가지는 여기에서 논의하고자 한다. 의가 무작위 균일 샘플을 생출하는 데 있어서 최고의 기법들에 관한 상당히 많은 논문들이 발표되었고 의가 무작위 샘플을 평가하기 위한 다양한 기법들이 제안되었다. 사용하고자 하는 기법이 양호한 것인지에 대한 주의를 게을리 하지 말아야 한다.

예제 1 10,000개의 ($\alpha=3$이고 $\theta=1{,}000$인) 의가-파레토 변량들을 생출하고 그 생출된 것들이 실제의 파레토 관측치들과 구별할 수 없음을 입증하라. 상업적 프로그래밍 언어에 의해 제공된 내장 생출기를 사용하여 의가 균일 값들을 구하였다. 의가 파레토 값들은 아래 공식으로부터 구해진다:

$$u^{**}=1-\left(\frac{1{,}000}{1{,}000+x^{**}}\right)^3.$$

이는

$$x^{**}=1{,}000[(1-u^{**})^{-1/3}-1]$$

로 전환할 수 있다.

그리하여 예를 들면, 생출된 첫 번째 값이 $u_1^{**}=0.54246$이라면, $x_1^{**}=297.75$가 된다. 이러한 산출이 10,000번 되풀이된다. 그 결과치가 〈표 9-1〉에 제시되었으며, 카이스퀘어 적합도 검증 역시 시행되었다. $\alpha=3$이고 $\theta=1{,}000$인 파레토분포를 사용하여 기대 건수가 산출되었다. 모수들이 이미 알려져 있음으로 자유도는 9이다. 유의수준 5% 하에서 임계치는 16.92여서, 의가 무작위 샘플이 파레토분포로부터의 무작위 샘플을 모방하고 있는 데 있어서 손색이 없음을 알 수 있겠다.

표 9-1 파레토분포 시뮬레이션 관측에 대한 카이스퀘어 적합도 검증

간격	관측치	기대치	카이스퀘어
0-100	2,519	2,486.85	0.42
100-250	2,348	2,393.15	0.85
250-500	2,196	2,157.04	0.70
500-750	1,071	1,097.07	0.62
750-1,000	635	615.89	0.59
1,000-1,500	589	610.00	0.72
1,500-2,500	409	406.76	0.01
2,500-5,000	192	186.94	0.14
5,000-10,000	36	38.78	0.20
10,000-	5	7.51	0.84
총 합	10,000	10,000	5.10

분포함수 X가 연속적이고 증가함수일 때, 방정식 $u=F_X(x)$는 주어진 u값에 대해 항상 x라는 유일한 해를 가지며, 주어진 x값에 대해 항상 u는 유일한 해를 가진다. 그러한 경우, 역함수 기법은 x에 대한 방정식 해를 구하는 것으로 축약된다. 여타 경우에 있어서는 조심스럽게 역함수 기법이 적용되어야 한다. 예를 들어 $F_X(x)$가 $x=c$일 때 점프를 하여, $F_X(c-)=a$이고 $F_X(c)=b>a$라고 하자. u가 $a \le u < b$에 존재한다면, 그 방정식에는 해가 존재하지 않게 된다. 그러한 경우 시뮬레이션된 값으로 c를 선택하기로 한다.

예제 2

$$F_X(x)=\begin{cases}0.5x, & 0 \le x < 1,\\ 0.5+0.25x, & 1 \le x \le 2\end{cases}$$

라고 하자. 균일 분포에서 추출된 0.3, 0.6 및 0.9로 부터의 결과치인 시뮬레이션된 x값을 구하여라.

첫 번째 간격에서의 분포함수 값은 0에서 0.5까지의 범위에 존재하고, 두 번째 간격에서는 0.75에서 1까지 범위에서 존재한다. u=0.3일 때 분포함수는 첫 번째 간격에 존재하여 풀어야 하는 방정식은 0.3=0.5x가 되어, x=0.6이 산출된다. 분포함수 x가 1일 때 0.5에서 0.75로 점프를 하게 되어 그 간격에 존재하는 모든 u값에 있어서의 시뮬레이션된 값은 모두 1이 된다. 그리하여 u=0.6에 대한 시뮬레이션된 값은 $x=1$이 된다. $Pr(0.5 \le U < 0.75)=0.25$일 때 x=1이 되고 그때의 시뮬레이션된 값은 25%가 되고 실제의 확률과 정확하게 매치됨을 주목하기 바란다. 마지막으로 0.9 값은 두 번째 간격에 있으므로 식 0.9=0.5+0.25x를 풀면 x=1.6이 된다. [그림 9-1]에 그러한 과정이 도해되어 있고 각 값에 있어서 점선의 수직선을 그려 그러한 역함수 관계가 자명함을 보였다.

일정 간격에 있어서 분포함수가 상수가 되는 것이 가능한데 그때에 있어서의 방정식 $u=F_X(x)$는 $F_X(x)$가 그 간격에 있어서의 상수값 u에 상응하게 되면 x에 대한 해는 여러 개 존재하게 된다(뒤에서 합리화 되겠지만). 일반적 관행은 가장 큰 값을 취하는 것이다.

그림 9-1 역함수분포 그래프

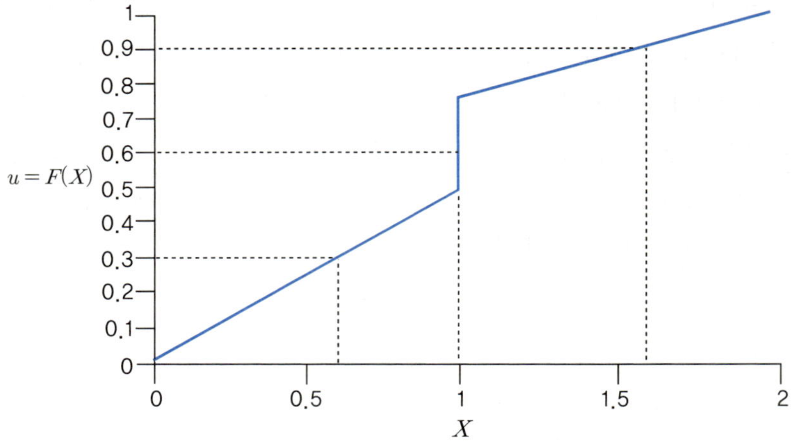

예제 3

$$F_X(x) = \begin{cases} 0.5x, & 0 \le x < 1, \\ 0.5, & 1 \le x < 2, \\ 0.5x - 0.5, & 2 \le x < 3 \end{cases}$$

라 하자. 균일 수치 0.3, 0.5 및 0.9로 부터의 결과치인 시뮬레이션된 x값을 구하여라.

첫 번째 간격에서 분포함수 0부터 0.5까지가 커버되고 두 번째 간격에서 분포함수 0.5부터 1까지가 커버됨을 알 수 있겠다. $u=0.3$에 대해 첫 번째 간격을 사용하여 $0.3=0.5x$를 풀면 $x=0.6$이 된다. 본 분포함수는 1에서부터 2까지 상수 값을 가져 $u=0.5$에 대해 0.5의 간격에서 최댓값인 $x=2$를 선정한다. $u=0.9$에 대해서는 마지막 간격을 사용하여 $0.9=0.5x-0.5$를 풀면 $x=2.8$이 된다.

불연속형 분포함수에 있어서는 변수의 가능 값에서 점프를 하거나 가능 간격에서 상수가 될 수 있는 두 특징이 존재한다.

예제 4 균일 수치 0.3, 0.6875 및 0.95를 사용하여 모수가 $m=4$ 및 $q=0.5$인 이항분포로부터의 값들을 시뮬레이션하라. 분포함수는 아래와 같이 주어진다:

$$F_X(x) = \begin{cases} 0, & x < 0, \\ 0.0625, & 0 \le x < 1, \\ 0.3125, & 1 \le x < 2, \\ 0.6875, & 2 \le x < 3, \\ 0.9375, & 3 \le x < 4, \\ 1 & x \ge 4. \end{cases}$$

u=0.3의 경우 x=1에서 분포함수가 점프를 하고, u=0.6875의 경우는 2부터 3까지 상수값을 가져(간격의 극한 값으로써) x=3이 된다. u=0.95의 경우에는 분포함수가 x=4에서 점프를 한다. 특정 분포함수에 의거하여 만들어진 시뮬레이션 알고리즘 도표를 제시하는 것이 훨씬 더 쉽게 시뮬레이션된 값들을 구하는 방법이 될 수 있다. 그리하여 단순히 도표 룩업 함수(Excel ®에 있어서의 LOOKUP 함수와 같은)를 사용하여 시뮬레이션된 값을 구하는 것이다. 예를 들면 〈표 9-2〉에 그러한 값들이 제시되어 있다.

표 9-2 예제 4를 위한 시뮬레이션 룩업

u값 범위	시뮬레이션된 값
$0 \le u < 0.0625$	0
$0.0625 \le u < 0.3125$	1
$0.3125 \le u < 0.6875$	2
$0.6875 \le u < 0.9375$	3
$0.9375 \le u < 1$	4

값 0을 산출할 수 있는 무작위 숫자 생출기는 많이 있으나 값 1을 산출할 수 있는 것은 드물다(몇몇의 생출기는 값 0조차도 산출하지 못하는 것도 있다). 이것이 $c.d.f.$가 상수일 때 특정 간격 내 최대값을 선정하는 동기가 된다.

두 번째 질의는 어떠한 n값을 사용할 것인가이다. 이에 대해서는 몇몇의 다소 예외적인 시뮬레이션 경우들을 논의한 후에 답을 언급하기로 하겠다.

연습문제

1. 역함수 기법을 사용하여 포아손(평균=3)분포로부터의 세 값에 대한 시뮬레이션된 값을 구하여라. 0.1247, 0.9321 및 0.6873을 균일 무작위 수치로 사용한다.

2. 균일 무작위 수치 0.2, 0.5 및 0.7를 사용하여 아래 함수로부터의 시뮬레이션된 값을 구하여라:

$$f_X(x) = \begin{cases} 0.25, & 0 \leq x < 2, \\ 0.1, & 4 \leq x \leq 9, \\ 0, & \text{여타의 경우}. \end{cases}$$

Ⅱ • 특정 분포에 있어서의 시뮬레이션

본 절에 있어서는 역함수 기법이 최선(혹은 가장 손쉬운)이 아니거나 상황이 몇 가지 여타 고려를 하게 하는 경우에 대해서 살펴보겠다.

1. 불연속형 혼합분포 함수

불연속형 혼합분포 함수는 아래와 같이 나타낼 수 있겠다:

$$F_Y(y) = a_1 F_{X_1}(y) + a_2 F_{X_2}(y) + \dots + a_k F_{X_k}(y)$$

본 분포함수에 대해 역함수를 취한다는 것이 매우 힘들지 모르겠지만 개별 $c.d.f.$에 역함수를 취하는 것은 쉬운 문제일 수 있다. 이로 인해 혼합분포에 시뮬레이션을 행하는 두 단계 과정을 생각할 수 있겠다.

1. $Pr(J=j) = a_j$인 불연속형 무작위 변수 J로부터의 값에 대한 시뮬레이션을 실시한다.
2. 적절한 기법(보통의 경우 역함수)을 사용하여 분포함수 $F_{X_J}(y)$를 가진 무작위변수로부터의 관측치에 대한 시뮬레이션을 실시한다.

예제 5 다음과 같은 혼합 지수분포 $F(x) = 0.3(1-e^{-0.02x}) + 0.5(1-e^{-0.04x}) + 0.2(1-e^{-0.05x})$를 고려하기로 한다. $u_1 = 0.45$ 및 $u_2 = 0.76$을 의가 균일 무작위 수치로 사용하여 앞서 설명한 접근방법으로 본 혼합 지수분포로부터 추출된 관측치에 대한 시뮬레이션을 실시하라.
시뮬레이티드 값 J에 대해서 $0 \le u < 0.3$일 때는 1에 대한 시뮬레이션을 실시하고, $0.3 \le u < 0.8$일 때는 2에 대한, $0.8 \le u < 1$일 때는 3에 대한 시뮬레이션을 실시한다. 이 경우 시뮬레이션된 값 J는 2가 된다. 두 번째 단계에 있어서는 평균이 25인 지수분포 변수에 대한 시뮬레이션을 필요로 하게 된다. 풀어야 될 방정식은 $0.76 = 1-e^{-0.04x}$가 되고 $x = -\ln(1-0.76)/0.04 = 35.68$가 된다.

2. 생명표에 있어서의 사망에 걸리는 시간 혹은 사망 시의 연령

생명보험 혹은 연금증권 포트폴리오의 만기화 과정을 추적하기 위해서는 사망에 걸리는 시간, 사망 시의 연령 혹은 중도해약과 같은 기타 감퇴 관련 사건에 대한 시뮬레이션이 필요하게 된다. 이에 대해 두 가지 접근방법을 논의하겠다.

첫째로, 보험증권 포트폴리오에 대해 주기적으로 관련 정보를 추적한다고 하자. 예를 들면 투자소득과 같은 여타 무작위 요소들에 대한 업데이트를 필요로 하기에 이와 같은 정보 추적이 이루어져야 한다. 특정 단일 증권을 상정할 때, 각각의 감퇴 관련 사건에 대한 확률이 존재하게 된다. 예를 들어 특정 연령과 증권 지속 기간이 결부된 보험 증권에 있어서 다음 기간에 있어서의 사망 확률 0.01, 중도해약 확률 0.09, 장애 확률 0.03 및 건강체로 지속할 확률 0.87이 존재하게 된다. 결과치에 대해 시뮬레이션을 하는 것은 단순히 네 가지 가능한 결과치를 가지는 불연속적 무작위변수로부터의 값을 구하는 것이다. 이제 개별 결과치들이 서로 독립적인 이들 네 종류의 확률을 가지는 보험증권 포트폴리오에 250명의 증권소지자가 있다고 상정하기로 하자. 이는 다항분포에 해당되나, 본 분포로부터의 결과치를 사용하여 세 단계로 분리시킬 수 있다.

예제 6 의가 무작위 수치: 0.34, 0.73 및 0.49를 사용하여 이들 250 증권으로부터의 결과치에 대한 시뮬레이션을 실시하라

첫째로 사망 건수에 대해 시뮬레이션을 실시한다. 다항분포에 대한 한계적 분포는 $m=250$ 및 $q=0.01$인 이항분포이다. 이항분포 확률값들과 룩업 도표를 통해 시뮬레이션된 사망 건수 2를 얻을 수 있다. 정규분포 근접화를 하되 결과치를 정수로 반올림시킴으로써도 시뮬레이션된 값을 얻을 수 있겠다. 이 경우 평균은 2.5이고 분산은 2.475인데 역함수 기법을 사용하면 시뮬레이션된 값은 1.85가 되는데 정수로 반올림하면 2가 된다. 다항분포의 특성으로 여타 값이 주어진 하에서 특정 일개의 값은 조건부 이항분포를 하게 된다. 이 경우 중도해약 건수는 $m=250-2=248$이 되고 $q=0.09/\ (1-0.01)$가 된다. 도표 룩업으로부터의 값은 25가 된다. 다음으로 시뮬레이티드된 장애 건수는 $m=248$

$-25=223$이고 $q=0.09/(1-0.01)$인 이항분포를 하게 된다. 이때에 있어서의 시뮬레이션된 값은 7이 된다. 마지막 두 경우에 있어서도 정규분포 근접화를 통해 앞에서와 마찬가지로 동일한 답을 얻을 수 있겠다. 건강체로 존속되는 증권의 수는 $250-2-25-7=216$이 된다.

두 번째 경우에 있어서 필요한 것은 사건이 발생했을 때의 연령과 그 사건이 발생할 때 까지 소요된 시간이다. 단일 감퇴(사망이나, 중도해약만 고려)의 경우는 불연속형 분포에 해당되고 단일 룩업 도표를 통해 답을 구할 수 있다. 복합 감퇴의 경우가 좀 복잡하기는 한데 약간의 주위만 기울일 수 있다면 단일 룩업 도표로도 시뮬레이션이 행해질 수 있다고 하겠다.

예제 7 보험 증권이 1년차 마지막에 장애가 발생한다면 보험료가 면제되는 2년차 정기보험이라고 하자. 1년차에 있어서 예제 6으로부터의 확률들이 그대로 적용된다고 하자. 건강체로 2년차에 진입하는 증권소지자들에 있어서 2년차에 사망할 확률은 0.02이고(여타 모든 확률은 본 문제와는 관련이 없음을 가정) 장애자로 2년차에 진입하는 증권소지자들에 있어서 2년차에 사망할 확률은 0.05이다(역시 여타 모든 확률은 본 문제와는 관련이 없음을 가정). 단일 의가 균일 무작위 수치 0.12를 사용하여 단일의 증권 결과치에 대한 시뮬레이션을 실시하라.

2년차 기간 동안에 발생할 수 있는 결과치들이 여럿 있다. 이들 결과치들은 숫자와 그에 대한 이름을 부여함으로써 구별하였다. 〈표 9-3〉에 그에 대한 정보가 실려 있다. 이는 불연속형 분포함수의 경우이다. $u=0.12$인 역함수 기법을 사용하여 1년차에 장애인이 되나 2년차 말까지 생존한 증권 수로 시뮬레이션 결과치 4를 얻을 수 있다(그래서 1년차에만 보험료를 납부한). 결과치에 대해 순서를 정하는 것이 시뮬레이션 과정과는 상관이 없다고 할 수 있으나 본 시뮬레이션에 있어서는 순서를 바꿈으로써 상이한 결과치가 야기될 가능성은 있다. 예제 6에서 제시된 기법을 여타 유사한 보험증권 포트폴리오에도 적용할 수 있겠다.

표 9-3 예제 7을 위한 생명 보험 시뮬레이션

j	정황	확률	누적확률
1	1년차에 사망	0.0100	0.0100
2	1년차에 중도해약	0.0900	0.1000
3	1년차에 장애 발생, 2년차에 사망	0.0015	0.1015

4	1년차에 장애 발생, 2년차에 생존	0.0285	0.1300
4	1년차에 건강체이며 증권 유지, 2년차에 사망	0.0174	0.1474
5	1년차에 건강체이며 증권 유지, 2년차에도 생존	0.8526	1.0000

3. $(a, b, 0)$ 클래스에 대한 시뮬레이션

$m=250$ 및 $q=0.01$인 이항분포로부터의 값을 시뮬레이션하여야 했던 예제 6을 고려하기로 한다. 도표를 작성하는 데는 각각의 가능한 결과치에 대해 한 개씩 하여 251개의 횡렬을 필요로 하게 된다. 몇몇의 컴퓨터 응용을 이용하여 도표 룩업을 손쉽게 만들 수는 있으나 이러한 상황 하에서 도표 룩업을 만드는 데 있어서는 원하는 답을 얻을 때까지 도표의 각 값을 점검하여야 하기에 순차적 산식 과정을 필요로 하게 된다. 몇몇의 경우에 있어서는 함수적 과정을 이용하는 것이 보다 더 효율적인 접근방법일 수도 있다. 그러한 함수적 과정에 있어서는 일련의 사건들이 생출되게 되고 각 사건에 대한 시간 역시 생출되게 된다. 1년과 같은 고정된 시간 동안 생출되는 결과치에 대한 숫자를 통해 시뮬레이션된 결과치들이 완성된다. 시뮬레이션에 있어서의 사건에 대한 시간 역시 몇몇의 상황에서는 필요할 수도 있다. 그러나 한 가지 주목해야 할 점은 모델화된 분포에 있어서의 시간이라는 것이다. 이는 예를 들면 상이한 과정으로 생출되는 무작위 시간이 주어진 시간 기간 동안 이항분포로 야기되는 사건의 수 발생이 가능하다. 고정된 시간 동안 사건의 발생 수가 무작위변수라고 해석할 수 있는 반면 실제로 시뮬레이션되고 있는 상황에서 그러한 시간 기간이 필요한 것은 아니다.

사건들에 대한 시간이 창출되는 과정에 있어서는 첫 사건 발생 시간이 지수분포를 한다는 것으로 시작할 수 있다. 두 번째 사건 발생에 대한 시간 역시 지수분포를 하게 되는데 그 지수분포의 평균은 이전 사건의 수에 의존하게 된다. 문제를 단순화시키기 위해 시간 기간의 길이가 항상 1이라고 가정한다. 시간 기간이 1이 아닐 경우에는 시뮬레이션된 시간 기간이 관련 기간의 배수로 볼 수 있다. 그러한 과정에 있어 첫 번째 사건은 지수 0으로 표시되고, 두 번째 사건은 지수 1로 표시되며 그 이후 사건에 대해서도 상응하는 지수

로 표시된다:

1. 첫 사건 발생 시간을 평균 $1/\lambda_0$인 지수분포 변수로 시뮬레이션하라. 이 시간을 사용하여 $t_0 = -\ln(1-u_0)/\lambda_0$로 구하라. 여기서 u_0는 의가 균일 무작위 수이다.
2. t_{k-1}를 가장 최근에 시뮬레이션된 사건에 대한 시간이라고 하자. 다음 사건 발생 시간을 평균 $1/\lambda_k$인 지수분포 변수로 시뮬레이션하라. 이 시간을 $s_k = -\ln(1-u_k)/\lambda_k$로 구하라.
3. 그 다음 사건에 대한 시간은 $t_k = t_{k+1} + s_k$이다.
4. 2 및 3 과정을 $t_k > 1$가 될 때까지 되풀이 한다.
5. 시뮬레이션된 값은 k가 된다.

결국 남는 것은 지수분포의 평균에 대한 공식을 결정하는 것이 된다.

1) 포아손분포

가장 간단한 경우로 평균이 λ인 포아손분포로부터의 값들을 시뮬레이션하기 위해서는 단순히 모든 k에 대해 $\lambda_k = \lambda$로 놓으면 된다.

예제 8 아래 주어지는 의가 균일 무작위 수치들: 0.12, 0.79, 0.48, 0.62 및 0.29 중에서 필요한 만큼 이용하여 평균이 2.5 인 포아손분포로부터의 값들을 시뮬레이션하라.

첫 번째 사건에 대한 시간은 $t_0 = -\ln(0.88)/2.5 = 0.0511$이다. 두 번째 사건에 대해 주어진 시간은 $s_1 = -\ln(0.21)/2.5$이여서 두 번째 사건에 대한 시간은 $t_1 = 0.0511 + 0.6243 = 0.6754$가 된다. 세 번째 사건에 주어진 시간은 $s_2 = -\ln(0.52)/2.5 = 0.2616$이어서 세 번째 사건에 대한 시간은 $t_2 = 0.6754 + 0.2616 = 0.9370$이 된다. 네 번째 사건에 주어진 시간은 $s_3 = -\ln(0.38)/2.5 = 0.3870$이어서 네 번째 사건에 대한 시간은 $t_3 = 0.9370 + 0.3870 = 1.3240$이 된다. 그리하여 시뮬레이티드된 값은 3이 된다.

2) 이항분포

평상시대로 이항분포 모수들을 m 및 q라 하자. $d=\ln(1-q)$ 및 $c=-md$을 계산하면 $\lambda_k=c+dk$가 된다.

예제 9 예제 8을 모수가 $m=250$ 및 $q=0.01$인 이항분포를 사용하여 되풀이 하라.

이들 모수들에 대해 $d=\ln(0.99)=-0.01005$이고 $c=-250(-0.01005)=2.51258$이다. 그리하여 $\lambda_0=2.51258$이고 $t_0=-\ln(0.88)/2.51258=0.0509$가 된다. 다음 값으로 $\lambda_1=2.51258-0.01005(1)=2.49248$이며 $t_1=0.0509-\ln(0.21)/2.50253=0.6745$이고, 그 다음 값은 $\lambda_2=2.51258-0.01005(2)=2.49248$이며 $t_2=0.6745-\ln(0.52)/2.49248=0.9369$이다. 마지막으로 $\lambda_3=2.48243$이며 $t_3=0.9369-\ln(0.38)/2.48243=1.3267$이 된다. 이 경우에 있어서도 시뮬레이티드된 값은 3이 된다. 이는 별로 놀라운 일이 아닌데 mq값이 작으면 이항분포와 포아손분포가 매우 유사하기 때문이다.

이항분포에 있어서는 그 값이 m보다 큰 값은 산출할 수 없기에 $t_{m-1}<1$이면 시뮬레이션이 중지되고 시뮬레이션된 값은 m으로 정해짐을 주목해야 한다. 또한 모든 이항분포에 있어서 $\lambda_m=0$이면, 알고리즘이 지속되어 다음 시뮬레이션된 시간은 t_{m-1}값에 상관없이 무한대가 됨을 주목하기 바란다.

3) 음이항분포

이경우에도 시뮬레이션 과정은 이항분포의 경우와 동일하나 c 및 d에 대한 공식만 달라진다. r 및 β로 모수가 주어지면 본 공식은 $d=\ln(1+\beta)$ 및 $c=rd$가 된다.

예제 4 예제 8을 모수가 $r=250$ 및 $\beta=0.01$인 음이항분포를 사용하여 되풀이 하라.

이들 모수들에 대해 $d=\ln(1.01)=0.00995$이고 $c=250(0.00995)=2.48758$이다. 그리하여 $\lambda_0=2.48758$이고 $t_0=-\ln(0.88)/2.48758=0.0514$가 된다. 다음 값으로 $\lambda_1=2.48758+0.00995(1)=2.49753$이며 $t_1=0.0514-\ln(0.21)/2.49753=0.6763$이고, 그 다음 값은 $\lambda_2=2.48758+$

$0.00995(2) = 2.50748$이며 $t_1 = 0.6763 - \ln(0.52)/2.50748 = 0.9371$이다. 마지막으로$\lambda_3 = 2.51743$이며 $t_3 = 0.9371 - \ln(0.38)/2.51743 = 1.3215$가 된다.

이러한 절차를 통해 음이항분포에 대한 추가적인 정보를 얻을 수 있겠다. 음이항분포는 포아손분포에 대한 감마혼합분포로 도출된다. 그에 대한 동기는 동 분포가 운전자들 포트폴리오에 대한 결과 분포인데, 여기서 개별 운전자들은 클레임 건수에 대해 포아손분포를 가지는데 포아손분포의 평균이 감마분포에 따라 변하는 경우이다. 그러나 개별 운전자 자체가 음이항분포를 가진다는 몇 가지 물증이 존재하기는 한다. 위에서 제시된 시뮬레이션 상에서 d 값은 항상 양의 수이다. 그리하여 클레임 건수가 증가함에 따라 λ값도 증가하게 된다. 이는 다음 클레임에 대한 기대 시간을 단축시키게 된다. 그리하여 클레임이 있는 운전자들에 있어서는 추가적 클레임이 발생할 가능성이 더 높다고 믿는다면 음이항분포가 보다 합당한 분포가 될 수 있겠다.

4. 정규 및 로그정규분포

정규분포 시뮬레이션을 위해서는 표준 정규 무작위 변수인 X에 대해 시뮬레이션을 행하면 언제나 충분하다고 할 수 있다. $X \sim N(\mu, \sigma^2)$라면, $X = \mu + \sigma Z$라고 하자. X가 모수 μ 및 σ인 로그정규분포를 한다고 하고, $X = \exp(\mu + \sigma Z)$라고 하자. 역함수 기법의 사용은 거의 모든 경우에 가능하다(예를 들어 Excel ®에 있어서의 NORMSINV 함수). 그러나 이 역함수 기법은 분포의 중심 부분에 대해서는 좋은데 양 테일 부분에 있어서는 보다 극한 값을 저평가하는 경향이 있어 별로이다. 비교적 간단한 대체 기법으로 박스-뮬러 변환 기법을 들 수 있다.

본 기법에 있어서는 우선 서로 독립적인 두 의가 균일 무작위 숫자 u_1 및 u_2를 생출한다. 그러고 나서 서로 독립적인 두 표준 정규 값을 $z_1 = \sqrt{-2\ln(u_1)}\cos(2\pi u_2)$ 및 $z_2 = \sqrt{-2\ln(u_1)}\, sin(2\pi u_2)$으로 구한다. 본 기법보다 개선된 기법이 양극 기법인데 이 기법에 있어서도 두 의가 균일 값으로부터 시작한다. 본 기법에 있어서의 단계는:

1. $x_1 = 2u_1 - 1$ 및 $x_2 = 2u_2 - 1$를 산정한다.
2. $w = x_1^2 + x_2^2$를 산정한다.
3. $w \geq 1$이면 단계 1 및 2를 되풀이 하고, 그렇지 않으면 단계 4로 간다.
4. $y = \sqrt{-2\ln(w)/w}$를 산정한다.
5. $z_1 = x_1 y$ 및 $z_2 = x_2 y$를 산정한다.

양극 기법에 있어서는 단계 3에서의 기각 가능성 때문에 좀 더 프로그래밍을 필요로 하지만 여타 기법과 비교하여 훨씬 우월한 기법이다.

예제 11 앞서 언급된 세 기법 모두를 사용하여 두 표준 정규 무작위 변수 값을 시뮬레이션하라. 두 값으로 $u_1 = 0.35$ 및 $u_2 = 0.57$을 사용하라.

역함수 기법에 있어서는 표준 정규분포 도표를 참조하던지 소프트웨어를 사용하여 $z_1 = -0.385$ 및 $z_2 = 0.176$을 산출할 수 있다. 박스-뮬러 변환기법을 사용하여 $z_1 = \sqrt{-2\ln(0.35)}\,cos[2\pi(0.57)] = -1.311$ 및 $z_2 = \sqrt{-2\ln(0.35)}\,sin[2\pi(0.57)] = -0.617$을 구할 수 있다. 양극 기법에 있어서는 단계 1에 있어서 $x_1 = -0.3$ 및 $x_2 = 0.14$가 된다. 단계 2에 있어서 $w = (-0.3)^2 + (0.14)^2 = 0.1096$이 되고, 값이 1보다 작기 때문에 단계 4에서 $y = \sqrt{-2\ln(0.1096)/0.1098} = 2.0086$ 가 되고, 단계 5에서 $z_1 = -0.3(2.0086) = -0.603$ 및 $z_2 = 0.14(2.0086) = 0.281$로 시뮬레이션이 완결된다.

연습문제

1. 모수 $\alpha=3$ 및 $\theta=100$인 파레토분포와 모수 $\tau=2$ 및 $\theta=200$인 역 와이블분포의 혼합 분포로 부터의 두 관측치를 시뮬레이션 하라. 파레토분포에 대한 가중치는 0.4이다. 첫 숫자는 사용해야 하는 분포를 결정하는 데에, 두 번째 숫자는 결정된 분포로부터의 결과치를 시뮬레이션 하는 데 사용되는 쌍으로 된 균일 무작위 숫자 (0.372,0.693) 및 (0.701,0.284)를 사용하라.

2. 특정 연금보험에 있어서의 가입자는 언제나 아래 세 가지 상태에 있게 된다: 고용됨(e), 생존하고 있으나 더 이상 고용되지 않음(n), 사망함(d). q^{ab}가 본 플랜의 현시점 혹은 과거시점 가입자가 연초에는 상태 a에 있다가 연말에는 상태 b에 있는 확률을 표시한다고 하자. 본 확률은 시간에 따라 변하지 않고 일정하고 연령에 독립적이라고 가정한다. 각각의 확률들은: $q^{ee}=0.90$, $q^{en}=0.08$, $q^{ed}=0.02$, $q^{nn}=0.95$, $q^{nd}=0.05$ 및 $q^{dd}=1$이다. 여기에서 언급되지 않은 여타 확률은 0이라고 가정한다. 특정 연도 개시 시에 모두가 고용되어 있는 200명의 가입자가 존재한다고 상정한다. 예제 6에서의 접근방법을 사용하여 지금으로부터 2년 후에 있어서 세 가지 상태에 있게 되는 가입자 수를 시뮬레이션하라. 균일 무작위 숫자 0.123, 0.876, 0.295, 0.623 및 0.426을 사용하라.

3. 본 절에서 소개된 기법들을 사용하여 모수가 $m=3$ 및 $q=0.07$인 이항분포로부터의 하나의 관측치에 대한 시뮬레이션를 하라. 균일 무작위 숫자 0.143, 0.296, 0.003 및 0.192를 사용하라.

4. 모수가 $\mu=5$ 및 $\sigma=1.5$인 로그 정규분포로부터의 두 값에 대해 시뮬레이션을 하라. 양극 기법과 균일 무작위 숫자 0.942, 0.108, 0.217 및 0.841을 사용하라.

Ⅲ 샘플 크기의 결정

본장의 서두에서 던진 질문: 원하는 수준의 정확도를 확보하기 위해 얼마나 많은 시뮬레이션이 필요할 것인가에 대한 대답을 아직 하지 않았다. 모든 일관성 있는 추정치는 샘플 크기가 커짐에 따라 자의적이긴 하지만 참 값에 높은 확률로 근접하는 것을 알고 있다. 특히 경험적 추정치는 이러한 성향이 강하다. 시뮬레이션된 값들이 특정 확률을 가지고 우리가 원하는 만큼 근접하게 되기 위해 필요한 시뮬레이션된 값들의 수를 별로 어려움 없이 알 수 있다. 아래 예제에서처럼 종종 중심극한 정리가 그러한 수를 추정하는 데 도움을 준다.

예제 12 (예제 1의 계속) 모수가 $\alpha=3$ 및 $\theta=1{,}000$인 파레토분포를 사용하여 시뮬레이션 기법으로 평균값, $F_X(1{,}000)$ 및 90퍼센타일값을 추정하라. 각 경우에 있어서 95%의 신뢰도로 추정치가 참값의 $\pm 1\%$ 내에 존재할 때 시뮬레이션을 중지하라.

본 예제에 있어서 값들을 알고 있는데, $\mu=500$, $F_X(1{,}000)=0.875$ 및 $\pi_{0.9}=1{,}154.53$이다. 단지 교육의 목적으로 그 값들을 모른다고 가정한다. μ에 대한 경험적 추정치는 $\bar{x}$이다. 샘플 크기 n에 대해 중심극한 정리에 의하면,

$$\begin{aligned}0.95 &= Pr(0.99\mu \le \overline{X_n} \le 1.01\mu)\\ &= Pr\left(-\frac{0.01\mu}{\sigma/\sqrt{n}} \le \frac{\overline{X_n}-\mu}{\sigma/\sqrt{n}} \le \frac{0.01\mu}{\sigma/\sqrt{n}}\right.\\ &= Pr\left(\frac{-0.01\mu}{\sigma/\sqrt{n}} \le Z \le \frac{0.01\mu}{\sigma/\sqrt{n}}\right)\end{aligned}$$

이다. 여기서 Z는 표준 정규분포를 가진다. 우리의 목표는 아래가 성립될 때 달성된다:

$$\frac{0.01\mu}{\sigma/\sqrt{n}} = 1.96 \tag{9.1}$$

이는 $n=38{,}416(\sigma/\mu)^2$임을 의미한다. σ 및 μ에 대한 값을 모르기에 샘

플 표준편차와 평균으로 추정하였다. 추정치의 정확도는 n값이 커짐에 따라 높아지는데, 시뮬레이션 중단 기준은 아래 식이 성립하는 경우이다:

$$n \geq \frac{38,416s^2}{\bar{x}^2}$$

본 책의 저자에 의해 행해진 특정 시뮬레이션에 의하면 그 기준은 $n=106,934$일 때 성립되는데 그 때의 $\bar{x}$값은 501.15가 되며 상대적 오차 값은 0.23%가 되어 목표로 하는 바 내에 존재하게 된다.

이제 $F_X(1,000)$에 대해 추정하기로 한다. 경험적 추정치는 샘플 비율로 1,000보다 같거나 작은 경우로 P_n/n가 되는데 여기서 P_n는 n번의 시뮬레이션 후에 1,000보다 같거나 적은 수이다. 중심극한 정리에 의하면 P_n/n는 평균이 $F_X(1,000)$이고 분산이 $F_X(1,000)[1-F_X\ (1,000)]/n$인 정규분포에 근접한다. P_n/n을 $F_X(1,000)$에 대한 추정치로 삼으면 위에서의 경우와 같이

$$\begin{aligned} n &\geq 38,416\frac{(P_n/n)(1-P_n/n)}{(P_n/n)^2} \\ &= 38,416\frac{n-P_n}{P_n} \end{aligned}$$

가 성립하게 된다. 시뮬레이션 중단 기준은 $n=5,548$일 때 충족되게 되고, 그 점에서의 추정치는 상대적 오차값 13%로 $4,848/5,548\ =0.87383$이 된다.

마지막으로 $\pi_{0.9}$에 대해서는 논의를 아래 식으로부터 시작하기로 한다:

$$0.95 = Pr(\,Y_a \leq \pi_{0.9} \leq\ Y_b)$$

여기서 $Y_1 \leq Y_2 \leq ... \leq Y_n$는 시뮬레이션된 샘플에 대한 순서 통계치로 a는 $0.9n+0.5-1.96\sqrt{0.9(0.1)n}$보다 작거나 같은 최대 정수이고, b는 $0.9n+0.5+1.96\sqrt{0.9(0.1)n}$보다 크거나 같은 최소 정수이며, 시뮬레이션은 아래가 성립할 때 중단된다:

$$\widehat{\pi_{0.9}} - Y_a \leq 0.01\widehat{\pi_{0.9}}$$

및

$$Y_b - \widehat{\pi_{0.9}} \leq 0.01\widehat{\pi_{0.9}}$$

본 예제에 있어서 $n=126,364$일 때 시뮬레이션은 중단되며, 그 때의 추

정 90퍼센타일값은 상대적 오차 0.04%로 1,153.97이 된다.

퍼센타일 추정을 시뮬레이션을 통해 추정하는 것은 여타 두 예에서 보다는 덜 만족스럽다고 할 수 있다. 목표가 평균값이나 확률값을 추정하는 것이라면 정규분포 근접화와 표준편차 추정치를 직접적으로 추정함으로써 목표하는 바를 이룰 수 있다. 퍼센타일 값을 추정하는 데 있어서도 유사한 접근방법을 사용할 수 있으며 점근적 분산에 대한 공식은 아래와 같이 주어진다:

$$Var(\widehat{\pi_p}) \doteq \frac{p(1-p)}{n[f(\pi_p)]^2}.$$

문제는 p값이 알려져 있고, π_p값은 추정치로 대체될 수 있으나, 시뮬레이션된 변수의 확률밀도함수를 모른다는 것이다(우리가 시뮬레이션을 행하는 것이 $p.d.f.$나 $c.d.f.$와 같은 기본적 통계치를 모르기 때문이라는 것을 상기하기 바란다). 그리하여 필요한 샘플 크기를 추정하기 위해 사용되는 분산의 추정값을 획득하는 것이 결코 쉽지 않다는 것이다.

연습문제

1. 예제 2에서 정의된 대로 Y_a 및 Y_b에 대해 $0.95 = Pr(Y_a \leq \pi_{0.9} \leq Y_b)$를 구하여라.

2. $\theta = 100$인 지수분포로부터의 관측치에 대해 시뮬레이션을 한다. 90%의 신뢰수준으로 평균값이 200보다 적을 확률값이 2% 내에 존재하기 위해서는 얼마나 많은 시뮬레이션을 해야 하는지를 결정하라. 필요한 수의 시뮬레이션을 행하고 2% 목표가 달성되었는지를 확인하라.

3. 모수가 $\alpha = 2$ 및 $\theta = 500$인 감마분포로부터의 1,000 관측치에 대한 시뮬레이션을 행하라. 시뮬레이션된 값들이 실제로 주어진 분포에서 추출되었는지를 카이스퀘어 적합도 검증 및 콜모고로브-스미르노브 검증을 통해서 확인하라.

4. $E(X)$를 추정하기 위해서 무작위변수 X로부터 5개의 관측치를 시뮬레이션하였다. 그 값들은 1, 2, 3, 4 및 5이다. 목표는 $E(X)$의 추정치의 표준편차 값이 0.05보다 작은 것이다. 이에 필요한 총 시뮬레이션 수를 추정하라.

Ⅳ • 계리적 모델링에 있어서의 시뮬레이션 예시

1. 총체적 보험손해 산출

제6장에서 제시되었던 총체적 보험손해 분포를 산출하는 순차적 기법에는 세 가지 특징이 있다. 첫째로, 순차적 기법은 근접화의 정도에 따라 그 정교성이 좌우된다. 사용된 근접화는 연산 근접화를 통해서 참 심도 분포를 대체시키는 것이었다. 근접화 오차는 사용된 점들의 수를 증가시킴으로써 감소시킬 수 있었다(즉 간격을 줄임으로써). 둘째로, 총체적 클레임은 $N, X_1, X_2, \ldots$가 서로 독립적이고 X_j가 동일하게 분포되는 $S = X_1 + \ldots + X_N$ 로 표시할 수 있다는 것이었다. 셋째로 순차적 기법은 빈도 분포가 $(a,\ b,\ 0)$나 $(a,\ b,\ 1)$ 클래스에 속한다는 것이었다.

첫 번째 특징에 대해서는 걱정할 필요가 없는 것이 비록 계산 시간 증가라는 비용이 더 추가되기는 하지만 근접화 오차는 원하는 만큼 줄일 수가 있겠다. 그러나 두 번째 제약으로 인해 현실을 모델에 반영하기가 힘들어질 수 있겠다. 세 번째 제약은 빈도 분포가 언급된 두 클래스에 속해 있어야 하는데(혹은 복합 분포와 같이 그 클래스 내에 있는 분포를 이용하여 재구성) 그렇지 않다면 순차적 기법 외의 다른 기법을 강구하여야 한다. 시뮬레이션 기법이 다른 기법이 될 수 있겠다.

X_j가 $i.i.d.$일 경우에는 보험손해에 어떠한 이름을 붙이든지 크게 상관이 없는데 그 의미는 어떤 보험손해를 X_1이라고 부르고 어떤 보험손해를 X_2라고 부르든지 별로 상관이 없다는 이야기이다. 그러한 가정($i.i.d.$ 가정)이 없다면 붙여진 이름이 중요해 진다. 왜냐하면 S가 1년 치의 총 보험손해이기에 시간이 중요한 요소가 될 수 있기 때문이다. 보험손해를 구별하는 한 가지 방법으로 X_1을 첫 번째 보험손해, X_2를 두 번째 보험손해 등으로 지정하는 것이다. 그러면 T_j를 j번째 보험손해에 대한 시간을 표시해 주는 무작위변수로 지정할 수 있다. 클레임 지급과정에 대한 상세 논의 없이 T_j를 보험손해가 발생한

시간, 보험손해가 보고된 시간 혹은 보험손해에 대한 지급이 이루어진 시간으로 간주할 수 있겠다. 보험손해가 보고되거나 지급된 시간 즉 $T_j > 1$가 될 수 있다(즉 보험손해에 대한 보고나 지급이 보통의 경우 1년인 보험 커버리지 기간이 지난 후가 될 수 있다). 보험손해에 대한 시간이 중요하게 되면 결합분포 $(T_1, T_2, \ldots, X_1, X_2, \ldots)$를 고려하여야 한다.

2. 독립성이 결여된 경우에 있어서의 예시

독립성 가정이 성립되지 않는 통상의 두 가지 상황이 존재한다. 한 가지 상황은 시간에 대한 회계와 관련된 경우이고(특히 시간의 화폐가치) 또 한 가지는 보험 담보 변경과 관련된 경우이다. 후자의 경우에 있어서는 시간 요소 역시 고려되어야 한다. 아래 예제들을 통해서 몇 가지 경우를 설명하겠다.

예제 13 (보험손해 지급과 관련된 시간 가치) S가 오늘 발행된 보험증권에서 야기되어 차년도에 보험손해 지급 사건이 발생하는 것에 대한 모든 지급금의 현가라고 하자. S에 대한 모델을 개발하라.

T_j를 j번째 보험손해의 지급시점이라고 하자. T_j가 지급시간을 나타내는 한편 첨자는 보험손해 사건을 표시하고 있다. C_j가 사건 시점을 표시하고 L_j가 사건의 발생에서부터 지급 시까지 걸리는 시간일 때 $T_j = C_j + L_j$라고 하자. C_j 및 L_j는 서로 독립적이고 L_j역시 그것들 간에도 서로 독립적이라고 가정한다. 사건간의 시간 $C_j - C_{j-1}$(단 $C_0 = 0$)은 평균이 0.2년인 지수분포를 가지면서 $i.i.d.$라고 가정한다.

X_j를 시간 C_j에 발생하여 시간 T_j에 지급된 금액이라고 하자. X_j와 C_j도 서로 독립적이라고 가정한다(클레임의 금액은 그 보험손해가 언제 발생했는지에 따라 달라지지는 않는다). 그러나 X_j및 L_j는 서로 양의 상관관계가 존재한다(본 예제가 계속될 때 특정 모델이 구체화될 것이다). 이러한 과정은 타당성이 있다고 할 수 있는데 보험손해가 클수록 그 보험손해를 종결시키기 위해서는 더 많은 시간을 필요로 하기 때문이다.

마지막으로 V_t를 오늘 투자되면 t년 동안 1로 누적되는 가치를 표시해주는 무작위 변수라고 하자. X_j, C_j 및 L_j는 상호간에 독립적이나, 명확하게 $s \neq t$에 대해 V_s 및 V_t는 서로 의존적이다. 그리하여

$$S = \sum_{j=1}^{N} X_j V_{T_j}$$

가 되며 여기서 $N = \max_{C_j < 1}\{j\}$이다.

예제 14 (최대 증권소지자 부담금) 개별 보험손해에 자기부담금 d가 있다고 상정한다. 그러나 보험 계약기간인 1년 동안 증권소지자는 u 이상의 금액은 지불하지는 않는다. 보험사의 총체적 지급액에 대한 모델을 개발하라. X_j를 j번째 보험손해라고 상정한다. 첨자 j를 할당하는 것에 큰 의미는 없다. $W_j = X_j \wedge d$가 자기부담금 때문에 증권소지자에 의해 지불되는 금액이고 $Y_j = X_j - W_j$가 보험사에 의해 지급되는 금액이라고 하자. 그러면 $R = W_1 + \ldots + W_N$는 최대 증권소지자 부담금이 존재하지 않을 때 증권소지자에 의해 지급되는 총금액이 된다. 또한 실제로 증권소지자가 지급하는 금액은 $R_u = R \wedge u$가 된다. $S = X_1 + \ldots + X_N$가 총 보험손해이고, 보험사가 지급하는 총금액은 $T = S - R_u$가 된다. S 및 R_u에 대한 분포는 $i.i.d.$인 심도분포에 의거하는 것을 주목하기 바란다. 앞서서 설명한 분석적 기법에 의해서도 이들 분포는 구해질 수 있음을 주목하기 바란다. 그러나 이들 두 변수가 서로 종속적이기에 각 개별 분포들은 T에 대한 분포를 생성하기 위해 합쳐질 수가 없다. 또한 $i.i.d.$ 변수의 무작위 합으로도 T가 표현될 수 없다. 연도 개시 시에는 T가 $i.i.d.$인 Y_j의 합으로 보일지 모르나 최대 증권소지자 부담금액에 이르게 되면 Y_j는 X_j로 대체되어 더 이상 $i.i.d.$ Y_j의 합이 되지 않게 된다.

3. 두 예제에 대한 시뮬레이션 기법을 사용한 분석

이제 시뮬레이션 접근방법을 사용하여 두 예제에 대한 풀이를 완결지으려고 한다. 비록 모델들은 임의적으로 선정되기는 하였으나 앞선 장에서 제시된 기법들을 사용하여 조심스러운 추정 과정을 통해서 결정되었다고 할 수 있다.

예제 15 (예제 13 계속) 아래에 주어진 구체화에 따라 주어진 모델은 완결된다. 보험손해(X_j)는 모수가 $\alpha = 3$ 및 $\theta = 1{,}000$인 파레토분포를 한다. 클레임의 발생으로부터 보험손해액이 지급될 때 까지 소요되는 시간(L_j)은 모수가 $\tau = 1.5$ 및 $\theta = \ln(X_j)/6$인 와이블분포를 한다. 본 모델에 있어서의 종속성은 크기 모수가 보험손해의 크기에 의존함으로써 야기된다.

할인 부분은 $t > s$에 대해 $[\ln(V_s/V_t)]/(t-s)$가 평균이 0.06이고 분산이 $0.0004(t-s)$인 정규분포를 가정함으로써 모델화 된다. 보험손해 건수에 대한 모델을 구체화시킬 필요는 없다고 하겠다. 대신에 앞서 주어진 손해 발생간의 시간에 대한 모델을 사용한다. 시뮬레이션 기법을 사용하여 총체적 보험손해액에 대한 기대 현가를 구하여라.

단일 시뮬레이션이 어떻게 작동되는지에 대해서는 앞선 절에서 상세하게 설명하였다. $i.i.d.$인 지수분포로 보험손해가 발생한 시간에 대한 시뮬레이션을 그 합이 1이 넘지 않는 한에서 생출하는 것으로 본 예제를 풀기 시작한다(1년 치의 클레임을 얻기 위해서). 개별 변량들은 아래의 식을 사용하여 의가 균일 수치로부터 생출된다(사건간의 시간은 평균이 0.2년인 지수분포를 가지면서 $i.i.d.$임을 상기):

$$u = 1 - e^{-5x}$$

이는 아래와 같이 풀 수 있다.

$$x = -0.2\ln(1-u)$$

첫 번째 시뮬레이션에 있어서 균일 의가 무작위 수치와 그에 상응하는 x값은 $(0.25373, 0.0585), (0.46750, 0.1260), (0.23709, 0.0541), (0.75780, 0.2836), (0.96642, 0.6788)$이다. 이 시점에 있어서 시뮬레이티드된 x값의 합은 1.2010이 되므로 4건의 보험손해 사건이 존재하게 되며 각각의 사건은 시점 $c_1 = 0.0585, c_2 = 0.1845,\ \ c_3 = 0.2386$ 및 $c_4 = 0.5222$에서 발생하게 된다.

4건의 보험손해는 파레토 $i.i.d.$에 역함수를 취함으로써 구할 수 있는데 이는 아래와 같다:

$$x = 1{,}000[(1-u)^{-1/3} - 1].$$

4개의 의가 균일 수치는 $0.71786,\ 0.47779,\ 0.61084$ 및 0.68579이며 이때의 보청손해액은 각각 $524.68, 241.80, 369.70$ 및 470.93이 된다.

사고 발생으로부터 지급까지 걸리는 시간은 와이블분포를 하게 된다. 풀어야 하는 방정식은

$$u = 1 - e^{-[6l/\ln(x)]^{1.5}}$$

이다. 여기서 x가 보험손해이다. 지연 시간 l에 대해 풀면

$$l = \frac{1}{6}\ln(x)[-\ln(1-u)]^{2/3}$$

가 된다. 첫 번째 지연 시간에 대해서는 $u = 0.23376$가 되어

$$l_1 = \frac{1}{6}\ln(524.68)[-\ln 0.76624]^{2/3} = 0.4320$$

가 된다. 이와 유사하게 u에 대한 다음의 세 값: 0.85799, 0.12951 및 0.72085를 사용하면 $l_2 = 1.4286$, $l_3 = 0.2640$ 및 $l_4 = 1.2068$값을 얻게 된다. 4건의 보험손해에 대한 지급 시간은 c_j 및 l_j의 합이되어 $t_1 = 0.4905$, $t_2 = 1.6131$, $t_3 = 0.5026$ 및 $t_4 = 1.7290$가 된다.

마지막으로 할인 계수를 생출한다. 증가하는 t_j의 순서로 생출되어야 하기에 $v_{0.4905}$를 먼저 계산하여야 한다. 역함수 기법을 사용하여 시뮬레이티드된 값 $0.0592 = [\ln(1/v_{0.4905})]/0.4905$를 구할 수 있어 $v_{0.4905} = 0.9714$가 된다. 첫 번째 값으로 $s=0$이고 $v_0 = 1$임을 주목하기 바란다. 두 번째 값으로는 평균이 0.06이고 분산이 $(0.5026-0.4905)(0.0004) = 0.00000484$인 정규 변량임을 필요로 함으로 시뮬레이션된 값은

$$0.0604 = \frac{\ln(0.9714/v_{0.5026})}{0.0121} \quad \text{여서} \quad v_{0.5026} = 0.9707$$

이 된다.

다음의 두 보험손해 지급에 대한 할인율 계수는

$$0.0768 = \frac{\ln(0.9707/v_{1.6131})}{1.1105} \text{여서} \quad v_{1.6141} = 0.8913 \text{ 및}$$

$$0.0628 = \frac{\ln(0.8913/v_{1.7290})}{0.1159} \text{여서} \quad v_{1.7290} = 0.8848$$

이 된다.

이제 보험손해 지급금에 대한 총체적 현가에 대한 첫 번째 시뮬레이션된 값을 구할 준비가 되게 된다. 그 값은

$$\begin{aligned} s_1 &= 524.68(0.9714) + 241.80(0.9707) + 369.70(0.8913) + 470.93(0.8848) \\ &= 1{,}490.58 \end{aligned}$$

이 된다.

이 과정은 추정된 평균값이 95% 유의수준 하에서 참 평균값에 1% 내에 존재할 수 있을 때까지 되풀이 된다. 26,944번의 시뮬레이션 끝에 그에 도달하게 되었고 그때의 샘플 평균값은 2,296.16이 되었다.

표 9-4 음이항분포에 있어서의 누적확률

n	$F_N(n)$	n	$F_N(n)$
0	0.03704	8	0.76589
1	0.11111	9	0.81888
2	0.20988	10	0.86127
3	0.31962	11	0.89467
4	0.42936	12	0.92064
5	0.53178	13	0.94062
6	0.62282	14	0.95585
7	0.70086	15	0.96735

예제 16 (예제 14 계속) 본 예제에 있어서는 자기부담금 d를 250으로 보험가입자 최대 부담액을 $u=1,000$로 상정하기로 한다. 보험손해의 수는 모수가 $r=3$ 및 $\beta=2$인 음이항분포를 한다고 가정한다. 또한 개별 보험손해는 모수가 $\tau=2$ 및 $\theta=600$인 와이블분포를 한다고 가정한다. 보험사 총체적 보험손해에 있어서의 95퍼센타일 값을 구하여라.

음이항분포를 하는 클레임 건수에 대한 시뮬레이션을 하기 위해서는 음이항분포의 $c.d.f.$를 필요로 한다. 합의 연산자를 필요로 하지 않는 폐쇄 형태는 존재하지 않는다. 그러나 도표 형태의 구성은 가능하고 〈표 9-4〉에 표시되어 있다. 특정 연도에 있어서의 보험손해 건수는 의가 균일 값, 예를 들어 $u=0.47515$을 이용하여 생출하고 도표 상에서 $c.d.f.$값이 생출된 값보다 큰 값 중에서 가장 작은 값을 선택함으로써 구해진다. 시뮬레이션된 값은 $c.d.f.$값의 좌측에 주어졌다. 본 예제의 경우에 있어서의 첫 번째 시뮬레이티드된 값은 $n=5$이다.

와이블분포를 통해서 5개의 보험손해 금액을 얻을 수 있다. $c.d.f.$에 역함수를 취하면

$$x=600[-\ln(1-u)]^{1/2}$$

가 된다. 5건의 시뮬레이션된 값들은 544.04, 453.67, 217.87, 681.98 및 449.83이 된다. 총 보험손해액은 2,347.39이다. 이 때 증권소지자는 $250.00+250.00+217.87+250.00+250.00=1,217.87$을 지급하여야 하나, 최대 증권소지자 부담액은 1,000이다. 그리하여 첫 번째 보험사가 지급하여야 하는 보험손해 금액에 대한 시뮬레이티드된 값은 1,347.39이다.

목표는 95% 유의수준 하에서의 추정된 95퍼센타일 값이 참 값의 2% 내에 존재하는 것이다. 이와 같은 목표를 달성하기 위해서는 11,476번

의 시뮬레이션을 필요로 해서 추정된 95번째 퍼센타일 값은 6,668.18이 되었다.

4. 리스크 측정값 산출을 위한 시뮬레이션

관련 분포가 너무 복잡하여 분석적으로 해를 구하기기 힘들다면 VaR나 $TVaR$와 같은 리스크 측정치를 추정하기 위해 시뮬레이션 기법이 사용될 수 있겠다. VaR는 단순히 이미 논의된 분포에 있어서의 특정 퍼센타일 값이다. $TVaR$값을 추정하는 것 역시 매우 손쉽게 이루어질 수 있다. $y_1 \le y_2 \le \cdots \le y_n$가 관련 무작위변수로부터 추출된 순서가 정해진 시뮬레이티드된 샘플이라고 하자. 사용된 퍼센타일이 p이고 $[.]$가 최대 정수 함수일 때 $k=[pn]+1$이라고 하자. 그러면 두 측정치는

$$\widehat{VaR}_p(X)=y_k \text{ 및 } \widehat{TVaR}_p(X)=\frac{1}{n-k+1}\sum_{j=k}^{n}y_j$$

가 된다. 샘플 평균의 분산값은 샘플 분산값을 샘플 크기로 나눔으로써 추정될 수 있다는 것을 알고 있다. $\widehat{TVaR}_p(X)$는 샘플 평균인데 이 추정치는 참 값을 저평가할 것이다. 이는 평균값 산출에 사용된 관측치들이 서로 종속적이어서 그 결과 샘플 분산에서 반영된 것 보다 더 변동성이 크다고 볼 수 있다. 샘플 분산은

$$s_p^2=\frac{1}{n-k}\sum_{j=k}^{n}[y_j-\widehat{TVaR}_p(X)]^2$$

라고 하자. $TVaR$ 추정치의 분산에 대한 점근적으로 불편적인 추정치는 아래와 같음이 보여졌다:

$$\widehat{VAR}[\widehat{TVaR}_p(X)]=\frac{s_p^2+p[\widehat{TVaR}_p(X)-\widehat{VaR}_p(X)]^2}{n-k+1}$$

예제 17 모수가 $\alpha=2$ 및 $\theta=100$인 파레토분포를 고려하기로 한다. 10,000번의 시뮬레이션을 통하여 $p=0.95$일 때 리스크 측정치들을 추정하라.
참값은 $VaR_{0.95}(X)=347.21$ 및 $TVaR_{0.95}(X)=794.42$이다. 시뮬레이션

에 있어서 $k=[9{,}500]+1=9{,}501$이다. 시뮬레이션을 통해 $\widehat{VaR_{0.95}}(X)$ $=y_{9{,}501}=363.09$ 및 $\widehat{TVaR_{0.95}}(X)=\frac{1}{500}\sum_{j=9{,}501}^{10{,}000}y_j=816.16$을 얻을 수 있다. $TVaR$에 대한 추정치에 대한 분산값은 2,935.36으로 추정되었다. 참값에 대한 95% 신뢰구간은 816.16 ± 106.19이며 참 값은 본 신뢰구간 내에 넉넉하게 존재하고 있다.

5. 통계적 분석

시뮬레이션은 다각도로 데이터 분석에 있어서 도움을 준다. 통계적 절차와 연관된 두 가지 사안에 대해서 논의하고자 한다. 첫 번째 것은 가설 검증을 위한 p값(혹은 임계치)을 결정하는 일이다. 두 번째 것은 추정치의 MSE를 평가하는 일이다. 우선 가설검증 상황에 대해서 논의하고자 한다.

예제 18 보험손해가 로그 정규분포를 한다고 추측되었다. 100건의 관측치가 수집되었고 콜모고로브-시미르노브 검증 통계치는 0.06272이다. 본 검증에 있어서의 p값을 결정하는데, 첫째로 귀무가설이 모수 $\mu=7$ 및 $\sigma=1$인 로그 정규분포인 경우이고, 다음으로는 모수가 정해지지 않은 로그 정규분포인 경우이다.

각 모수가 정해진 상황 하에서의 귀무가설에 있어서는 우선 모수가 정해진 로그 정규분포로부터의 100건의 로그 정규 관측치에 대한 시뮬레이션을 실시한다. 그러고 나서 콜모고로브-시미르노브 검증 통계치를 산출한다. 추정된 p값은 검증 통계치가 0.06272를 초과하는 시뮬레이션 비율이 될 것이다. 1,000번의 시뮬레이션 후에 p값에 대한 추정치는 0.836이 되었다.

모수가 정해지지 않은 경우에는 어떤 로그 정규분포가 사용되어야 하는지가 불분명하다. 실제로 수집된 관측치들로 산출한 모수들에 대한 추정치는 $\hat{\mu}=7.2201$ 및 $\hat{\sigma}=0.80893$이 되었다. 이들 값들이 시뮬레이션에 있어서의 근거값으로 사용되었다. 앞선 경우와의 유일한 차이는 시뮬레이션된 관측치가 구해지면, 그 결과치는 모수가 시뮬레이션된 데이터 집합으로부터 추정(최우법에 의해)된 로그 정규분포와 비교하는 것이다. 1,000번의 시뮬레이션에 있어서 0.06272를 초과한 경우는 491번이어서 추정된 p값은 0.491이 된다고 하겠다.

모수를 정하지 않는 경우에 있어서 검증 통계치에 대한 해석은 그렇지 않은 경우와 비교해서 상당히 달라진다.

가설검증에 있어서 p값과 유의수준에 대한 산정은 귀무가설이 옳다는 가정하에서 이루어진다. 시뮬레이션을 행할 수 있는 모집단 분포가 존재하지 않는 상황도 있을 수 있다. 그러한 상황에 있어서는 부스트랩이라고 부르는 기법이 사용될 수 있다. 데이터로부터 얻어진 경험적 분포를 모집단 분포를 대신해서 시뮬레이션할 값을 갖고 오는 것이다. 부스트랩 추정치는 점근적으로 참값에 수렴함이 이론적으로 보여졌다. 이러한 결과는 타당하다고 볼 수 있는데 샘플 크기가 증가함에 따라 경험적 분포는 점점 더 참 분포와 유사해 지기 때문이다. 아래의 예제에서 부스트랩 기법이 잘 작동할 뿐 아니라 적어도 예제에서는 타당한 해를 제시해 주고 있다.

예제 19 크기가 3인 특정 샘플(추출 시 교체가 일어남)이 모집단으로부터 추출되었고 각각의 값은 2, 3 및 7이다. 모집단 평균의 추정치로 샘플 평균의 MSE에 대한 부스트랩 추정치를 구하여라.

부스트랩 접근방법은 모집단이 각각의 값 2, 3, 및 7에 1/3의 확률을 부여함을 가정한다. 본 분포의 평균값은 4이다. 본 모집단에는 크기 3인 27개의 샘플이 존재한다. 샘플 평균은 2(샘플값 2, 2, 2 확률 1/27), 7/3 (샘플값 2, 2, 3, 2, 3, 2 및 3, 2, 2, 확률 3/27) 등 및 7까지(확률 1/27) 가 될 수 있다. 그리하여 MSE는

$$(2-4)^2\left(\frac{1}{27}\right)+\left(\frac{7}{3}-4\right)^2\left(\frac{3}{27}\right)+\ldots+(7-4)^2\left(\frac{1}{27}\right)=\frac{14}{9}$$

가 된다. 샘플 평균은 불편적 추정치이므로

$$MSE(\overline{X})=Var(\overline{X})=\frac{\sigma^2}{n}$$

가 된다. 분산값이 알려지지 않은 상황에서 적합한 선택은 샘플 분산값을 사용하는 것이 된다. n이 분모가 되어 추정된 MSE는

$$\frac{\frac{1}{3}[(2-4)^2+(3-4)^2+(7-4)^2]}{3}=\frac{14}{9}$$

가 된다. 이는 부스트랩 추정치와 동일한 값이다.

예제 20 40명의 증권소지자에 있어서 사망에 이르는 경험적 확률이 0.0333, 0.0744, 0.0343, 0.0660, 0.0344 및 0.0361로 주어졌고 그 때에 이르는 시간은 각각 0.8, 2.9, 3.1, 4.0, 4.1 및 4.8이다. 잔여 0.7215 확률은 5년 후까지 생존하는 확률이다. 사망 시 1,000을 지급하는 5년 정기 보험 증권에 있어서의 기대 현가는 아래와 같이 추정할 수 있다:

$$1{,}000(0.0333v^{0.8}+\ldots+0.0361v^{4.8})=223.01$$

여기서 $v=1.07^{-1}$이다. 본 추정치에 대한 MSE를 10,000부스트랩 샘플들을 사용하여 시뮬레이션 기법으로 추정하라.

경험적 분포로부터 시뮬레이션을 행하는 것 대신(카플란-메이어 추정치에서 주어진 것처럼), 원 샘플로부터 시뮬레이션을 행한다.

본 예제의 경우 이는 각각의 원 관측치에 확률 $\frac{1}{40}$을 배정함을 의미한다. 그러면 각각의 부스트랩 관측치는 좌측으로 절단된 점에 쎈서드되었거나 쎈써드되지 않은 값을 수반하게 된다. 40개의 그러한 관측치들을 기록한 후 부스트랩 샘플로부터 카플란-메이어 추정치가 산출되고 관련 모수에 대한 추정치들이 산정된다. 이는 상대적으로 쉬운 일인데 부스트랩 추정치가 단지 6개의 원 포인트들에 대해서만 확률값을 부여하였기 때문이다. 10,000 시뮬레이션은 빠른 시간 내에 행해질 수 있어 평균값은 222.05이고 MSE는 4,119가 된다. $\hat{S}(t)$의 분산에 대한 부스트랩 추정치는 점근적으로 그린우드 추정치와 동일하다는 것이 보여져 양 기법에 대한 신빙성이 어느 정도 된다는 것이 입증되었다.

연습문제

1. 특정 도시의 제설 비용 보험은 4개월 동기 동안 커버된다. 1개월 당 10,000의 자기부담금이 존재한다. 월별 제설 비용은 서로 독립적이고 모수가 $\mu=15{,}000$ 및 $\sigma=2{,}000$인 정규분포를 한다. 월별 제설 비용이 역함수 기법을 사용해서 시뮬레이션 되었다. 한 해 동안 지급된 보험금 산출을 위해 4개의 균일 의가 무작위 숫자 0.5398, 0.1151, 0.0013 및 0.7881이 주어졌다. 시뮬레이션된 해에 있어서의 보험사 비용을 산출하라.

2. 한 기간이 지난 후 특정 주식의 가격이 그 기간 시작점 가격의 X배가 되었다. 여기서 X는 모수 $\mu=0.01$ 및 $\sigma=0.02$인 로그 정규분포를 가진다. 시간 0에서의 그 주식 가격은 100이었다. 그 주식 가격 변동을 시뮬레이션하기 위해 역함수 기법이 사용되었다. 기간 1 및 기간 2에 있어서의 의가 균일 무작위 숫자들은 0.1587 및 0.9332이다. 첫 두 기간 말에 있어서의 시뮬레이션된 주식 가격을 구하여라.

3. 보험에 가입한 연령 70세의 100명의 사람이 주어졌다. 각각의 사람이 차년도에 사망할 확률은 0.03318이고 사망 사건은 서로 독립적이다. 그리하여 사망 건수는 모수가 $m=100$ 및 $q=0.03318$인 이항분포를 한다. $u=0.18$일 때 시뮬레이션 기법을 사용하여 차년도에 사망하는 사망자 수를 구하여라.

4. 지급여력 수준에 관련된 문제로, 클레임 발생이 포아송분포에 의해 매년 두 건씩 발생한다고 하자. 그리하여 클레임이 발생하는 사이 기간은 모수가 $\theta=1/2$인 지수분포를 한다고 상정한다. 클레임액은 모수가 $\alpha=2$ 및 $\theta=1{,}000$인 파레토분포를 한다고 한다. 초기 지급여력금은 2,000이었고 거수되는 보험료는 2,200이다. 파산은 지급여력금이 바닥이 났을 때 발생하며 그 시점 이후에는 보험료도 더 이상 거수되지 않고 클레임 역시 지급되지 않

는다고 상정한다. 모든 시뮬레이션은 역함수 기법을 사용하여 행해졌다. 클레임 발생 사이 시간에 대해서는 의가 무작위 숫자로 0.83, 0.54, 0.48 및 0.14를 사용하고 클레임액은 0.89, 0.36, 0.70 및 0.61를 사용하기로 한다. 시간 1에 있어서의 지급여력금을 구하여라.

5. 크기 2인 무작위 샘플이 어떤 분포로부터 주어졌다. 그 값들은 1 및 3이다. 모집단의 분산값을 추정치 $[(X_1-\overline{X})^2+(X_2-\overline{X})^2]/2$을 사용하여 추정하려고 한다. 부스트랩 기법을 사용하여 본 추정치에 대한 MSE를 추정하라.

6. 균일 (0,10) 분포로부터 얻어진 크기 3인 샘플의 값들은 각각 2, 4 및 7이다.

6-1. 데이터가 균일 (0, 10) 분포로부터 추출되었다는 귀무가설에 대한 콜모고로브-스미르노브 검증 통계치를 구하여라.

6-2. 균일 (0, 10) 분포로부터 얻어진 크기 3인 샘플에 대해 10,000번의 시뮬레이션을 실시하고 각 시뮬레이션에 있어서 콜모고로브-스미르노브 검증 통계치를 산정하라. 산출된 값이 6-1에서의 값보다 큰 경우에 대한 비율이 p값이 된다.

7. 균일 (0, θ) 분포로부터 얻어진 크기 3인 샘플의 값들은 각각 2, 4 및 7이다. 아래와 같은 θ에 대한 추정치를 고려한다:

$$\hat{\theta}=\frac{4}{3}\max(x_1, x_2, x_3)$$

본 불편 추정치에 대한 MSE가 $\theta^2/15$임을 보여졌다.

7-1. 추정치로 θ를 교체함으로써 MSE를 추정하라.

7-2. 추정치의 분산을 부스트랩 기법을 사용하여 추정하라(MSE를 추정하기 위

해 부스트랩기법을 사용하는 것은 불가능한데 그 이유는 경험적 분포로부터 θ에 대한 참 값을 얻을 수 없고 단지 추정치에 대한 기댓값만 얻을 수 있기 때문이다).

8. 특정 보험계약에 있어서 보험손해는 모수가 $\alpha = 3$ 및 $\theta = 10,000$인 파레토 분포를 한다고 한다. 클레임 사정 비용은 평균이 400인 지수분포를 한다고 한다. 양자간의 종속적인 구조가 상관계수 $\rho_{12} = 0.6$인 가우시안 코플라 기법으로 모델링 되었다. 보험손해에 있어서의 자기부담금은 500이다. 보험손해가 자기부담금을 넘지 않으면 클레임 사정비용은 없다고 상정한다. 또한 보험금 지급이 10,000 이상이면 그 초과부분은 재보험사가 지급한다. 거기에 클레임 사정비용은 원수보험사와 재보험사가 피보험자에게 지급하는 보험손해 금액에 비례하여 나누어서 지급한다. 첫 번째 숫자는 보험손해를 시뮬레이션하기 위한 것이고 두 번째 숫자는 클레임 사정비용을 시뮬레이션하기 위한 균일 무작위 쌍으로된 숫자 (0.983, 0.453) 및 (0.234, 0.529)를 사용하여 두 손해 사건에 대한 결과치를 시뮬레이션하라. 피보험자가 지급한 금액, 원수보험사가 지급한 금액 및 재보험사가 각각 지급한 총금액을 산정하라.

9. 특정 치과보험에는 연 치료비에 부과되는 100의 자기부담금이 존재한다. 피보험자는 자기부담금 초과액의 80%를 변제받되 변제액 최대한도는 1,000이다. 연 치료비는 평균이 1,000인 지수분포를 한다. 4년 동안의 치료비가 균일 무작위 숫자 0.30, 0.92, 0.70 및 0.08을 이용하여 역함수 기법에 의해 시뮬레이션되었다. 이 시뮬레이션에 있어서의 피보험자의 연평균 변제액을 구하여라.

10. 지급 보험금은 모수가 $\mu = 13.294$이고 $\sigma = 0.494$인 로그 정규분포를 갖는다. 미지급 보험금 대 지급 보험금 비율 y는 $y = 0.801x^{0.851}e^{-0.747x}$이다. 여기서 $x = 2006 -$ 보험계약 구입연도이다. 균일 무작위 숫자 0.2877, 0.1210, 0.8238 및 0.6179와 함께 역함수 기법이 사용되었다. 보험계약 구입년도 2005에 있어서의 평균 미지급 보험금을 추정하라.

11. 비음수 무작위 변수의 평균값을 추정하기 위해 시뮬레이션 기법을 사용하려고 한다. 모집단 표준편차 값은 모집단 평균 보다 20% 더 크다고 알려져 있다. 중심극한정리를 사용하여 적어도 95%의 유의수준으로 시뮬레이션된 평균값이 모집단 평균값의 5% 내에 있기 위해 필요한 최소의 시뮬레이션 횟수를 추정하라.

12. 평균이 100인 지수분포로 300에서의 누적 분포함수 값을 추정하기 위해 시뮬레이션 기법을 사용한다. 적어도 99%의 확률로 시뮬레이션된 추정치가 참값의 1% 내에 있기 위해 필요한 최소의 시뮬레이션 횟수를 구하라.

13. 화재와 태풍피해 손해 모두를 담보하는 보험 증권에 있어서 화재 손해 3 및 4와 동일기간에 있어서의 태풍피해 손해 0 및 3으로 이루어진 샘플이 주어졌다. 화재 및 태풍피해 손해는 서로 독립적이나 동일한 분포는 갖지 않는다. 샘플에 의거하여 태풍피해 클레임 당 2의 자기부담금을 부담시킴으로써 총 보험손해의 205를 경감할 수 있다고 추정한다. 추정치에 대한 MSE의 부스트랩 근접화 값을 구하여라.

PART Ⅱ

제 1 장 신뢰도에 대한 이해

CHAPTER 01 신뢰도에 대한 이해

I • 요율산정체계

신뢰도에 대한 이해를 하기 위해서는 우선 보험요율 체계에 대한 이해를 필요로 한다. 보험요율 체계는 우선 크게 매뉴얼요율체계와 개별물건요율체계로 나누어진다. 매뉴얼요율체계는 유사한 특성을 지니는 보험계약자들을 등급별로 분류한 뒤 등급별 요율산정을 추구하는 체계이다. 기본적으로 유사한 특성을 지니는 보험계약자들을 동일한 그룹으로 분류하였기에 그 등급에 주어지는 요율을 일정하게 설정할 수 있는데 그 동일한 요율들을 매뉴얼화하였다고 하여 매뉴얼요율체계라는 이름이 붙여졌다. 기본적으로 매뉴얼요율체계가 적용되는 보험의 종류(보종)에는 개인자동차보험, 주택종합보험 등과 같이 민영보험에 있어서 가계성 보험에 해당하는 것들이다. 그 이유는 적어도 개인별 특성의 차이는 이를테면 성별, 지역별 등과 같은 등급화로 해결할 수 있다는 취지이다.

매뉴얼요율체계와 구분되는 것이 개별물건요율체계인데 근본적으로 매뉴얼요율체계에는 한계가 있음을 인지하고 추가적으로 개별물건의 위험적 특성을 반영하기 위한 요율체계이다. 특히 산재보험을 포함한 기업성 물건에 있어서 동일한 업종(등급화)으로 분류한다고 하더라도 고용주의 위험관리에 대한 관점의 차이, 종업원들의 작업환경 및 신뢰도에 직접적으로 영향을 미치는 작업장의 규모 및 근로자의 수 등에 따라 보험사고 발생이 영향을 받기 때문에 개별물건요율체계를 필요로 한다. 개별물건요율체계는 크게 두 가지로 분류할 수 있는데 차후적 요율산정체계(Prospective Rating Plan) 및 차귀적 요율산정체계(Retrospective Rating Plan)가 그것들이다.

차후적 요율산정체계는 과거 경험치 혹은 특성을 기반으로 하여 미래의 요율을 산정하는 요율체계이고, 차귀적 요율산정체계는 요율산정원칙만 미리 결정하고 증권유효기간 동안 발생한 보험사고를 기반으로 하여 보험요율을 최종적으로 산정하는 체계이다. 양 체계에 있어서의 차이는 전자에 있어서는 보험사고 발생 이전에 보험요율이 산정되기에 증권유효기간 내에 발생한 사고가 현 증권 보험요율에 영향을 못 미치나 (물론 차후적으로 영향을 미쳐 다음 년도 보험요율에 반영이 될 수 있지만) 후자에 있어서는 현 증권 보험요율에 그 영향을 (어느 정도 제한이 가해지기는 하지만) 미친다는 것이다.

차후적 요율체계에 있어서는 스케줄요율산정체계(Schedule Rating Plan), 경험요율산정체계(Experience Rating Plan) 및 손해요율산정체계(Loss Rating Plan)가 있고 차귀적 요율산정체계는 더 이상 상세분류를 하지 않는 것이 통례이다(물론 사고당 한도를 설정할 것인지, 최종보험요율 조정을 한 번에 끝낼 것인지, 최저보험요율을 설정하지 않을 것인지에 대한 선택에 따른 상세분류가 가능하다).

스케줄요율산정체계는 보험사고의 발생이 적어 경험요율산정체계나 손해요율산정체계의 사용이 현실적으로 어려울 경우에 보험사고에 영향을 미칠 수 있는 보험계약자의 특성을 고려하여 매뉴얼요율을 할인하거나 할증하는 체계로 그러한 항목들을 스케줄(도표)상에 열거하였다 하여 그러한 이름이 붙여진 산정체계로 화재보험과 같이 보험사고의 발생이 빈번하게 일어나지 않는 보종에 적절하게 사용될 수 있는 체계이다. 그러나 적어도 미국에 있어서는 기업성보종의 전 종목에 사용되고 있다. 단지 화재보험에 있어서는 경험요율산정체계나 손해보험산정체계가 사용되지 않고 스케줄요율산정체계만 사용되고 있다. 화재나 태풍 등과 같은 재해의 발생이 번번하게 일어나지 않을뿐더러 발생 시 그 규모가 엄청나기 때문이다.

경험요율산정체계에 대한 설명에 앞서 손해요율산정체계에 대한 설명을 먼저 하면 동 체계는 특정 물건의 과거 경험치에 대한 신뢰도가 충분히 커서, 혹은 전신뢰도 조건을 만족해서, 혹은 보험요율산정에 사용되는 경험기간 내의 관련데이터가 충분히 확보되어 그 물건의 경험치만으로 보험요율을 산정할 수 있는 체계로 보험요율은 증권기간 동안 발생되리라고 예상되는 기대손해액에 보험사가 필요로 하는 사업비를 합하면 총보험료가 산정이 되고 이를 예상되는 위험단위수(exposure)로 나누어 보험요율을 산정하는 체계이다.

예를 들어 산재보험에 있어서의 현대자동차의 경우 보험요율산정에 사용되는 경험기간 내의 관련데이터가 충분히 확보되어 손해요율체계를 적용할 수 있다고 상정하자. 과거 3년 동안 발생한 총손해액이 600억인데 이를 근거로 내년에 발생하리라고 예상되는 손해액이 250억(최종손해액화 및 추세화를 통해 예상 손해액이 상승됨)이었고 1년 평균 산재적용 종업원 총급여액이 2조였다면 순보험요율(보험료 중 사업비를 제외한 금액을 위험단위수로 나눈 값)은 1.25%(250억/2조)가 된다. 사업비율이 보험료의 15%라고 한다면 보험요율은 1.47%(1.25%/.85)가 된다.

경험요율산정안은 일종의 매뉴얼요율체계와 손해요율체계의 중간 형태로 볼 수 있는 체계로 특정 물건의 과거 경험치에 대한 신뢰도가 충분히 크지 못해, 혹은 전신뢰도 조건을 만족하지 못해, 혹은 보험요율산정에 사용되는 경험기간 내의 관련데이터가 충분히 확보되지 못해 그 물건의 경험치만으로 보험요율을 산정하기에는 충분하지 못하지만 완전히 무시할 수 있을 정도가 아닌 경우에 적용되는 산정체계이다. 그리하여 경험요율산정체계에 있어서는 경험치를 신뢰할 수 있는 정도만을 새로운 보험요율에 반영하게 된다.

예를 들어, 특정 목수의 경우 산재보험요율로 (급여 100원당) 5원을 부과해야 한다고 최근 경험치가 제시하였다고 하자. 현 요율이 10원이라고 가정한다. 최근 경험치에 대한 신뢰도의 정도가 0.1이 도출되었다고 한다면 그 신뢰도를 반영한 새로운 목수의 산재보험요율은 아래와 같이 된다.

$$\text{추정치} = Z \times [\text{관측치}] + (1-Z) \times [\text{여타정보}],\ 0 \le Z \le 1 \text{ 즉,}$$
$$\text{새로운 산재보험요율} = 0.1 \times 5\text{원} + 0.9 \times 10\text{원} = 9.5\text{원}$$

이 경우에 있어서의 할인율은 $(10-9.5)/10 \times 100 = 5\%$가 되며 할인계수는 0.95가 된다. 이를 통해 우리는 신뢰도 적용에 있어서 신뢰도 적용 시의 새로운 요율이 먼저 산출되고 그 후 할인/할증율 혹은 그 계수가 도출될 수 있는 것을 알 수 있겠다.

이와 같은 신뢰도 개념은 매뉴얼요율산정에서도 사용되는바 전체 보종의 매뉴얼요율 수준 자체는 데이터가 충분하여 신뢰도 개념이 필요가 없을 수 있지만 동일 보종 내 등급별 혹은 담보별 요율산정에 있어서는 종종 데이터가 충분하지 않은 경우가 발생하기 때문이다. 이 경우 특정 등급 혹은 담보에 적용되는 여신뢰도(1-Z)는 현 요율, 업계요율 및 그 등급 혹은 담보가 속하는 보다 넓은 범위의 등급 혹은 담보의 요율에 적용될 수 있다.

Ⅱ 신뢰도 개념의 기원

1910년대 초엽에 있어서 미국의 산재보험은 매뉴얼요율체계하에서 동일한 업종에 분류되는 모든 고용주들에게 동일한 요율을 부과하고 있었다. 이에 대해 상대적으로 작업환경의 개선 등으로 인해 산재사고 발생이 적은 고용주들의 불만을 초래하게 되었다. 당시 산재보험요율 산정자들이 처한 문제는 그렇다고 해서 개별고용주들의 경험치만으로 그 고용주의 보험요율을 산정하기에는 데이터가 턱없이 부족하다는 것이었다. 이에 대한 문제를 해결하기 위해 유수의 통계학자들이 소집되었는바 여기에서 도출된 것이 신뢰도 개념이다.

그 당시에 이미 두 유형의 접근방식이 도입되었는데 한 유형은 Mowbray에 의해 제시되었는바, 우선 전신뢰도 기준을 설정하고 그 기준을 충족하지 못할 때 부분신뢰도를 부여하는 방식이었고, 또 다른 유형은 Whitney에 의해 제시되었는바, 처음부터 부분신뢰도 공식을 도입하는 방식이었다. 전자는 고전적 신뢰도라고 불리었고 후자는 근대적 신뢰도라고 불리었는데, 동일한 시기에 태동된 두 접근방식을 이렇게 부르는 것에 대해서는 어패가 있지만 후자의 경우는 후세에 와서 이론적으로 재정립되었기에 이렇게 부르는 것으로 사료된다.

1. 고전적 신뢰도

고전적 신뢰도의 경우는 통계학 이론을 원용하여 전신뢰도 기준을 설정하였다. 즉 데이터가 주어지면 산술평균(예를 들어 연평균 손해율)을 산정할 수 있고 평균으로부터의 괴리정도를 표시하는 분산값(혹은 표준편차값)을 산정할 수 있다. 다른 조건이 동일할 때 데이터가 충분하다면 연평균 손해율 변화가 극히 적어 연평균 손해율로 보험료 책정이 가능할 것이다. 이때 즉 데이터 크기가 충분히 클 때, 전신뢰도 조건을 충족할 때라고 볼 수 있겠다. 이러한 조건을 충족시키는 최소의 경우에 전신뢰도 1을 부여하게 되면 당연히 그 이상으로 데이터 크기가 크다면 그 데이터 자체로만 보험요율산정이 가능하게 되겠다. 이러한 요율산정체계를 앞선 장에서 손해요율산정체계라고 하였다. 이에 대해 Mowbray는 "의존할 수 있는 순보험료(a dependable pure premium)는 실제 순보험료와의 차이가 임의의 한도 내에 존재할 가능성이 매우 높은 것"이라고 정의하였다. 여기서 순보험료는 보험료 중 사업비를 제외한 보험료이다.

문제는 데이터 크기가 충분히 커 손해요율산정체계를 사용할 수 있는 최저점을 어떻게 정의할 것이냐 인데, 통계학 개념을 사용하여 그 정의가 도출되었다. 앞서 설명한 대로 분산 혹은 분산에 루트를 취한 표준편차는 평균에서부터 괴리되는 정도를 표시하는데 분산값이 크다면 괴리되는 정도가 클 것이고 적다면 괴리되는 정도도 작을 것이다. 극단의 예로 분산값이 0이라면 이는 항상 평균값이 관측되어 그 평균값을 이용하여 보험료를 산정하는 데에는 아무런 문제가 없을 것이다. 반대로 그 분산값이 무한대에 가깝다면, 관측치의 변동이 극심하여 전혀 관측치를 사용할 수 없을 것이다.

전신뢰도 기준치 설정을 위해, 예를 들어 그 기준치가 평균값에서 k% 괴리되는 정도가 확률 P값을 가질 때라고 한다고 하자. 이는 데이터의 괴리정도를 표시해 주는 기준치가 된다. 예를 들어 그 확률값이 P보다 작다면 이는 연평균 손해율값이 좌우로 퍼져있는 정도가 더 심하다는 것을 의미하고 이때의 신뢰도값은 1보다 작게 될 것이다. 이러한 관계는 연평균 손해율이 정규분포(좌우대칭인 종모양의 분포곡선)를 한다고 가정하면 쉽게 이해할 수 있는데 그 분포가 중심점에 몰려 있을수록 분포의 분산값이 작아지고 중심점에서 좌우로 더 퍼져 있을수록 분산값이 더 커짐을 알 수 있어 주어진 k값에 대해 전자의 경우 확률값 P가 훨씬 클 것이고 후자의 경우에 있어서는 반대로 P가 작을 것이다.

이를테면 개별근로자의 사고발생건수가 포아손분포(특정 기간 내에 특정 사건이 발생하는 수에 대한 분포로 평균과 분산값이 동일함)를 하고 특정 작업장에서의 사고발생건수가 정규분포(중심극한 정리)를 한다고 하자. k값 및 P값이 주어지면 1년간 발생한 총클레임수로 전신뢰도 기준을 설정할 수 있다. 예를 들어 k값이 10%이고 P값이 95%이면 전신뢰도 1을 충족시키는 클레임수는 384건이 된다. 이는 경험기간 (예를 들어 3년) 동안 클레임수가 384건 이상 발생하리라고 기대된다면 전신뢰도를 부여할 수 있음을 의미한다.

고전적 신뢰도를 한정변동신뢰도라고도 하는데 그 이유는 변동성이 전신뢰도 조건을 충족시키지 못하기 때문에 그 변동성을 한정시키기 위해 1보다 작은 신뢰도를 적용한다는 것이다. 포아손분포를 가정하였을 때 관측치 평균값의 분산값이 모분산을 기대 클레임수로 나눈값으로 표시되기에 주어진 데이터의 부분신뢰도 값은 기대 클레임수를 전신뢰도기준 기대 클레임수로 나눈 값에 루트를 취한 형태로 도출된다.

고전적 신뢰도에 있어서의 문제점은 그 기준이 클레임수로 주어지기에 클레임 심도에 대한 문제가 간과되어 심도의 변동이 심할 경우 그 기준이 과소평가된다는 것이다. 물론 이러한 경우 심도를 고려한 신뢰도기준식을 도출할 수 있지만 이 경우 우리는 분산값을 따로 산정하여야 할 뿐 아니라 포아손분포 가정을 포기하여야 하는 문제점을 갖고 있다. 이러한 제한점 때문에 고전적 신뢰도는 상대적으로 심도가 낮은 자동차보험이나 일반배상책임보험에 주로 사용되고 화재보험이나 산재보험에는 사용되고 있지 않고 있다.

2. 근대적 신뢰도(뷜만신뢰도)

근대적 신뢰도 이론에 있어서 기본은 신뢰도 값을

$$Z = \frac{N}{N+K}$$

로 정의하는 데에 있다. 여기서 Z는 부분신뢰도 값이고 N은 위험노증실체수가 되는데 산재보험에 있어서는 산재보험적용 총급여액이 되며 K값은 특정 산업군에 주어지는 값이다. 예를 들면 산재사고 크기의 변동이 심한 산업의 경우 K값은 커져 그만큼 신뢰도 값이 작아진다. 이를 뷜만신뢰도라고 부르는 이유는 후대에 와서 뷜만에 의해 본 신뢰도를 적용한 추정치는 베이지안 추정치의 선형 핏한 것과 그 값이 동일하며 K값은 과정분산의 기댓값을 가설적 평균의 분산값으로 나눈 값이 된다는 것이 증명되었기 때문이다.

본 수식은 현재 미국 산재보험 경험요율산정안에서 사용되고 있는 신뢰도 공식의 근간이 되며 단지 손해액을 주손해액과 초과손해액으로 구분하여 각기 다른 신뢰도값을 적용하는 것이 다르다. 그 적용절차는 개별고용주의 과거 3년간 발생한 산재보험사고를 분류하여 그 사고액이 5,000불을 초과하는 것과 초과하지 않는 것을 구별하여 초과하는 것은 5,000불까지의 금액으로 전부 합산하여 주손해액과 초과손해액으로 구분한다(개별 주에 따라 약간의 차이가 있음). 그리고 과거 3년간의 산재보험적용 손해액을 산출한다. 산재보험적용 손해액을 가지고 고용주가 속해있는 산업에 적용되는 신뢰도 및 기대손해액을 도표에서 확인하여 할인/할증계수를 구한다. 주에 따라서는 최대할증액을 공식에 의해 부여하고 있는데 NCCI 매뉴얼상에 나타나 있는 최대할증율 공식은

$$1 + 0.0005 \times (\text{총기대손해액} + 2 \times \text{총기대손해액} / G)$$

이다. 총기대손해액을 사용하기에 최대할증율은 산재보험적용 손해액 및 산업의 종류(G값)에 따라 상이함을 알 수 있다.

기본 공식에서 볼 수 있듯이 신뢰도 값은 N값 및 K값에 따라 달라지는데 기본적으로 K값이 일정할 때 N값 즉 산재보험적용 기대손해액이 커질수록 신뢰도가 커짐을 알 수 있다. 예를 들어 K값이 10,000이고 N값이 5,000이라면 Z값은 1/3이 되고 N값이 10,000이라면 1/2이어서 그 값이 커짐을 알 수 있다. N값이 일정할 때 K값이 달라져도 Z값이 달라지는데, 이러한 이유는 산업의 종류에 따른 산재사고 특성(혹은 변동성)에 따라 K값이 부여되기 때문이다. 예를 들어 산업 A의 경우 K값이 10,000이고, 산업 B의 경우 20,000이라면, N값이 5,000일 때 산업 A의 경우 Z값은 1/3이 되고, 산업 B의 경우 신뢰도값이 1/5이 됨을 알 수 있다.

근대적 신뢰도 이론의 특징은 고전적 신뢰도 이론과는 달리 그 값이 전신뢰도값 1에 도달할 수 없어 임의로 전신뢰도 기준을 설정해야 된다는 것과 클레임수에 의존하는 것이 아니라 총손해액에 의해 신뢰도값이 결정된다는

것, 그리고 산업의 종류에 따라 K값을 변화시킴으로써 신뢰도 기준을 달리 설정할 수 있다는 것이다. 그러나 실제 적용에 있어서는 두 방법이 서로 근접할 수 있다는 것이 통설이다.

Ⅲ 고전적 신뢰도

1. 입 문

고전적 신뢰도 이론은 앞장에서 언급한 대로 100%의 신뢰도를 배정하기 위해서 얼마만큼의 데이터가 필요한가 라는 질문으로 시작된다. 그 필요한 데이터 양을 전신뢰도 기준치 혹은 전신뢰도를 위한 표준치라고 정의한다. 데이터 양이 이에 이르거나 이보다 많으면 $Z=1.00$이 된다. 물론 관측된 데이터 양이 이보다 적으면 $0 \le Z < 1$이 되어 Z값은 1보다 같거나 작고 0보다 같거나 큰 값을 갖게 된다. 즉 Z는 경험치에 주어지는 일종의 가중치가 된다. 그리하여 데이터 양이 충분하여 전신뢰도를 부여할 수 있으면 경험치에 주어지는 가중치는 1이 되어 전적으로 경험치에 의존하게 되고 데이터 양이 거의 존재하지 않아 경험치에 주어지는 신뢰도 값이 0이라면 이는 경험치에 대한 가중치가 0이어서 전적으로 경험외치(예를 들면 매뉴얼)에 의존하게 됨을 의미한다.

예를 들어, 정규직 자동차용접공 1,000인에 대한 보험사고 데이터가 관측되었을 때 이 데이터에 100%의 신뢰도를 배정할 수 있다고 한다면, 만약 정규직 자동차용접공 2,000인에 대한 보험사고 데이터가 관측되었다면 여전히 100%의 신뢰도를 배정할 수 있을 것이다. 정규직 자동차용접공 100인만에 대한 보험사고 데이터가 관측되었다면, 이를테면 32% 신뢰도만이 배정될 수 있을 것이다. 이 경우 관측치에 대한 부분신뢰도가 배정되었다. 이는 전신뢰도보다 작은 신뢰도를 의미한다. 상이한 데이터 양에 얼마만큼의 신뢰도를 배정할 것인가에 대해 다음 소절에서 논의하게 될 것이다.

고전적 신뢰도에 있어서는 아래와 같은 네 가지 기본개념이 존재하는데 이에 대해 차례로 논의하겠다.

1. 빈도를 추정하는 데 있어서의 전신뢰도 기준치 결정 방법
2. 심도를 추정하는 데 있어서의 전신뢰도 기준치 결정 방법
3. 순보험료(손해비용)를 추정하는 데 있어서의 전신뢰도 기준치 결정 방법
4. 부분신뢰도 값을 결정하는 방법

예제 1 관측된 클레임 빈도가 150건이다. 이 데이터에 주어진 신뢰도는 25%이다. 여신뢰도(1−Z)가 사전 추정치인 200건에 주어졌다. 클레임 빈도에 대한 새로운 추정치 값은?

정답 $0.25\times150+(1-0.25)\times200=187.5$

2. 빈도에 대한 전신뢰도 결정

연평균 500건의 클레임 빈도에 대한 포아손분포를 가정한다. 그리하여 관측된 클레임수는 연평균 500건을 기점으로 변동할 것이다. 포아손분포의 분산이 평균과 동일하므로 분산 역시 500건이 된다. 본 포아손분포는 평균이 500이고 분산이 500인 정규분포로 근접화될 수 있다. 이는 특정 집단에 있어서 1년 동안 발생하는 클레임수가 평균적으로 500건이며, 그 집단에 속해 있는 개별 구성원이 예를 들어 500명이고 연 평균 1건의 클레임수를 발생시키는데 그 개별 구성원의 클레임 발생 패턴이 서로 독립적인 포아손분포를 하여 총체적으로 포아손분포를 한다는 의미이다. 그리하여 그 특정집단에 있어서의 연간 총 클레임수에 대한 분포가 정규분포로 근접화될 수 있다는 의미가 된다. 500명의 개별 구성원의 경우 평균적으로는 1년 동안 1건의 클레임을 발생시키지만 경우에 따라서는 무작위적인 변화로 인해 (물론 많은 수가 1건의 클레임을 발생시킬 것이지만) 0건의 클레임수가 발생하는 개인도 있을 것이고 2건 혹은 3건의 클레임을 발생시키는 개인도 있을 것이어서 총체적으로는 500건에 가까운 클레임수를 발생시킬 것이어서 이에 대한 분포는 분산값이 500건인 정규분포에 가까울 것이라는 것이다. 포아손분포의 정규분포 근접화는 이러한 의미를 가진다는 것을 주목하여야 한다.

포아손분포의 정규분포 근접화를 이용하여 관측 결과치가 평균으로부터

얼마나 괴리될 것인가를 추정할 수 있다. 예를 들어, 얼마나 550건 이상의 클레임이 관측되리라고 기대할 수 있을 것인가에 대해 표준편차는 $\sqrt{500} = 22.36$이므로 550건의 클레임은 약 50/22.36 = 2.24 표준편차만큼 평균보다 큰 값을 갖는다. $\Phi(2.24) = 0.9875$이므로 550건 이상의 클레임이 발생할 확률은 대략 1.25%가 된다.[1)]

그리하여 관측된 클레임수가 기대 클레임수보다 10% 이상이 될 확률은 1.25%가 된다. 이와 마찬가지로 관측된 클레임수가 450건 보다 적을 확률 역시 1.25%가 된다. 그리하여 관측된 클레임수가 평균 클레임수보다 10% 이상 적거나 10% 이상 많을 확률은 2.5%가 된다. 달리 표현하면, 이 경우 관측된 클레임수가 기대 클레임수의 10% 이내에서 관측될 확률은 97.5%가 된다.

보다 일반적으로는 이를 수리적으로 표현할 수 있는데, 관측값 X가 $\pm k$ 내에 있을 확률 P는 아래와 같이 표시된다.

$$\begin{aligned} P &= \mathrm{Prob}[\mu - k\mu \leqq X \leqq \mu + k\mu] \\ &= \mathrm{Prob}[-k(\mu/\sigma) \leqq (X-\mu)/\sigma \leqq +k(\mu/\sigma)] \end{aligned}$$

마지막 식은 X에서 μ를 차감하고 표준편차 σ로 나눔으로써 도출되었다. 정규분포 근접화를 가정할 때, $u = (X-\mu)/\sigma$는 표준정규분포를 한다. 기대 클레임수 n이 포아손분포를 할 경우, $u = n$ 및 $\sigma = \sqrt{n}$이 된다. 관측된 클레임수 N이 기대 평균수 $u = n$의 $\pm k$ 내에 있을 확률은

$$P = \mathrm{Prob}[-k\sqrt{n} \leqq u \leqq k\sqrt{n}]$$

가 된다.

표준누적정규분포 $\Phi(u)$로 표시하면:

$$\begin{aligned} P &= \Phi(k\sqrt{n}) - \Phi(-k\sqrt{n}) = \Phi(k\sqrt{n}) - (1 - \Phi(k\sqrt{n})) \\ &= 2\Phi(k\sqrt{n}) - 1 \qquad (3.2.1) \end{aligned}$$

이 된다.

그리하여 포아손분포에 대한 정규분포 근접화에 의해

1) 보다 정확하게 언급하면, 연속성 수정을 포함하여 확률이 계산되어야 한다. 550건 이상의 클레임이 발생할 확률은 약 $1-\Phi((550.5-500)/(500)1/2) = 1-\Phi(2.258) = 1-0.9880 = 1.20\%$이다.

$$P = 2\Phi(k\sqrt{n}) - 1 \tag{3.2.2}$$

가 되는데, 이는

$$\Phi(k\sqrt{n}) = (1+P)/2 \tag{3.2.3}$$

로 표시할 수 있다.

식 (3.2.3)에 있어서 Φ에 대해 역함수를 취하고 이를 n에 대해 다시 정리하면 식 (3.2.4)와 같이 된다.

$$n = \frac{1}{k^2}(\Phi^{-1}((1+P)/2))^2 \tag{3.2.4}$$

예제 2 클레임수가 포아송분포를 한다면, 포아송분포에 대한 정규분포 근접화를 통해 평균값(기대 클레임수)이 100일 때 관측된 클레임수가 평균값의 $(100 \pm 5)\%$ 내에 존재할 확률을 구하라.

정답 식 (3.2.2)를 이용하면 $2\Phi(0.05\sqrt{100}) - 1 = 38.29\%$가 됨을 알 수 있다.

아래 도표에서 k=10%, 5%, 2.5%, 1% 및 0.5%이고, 클레임수가 10, 50, 100, 1,000, 5,000 및 10,000건일 경우의 P값을 보여주고 있다.

표 1-1 평균값의 $(1 \pm k)\%$ 내에 존재할 확률

기대클레임수	k=10%	k=5%	k=2.5%	k=1%	k=0.5%
10	24.82%	12.56%	6.30%	2.52%	1.26%
50	52.05%	27.63%	14.03%	5.64%	2.82%
100	68.27%	38.29%	19.74%	7.97%	3.79%
500	97.47%	73.64%	42.39%	17.67%	8.90%
1,000	97.84%	88.62%	57.08%	24.82%	12.56%
5,000	100.00%	99.96%	92.29%	52.05%	27.63%
10,000	100.00%	100.00%	98.76%	68.27%	38.29%

식 (3.2.4)에서 n을 n_0로 표시하고 전신뢰도 기준치로 정의하면 클레임 빈도 기준의 전신뢰도 기준치 공식이 도출되게 된다.

$$n_0 = \frac{1}{k^2}(\Phi^{-1}((1+P)/2))^2 \tag{3.2.5}$$

아래 도표에서 선별 P값에 대해 표준정규분포 테이블에서 $\Phi^{-1}((1+P)/2)$ 값을 도출하였다.

P	$(1+P)/2$	$\Phi^{-1}((1+P)/2)$
80.00%	90.00%	1.282
90.00%	95.00%	1.645
95.00%	97.50%	1.960
99.00%	99.50%	2.576
99.90%	99.95%	3.291
99.99%	99.995%	3.891

예제 3 $P=95\%$ 및 $k=5\%$일 경우 빈도추정에 대한 전신뢰도 확보를 위해 필요한 클레임수는?

정답 $\Phi(1.960)=(1+P)/2=97.5\%$이므로 $\Phi^{-1}((1+P)/2)=1.960$이 된다.

그리하여 $n_0=\frac{1}{(0.05)^2}(1.96)^2=1,537$이 된다.

아래 도표에서 P 및 k값에 대한 전신뢰도 기준치 확보를 위해 필요한 빈도수 n 값이 표시되었다.[2)]

표 1-2 평균빈도(클레임수)에 대한 전신뢰도 기준치

확률수준P	k=30%	k=20%	k=10%	k=7.5%	k=5.0%	k=2.5%	k=1.0%
80.00%	18	41	164	292	657	2.628	16.424
90.00%	30	68	271	481	1.082	4.329	27.055
95.00%	43	96	384	683	1.537	6.146	38.415
96.00%	47	105	422	750	1.687	6.749	42.179
97.00%	52	118	471	837	1.884	7.535	47.093
98.00%	60	135	541	962	2.165	8.659	54.119
99.00%	74	166	664	1.180	2.654	10.616	66.349
99.90%	120	271	1.083	1.925	4.331	17.324	105.276
99.99%	168	378	1.514	2.691	6.055	24.219	151.367

2) Longley-Cook의 "신뢰도 입문"(1962)이나 Perryman의 "신뢰도에 대한 소견", PCAS, 1932 참조 바란다. 전신뢰도 기준치 테이블은 수십 년 동안 알려져 왔고 계리인들에 의해 실제로 이용되어 왔다.

$P=90\%$ 및 $k=5\%$일 때 $n=1{,}082$ 값이 흔히 쓰이는 전신뢰도 기준치이다. 예를 들어 k값이 0.05이고 P값이 90%라고 한다면, 그 의미는 평균값의 $(1\pm k)$ 내에 관측치가 있을 확률이 90%여서, 상하 각각의 임계점 밖에 있을 확률은 5%가 되며, 전체 임계점 밖에 있을 확률이 10%가 됨을 의미한다. 그리하여 $(1+P)/2=0.95$ 혹은 $\Phi^{-1}((1+P)/2)=1.645$가 된다. 이로 인해 $n_0=\frac{1}{k^2}(\Phi^{-1}((1+P)/2))^2=(1.645)^2/0.05^2=1{,}082$건이 됨을 알 수 있다.

실무적용에 있어서는 적절한 P 및 k값이 선정되어야 한다.[3] P 및 k값 선정에 있어서 주관적 판단이 개입되기도 하지만 주어진 경우에 있어서 가장 적합하다고 판단되는 전신뢰도 기준치 선정은 일반적으로 인정되는 범위 내에서 이루어져야 한다. 통계적 추정치에 대한 오류범위 선정 역시 동일한 유형의 주관적 판단이 개입된다. 종종 표준편차의 ± 2배(대략 95% 신뢰구간에 해당됨)가 선정되나, 선정된 기준이 표준편차의 ± 1.5배나 표준편차의 ± 2.5배보다 반드시 더 우수하다고 할 수 없다. 기준 선정에 있어서 손해보험 계리인의 실무 경험이 큰 역할을 한다. 그리하여 고전적 신뢰도의 전신뢰도 기준치 설정에 있어서 어느 정도 주관적인 판단이 개입됨에도 불구하고, 고전적 신뢰도는 포아손분포 가정시 전신뢰도 기준으로 기대 클레임수를 몇 건으로 할 것인가를 결정하면 되는 간편성 때문에 수십 년 동안 다양한 분야에서 매우 유용하게 사용되어 왔다.

이후 절에서는 빈도보다는 심도 혹은 순보험료 추정에 대해 논의하겠다. 곧 알게 되겠지만, 심도나 순보험료에 대한 전신뢰도 기준치를 산정하기 위해서는 일반적으로 우선 빈도에 대한 전신뢰도 기준치를 산정하여야 한다.

1) 포아손분포 가정으로부터의 변형

앞서 살펴보았듯이 평균빈도의 $(1\pm k)$ 내에 관측치가 존재할 확률이 적어도 P가 되기 위한 전신뢰도 기준치는 $n_0=\frac{1}{k^2}(\Phi^{-1}((1+P)/2))^2$이었다.

그러나 이는 아래의 가정에 달려 있다.

1. 빈도 추정이 목적이다.

---

3) 수십 년 전에 이미 P 및 k값에 있어서의 특정 값이 반복적으로 사용되었으나, 그 후론 특정 목적을 위해 특정 값이 사용되기도 하였다.

2. 빈도가 포아손분포를 한다(그리하여 분산은 평균과 동일하다).
3. 포아손분포에 대해 정규분포 근접화가 가능할 정도로 충분한 기대 클레임수가 존재한다.

경우에 따라서는 포아손분포 대신 이항분포나 음이항분포가 사용되기도 하나 이 경우 다른 점은 분산이 평균과 동일하지 않다는 것이다.

예를 들어, 모수가 $n=1{,}000$이고 $p=0.3$인 이항분포를 가정하자. 이때 평균은 300이 되고 분산은 $(1{,}000)(0.3)(0.7)=210$이 된다. 그리하여 기댓값의 $\pm 5\%$ 내에 관측치가 있을 확률은 대략:

$$\begin{aligned}&\Phi((0.05)(300)/\sqrt{210})-\Phi((-0.05)(300)/\sqrt{210})\\&\fallingdotseq \Phi(1.035)-\Phi(-1.035)\fallingdotseq 0.8496-0.1504\\&\fallingdotseq 69.9\%\end{aligned}$$

가 된다. 그리하여 모수 $p=0.3$인 이항분포의 경우 $P=70\%$ 및 $k=\pm 5\%$ 시의 전신뢰도 기준치로 약 1,000의 위험노증실체수 혹은 300건의 기대 클레임수를 필요로 한다.

Mowbray가 고전적 신뢰도를 도입할 때 사용된 분포가 이항분포이다. 이항분포 사용시 가장 큰 문제점은 특정집단에 있어서의 개별구성원의 클레임 발생 패턴에 대한 분포가 베르누이분포여서 주어진 기간 동안 1건 이상의 클레임이 발생할 수 없다는 것과 매 경우마다 분포의 분산값을 알아야 전신뢰도 기준을 설정할 수 있다는 것이다.

음이항분포를 가정하게 되면 분산이 평균보다 커지게 된다. 이로 인해 포아손분포 사용시보다 전신뢰도 기준치가 더 커지게 된다. 음이항분포 역시 이항분포와 동일한 문제를 가지고 있다. 경우에 따라서는 특정집단에 있어서의 클레임 발생패턴에 관한 각종 통계치가 포아손분포 가정 시보다 오히려 더 양호하게 나오기도 하나 음이항분포의 정의로 인해 개별구성원의 발생패턴을 포아손분포의 경우처럼 매끄럽게 표현할 수 없다는 문제점을 갖고 있다. 이는 기계적으로 통계치가 양호하다고 해서 맹목적으로 특정 분포가 타분포에 비해 더 우수하다고 생각하는 것이 과연 옳은가에 대한 의문점을 제시하는 경우로서 현상적으로 설명이 가능한 분포가 비록 통계치가 상대적으로 덜 양호하더라도 선택될 수 있음을 명심하여야 할 것이다.

포아손분포를 가정하지 않을 경우 사용할 수 있는 보다 일반적인 공식을 도출할 수 있겠다. 빈도에 대한 전신뢰도 기준치는[4]:

$$\frac{1}{k^2}(\Phi^{-1}((1+P)/2))^2(\sigma_f^2/\mu_f) \tag{3.2.6}$$

가 된다. 빈도의 분산값을 평균값으로 나눈 추가적 계수가 수식 내에 포함되게 되는데, $(\sigma_f^2/\mu_f)=1$이 되면 이 공식은 포아손분포를 가정했을 때와 동일하게 된다.

2) 위험노증실체수 대 클레임수

전신뢰도 기준치는 기대 클레임수로 산정된다. 이를 위험노증실체수로 전환하기 위해 (대략) 기대 클레임 빈도로 나누는 것이 통례이다. 예를 들어, 주택소유자 보험에서 전신뢰도 기준치가 1,082클레임($P=90\%$, $k=5\%$)이고, 기대 클레임 빈도가 매 1가구/연당 0.04이라면, 1,082/0.04=27,000가구/연이 위험노증실체수로 표시한 전신뢰도 기준치가 된다.

예제 4 E는 특정보험 포트폴리오에 있어서 동질적인 위험노증실체수를 표시한다. 위험노증실체당 클레임 빈도율은 무작위변수(random variable)로 평균=0.025이고 분산=0.0025이다. 전신뢰도 기준치는 위험노증실체당 관측표본 빈도율이 위험노증실체당 기대 빈도율의 5% 내에 있을 확률이 90%인 것을 필요로 한다. 본 포트폴리오 경험치에 대해 전신뢰도를 산출할 수 있는 필요 E값을 결정하라.

정답 우선 빈도의 평균이 빈도의 분산과 동일하지 않을 경우의 전신뢰도를 산출 하기 위한 클레임수를 계산한다: $\{1.645^2/(0.05)^2\}\times\{0.0025/0.025\}=108.241$. 그 다음, 이를 위험노증실체당 클레임 빈도율로 나눔으로써 위험노증실체수로 전환하면, $108.241/0.025=4{,}330$ 위험노증실체수가 된다.

4) 본 공식으로부터 변형된 공식이 Mayerson 등의 "순보험료 신뢰도"에 나타나 있다.

연습문제

1. 추정 빈도값이 참값의 $(100\pm2.5)\%$ 내에 있을 확률이 99%가 되는 전신뢰도를 위해 필요한 클레임수는?

2. 추정 빈도값이 참값의 $(100\pm7.5)\%$ 내에 있을 확률이 98%가 되는 전신뢰도를 위해 필요한 클레임수는?

3. 총 클레임수가 참값의 $(100\pm6)\%$ 내에 있을 확률이 P가 되는 특정보험사에 대한 전신뢰도 표준치가 설정되었다. 이러한 전신뢰도 기준치가 900클레임수로 산정되었다면 P값은?

4. Y는 특정보험 포트폴리오에 있어서 독립적이고 동질적인 위험노증실체수를 표시한다. 위험노증실체당 클레임 빈도율은 평균=0.05이고 분산=0.09인 무작위변수이다. 전신뢰도 표준치는 위험노증실체당 관측된 표본빈도율이 위험노증실체당 기대모빈도율의 $(100\pm2)\%$ 내에 있을 확률이 94%가 되도록 설정되었다. 포트폴리오 경험치에 대해 전신뢰도를 산출하기 위해 필요한 Y값을 결정하라.

5. 단일 질문에 대해 응답자가 예 혹은 아니오라고 답하는 설문조사를 한다고 가정한다. 거대 모집단에서 무작위적 응답자 표본을 선정하였다. 총 모집단에서 예라고 대답하는 참퍼센트가 20%에서 80% 사이라고 가정한다. 참답의 $(100\pm7)\%$ 내에 설문조사 응답이 존재할 확률이 95%가 되기 위해 필요한 응답자 수는?

6. 빈도가 포아송분포를 한다는 가정하에 전신뢰도 기준치를 설정하였다. 이 대신 빈도가 k=12이고 P=7인 음이항분포를 한다고 가정하면 원 전신뢰도 기준치에 대한 수정된 전신뢰도 기준치 비율은? (음이항분포의 경우 평균=$k(1-p)/p$이고 분산=$k(1-p)/p^2$이다)

7. X를 추정치가 참값의 $(100 \pm 5)\%$ 내에 존재할 확률이 90%인 전신뢰도를 위해 필요한 클레임수라 하자. Y를 $(100 \pm 5)\%$ 대신 $(100 \pm 10)\%$ 내에 존재할 확률이 90%인 전신뢰도를 위해 필요한 클레임수라고 하면, X를 Y로 나눈 비율은?

3. 심도에 대한 전신뢰도 기준치 결정

고전적 신뢰도 아이디어는 클레임 심도 즉 클레임의 평균크기를 추정하는데 있어서도 적용될 수 있다.

$X_1, X_2, \cdots, X_N$으로 표시되는 표본 클레임 N건을 평균이 μ_s이고 표준편차가 σ_s인 손해분포로부터 독립적으로 추출하였다고 하자.

심도 즉 분포의 평균은 $(X_1 + X_2 + \cdots + X_N)/N$으로 추정될 수 있다. 관측된 분산은 $Var\left(\sum X_i/N\right) = \left(1/N^2\right)\sum Var(X_i) = \sigma_s^2/N$로 추정된다. 그리하여 관측된 심도에 대한 표준편차는 $\sigma_s/\sqrt{N}$이 된다. 관측된 심도 S가 평균 μ_s의 $(1 \pm k)$ 내에 있을 확률은:

$$P = \text{Prob}[\mu_s - k\mu_s \leqq S \leqq \mu_s + k\mu_s]$$

가 된다. μ_s를 차감하고 표준편차 $\sigma_s/\sqrt{N}$로 나누고 u로 $(S - \mu_s)/(\sigma_s/\sqrt{N})$를 대체하면 아래와 같이 표시된다.

$$P = \text{Prob}[-k\sqrt{N}(\mu_s/\sigma_s) \leqq u \leqq k\sqrt{N}(\mu_s/\sigma_s)]$$

이는 추가적 계수(μ_s/σ_s)를 제외하고는 3.2절의 빈도공식과 동일함을 알 수 있다.

중심극한정리(Central Limit Theorem)에 의하면, 관측된 심도 $(X_1 + X_2 + \cdots + X_N)/N$의 분포는 N값이 큰 경우 정규분포로 근접화시킬 수 있게 된다. 정규분포 근접화 적용이 가능하다고 가정하고, 관측된 심도가 참 심도의 $(1 \pm k)\mu_s$ 내에 존재할 확률이 P가 되기 위해서는 식 (3.2.3)처럼 $\Phi(k\sqrt{N}(\mu_s/\sigma_s)) = (1+P)/2$이 성립하여야 한다. 이를 N에 대해서 풀면:

$$N = \frac{1}{k^2}(\sigma_s/\mu_s)^2(\Phi^{-1}((1+P)/2))^2 \tag{3.3.1}$$

이 된다.

평균에 대한 표준편차비율인 $(\sigma_s/\mu_s) = CV_s$를 클레임 크기 분포의 변동계수(coefficient variation)라고 한다. n_0를 주어진 P 및 k에 대해 빈도에 대한 전신뢰도 기준치라고 하면 아래와 같은 공식을 도출해 낼 수 있다. 여기서 N은 심도에 대한 전신뢰도 기준치(클레임수)가 된다.

$$N = n_o CV_s^2 \tag{3.3.2}$$

이는 클레임수로 표시한 심도에 대한 전신뢰도 기준치가 된다.

예제 5 심도의 변동계수가 3이다. P=95% 및 k=5%일 때 심도추정에 대해 전신뢰도를 충족시키기 위해 필요한 클레임수는?

정답 예제 3으로 부터 $n_0 = 1{,}537$이 되므로 $N = 1{,}537(3)^2 = 13{,}833$클레임이 된다.

연습문제

1. 클레임액 분포에 있어서 평균이 1,000이고 분산이 6,000,000으로 주어졌다. 추정 심도가 $(100 \pm 1)\%$ 내에 있을 확률이 90%가 되도록 하는 전신뢰도를 충족시키기 위해 필요한 클레임수는?

2. 주어진 P 및 k에 대해 클레임액 분포 A를 위한 심도에 대한 전신뢰도 기준치가 N이다. 클레임액 분포 B는 A분포와 동일한 평균값을 가지나 표준편차는 A분포의 두 배이다. 동일한 P 및 k에 대한 B분포를 위한 심도에 대한 전신뢰도 기준치는?

4. 총손해액, 순보험료 및 손해율에 대한 과정분산

관측기간 동안 크기가 각각 $X_1, X_2, \cdots, X_N$인 N클레임이 발생하였다고 하자. 아래의 정의는 개별 위험이나 그룹 위험을 부보하는 경우에 보험비용을 분석하는 데 있어서 유용하게 사용될 수 있다.

$$\text{총손해액: } L = (X_1 + X_2 + X_3 + \cdots + X_N)$$
$$\text{순보험료: } PP = (X_1 + X_2 + X_3 + \cdots + X_N)/\text{위험노증실체수}$$
$$\text{손 해 율: } LP = (X_1 + X_2 + X_3 + \cdots + X_N)/\text{경과보험료}$$

본 절에서는 순보험료 개념을 사용하겠으나 총손해액이나 손해율 개념에 있어서도 본 절에서 논의할 내용이 동일하게 적용될 수 있다.

순보험료는 손해액을 위험노증실체수로 나눈 것으로 정의된다.[5] 예를 들어 200대의 자동차로 인해 8천만원의 손해가 1년 동안 발생하였다면 차/연당 관측된 순보험료는 8천만원/200=40만원이 된다. 순보험료는 빈도에 심도를 곱한 것이다.

순보험료=손해액/위험노증실체수=(클레임수/위험노증실체수)×(손해액/클레임수)=(빈도)(심도)가 되기 때문이다. 순보험료는 클레임수와 클레임 크기 양자에 의존하기 때문에 빈도나 심도보다 훨씬 변동이 심하다고 할 수 있겠다.

주사위를 던지거나, 빽빽이를 돌리거나, 항아리에서 공을 꺼낼 때 무작위적 변동이 발생한다. 관측된 결과치는 무작위적 행동으로 인해 매 기간마다 변동한다. 이러한 현상은 보험계약자 집단이나 개별 보험계약자의 관측된 순보험료에도 나타난다.[6] 주어진 위험(물건)의 무작위적 변동의 결과로 순보험료 분산이 관측될 수 있는데 이를 과정분산이라고 한다. 여기서는 우선 빈도와 심도가 서로 독립적이지 않은 경우와 독립적인 경우의 예를 들어 과정분산에 대해서 논의하겠다.[7]

---

5) 보종에 따라 위험노증실체수에 대한 정의가 다르다. 예로 차/연, 주택/연, 매출액, 급여액 등을 들 수 있다.

6) 이러한 사실이 보험이 존재하는 근원적 이유가 된다.

7) 뷜만신뢰도에서 논의되겠지만 과정분산은 가설적 순보험료 분산과 구별된다.

예제 6 **[빈도와 심도가 독립적이지 않은 경우]**

아래와 같이 가정한다.

• 주어진 위험에 대해, 단일 위험노증기간 동안 발생하는 클레임수는 0, 1 혹은 2건이다.

클레임수	확 률
0	60%
1	30%
2	10%

• 클레임이 1건만 발생하면 클레임 크기가 50이 될 확률은 80%이고 100이 될 확률은 20%이다.

• 클레임이 2건 발생하게 되면, 각각의 클레임은 서로 독립적인데, 클레임 크기가 50이 될 확률은 50%이고, 100이 될 확률 역시 50%이다.

이러한 위험에 대한 순보험료의 분산값은?

정답 우선 가능한 모든 경우에 대한 순보험료와 그 확률을 열거한다. 클레임이 발생하지 않으면 (그 확률은 60%이다) 순보험료는 0이다. 1건의 클레임이 발생하면, 순보험료는 (30%)(80%)=24% 확률로 50이 되거나 (30%)(20%)=6% 확률로 100이 된다. 2건의 클레임이 발생하면, 클레임 크기가 모두 50이 되는 경우, 하나의 클레임은 50이고 또 하나의 클레임은 100이 되는 경우, 모두가 100이 되는 경우 3가지의 경우가 발생하게 된다.

다음으로 모든 가능한 경우의 순보험료를 열거하고 순보험료와 그 자승에 각각의 확률을 가중치로 하여 가중평균함으로써 1차 및 2차 모멘트(moment)를 계산한다.

경 우	확 률	순보험료	순보험료자승
0 클레임	60.0%	0	0
1 클레임 at 50	24.0%	50	2,500
1 클레임 at 100	6.0%	100	10,000
2 클레임 at 50 및 50	2.5%	100	10,000
2 클레임 at 50 및 100	5.0%	150	22,500
2 클레임 at 100 및 100	2.5%	200	40,000
총계 및 평균	100.0%	33	3,575

평균순보험료는 33이다. 순보험료의 2차 모멘트값은 3,575이다. 그리하여 순보험료의 분산값은 $3{,}575-33^2=2{,}486$이 된다.

여기서 빈도와 심도가 서로 독립적이지 않음을 주목하기 바란다. 오히려 심도분포가 클레임수에 의존하고 있다. 예를 들어 클레임이 1건이 발생하였을 경우의 평균심도는 60이고, 클레임이 2건이 발생하였을 경우의 평균심도는 75이다.

아래에 빈도와 심도의 독립성을 가정한 예를 들었다.

예제 7 [빈도와 심도가 독립적인 경우]

아래와 같이 가정한다.

- 주어진 위험에 대해, 단일 위험노증기간에 발생하는 클레임수는 $p=0.3$이고 $n=2$인 이항 분포를 따른다.
- 클레임 크기가 50이 될 확률은 80%이고 100이 될 확률은 20%이다.
- 빈도와 심도는 독립적이다.

이러한 위험에 대한 순보험료의 분산을 계산하라.

정답 모든 경우를 열거하고 1, 2차 모멘트를 계산한다.

경 우	확 률	순보험료	순보험료자승
0 클레임	49.000%	0	0
1 클레임 at 50	33.60%	50	2,500
1 클레임 at 100	8.40%	100	10,000
2 클레임 at 50 및 50	5.76%	100	10,000
2 클레임 at 50 및 100	2.88%	150	22,500
2 클레임 at 100 및 1000	0.36%	200	40,000
총계 및 평균	100.0%	36	3,048

그리하여, 순보험료의 분산값은 $3{,}048-36^2=1{,}752$가 된다.

두 번째 예에 있어서, 빈도와 심도가 서로 독립적이므로, 아래의 공식을 사용할 수 있다.

순보험료의 과정분산=(빈도평균)(심도분산)+(심도평균)^2(빈도분산)

$$\sigma_{pp}^2 = \mu_f \sigma_s^2 + \mu_s^2 \sigma_f^2 \tag{3.4.1}$$

우 항의 매 항마다 평균 및 분산이 포함되어 있는데 하나는 빈도로부터, 다른 하나는 심도로부터 왔음을 주목하기 바란다. 각 항은 자승한 금액으로 표시되어 있어 심도평균(금액으로 표시)은 자승형태로, 빈도평균(금액으로 표시되어있지 않음)은 그대로 표시되는 것으로 기억할 수 있다.

예제 8 공식 (3.4.1)을 이용하여 예제 7에서 기술된 위험의 순보험료 분산값을 계산하라.

정답 평균빈도는 $np=0.6$이고 빈도의 분산값은 $npq=(2)(0.3)(0.7)=0.42$가 된다. 평균심도는 60이 되고 심도의 분산값은 $(0.8)(10^2)+(0.2)(40^2)=400$이 된다. 그리하여 순보험료의 과정분산값은 $(0.6)(400)+(60^2)(0.42)=1,752$가 된다.

공식 (3.4.1)은 빈도와 심도가 서로 독립적일 때 총손해액과 손해율의 과정분산을 계산하기 위해서도 사용될 수 있다.

1) 공식 (3.4.1)의 도출

순보험료의 과정분산에 관한 위 공식은 분산분석에 내재하는 공식 중 특별한 경우에 해당된다.[8)]

$$Var(Y) = E_X[Var_Y(Y|X)] + Var_X(E_Y(Y|X)), \tag{3.4.2}$$

(여기서 X 및 Y는 무작위변수이다)

Y를 순보험료 PP라고 하고 X를 클레임수 N이라고 하면 위의 공식은 아래와 같이 표현된다.

$$\begin{aligned} Var(PP) &= E_N[Var_{PP}(PP|N) + Var_N(E_{PP}(PP|N))] \\ &= E_N[N\sigma_s^2] + Var_N(\mu_s N) = E_N[N]\sigma_s^2 + \mu_s^2 Var_N(N) \\ &= \mu_f \sigma_s^2 + \mu_s \sigma_f^2 \end{aligned}$$

여기서 우리는 빈도와 심도가 서로 독립적이라는 가정과 아래의 사실을 사용하였다.

- 고정된 클레임수 N에 대해, 순보험료의 분산은 각각이 σ_s^2의 분산을 가진 서로 독립적이고 동일하게 분포하는 N개의 변수합의 분산으로 표시된다(빈도와 심도가 서로 독립적이라고 가정하였으므로 각각의 N값에 대해 σ_s^2은 동일하다). 그러한 분산은 합해질 수 있으므로, $Var_{PP}(PP|N) = N\sigma_s^2$

8) 총분산=과정분산의 기댓값+가설적 평균의 분산.

이 된다.

- 빈도와 심도가 서로 독립적인 고정된 클레임수 N에 대해, 순보험료의 기댓값은 평균심도에 N배한 것이 되어 $E_{PP}(PP|N) = N\mu_s^2$로 표시된다.
- N에 관해 심도분산은 상수로 작용하므로 아래의 등식이 성립한다. $E_N[N\sigma_s^2] = \sigma_s^2 E_N[N] = \mu_f\, \sigma_s^2$가 된다.
- N에 관해 심도평균 역시 상수로 작용하므로 아래의 등식이 성립한다. $Var_N[\mu_s N] = \mu_s^2 Var_N[N] = \mu_s^2\sigma_f^2$

2) 포아손빈도

빈도가 포아손분포를 하고 빈도와 심도가 서로 독립적이라고 가정할 때 순보험료의 과정분산 공식은 보다 더 단순화 될 수 있다. $\mu_f = \sigma_f^2$ 이므로 아래의 등식이 성립한다.

$$\begin{aligned} \sigma_{PP}^2 &= \mu_f\sigma_s^2 + \mu_s^2\sigma_f^2 \\ &= \mu_f(\sigma_s^2 + \mu_s^2) = \mu_f(\text{심도의 2차 모멘트}) \end{aligned} \tag{3.4.3}$$

예제 9 아래와 같이 가정한다.

- 주어진 거대 위험에 대해, 단일 위험노출기간에 대한 클레임수가 평균이 3,645인 포아손분포를 한다.
- 심도분포는 모수 $\mu = 5$이고 $\sigma = 1.5$인 로그 정규분포를 한다.
- 빈도와 심도는 서로 독립적이다.

이러한 위험에 대한 순보험료의 분산을 계산하라.

정답 심도의 2차 모멘트$= exp(2\mu + 2\sigma^2) = exp(14.5) = 1{,}982{,}759{,}264$ (부록 참조)가 된다. 그리하여

$\sigma_{PP}^2 = \mu_f$(심도의 2차 모멘트)$=(3{,}645)(1{,}982{,}759{,}264)$

$=7.22716\times10^9$가 된다.

3) 정규분포 근접화

기대 클레임수가 클 때 관측된 순보험료는 정규분포로 근접화될 수 있

다[9]. 예로 앞서의 예를 계속해서 사용하면, 심도평균$=exp(\mu+0.5\sigma^2)=exp(6.125)=457.14$가 된다. 그리하여 순보험료 평균은 (3,645)(457.14)= 1,666,292가 된다. 그리하여 관측된 순보험료가 1.4997백만과 1.8329백만 사이에 있을 확률을 계산할 수 있다. 분산값이 7.22716×10^9이므로, 순보험료의 표준편차는 85,013이 된다. 그리하여, 관측된 순보험료가 1.6663백만의 $(100\pm10)\%$ 내에 있을 확률은 아래와 같이 계산된다.

$$\begin{aligned}&\fallingdotseq \Phi((1.8329\text{백만}-1.6663\text{백만})/85,013)\\&\quad-\Phi((1.4997\text{백만}-1.6663\text{백만})/85,013)\\&=\Phi(1.96)-\Phi(-1.96)=0.975-(1-0.975)\\&=95\%\end{aligned}$$

그리하여 기대 클레임수가 3,645인 경우 관측된 순보험료가 기댓값의 (100±10)% 내에 있을 확률은 대략 95%가 된다. 3,645건의 클레임수는 순보험료에 대한 전신뢰도 기준치로 간주할 수 있겠다.[10]

9) 심도분포가 비대칭일수록 만족할만한 결과치를 낼 수 있는 정규분포근접화를 위해 클레임수가 더 많아야 한다.

10) 다음 절에서 논의된다.

연습문제

1. 주어진 위험에 대해 아래와 같이 가정한다.
   - 평균빈도 = 13 ; 빈도의 분산값 = 37
   - 평균심도 = 300 ; 심도의 분산값 = 200,000
   - 빈도와 심도는 서로 독립적이다.

   이러한 위험에 대한 순보험료의 분산값은?

2. 6면 주사위를 사용하여 클레임의 발생유무를 판별한다. 매 면마다 0 혹은 1이 표시되어 있다. 0은 클레임이 발생하지 않았음을 표시하고 1은 발생하였음을 표시한다. 2면이 0으로 표시되어 있고 4면이 1로 표시되어 있다. 이와 아울러 클레임 심도를 표시하기 위해 빵빵이를 사용한다.
   빵빵이는 세 영역으로 이루어져 2, 5 및 14가 표시되어 있다. 각 클레임 크기에 대한 확률은 아래와 같이 주어진다.

클레임 크기	확률
2	20%
5	50%
14	30%

   주사위를 굴려 클레임이 발생하게 되면 빵빵이를 돌려 심도를 결정한다. 이러한 위험 과정에 있어 단일시도에 대한 분산값은?

3. 아래와 같은 가정이 주어졌다.
   - 주어진 위험에 대해 단일 위험노출기간 동안 클레임의 발생건수는 1건일 경우 확률이 4/5이고 2건일 경우 그 확률은 1/5이다.
   - 1건의 클레임이 발생하면 클레임 크기가 50일 경우의 확률은 3/4이고 200일 경우의 확률은 1/4이다.
   - 2건의 클레임이 발생하면 서로 독립적이고 클레임 크기가 50일 경우 확률은 60%이고, 그 크기가 150일 경우 확률은 40%이다.

이러한 위험의 순보험료에 대한 분산값을 산정하여라.

4. 아래와 같이 주어졌다.
- 단일 보험계약자의 클레임수는 평균 0.25인 포아손분포를 따른다.
- 단일 클레임액은 [0, 5,000] 상에서의 균일(uniform)분포를 따른다.
- 클레임수와 클레임 심도는 독립적이다.

단일 보험계약자의 순보험료 과정분산값을 산정하여라.

5. 아래와 같이 가정한다.
- 경기도 지역에 있어서, 단일연도 클레임수는 평균이 8,200건인 포아손분포를 한다.
- 심도분포는 모수 $\mu = 4$이고 $\sigma^2 = 0.8$인 로그정규분포를 한다.
- 빈도 및 심도는 독립적이다.

기대 총 손해액을 산정하고, 총 손해액의 분산을 구하라.

6. 빈도수가 평균이 0.5인 포아손분포를 따른다. 심도분포에 대해 원점에 대한 2차 모멘트 값이 1,000이다. 총 클레임액에 대한 과정분산값은?

7. 개별위험에 있어서의 클레임수가 평균이 0.10인 포아손분포를 따른다. 네 가지 유형의 클레임이 존재한다. 매 클레임 유형에 대한 클레임수가 포아손분포를 따른다. 아래의 도표에서 네 유형에 대한 특성이 기술되어 있다.

클레임 유형	평균빈도	평균심도	분산
W	0.02	200	2,500
X	0.03	1,000	1,000,000
Y	0.04	100	1,500,000
Z	0.01	1,500	2,000,000

순보험료에 대한 분산값을 산출하라.

5. 총손해액, 순보험료 및 손해율에 대한 전신뢰도 결정

총손해액, 순보험료 및 손해율 모두 클레임수와 클레임 크기에 의해 변동성이 결정되기에 빈도나 심도의 경우보다 그 변동성이 심하다고 볼 수 있다. 여타조건이 동일하다면 빈도의 경우보다 추정하기가 더 어렵기 때문에 전신뢰도 기준치 역시 빈도의 경우보다 더 크다고 할 수 있다.

Ⅲ-4절에서 순보험료에 대한 분산공식은 아래와 같이 표시되었다.

일반적인 경우: $\sigma_{PP}^2 = \mu_f \sigma_s^2 + \mu_s^2 \sigma_f^2$ (3.5.1)

포아송빈도의 경우: $\sigma_{PP}^2 = \mu_f (\sigma_s^2 + \mu_s^2)$ (3.5.2)

(심도의 2차 모멘트)

첨자는 빈도(f)와 심도(s)를 의미한다. 정규분포 근접화를 가정할 때 전신뢰도 기준치는 Ⅲ-2절 및 Ⅲ-3절에서와 같은 절차를 따라 산정할 수 있다. 관측된 순보험료 PP가 평균값의 $(1 \pm k)$ 내에 있을 확률은:

$$P = \mathrm{Prob}[\mu_{PP} - k\mu_{PP} \leqq \ PP \leqq \mu_{PP} + k\mu_{PP}]$$
$$= \mathrm{Prob}[-k(\mu_{PP}/\sigma_{PP}) \leqq \ u \leqq k(\mu_{PP}/\sigma_{PP})]$$ 가 된다.

여기서 $u = (PP - \mu_{PP})/\sigma_{PP}$는 정규분포 근접화 가정시의 표준정규분포 변수이다.

관측된 순보험료가 $(1 \pm k)\mu_{PP}$ 내에 있을 확률이 P가 되기 위해서는 아래의 조건을 만족하여야 한다.

$$\Phi(k\mu_{PP}/\sigma_{PP}) = (1+P)/2 \quad (3.5.3)$$

공식 (3.5.1)을 이용하여 공식 (3.5.3)을 더 발전시키기 위해서는 빈도에 대한 분포함수를 알아야 한다.

빈도가 포아송분포를 하고 n_F가 순보험료에 대한 전신뢰도 확보를 위해 필요한 기대 클레임수라 하자. n_F를 그러한 기대 클레임수라 할 때,

$\mu_f = \sigma_f^2 = n_F$가 되고,

빈도와 심도의 독립성을 가정할 때:

$\mu_{PP} = \mu_f \mu_s = n_F \mu_s$ 가 되고,

$\sigma_{PP}^2 = \mu_f(\sigma_s^2 + \mu_s^2) = n_F(\sigma_s^2 + \mu_s^2)$이 된다.

공식 (3.5.3)에서 μ_{PP} 및 σ_{PP}를 위 값으로 대체하면: $\Phi\left(kn_F\mu_s / \sqrt{n_F(\sigma_s^2+\mu_s^2)}\right) = (1+P)/2$가 된다. n_F에 대해 수식을 풀면:

$$n_F = (\Phi^{-1}((1+P)/2)/k)^2[1+(\sigma_s^2/\mu_s^2)] = n_0(1+CV_s^2) \quad (3.5.4)$$

가 된다. 그리하여 공식 (3.5.4)는 순보험료에 대한 전신뢰도 기준치가 된다. $n_0 = \frac{1}{k^2}(\Phi^{-1}((1+P)/2))^2$은 Ⅲ-2절에서 도출한 빈도에 대한 신뢰도 기준치였다. $CV_s = (\sigma_s/\mu_s)$는 심도에 대한 변동계수이다. 공식 (3.5.4)에서 $(\mu_s^2+\sigma_s^2)$는 심도분포의 2차 모멘트인 $n_F = n_0(\mu_s^2+\sigma_s^2)/\mu_s^2$으로도 표시할 수 있다.

예제 10 클레임수가 포아손분포를 한다. 심도분포의 평균은 2,000이고, 표준편차는 4,000이다. $P = 90\%$ 이고 $k = 5\%$ 일 때, 순보험료에 대한 전신뢰도 기준치는?

정답 Ⅲ-2절로부터 n_0= 1,082 클레임임을 알고 있다. 변동계수 CV= 4,000/2,000=2이다. 그리하여 n_F=1,082(1+2²)=5,410가 됨을 알 수 있다.

순보험료에 대한 전신뢰도 기준치가 빈도 표준치와 심도 표준치의 합으로 표시됨을 주목하기 바란다:

$$n_F = n_0(1+CV_s^2) = n_0 + n_0 CV_s^2$$

=빈도에 대한 전신뢰도 기준치+심도에 대한 전신뢰도 기준치

클레임 크기가 제한되면 변동계수가 작아짐을 인지할 수 있다. 그리하여, 기본 보상한도 손해액에 대한 전신뢰도 기준치가 총 손해액 기준치보다 작음을 알 수 있다. 사용된 데이터에 배정되는 신뢰도를 높이기 위해 요율산정 시 손해액을 한정시키는 것이 보편적으로 행해지는 실무에서의 관행이다.

순보험료는 종종 정규분포로 근접화 된다. 일반적으로 기대 클레임수가

많을수록, 빈도 및 심도분포의 꼬리가 짧을수록, 정규분포 근접화는 탁월해진다. 본 교제에서는 클레임수가 충분해서 총 손해액의 분포가 정규분포에로 근접화가 가능하다고 가정한다. 정규분포 근접화를 필요로 하지 않는 공식을 도출할 수 있지만 여기서는 다루지 않겠다.[11)]

1) 포아송분포 가정에서부터의 변화

빈도의 경우처럼 포아송분포 가정이 적용이 안 될 경우 사용할 수 있는 보다 일반적인 공식을 도출할 수 있으며, 이러한 경우 전신뢰도 기준치는 아래와 같다.[12)]

$$n_F = \{\Phi^{-1}((1+P)/2)^2/k^2\}(\sigma_f^2/\mu_f + \sigma_s^2/\mu_s^2) \quad (3.5.5)$$

동 공식은 $\sigma_f^2/\mu_f = 1$일 때 포아송분포의 경우로 축소된다. 심도가 일정하면 σ_s^2은 0이 되고 공식 (3.5.5)는 공식 (3.2.6)로 축소된다.

11) 예를 들어 정규 파우워 근접화 사용이 가능한데, 이는 1, 2차 모멘트 이상을 필요로 한다. 예를 들어 Gary Venter의 정규 파우워 근접화를 이용한 한정변동 신뢰도를 참조하기 바란다. 이는 실무적으로는 별 효용성이 없다 하겠다.

12) Mayerson 등의 "순보험료에 대한 신뢰도"에서 공식 (3.5.5)의 도출 과정을 볼 수 있다.

연습문제

[아래의 문제에서는 빈도와 심도가 독립적이라고 가정한다.]

1. 아래의 정보가 주어졌다고 가정한다.
   - 클레임수는 포아손분포를 한다.
   - 심도분포는 모수 $\mu = 4$ 및 $\sigma = 0.8$인 로그정규분포를 한다.
   - 전신뢰도는 관측치가 참 순보험료의 $(100 \pm 2.5)\%$ 내에 존재할 확률이 90%일 때라고 정의한다.

   전신뢰도를 충족시킬 최소의 기대 클레임수는?

2. 아래의 정보가 주어진 하에서, 전신뢰도를 충족시킬 최소한의 보험증권 수는?
   - 평균 클레임 빈도 = 보험증권당 0.04클레임(포아손분포 가정)
   - 평균 클레임 심도 = 100만원
   - 클레임 심도의 분산 = 20억원
   - 전신뢰도는 관측치가 참 순보험료의 $(100 \pm 10)\%$ 내에 존재할 확률이 99%가 될 때라고 정의한다.

3. 특정 회사에 대한 전신뢰도 기준치가 총 클레임수가 참값의 $(100 \pm 2.5)\%$ 내에 존재할 확률이 P로 설정되었다. 이러한 전신뢰도 기준치로 5,000클레임이 산정되었다고 하자. 전신뢰도 기준치가 바뀌어 총 클레임 비용이 참값의 $(100 \pm 9)\%$ 내에 존재할 확률이 P로 설정되었으며, 클레임 빈도는 포아손분포를 하고 클레임 심도는 아래의 분포를 따른다고 하자.

$$f(x) = 0.0008(50 - x), \qquad 0 \le x \le 50$$

   새로운 기준하에서 전신뢰도 조건을 충족시킬 기대 클레임수는?

4. 아래와 같은 정보가 주어졌다.

- 전신뢰도 기준치로 실제 순보험료가 기대 순보험료의 $(100 \pm 10)\%$ 내에 있을 확률이 99%가 되도록 하는 2,000클레임이 선정되었다.
- 클레임수는 포아송분포를 따른다.

고전적 신뢰도 개념을 사용하여 전신뢰도 기준치에 내재하는 변동계수 값을 산정하라.

5. 아래의 정보가 주어졌다.

- 클레임수는 포아송분포를 한다.
- 클레임 심도는 아래의 분포를 한다.

클레임 크기	확률
10	0.50
20	0.30
50	0.20

총 클레임 비용이 기대비용의 $(100 \pm 20)\%$ 내에 존재할 확률이 95%가 되기 위해 필요한 클레임수를 산정하라.

6. 아래의 정보가 주어졌다.

- 클레임수가 분산이 평균의 두 배인 음이항분포를 한다.
- 클레임 심도 분포는 아래와 같이 주어졌다.

클레임 크기	확률
10	0.50
20	0.30
50	0.20

총 클레임 비용이 기대비용의 $(100 \pm 20)\%$ 내에 존재할 확률이 95%가 되기 위해 필요한 클레임수를 산정하라. 본 답을 위 5번 문제와 비교하라.

7. 전신뢰도 기준치로 총 클레임수가 기대 클레임수의 $(100 \pm 2.5)\%$ 내에 있을 확률이 98%가 되도록 설정하였다. 전신뢰도에 대한 동일한 기대 클레임수가 총 클레임 비용이 기대비용의 $(100 \pm 10)\%$ 내에 존재할 확률이 90%가 되도록 설정되었다. 심도의 변동계수는 3.5이다. 빈도는 포아손분포를 한다. 총 손해 분포에 대한 정규분포 근접화를 사용하여 k값을 결정하여라.

8. ABC보험회사는 특정 보종에 대한 요율 파일링을 위해 고전적 신뢰도 기법을 사용하여 전신뢰도 기준치를 설정하기로 하였다. 전신뢰도 기준치는 내재하는 요율 파일링에 있어서 관측된 총 클레임 비용이 참값의 $(100+5)\%$ 내에 존재할 확률이 95%가 되도록 설정하였다.
클레임 빈도는 포아손분포를 하고, 클레임 심도는 아래의 분포를 따른다고 한다.

$$f(x) = 1/100{,}000, \qquad 0 \le x \le 100{,}000$$

전신뢰도를 확보하기 위한 기대 클레임수 N_F는?

9. 총 클레임 비용에 대한 전신뢰도 기준치로 1,200건의 기대 클레임수가 설정되었다. 클레임 크기 분포의 변동계수가 2에서 4로 바뀌고, 범위모수 k가 두 배가 되었을 때 전신뢰도 확보를 위해 필요한 기대 클레임수를 구하여라.

6. 부분신뢰도

전신뢰도를 위해 필요한 클레임수 이상이 존재한다면 관측치에 100%의 신뢰도를 배정할 수 있다. 그러나 전신뢰도를 위해 필요한 데이터가 충분하지 않다면, 100%보다 적은 신뢰도를 배정하여야 한다.

N을 일정양의 데이터에 있어서의 (기대)클레임수라 하고 n_F를 전신뢰도 기준치라고 하자. 부분신뢰도는 $Z=\sqrt{n/n_F}$로 배정된다. $n \geq n_F$라면 $Z=1.00$이 된다. 빈도, 심도 혹은 순보험료에 대한 부분 신뢰도 배정을 위해 제곱근법칙(square root rule)을 사용한다.

예를 들어 전신뢰도를 위해 1,000건의 클레임이 필요하다면, [그림 1-1]은 배정될 (부분)신뢰도를 보여 주고 있다.

그림 1-1 고전적(부분)신뢰도

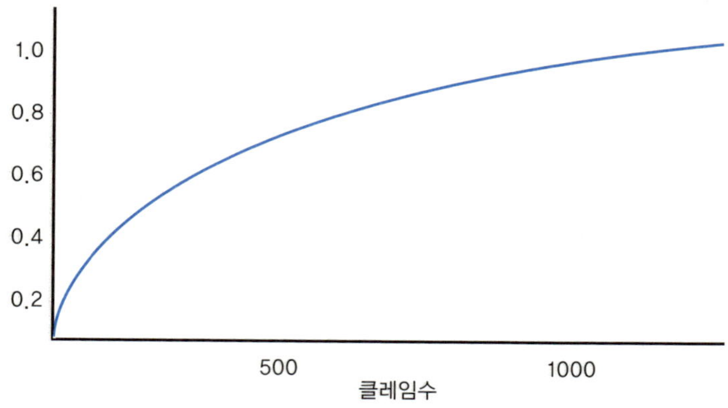

예제 11 전신뢰도 기준치가 클레임수 683건이고 관측된 클레임수가 300건이다.[13] 얼마만큼의 신뢰도를 배정할 수 있을까?

정답 $\sqrt{300/683} = 66.3\%$

13) 이상적으로는 공식 $Z=(n/n_F)^{1/2}$에 있어서 n은 기대 클레임수여야 한다. 그러나 기대 클레임수는 종종 알 수가 없으므로 이에 대한 대리변수로 관측된 클레임수를 사용한다. 기대 클레임 빈도와 함께 위험노증실체수의 파악이 가능하다면, 기대 클레임수는 (위험노증실체수)×(기대 클레임 빈도)로 산출될 수 있다.

1) 한정변동

부분신뢰도를 위한 제곱근법칙은 새로운 추정치에 있어서의 데이터 공헌도를 설정하기 위해 데이터의 표준편차가 전신뢰도 기준치의 표준편차에 상응하는 값을 유지하도록 고안되었다. 제곱근법칙을 통해 어떻게 그러한 목표에 도달할 수 있는지를 아래에서 보이겠다. 단순한 제곱근법칙을 사용하기 위해 이에 대한 도출과정을 이해할 필요는 없다고 하겠다.

$X_{부분}$을 부분신뢰도를 갖는 데이터로부터 산출되었다고 하자: 예를 들어, $X_{부분}$은 데이터로부터 산출된 클레임 빈도일 수도 있다. $X_{전}$을 전신뢰도 기준치를 가까스로 충족시키는 데이터로부터 산출되었다고 가정한다. 전신뢰도 데이터의 경우 추정치$= X_{전}$이고, 부분신뢰도 데이터의 경우 추정치$= ZX_{부분} + (1-Z)$[여타정보]가 된다. 신뢰도 Z는 $ZX_{부분}$의 기대변화가 전신뢰도 추정치 $X_{전}$에 허용된 변화에 한정되도록 산정되었다. $ZX_{부분}$의 분산값은 Z값을 1보다 작게 설정함으로써 축소시킬 수 있다.

모집단에 대한 표본크기가 상이한 데이터를 사용하여 빈도(위험노증실체당 클레임수), 순보험료 혹은 손해율을 $X_{부분}$ 및 $X_{전}$으로 추정하려고 한다고 하자. 이 경우 기댓값 μ는 동일할 것이다. 그러나 보다 적은 데이터(표본)를 사용하므로 $X_{부분}$의 표준편차 $\sigma_{부분}$은 전신뢰도 추정치 $X_{전}$의 표준편차 $\sigma_{전}$보다 클 것이다. 목표는 $ZX_{부분}$의 변동을 $X_{전}$에 허용된 변동값에 한정시키는 것이므로, 이는 아래와 같은 수식으로 표현할 수 있다.

$$\begin{aligned}&\mathrm{Prob}[\mu - k\mu \le X_{전} \le \mu + k\mu] \\ &= \mathrm{Prob}[Z\mu - k\mu \le ZX_{부분} \le Z\mu + k\mu]\end{aligned}$$

평균을 차감하고 표준편차로 나눔으로써 아래의 수식을 얻을 수 있다.[14)]

$$\begin{aligned}&\mathrm{Prob}[-k\mu/\sigma_{전} \le (X_{전}-\mu)/\sigma_{전} \le k\mu/\sigma_{전}] \\ &= \mathrm{Prob}[-k\mu/Z\sigma_{부분} \le (ZX_{부분}-Z\mu)/Z\sigma_{부분} \le k\mu/Z\sigma_{부분}]\end{aligned}$$ [15)]

정규분포 근접화를 가정하면, $(X_{전}-\mu)/\sigma_{전}$ 및 $(ZX_{부분}-Z\mu)/Z\sigma_{부분}$은

---

14) 양자 모두의 경우 변동을 평균의 $\pm k\mu$로 한정시키는 것임을 주목하기 바란다.

15) $ZX_{부분}$부분의 평균은 $Z\mu$이고 표준편차는 $Z\sigma_{부분}$임을 주목하기 바란다.

표준 정규분포 변수가 된다. 그리하여 양항의 등식은 아래의 조건이 충족하면 동일하게 된다.

$$k\mu/\sigma_{전} = k\mu/Z\sigma_{부분}$$

Z에 관해 풀면 아래의 관계가 성립한다.

$$Z = \sigma_{전}/\sigma_{부분} \tag{3.6.1}$$

그리하여 부분신뢰도 Z값은 부분신뢰도 데이터의 표준편차에 역비례하게 된다.

동질적인 모집단의 운전자당 연평균 사고수 μ를 추정하려고 한다고 가정한다. 표본갯수 M 운전자에 대해 m_i가 운전자 i^{th}의 사고수일 때 빈도 μ에 대한 추정치로 $\mu_M = \sum_{i=1}^{M}(m_i/M)$을 산정하였다. 운전자당 클레임수가 서로 독립적이라고 가정하면 μ_M의 분산은 $\sigma_M^2 = Var\left[\sum_{i=1}^{M} m_i/M\right] = (1/M^2)\sum_{i=1}^{M} Var(m_i)$로 표시된다. 모든 운전자의 빈도가 평균 $\mu = Var(m_i)$인 포아손분포를 한다고 가정하면, $\sigma_M^2 = (1/M^2)\sum_{i=1}^{M}\mu = M\mu/M^2 = \mu/M$ 이 된다.

표본크기 M으로 n건의 클레임수를 산출한다고 하면, $M\mu = n$이므로, $M = n/\mu$가 된다. 그리하여 분산은 $\sigma_M^2 = \mu/M = \mu/(n/\mu) = \mu^2/n$이 되고 표준편차는 아래와 같이 표시된다.

$$\sigma_M = \mu/\sqrt{n} \tag{3.6.2}$$

예제 12 기대 클레임수가 1,000건인 표본이 빈도 μ를 추정하기 위해 사용되었다. 빈도가 포아손분포를 한다고 가정하면, 추정된 빈도의 분산값과 표준편차값은?

정답 분산은 $\mu^2/1{,}000$이고 표준편차는 $\mu/\sqrt{1{,}000} = 0.032\mu$이다.

기대 클레임수가 n_0이고 전신뢰도를 갖는 표본의 표준편차는 $\sigma_{전} = \mu/\sqrt{n_0}$가 된다. 기대 클레임수가 n이고 부분신뢰도를 갖는 표본의 표준편차는 $\sigma_{부분} = \mu/\sqrt{n}$이 된다. 공식 (3.6.1)을 사용하면, 부분신뢰도를 갖는 표본의 신뢰도는: $Z = (\mu/\sqrt{n_0})/(\mu/\sqrt{n}) = \sqrt{n/n_0}$ 가 된다. 그리하여 아래의 식이 성립한다.

$$Z = \sqrt{n/n_0} \tag{3.6.3}$$

공식 (3.6.3)은 부분신뢰도에 대한 매우 중요한 제곱근법칙이다. 정규분포 근접화와 클레임수에 대한 포아손분포가 수식도출 과정에서 가정되었음을 주목하기 바란다. 심도 및 순보험료에 대한 신뢰도에도 유사한 제곱근공식 도출 과정이 적용됨을 주목하기 바란다.[16]

16) 공식 (3.6.1)을 조금 수정하면 부분신뢰도에 대한 제곱근공식은 빈도뿐 아니라 총 손해액 및 총 클레임수에도 적용될 수 있다. 총 손해액 및 총 클레임수 추정에 있어서 보다 큰 표본은 보다 큰 표준편차를 가질 것이다. $L = X_1 + X_2 + \ldots + X_N$이라 하고 총 손해액을 표시한다고 하면, L의 표준편차는 기대 클레임수가 증가함에 따라 증가한다. 그러나 L의 기댓값에 대한 L의 표준편차 비율은 감소한다. 공식 (3.6.1)은 표준편차를 변동계수로 대체하면 성립하게 된다.

연습문제

1. 전신뢰도 기준치로 클레임수 2,000건이 주어졌다.
300건의 클레임수에는 얼마만큼의 신뢰도가 배정될 수 있을까?

2. 부분신뢰도에 대한 제곱근법칙을 사용하여, 특정 양의 데이터에 신뢰도 0.36이 배정되었다. 데이터 양이 10배로 증가한다면 얼마만큼의 신뢰도를 배정할 수 있을까?

3. 심도에 대한 전신뢰도 기준치가 클레임수 2,500건이라고 가정한다. 특정 외판원 등급에 대해 클레임수 803건 및 총 손해액 9,771백만원이 관측되었다. 모든 유사등급의 클레임당 평균비용이 10.3백만원이라고 가정한다. 본 외판원 등급의 신뢰도 가중평균 클레임당 비용을 추정하라.

4. 전신뢰도 기준치가 클레임수 3,300건으로 주어졌다. 주택/연/건 기대 클레임빈도는 6%이다. 2,000주택/연/건의 데이터에 배정할 수 있는 신뢰도는?

5. 아래의 정보가 주어졌다.
   - 빈도분포는 포아손분포를 한다.
   - 심도분포는 $\alpha = 1.5$인 감마분포를 한다.
   - 빈도와 심도는 서로 독립적이다.
   - 전신뢰도는 관측치가 참 순보험료의 $(100 \pm 4)\%$ 내에 있을 확률이 97%인 것으로 정의된다.

   위와 같은 가정 하에 150건의 클레임수에 배정되는 신뢰도는?

6. 요율에 내재하는 2011년도 순보험료는 1백만원이다. 관측된 그해 순보험료는 1백2십만원이고 클레임수는 600건이었다. 전신뢰도를 위해 5,400건의 클레임수가 필요하며, 부분신뢰도 산정을 위해 제곱근법칙이 사용된다고 하고, 2012년 요율에 내재하는 순보험료를 추정하라. (인플레이션으로 인한 순보험료 변화는 없다고 가정한다)

7. 1년이라는 기간이 주어진 보험 포트폴리오에 대한 클레임수를 표시하는 무작위변수 N이 평균 n인 포아손분포를 한다고 가정한다. 또한 X_i가 i번째 클레임의 크기를 표시하는 $X_1, X_2, \cdots, X_N$건의 독립적이고 동일하게 분포하는 무작위변수라고 가정한다.
$C = X_1 + X_2 + \cdots + X_n$이 1년 동안의 총 클레임 비용을 표시한다고 하자. 관측된 C값을 미래비용에 대한 추정치로 사용하고자 한다. C값이 기댓값의 $(100 \pm 10)\%$ 내에 있을 확률이 96%라면 C값에 전신뢰도를 배정한다고 하자. 클레임 크기 분포의 변동계수가 0.60이라고 하면 213건의 클레임이 발생하였을 때 배정할 수 있는 신뢰도는?

8. 안전제일화재보험사는 자사의 요율을 검증하고자 한다. 전신뢰도를 위해 필요한 기대 클레임수는 관측된 총 클레임 비용이 참값의 $(100 \pm 5)\%$ 내에 있을 확률이 90%가 되도록 결정하였다. 독립된 연구 결과에 의해 개별 클레임은 독립적이고 아래와 같이 동일하게 분포한다는 것을 발견하였다.

$$f(x) = 1/200{,}000, \qquad 0 \le x \le 200{,}000$$

클레임수는 포아손분포를 따른다고 가정한다. 가장 최근의 경험치의 클레임수가 1,082건일 때 배정할 수 있는 신뢰도 값은?

9. 특정 보험계약자 집단에 대해 아래와 같은 정보가 주어졌다.
- 기대 총 손해액에 대한 사전 추정치: 2백억원
- 관측된 총 손해액: 2백5십억원

- 관측된 클레임수: 10,000건
- 전신뢰도를 위해 필요한 클레임수: 17,500건

동 집단의 신뢰도 가중 기대 총 손해액은?

10. 전신뢰도를 위해 2,000건의 기대 클레임수가 필요하다. 60% 신뢰도를 위해 필요한 기대 클레임수는?

11. 실제 클레임수가 기대 클레임수의 (100 ± 5)% 내에 있을 확률이 90%가 되도록 전신뢰도 기준치가 선정되었다. 500건의 클레임수가 기대된다면 이 경험치에 주어지는 신뢰도는?

Ⅳ 최소자승 신뢰도(뷜만신뢰도)

본 장에서 다룰 두 번째 신뢰도 형태는 근대적 신뢰도, 최소자승신뢰도 혹은 뷜만신뢰도라고 부른다. 본 신뢰도는 또한 최대정확성신뢰도라고도 불린다. 추후 논의하겠지만 본 신뢰도 공식은 $Z=N/(N+K)$로 주어진다. 관측치 수가 증가할수록 신뢰도 Z는 1에 근접하게 된다.

현실세계에 있어서 뷜만신뢰도를 적용하기 위해서는 소위 말하는 뷜만신뢰도 모수 K를 산정하거나 추정하여야 한다. 이는 분산분석을 필요로 한다. 즉 과정분산의 기댓값과 가설적 평균의 분산값을 계산하는 것을 필요로 한다.

그리하여, 본 절에서는 우선 과정분산의 기댓값과 가설적 평균의 분산값을 구하는 과정을 다루겠다. 그 다음으로 여러 가지 단순화된 경우에 있어서의 뷜만신뢰도를 적용하는 과정을 다루겠다. 마지막으로 Philbrick의 목표사격 예를 통해 뷜만신뢰도의 아이디어를 설명하겠다.

1. 분산분석

다면 주사위를 이용한 예를 우선 들기로 하겠다.

4면 주사위 60개, 6면 주사위 30개 및 8면 주사위 10개의 총 100개의 다면 주사위가 있다. 4면 주사위에는 숫자 1, 2, 3 및 4가 표시되어 있고, 6면 주사위에는 숫자 1에서 6까지, 8면 주사위에는 숫자 1에서 8까지가 표시되어 있다. 주어진 주사위에 있어서 각 면이 나타날 확률은 동일하다. 즉 주사위는 공정한 결과가 나오도록 되어 있다.

다면 주사위를 1개 꺼내서 던진 다음 그 결과에 대해 알아보자. 동일한 주사위를 다시 던졌을 때의 결과치를 여기서 추정한다.

다음 절에서는 이 문제에 어떻게 뷜만신뢰도를 적용하는지에 대해 설명하겠다. 뷜만신뢰도를 적용하기 위해서는 분산분석에서 사용되는 항목들을 우선 계산할 수 있어야 한다. 총 분산값은 과정분산의 기댓값과 가설적 평균의 분산값이 합해서 이루어지는데 이 양자의 값들을 우선 각각 계산할 수 있어야 한다.

1) 과정분산의 기댓값

주사위 각각의 유형에 대해 평균값과 (과정)분산값을 계산할 수 있다. 예를 들어 6면 주사위의 경우 모든 가능성을 열거하면 아래와 같다.

A	B	C	D
주사위 던짐	사전확률	A열×B열	A열자승×B열
1	0.16667	0.16667	0.16667
2	0.16667	0.33333	0.66667
3	0.16667	0.50000	1.50000
4	0.16667	0.66667	2.66667
5	0.16667	0.83333	4.16667
6	0.16667	1.00000	6.00000
합	1	3.5	15.16667

그리하여 평균값은 3.5이고 분산값은 $15.16667 - 3.5^2 = 2.91667 = 35/12$가 된다. 결국 6면 주사위를 꺼내었을 때의 조건부 분산값은 $Var[X|6\text{면}] = 35/12$가 된다.

예제 1 4면 주사위의 평균값과 분산값은?

정답 평균값은 2.5이고 분산값은 15/12이다.

예제 2 8면 주사위의 평균값과 분산값은?

정답 평균은 4.5이고 분산은 63/12이다.

과정분산의 기댓값(EPV)은 각 유형의 위험이 나타날 확률을 가중치로 해서 각 유형의 과정분산값을 더함으로써 계산된다.[17] 이 경우 과정분산의 기댓

17) 위험의 유형이 감마-포아송과 같은 예처럼 연속분포로 모수화되어 있을 경우에는 합을 취하기보다는 적분을 한다.

값은

$$(60\%)(15/12)+(30\%)(35/12)+(10\%)(63/12)=25.8/12=2.15$$

가 된다. 이를 문자로 표시하면:

$$P(4\text{면})\,Var(X|4\text{면})+P(6\text{면})\,Var(X|6\text{면})+P(8\text{면})\,Var(X|8\text{면})$$

이 된다. 이는 위험과정에 있어서 단일 관측치 즉 주사위를 1회 던짐에 대한 과정분산의 기댓값임을 주목하여야 한다.

2) 가설적 평균의 분산값

4면, 6면, 8면 주사위 각각에 대한 가설적 평균값은 각각 2.5, 3.5, 4.5이다. 가설적 평균의 분산값(VHM)은 통상적 기법을 사용하여 구할 수 있다. 즉 가설적 평균의 1, 2차 모멘트값을 계산하여 구할 수 있다.

주사위 유형	각 유형의 주사위를 꺼낼 사전적[18] 확률[19]	각 주사위 유형의 평균	평균값의 자승
4면	0.6	2.5	6.25
6면	0.3	3.5	12.25
8면	0.1	4.5	20.25
평균		3.0	9.45

가설적 평균의 분산값은 2차 모멘트에서 전체 평균의 자승값을 차감한 값으로 주어진다($9.45-3^2=0.45$). 이는 단일 관측치 즉 주사위를 1회 던진 것에 대한 분산임을 주목하기 바란다.

3) 총분산값

위와 같은 실험을 반복적으로 하게 되면 관측 결과치에 대한 총분산을 산

18) 사전에 의하면 사전적(Priori)이라는 말은 "자명한 전제에 관련되거나 그 전제로부터 도출된"이라는 의미를 갖는다. 이는 여기서도 적용되는데, 기술된 명제로부터 확률을 도출할 수 있기 때문이다. 주사위를 던진 결과를 관측한 후, 사전적 값과 관측치 양자를 인지하는 새로운 확률을 계산할 수 있을 것이다. 이는 4절에서 자세히 다루어질 것이다.

19) 이러한 주사위 예는 1회 관측 이상인 혹은 상이한 크기의 보험계약자가 존재하는 보험의 경우를 이해하는 데 도움을 준다.

정할 수 있게 된다. 이를 위해서는 단순히 각각의 가능한 경우가 발생하는 가능성만 계산하면 된다.

이 경우 4면 주사위를 던져서 1이라는 숫자가 나올 확률은 $60\% \times (1/4) = 15\%$가 된다. 이와 마찬가지로 6면 주사위를 던져서 1이라는 숫자가 나올 확률은 $30\% \times (1/6) = 5\%$가 된다. 8면 주사위를 던져서 1이 나올 확률은 $10\% \times (1/8) = 1.25\%$가 된다. 그리하여 1이 나올 총확률은 아래와 같이 된다.

$$15\% + 5\% + 1.25\% = 21.25\%$$

A	B	C	D	E	F	G
주사위를 던져 나오는 숫자	4면 주사위로 인한 확률	6면 주사위로 인한 확률	8면 주사위로 인한 확률	사전확률 =B+C+D	열A×열E	열A×열E 자승
1	0.15	0.05	0.0125	0.2125	0.2125	0.2125
2	0.15	0.05	0.0125	0.2125	0.4250	0.8500
3	0.15	0.05	0.0125	0.2125	0.6375	1.9125
4	0.15	0.05	0.0125	0.2125	0.8500	3.4000
5		0.05	0.0125	0.0625	0.3125	1.5625
6		0.05	0.0125	0.0625	0.3750	2.2500
7			0.0125	0.0125	0.0875	0.6125
8			0.0125	0.0125	0.1000	0.8000
합	0.6	0.3	0.1	1	3	11.6

(앞서 구한 값과 동일하게) 평균값은 3이 되고, 2차 모멘트값은 11.6이 된다. 그리하여, 총 분산값은 $11.6 - 3^2 = 2.6$이 된다. 과정분산의 기댓값+가설적 평균의 분산값$= 2.15 + 0.45 = 2.6 =$총 분산값이 됨을 주목하기 바란다. 그리하여 총 분산값은 두 항목으로 나누어질 수 있는데, 이는 일반적으로 모든 경우에 성립한다.

$$\text{과정분산의 기댓값} + \text{가설적 평균의 분산값} = \text{총 분산값} \tag{4.1.1}$$

총 분산값의 두 항목은 서로 유사한 것처럼 보이나, 계산과정의 순서는 서로 상이하다. 과정분산의 기댓값의 경우(*EPV*), 각 위험유형별로 우선 과정분산값을 계산하고, 그러고 나서 모든 위험유형에 대한 기댓값을 취한다. 문자

로 표시하면, $EPV = E_{\theta}[Var[X|\theta]]$이다.

가설적 평균의 분산값의 경우에는(VHM), 우선 각 위험유형의 기댓값을 구하고, 모든 위험유형에 대한 기댓값으로부터 분산값을 취한다. 문자로 표시하면 $VHM = Var_{\theta}[E[X|\theta]]$가 된다.

4) 주사위를 복수로 던지는 경우

여태까지는 주사위를 1회 던질 경우의 분산값을 산정하였다. 주사위를 1회 이상 던질 경우에 있어서의 분산값을 산정할 수 있다. 산출된 분산값이 상이할 수 있는데, 이로 인해 산출된 신뢰도 값도 달라질 수 있다.

예제 3 계리학회에 참석하고 있는 각각의 계리인이 다면 주사위를 두 번씩 던졌다. 한 주사위는 4면으로 이루어져 있고 또 다른 주사위는 6면으로 이루어져 있다. 각각의 계리인은 두 개의 주사위를 던져 그 합을 보고한다. 계리인들에 의해 보고된 결과치의 기대분산값은?

정답 분산값은 4면 주사위와 6면 주사위의 분산값의 합으로 이루어진다. 분산값 $= (15/12) + (35/12) = 50/12 = 4.167$이다.

예제 3에 있어서 던져진 주사위 유형을 아는 경우와 각각의 계리인이 무작위로 주사위를 선정하는 경우를 구분하여야 한다. 후자의 경우 아래의 예제문제에서 보여주는 대로 추가적인 무작위적 변화를 초래하게 된다.

예제 4 계리학회에 참석하고 있는 각각의 계리인이 독립적으로 두 개의 다면 주사위를 선정 한다. 각각의 계리인은 두 개의 다면 주사위를 각각 독립적으로 선정하는데, 4면의 주사위를 선정할 확률은 60%, 6면의 주사위를 선정할 확률은 30%, 8면의 주사위를 선정할 확률은 10%이다. 각각의 계리인은 두 개의 주사위를 던져서 그 합을 보고한다. 계리인들에 의해 보고된 결과치의 기대 분산값은?

정답 총 분산값은 EPV와 VHM의 합으로 표시된다. 각각의 계리인이 던지는 주 사위를 A 및 B라고 하자. A에 대한 모수(각면의 숫자)를 θ라 하고 B에 대한 모수를 ψ라 하자. 두 주사위가 독립적으로 선정됨으로 A는 θ에만 의존하고 B는 ψ에만 의존하게 된다. 그리하여

$$EPV = E_{\theta,\psi}[\,Var[A+B|\theta,\psi]] = E_{\theta,\psi}[\,Var[A|\theta,\psi]] + E_{\theta,\psi}[Var[B|\theta,\psi]]$$
$$= E_{\theta}[\,Var[A|\theta]] + E_{\psi}[\,Var[B|\psi]] = 2.15 + 2.15 = (2)(2.15) = 4.30$$
이 된다. 여기서 $E[A|\theta]$와 $E[B|\psi]$가 서로 독립적이라는 사실을 사용하여, 분산을 단순히 가산함 으로써 계산할 수 있음을 이용하였다. 총분산 $= EPV + VHM = 4.3 + 0.9 = 5.2$로 표시된다.

예제 4는 예제 5와 같이 주어진 계리인이 선정하는 두 주사위 유형이 항상 동일한 경우에만 미묘한 차이를 보이고 있다.

예제 5 계리학회에 참석하는 각각의 계리인은 유형이 동일한 두 개의 주사위를 선정한다. 각각의 계리인이 선정하는 다면 주사위는 4면일 확률이 60%, 6면일 확률이 30%, 8면일 확률이 10%이다. 각각의 계리인은 주사위를 던져 그 숫자의 합을 보고한다. 계리인들에 의해 보고된 결과치의 기대분산값은?

정답 총분산은 EPV와 VHM의 합으로 표시된다. 각각의 계리인이 던지는 두 주사위를 A 및 B라 하자. 주사위의 모수(각면의 숫자)는 두 주사위가 동일하게 θ라고 하자. 그러면

$$EPV = E_{\theta}[\,Var[A+B|\theta]] = E_{\theta}[\,Var[A|\theta]] + E_{\theta}[Var[B|\theta]]$$
$$= E_{\theta}[\,Var[A|\theta]] + E_{\theta}[\,Var[A|\theta]] = 2.15 + 2.15 = (2)(2.15)$$
$$= 4.30$$

이 된다. 그리고 또한

$$VHM = Var_{\theta}[E[A+B|\theta]] = Var_{\theta}[2E[A|\theta]] = (2^2)\,Var[E[A|\theta]]$$
$$= (4)(0.45) = 1.80$$

이 된다. 여기서 $E[A|\theta]$와 $E[B|\theta]$가 동일하다는 사실을 사용하였다. 그리하여

총분산$= EPV + VHM = 4.3 + 1.8 = 6.1$이 됨을 알 수 있다. 이는

총분산$=(N)$(1회관측에 대한 EPV)$+(N^2)$
(1회관측에 대한 VHM)$= (2)(2.15) + (2^2)(0.45) = 6.1$)

로도 계산할 수 있다.

예제 5는 수리적으로 볼 때 각각의 계리인이 단일주사위를 선정해서 두

번 던져 그 합을 보고하는 것과 동일함을 주목하기 바란다. 각각의 계리인이 각각의 주사위 유형이 서로 독립적인 두 개의 주사위를 선정하는 예제 4와 비교해 보기 바란다.

예제 5에 있어서 총분산=(2)(단일주사위 투척의 *EPV*)+ 2^2(단일주사위 투척의 *VHM*)이다. *VHM*은 관측수의 자승인 N^2에 비례해서 증가한 반면, *EPV*는 *N*만큼만 증가하였다.

$$\text{총분산} = N(\text{1회관측에 대한 } EPV) + (N^2)(\text{1회관측에 } VHM) \qquad (4.1.2)$$

이는 뷜만신뢰도 공식 $Z=N/(N+K)$에 내포되어 있는 가정이다. 뷜만신뢰도 모수 *K*는 단일주사위 투척에 있어서의 *VHM*에 대한 *EPV*의 비율로 표시된다. 본 공식은 관측수 *N*에 대해 자동적으로 신뢰도를 조정한다.

$$\text{총분산} = EPV + VHM$$

일반적으로 아래의 등식이 성립함을 보일 수 있다.

$$Var[X] = E_\theta[Var[X|\theta]] + Var_\theta[E[X|\theta]]$$

우선 *EPV*를 재구성할 수 있는데,

$$E_\theta[Var[X|\theta]] = E_\theta[E[X^2|\theta]] - E[E[X|\theta]^2]$$
$$= E_\theta[E[X^2|\theta]] - E_\theta[E[X|\theta]^2]$$
$$= E[X^2] - E_\theta[E[X|\theta]^2] \text{ 이다.}$$

둘째로 *VHM*을 재구성할 수 있는데,

$$Var_\theta[E[X|\theta]] = E_\theta[E[X|\theta]^2] - E_\theta[E[X|\theta]]^2$$
$$= E_\theta[E[X|\theta]^2] - E[X]^2$$

이 된다.

양 단계를 합치게 되면,

$$EPV + VHM = E_\theta[Var[X|\theta]] + Var_\theta[E[X|\theta]]$$
$$= E[X^2] - E_\theta[E[X|\theta]^2] + E_\theta[E[X|\theta]^2] - E[X^2]$$
$$= E[X^2] - E[X]^2 = Var[X] = X\text{의 총분산이 된다.}$$

단일주사위 투척 시, 총분산값은 $2.15+0.45=(11.6-9.45)(9.45-9)=11.6-9=2.6$이 된다. 총분산값 2.6을 두 항목으로 분리하기 위해 가설적 평균 자승의 기댓값 9.45를 더하고 빼면 된다.

5) 일련의 예제

아래의 정보는 빈도, 심도 및 순보험료와 연관되는 일련의 예제를 위해 사용될 것이다.

유형	각유형의 발생확률	(연)베르누이 빈도분포	감마심도분포
1	50%	P = 40%	α = 4, λ= 0.01
2	30%	P = 70%	α = 3, λ= 0.01
3	20%	P = 80%	α = 2, λ= 0.01

위험유형이 동질적이라 가정한다. 이는 주어진 유형의 보험계약자는 동일한 빈도 및 심도를 보인다는 것이다.[20]

각각의 경우 과정분산의 기댓값과 가설적 평균의 분산값을 어떻게 산정하는지를 보이겠다. 일반적으로, 가장 간단한 경우가 빈도의 경우고 그 다음이 심도의 경우며 가장 복잡한 경우가 순보험료의 경우이다.

6) 과정분산의 기댓값, 빈도예제

유형1의 경우, 베르누이 빈도의 과정분산값은 $pq=(0.4)(1-0.4)=0.24$로 계산된다. 이와 유사하게, 유형2의 빈도 과정분산값은 $(0.7)(1-0.7)=0.21$이 된다. 유형3의 경우 빈도에 대한 과정분산값은 $(0.8)(1-0.8)=0.16$이 된다.

과정분산의 기댓값은 사전(Priori)확률을 가중치로 사용한 개별 유형에 대한 과정분산의 가중평균이 된다.

그리하여 빈도에 대한 $EPV=(50\%)(0.24)+(30\%)(0.21)+(20\%)(0.16)=0.215$가 된다.

EPV값을 계산하기 위해 우선 분산값을 계산하고, 그 다음 기댓값을 계

20) 유형간에는 빈도 및 심도가 독립적이지 않다. 본 예의 경우, 평균빈도가 높은 경우 평균심도가 낮게 나타난다.

산하는 것을 주목하기 바란다. 이에 반해 VHM을 계산하기 위해서는 우선 기댓값을 계산하고 그다음 분산값을 계산한다.

7) 가설적 빈도평균의 분산

유형1의 경우 베르누이 빈도평균값은 $p=0.4$이다. 이와 유사하게 유형2의 빈도평균은 0.7이다. 유형3의 빈도평균은 0.8이 된다.

가설적 평균의 빈도분산값은 여타 분산계산과 같은 방식으로 계산된다. 우선 1차 모멘트를 계산하여 $(50\%)(0.4)+(30\%)(0.7)+(20\%)(0.8)=0.57$을 얻는다. 그 다음으로 2차 모멘트를 계산하여 $(50\%)(0.4^2)+(30\%)(0.7^2)+(20\%)(0.8^2)=0.335$값을 얻는다. 그리하여 $VHM=0.355-0.57^2=0.03$이 된다.

8) 과정분산의 기댓값, 심도예제

심도에 대한 EPV값 계산은 한 가지 중요한 차이점을 제외하고는 빈도의 경우와 유사하다. 클레임이 각 유형으로부터 야기된 확률을 가중치로 하여 개별유형의 심도 과정분산을 가중평균한다.[21] 주어진 개별유형으로부터 특정 클레임이 발생할 확률은 보험계약자가 그 유형일 사전확률과 그 유형의 평균빈도의 곱에 비례한다.

유형1에 있어서 감마심도의 과정분산값은 $\alpha/\lambda^2=4/0.01^2=40,000$이 된다. 이와 유사하게, 심도에 대한 유형2 과정분산값은 $3/0.01^2=30,000$이 된다. 유형3의 경우 심도에 대한 과정분산값은 $2/0.01^2=20,000$이 된다.

평균빈도는 각각 0.4, 0.7 및 0.8이 된다. 각각의 유형의 사전확률은 50%, 30% 및 20%이다. 그리하여, 심도에 대한 EPV계산을 위한 가중치는 $(0.4)(50\%)=0.2$, $(0.7)(30\%)=0.21$ 및 $(0.8)(20\%)=0.16$이 된다. 가중치의 합은 $0.2+0.21+0.16=0.57$이 된다. 그리하여 특정클레임이 각 유형에서 야기될 확률은 0.351, 0.368 및 0.281이 된다(예를 들어 $0.2/0.57=0.351$). 심도에 대한 과정분산 기댓값은 이들 값을 가중치로 사용하여 계산한 개별유형에 대한 과정분산의 가중평균이 된다.[22] 심도에 대한 EPV[23] $=\{(0.2)(40,000)+(0.21)(30,000)+(0.16)$

---

21) 각 클레임은 심도과정의 1회 관측치가 된다. 심도의 분모는 클레임수가 된다. 이에 반해 빈도(순보험료도 마찬가지지만)의 분모는 위험노증실체수가 된다.

22) 이 경우처럼 불연속인 경우에는 합산을 하지만 연속인 경우에는 적분을 취한다.

23) 이 결과치는 사전확률을 가중치로 사용해서 얻은 값과는 상이함을 주목하기 바란다.

(20,000)}/(0.20.210.16)=30,702가 된다.

앞서의 계산은 스프레드시트 형태로 아래와 같이 정리할 수 있다.

A	B	C	D	E	F	G	H
유형	사전 확률	평균 빈도	가중치= 종렬B×종렬C	클레임이 각 유형에서 야기될 확률	감마모수		과정분산
					α	λ	
1	50%	0.4	0.20	0.351	4	0.01	40,000
2	30%	0.7	0.21	0.368	3	0.01	30,000
3	20%	0.8	0.16	0.281	2	0.01	20,000
평균			0.57	1.000			30,702

9) 가설적 평균심도의 분산값

모멘트를 계산하기 위해서는 개별유형에 대해 특정 클레임이 그 유형에서 야기될 확률을 다시 계산하여야 한다.[24)]

유형1의 경우, 감마심도의 평균값은 $\alpha/\lambda=4/0.01=400$이 된다. 이와 유사하게 유형2 평균심도는 $3/0.01=300$이 된다. 유형3의 평균심도는 $2/0.01=200$이 된다.

평균빈도는 각각 0.4, 0.7 및 0.8이다. 각 유형의 사전확률은 50%, 30% 및 20%이다. 그리하여, 심도의 모멘트를 계산하는 데 사용될 가중치는 (0.4)(50%)=0.2, (0.7)(30%)=0.21 및 (0.8)(20%)=0.16이 된다.

가설적 평균심도의 분산값은 여타분산의 경우와 동일하게 계산된다. 우선 첫째로 1차 모멘트를 계산한다: $\{(0.2)(400)+(0.21)(300)+(0.16)(200)\}/(0.2+0.21+0.16)=307.20$. 그리고 나서 2차 모멘트를 계산한다: $\{(0.2)(400^2)+(0.21)((300^2)+(0.16)(200^2))\}/(0.2+0.21+0.16)=100{,}526$. 그리하여 심도의 $VHM=100{,}526-307.02^2=6{,}265$로 계산된다. 본 계산은 스프레드시트 형태로 아래와 같이 할 수도 있다.[25)]

그러한 방법에 의할 경우, (50%)(40,000)+(30%)(30,000)+(20%)(20,000)=33,000=30,702가 된다.

24) 각각의 클레임은 심도과정의 1회 관측치가 된다. 심도의 분자는 클레임수가 된다. 이에 반해 빈도(순보험료도 마찬가지이다)에 있어서의 분모는 위험노증실체수가 된다.

25) 종렬 D 다음에, 가중치를 종렬 D의 합으로 나눈 표준화 종렬을 집어넣을 수 있겠다. 보여준 스프레드시트에 있어서는 개별 모멘트를 산정할 시 종렬 D의 합으로 나누어야

A	B	C	D	E	F	G	H
유형	사전 확률	평균 빈도	가중치= 종렬B×종렬C	감마모수		평균심도	평균심도자승
				α	λ		
1	50%	0.4	0.20	4	0.01	400	160,000
2	30%	0.7	0.21	3	0.01	300	90,000
3	20%	0.8	0.16	2	0.01	200	40,000
평균			0.57			307.20	100,526

그리하여 가설적 평균심도의 분산$=100{,}526-307.02^2=6.265$로 계산된다.

10) 과정분산의 기댓값, 순보험료 예제

순보험료에 대한 *EPV*값 산정은 빈도의 경우와 유사하다. 그러나 순보험료 각각의 과정분산값을 산정하는 것은 보다 복잡하다고 할 수 있다.

유형1의 경우 베르누이 빈도의 평균값은 $p=0.4$이고, 베르누이 빈도의 분산값은 $pq=(0.4)(1-0.4)=0.24$이다. 감마심도의 평균값은 $\alpha/\lambda=4/0.01=400$이고 그 분산값은 $\alpha/\lambda2=4/0.01^2=40{,}000$가 된다. 그리하여 빈도와 심도는 독립적이라고 가정하므로 순보험료의 과정분산값은 (평균빈도)(심도의 분산)+(평균심도)^2(빈도의분산)$=(0.4)(40{,}000)+(400)^2(0.24)=54{,}400$이 된다.

이와 유사하게 유형2의 순보험료 과정분산값$=(0.7)(30{,}000)+(300)^2(0.21)=39{,}900$가 된다. 그리고 유형3의 순보험료 과정분산값$=(0.8)(920{,}000)+(200)^2(0.16)=22{,}400$이 된다.

과정분산의 기댓값은 사전적 확률을 가중치로 사용한 개별유형의 과정분산값을 가중평균한 것이다. 순보험료 $EPV=(50\%)(54{,}400)+(30\%)(39{,}900)+(20\%)(22{,}400)=43{,}650$가 된다. 본 계산은 스프레드시트를 이용하여 다음과같이 정리할 수 있다.

함을 잊지 말아야 한다.

유형	사전적 확률	평균빈도	빈도의 분산	평균심도	심도의 분산	과정분산
1	50%	0.4	0.20	400	40,000	54,400
2	30%	0.7	0.21	300	30,000	39,900
3	20%	0.8	0.16	200	20,000	22,400
평균						43,650

11) 순보험료에 대한 가설적 평균의 분산값

순보험료에 대한 *VHM*계산은 빈도에 대한 *VHM*계산과 유사하다. 우선 첫째로 각 유형에 대한 평균순보험료를 계산하여야 한다.

유형1의 경우 베르누이 빈도의 평균값은 $p=0.4$, 감마심도의 평균값은 $\alpha/\lambda=4/0.01=400$이 된다. 그리하여 빈도와 심도가 서로 독립적이라고 가정하였으므로 평균순보험료=(평균빈도)×(평균심도)= $(0.4)(400)=160$이 된다. 유형2의 경우 평균순보험료[26]= $(0.7)(300)=210$이 된다. 유형3의 경우 평균순보험료 $=(0.80)(200)=160$이 된다.

평균순보험료의 1차 및 2차 모멘트는 아래와 같이 계산된다.

유형	사전적 확률	평균빈도	평균심도	평균순보험료	순보험료자승
1	50%	0.4	400	160	25,600
2	30%	0.7	300	210	44,100
3	20%	0.8	200	160	25,600
평균				175	31,150

그리하여 순보험료에 대한 가설적 평균의 분산값= $31,150-175^2=525$가 된다.

12) 포아손빈도의 경우에 있어서 가설적 평균의 분산값 추정

포아손빈도 가정 시의 가설적 평균의 분산값 추정은 총 분산값과 과정분산의 기댓값을 추정하고 나서 *VHM*=총분산−*EPV*으로 흔히 이루어진다.

26) 본 예의 경우 유형3에 대한 평균 순보험료는 비록 두 유형이 상이한 평균빈도와 심도를 보이고 있지만 유형1의 경우와 우연히 일치하게 되었다. 평균순보험료는 고빈도와 저심도가 연계될 때 유사해지는 경향이 있다.

예를 들어 보험계약자로 이루어진 그룹에 있어서 클레임수 분포가 아래와 같이 관찰되었다고 하자.

총 클레임수	0	1	2	3	4	5	>5
보험계약자 퍼센트	60.0%	24.0%	9.8%	3.9%	1.6%	0.7%	0%

이때 총 평균값은 0.652, 총 분산값은 $1.414 - 0.652^2 = 0.989$가 된다.

A	B	C	D
클레임수	사전적 확률	종렬A×종렬B	종렬A자승×종렬B
0	0.600	0.000	0.000
1	0.240	0.240	0.240
2	0.098	0.196	0.392
3	0.039	0.117	0.351
4	0.016	0.064	0.256
5	0.007	0.035	0.175
합계	1.000	0.652	1.414

이와 함께 개별 보험계약자의 클레임수 X는 시간이 지남에 따라 변하지 않는 포아손분포를 한다고 가정한다. 달리 얘기하면, 개별 보험계약자의 빈도과정이 모수가 θ인 포아손분포로 주어지는데, θ값은 보험계약자 그룹 내 보험계약자 별로는 상이하다는 것이다. 그러면 포아손분포의 분산이 평균과 동일하므로, 개별 보험계약자의 과정분산은 θ가 된다. 즉 $Var[X|\theta]=\theta$라는 뜻이다. 그리하여 과정분산의 기댓값은 $E_\theta[Var[X|\theta]]=E_\theta[\theta]=$총평균$=0.652$로 추정된다는 것이다.

그리하여, 가설적 평균의 분산값은 아래와 같은 값을 갖게 된다.

$$\text{총분산} - EPV = 0.989 - 0.652 = 0.337$$

연습문제

1. 다음의 두 문제에 대해 아래의 정보를 사용하라.
세가지 유형의 위험이 있다. 60%의 위험이 A유형이고, 25%의 위험이 B유형이며, 15%의 위험이 C유형임을 가정한다.
개별위험은 매년 한 건의 클레임이 있거나 전혀 없거나 한다.

위험의 유형	클레임 발생확률	위험유형별 사전적 확률
A	20%	60%
B	30%	25%
C	40%	15%

1-1. 과정분산의 기댓값은?

1-2. 가설적 평균의 분산값은?

2. 다음의 두 문제에 대해 아래의 정보를 사용하라.
특정 보험계약자의 모집단은 9%의 젊은 운전자와 91%의 성인 운전자로 이루어져 있다. 경험에 의해 개별운전자는 아래와 같이 연 n클레임수를 초래할 확률을 가진다는 것이 확인되었다.

n	젊은 운전자	성인 운전자
0	0.80	0.90
1	0.15	0.08
2	0.04	0.02
3	0.01	0.00

2-1. 과정분산의 기댓값은?

2-2. 가설적 평균의 분산값은?

3. 아래의 정보는 다음의 세 문제에서 사용된다.

특정 보험계약자로 이루어진 대형 표본에 있어서 클레임수 분포는 아래와 같다.

총 클레임수	0	1	2	3	4	>4
보험계약자 퍼센트	55%	30%	10%	4%	1%	0%

개별 보험계약자에 있어서 클레임수는 시간이 지남에 따라 변하지 않는 포아손분포를 한다.

3-1. 과정분산의 기댓값은?

3-2. 총 분산값은?

3-3. 가설적 평균의 분산값은?

4. 특정 위험등급에 속해 있는 구성원의 가설적 평균빈도는 구간 (0,10]에 균등분포를 한다. 심도에 대한 지수 확률 분포함수 $f(x)$는 모수 r이 개별 구성원마다 다르고, r은 $g(r)$ 함수에 의해 구간 (0,2)에 분포되어 있다.

$$f(x) = (1/r)\exp(-x/r) \qquad x \geq 0$$
$$g(r) = r/2 \qquad\qquad 0 \leq r \leq 2$$

빈도와 심도분포는 서로 독립적이다. 본 위험등급의 경우 순보험료에 대한 가설적 평균의 분산값은?

5. 다음의 여섯 문제를 위해 아래의 정보를 사용하라.

두 개의 6면 주사위 A_1 및 A_2가 클레임수 판별을 위해 사용되었다. 각각의 주사위에 대한 클레임 확률은 아래와 같다.

주사위	클레임 확률
A_1	2/6
A_2	3/6

아울러 클레임 심도를 나타내는 두 개의 빵빵이가 있다고 가정한다. 각각의

빵빵이는 20과 50이 표시되어 있는 두 영역을 가진다. 개별 클레임 크기에 대한 확률은 아래와 같다.

빵빵이	클레임 크기	
	20	50
B_1	0.60	0.40
B_2	0.20	0.80

단일 관측치는, 주사위 A_1 및 A_2 중에서 무작위적으로 뽑고, 뽑은 주사위를 던져 클레임이 발생한 것으로 나오면 빵빵이 B_1, B_2 중에서 무작위로 뽑아 뽑은 빵빵이를 돌리는 것으로 이루어진다.

5-1. 빈도에 대한 과정분산의 기댓값은?

5-2. 가설적 평균빈도의 분산값은?

5-3. 심도에 대한 과정분산의 기댓값은?

5-4. 가설적 평균심도의 분산값은?

5-5. 순보험료에 대한 과정분산의 기댓값은?

5-6. 순보험료에 대한 가설적 평균의 분산값은?

6. 다음의 여섯 문제를 위해 아래의 정보를 사용하라.
개별 보험계약자에 있어서 빈도와 심도는 서로 독립적이다. 또한 개별 보험계약자에 있어서 빈도는 포아손분포로 주어지고 심도는 지수분포로 주어진다. 개별유형은 동질적이다. 즉, 주어진 유형의 모든 보험계약자는 동일한 빈도 및 심도 분포를 가진다.

유형	특정유형에 있을 확률	평균빈도	평균심도
1	40%	6	100
2	35%	7	125
3	25%	9	200

6-1. 빈도에 대한 과정분산의 기댓값은?

6-2. 가설적 평균빈도의 분산값은?

6-3. 심도에 대한 과정분산의 기댓값은?

6-4. 가설적 평균심도의 분산값은?

6-5. 순보험료에 대한 과정분산의 기댓값은?

6-6. 순보험료에 대한 가설적 평균의 분산값은?

7. 다음의 두 문제를 위해 아래의 정보를 이용하라.
5회 시도로 성공할 확률 y는 모수 5 및 p의 이항분포를 한다. p의 사전분포는 구간 [0,1]에서 균등(uniform)분포를 한다.

7-1. 과정분산의 기댓값은?

7-2. 가설적 평균의 분산값은?

2. 뷜만신뢰도

다면 주사위를 이용한 단순 예제로 논의를 계속하겠다.

총 100개의 다면 주사위가 있는데 이중 60개는 4면, 30개는 6면, 10개는 8면으로 이루어져 있다. 4면 주사위에는 1에서 4까지 숫자가, 6면 주사위에는 1에서 6까지 숫자가, 8면 주사위에는 1에서 8까지 숫자가 기록되어 있다. 각 면이 나타날 확률은 동일하다. 즉, 주사위를 던진 결과는 공정하다.

무작위적으로 다면 주사위를 선정한다. 그리고 나서 주사위를 던져 그 결과를 기록한다. 동일 주사위를 다시 던져 그 결과치를 추정한다.

뷜만신뢰도를 사용하면 새로운 추정치$=Z$(관측치)$+(1-Z)$(사전적 평균)이 된다.

본 예에 있어 사전적 평균값은 3이다. 이는 무작위적으로 주사위를 선정해 던져 나타나는 사전적 기댓값이 $0.6(2.5)+0.3(3.5)+0.1(4.5)=3.00$이 된다는 것이다. 그러나 첫 번째로 선정한 주사위의 유형 및 던진 결과에 대한 정보를 갖고 있기 때문에 뷜만신뢰도를 사용하면 보다 나은 두 번째로 던진 결과에 대한 값의 추정을 할 수 있게 된다.

사전평균값 혹은 사전적 기댓값은 여신뢰도가 적용되는 여타정보로 사용된다. 관측된 데이터의 신뢰성이 떨어질 경우, 그만큼 추정을 위해 사전평균값에 의존하게 된다. 사전평균값은 주사위에 대한 전체 모수에 관한 정보를 반영한다.

뷜만신뢰도 모수는 $K=EPV/VHM$으로 산정된다. 여기서 K는

$$K=\text{과정분산의 기댓값}/\text{가설적 평균의 분산값} \tag{4.2.1}$$

이 된다. 여기서 과정분산의 기댓값과 가설적 평균의 분산값은 위험과정에 있어서 단일 관측치에 관한 것이다.

이 경우[27] $K=EPV/VHM=2.15/0.45=4.778=43/9$이다.

그리하여 N관측치에 대한 뷜만신뢰도는 아래와 같이 표시된다.

$$Z=N/(N+K) \tag{4.2.2}$$

---

27) EPV와 VHM은 Ⅳ-1절에서 산정되었다.

이 경우 1회 관측치에 대해서 $Z=1/(14.778)=0.1731=9/52=0.45/(0.45+2.15)$가 된다. 그리하여 이 경우 주사위를 던져 숫자 5가 관측되면 새로운 추정치는 $(0.1731)(5)+(1-0.1731)(3)=3.3462$가 된다. 뷜만신뢰도 추정치는 관측치에 대한 선형함수로 0.1731(관측치)+2.4807로 표시된다.

관측치	1	2	3	4	5	6	7	8
신추정치	2.6538	2.8269	3	3.1731	3.3462	3.5193	3.6924	3.8655

$N=1$일 때, $Z=1/(1+K)=VHM/(VHM+EPV)=VHM/$총분산이 됨을 주목하기 바란다.

1) 관측치수

보다 많은 정보를 모았으므로 어떤 유형이 선정될 것인가에 대한 판단이 보다 나아질 수 있기에 주사위 투척이 많아질수록 보다 많은 신뢰도를 배정하는 것이 합리적이라고 할 수 있다. 위험과정에 대한 N관측치가 있다면 $Z=N/(N+K)$만큼의 뷜만신뢰도가 배정된다.

예를 들어, $K=4.778$이므로 3회가 관측이 되면 $Z=3/(3+4.778)=0.386$이 된다. 뷜만신뢰도 공식에 있어 $N\rightarrow\infty$됨에 따라 $Z\rightarrow1$로 근접하게 되나, 뷜만신뢰도는 절대 100%에 이를 수는 없다. $K=4.778$인 본 예에서는 [그림 1-2]에서 뷜만신뢰도가 나타나 있다.

관측수	1	2	3	4	5	10	25	100	1,000	10,000
신뢰도	17.3%	29.5%	38.6%	45.6%	51.1%	67.7%	84.0%	95.4%	99.5%	99.95%

고전적 신뢰도에서와는 달리 Z는 결코 1.00에 이를 수 없다.

동일 주사위를 독립적으로 N번 던진 것을 합하게 되면, 과정분산값을 더할 수 있게 된다. 그리하여 η^2이 단일 주사위에 대한 과정분산의 기댓값이라고 하면 $N\eta^2$은 N개의 동일 주사위를 합한 과정분산의 기댓값이 된다. 6면 주사위의 과정분산값은 35/12이고, 6면 주사위 10개의 합에 대한 과정분산값은

그림 1-2 뷸만신뢰도

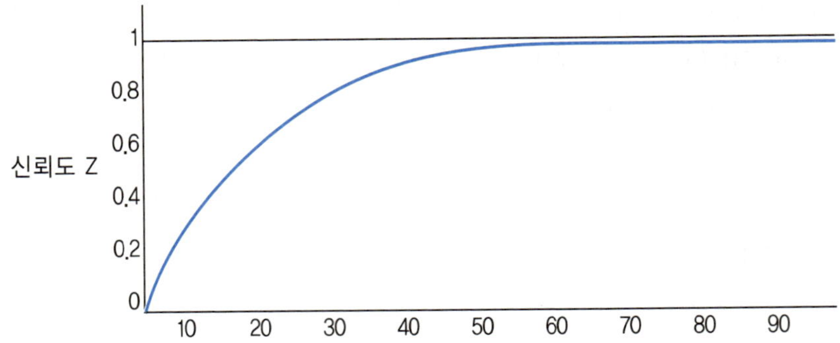

350/12가 된다. 이에 반해 τ^2을 1회 주사위 투척의 가설적 평균의 분산이라고 하면 동일 주사위의 N번 투척하였을 때의 가설적 평균의 분산은 $N^2\tau^2$이 된다. 이는 각각의 평균에 N을 곱하므로, 어느 특정 상수를 곱한 것에 대한 분산은 분산에 그 상수의 자승을 곱한 것으로 표시되기 때문이다.

그리하여 N이 증가함에 따라 합에 대한 가설적 평균의 분산은 N^2만큼 증가하고 과정분산은 N만큼만 증가하게 된다. 1회의 주사위 투척에 의거할 때, N회 투척시의 신뢰도는 $Z = VHM/$총분산$= VHM/(VHM + EPV) = N^2\tau^2/(N^2\tau^2 + N\eta^2) = N/(N + \eta^2/\tau^2) = N/(N+K)$에 의해 주어짐을 기대할 수 있다. 여기서 $K = \eta^2/\tau^2 = EPV/VHM$이며, EPV와 VHM은 단일 주사위 투척에 대한 것이다.

일반적으로 단일 관측에 대한 EPV와 VHM을 계산하고, 이를 N관측치에 대한 뷸만신뢰도 공식에 대입한다. 클레임빈도나 순보험료의 경우 N은 위험노출실체수가 된다. 클레임 심도를 측정하는 경우에는 N은 클레임수가 된다 (추정하는 양의 분모에 해당하는 단위로 N이 사용된다).[28)]

2) 일련의 예

Ⅳ-4절에서 아래의 정보는 빈도, 심도 및 순보험료에 대한 일련의 예에서 사용되었다.

28) 클레임빈도=클레임수/위험노출실체수, 클레임심도=손해액/클레임수, 순보험료=손해액/위험노출 실체수.

유형	특정유형에 있을 확률	(연)베르누이 빈도분포	감마심도분포
1	50%	P=40%	$\alpha=4,\ \lambda=0.01$
2	30%	P=70%	$\alpha=3,\ \lambda=0.01$
3	20%	P=80%	$\alpha=2,\ \lambda=0.01$

각 유형은 동질적이다, 즉 주어진 유형에 속해 있는 모든 보험계약자의 빈도 및 심도분포는 동일하다고 가정한다. 개별 보험계약자에 있어서 빈도와 심도는 서로 독립적이라고 가정한다.

앞 절에서 계산한 과정분산의 기댓값과 가설적 평균의 분산값을 사용하여 각각의 경우의 뷜만신뢰도 모수를 구할 수 있다.

특정 보험계약자를 무작위로 선정하였으나 어떠한 유형인지는 모른다고 가정한다.[29] 이렇게 무작위적으로 선정한 보험계약자가 지난 4년 동안 합계[30] 45만원인 3건의 클레임수를 야기하였다고 한다면 뷜만신뢰도를 사용하여 본 보험계약자의 미래 빈도, 심도 혹은 순보험료를 추정할 수 있다.

3) 빈도의 예

Ⅲ-1절에서 계산한 것과 같이 빈도의 $EPV=0.215$이고, 가설적 평균빈도의 분산값=0.0301이 된다. 그리하여 뷜만신뢰도 모수 $K=EPV/VHM=0.215/0.0301=7.14$가 된다.

따라서, 4년의 경험치에 대한 신뢰도는 $4/(4K)=4/11.14=35.9\%$로 표시된다. 관측된 빈도는 3/4=0.75이다. 사전적 평균빈도는 0.57이다. 그리하여 본 보험계약자의 미래 빈도 추정치는 $(0.359)(0.75)+(1-0.359)(0.57)=0.635$가 된다.

4) 심도의 예

Ⅳ-1절에서 계산한 대로 심도의 $EPV=30,702$이고 가설적 평균심도의 분산값=6,265이다. 그리하여 뷜만신뢰도 모수 $K=EPV/VHM=30,702/6,265=4.90$

29) 후자는 매우 중요하다. 보험계약자의 유형을 알면, 미래 빈도, 심도 혹은 순보험료 추정을 위해 그 유형에 대한 기댓값을 사용할 수 있게 된다.

30) 앞으로 다룰 베이지안 분석과는 달리 별개의 클레임 금액이 주어진다 해도 심도에 대한 뷜만신뢰도 추정치는 클레임 금액의 합만을 이용할 수 있게 된다.

으로 표시된다.

따라서 3건의 관측클레임[31]에 대한 신뢰도값은 $3/(3+K)=3/7.9=38.0\%$가 된다. 관측된 심도는 45만원/3=15만원이 된다. 사전적 평균심도는 30만7천원이다. 그리하여, 본 보험계약자에 대한 미래심도 추정치는 $(0.380)(150)+(1-0.380)(307)=247.3$천원이 된다.

5) 순보험료의 예[32]

Ⅳ-1절에서 계산한 것처럼 순보험료의 $EPV=43{,}650$이고, 가설적 평균순보험료의 분산값은 525가 된다. 그리하여 뷜만신뢰도 모수 $K=EPV/VHM=43{,}650/525=83.1$이 된다.

미래 순보험료 추정치는 앞에서 구한 미래 빈도와 심도추정치의 곱이 되지 않음을 주목하기 바란다. (0.635)(247.3천원)=157천원≠172천원이다.

일반적으로 빈도와 심도에 대한 개별추정을 위해 신뢰도를 사용하게 되면 순보험료를 직접적으로 추정하는 경우와 동일한 결과를 낳을 수 없게 된다.

6) $Z=N/(N+K)$에 내재하는 가정 분석

공식 $K=EPV/VHM$인 $Z=N/(N+K)$에 내재하는 몇 가지 중요한 가정이 있다. 본 장에서는 이들 가정이 성립함이 설명될 것이다. 그러한 가정들은 실제 세계에서도 성립하는 경우가 많지만 반드시 그렇지는 않다. 이들 가정은:

1. 여신뢰도가 전체 평균에 부여된다.
2. 신뢰도가 베이지안 추정치에 대한 가중 최소자승선의 경사로 결정된다.
3. 위험모수 및 위험과정이 시간이 지나도 변동하지 않는다.[33]
4. N 관측치 합에 대한 과정분산의 기댓값이 N이 증가함에 따라 증가한다. 그리하여 N 관측치에 대한 평균의 과정분산의 기댓값은 $1/N$이 감소함에 따라 감소한다.
5. N 관측치 합에 대한 가설적 평균의 분산값은 N^2이 증가함에 따라 증가

31) 심도에 대한 뷜만신뢰도를 계산하기 위해, 관측된 클레임수가 사용되었음을 주목하기 바란다.

32) 예제로 Howard Mahler에 의한 Glen Meyers의 "경험요율산정분석" PCAS, 1987에 관한 토의논문을 참조하기 바란다.

33) 다음절에서 논의할 Philbrick의 목표사격예에서 목표는 고정되어 있고, 시간이 지나도 사격능력은 불변한다고 가정한다.

한다. 그리하여 N 관측치 평균의 가설적 평균의 분산값은 N에 대해 독립적이다.

이와 아울러 보험계약자가 무작위적으로 선정되어서 그 보험계약자를 관측하고, 동일 보험계약자의 미래 관측치를 추정하려고 한다는 것임을 염두에 두어야 한다. 대신 새로운 계약자를 무작위적으로 선정하였다면 관측치에서 얻은 정보는 없게 된다.

연습문제

1. 과정분산의 기댓값이 100이다. 가설적 평균의 분산은 8이다. 이와 같은 위험 과정에 있어서 관측치에 대한 뷜만신뢰도값은?

2. 5회의 관측치에 대해 70%의 뷜만신뢰도가 배정되었다. 뷜만신뢰도 모수 K 값은?

3. 다면 주사위 3개 중 1개를 선택하여 던져서 그 결과치를 보고하였다. 동일한 주사위를 다시 던져서 얻은 결과치에 대한 추정을 한다. 3개의 다면 주사위는 각각 4면의 경우 1에서 4까지, 6면의 경우 1에서 6까지, 8면의 경우 1에서 8까지의 숫자가 기재되어 있다. 각각의 다면이 나올 확률이 동일하다. 즉 주사위 투척 결과치는 공정하다고 가정한다. 첫 번째 투척결과가 숫자 5이고 동일 주사위를 다시 던질 때의 추정치에 대한 뷜만신뢰도값은?

   tip S면 주사위의 평균값은 $(S+1)/2$이고, 분산값은 $(S^2-1)/12$이다.

4. 3개의 대형 항아리가 있어 공의 숫자가 하도 많아 무한개가 들어 있다고 간주해도 된다고 하자. 항아리 1은 0이라는 숫자가 쓰여 있는 공을 담고 있고, 항아리 2는 1이라고 쓰여 있는 공을 담고 있으며, 항아리 3은 50%는 0이 쓰여 있는 공을, 50%는 1이 쓰여 있는 공을 담고 있다고 한다. 항아리 1개가 무작위적으로 선정되고, 5개의 공이 그 항아리에서 선별되었다.

   4-1. 만약 모든 공에 0이 쓰여 있다면 뷜만신뢰도를 이용하여 그 항아리에서 추가로 뽑을 공의 기댓값을 추정하라.

   4-2. 세 공에는 0이 쓰여 있고 두 공에는 1이 쓰여 있다면 뷜만신뢰도를 사용하여 그 항아리에서 추가로 뽑은 공의 기댓값을 추정하라.

3. 목표사격 예제

Stephen Philbrick[34]의 고전적 논문에 뷜만신뢰도의 개념을 도해로 설명한 훌륭한 목표사격 예가 실려 있다. 네 명의 사격수가 있어 각자 자신의 목표를 향해 사격을 한다. 각각의 사격수의 사격점은 기대평균이 타격목표인 문자 A, B, C, D 주위에 분포한다고 가정한다. 각각의 사격수는 상이한 목표를 향해 사격한다.

목표점이 [그림 1-3]과 같이 정해져 있으면 각 사격수의 결과 사격점은 자신의 목표주위에 흩어져 있을 것이다. 각 사격수의 사격점은 상이한 심벌로 구분되어 있다. 예를 들어 사격수 B의 사격점은 삼각형으로 표시되었다. 일부 타격점의 경우에는 심벌로 구분하지 않으면 누가 사격했는지 결정하기가 힘든 경우가 있음을 알 수 있다.

E점은 네 목표점 A, B, C 및 D의 평균을 표시한다. 그리하여 E는 총평균을 표시한다.[35] 어떤 사격수가 사격했는지 모른다면, E점 즉 사전적 추정치 E

그림 1-3

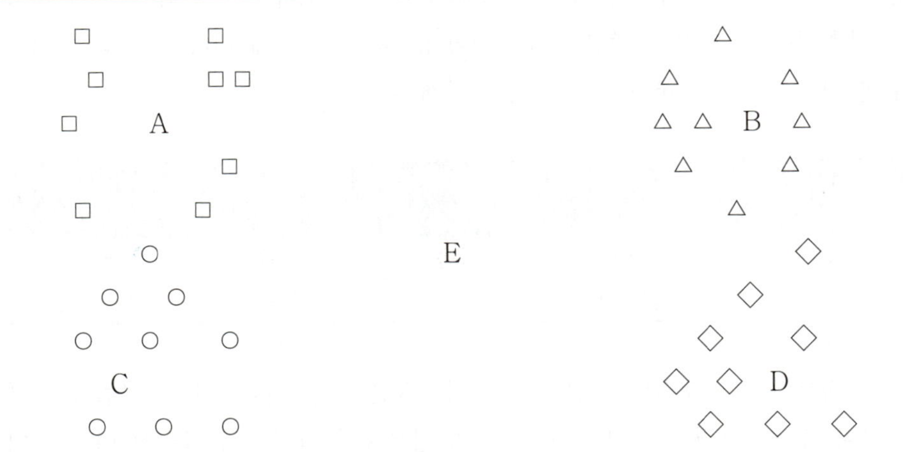

34) "신뢰도 개념의 검토", PCAS, 1981.

35) 본 예의 경우, 각 사격수가 사격할 확률은 동일하다. 그리하여 각 목표점에 대한 가중치는 동일하게 주어진다. 앞에서 본 것처럼, 일반적으로 가중치로 반드시 동일한 사전적 확률을 사용하지는 않는다.

점을 사격추정치로 삼을 것이다.

일단 알 수 없는 사격수에 의한 사격점을 관찰하고, 그 사격수의 다음 사격점을 추정할 수 있을 것이다. 뷜만신뢰도를 사용하여 구한 추정치는 관측치와 사전적 평균값 E사이에 위치할 것이다. 관측치에 배정된 신뢰도가 클수록, 그 점은 관측치에 가까울 것이다. 관측치에 배정된 신뢰도가 작을수록 그 추정치는 E점에 가까울 것이다.[36)]

관측치에 대해 어느 정도의 뷜만신뢰도를 배정할 것인가를 결정하는 몇 가지 사항이 이 목표사격 예에 제시되어 있다. 사격수가 완벽하지 않음을 가정하였다. 사격수는 항상 목표를 정확하게 맞추지 않는다. 목표점 주위에 흩어져 있는 사격점들의 흩어진 정도를 분산을 통해 측정할 수 있다. 사격점 주위에 흩어진 정도의 평균치가 과정분산의 기댓값(*EPV*)이 된다. 사격수의 기술이 좋을수록 *EPV*가 작아져 타격점들은 목표점 주위에 더 빽빽하게 흩어져 있을 것이다.

사격수의 기술이 나쁠수록, *EPV*가 커져서 타격점들은 덜 빽빽하게 흩어져 있게 된다. 사격수의 기술이 좋을수록, 타격점에는 더 많은 정보를 담고 있게 된다. 사격수의 기술이 나쁠수록, 타격점 관측치에 더 많은 무작위적 잡음을 담게 된다. 그리하여 사격수 기술이 나쁠 때보다 사격수의 기술이 좋을 때 관측치에 더 많은 비중을(여타 조건이 동일하다면) 두게 된다. 그리하여 사격수의 기술이 좋을수록 신뢰도는 높아지게 된다.

사격수 기술	사격점의 흩어진 정도	과정분산의 기댓값	담긴 정보	관측치에 배정된 신뢰도
좋음	빽빽함	작음	높음	더 큼
나쁨	듬성듬성함	큼	낮음	더 작음

과정분산의 기댓값이 작을수록 신뢰도값은 더 커진다. 이는 [그림 1-4]에 나타나 있다. [그림 1-4]에 [그림 1-3]의 경우보다 사격수의 기술이 더 좋음이 가정되어 있다.[37)] *EPV*가 더 적어 관측치에 더 많은 신뢰도를 배정할수 있다.

36) 그리하여, 사격점에는 라벨이 부착되어있지 않다. 이는 자동차보험의 경우와 유사한데, 특정 등급의 운전자는 등급 내에서 누가 더 안전한가를 말해주는 라벨을 지니고 있지 않다.

37) 이를 추정하기 위해 관측된 경험치를 사용한다. 달리 보면, 사격수가 목표에 더 가까운

그림 1-4

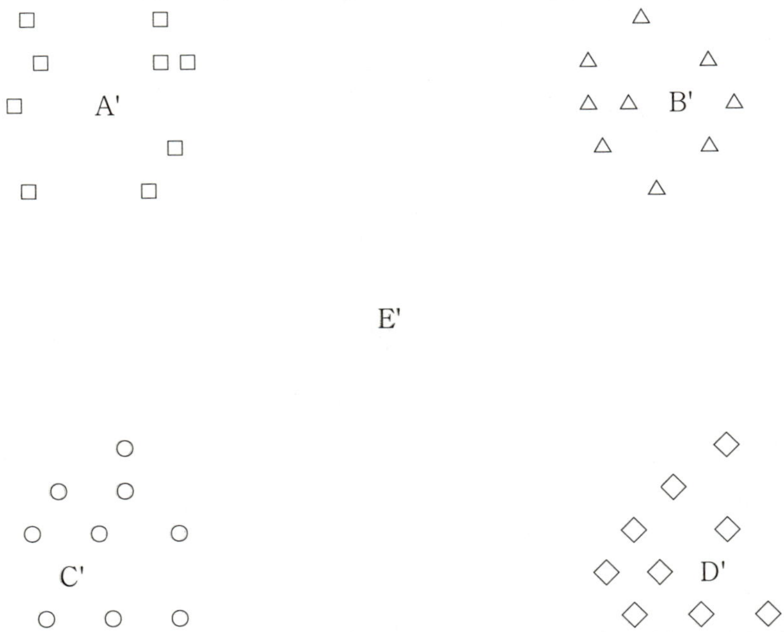

타격위치에 따라 어떤 사격수가 사격했는지에 대해 [그림 1-4]에서 훨씬 쉽게 알 수 있으므로 이는 합리적이라 할 수 있다.

특정 관측치에 어느 정도의 신뢰도를 부여할 것인가를 결정짓는 또 하나의 사항은 네 목표점이 얼마나 떨어져 위치해 있는가하는 것이다. 타격목표가 서로 더 떨어져 있을수록(여타 조건이 같다면) 상이한 사격수의 타격점을 구분하기가 더 쉬워진다. 각 목표점은 사격수 타격점의 가설적 평균이 된다. 목표가 흩어진 정도를 가설적 평균의 분산으로 정량화할 수 있다.

목표점	가설적 평균의 분산	정보내용	일관측치에 배정된 신뢰도
더 가까움	작음	낮음	보다 작음
더 떨어짐	큼	높음	보다 큼

지점에서 사격한다고 할 수 있다.

그림 1-5

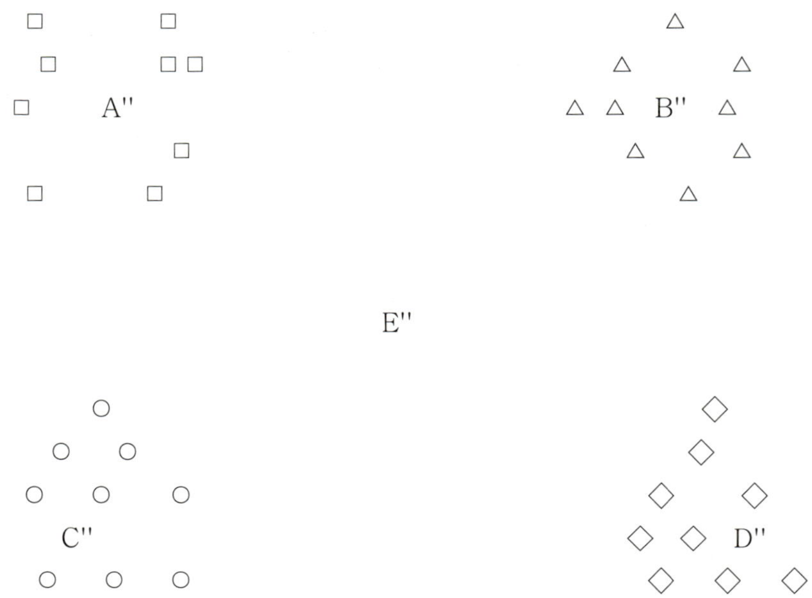

[그림 1-5]에 표시되어 있는 대로 목표점이 더 떨어져 있을수록 관측치에 더 많은 신뢰도가 주어진다. *VHM*이 커질수록 신뢰도는 더 커진다. [그림 1-3]의 경우보다 [그림 1-5]에서 타격위치를 보고 어떤 사격수가 사격했는지 더 쉽게 알 수 있다.

신뢰도에 영향을 주는 세 번째 사항으로, 불특정 동일 사격수로부터 관측될 사격점 수를 들 수 있다. 관측된 사격점 수가 많을수록 더 많은 정보를 갖게 되어 관측된 평균에 더 많은 신뢰도를 배정할 수 있게 된다.

논의된 세 가지 사항 각각은 뷜만신뢰도 공식 $Z=N/(N+K)=N(VHM)/\{N(VHM)+EPV\}$에 반영되어 있다. 그리하여 *EPV*가 증가할수록 *Z*값은

목표사격 예에 있어서 항목	수리적 정량화	뷜만신뢰도
사격수 기술증가	보다 적은 *EPV*	더 커짐
목표점 간 간격 넓어짐	보다 큰 *VHM*	더 커짐
보다 많은 사격점	보다 많은 *N*	더 커짐

감소하고, *VHM*이 증가할수록 *Z*값은 증가하며, *N*값이 증가할수록 *Z*값은 증가하게 된다.

1) 과정분산 기댓값 대 가설적 평균의 분산값

관측된 사격점이 왜 다른지에는 두 가지 이유가 있다. 첫째로, 사격수가 완벽하지 않다는 것이다. 달리 표현하면 과정분산의 기댓값이 양의 값을 갖는다는 것이다. 모든 목표점이 동일하다 하더라도 관측된 결과는 여전히 다를 수 있다. 총분산에서 사격수가 완벽하지 않음에 따라 생기는 부분을 *EPV*로 정량화할 수 있다.

둘째로, 목표점이 서로 떨어져 있다는 것이다. 달리 표현하면 가설적 평균의 분산값이 양의 값을 갖는다는 것이다. 모든 사격수가 완벽하다고 할지라도 사격수가 상이한 목표점에 사격을 하면 관측된 결과치는 다를 수가 있다. 총분산에서 목표점이 흩어져 생기는 부분은 *VHM*으로 정량화할 수 있다.

관측된 결과치에서 생기는 이러한 분산의 두 원천의 구분을 이해하여야 한다. 또한 관측된 사격점의 총분산이 이 두 부분(총분산$=EPV+VHM$)으로 이루어져 있다는 것도 이해하여야 한다.

2) 뷜만신뢰도의 상대적 개념

Philbrick의 목표 사격 예에서 동일 사격수로부터의 다음 사격점 위치에 대한 두 추정치를 비교하였다. 한 추정치는 관측치의 평균이고 또 한 추정치는 사전적 평균인 목표점의 평균이었다.

사격수 기술이 보다 좋을 때 사격점의 무작위적 변동은 줄어들고 관측치의 평균은 사전적 평균에 비해 보다 나은 추정치가 되었다. 이 경우 관측치 평균에 주어진 가중치 *Z*값이 커지고 사전적 평균에 주어지는 $(1-Z)$값은 작아지게 되었다.

뷜만신뢰도는 다른 추정모수(estimator)인 사전적 평균값과 비교하여 추정된 모수인 관측치 평균값의 유용성을 측정한다. $Z=50\%$라면 양 추정모수는 동일하게 좋거나 나쁘다고 할 수 있다. 일반적으로 뷜만신뢰도는 사전적 평균 대비 관측치에 담겨 있는 정보의 가치를 상대적으로 측정한다.

3) 일차원적 목표사격 예

Philbrick의 목표사격 모델에서 사격수가 단지 왼쪽이나 오른쪽으로만 실수하는 일차원적 예를 가정한다.

- 네 명의 사격수가 있다.
- 사격수들의 목표점은 숫자선에 있어서 각각 10, 20, 30 및 40이다.
- 각각 사격수의 정확성은 평균이 목표값과 동일하고, 표준편차는 12인 정규분포를 한다.

숫자선상 점 18에 대한 단일 사격을 가정한다. 뷜만신뢰도를 사용하기 위해서는 과정분산의 기댓값과 가설적 평균의 분산값을 산정하여야 한다. 모든 사격수의 과정분산은 동일하게 $12^2=144$로 가정한다. 그리하여, $EPV=144$가 된다. 전체 평균값은 25이고 분산값은 $(1/4)(15^2+5^2+5^2+15^2)=125$가 된다.

따라서 뷜만신뢰도 모수 $K=EPV/VHM=144/125=1.152$가 된다. 단일 관측에 대한 신뢰도값 $Z=1/(1+1.152)=46.5\%$이다. 그리하여 단일 사격점 18을 관측하였다면 다음 사격점에 대한 뷜만신뢰도 추정치는 $(18)(46.5\%)+(25)(53.5\%)=21.7$이다.

4) 보다 많은 사격점

불특정 단일 사격수로부터 점 18에 대한 단일 사격점 대신 18, 26 및 4에 대한 세 사격점이 관측되었다면 어떻게 될까?

위에서 계산한대로 $K=1.152$이다. 세 관측치에 대한 신뢰도값 $Z=3/(3+1.152)=72.3\%$가 된다. 보다 많은 관측치가 신뢰도를 증가 시켰다. 관측치의 평균값은 $(18+26+4)/3=16$이 된다. 사전적 평균값은 25이다. 그리하여 다음 사격에 대한 뷜만신뢰도 추정치는 $(16)(72.3\%)+(25)(27.7\%)=18.5$가 된다.

5) 목표점이동

목표점이 보다 더 떨어져 있다고 가정한다. 또한 아래와 같이 가정한다.

- 네 명의 사격수가 있다.
- 사격수들의 목표점은 숫자선에 있어서 각각 20, 40, 60 및 80이다.

- 각 사격수의 정확성은 평균이 목표값과 동일하고, 표준편차는 12인 정규분포를 한다.

그리하여 각 사격점은 어떤 사격수가 사격하였는가에 대한 보다 많은 정보를 갖게 된다. 불특정 사격수가 사격한 세 사격점 38, 46 및 24가 관측되었다고 가정한다. *EPV*는 여전히 144이나 *VHM*은 이제 $(4)(125)=500$이 된다.

따라서 뷜만신뢰도 모수 $K=EPV/VHM=144/500=0.288$이 된다. 그리하여 세 사격점에 배정되는 신뢰도는 $3/3.288=91.2\%$가 되어 전보다 더 크게 되었다. 보다 큰 *VHM*값이 신뢰도를 증가시켰다.[38] 관측치 평균값은 $(38+46+24)/3=36$이 된다. 사전적 평균값은 50이 된다. 그리하여 다음 사격에 대한 뷜만신뢰도 추정치는 $(36)(91.2)+(50)(8.8\%)=37.2$가 된다.

6) 사격수의 사격기술 변화

사격수의 사격기술이 더 좋아졌다고 가정한다.[39] 또한 아래와 같이 가정한다.

- 네 명의 사격수가 있다.
- 사격수들의 목표점은 숫자선에 있어서 각각 10, 20, 30 및 40이다.
- 각 사격수의 정확성은 평균값이 목표값과 동일하고, 표준편차값은 6인 정규분포를 한다.

과정분산값이 작아짐으로 인해 각 사격에는 어떤 사격수가 사격했는지에 대한 보다 많은 정보를 담게 된다. 불특정 사격수가 사격한 세 사격점 18, 26 및 4를 관측하였다고 가정한다.

*EPV*는 $6^2=36$이 되고 *VHM*은 125가 되어 뷜만신뢰도 $K=EPV/VHM=36/125=0.288$이 된다. 그리하여 세 사격점에 배정된 신뢰도값은 $3/3.288=91.2\%$가 되어 원래 예의 경우보다 증가하게 된다. 보다 적은 *EPV*로 인해 신뢰도가 증가하였다.[40]

---

38) 대신 목표점을 보다 서로 가까이 있게 하면, 단일 사격에 대한 신뢰도는 줄어들게 된다. 보다 적은 *VHM*으로 인해 신뢰도가 줄어들었다.

39) 대신 사격수들이 보다 가까운 거리에서 사격한다고 가정할 수 있다.

40) 사격수의 사격기술이 떨어진다면, 단일 사격에 배정되는 신뢰도는 감소할 것이다. 보다 큰 *EPV*값은 신뢰도값을 떨어뜨린다.

관측치 평균은 $(18+26+4)/3=16$이 되고, 사전적 평균값은 25가 된다. 그리하여 다음 사격에 대한 뷜만신뢰도 추정치는 $(16)(91.2\%)+(25)(8.8\%)=16.8$이 된다.

7) 한계적 경우와 뷜만신뢰도

관측치수가 무한대에 다가감에 따라 신뢰도는 1에 접근한다. 목표사격 예에서 사격점 수가 무한대에 접근함에 따라 뷜만신뢰도 추정치는 관측치 평균에 접근하게 된다.

한편 관측치가 전혀 없으면 추정치는 사전적 평균이 된다. 사전적 평균에 신뢰도를 1을 주어 $1-Z=1$ 혹은 $Z=0$이 된다.

뷜만신뢰도는 $Z=N/(N+K)$로 주어진다. 관측치가 유한 $0<N<\infty$인 보통의 경우에는 $0<N<\infty$가 성립하는 한 $0<Z<1$이 된다. 뷜만신뢰도는 특이한 경우에만 0이 되거나 1이 된다.

뷜만신뢰도 모수 $K=EPV/VHM$에서 $EPV=0$이거나 $VHM=\infty$일 때 $K=0$이 된다. 한편 $EPV=\infty$이거나 $VHM=0$이 되면 K값은 무한대가 된다.

과정분산의 기댓값은 결과치에 대해 확실할 때 0이 된다.[41] Philbrick의 목표사격 예에서 모든 사격수가 절대적으로 완벽할 때 과정분산의 기댓값은 0이 된다. 이 경우 관측치에 신뢰도 1을 배정한다. 그리하여 새로운 추정치는 관측치가 된다.

가설적 평균의 분산값은 가설에 대해 전혀 알고 있는 것이 거의 없거나 전혀 없어 그 분산값이 클 경우 무한대가 된다.[42] Philbrick의 목표사격 예의 경우, 각 목표점 간의 간격이 점점 멀어질수록 가설적 평균의 분산값이 무한대에 접근하게 된다. 목표점 간의 간격이 멀어질수록 관측치에 더 많은 가중을 두게 된다. 한 목표점이 서울에 있고, 다른 목표점이 동경에 있으며 또 다른 목표점이 북경에 있고 네 번째 목표점이 홍콩에 있으면 관측치에 거의 100%의 신뢰도를 줄 수밖에 없을 것이다. 한계에 도달하였을 때 새로운 추정치는 관측치가 되고 신뢰도값은 1이 된다.

---

41) 예를 들어, 태양이 내일 떠오를 것이라는 것은 확실하다고 가정해도 될 것이다. 이 결과치에는 변동이 있을 수 없다. 우리가 알고 있는 한 태양은 매일 떠올랐기 때문이다.

42) 예를 들어 고대 그리스 철학자가 우주가 모든 연대가 동일하게 가능성이 있는 3,000년보다 더 오래 되었다고 가설화하는 것이다.

그러나 뷜만신뢰도에 있어서 대부분의 경우 과정분산의 기댓값은 양의 값을 갖고, 가설적 평균의 분산값은 유한이어서 $K>0$이 된다.

과정분산의 기댓값은 적어도 한 위험유형의 과정분산값이 무한하여야지만 무한할 수 있게 된다. 클레임 심도에 관한 예에 있어서 $\alpha \leq 2$인 파레토 분포를 가정하게 되면 과정분산값이 무한이 된다. Philbick의 목표사격 예에서 적어도 사격수 한사람의 사격술이 무한하게 엉망이어야지만 과정분산값이 무한이 된다. 사격수의 사격술이 나빠지면 나빠질수록 관측치에 주어지는 가중값은 적어지게 된다. 사격점의 위치가 사격목표와 독립적이 되는 한계에 이르면 관측치에 전혀 가중을 두지 않게 되어 신뢰도값은 0이 된다.

가설적 평균의 분산값은 모두 위험유형이 동일한 평균값을 가질 때 0이 된다. 예를 들어 Philbrick의 목표사격 예에서 모든 목표물이 동일한 위치에 있다면(혹은 모든 사격수가 동일한 목표에 사격을 한다면) $VHM=0$이 된다. 목표점이 서로 가까워짐에 따라 관측치에 가중을 덜 주게 된다. 한계에 이르러 관측치에 전혀 가중을 주지 않게 되고, 신뢰도값은 0이 된다. 한계에 이르러 모든 가중은 단일 목표점에 주어지게 된다.

그러나 뷜만신뢰도에 있어 통상적인 경우 가설에는 변동이 있기 마련이고 과정분산의 기댓값은 유한하여 K 역시 유한하게 된다.

$0<N<\infty$ 및 $0<N<\infty$을 가정하면 $0<Z<1$이 된다. 이리하여 통상적인 경우 뷜만신뢰도값은 절대적으로 0과 1사이에 놓이게 된다.

연습문제

1. 아래에 열거한 예 중, 어느 경우에 있어서 신뢰도값이 증가한다고 예상할 수 있을까?
   1) 관측치가 증대하는 경우
   2) 사전적 평균값이 커지는 경우
   3) 가설적 평균의 분산값이 증가하는 경우

2. 평균과 표준편차값이 아래와 같고 사격점이 1차원에서 정규분포하는 세 명의 사수가 있다고 한다.

사수	평균값	표준편차값
A	10	3
B	20	5
C	30	15

사수가 무작위로 선정되어 두 사격점 10 및 14가 관측되었다고 하자. 뷜만신뢰도를 사용하여 선정된 사수의 다음 사격점을 추정하라.

3. 아래의 정보를 사용하여 다음 두 문제를 풀어라.
평균과 분산값이 아래와 같고 사격점이 1차원에서 정규분포하는 두 명의 사수가 있다고 한다.

사수	평균값	표준편차값
A	$+1$	1
B	-1	25

사전적으로는 두 사수가 선정될 확률은 동일하다고 가정한다.

3-1. 사격점 +4가 관측되었을 때의 다음 사격점의 위치를 뷜만신뢰도를 사용하여 추정하라.

3-2. 사격점 2, 0, 1이 관측되었을 때의 다음 사격점의 위치를 뷜만신뢰도를 사용하여 추정하라.

V · 베이지안 분석

베이지안 분석은 뷜만신뢰도와 밀접하게 관련이 있으면서, 관측치에 근거하여 사전적 가설을 수정하는 또 하나의 기법이다. 놀라운 것은 뷜만신뢰도는 베이지안 분석의 최소자승 선형근접화이다.[43)]

첫째로, 베이지안 분석에 관계된 일부 기초적인 통계학 이론에 관해 논의하겠다.

1. 수리적 기초

1) 조건부 분포

예제 1 14%의 후보계리인이 계리시험 세미나에 참석하고, 8%의 후보계리인이 계리시험 세미나에 참석하고 또한 계리시험에 합격한다고 가정한다. 계리시험 세미나에 참석한 후보계리인이 계리시험에 붙을 확률은?

정답 8%/14%=57%. 1,000명의 전체 후보계리인 중 140명이 계리시험 세미나에 참석한다고 가정한다. 이들 140명 중 80명이 합격하여 합격율은 57%가 된다.

이는 조건부 확률의 간단한 예이다.

다른 사건 B가 주어진 하에서 사건 A가 일어날 조건부 확률은 아래와 같이 정의된다.

$$P[A|B] = P[A \text{ 및 } B]/P[B] \tag{5.1.1}$$

간단한 예의 경우,

A = [후보계리인이 시험에 합격하는 사건]

B = [후보계리인이 계리시험 세미나에 참석하는 사건]

43) 뷜만의 "경험요율산정과 신뢰도", 혹은 Klugmen 등의 "손해모델: 데이터로부터 결정"에서 이에 대한 증명을 볼 수 있다.

$$P[A \text{ 및 } B] = 8\%,\ \ P[B] = 14\%,$$

그리하여 $P[A|B] = P[A \text{ 및 } B]/P[B] = 8\%/14\% = 57\%$가 된다.

2) 총 확률에 관한 정리

예제 2 시험센터별로 계리시험을 보는 후보계리인의 숫자는 아래와 같다.

서울 3,500, 인천 2,000, 부산 4,500

각 시험 센터별로 시험에 합격한 후보계리인 수는 아래와 같다.

서울 2,625, 인천 1,200, 부산 3,060

전체 합격율은?

정답 $(2{,}625 + 1{,}200 + 3{,}060)/(3{,}500 + 2{,}000 + 4{,}500) = 6{,}885/10{,}000$
$= 68.85\%$

상호 겹치는 부분이 없는 사건 A_i의 조합을 고려하면 한계분포함수 $P[B]$를 조건부 분포 $P[B|A_i]$와 확률 $P[A_i]$로 표시할 수 있다.

$$P[B] = \sum_i P[B|A_i]P[A_i] \tag{5.1.2}$$

이 정리는 A_i가 겹치는 부분이 없는 사건으로 모든 경우를 포함할 때

$$\sum_i P[B|A_i]P[A_i] = \sum_i P[B \text{ 및 } A_i] = P[B]$$

로 표시할 수 있어 특정사건의 확률을 직접적으로 구하거나, 각 항을 곱한 것의 합으로도 구할 수 있게 된다.

예제 3 시험센터별로 시험을 치는 후보계리인의 퍼센트는 아래와 같다.

서울 35%, 인천 20%, 부산 45%

각 센터별로 시험에 합격할 확률은 아래와 같다.

서울 75%, 인천 60%, 부산 68%

전체 합격률은?

정답 $\sum_i P[B|A_i]P[A_i] = (75\%)(35\%) + (60\%)(20\%) + (68\%)(45\%)$
$= 68.85\%$

수리적으로 예제 3은 예제 2와 동일함을 주목하기 바란다. 이는 총 확률

정리인 등식 (5.1.2)에 대한 좋은 예가 되고 있다.

3) 조건부 기댓값

일반적으로 조건부 기댓값을 산출하기 위해서는 모든 가능성 X에 대해 가중평균을 취한다.

$$E[X|B]=\sum_{x} xP[X=x|B] \tag{5.1.3}$$

예제 4 G를 초록색 6면 주사위를 던져 얻은 결과치라고 하고, R을 붉은색 6면 주사위를 던져 얻은 결과치라고 하자. G와 R은 서로 독립적이다. M을 G와 R의 최대값이라고 하자. $G=3$이면 M의 조건부 분포 기댓값은?

정답 $G=3$일 때 M의 조건부 분포는: $f(3)=3/6$, $f(4)=1/6$, $f(5)=1/6$ 및 $f(6)=1/6$이다($G=3$이면 $R=1$, 2 혹은 3일 때 $M=3$이므로 $f(3)=3/6$이다). 그리하여 $G=3$인 M의 조건부 분포 기댓값은 $(3)(3/6)+(4)(1/6)+(5)(1/6)+(6)(1/6)=4$이다.

연습문제

1. 남성 중에서 5%가 색맹이고, 여성 중에서는 0.25%가 색맹이라고 가정한다. 10%의 남성과 90% 여성으로 이루어진 모집단에서 색맹 한 사람이 선정되었다. 그 사람이 남성일 확률은?

2. 아래 정보를 이용하여 다음의 여섯 문제를 풀어라.

여러 항아리에 다수의 검은 공 및 붉은 공이 담겨져 있다. 검은 공이 담겨진 퍼센티지가 상이한 네 유형의 항아리가 있다고 상정한다. 각 유형의 항아리가 선정될 확률은 아래와 같이 주어진다.

항아리 유형	각 유형의 항아리가 선정될 사전적 확률	검은 공의 퍼센티지
I	40%	5%
II	30%	8%
III	20%	13%
IV	10%	18%

2-1. 하나의 항아리가 선정되고 그 항아리에서 하나의 공을 끄집어내었다. 그 공이 검은 공일 확률은?

2-2. 하나의 항아리가 선정되고 그 항아리에서 검은 공을 끄집어내었을 때 유형 *I*의 항아리가 선정될 확률은?

2-3. 하나의 항아리가 선정되고 그 항아리에서 검은 공을 끄집어내었을 때 유형 *II*의 항아리가 선정될 확률은?

2-4. 하나의 항아리가 선정되고 그 항아리에서 검은 공을 끄집어내었을 때 유형 *III*의 항아리가 선정될 확률은?

2-5. 하나의 항아리가 선정되고 그 항아리에서 검은 공을 끄집어내었을 때 유형 *IV*의 항아리가 선정될 확률은?

2-6. 하나의 항아리가 선정되고 그 항아리에서 검은 공을 끄집어낸 후 그 항아리에서 또 다음 공을 끄집어내었을 때 그 공 역시 검은 공일 확률은?

3. 아래 정보를 이용하여 다음의 두 문제를 풀어라.

V와 X가 6면 주사위를 던졌을 때 나타나는 숫자라고 상정한다. V와 X는 서로 독립적이고 $Y = V + X$라는 관계가 성립한다고 가정한다.

3-1. $Y \geq 9$일 때 $X = 5$일 확률은?

3-2. $Y \geq 9$일 때 X의 기댓값은?

4. 아래 정보를 이용하여 다음의 두 문제를 풀어라.

도시	운전자 퍼센티지	무사고 운전자 퍼센티지
서울	40%	80%
인천	25%	85%
부산	20%	90%
대구	15%	95%

4-1. 운전자가 무작위로 선정되고 그 운전자가 무사고 운전자라면 그 운전자가 서울에서 선정될 확률은?

4-2. 운전자가 무작위로 선정되고 그 운전자가 유사고 운전자라면 그 운전자가 대구에서 선정될 확률은?

5. 정답이 하나인 5지선다 시험을 상정한다. 정답을 모를 경우에 있어서 수험생 A의 전략은 무작위적으로 하나의 답을 선정하는 것이다. 수험생 A가 정답을 아는 경우 실수 없이 그 정답을 답안지에 기재한다고 가정한다. 수험생 A는 시험문제 62%의 정답을 안다고 상정하였을 때 정답을 기재한 경우 중 정답을 알고서 기재할 확률은?

2. 베이지안 분석

아래의 간단한 예를 들겠다. 각각 베르누이 빈도분포를 하는 두 유형의 위험이 있다고 가정한다. 한 유형은 클레임(1건)이 발생할 확률이 30%이고(클레임이 발생하지 않을 확률이 70%), 또 다른 유형은 클레임이 발생할 확률이 50%이다. 전체 모든 위험 중에서 30%(1건)의 클레임 발생 확률이 있는 첫 번째 유형이 3/4을 차지하고, 50%(1건)의 클레임 발생 확률이 있는 두 번째 유형이 1/4을 차지한다.

클레임유형	위험이 그 유형일 사전적 확률	그 유형의 위험에서 (1건의) 클레임이 발생할 확률
1	3/4	30%
2	1/4	50%

위험이 무작위로 선정되면 (1건의)클레임이 발생할 확률은 (3/4)(30%)+(1/4)(50%)=35%가 된다. 본 단순예제에 있어서 두 가지 가능성이 있다: 1건의 클레임이 관측되거나 클레임이 전혀 관측되지 않는 것이 그 가능성에 해당한다. 그리하여 전혀 관측되지 않는 확률은 65%이다.

무작위로 한 유형을 선정하여 클레임을 관측하지 못하였다. 이때 유형1 위험을 선택하였을 확률은?

조건부 확률 정의에 의해, $P(\text{유형}=1|n=0)=P(\text{유형}1\ \text{및}\ n=0)/P(n=0)$이다. 그러나 $P(\text{유형}=1\ \text{및}\ n=0)=P(n=0|\text{유형}1)P(\text{유형}=1)=(0.7)(0.75)$이다. 그리하여, $P(\text{유형}=1|n=0)=P(n=0|\text{유형}=1)P(\text{유형}=1)/P(n=0)=(0.7)(0.75)/0.65=0.8077$이다.

이는 베이즈 정리의 특별한 경우이다.

$$P(A|B)=\frac{P(B|A)\,P(A)}{P(B)} \tag{5.2.1}$$

예제 5 무작위적으로 한 위험을 선정하여 아무런 클레임을 관측하지 못하였다. 이때 위험유형 2를 선정하였을 확률은?

정답 $P(\text{유형}=2|n=0)=P(n=0|\text{유형}=2)P(\text{유형}=2)/P(n=0)$
$=(0.5)(0.25)/0.65=0.1923$

물론 두 유형의 위험만 존재할 때 유형2를 선정할 확률은 [1-유형1을 선정할 확률]과 같다. 선정한 위험이 유형1 위험이 될 사후적 확률이 0.8077이고, 선정한 위험이 유형2가 될 사후적 확률은 0.1923이다.

1) 사후적 추정치

이제 우리는 관측치에 대한 사후적 확률뿐 아니라 이를 이용하여 동일 위험이 재관측될 때의 클레임이 발생할 확률을 측정할 수 있게 되었다. 예를 들어, 클레임이 발생하지 않는 것을 관측하게 되면 그 동일 위험에 대한 추정 클레임 빈도는: (사후적 확률 유형1)(클레임 빈도 유형1)+(사후적 확률 유형2)(클레임 빈도 유형2)=(0.8077)(30%)+(0.1923)(50%)=33.85%가 된다.

사후적 추정치는 상이한 유형의 위험에 대한 가설적 평균의 가중평균임을 주목하기 바란다. 그리하여 사후적 추정치 33.85%는 가설의 범위(30%에서 50%까지) 내에 존재하게 된다. 이는 베이지안 분석에 있어서 일반적으로 성립된다.

베이지안 분석 결과치는 항상 가설의 범위 내에서 존재한다.

이것이 신뢰도 적용 결과치에는 반드시 성립되지는 않는다.

예제 6 무작위적으로 특정 위험을 선정하였더니 클레임이 관측되었다면 동일 위험으로부터 클레임이 발생할 사후적 추정치는?

정답 (0.6429)(0.3)+(0.3571)(0.5)=37.14%

A 위험의 유형	B 그 위험이 그 유형일 사전적 확률	C 클레임관측 확률	D 가중확률 종렬B×종렬C	E 위험이 그 유형일 사후적 확률	F 평균 연빈도
1	0.75	0.3	0.225	64.27%	0.30
2	0.25	0.5	0.125	35.71%	0.50
총계			0.350	1.000	37.14%

예를 들어 $P(\text{유형}=1|n=1)=P(\text{유형}=1 \text{ 및 } n=1)/P(n=1)=(0.75)(0.30)/0.35=0.643$, $P(\text{유형}=2|n=1)=P(\text{유형}=2 \text{ 및 } n=1)/P(n=1)=(0.25)(0.5)/0.35==0.357$이다.

클레임 관측에 대한 사후적 추정치가 어떻게 사전적 추정치 35.0%보다 높은 37.14%가 되는가를 주목하기 바란다. 관측 시에 전보다 많은 클레임 발생이 관측되었다면 클레임 발생 관측은 관측하기 전보다 미래에 있어서 클레임이 발생할 확률이 더 높아졌다고 유추할 수 있다. 클레임이 발생하지 않은 것을 관측할 사후적 추정치 33.85%는 사전적 추정치 35.0%보다 낮음을 알 수 있다.[44)]

클레임이 발생하지 않는 것을 관측할 확률이 65%이고, 1건의 클레임을 관측할 확률이 35%이었다. 두 사후적 추정치를 가중평균하면; (65%)(33.85%)+(35%)(37.14%)=35%가 된다. 사후적 추정치의 가중평균은 사전적 평균과 동일하다. 이를 추정치가 균형이 잡혀 있다고 한다. D_i를 발생 가능한 현상이라고 하면 베이지안 추정치는 $E[X|D_i]$로 표시된다.

그러면 $\sum_i P(D_i)E[X|D_i]=E[X]=\text{사전적 평균}$이 된다.

$$\sum_i P(D_i)E[X|D_i]=E[X] \tag{5.2.2}$$

베이지안 분석을 사용하여 구해진 추정치는 항상 균형이 잡혀 있다. 즉 사전적 확률에 사후적 베이지안 추정치를 곱한 것의 합은 사전적 평균과 동일하다.

2) 다면 주사위 예제

베이지안 분석에 대해 다면 주사위를 사용한 간단한 예로 설명하겠다.

100개의 다면 주사위가 있어 60개는 4면 주사위, 30개는 6면 주사위, 10개는 8면 주사위임을 가정한다. 또한 4면 주사위에는 숫자 1에서 4, 6면 주사위에는 1에서 6, 8면 주사위에는 1에서 8까지 기재되어 있다고 가정한다. 또한 각 면이 나올 확률은 동일하여 주사위는 공정하다고 가정한다.

---

44) 0.6429=0.225/0.350이고 0.3571=0.25/0.350인 반면, 관측치에 대한 사전적 확률은 0.350이다. 그리하여, 종렬 E의 값들은 베이즈 정리 (5.2.1)을 적용한 결과값이다.

무작위로 다면 주사위를 하나 선정한다(몇 개의 면을 가진 주사위가 선정되었는지는 모른다). 그리고 나서 주사위를 던져 그 결과를 기록한다. 동일한 주사위를 재차 던졌을 때의 결과치를 추정한다.

그 결과치가 3이라면 동일 주사위를 재차 던졌을 때의 추정치는 2.853이 된다.

A 주사위 유형	B 그 유형을 선정할 사전적 확률	C 관측치에 대한 확률	D 가중확률 종렬B×종렬C	E 그 유형을 선정할 사후적 확률	F 던진 주사위 평균
4면	0.600	0.250	0.1500	70.6%	2.5
6면	0.300	0.167	0.0500	23.5%	3.5
8면	0.100	0.125	0.0125	5.9%	4.5
전 체			0.2125	1.000	2.853

예제 7 3대신 6이 나타났다면 동일 주사위를 재차 던졌을 때의 추정치는?

정답 동일 주사위를 재차 던졌을 때의 추정치는 3.700이다.

A 주사위 유형	B 그 유형을 선정할 사전적 확률	C 관측치에 대한 확률	D 가중확률 종렬B×종렬C	E 그 유형을 선정할 사후적 확률	F 던진 주사위 평균
4면	0.600	0.000	0.0000	0.0%	2.5
6면	0.300	0.167	0.0500	80.0%	3.5
8면	0.100	0.125	0.0125	20.0%	4.5
전 체			0.2125	1.000	3.700

본 예에 있어서 가능한 각각의 관측치에 상응하는 일련의 추정치는 아래와 같다.

관측치	1	2	3	4	5	6	7	8
베이지안 신추정치	2.853	2.853	2.853	2.853	3.7	3.7	4.5	4.5

본 예에 있어서 상이한 관측치에 대한 사후적 추정치가 같을 수가 있는데 이러한 경우가 보통은 생기지 않는다.

3) 베이지안 분석과 뷜만신뢰도와의 관계

Ⅳ-2절에서 뷜만신뢰도에 대해 논의한 바와 같이, 다면 주사위 예의 경우 $K = EPV/VHM = 2.15/0.45 = 4.778 = 43/9$였다. 1회 관측치에 대해, $Z = 1/(1 + 4.778) = 0.1731 = 9/52 = 0.45/(0.45 + 2.15)$가 된다.

뷜만신뢰도 추정치는 관측치에 대한 선형함수이다.

관측치	1	2	3	4	5	6	7	8
신추정치	2.6538	2.8269	3	3.1731	3.3462	3.5193	3.6924	3.8655

뷜만신뢰도를 적용하여 구한 위의 결과치는 베이지안 분석으로부터 얻은 결과치와는 상이하다.

관측치	1	2	3	4	5	6	7	8
뷜만신뢰도 추정치	2.6538	2.8269	3	3.1731	3.3462	3.5193	3.6924	3.8652
베이지안 분석 추정치	2.853	2.853	2.853	2.853	3.7	3.7	4.5	4.5

[그림 1-6]에서 보여주고 있는 것처럼 이 경우 뷜만신뢰도 추정치에 의해 형성된 직선이 베이지안 분석 추정치를 근접화하는 것을 알 수 있다. 일반적으로 뷜만신뢰도 추정치는 베이지안 추정치에 대한 가중 최소 자승선 핏이 되고 있다.

그림 1-6 다면 주사위 예

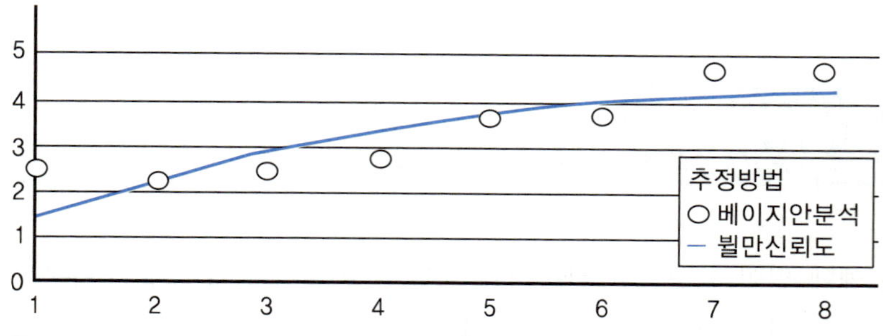

연습문제

1. 아래 정보를 이용하여 다음의 일곱 문제를 풀어라.

세 가지 유형의 위험이 존재한다고 상정한다. 그 중 60%가 유형 A, 25%가 유형 B, 그리고 15%가 유형 C에 속한다고 가정한다. 개별 위험에 있어서 매년 1개 내지 0개의 클레임이 발생하고 유형 A가 선정되었다고 가정한다.

위험의 유형	각 유형의 위험이 선정될 사전적 확률	클레임 발생 확률
A	60%	20%
B	25%	30%
C	15%	40%

1-1. 총 연평균 빈도는?

1-2. 1년 동안 아무런 클레임도 관측되지 않았을 때 관측된 위험 유형이 A일 확률은?

1-3. 1년 동안 아무런 클레임도 관측되지 않았을 때 관측된 위험 유형이 B일 확률은?

1-4. 1년 동안 아무런 클레임도 관측되지 않았을 때 관측된 위험 유형이 C일 확률은?

1-5. 1년 동안 아무런 클레임도 관측되지 않았을 때 동일 위험 유형에 있어서의 연클레임빈도는?

1-6. 1년 동안 1개의 클레임이 관측되었을 때 동일 위험 유형에 있어서의 연클레임빈도는?

1-7. 5년 동안 동일 위험 유형을 관측하였다. 5년 동안 2개의 클레임이 관측되었다면 동일 위험 유형에 있어서의 연클레임빈도는?

2. X_1를 단일 시도에 있어서의 결과치라고 하고 $E[X_2/X_1]$를 2차시도에 있어서의 기댓값이라고 하고 아래의 정보가 주어진다.

결과치 $= T$	$P(X_1 = T)$	$E[X_2/X_1 = T]$에 대한 베이지안 추정치
1	5/8	1.4
4	2/8	3.6
16	1/8	–

$E[X_2/X_1 = 16]$에 대한 베이지안 추정치를 구하여라.

3. 아래 정보를 이용하여 다음의 두 문제를 풀어라.
두 유형의 항아리가 있고 각각에는 무수한 공들이 있는데 그 공들에는 백만원 혹은 2백만원이라고 쓰여 있다.

항아리 유형	각유형의 항아리가 선정될 사전적 확률	백만원이 쓰여진 공의 퍼센티지	2백만원이 쓰여진 공의 퍼센티지
I	80%	90%	10%
II	20%	70%	30%

3-1. 무작위로 항아리 하나를 선정하고 공 하나를 끄집어내었을 때, 그 공에 2백만원이 쓰여 있다면 그 다음에 끄집어낸 공이 동일한 항아리에서 나올 확률의 기댓값은?

3-2. 무작위로 항아리 하나를 선정하고 거기서 세 공을 끄집어냈는데 다음 공을 꺼내기 전에 이전 공은 항아리에 다시 넣었다. 두 공에 백만원이 쓰여 있고 나머지 한 공에 2백만원이 쓰여 있다면 그 다음에 끄집어낸 공이 동일한 한 항아리에서 나올 확률의 기댓값은?

4. 아래와 같은 정보가 주어졌다.
- 세 위험 유형이 존재한다.
- 세 위험 유형은 동질적이고 각각의 유형에 있어서 클레임 빈도는 동일한

포아송분포를 한다.

위험 유형	각 유형에 귀속될 확률	연평균 클레임 빈도
1	70%	0.4
2	20%	0.6
3	10%	0.8

1개의 위험이 선정되었으나 우리는 어떠한 유형인지 알지 못한다고 가정한다. 선정된 위험에 있어서 1년 동안 클레임이 3건 발생하였을 때, 베이지안 분석을 이용하여 동일 위험에 있어서의 미래 클레임 빈도를 추정하라.

5. 아래 정보를 이용하여 다음의 두 문제를 풀어라.

각각의 사격점이 일차원 내에서 정규분포하는 세 명의 사수가 있다고 상정한다. 평균과 표준편차값은 아래와 같이 주어진다.

위험(사수) 유형	평균값	표준편차값
A	10	3
B	20	5
C	30	15

5-1. 특정 사수가 무작위로 선정되었다. 두 개의 사격점 10 및 14가 관측되었다면 그 사수가 사수 B일 확률은?

5-2. 특정 사수가 무작위로 선정되었다. 두 개의 사격점 10 및 14가 관측되었다면 동일 사수에 있어서 다음 사격점에 대한 베이지안 추정치는?

3. 사전적 및 사후적 연속분포

지금까지, 베이지안 분석에 관한 본 절에서는 불연속 확률분포의 예만 다루었다. 이제 연속분포에 대해서 살펴보기로 하겠다.

무작위변수 X와 Y는 결합 $p.d.f.$(확률밀도함수) $f(x,y)$를 갖는다고 하자. X에 대한 한계 $p.d.f.$ $f_x(x)=\int_{-\infty}^{\infty} f(x,y)\,dy$이고 Y에 대한 한계 $p.d.f.$ $f_y(y)=\int_{-\infty}^{\infty} f(x,y)\,dx$가 된다.[45)]

주어진 X하의 Y에 대한 조건부 $p.d.f.$는 아래와 같이 주어진다.

$$f(y|x)=f(x,y)\,/\,f_X(x) \tag{5.3.1}$$

위의 공식과 공식 (5.1.1): $P[A|B]=P[A$ 및 $B]/P[B]$와 상응함을 주목하기 바란다. 공식 (5.3.1)은 연속 및 불연속 $p.d.f.$ 양자에 적용될 뿐만 아니라 양자가 혼합된 경우에도 적용된다.

보험에 관한 적용에 있어서 무작위변수 중 하나인 X는 불연속 변수이고, 두 번째 변수인 θ가 연속변수인 경우는 매우 보편적이다. X는 클레임수에 관한 변수이고[46)], 또 하나의 무작위 변수 θ는 X분포의 모수가 될 수 있다. 주어진 θ하의 X의 조건부 $p.d.f.$는 $f_X(x|\theta)$로 표시되고, θ에 대한 $p.d.f.$는 $f_\theta(\theta)$로 표시된다. X 및 θ에 대한 결합 $p.d.f.$는 아래와 같이 주어진다.

$$f(x,\theta)=f_X(x|\theta)f_\theta(\theta) \tag{5.3.2}$$

$p.d.f.$ $f_\theta(\theta)$는 θ에 대한 사전적 분포이다. 예를 들어 특정 모집단에 있어서의 기대 클레임에 대한 빈도분포와 같은 모수분포에 대한 첫 추측을 표시할 수 있다.

모집단으로부터 무작위로 특정 위험을 선정하여 클레임수 x를 관측하고 나서 이 위험에 대한 θ추정치를 새롭게 구할 수 있다.

---

45) 무작위 변수 중 하나인 Y가 불연속이라면 적분기호는 합산기호로 대체되고, X에 대한 한계 $p.d.f.$는 $f_X(x)=\sum f(x,y_i)$가 된다.

46) X가 클레임 크기를 나타내면, X는 보통 연속분포가 된다. 부록에 예들이 제시되어 있다.

공식 (5.3.1)을 사용하여 X 및 θ에 대한 결합 $p.d.f.$(5.3.2)를 대체하면 아래와 같이 된다.

$$f_\theta(\theta|X=x) = f_X(x|\theta)f_\theta(\theta)/f_X(x) \tag{5.3.3}$$

$f_\theta(\theta|X=x)$는 선정된 위험에 대한 θ의 사후적 분포이다. 여기서 우리는 선정된 위험에 대한 정보를 사용하여 θ의 분포에 대한 추정치를 조정하였다. 등식 (5.3.3)은 베이즈 정리 등식 (5.2.1)의 또 다른 형태이다.

예제 8 특정 모집단에서 특정 보험계약자가 1년 동안 단 1건의 클레임이 발생할 확률은 θ이다. 클레임이 발생하지 않을 확률은 $(1-\theta)$이다. 클레임이 발생할 확률 θ는 모집단 내에서 $p.d.f.$가 아래와 같은 균등분포로 주어진다.

$$f_\theta(\theta) = 1,\ 0 \le \theta \le 1\text{일 경우, 0 그 외의 경우}$$

모집단에서 보험계약자 A가 무작위로 선정되었다. 다음해 동안 A에게 클레임이 관측되었다. 즉 $X=1$이다. 사후적 밀도 함수 $f_\theta(\theta|X=1)$를 구하라.

정답 $X=1$일 때의 X에 대한 한계 $p.d.f.$를 구한다.

$f_X(1) = \int_0^1 f(1,\theta)d\theta = \int_0^1 f_X(1|\theta)f_\theta(\theta)d\theta$이다.

$f_X(1|\theta) = \theta$이고 $[0,1]$에 대해 $f_\theta(\theta) = 1$이므로

$f_X(1) = \int_0^1 \theta d\theta = \frac{1}{2}$이다.

그리하여 $f_\theta(\theta|X=1) = f_X(X=1|\theta)f_\theta(\theta)/f_X(1) = (\theta)(1)/(1/2) = 2\theta$가 된다.

본 예에서 분포함수가 {0, 1}기간에 균등분포함수였는데, 좌극점에서 0의 값을 갖고 우극점에 2의 값을 갖는 선형적 증가분포함수로 전이되었음을 주목하기 바란다. A에게 클레임이 발생하였다는 사실로 인해 θ의 $p.d.f.$에 대한 가중값이 우측으로 전이되었다.

조건부 $p.d.f.$를 알게 되면 조건부 기댓값을 산정할 수 있는데, 그 기댓값은 아래와 같다.

$$E_X[X|Y] = \int_{-\infty}^{\infty} x f_X(x|y)dx \tag{5.3.4}$$

그리고 X에 대한 기댓값은 아래와 같이 표현된다.

$$E[X] = E_Y[E_X[X|Y]] = \int_{-\infty}^{\infty} \{ \int_{-\infty}^{\infty} x f_X(x|y)dx \} f_Y(y)dy \tag{5.3.5}$$

예제 9 예제 8에서 제시된 정보에 의거하여 아래의 각 항에 대해 계산하라.

1. 모집단에서 무작위로 선정된 특정 보험계약자의 1년 동안 발생할 클레임수에 대한 기댓값.
2. 모집단에서 무작위로 선정된 특정 보험계약자에게 관측년도 기간 동안 1건의 클레임이 발생하였을 때 이 계약자의 1년 동안 발생할 클레임수에 대한 기댓값.

정답 (1) 클레임수 X에 대한 분포함수는 θ가 주어진 하에서 불연속적이다.

$E_X[X|\theta] = (1)(\theta) + (0)(1-\theta) = \theta$, $0 < \theta < 1$에 대해 $f_\theta(\theta) = 1$ 이므로 $E[X] = E_\theta[E_X[X|\theta]] = E_\theta[\theta] = \int_0^1 \theta f_\theta(\theta)d\theta = \int_0^1 \theta d\theta =$ $1/2$이 된다.

(2) (1)에서와 같이 $E_X[X|\theta] = \theta$ 이다. 그러나 예제 8에서와 같이 $X=1$이 주어진 하에서의 θ의 사후적 분포함수는 $f_\theta(\theta|X=1) = 2\theta$이다.

그리하여 $E[X] = E_\theta[E_X[X|\theta]] = E_\theta[\theta] = \int_0^1 \theta(2\theta)d\theta = 2/3$가 된다.

1) 베이지안 구간추정

베이즈 정리를 이용하여, 전체적인 사후적 분포함수를 구할 수 있다. 점추정치를 구하기 위해서는 사후적 분포함수의 평균만 사용하는 대신, 주어진 구간 내에 특정 양이 존재할 사후적 확률을 추정하기 위해서는 사후적 밀도함수를 사용할 수 있다.

예제 10 예제 8에서의 정보를 사용한다고 가정한다. 1년 동안 A에게 1건의 클레임이 발생하였을 때, 모수가 0.2보다 작을 사후적 추정치는?

정답 예제 8에서의 θ에 대한 사후적 밀도함수는 $f_\theta(\theta|x=1) = 2\theta$이다. θ가 구간 [0, 0.2]에 있을 사후적 밀도함수는 0에서 0.2까지 적분을

취하는 것이 된다.

그리하여 $\int_{0}^{0.2} 2\theta d\theta = \theta^2 = 0.2^2 = 0.04$가 된다.

Ⅵ절에서 연속 분포함수를 갖는 위험유형에 대한 특별경우로 감마-포아손 사전적 콘쥬게이트(conjugate)를 들고 있다.

연습문제

1. 다음 두 문제에 대해 아래의 정보를 가정한다.

특정 모집단에 있는 모든 보험계약자에 있어서 1년 동안 클레임이 정확하게 1건 발생할 확률은 θ이다.

또한 클레임이 전혀 발생하지 않을 확률은 $(1-\theta)$이다. 클레임이 1건 발생할 확률 θ는 보험계약자에 따라 상이한데 그 분포는 아래와 같이 균등분포를 한다.

$$f_\theta(\theta)=1, \qquad 0 \le \theta \le 1 \text{ 인 경우}, \quad 0 \text{ 여타의 경우}$$

보험계약자인 A가 무작위로 모집단으로부터 선정되었다.

1-1. A는 모집단으로부터 무작위로 선정되어 2년 동안 매년 1개의 클레임이 관측되었다. A의 θ에 대한 사후적 밀도함수를 산정하라.

1-2. A는 모집단으로부터 무작위로 선정되어 3년 동안 매년 1개의 클레임이 관측되었다. A의 θ에 대한 사후적 밀도함수를 산정하라.

2. 다음 두 문제에 대해 아래의 정보를 가정한다.

- n시도에 있어서 y번 성공할 확률은 모수 n 및 p를 가지는 이항분포를 한다.
- p에 대한 사전적 분포는 $[0,1]$상에서 균등하다.
- 세 번의 시도에서 한 번의 성공이 관측되었다.

2-1. 미지의 모수 p가 $[0.3,0.4]$선상에 위치할 확률에 대한 베이지안 추정치는?

2-2. 네 번째 시도에서 성공의 경우가 발생할 확률은?

2-3. $[0,1]$상에서 균등분포를 하는 무작위변수 x가 선정되었다. 각각의 시도에 있어서 성공할 확률이 x인 세 번의 서로 독립적인 베르누이 시도가 수행

되었다. 세 번의 모든 시도가 성공적이었다면 x가 0.9보다 작을 사후적 확률값은?

3. 아래와 같이 주어졌다.

- 단독의 보험계약자가 차기의 위험노증기간 동안 0건의 클레임이 발생할 확률은 $e^{-\theta}$로 주어진다.
- θ값은 보험계약자마다 상이한데 아래와 같은 확률밀도함수를 가진다.

$$f(\theta)=36\theta e^{-6\theta}, \quad 0<\theta<\infty$$

보험계약자를 무작위로 선정하였을 때 차기의 위험노증기간 동안 0건의 클레임이 발생할 확률을 결정하라.

4. N이 1년 동안 발생하는 클레임수를 나타내는 무작위변수라고 하자. N은 모수가 θ이면서 아래의 확률밀도함수를 가지는 포아손분포를 한다.

$$P[N=n|\theta]=e^{-\theta}\theta^{n}/n!, \quad n=0,1,2,\ldots$$

1년 동안 단 한 건의 클레임도 발생하지 않을 확률은 0.450보다 작다. 아래에서 열거한 것 중 어느 것이 θ에 대한 확률분포를 제대로 기술한 것일까?

1. θ는 $(0,2)$상에서 균등분포한다.
2. θ의 확률밀도 함수는 $\theta>0$일 때 $f(\theta)=e^{-\theta}$이다.
3. $P[\theta=1]=1$ 및 $P[\theta\neq 1]=0$이다.

Ⅵ 사전적 콘쥬게이트

사전적 콘쥬게이트 분포함수는 계리분야 적용에 있어서 매우 유용한 수리적 성질을 갖고 있다. 손해보험 계리분야에 있어서 감마-포아손이 가장 중요한 사전적 콘쥬게이트 분포함수이다. 감마-포아손 모델에 대한 연구는 베이지안 분석과 뷜만신뢰도를 이해하는 데 유용하게 쓰일 수 있다.[47)]

1. 감마 함수와 감마 분포함수

$x^{\alpha-1}e^{-x}$는 $x \geq 0$이고 $\alpha \geq 1$일 때 유한값을 갖는다. x가 무한에 접근할 때 그 값이 급속하게 0에 가까워지므로, $x^{\alpha-1}e^{-x}$ 는 0에서 무한까지 적분한 값이 존재하게 된다. 이에 대한 많은 연구가 이루어져 왔고 감마함수에 대한 값이 (완벽할 정도로) 도표화되었다.[48)]

감마함수는 아래와 같이 정의할 수 있고,

$$\Gamma(\alpha) = \int_{t=0}^{\infty} t^{\alpha-1}e^{-t}dt = \lambda^{\alpha}\int_{t=0}^{\infty} t^{\alpha-1}e^{-\lambda t}dt, \alpha \geq 0, \lambda \geq 0 \qquad (6.1.1)$$

$\Gamma(\alpha) = (\alpha-1)\Gamma(\alpha-1)$ 임을 증명할 수 있다.[49)]

적분값 α에 대해;

$\Gamma(\alpha) = (\alpha-1)!$이고, $\Gamma(1) = 1$, $\Gamma(2) = 1!$, $\Gamma(3) = 2!$, $\Gamma(4) = 3!$, $\Gamma(5) = 4! = 24$ 등이다.

e^{-x} 및 x에 대한 승산이 포함된 식은 감마함수로 아래와 같이 표시할 수 있다.

---

47) 이는 선형지수함수 계통의 사전적 콘쥬게이트의 일반적 결과치의 특별한 경우에 해당한다. 일반적 결과치에 대한 논의는 본장의 범주를 벗어난다고 할 수 있다.

48) Milton Abramowitz 등의 수리적 함수에 대한 핸드북, National Bureau of Standards, 1964 참조.

49) 부분별 적분방법을 사용한다. $\int udv = uv - \int vdu$. 여기서 $u = t^{\alpha-1}$ 및 $dv = e^{-t}dt$ 이다.

$$\int_{t=0}^{\infty} t^{\alpha-1}e^{-\lambda t}dt = \Gamma(\alpha)\lambda^{-\alpha} \tag{6.1.2}$$

등식 (6.1.2)는 아래에서 보겠지만 감마-포아손 절차와 같이 감마분포와 관계된 모든 경우에 아주 유용하게 쓰일 수 있는 등식이다. 이는 감마함수에 대한 정의와 변수변환법칙(change of variables)에 근거한다. 감마분포의 확률밀도 함수는 $f(x) = \lambda^{\alpha}x^{\alpha-1}e^{-\lambda x}/\Gamma(\alpha)$로 주어진다. 확률밀도 함수에 대한 적분값이 1이 되어야 하므로, 위의 관계가 성립하여야 한다. 이는 등식 (6.1.2)를 기억하기 위한 유용한 방법이다.

예제 1 감마분포의 모수 α와 λ로 표시한 감마분포의 평균값은?

정답 평균값은 x에 대한 기댓값이다.

$$\int_0^{\infty} xf(x)dx = \int_0^{\infty} xx^{\alpha-1}e^{-\lambda x}dx(\lambda^{\alpha}/\Gamma(\alpha))$$

$$= \int_0^{\infty} x^{\alpha}e^{-\lambda x}dx(\lambda^{\alpha}/\Gamma(\alpha)) = \{\Gamma(\alpha+1)/\lambda^{\alpha+1}\}\{\lambda^{\alpha}/\Gamma(\alpha)\}$$

$$= \{\Gamma(\alpha+1)/\Gamma(\alpha)\}/\lambda = \alpha/\lambda]$$

예제 2 감마분포의 모수 α와 λ로 표시한 감마분포의 n차 모멘트값은?

정답 n차 모멘트값은 x^n에 대한 기댓값이다.

$$\int_0^{\infty} x^n f(x)dx = \int_0^{\infty} x^n x^{\alpha-1}e^{-\lambda x}dx(\lambda^{\alpha}/\Gamma(\alpha))$$

$$= \int_0^{\infty} x^{\alpha+n-1}e^{-\lambda x}dx(\lambda^{\alpha}/\Gamma(\alpha)) = \{\Gamma(\alpha+n)/\lambda^{\alpha+n}\}\{\lambda^{\alpha}/\Gamma(\alpha)\}$$

$$= \{\Gamma(\alpha+n)/\Gamma(\alpha)\}/\lambda^n = (\alpha+n-1)(\alpha+n-2)\ldots\alpha/\lambda^n]$$

연습문제

1. x^5e^{-8x}를 0에서부터 무한대까지 적분한 값은?

2. $\alpha=3$이고 $\lambda=0.10$인 감마분포에 있어서 $x=8$일 때의 확률밀도값은?

3. 예제 2를 사용하여 감마분포의 분산이 α/λ^2로 주어짐을 보여라.

4. $\alpha=3$이고 $\lambda=1.5$일 때, 감마분포의 평균값과 분산값은?

2. 감마-포아손 모델

감마-포아손 모델은 두 부분으로 되어있다: (1) 주어진 클레임 빈도하에서 특정 보험계약자의 클레임수를 모델화하는 포아손분포와 (2) 보험계약자 모집단의 클레임 빈도분포를 모델화하는 감마분포가 그 두 부분이다. 앞선 경우에서처럼 본 모델의 목표는 특정 보험계약자에 대한 관측치를 사용하여 미래 기대치를 유추하는 것이다.

1) 포아손분포

특정 보험계약자의 클레임수가 포아손분포를 하여, 1년 동안 발생하는 클레임수의 평균이 μ라고 가정한다. 1년 동안 n클레임이 발생할 확률은 다음과 같이 주어진다.

$$P[n|\mu] = \mu^n e^{-\mu}/n! \qquad (6.2.1)$$

μ는 평균 연클레임수로 $E[n]=\mu$가 된다. 모집단 내의 어느 특정 보험계약자의 평균 연클레임수도 μ로 주어지고, 이는 시간이 지나도 일정하다고 가정한다. 그러나 μ가 개별위험마다 상이함으로 인해 μ에 대한 추정은 결코 쉽지 않다. 무작위로 선정된 개별위험에 대한 μ값은 모른다고 가정한다.

예제 3 클레임수가 모수 $\mu=2$인 포아손분포를 한다. 클레임이 각각 0, 1, 2건 발생할 확률을 구하고, 동 분포의 평균과 분산값을 구하라.

정답 $f(n) = \mu^n e^{-\mu}/n!$이다. $\mu=2.0$ 이므로, $f(0) = 2^0 e^{-2}/0 = 0.135$이고, $f(1) = 2^1 e^{-2}/1 = 0.271$이며, $f(2) = 2^2 e^{-2}/2 = 0.271$이 된다. 포아손분포에 있어서 평균값=분산값=$\mu=2.0$이다.

2) 사전적 감마분포

모집단 내 보험계약자들의 클레임빈도 평균이 아래와 같은 확률밀도함수를 가지는 감마분포를 한다고 가정한다.

$$f(\mu) = \lambda^\alpha \mu^{\alpha-1} e^{-\lambda\mu}/\Gamma(\alpha),\ \mu > 0 \text{ 및 } \alpha,\ \lambda > 0 \qquad (6.2.2)$$

무작위변수 μ와 감마분포의 모양과 크기를 결정짓는 모수는 α와 λ이다. 동 분포의 평균은 α/λ이다. 그리하여 모집단 내 모든 보험계약자에 대한 클레임빈도 평균은 α/λ이다. 분산은 α/λ^2이다. $f(\mu)$로 평균 클레임빈도에 대한 사전적 분포가 정의된다. 감마 $p.d.f.$의 특별경우로 $\alpha=3$ 및 $\lambda=1.5$일 경우를 고려하면 μ에 대한 $p.d.f.$는 아래와 같이 된다.

$$f(\mu) = 1.5^3\mu^{3-1}e^{-1.5\mu}/\Gamma(3) = 1.6875\mu^2 e^{-1.5\mu},\ \mu > 0$$

본 $p.d.f.$가 [그림 1-7]에 표시되어 있다.

그림 1-7 감마 분포

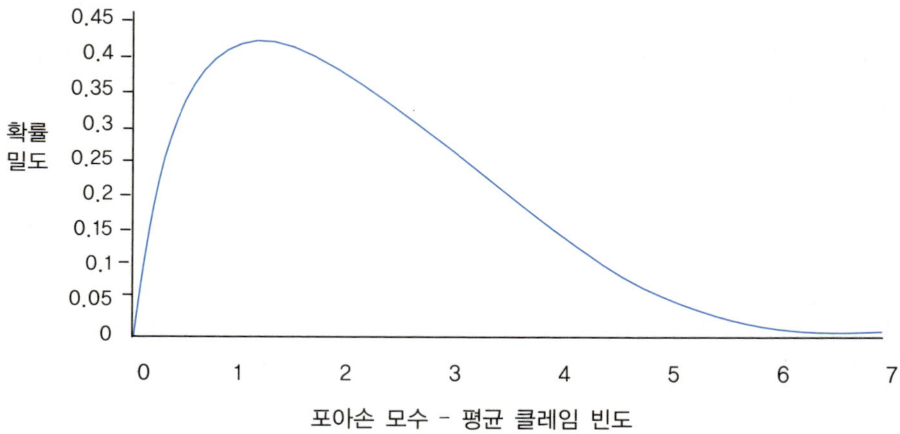

3) 감마-포아손 혼합분포

보험계약자로 이루어진 모집단에서 특정 보험계약자가 무작위로 선정되었다고 하자. 그 계약자에 대한 클레임수 분포는? 아니면, 이와 상응하게 다음 기간에 정확하게 n클레임이 발생할 확률은?

평균 클레임빈도가 μ일 경우 정확하게 특정 보험계약자에게 n클레임이 발생할 확률은 $P(n|\mu) = \mu^n e^{-n}/n!$이다. 그러나 μ는 모집단 내에서 일정하지 않으므로 $P(n|\mu)$값의 가중평균치를 구하여야 한다. 무엇을 가중치로 사용할까? 모집단 내 μ에 대한 상대적 가중치인 $p.d.f.$(6.2.2.)를 사용한다. 가중치 $f(\mu)$을

적용한 후 적분을 취함으로써 모든 보험계약자에 대해 합산을 하게 된다.

모집단에서 무작위로 선정된 특정보험계약자의 클레임수는 아래의 $p.d.f.$ 로 정의되는 감마-포아손 혼합분포를 하게 된다.

$$g(n) = \int_0^\infty P[n|\mu]f(\mu)du$$

$$= \int_0^\infty (u^n e^{-u}/n!)f(\mu)du$$

$$= \int_0^\infty (u^n e^{-u}/n!)(\lambda^\alpha u^{\alpha-1}e^{-\lambda u}/\Gamma(\alpha))du \qquad (6.2.3a)$$

$$= (\lambda^\alpha/n!\Gamma(\alpha))\int_0^\infty u^{n+\alpha-1}e^{(\lambda+1)u}du$$

$$= \{\lambda^\alpha/n!\Gamma(\alpha)\}\{\Gamma(n+\alpha)(\lambda+1)^{-(n+\alpha)}\}$$

$$= \{\Gamma(n+\alpha)/n!\Gamma(\alpha)\}\{\lambda/(\lambda+1)\}^\alpha\{1/(\lambda+1)\}^n \qquad (6.2.3b)$$

$$= \{(n+\alpha-1)!/n!(\alpha-1)!\}\{\lambda/(\lambda+1)\}^\alpha\{1/(\lambda+1)\}^n$$

$$= \binom{n+\alpha-1}{n}p^\alpha(1-p)^n \qquad (6.2.3c)$$

등식 (6.2.3c)에서 $\lambda/(\lambda+1)$를 p로 대체하였다.

그리하여 사전적 혼합분포는 $k=\alpha$이고 $p=\lambda/(\lambda+1)$인 음이항분포의 형태를 취한다.

$$\binom{n+k-1}{n}p^k(1-p)^n \qquad (6.2.3d)$$

값 n에서 평가된 음이항분포는 모집단에서 무작위로 선정된 특정 보험계약자에게 다음해에 정확하게 n건의 클레임이 발생할 확률이다. 음이항분포의 평균값은 $k(1-p)/p$이고 분산값은 $k(1-p)/p^2$이다(부록을 참조하기 바람). α 및 λ로 표시하였을 때 평균값은 α/λ이고 분산값은 $\alpha(\lambda+1)/\lambda^2$이 된다.

예제 4 클레임수가 모수 $k=\alpha$이고 $p=\lambda/(\lambda+1)$인 음이항분포를 갖는다. $\alpha=3.0$이고,[50] $\lambda=1.5$라고 가정한다. 각각의 클레임수가 정확히 0, 1, 2인 확률을 구하라. 그리고 음이항분포의 평균과 분산값을 구하라.

50) 본 식을 도출하기 위해 방정식 (5.1.2)를 사용하였다.

정답 첫째로 $p=\lambda/(\lambda+1)=1.5/(1.5+1)=0.60$이고 $k=\alpha=3.0$이다.
다음으로
$f(n)=\{(n+\alpha+1)!/(n!(\alpha-1)!)\}p^{\alpha}(1-p)^{n}=\{(n+3-1)!/(n!(3-1)!\}(0.6^{3})(1-0.6)^{n}$이다.
그래서 $f(0)=\{(0+2)!/(0!(2)!)\}(0.6^{3})(0.4)^{0}=0.216$이며,
$f(1)=\{(1+2)!/(1!(2)!)\}$이다.
$(0.6^{3})(0.4)^{1}=0.259$가 되며,
$f(2)=\{(2+2)!/(2!(2)!)\}(0.6^{3})(0.4)^{2}=0.207$이 된다.
그리하여 평균값은 $k(1-p)/p=\alpha/\lambda=2.0$이고,
분산값은 $k(1-p)/p^{2}=\alpha(\lambda+1)/\lambda^{2}=3(1.5+1)/1.5^{2}=3.33$이 된다.

예제 4를 예제 3과 비교해 보기 바란다. 두 분포가 동일한 평균값 2.0을 갖지만 음이항분포의 분산값이 더 크다.[51] 모집단으로부터 특정 보험계약자를 무작위적으로 선정하는 것으로 인한 불확실성이 분산값을 증가시켰다.

3. 감마-포아손 모델에 대한 베이지안 분석

VI-2절에서 정의된 감마 $p.d.f.$ $f(\mu)$는 모집단으로부터 무작위적으로 선정된 특정 위험의 연평균 클레임빈도 μ에 대한 사전적 분포이다. 그러나 감마 $p.d.f.$는 특정 위험을 관측한 후 베이지안 분석을 사용하여 새롭게 조정할 수 있다. 관측 후의 μ에 대한 분포를 사전적 분포에 대비하여 사후적 분포라고 한다.

1) 사후적 분포

관측기간 1년 동안 특정 보험계약자에게 C건의 클레임이 발생하였다고 하자. $f(\mu|\mu=C)$라는 정보가 주어진 하에서 μ에 대한 사후적 분포를 산정하고자 한다. 확률밀도함수로 표시된 베이지안 정리에 의하면 아래의 식이 성립한다.[52]

λt를 $(\lambda+1)u$로 대체하면 $\int_0^{\infty} u^{n+\alpha-1}e^{-(\lambda+1)u}=\Gamma(n+\alpha)(\lambda+1)^{-(n+\alpha)}$가 된다.

51) 음이항 분포에 있어, 분산>평균이 성립한다. 포아손분포에 있어서는 분산=평균이다. 이항 분포에 있어서는 분산<평균이다.

52) V-3절 참조.

$$f(\mu|n=C)=P[C \mid \mu]f(\mu)/P(C) \qquad (6.3.1)$$

중요한 부분이 등식 (6.3.1) 우항에 위치해 있는데, 공식 (6.2.1), (6.2.2) 및 (6.2.3b)와 연관되어 있다. 이들 공식을 등식 (6.3.1)의 우항에 대입하면 아래의 등식이 성립하게 된다.

$$f(\mu|n=C)=[\mu^C e^{-\mu}/C!][\lambda^\alpha \mu^{\alpha-1}e^{-\lambda\mu}/\Gamma(\alpha)]/$$
$$[(\Gamma(C+\alpha)/C!\Gamma(\alpha))(\lambda/(\lambda+1))^\alpha(1/(\lambda+1))^C]$$

이는 약분과 항목결합을 통해 아래와 같이 간단하게 표시할 수 있다:

$$f(\mu|n=C)=(\lambda+1)^{\alpha+C}\mu^{\alpha+C-1}e^{-(\lambda+1)\mu}/\Gamma(\alpha+C)$$

$\alpha'=\alpha+C$ 및 $\lambda'=\lambda+1$로 대체하면 아래와 같이 된다.

$$f(\mu|n=C)=\lambda'^{\alpha'}\mu^{\alpha'-1}e^{-\lambda'\mu}/\Gamma(\alpha') \qquad (6.3.3)$$

등식 (6.3.3)은 μ에 대한 사후적 분포이며, 이 역시 감마분포를 한다.

사후적 분포함수가 사전적 분포함수와 동일한 형태를 취한다는 사실이 감마분포가 포아손분포에 대한 사전적 콘쥬게이트 분포가 되는 이유이다.

예제 5 보험계약자 모집단 내 연클레임빈도 μ분포가 모수 $\mu=3.0$ 및 $\lambda=1.5$인 감마분포를 한다. 특정보험계약자가 무작위로 선정되었다.

1. μ의 기댓값은?
2. 1년의 관측기간 동안 관측된 보험계약자에 0건의 클레임이 발생하였다면 그 보험계약자에 대한 μ의 기댓값은?
3. 1년의 관측기간 동안 5건의 클레임이 본 보험계약자에게 발생하였다면, μ값의 기댓값은?

정답
(1) $E\{\mu\}=\alpha/\lambda=3.0/1.5=2.0$

(2) $E\{\mu|$1년간 0건의 클레임$\}=(\mu+0)/(\lambda+1)=(3+0)/(1.5+1)$
$=1.2$

(3) $E\{\mu|$1년간 5건의 클레임$\}=(\alpha+5)/(\lambda+1)=(3+5)/(1.5+1)$
$=3.2$

예제 5에서 보험계약자에 대한 관측 이전에 있어서, 기대 클레임빈도 μ에 대한 추정치는 연간 모집단 클레임평균 2.0건이었다. 1년 기간 동안 0건의 클레임을 관측하게 되면, 추정치는 연간 1.2건의 클레임으로 낮아진다. 한편, 1년 기간 동안 5건의 클레임을 관측하게 되면 추정치는 연간 3.2건의 클레임으로 높아진다.

특정 위험에 대한 정보가 늘어나더라도 μ에 대한 분포는 여전히 감마분포이지만, 분포의 모양은 달라지게 된다. [그림 1-8]에서 예제 5에서 처럼 (1) $\alpha=3.0$이고 $\lambda=1.5$일 때의 사전적 분포, (2) 1년 기간 동안 0건의 클레임을 관측하였을 때의 사후적 분포, (3) 1년 기간 동안 5건의 클레임을 관측하였을 때의 사후적 분포를 보여주고 있다.

그림 1-8 감마 분포

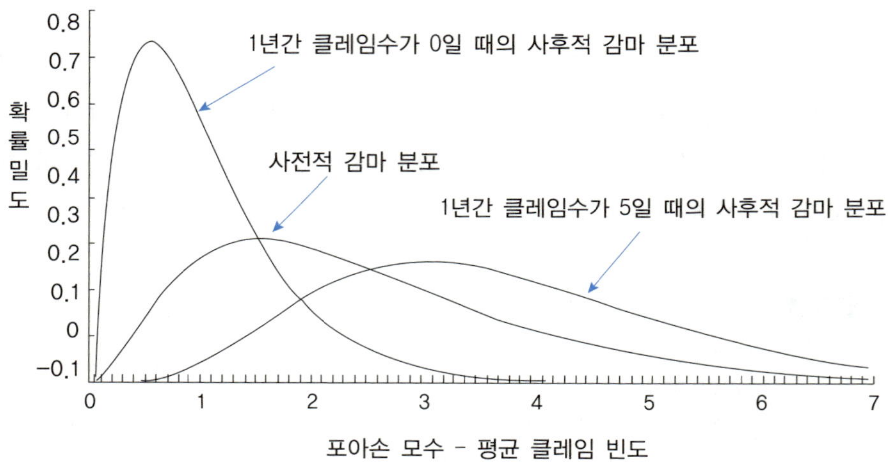

특정 보험계약자에 대해 2년간 관측을 하여 C_1건의 클레임을 첫해에 관측하였고, C_2건의 클레임을 두 번째 해에 관측하였다고 하자. 새로운 사후적 분포는? 첫해 관측 이후의 사후적 분포 $ff(\mu|n=C_1)$는 두 번째 관측년도 시작시 새로운 사전적 분포가 된다. 두 번째 해에 C_2건의 클레임을 관측한 후, 사후적 분포는 다시 감마분포가 되나, 모수는 $\alpha''=\alpha'+C_2=\alpha+C_1+C_2$ 및 $\lambda''=\lambda'+1=\lambda+1+1$이 된다. Y년 동안 관측을 계속해서 행하게 되면 총 관측 클레임수가 $C=C_1+C_2+\ldots C_Y$로 최종적인 사후적 분포가 산출되게 되는데,

여전히 감마분포이나 모수는 아래와 같이 된다.

$$\hat{\alpha} = \alpha + C$$

$$\hat{\lambda} = \lambda + Y$$

사후적 분포의 평균은 $(\alpha + C)/(\lambda + Y)$가 된다.

그리하여, 감마-포아손분포의 경우, 사후적 밀도함수 역시 감마분포가 된다. 사후적 감마분포의 첫 번째 모수는 사전적 감마분포의 첫 번째 모수에 관측된 클레임수를 더한 것이 된다. 두 번째 모수는 사전적 감마분포의 두 번째 모수에 관측된 위험노증실체수(보통 연수)가 된다.

예제 6 보험계약자로 이루어진 모집단 내 연클레임빈도 μ에 대한 분포는 모수 $\alpha = 3.0$ 및 $\lambda = 1.5$인 감마분포를 한다. 특정 보험계약자가 무작위로 선정되어 2년간 관측되었다고 한다. 보험계약자에게 첫해에는 두 건의 클레임이, 두 번째 해에는 네 건의 클레임이 발생하였다. 이러한 위험에 대한 사후적 감마분포의 모수값은?

정답 $C = 2 + 4 = 6$이고, $Y = 2$,
그러므로 $\hat{\alpha} = 3 + 6 = 9$이고, $\hat{\lambda} = 1.5 + 2 = 3.5$가 된다.

2) 예측적 분포

선정된 보험계약자에 대한 클레임수 분포는 여전히 음이항분포를 따른다. 이는 사후적 분포함수가 여전히 감마분포를 따르기 때문이다. 그러나, 공식 (6.2.3C)에서 α는 $\alpha + C$로 대체되고, P는 $(\lambda + Y)/(\lambda + 1 + Y)$로 대체되었다. 이와 같은 사후적 혼합분포를 예측적 분포라 한다.

예제 7 보험계약자로 이루어진 모집단 내 연클레임빈도 μ에 대한 분포는 모수 $\alpha = 3.0$ 및 $\lambda = 1.5$인 감마분포를 따른다. 특정 보험계약자는 무작위로 선정되었다.

(1) 특정 보험계약자에 대한 관측이 있기 전, 특정 보험계약자에게 한 해 동안 두 건 이상의 클레임이 발생할 확률은?

특정 보험계약자에게 첫 해에는 두 건의 클레임이 두 번째 해에 는 네 건의 클레임이 발생하였다고 하자.

(2) 특정 보험계약자에게 한 해 동안 두 건 이상의 클레임이 발생할 확률은?

정답 (1) $\alpha = 3.0$이고 $\lambda = 1.5$일 때 음이항분포의 모수 $k = 3$이고 $p = 1.5/(1.5+1) = 0.6$이 된다(공식 (5.2.3d)참조). 그리하여

$$P[0\text{건의 클레임}] = \binom{2}{0} 0.6^3 \times 0.4^0 = 0.216 \text{이고}$$

$$P[1\text{건의 클레임}] = \binom{3}{1} 0.6^3 \times 0.4^1 = 0.2592 \text{가 된다.}$$

그러면, $P[2\text{건 이상 클레임}] = 1 - 0.216 - 0.2592 = 0.5248$이 된다.

(2) 사후적 감마분포에 대한 새로운 모수 $\hat{\alpha} = 3 + 6 = 9$ 및 $\hat{\lambda} = 1.5 + 2 = 3.5$가 된다. 예측적 음이항분포에 대한 모수 $k = \hat{\alpha} = 9$ 및 $p = 3.5/(1+3.5) = 0.778$이 된다. 공식 (5.2.3d)를 사용하면,

$$P[0\text{건의 클레임}] = \binom{8}{0} 0.778^9 \times 0.222^0 = 0.104 \text{ 및}$$

$$P[1\text{건의 클레임}] = \binom{9}{1} 0.778^9 \times 0.222^1 = 0.209 \text{가 된다.}$$

그러면 $P[2\text{건 이상 클레임}] = 1 - 0.104 - 0.209 = 0.687$이 된다. 2년 동안 6건의 클레임이 관측되었다는 사실로 인해 아무런 추가적 정보 없이 모집단으로부터 무작위적으로 선정된 보험계약자에 대한 추정치에 비해, 한 해 동안 2건 이상의 클레임이 발생할 확률에 대한 추정치가 높아지게 되었다.

감마-포아송은 사전적 콘쥬게이트분포의 한 예이다. 이외에도 사전적 콘쥬게이트분포는 많이 있다. 예를 들면, 빈도에 대한 베타-베르누이분포, 심도에 대한 정규-정규분포 등이 있다.

[그림 1-9]에 사전적 감마분포, 사후적 감마분포, 음이항 혼합분포 그리고 감마-포아손 빈도분포에 대한 음이항 예측적 분포에 대한 관계를 보여 주고 있다.

본 절에서 언급된 예에서 연수 Y가 위험노증실체수로 사용되어, 1년으로 위험노증실체수 1단위가 표시되었다. 연습문제 4와 6에서 보여진 것처럼 여타 위험노증실체 베이스도 감마-포아손 모델에서 사용될 수 있다. [그림 1-9]에서 Y는 E로 대체될 수 있는데, 이는 위험노증실체 측정치로 연수에만 제한되지 않는 것을 보여 주고 있다.

그림 1-9 감마-포아손 빈도분포

감마분포는 사전적 콘쥬게이트분포이고 포아손분포는 선형지수분포계의 한 종류

▽

뷜만신뢰도 추정치 = 베이지안 분석 추정치일 뿐 아니라,
뷜만신뢰도 모수 = 사전적 감마의 두 번째 모수 = λ

사전적 감마분포
첫 번째 모수 = α
두 번째 모수 = λ
평균 = α/λ
분산 = α/λ^2

혼합⇒ 포아손 과정

음이항 혼합분포
k = 사전적 감마의 1차모수 = α
p = 두 번째 모수/(첫+두 번째 모수)
$=\lambda/(1+\lambda)$
평균 = $k(1-p)/p = \alpha/\lambda$
분산 = $k(1-p)/p^2 = \alpha/\lambda+\alpha/\lambda^2$

▽ 관측치 클레임수 = C
위험노증실체수 = Y

사후적 감마분포
사후적 첫번째모수 $=\alpha' =$
사전적 첫번째모수+클레임수
$=\alpha+C$
사후적 두 번째 모수 = $\lambda' =$
사전적 두 번째 모수+위험노증
실체수 $=\lambda+Y$

혼합⇒ 포아손 과정

음이항 예측적 분포
$K=$ 사후적 감마의 1차모수
$=\alpha+C=\alpha'$
= 두 번째 모수/(첫+두 번째 모수)
$=(\lambda+Y)/(1+\lambda+Y)$
$=\lambda'(1+\lambda')$
평균 $=k(1-p)/p = (\alpha+C)/(\lambda+Y)$
분산 $=k(1-p)/p^2 = (\alpha+C)/(\lambda+Y) + (\alpha+C)/(\lambda+Y)^2$

전체 포트폴리오를 구성하는 개별보험계약자의 포아손 모수는 모수 α와 λ 및 $f(x)=\lambda^{\alpha}x^{\alpha-1}e^{-\lambda x}/\Gamma(\alpha)$인 감마분포를 따른다.

연습문제

1. 클레임수 분포가 감마-포아손 혼합분포를 따른다고 하자. 사전적 감마분포의 모수는 $\alpha=4$이고 $\lambda=2$이다. 3년의 기간 동안 5건의 클레임이 관측되었다. 사후적 감마분포의 모수 α'과 λ'의 값을 산정하라.

2. 특정 클레임이 발생하는 확률이 모수가 θ인 포아손분포에 의해 주어진다고 가정하자. 또한 θ에 대한 사전적 확률밀도 함수가 $f(\theta)=32\theta^2e^{-4\theta}$에 의해 주어진다고 하자. 2년 동안 1건의 클레임이 관측되었다고 하면 θ에 대한 사후적 확률밀도함수는?

3. 주어진 보험계약자에 있어서의 클레임수 X가 $P[X=x]=\theta^x e^{-\theta}/x!$인 포아손분포를 한다고 한다. 보험계약자 전체 모집단에 있어서 포아손분포의 기대연평균은 구간 $(0,\infty)$에서 $f(\theta)=e^{-\theta}$인 분포를 따른다고 한다. 무작위로 선정된 보험계약자에 있어서 전년도에 클레임이 하나도 관측되지 않았을 때 그 선정된 보험계약자에 있어서의 사후적 확률밀도함수는?

4. 개별 자동차에 있어서의 클레임수가 모수가 μ일 뿐 아니라 타겟으로 설정한 지역 내 동일 등급군에 있어서의 모든 자동차의 μ가 동일한 값을 가지는 특정 지역에 진입하는 자동차보험회사를 설정한다. μ는 $f(\mu)=\lambda^\alpha\mu^{\alpha-1}e^{-\lambda\mu}/\Gamma(\alpha)$로 정의되는 확률밀도함수를 가진다고 가정한다. 초기에는 감마분포의 모수가 $\alpha=50$와 $\lambda=500$로 주어졌다고 가정하였다. 첫 2년 동안 1년차 750대 2년차 1,100대의 자동차가 자동차보험에 가입하였고 각각 65건 및 112건의 클레임이 발생하였다. 사후적 감마분포의 변동계수는?(변동계수는 표준편차값을 평균값으로 나눈 값임)

5. 특정 클레임이 발생하는 확률이 모수가 θ인 포아손분포에 의해 주어진다고 가정하자. 또한 θ에 대한 사전적 확률밀도함수가 $f(\theta)=32\theta^2 e^{-4\theta}$에 의해 주어진다고 하자. 특정 위험이 모집단으로부터 무작위로 선정되어 2년 동안 1건의 클레임이 관측되었다고 하면 이 위험에 있어서 평균 클레임빈도가 [1,2] 구간 내에 존재할 확률은?(적분형태로 답을 하여도 무관함)

6. 아래의 정보가 주어졌다.
   - 특정 보험계약자 그룹에 있어서의 위험노증실체당 평균 클레임수 μ를 추정하려고 한다.
   - 클레임수는 포아손분포를 따른다.
   - 1차년도 커버리지 전에 있어서의 μ는 $f(\mu)=1000^{150}\mu^{149}e^{-1000\mu}/\Gamma(150),\ \mu>0$인 감마분포를 한다고 가정한다.
   - 1차년도에 있어서 1,500의 위험노증실체수에 있어서 300건의 클레임이 관측되었다.
   - 2차년도에 있어서는 2,500의 위험노증실체수에 있어서 525건의 클레임이 관측되었다.

   2년 후에 있어서의 $E[\mu]$에 대한 베이지안 확률 추정치는?

4. 감마–포아손 모델에 있어서의 뷜만신뢰도

Ⅴ-3절에서와 같이, 모집단에서 무작위로 특정 보험계약자를 선정하였는데, 연빈도 평균이 감마분포를 한다고 하였을 때, 뷜만신뢰도를 사용하여 기대 연클레임 빈도를 추정하고자 한다. 이를 위해 과정분산의 기댓값(EVP)과 가설적 평균의 분산(VHM)을 산정하여야 한다.

1) 과정분산의 기댓값

모집단에서의 평균 μ는 (6.2.2)에서 보여진 대로 모수 α와 λ로 표시되는 감마분포를 따른다. 감마분포의 평균은 α/λ여서 $E[\mu]=\alpha/\lambda$가 된다. 포아손분포에 있어서 평균과 과정분산이 동일하므로 $EVP=E$[과정분산]$=E$[평균] $=E[\mu]=\alpha/\lambda$가 된다.

2) 가설적 평균의 분산

모집단에서의 평균 μ는 (6.2.2)에서 보여진 대로 모수 α와 λ로 표시되는 감마분포를 따른다. 감마분포의 분산은 α/λ^2이고 모든 μ가 가설적 평균들이므로, $VHM=\alpha/\lambda^2$이 된다.

3) 뷜만신뢰도 모수

그리하여 감마–포아손 모델에 있어서의 뷜만신뢰도에 대한 모수 K는 $K=EVH/VHM=(\alpha/\lambda)/(\alpha/\lambda^2)=\lambda$로 표시됨을 알 수 있다.

4) 신뢰도 가중 추정치 산정

연평균 클레임빈도가 모수 α 및 λ인 감마분포를 따르는 모집단으로부터 무작위로 특정보험계약자가 선정되었다. Y년 동안 특정보험계약자에게 C건의 클레임이 관측되었다. 특정 보험계약자에 대한 신뢰도 가중 연평균 클레임 빈도에 대한 추정치는 아래와 같이 산정된다.

1. 관측된 연클레임 빈도는 C/Y이다.
2. Y년 동안 관측치에 주어지는 신뢰도는 $Z=Y/(Y+K)=Y/(Y+\lambda)$이다.

3. 클레임 빈도에 대한 사전적 가정은 모집단 전체에 대한 μ의 평균은 $E[\mu]=\alpha/\lambda$이다.
4. 신뢰도 가중 추정치는 아래와 같이 된다.

$$\begin{aligned} & Z(C/Y)+(1-Z)(\alpha/\lambda)) \\ &= Y/(Y+\lambda)(C/Y)+(1-Z)(\alpha/\lambda)+(1-Y/(Y+\lambda))(\alpha/\lambda) \\ &= C/(Y+\lambda)+\lambda/(Y+\lambda))(\alpha/\lambda)=(\alpha+C)/(Y+\lambda) \end{aligned} \tag{6.4.1}$$

이는 정확하게 사후적 감마분포의 평균과 동일하다. 감마-포아손분포의 경우, 베이지안 분석을 사용해 얻은 추정치와 뷜만신뢰도를 사용해 얻은 추정치는 동일하다.[53]

예제 8 연평균 클레임 빈도가 $\alpha=3.0$이고 $\lambda=1.5$인 감마분포를 따르는 모집단으로부터 무작위로 특정 보험계약자를 선정하였다(특정 보험계약자의 클레임수는 포아손분포를 따른다). 특정 보험계약자에게 3년 동안 9건의 클레임이 관측되었다. 뷜만신뢰도로 가중한 특정 보험계약자의 연평균 빈도추정치를 구하여라.

정답 이는 공식 (6.4.1)로부터 직접적으로 산정할 수 있다($E[\mu|$3년 동안 9건의 클레임$]=(3+9)/(1.5+3)=2.67$).

모든 단계를 밟아서 산정하면

$EPV=3.0/1.5$

$VHM=3.0/1.5^2=1.333$, $K=2/1.333=1.5$이고, $Z=3/(3+1.5)=2/3$이 된다.

연평균빈도의 사전적 추정치는 $9/3=3$이 된다. 신뢰도 가중 추정치는 $(2/3)(3)+(1/3)(2)=2.67$이 된다.

---

53) 이는 선형지수함수계의 일종의 사전적 콘쥬게이트 분포에 대한 일반적 결과치의 특수한 경우이다. 일반적 결과에 대한 논의는 본 장의 범위를 넘어간다. 일반적으로, 베이지안 분석 추정치와 뷜만신뢰도 추정치는 동일하지 않을 수 있다.

연습문제

1. 연평균 클레임 빈도가 $\alpha = 2.0$ 이고 $\lambda = 8.0$인 감마분포를 하는 모집단으로부터 무작위로 특정 보험계약자가 선정되었다. 개별 보험계약자에 있어서의 클레임수는 포아손분포를 한다. 4년 동안 4건의 클레임이 선정된 특정 계약자로부터 관측되었다고 한다. 그 특정 계약자에 있어서의 뷜만신뢰도 가중 연평균 클레임 빈도를 추정하라.

2. 아래의 정보가 주어졌다.
   - 특정 포트폴리오가 1,000명의 동일하고 서로 독립적인 위험으로 이루어져 있다.
   - 개별 위험에 있어서의 클레임수는 평균이 θ인 포아손분포를 한다.
   - θ에 대한 사전적 분포는 $\alpha = 250$ 이고 $\lambda = 2,000$인 감마분포이다.

   최근의 위험노증기간 동안 아래의 결과치가 관측되었다고 한다.

클레임수	위험의 수
0	906
1	89
2	4
3	1
합 계	1,000

   θ에 대한 사후적 분포의 평균값을 결정하라.

3. 아래의 정보가 주어졌다.
   - 클레임수는 모수가 μ인 포아손분포를 따른다.
   - 커버리지 첫해 이전에 있어서 μ는 확률밀도함수가 $f(\mu) = 1000^{150}\mu^{149}e^{-1000\mu}/\Gamma(150),\ \mu > 0$ 인 감마분포를 한다고 가정한다.
   - 1차년도에 있어서 1,500의 위험노증실체수에 있어서 300건의 클레임이 관측되었다.

- 2차년도에 있어서는 2,500의 위험노증실체수에 있어서 525건의 클레임이 관측되었다.

2년 후에 있어서의 $E[\mu]$에 대한 뷜만 확률 추정치는?

4. 아래의 정보를 사용하여 다음 세 문제를 풀어라.
각각의 보험계약자의 사고발생빈도는 평균이 θ인 포아손분포를 한다. 보험계약자로 이루어진 특정 포트폴리오에 있어서의 θ는 간격 (0,10)에서 균등분포를 한다.

4-1. 과정분산의 평균값은?

4-2. 가설적 평균의 분산값은?

4-3. 앞서 언급된 포트폴리오에서 무작위로 선정된 특정 보험계약자에 있어서 1년 동안 7건의 사고가 발생하였다. 뷜만신뢰도를 사용하여 그 보험계약자에 있어서의 미래 사고발생빈도를 추정하라.

Ⅶ · 실무와 연관된 갖가지 고려사항

본 장의 마지막 절에서는 신뢰도 이론 적용에 있어서 중요한 여러 가지 주제를 다루겠다.

1. 여신뢰도 적용치에 대한 몇 가지 예

뷜만신뢰도 모델에 있어서, 관측치는 모집단으로부터 선정된 특정위험 혹은 특정위험그룹으로 이루어져 있다. 특정위험의 몇 가지 특성은, 예를 들면 빈도는 추정되어야 한다, 특정위험의 관측된 빈도의 신뢰도가 전신뢰도를 가질 정도로 충분하지 않다면 그 추정치는 전체 모집단의 빈도추정치와 신뢰도로 가중되어야 한다 등과 같다.

이는 기업성 위험에 대한 보험료산정에 흔히 사용되는 경험요율산정안에 내재하는 기본원칙이다. 개별보험계약자의 실제손해경험치가 매뉴얼요율을 조정하기 위해 사용된다(매뉴얼요율은 보험사 요율 매뉴얼로부터 얻어진 요율이다). 보험계약자의 경험치가 거의 혹은 전혀 신뢰성이 없으면, 보험계약자에게 매뉴얼요율을 부과하게 된다. 그러나 보험계약자의 사전 경험치가 신뢰할 수 있는 정도까지는 보험계약자의 경험치가 요율이 적용되는 평균적 위험의 경험치보다 좋다면, 요율은 하향조정될 것이다. 반대로, 보험계약자의 경험치가 평균적 경험치보다 나쁘다면 그 보험계약자에게 적용되는 요율은 상향조정되어야 할 것이다.

신뢰도 이론은 다방면에서 사용되고 있다. 실무에 있어서 계리인은 종종 여신뢰도에 적용될 추정치를 선정하는 데 있어서 주관적 판단을 사용한다. 선정된 여신뢰도 적용추정치는 상대적으로 안정적일 뿐 아니라, 측정하여야 할 무작위변수와 연관성이 있어야 한다.[54)]

54) Boor, "여신뢰도, *Proceedings of the Casualty Actuaial Society* LXXXIII, 1996.

예제 1 프로야구팀인 삼성라이온즈는 시즌 시작 시 새로운 타자 이승엽을 스카웃하였다. 50회 게임시즌에 있어서 첫 두게임에서 이승엽은 네 번 나가서 안타 셋을 기록하여 타율 0.750을 보였다.
이승엽의 전체 50회 게임시즌에 대한 타율을 예측하라는 요청을 받았다. 신뢰도 가중을 하기 위해 필요한 여신뢰도에 적용할 추정치로 무엇을 고려하겠는가?

정답 여신뢰도에 적용할 추정치를 생각해 볼 수 있는 것은 이승엽의 일본에서의 타율, 삼성라이온즈팀 타자들의 지난 몇 년간 총 평균 타율, 혹은 지난 시즌의 전체리그 타자들의 총평균 타율 등이다.

아래의 도표에서 추정하여야 하는 대상과 여신뢰도가 적용되는 추정치 후보대상을 열거하고 있다.

추정하여야 하는 값	여신뢰도가 적용되는 값
목수 직종에 대한 근재보험 신요율	목수 직종에 대한 지난해 근재보험 요율[55]
자동차보험 요율인상 퍼센트	자동차 수리비와 의료비의 인플레이션율의 가중 평균
특정 요율산정지역구분의 요율인상 퍼센트	전체의 평균 요율인상 퍼센트
근재보험에 있어서의 특정 목수계약 비즈니스에 대한 요율	목수직종에 대한 평균 근재보험 요율

각 경우에 있어서 여신뢰도가 적용되는 값은 추정하여야 하는 값에 대하여 합리적인 추정치가 되어야 한다.

2. 상이한 신뢰도 모수 효과

일반적으로 신뢰도 공식 내 모수의 비교적 적은 차이점이 신뢰도 추정치에 큰 영향을 가져오지는 않는다. [그림 1-10]에서 세 가지의 신뢰도 곡선을 보여주고 있다. 중간곡선이 모수 $K=5,000$인 뷜만신뢰도 공식 $Z=n/(n+5,000)$의 경우이다. 아래 곡선이 모수 K값을 25%증가시켜 $K=1.25\times 5,000=6,250$가 되는 경우이다. 위 곡선은 $K=0.75\times 5,000=3,750$로 보다 적은

55) 모든 경우에 마찬가지 이지만, 지난해 요율을 여신뢰도 적용 값으로 사용하는 경우 이후 변화를 반영하기 위해 조정되어야 한다. 예를 들어, 모든 등급의 평균요율변화 만큼 조정되어야 할 것이다.

그림 1-10 모수 *K*값 변화 영향

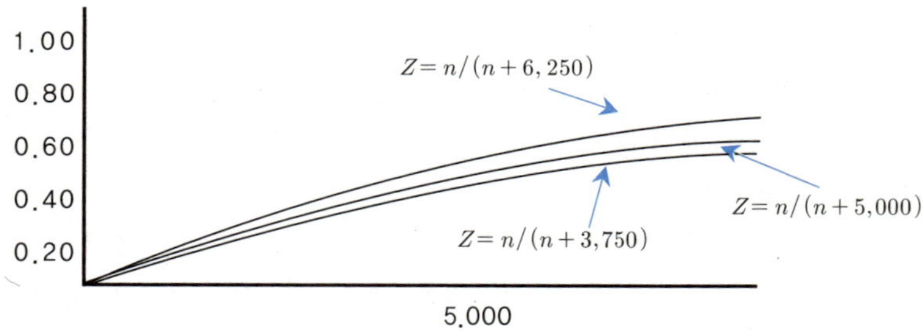

*K*값의 경우이다. 뷜만신뢰도 모수값을 25% 변화시켜도 신뢰도에 별 영향을 주지 않음을 주목하기 바란다.

실무에 있어서, 반드시 최선의 신뢰도공식 모수값을 정확하게 결정할 필요는 없다.[56)]

단지 양질의 추정치만 추정할 수 있어도 구할 수 있는 최선의 것이다.[57)] 고전적 신뢰도에도 똑같은 논리가 성립한다.

56) 두 배수 내에서 *K*값을 추정하는 것으로도 보통의 경우 충분하다. Mahler의 "신뢰도모수에 대한 계리적 소고", Proceedings of the Casualty Actuarial Society LXXIII, 1986 참조.

57) 간혹 계리인은 주관적 판단을 사용하여 *K*값을 선정한다. *K*값은 뷜만신뢰도 공식에 있어 50%의 신뢰도가 주어진 데이터 양임을 주목하기 바란다.

연습문제

1. 목수에 대한 산재보험 현행요율은 (급여 십만원당) 18,000원이다. 모든 등급에 있어서 평균적으로 10%의 요율인하 요인이 있는 것으로 시현되었다. 최근 데이터에 의한 목수등급에 있어서 시현된 요율은 15,000원이다. 목수등급에 있어서의 최근 데이터에 의하면 30억원의 손해가 발생하였다. 아래 각 경우에 있어서 목수등급의 제안 요율(proposed rate)을 산정하라.

1-1. 뷜만신뢰도 모수 $K=50$억원을 사용하여.

1-2. 뷜만신뢰도 모수 $K=100$억원을 사용하여.

1-3. 전신뢰도 기준치로 기대손해액 600억을 사용하여.

3. 고전적 신뢰도와 뷜만신뢰도 비교

비록 양 공식은 상이하게 보이지만 고전적 신뢰도와 뷜만신뢰도는 [그림 1-11]에서 보는 것처럼 매우 유사한 결과치를 낳는다.

그림 1-11 고전적 신뢰도 대 뷜만신뢰도

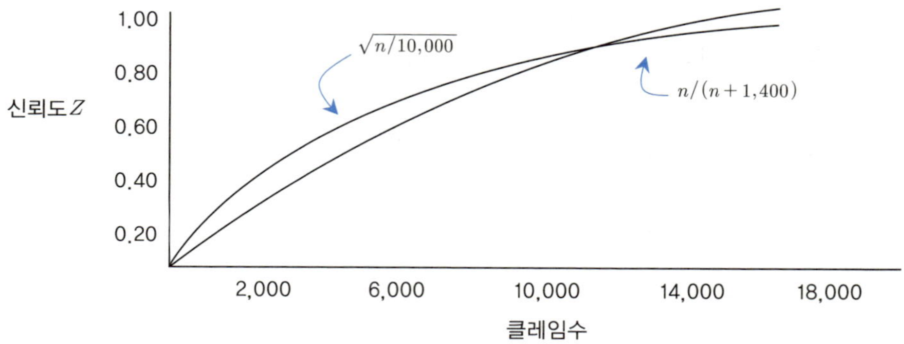

양 모델에 있어서 가장 현저한 차이점은 뷜만신뢰도에 있어서는 $Z=1.00$에 근접해 가지만 결코 $Z=1.00$에 이르지 못한다는 것이다. 추정치에 대한 안정성과 정확성을 개선시키는 데는 양 모델 모두가 효과적이다.

고전적 신뢰도와 뷜만신뢰도 공식은 고전적 신뢰도의 전신뢰도 기준치 n이 뷜만신뢰도 모수 K값보다 7-8배 크다면, 양 공식에 의하면 거의 유사한 신뢰도 가중치가 산출된다.[58]

세 가지의 추정모델이 본 장에서 제시되었다: (1) 고전적 신뢰도, (2) 뷜만신뢰도 및 (3) 베이지안 분석 등이 그 셋이다. 실제 실무에 있어서 계리인은 자신이 설정한 목표와 데이터에 부합하는 모델을 선택할 수 있다. 목표가 최

58) 이는 뷜만신뢰도 공식이 클레임수로 표시됨을 가정한다. 그렇지 않을 경우 클레임수로의 전환을 필요로 한다. 뷜만신뢰도 공식이 E가 경과보험료일 때, $E/(E+K)$로 표시된다고 하자.
이와 아울러 평균적으로 2백만원의 경과보험료당 1건의 클레임이 발생한다고 하자. 그러면, 전신뢰도 기준치 n을 $K/2,000$에 7혹은 8을 곱한 값과 동일하게 하면, 유사한 신뢰도 가중치를 얻을 수 있다.

소자승값 적합성에 근거한 측정치로 삼는 대부분의 경험요율산정안에 가장 적합한 보험요율을 산정하는 것이라면, 뷜만신뢰도 모델이 그 베이스가 되는 것이 적합할 것이다. 종종 등급화안에 있어서 등급요율을 산정하는 데 뷜만신뢰도 모델이 사용되기도 한다. 뷜만신뢰도 모델을 사용하기 위해서는 *EPV*와 *VHM*값을 추정하여야 한다.

고전적 신뢰도 모델은 *EPV*와 *VHM*값을 알 수 없거나, 산정하기가 매우 어려울 때 사용될 수 있다. 고전적 신뢰도 모델은 흔히 (보종별)전체요율인상분을 산정할 때 사용된다. 많은 경우 고전적 신뢰도 모델 가정하에 작업하기가 훨씬 수월하다. 사전적 분포에 대한 믿을 만한 추정치가 존재할 때 베이지안 분석 모델도 사용이 가능하다. 그러나 베이지안 분석 모델은 실무에 적용하기가 매우 복잡할 뿐만 아니라 비계리인에게 설명하기도 쉽지 않다.

4. 결과치 한정(Capping)의 중요성

신뢰도적용은 선형과정이라 할 수 있다. 그리하여 극한의 경우 어려움을 야기하므로 특별한 주의를 요한다. 적절하게 선정된 한정치는 안정성을 증가시킬 뿐아니라 극한값을 제거시킴으로 인해 정확성을 배가 시킨다. 등급요율산정안에 있어 등급이 수천은 아닐지라도 수백이 될 수 있다. 신뢰도가중기법은 각 등급의 요율 혹은 상대도의 변동 폭을 감소시키거나, 수많은 등급수로 인해 극한의 경우가 존재할 수 있다.

고전적 신뢰도 모델이 채택되어 전신뢰도 기준치가 관측치의 값이 기대평균의 $(100 \pm 10)\%$ 이내에 있을 확률이 95%가 되는 것으로 설정하였다고 하자. 이는 추정치가 기대평균의 $(100 \pm 10)\%$ 밖에 있을 확률이 5%가 됨을 의미한다. 등급의 수가 500이라면, 평균적으로 25등급의 경우 범위 밖에 위치하게 되어, 이들 등급 중 일부는 극한의 경우라고 볼 수 있을 것이다.

고전적 신뢰도에 있어서, 정규분포 근접화를 가정하였다. 실무에 있어서, 이는 특히 데이터 양이 별로 되지 않을 때, 현실성이 부족한 가정이 될 수 있다. 보험클레임 심도는 중심에서 우측으로 치우치는 경향이 있다. 경우에 따라서는 그 치우침의 정도가 매우 심할 수 있다.[59] 배상책임보험의 일부유형

59) 대형 클레임이 발생할 확률은 무시 못할 정도로 높다. 이러한 분포에 있어서 평균값은

과, 고가의 재물에 대한 화재보험이 이러한 경우에 해당된다. 소수의 클레임에 한정치를 설정함으로써 이러한 문제를 완화시킬 수 있으나, 여전히 이러한 대형 클레임이 동일 기간 내에 복수로 발생할 가능성이 있다. 게다가, 데이터 양에 한계가 있게 되면, 한정된 손해액조차 큰 영향을 줄 수 있다.

신뢰도이론은 내재하는 손해발생과정이 무작위로 이루어질 뿐 아니라, 서로 독립적이라고 가정한다. 이는 실제 실무에 있어서는 성립이 되지 않을 수 있다. 사람들이 난방을 위해 상대적으로 덜 안전한 방법을 쓰는 경향이 증가함으로 인해 지속적 혹한으로 인한 다수의 화재손해가 발생할 수 있다. 아니면, 하루 이틀의 빙판길로 인해 다수의 차량충돌손해가 야기될 수 있다. 계리인은 이렇게 특수한 경우를 분리하려고 시도할 수 있어야 한다. 그러나 이러한 경우를 알아내고 적절한 조정을 취하는 것이 항상 가능한 것은 아니다.

결과치를 한정하는 것은 신뢰도 가충치 부과과정에 있어서 바람직한 보완책이 될 수 있으며, 이로 인해 추정치는 보다 신뢰할 수 있게 된다. 추정치의 사용자 입장에서 볼 때 1, 2건의 사고로 인해 결과치가 별로 영향을 받지 않을 것이므로 결과치를 한정하는 것이 보다 바람직 할 수 있다.

중앙값보다 훨씬 크다.

연습문제

1. 항공 농작물소독살포로 인한 산재보험 기대손해액이 급여 10만원당 2만원이다. 특정 농작물소독살포사에 있어서의 경험 기간 동안 급여액은 3억원이었고 40억원짜리 클레임이 1건 발생하였다. 아래 각각의 경우에 있어서의 언급된 농작물소독살포사에 있어서의 봉급 10만원당 기대손해액을 추정하라.

1-1. 보고된 손해액을 사용하고 기대손해액에 대한 뷜만신뢰도 모수 8천만원을 사용한다.

1-2. 클레임당 2억원으로 한정된 손해액을 사용하고 한정 기대손해액에 대한 뷜만신뢰도 모수 5천만원을 사용한다. 클레임당 2억원으로 손해액을 한정시킴으로써 그렇지 않았을 때보다 손해액을 95% 수준으로 감소시킨다고 가정한다.

5. 추정에 사용된 한정된 데이터

신뢰도 가중치 결정과정과 연계하여 보편적으로 사용되는 기법은 대형손해를 한정하는 것이다. 대형손해를 한정하므로 인해 관측된 발생손해액의 분산을 줄임으로써 관측치에 보다 높은 신뢰도를 배정할 수 있게 된다.

예를 들어 계리인이 특정지역의 자동차보험요율을 산정한다고 하자. 자동차 요율은 지역구분별로 차이가 날 것이다. 개별 대형손해가 지역구분별 요율에 미치는 영향을 제한하기 위해, 각 개별손해는 선별된 금액, 이를테면 1억원으로 한정할 수 있다. 손해액이 1억원보다 크면, 1억원으로 실제금액이 대체된다. 그리하여 지역구분별 손해데이터에는 모든 손해액이 1억원까지만 포함되게 된다. 1억원 이상의 손해액은 한 데 모아 전체 모든 지역구분에 비례적으로 배분하게 된다.

전신뢰도에 대한 고전적 신뢰도 표준치는 공식 (3.5.4)에서 보여진 것처럼 아래와 같이 된다.

$$n_F = n_0(1 + (\sigma_s/\mu_s)^2)$$

n_F는 데이터에 100%의 가중이 배정되기 위해 필요한 기대 클레임수이다. 대형손해를 한정하므로써 심도변동계수 $CV_s = \sigma_s/\mu_s$의 크기가 감소하게 되고 이에 따라 n_F가 줄어들게 된다.

예제 2 아래의 비율대로 손해가 세 가지 크기로 발생한다고 가정한다.

손해의 크기	손해발생비율
1백만원	80%
2천만원	15%
1억원	5%

1. 한정하지 않는 손해 심도의 변동계수 $CV_s = \sigma_s/\mu_s$를 산정하라.
2. 손해가 5천만원으로 한정되었을 때의 심도 변동계수를 산정하라.

정답 (1) 비한정손해: μ_s =0.80(1백만원)+0.15(2천만원)+0.05(1억원)

= 8백8십만원이 된다.

그리고 σ_s=[0.80(1백만원)^2+0.15(2천만원)^2+0.05(1억원)^2-8백8십만원^2]$^{1/2}$= 21,985천원이 된다.

그리하여 $CV_s = \sigma_s/\mu_s$=21,985천원/8,800천원=2.50가 된다.

(2) 한정손해: μ_s=0.80(1백만원)+0.15(2천만원)+0.05(5천만원)
= 6백3십만원이 된다.

계산시 1억원이 5천만원으로 대체되었음을 주목하기 바란다.

그리고 σ_s=[0.80(1백만원)^2+0.15(2천만원)^2+0.05(5천만원)^2-6백3십만원^2]$^{1/2}$=12,088천원이 된다.

그리하여 $CV_s = \sigma_s/\mu_s$= 12,088천원/6,300천원=1.92가 된다.

예제 2를 사용하여, 비한정손해에 대한 전신뢰도 기준치를 구하면, $n_F=n(1+(2.5))=n(7.25)$가 된다. 5천만원에 한정한 전신뢰도 기준치는: $n_F=n(1+(1.92))=n(4.69)$가 된다. 양 값을 비교하면, 5천만원으로 한정하므로써 전신뢰도에 필요한 클레임수가 35% 감소하였음을 알 수 있다.

비록 손해액 한정을 보이기 위해 고전적 신뢰도이론을 사용하였지만, 뷜만신뢰도 모델링에 있어서도 손해액 한정은 매우 유용한 수단이 된다. 손해액 한정을 통해 일반적으로 과정분산값이 감소되고 이는 다시 K값을 감소시킨다(보통의 경우 손해액 한정을 통해 가설적 평균의 분산값보다는 과정분산의 기댓값이 더 감소된다).

6. 실무에 있어서의 신뢰도 모수 추정

본 절에서는 신뢰도 모수를 추정하는 데 있어서의 몇 가지 기법들을 논의하겠는데, 우선 염두에 두어야할 것은 신뢰도 모수 선정에 있어서 주관적 판단이 종종 중요한 역할을 한다는 것이다.

신뢰도 모수 추정에 있어서 반응성 대 안정성의 균형화를 필요로 한다. 관측치에 대해 보다 많은 신뢰도 가중을 부여한다는 것은 추정치에 현 데이터가 보다 많은 영향을 준다는 것을 의미한다. 선정된 추정치는 현 데이터에 보다 더 반응적이 된다. 그러나 이는 추정치에 있어서의 안정성을 희생한 결과이다. 신뢰도 모수 추정에 있어서 종종 계리인의 반응성 및 안정성에 대한 균형화를 반영하고자 하는 의도가 시도된다.

1) 고전적 신뢰도

고전적 신뢰도에 있어서, P와 k값이 선정되어야 하는데, 여기서 P는 관측치 X가 평균값으로부터 특정 퍼센트 내에 있을 확률이다. 보다 높은 P값과 보다 적은 k값은 보다 높은 안정성과 보다 낮은 관측치에 대한 신뢰도 부여를 의미한다. 일반적으로 선정되는 P 및 k값은 각각 90%와 5%가 될 수 있는데, 왜 이와 같은 값이 여타 값보다 더 나은지에 대한 사전적 이유는 없다.

기대 순보험료 혹은 손해율 추정에 있어서 전신뢰도 표준(공식 (3.5.4) 참조) 산정을 위해 심도분포에 대한 변동계수를 필요로 한다. 실무에 있어서의 변동계수는 아래의 예에서 보여주는 것처럼 경험적 데이터로부터 추정된다.

예제 3 100건의 클레임이 아래와 같이 분포되었다고 가정한다.

클레임 크기	클레임수
1백만원	85
5백만원	10
1천만원	3
2천5백만원	2

클레임 심도에 대한 변동계수 추정은 위와 같은 경험적 분포에 의거한다.

정답 표본 평균=.85(1백만원)+.10(5백만원)+.03(1천만원)+.02(2천5백만원)=2백15만원이 된다.

표본 표준편차$=\{[1/(100-1)][85(1{,}000-2{,}150)^2+10(5{,}000-2{,}150)^2+3(10{,}000-2{,}150)^2+2(25{,}000-2{,}150)^2]^{1/2}\}=3{,}791$천원이 되는데, 여기서 비편향 추정치를 구하기 위해 $(n-1)$로 나누었다.

변동계수 $CV=3{,}791/2{,}150=1.76$이 된다.

$P=90\%$이고 $k=5\%$일 때, 빈도에 대한 전신뢰도 표준 $n=1{,}082$ 클레임이 된다. 순보험료에 대한 전신뢰도 표준 $n_F=n(1+CV)=1{,}082(1+1.76)=4{,}434$인데, 변동계수는 예제 3에서 도출된 값을 사용하였다.

2) 뷜만신뢰도 – 데이터로부터의 EPV 및 VHM 추정

공식 $Z=N/(N+K)$에 있어서의 K모수를 추정하는 방법 중의 하나는 경험적 데이터로부터 K값의 분자와 분모를 계산하는 것이다.

예를 들어 모집단에 M개의 물건이 있는데, 위험의 크기가 서로 유사하다고 가정한다. 연도별 빈도 산정이 가능하여 Y년 동안의 각 물건별 빈도가 아래와 같이 주어졌다고 가정하자.

$$\begin{bmatrix} X_{11} & X_{12} & \dots & X_{1Y} \\ X_{21} & X_{22} & \dots & X_{2Y} \\ \cdot & \cdot & & \cdot \\ \cdot & \cdot & \cdot & \cdot \\ X_{M1} & X_{M2} & \dots & X_{MY} \end{bmatrix}$$

행렬은 각각의 물건의 빈도를, 종렬은 각각의 연도별 빈도를 나타낸다. 그리하여 X_{ij}는 i번째 물건의 j번째 연도 빈도를 나타낸다.

목표는 모집단으로부터 무작위적으로 선정된 물건의 기대 빈도의 추정치를 구하는 것이다. 신뢰도 $Z=N/(N+K)$가 특정물건의 관측된 빈도에 배정될 것인데, 여기서 N은 관측된 연도수를 나타낸다. 여신뢰도가 모집단의 평균 빈도에 배정될 것이다.

아래의 테이블에 추정값들을 열거 하였다.

	기호	추정값
물건 i의 평균 빈도	$\overline{X_i}$	$(1/Y)\sum_{j=1}^{Y} X_{ij}$
전체모집단의 평균 빈도	$\overline{X}$	$(1/M)\sum_{i=1}^{M} \overline{X_i}$
물건 i의 과정분산	$\hat{\sigma}_i^2$	$[1/(Y-1)]\sum_{j=1}^{M}(X_{ij}-\overline{X_i})^2$
과정분산의 기댓값	EPV	$(1/M)\sum_{i=1}^{M}\hat{\sigma}_i^2$
가설적 평균의 분산	VHM	$[1/(M-1)]\sum_{i=1}^{M}(\overline{X_i}-\overline{X})^2-EPV/Y$

과정분산의 기댓값에 대한 추정치는 개별 물건 과정분산의 통상적 추정치이다. 가설적 평균의 분산에 대한 추정치는 직감적이지 않을 수 있으나, 이에 대한 엄밀한 도출 없이 그냥 사용하기로 하겠다.[60] 위 테이블에 제시된 모수들을 추정한 뒤 $K=EPV/VHM$로 K값을 추정할 수 있겠다. 표본 VHM값이 0

60) Klugman 등의 *손해모델: 데이터로부터 결정*을 통해 뷜만신뢰도 모수 추정에 있어서의 보다 철저하고 엄밀한 분석에 대한 참조가 가능하다.

이거나 0보다 작으면, 신뢰도값으로 0이 배정될 수 있겠다.

물건 i의 과정분산 $\widehat{\sigma_i^2}$은 물건 i의 연평균 빈도의 추정 과정분산값이 된다. Y년 동안의 빈도가 관측되었으므로, 연평균 빈도를 추정할 수 있다.

예제 4 특정 요율 등급에 있어서 두 운전자가 있다고 가정한다. 첫 번째 운전자의 경우 첫 해에는 2건의 클레임이, 두 번째 해에는 0건의 클레임이, 세 번째 해에는 0건의 클레임이, 네 번째 해에는 1건의 클레임이, 마지막으로 다섯 번째의 해에는 0건의 클레임이 관측되었다고 한다. 두 번째 운전자의 경우에는 첫 번째 해에서부터 다섯 번째 해까지 각각 1, 1, 2, 0, 2건의 클레임이 관측되었다고 가정한다. 위 테이블에 제시된 모수값들을 추정하여라.

정답 #1 운전자의 경우, $\overline{X_1}=(2+0+0+1+0)/5\ =0.6$이고

$\widehat{\sigma_1^2}=[(2-.6)^2+(0-.6)^2+(0-.6)^2+(1-.6)^2+(0-.6)^2]/(5-1)$

$=0.60$이 된다.

#2 운전자의 경우에는 $\overline{X_2}=(1+1+2+0+2)/5=1.2$가 되고,

$\widehat{\sigma_2^2}=[(1-1.2)^2+(2-1.2)^2+(0-1.2)^2+(2-1.2)^2]/(5-1)=0.70$

이 된다.

연빈도의 모집단 평균값 $\overline{X}=(\overline{X_1}+\overline{X_2})/2=(.6+1.2)/2=.90$로 추정된다.

과정분산의 기댓값 $EPV=(\widehat{\sigma_1^2}\ +\widehat{\sigma_2^2}\ )/2=(.8+.7)/2=.75$가 된다.

가설적 평균의 분산값

$VHM=[(\overline{X_1}-\overline{X})^2+(\overline{X_2}-\overline{X})^2]/(2-1)-EPV/5$

$=[(.6-.9)^2+(1.2-.9)^2]/1-.75/5=.03$이 된다.

예제 4에 있어서의 K값에 대한 추정치는 $K=EPV/\,VHM=.75/03=25$가 된다. 5년 동안의 경험치에 대한 신뢰도 $Z=5/(5+25)=1/6$으로 계산된다. 그리하여 첫 번째 운전자에 대한 미래 클레임 빈도에 대한 추정치는 $(1/6)(.6)+(5/6)(.9)=.85$가 된다. 이와 유사하게 두 번째 운전자에 대한 미래 클레임 빈도 추정치는 $(1/6)(1.2)+(5/6)(.9)=.95$가 된다.

대부분의 실무에 있어서는 운전자가 2인보다 많게 되는데 이때에도 본 기법은 동일하게 적용될 수 있다. 예를 들어 기업성 자동차 보험에 있어서의 다

수 계약의 경우에는 보험계약자의 수가 달라지게 되는데, 이때에는 본 기법이 수정되어야 한다. 이는 본 장의 영역을 넘어감으로 더 이상의 언급은 하지 않겠다.[61]

실무에 있어서는 K값을 추정하기 위한 다수의 기법들이 존재한다. 여기서 제시한 기법은 한 예에 지나지 않는다. 여기서 소개된 기법은 모든 보험계약자의 수가 동일하여 상황이 보다 단순할 때 사용될 수 있는 기법이라 하겠다.

3) 뷜만신뢰도 – 데이터에 대한 최적 핏으로부터 K값 추정

경험요율산정에 있어서는 보험계약자의 보험료를 보험계약자의 이전 손해경험치를 반영해서 조정한다. 보험계약자가 보험 손해를 별로 발생시키지 않았다면, 경험요율산정으로 할인이 주어져 보험료는 하향조정된다. 그러나 평균적 손해 경험치보다 보험계약자의 경험치가 불량하였다면 미래 보험료는 할증되게 된다. $Z=N/(N+K)$형태의 신뢰도 공식이 통상적으로 보험계약자의 경험치를 가중평균하기 위해 사용된다.[62]

과거에 어떠한 값이 잘 작동했느냐를 판별함으로써 K값을 추정할 수 있다. 여기서 목표는 경험요율산정을 적용시킨 후에 있어서의 개별 보험계약자의 기대손해율이 모두 동일한 것이다. LR_i를 분모가 경험요율산정을 적용 후의 보험료인 보험계약자 i의 손해율이라 하자.[63] $LR_{\text{평균}}$을 모든 보험계약자들에 대한 평균손해율이라 하자. 그러고 나서 $D(K)$를 아래와 같이 정의 한다.

$$D(K)=\sum_{\text{모든}\,i}(LR_i-LR_{\text{평균}})^2$$

위 식의 값은 경험요율산정에서 사용된 신뢰도 모수인 K에 대한 함수이다. 여기서 목표는 $D(K)$값을 최소화시키는 K값을 발견하는 것이다. 이는 상이한 K값하에 부과된 개별 보험계약자의 보험료를 재산출하는 것을 필요로 한다. 이로 인해 새로운 LR_i들이 계산되고 이것들을 다시 위 공식에 대입시키면 $D(K)'$가 산출된다. 수치분석 기법을 사용하여 $D(K)$를 최소화시키는 K값을 발견할 수 있게 된다.[64]

---

61) Klugman 등의 손해 모델: 데이터에서부터의 결정을 참조하기 바란다.

62) 신뢰도 가중은 보다 복잡해져 주손해 및 초과손해에 각각 적용되는 별개의 신뢰도 계수가 존재할 수도 있다.

63) 경험요율산정을 통한 조정은 이전 연도들에 있어서의 경험치와 K값에 의존한다.

신뢰도 모수를 산정하기 위한 또 하나의 접근방법으로 보험계약자의 현 빈도, 순보험료 등을 과거 경험치에 비교하는 선형회귀 분석기법을 들 수 있다. 현 연도의 결과치에 의거하여, 차년도의 결과치를 추정하기를 원한다고 하자. 그러면 다수의 보험계약자의 과거 연혁 데이터를 사용하여 선형회귀 방정식을 아래와 같이 설정할 수 있다.

Y년도에 있어서의 관측치$=m(($Y$-1)년도에 있어서의 관측치)+상수

데이터에 대한 최소 자승 핏으로부터 추정된 경사값 m이 뷜만신뢰도에 있어서의 Z값이 된다. 또한 "상수값"이 (1-Z)(전체 평균)값이 된다.[65] 과거연혁 데이터를 사용하여 본 모델에 있어서의 모수값을 추정한 뒤 본 모델과 최근 데이터를 사용하여 미래 결과치를 추정할 수 있게 된다. 복수년도를 사용하여 선형회귀 모델을 구축할 수 있다.

64) 과거에 어떠한 신뢰도 값이 잘 작동하였을까를 살펴보기 위해 최소자승법의 기법을 사용할 수도 있다.

65) 보다 자세한 정보를 위해서는 Mahler의 "경험요율산정에 있어서의 신뢰도에 대한 도식적 설명", *Proceedings of the Casualty Actuarial Society* LXXXV, 1998를 참조하기 바란다.

연습문제

1. 김여사는 자신의 스포츠카가 자동차 정비소에 있는 1주간 동안 남편의 차를 몰고 아침에 출근하면서 사무실에 도착하는 데 소요되는 시간을 기록하였다. 그리고 또한 자신의 스포츠카를 자동차 정비소로부터 출고 후 사무실에 도착하는 데 소요되는 시간을 기록하여 결과치는 아래 표와 같다.

시행순번	남편의 차	자신의 차
1	30분	30분
2	33분	28분
3	26분	31분
4	31분	27분
5	30분	24분

뷜만신뢰도를 사용하여 김여사는 자신의 스포츠카를 타고 출근시 걸리는 기대시간을 추정하고자 한다. EPV, VHM, K, Z 및 신뢰도 가중 추정치를 산정하라.

2. 다음의 세 문제는 서로 연관이 있으니 순서대로 풀어라.

2-1. 5명의 보험계약자에 대해 3년간 통틀어서 아래의 경험치가 관측되었다.

보험계약자	(경험조정계수) 적용 전 보험료	손해액	손해율
1	1,000,000	600,000	60.0
2	500,000	200,000	40.0
3	2,000,000	1,100,000	55.0
4	1,500,000	700,000	46.7
5	3,000,000	2,200,000	73.3
합계	8,000,000	4,800,000	60.0

아래의 공식을 사용하여 위의 보험계약자들에 대한 경험조정계수를 산정한다.

$$Z = P/(P+K) \text{ 및}$$

$$M = [(L/P)Z + 60.0(1-Z)]/60.0$$

단, 위 식에서

Z = 신뢰도, K = 뷜만신뢰도 모수

P = 보험료, M = 경험조정계수

L = 손해액, 60.0 = 관측된 총손해율을 의미한다.

$K = 1{,}000$일 때, 각각의 보험계약자에 있어서의 경험조정계수는?

2-2. 5년차 경험기간 동안 아래의 경험치가 관측되었다.

보험계약자	(경험조정계수) 적용 전 보험료	손해액	손해율
1	400,000	300,000	75.0
2	200,000	100,000	50.0
3	900,000	200,000	22.2
4	500,000	200,000	40.0
5	1,000,000	700,000	70.0
합계	3,000,000	1,500,000	50.0

경험조정계수는 앞선 3년간 데이터를 사용하여 다양한 K값에 따라 산정된다.

$K = 1{,}000$일 때, 5년차 경험치에 있어서 경험조정계수로 조정된 보험료를 사용하여 계산된 조정 손해율과 총손해율차에 대한 제곱합을 구하여라.

tip 조정된 보험료는 보험료에 조정계수를 곱함으로써 산정된다. 조정된 손해율은 분모에 조정된 보험료를 사용함으로써 산정된다.

2-3. K가 어떤 값을 가질 때 앞서 계산한 제곱합이 최소화가 될까?(컴퓨터를 사용하여 문제를 푸는 것이 바람직하다)

참·고·문·헌

H - 역사적 문헌, B - 기본적 문헌, I - 중급 문헌, A - 고급 문헌

H Bailey, Arthur L., "일반화된 신뢰도 이론", Proceedings of the Casualty Actuarial Society, 1945, 32: 13-20.

H Bailey, Arthur L., "신뢰도 절차, 라플라스의 일반화된 베이즈 법칙과 관측된 데이터에 대한 병립적 지식의 결합", Proceedings of the Casualty Actuarial Society, 1950, 37: 7-23.

B Bailey, Robert A., and LeRoy J. Simon, "단일 개인승객용 자동차 경험치에 있어서의 신뢰도에 대한 계리적 소고", Proceedings of the Casualty Actuarial Society, 1959, 46: 159-164.

I Boor, Joseph A., "정확도에 근거를 둔 신뢰도", Proceedings of the Casualty Actuarial Society, 1992, 79: 166-185.

I Boor, Joseph A., "여신뢰도", Proceedings of the Casualty Actuarial Society, 1996, 83: 1-40.

I Brosius, Eric, "신뢰도를 사용한 손해진전", CAS 2001 시험 6 웹 노우트, 1993. http://www.casact.org/students/syllabus/2001/6web.htm(1999년 10월 1일).

H B hlman, Hans, "경험요율산정과 신뢰도", ASTIN Bulletin, 1967, 4, 3: 200-207.

H B hlman, Hans and E. Straub, 1970. 손해율에 대한 신뢰도, ARCH, 1972, 2.

I Conger, Robert F., "매사추세츠에 있어서의 자동차보험 지역별 세분화 구축", Proceedings of the Casualty Actuarial Society, 1987, 74: 1-74.

B Dean, Curtis Gary, "신뢰도 입문", CAS Forum, 겨울호 1997, 55-66.

A De Vlyder, F. Erienne, 고급 위험론 - 자습적 입문, University of Brussels, Belgium, 1996.

H Dorweiler, Paul, "경험요율산정에 있어서의 위험 신뢰도에 관한 정리", Proceedings of the Casualty Actuarial Society, 1971, 58: 90-114. 첫 번째 출판은 Proceedings of the Casualty Actuarial Society, 1934, 21: 1-25에 수록 됨.

I Feldblum, Sholom, "여신뢰도"에 대한 토론 Proceedings of the Casualty Actuarial Society, 1998, 83: 991-1033.

I Finger, Robert J., "의사 전문인 배상책임에 대한 무사고 요율산정", Proceedings of the Casualty Actuarial Society, 1993, 80: 291-352.

I Gerber, Hans, "정밀 신뢰도에 관한 교수적 진언", ASTIN Bulletin, 1995, 25, 2: 189-192.

I Gilliam, William R., "산재보험 경험요율산정안에 있어서의 모수화", Proceedings of the Casualty Actuarial Society, 1992, 79: 21-56.

I Gilliam, William R. and Richard H. Snader, "개별위험 요율 산정에 있어서의 근본적 사항", CAS 2001 시험 9 웹 노우트, 1993.
http://www.casact.org/students/syllabus/2001/9web.htm. 1992.

I Goulet, Vincent, "한정 변동 신뢰도 이론에 있어서의 근접화", Proceedings of the Casualty Actuarial Society, 1997, 84: 533-552.

I Goulet, Vincent, "신뢰도에 있어서의 원칙과 이의 응용", Journal of Actuarial Practice 1998, 6: 1, 2, 5-62.

I Hachemeister, Charles A., "추세 적용을 염두에 둔 회귀모델에 있어서의 신뢰도", 신뢰도, 이론과 응용 Proceedings of the Berkley Actuarial Research Conference on Credibility, 1975, 129-163에 수록(Al Quirin의 토론과 함께 CAS Forum 봄호 1992, 307-348에 재인쇄).

I Heckman, Phillip E., "신뢰도와 지급여력", CAS Discussion Paper Program, 1980, 116-152.

B Herzog, Thomas N., "신뢰도 입문", Mad River Books, 1996.

I Hewitt Charles C., "심도에 대한 신뢰도", Proceedings of the Casualty Actuarial Society, 1970, 57: 148-171.

B Hewitt, Charles., "신뢰도에 대한 베이지안 시각", 에 대한 토의, Proceedings of the Casualty Actuarial Society, 1965, 52: 121-127.

B Hossack, I. B., J. H. Pollard, and B. Zehnworth, 일반보험에 대한 응용을 염두에 둔 입문적 통계학, Cambridge University Press, New York, 1983.

I Insurance Service Office, 신뢰도에 관한 소위원회 보고서: 등급요율산정에 있어서의 경험적 베이즈 신뢰도 개발과 시험, ISO, New York, 1980.

A Jewell, W. S., "신뢰할 만한 평균값은 지수함수군에 대한 정확한 베이지안임", ASTIN Bulletin, 1974, 8, 1: 77-90.

A Klugman, Stuart A., "순차적 정상 선형 모델을 통한 등급 요율산정에 대한 신뢰도", Proceedings of the Casualty Actuarial Society, 1987, 74: 272-321.

I Klugman, Stuart A., Harry H. Panjer, and Gordon E. Willmot, 손해 모델: 데이터로 부터의 결정, John Wiley and Sons, New York, 1998.

B Longley-Cook, Lawrence H., “신뢰도이론에 대한 입문”, Proceedings of the Casualty Actuarial Society, 1962, 49: 194-221.

B Mahler, Howard C., “경험요율산정 신뢰도에 대한 도식적 설명”, Proceedings of the Casualty Actuarial Society, 1998, 85: 654-688.

A Mahler, Howard C., “위험 모수 전이에 대한 마르코프 체인 모델”, Proceedings of the Casualty Actuarial Society, 1997, 84: 581-659.

A Mahler, Howard C., “신뢰도 모수에 대한 계리적 소고”, Proceedings of the Casualty Actuarial Society, 1986, 73: 1-26.

I Mahler, Howard C., “위험 모수 전이에 대한 예”, Proceedings of the Casualty Actuarial Society, 1990, 77: 225-308.

B Mahler, Howard C., “신뢰도: 실무 응용”, CAS Forum, 가을호 1989, 187-199.

A Mahler, Howard C., “위험 모수 전이, 위험 비동질적 분산 및 모수 불확실성과 신뢰도”, Proceedings of the Casualty Actuarial Society, 1998, 85: 455-653.

A Mahler, Howard C., “경험요율산정에 대한 분석”에 대한 토의 Proceedings of the Casualty Actuarial Society, 1987, 74: 119-189.

A Mahler, Howard C., “산재보험 경험요율산정안에 있어서의 모수화”에 대한 토의 Proceedings of the Casualty Actuarial Society, 1993, 80: 148-183.

B Mahler, Howard C., “기본적 신뢰도에 관한 입문”, CAS Forum, 겨울호 1997, 67-103.

A Mahler, Howard C., “산재보험 등급 상대도”, CAS Forum, 가을호 1999, 425-462.

B Mayerson, Allen., “신뢰도에 관한 베이지안 관점”, Proceedings of the Casualty Actuarial Society, 1964, 51: 85-104.

B Mayerson, Allen., Donald A. Jones, and Newton Bowers Jr., “순보험료에 관한 신뢰도”, Proceedings of the Casualty Actuarial Society, 1968, 55: 175-185.

A Meyers, Glenn G., “경험요율산정에 관한 분석”, Proceedings of the Casualty Actuarial Society, 1985, 72: 278-317.

A Meyers, Glenn G., “산재보험 등급 요율산정에 있어서의 경험적 베이지안 신뢰도”, Proceedings of the Casualty Actuarial Society, 1984, 71: 96-121.

H Michelbacher, Gustav F., “경험요율산정에 관한 실무”, Proceedings of the Casualty Actuarial Society, 1918, 4: 293-324.

H Mowbray, A.H., “만족할 만한 순보험료 산출을 위해 얼마만큼의 임금표시 위

험노증실체수가 필요할까?", Proceedings of the Casualty Actuarial Society, 1914, 1: 25-30.

H Perryman, Francis S., "경험요율산정안에 있어서의 신뢰도", Proceedings of the Casualty Actuarial Society, 1971, 58: 143-207. 첫 번째 발표는 Proceedings of the Casualty Actuarial Society, 1973, 24: 60-125에서 됨.

H Perryman, Francis S., "신뢰도에 있어서의 몇 가지 소고", Proceedings of the Casualty Actuarial Society, 1932, 19: 65-84.

B Philbrick, Stephen W., "신뢰도 개념에 대한 고찰", Proceedings of the Casualty Actuarial Society, 1981, 68: 195-219.

I Robbin, Ira, "INBR 클레임수에 대한 베이지안 신뢰도 공식", Proceedings of the Casualty Actuarial Society, 1986, 73: 129-164.

H Uhthoff, Dunbar R., "산재보험 경험요율산정안 - 현시점에서의 검토", Proceedings of the Casualty Actuarial Society, 1959, 46: 285-299.

I Van Slyke, E. Oakley, "신뢰도 가중 추세 계수", Proceedings of the Casualty Actuarial Society, 1981, 68: 160-171.

B Van Slyke, E. Oakley, "히아와다(Hiawatha)에 대한 신뢰도", CAS Forum 가을호 1995, 281-298.

I Venter, Gary G., "추세 적용에 있어서의 고전적 부분 신뢰도", Proceedings of the Casualty Actuarial Society, 1986, 73: 27-51.

I Venter, Gary G. 신뢰도 - 제 7장 손해보험 계리학 원론 제1판. New York: 손해보험 계리협회, 1990에 수록.

A Venter, Gary G., "순차적, 다차원적 및 다변량적 모델에 있어서의 구조적 신뢰도", ARCH, 1985, 2.

I Waters, H. R., "신뢰도 이론에 대한 입문", 계리 연구 노트 연구소.

H Whitney, Albert W., "경험요율산정론", Proceedings of the Casualty Actuarial Society, 1918, 4: 274-292.

부 록

빈도와 손해 분포

계리인들은 흔히 클레임수와 크기를 모델화하기 위해 분포를 사용한다. 본 부록에서는 가장 일반적으로 사용되는 빈도 분포와 손해 분포에 있어서의 주요 사실들에 관해서 기술하기로 한다.

빈도 분포

이항분포

무작위변수 영역: $x = 0,1,2,3\ldots,n$ 모수: $1 > p > 0, n \geq 1$.
$q = 1 - p$라 놓는다.

확률밀도함수: $f(x) = \binom{n}{x} p^x q^{n-x}$

평균$= np$

분산$= npq$

특별한 경우 $n = 1$일 때 베르누이 분포를 가짐

포아손 분포

무작위변수 영역: $x = 0, 1, 2, \cdots, n$ 모수: $\lambda > 0$

확률밀도함수: $f(x) = \lambda^x e^{-\lambda}/x!$

평균$=\lambda$

분산$=\lambda$

음이항 분포

무작위변수 영역: $x = 0, 1, 2, \cdots, n$ 모수: $k \geq 0,\ 0 < p < 1$
$q = 1 - p$라 놓는다.

확률밀도함수: $f(x) = \binom{x+k-1}{x} p^k q^x$

평균 $= kq/p = k(1-p)/p$

분산 $= kq/p^2 = k(1-p)/p^2$

특별한 경우 $k=1$일 때 기하 분포를 가짐

손해 분포

지수분포

무작위변수 영역: $x > 0$ 모수: $\lambda > 0$

분포 함수: $F(x) = 1 - e^{-\lambda x}$

확률밀도함수: $f(x) = \lambda e^{-\lambda x}$

모멘트: $E(X^n) = n!/\lambda^n$

평균 $= 1/\lambda$

분산 $= 1/\lambda^2$

감마 분포

무작위변수 영역: $x > 0$ 모수: $\alpha, \lambda > 0$

분포 함수: $F(x) = \Gamma(\alpha; \lambda x)$

확률밀도함수: $f(x) = \lambda^\alpha x^{\alpha-1} e^{-\lambda x}/\Gamma(\alpha)$

모멘트: $E[X^n] = \prod_{i=0}^{n-1}(\alpha+i)/\lambda^n = \lambda^{-n}\Gamma(\alpha+n)/\Gamma(\alpha)$

평균 $= \alpha/\lambda$

분산 $= \alpha/\lambda^2$

특별한 경우 $\alpha = 1$일 때 지수 분포를 가짐

와이블 분포

무작위변수 영역: $x > 0$ 모수: $c, \tau > 0$

분포 함수: $F(x) = 1 - exp(-cx^\tau)$

확률밀도함수: $f(x) = c\tau x^{\tau-1} exp(-cx^\tau)$

모멘트: $E[X^n] = \Gamma(1+n/\tau)/c^{n/\tau}$

특별한 경우 $\tau=1$ 일 때 지수 분포를 가짐

로그정규 분포

무작위변수 영역: $x > 0$ 모수: $-\infty < \mu < +\infty,\ \sigma > 0$

분포 함수: $F(x) = \Phi[\ln(x) - \mu/\sigma]$

확률밀도함수: $f(x) = \exp[-.5(\{\ln(x) - \mu\}/\sigma)^2]$
$/\{x\sigma\sqrt{2}\pi\}$

모멘트: $E[X^n] = exp[n\mu + .5n^2\sigma^2]$

평균$= exp(\mu + .5\sigma^2)$

분산$= exp(2\mu + \sigma^2)\{exp(\sigma^2) - 1\}$

파레토 분포

무작위변수 영역: $x > 0$ 모수: $\alpha, \lambda > 0$

분포 함수: $F(x) = 1 - (\lambda/(\lambda + x))^\alpha$
$= 1 - (1 + x/\lambda)^{-\alpha}$

확률밀도함수: $f(x) = (\alpha\lambda^\alpha)(\lambda + x)^{-(\alpha+1)}$
$= (\alpha/\lambda)(1 + x/\lambda)^{-(\alpha+1)}$

모멘트: $E[X^n] = \lambda^n n!/\prod_{i=1}^{n}(\alpha - i) \quad \alpha > n$

평균$= \lambda/(\alpha - 1) \quad \alpha > 1$

분산$= \lambda^2\alpha/\{(\alpha-2)(\alpha-1)^2\} \quad \alpha > 2$

PART Ⅱ

제 2 장 손해보험 가격결정

CHAPTER 02

손해보험 가격결정(Pricing)

I. 서 론

손해보험 계리 업무에 있어서 기본이 되는 두 분야는 가격결정(Pricing)과 준비금 추정(Reserving)에 관한 것이라 할 수 있다. 준비금 추정은 손해보험사가 보험소비자에게 보험서비스 즉, 특정위험에 대한 커버리지 제공의 결과로 생긴 보험사고 발생으로 인해 손해보험사가 보험소비자 혹은 보험소비자와의 (과실책임 등으로 인한) 특수 관계가 성립된 제3자에게 지급할 의무가 있는 보험금 중 기지급된 보험금을 차감한 손해액에 대한 추정에 관한 것이다. 준비금 추정에 있어 중요한 부문은 기발생 미보고사고 클레임(IBNR Claim)에 대한 추정이다.

손해보험 가격결정은 크게 매뉴얼요율결정과 개별위험요율결정으로 나누어진다. 매뉴얼요율결정은 보종별(Line of Business) 혹은 부 보종별(Subline of Business) 전체 요율 수준이 결정되고 등급별(Class) 요율 변화는 전체 요율 수준의 배분 형태로 이루어진다. 일반적으로 가계성 자동차보험(Personal Automobile Insurance) 혹은 주택소유자보험(Homeowner's Insurance)과 같은 가계성 보험은 매뉴얼요율결정으로 충분하다고 볼 수 있다. 기업성 보험(Commercial Insurance)에 있어서는 개별 보험계약자별 위험의 특성이 상이할 뿐 아니라 위험의 크기 역시 상이하여 매뉴얼요율만으로는 적절한 요율 혹은 가격결정이 불가능함으로 인해 개별위험요율결정이 필요하게 된다. 개별위험요율

결정에 있어서 스케쥴요율산정안(Schedule Rating Plan)이나 경험요율산정안(Experience Rating Plan)은 매뉴얼요율에 개별 보험계약자의 위험특성이나 과거 경험치에 의해 수정을 가하는 요율산정안이고 손해요율산정안(Loss Rating Plan)은 매뉴얼요율과는 독립적 형태를 띠는 요율산정안이며, 차귀적 요율산정안(Retrospective Rating Plan)의 경우에는 매뉴얼요율 혹은 매뉴얼요율에 개별위험산정안에 의해 수정이 가해진 요율이 보안적으로 쓰일 수도 있고 손해요율산정안이 그 역할을 대신할 수 있는 요율산정안이다.

가격결정에 있어서 중요한 역할을 하는 이론이 신뢰도 이론(Credibility Theory)이다. 일반적으로 생각되기로는 대수의 법칙(Law of Large Number)이 성립되어야 요율을 결정할 수 있다고 하는데 이 대수의 법칙이 성립하지 않을 때 신뢰도 이론을 도입하여 요율을 결정할 수 있는 것이다. 새로운 요율을 경험치와 경험외치를 가중평균하여 결정할 수 있는데 이 가중치에 대한 이론이 신뢰도 이론이다.

매뉴얼요율결정에 있어서 보험계약자를 어떻게 분류하여 요율을 차별화할 것인가가 중요하다. 그 이유는 적절한 등급화가 이루어져 있지 않은 특정 손해보험사의 우량 보험계약자는 등급화가 제대로 이루어진 보험사로 이동함으로써 이득을 볼 수 있기 때문이다. 등급화가 어떤 기준에 의해서 이루어지며, 등급화에 있어서 고려되어야 할 요소가 무엇이며, 어떠한 방법을 통해 등급화가 이루어져야 하는가 등에 관한 이론이 등급화 이론(Classification Theory)이다.

매뉴얼요율결정에 있어서 가격결정 방법은 발생하리라 예상되는 손해액과 위험단위수(Exposure)를 비교하여 요율을 결정하는 순보험료법(Pure Premium Method)과 발생하리라 예상되는 손해율(손해액/경과보험료)과 보험료 중 손해액이 차지하여야 하는 비율인 허용손해율(Permissible Loss Ratio)을 비교하여 요율을 결정하는 손해율법을 들 수 있는데 각 방법의 장단점에 대한 이해가 요율결정에 있어서 어떠한 방법이 더 선호되어야 하는지에 대한 판단에 있어서 중요한 역할을 하게 된다.

본 장을 통해서 등급화 이론에 대한 이해, 가격결정 방법에 대한 이해, 매뉴얼요율결정에 있어서의 구체적 절차, 개별위험요율결정에 대한 이해 및 구체적 절차에 관해 순차적으로 설명할 것이다.

Ⅱ 등급화(Classification)

손해보험가격결정은 크게 등급요율산정(Class Ratemaking) 혹은 매뉴얼 요율산정(Manual Ratemaking)과 개별요율산정(Individual Ratemaking)으로 나눌 수 있다. 등급요율산정이란 개별물건을 그 특성별로 그룹화(Grouping) 혹은 등급화하여 각 등급별로 일정 요율을 산정하는 것을 의미한다.

1. 등급화에 있어서 고려사항

개별물건을 그 특성별로 등급화하는 과정에 있어서 고려해야 할 사항으로 크게 보험계리적 고려, 운영적인 고려, 사회적 및 규범적 고려 등을 들 수 있다.

1) 보험계리적 고려

등급화에 있어서 그 기준이 되는 보험계리적 고려로 정확성(Accuracy), 동질성(Homogeneity), 신뢰성(Credibility) 및 신임성(Reliability)을 들고 있다. 정확성은 등급화에 기준이 되는 등급화 변수(예를 들면 나이, 성별 등)가 보험비용과 직접적인 연관이 있어야 함을 의미한다. 정확성이 특히 중요한 것은 보험시장 메커니즘과 공정성 때문이다. 시장경제에 있어서 보험료를 정확히 산정하여 보험상품을 판매하는 보험사는 그렇지 못한 보험사에 비해 우월한 지위를 가진다. 또한 보험비용에 상응하는 보험료를 보험소비자가 부담하는 것이 공정할 것이다. 동질성은 동일한 보험료를 부담하는 특정 등급군의 보험소비자들의 기대보험 비용이 서로 유사해야 함을 의미한다.

일개의 등급군은 충분한 정확도를 가지고 보험사가 보험비용을 측정할 수 있을 만큼 커야하는데 이를 신뢰성이라 한다. 신임성은 보험료 산정에 있어서의 안정성이라 표현할 수 있는데 주어진 보험손해 데이터로 손해비용 산정을 할 때 서로 상이한 등급군의 보험비용은 서로 상이하여야 함을 의미한다.

2) 운영적인 고려

보험계리적 고려에 의해서 이루어진 등급화는 보험운영적인 고려로 인해 수정되어야 한다. 이에는 요율 등급의 객관적 정의, 관리비용, 입증성, 보험비용과의 연계성, 기 존재성 및 연속성 등이 있다.

등급화의 운영적인 고려에 있어서 가장 중요한 것이 그 정의가 객관적이어야 한다는 것인데 그 정의 자체가 분명하고 중복되지 않고 포괄적이어야 한다는 것이다. 예를 들어 자동차보험 등급화 변수로 운전자의 성숙성 및 책임성이 중요한 변수인데 이러한 변수를 객관적으로 정의하고 일관성 있게 적용한다는 것은 거의 불가능하다. 실제로 사용되는 변수는 나이, 성별 및 결혼여부인데 이는 보험비용의 차이를 설명해 주는 근본 변수인 성숙성 및 책임성에 대한 대리변수이다.

관리비용을 고려할 때 정확도를 증가시키기 위해 필요한 정보를 입수하고 확인하는 비용이 그 가치를 능가한다면 그러한 변수의 사용은 보류되어야 한다. 거짓말을 해서 보험료가 낮아질 수 있다면 일부 보험소비자는 거짓말을 할 충동을 가질 것이므로 등급화 변수는 입증 가능한 것이어야 한다.

등급화 변수는 직감적으로도 보험비용과 연계될 수 있어야 보험계약자가 등급화 변수를 받아들이기가 용이해진다. 다른 목적으로 이미 사용되고 있는 등급화 변수를 이용하는 것이 특정 등급화 변수의 조작가능성을 감소시킨다. 등급 간 보험 요율 격차가 크게 되면 보험소비자의 거짓정보 제공 동기가 높아지고 이에 따라 이를 검증하는 비용 역시 증가하므로 등급 간의 연속성이 존재하여야 한다.

3) 사회적 및 규범적 고려

사회적 고려는 등급화 변수가 사회적으로 받아들여질 수 있는가 하는 것으로 인과성, 통제성 및 염가성(Affordability)을 들 수 있고, 규범적 고려는 등급화 변수가 헌법이나 일반법 및 각종 조례에 의해 제약을 받을 수 있음을 의미한다.

인과성이란 보험비용과 등급화 변수와의 밀접한 관계성을 의미한다고 볼 수 있다. 자동차보험에 있어서 주행거리수가 보험비용차를 설명해 주는 인과변수라 할 수 있겠다. 인과변수는 클레임 빈도와 관계가 있을 수도 있고 심도와 관계가 있을 수도 있다.

통제 가능한 등급화 변수란 보험소비자의 통제하에 있는 등급화 변수를 의미한다. 예를 들어 도난 방지기를 설치하느냐 안하느냐에 따라 등급군이 달라질 수 있는데 도난방지기 설치유무는 통제가능한 등급화 변수의 일종이다. 통제 가능한 등급화 변수의 사용은 보험사 관리비용을 증가시킬 수 있으나 보험사고의 방제 역할을 한다.

위험등급분류에 있어 염가성 문제는 등급분류가 세분화되어 있어 저위험등급과 고위험등급 간의 요율의 차가 클 때 발생한다. 고위험등급군의 요율이 너무 높아지기 때문이다. 염가성 문제의 다른 측면은 획득성(Availability) 문제이다. 보험 요율이 임의적으로 평균화되어 있거나 저평가되어 있어 특정 등급군의 보험료가 보험비용보다 낮다면 어떠한 보험사도 자발적으로 보험커버를 제공하려고 하지 않을 것이기 때문이다.

우리나라의 경우 보험 요율의 지역적 차별화가 허용되지 않고 있는데 이는 등급화의 사회 규범적 고려에 의해 발생한 것이라 볼 수 있다.

2. 요율 등급 분류체제에 영향을 미치는 요인

요율 등급 분류체제에 영향을 미치는 요인으로 가격경쟁, 커버리지 비용 상승, 보험시장의 크기 및 정보화 기술의 발달정도를 들 수 있다.

일반적으로 가격경쟁이 심하면 심할수록 요율 등급의 수는 많아진다. 그리하여 경쟁시장에 있어서 보험사는 보험비용차를 인지할 수 있을 정도까지 보험료를 차별화하려고 시도할 것이다.

커버리지 비용이 상승함에 따라 요율 등급 분류는 더 정교하게 된다. 보험소비자 측면에서 볼 때 커버리지 비용이 증가함에 따라 상대적으로 요율이 싼 보험사를 찾으려는 욕구가 강해질 것이다. 보험사 입장에서 볼 때도 커버리지 비용상승으로 인해 보다 정교한 등급화 여지가 생기게 된다.

일반적으로 보험시장의 규모가 클 때 등급화 분류 체제는 더 세분화된다. 보험비용 데이터의 신뢰성을 고려할 때 보험시장의 규모가 증가하여 위험단위수가 많아질수록 등급화 분류는 더욱 세분화될 것이다. 과거보다 많은 양의 정보를 보다 효율적으로 다룰 수 있기 때문에 정보화 기술발달의 정도가 고도화됨에 따라 등급화 분류체제가 세분화될 것이다.

Ⅲ 매뉴얼요율산정

1. 서 론

18세기 미국의 주택화재보험의 요율은 지붕의 종류와 기본 건축자재의 종류에 따라 결정되었다. 즉 등급변수로 지붕의 종류와 기본 건축자재의 종류가 사용되었다. 기본 건축자재의 종류는 현재까지도 주택화재보험에 있어서 주요한 등급변수로 사용되고 있다. 초기의 요율 매뉴얼은 언더라이터가 특정 요율을 산정하는 데 있어서 일반적인 가이드라인 역할을 해 왔는데 현재 우리가 쓰고 있는 손해보험 매뉴얼에 나타나는 개념들이 이미 이때에도 사용되기 시작하였다. 예를 들면 등급분류에 따라 손해비용이 다르다든지, 사업비 및 이익율을 고려한다든지 하는 것이다. 한 가지 염두에 두어야 할 사실은 아무리 요율등급분류와 요율산정절차가 정교화되었다 하더라도 매뉴얼요율은 통계적 및 계리적 방법과 계리인의 전문적 판단에 의해 산정된 평균추정치에 불과하다는 사실이다. 이러하기 때문에 매뉴얼요율은 주기적으로 수정되어야 한다. 그 수정주기는 손해보험 종류에 따라, 데이터 양에 따라 손해의 종류에 따라 상이한데, 재물보험보다는 배상책임보험이, 데이터 양이 많을수록, 손해가 심도보다는 빈도의 변화에 많이 기인할수록 그 주기가 빈번해 질 것이다.

2. 매뉴얼요율산정 방법

매뉴얼요율산정에 있어서 사용되는 방법으로 크게 두 가지가 있는데 순보험료법(Pure Premium Method)과 손해율법(Loss Ratio Method)이 그 두 가지이다.

순보험료법은 위험단위(Exposure; 보험료를 계산하기 위해 필요한 기본적인 요율 산정 단위)당 기대손해액과 사업비 및 기대수익과 위험부과액을 보전할 수 있게끔 보험료를 추정하는 기법이다.

이를 공식으로 표현하면:

$$R = P/(1-V-Q)$$

R : 위험단위당 요율

P : 위험단위당 기대손해액

V : 사업비율

Q : 수익 및 위험부가비율

가 된다. 위 식에서 $1-V-Q$는 손해보험사가 정상적인 영업을 영위하기 위해 필요로 하는 손해율 혹은 보험료 중에서 보험계약자에게 보험금의 형태로 돌려 줄 수 있는 비율로, 허용손해율(Permissible Loss Ratio)이라 한다. 예를 들어 특정 손해보험 종류(이를 테면 화재보험)나 특정 등급군의 위험단위당 기대손해액이 65만원이고, 사업비율이 25%, 수익 및 위험부가비율이 5%라면, 위험단위당 요율은 92만9천원(65만원/(1-0.25-0.05))이 된다. 위 공식은 손해보험 요율산정에 있어서 기본이 되는 공식인데 주로 새로운 상품에 대한 요율이 필요할 때 사용된다. 이는 예상되는 손해액을 추정할 수 있다면 보험료 산정이 가능함을 의미한다.

손해율법은 위험단위당 요율을 도출하지 않고 요율의 변화를 추정하는 기법이다. 손해율법에 의한 새로운 요율은 경험손해율 대비 허용손해율로 표시되는 조정계수(실제 경험손해율 대비 사업비, 수익 및 위험부가액이 고려된 허용손해율의 정도를 표시하는 계수)를 현 매뉴얼요율에 곱하여 결정된다. 이를 공식으로 표시해 보면:

$$R_N = A \cdot R_O, \quad A = W/T$$

R_N : 새로운 요율

R_O : 현 요율

A : 조정계수

W : 경험손해율

T : 허용손해율

이 된다. 예를 들어 현 요율이 84만4천원이고 허용손해율이 70%일 때 경험손해율이 77%라면, 조정계수는 1.1(77%/70%)이 되어 새로운 요율은 92만8천원이 된다. 즉 허용손해율 70%를 맞추기 위하여 현 요율은 10%가 인상되어야 함을 의미한다. 달리 표현하면 보험사가 정상이익(Normal Profit)을 보전하기 위해서는 손해율이 높아 보험료를 10%만큼 인상하여야 함을 의미한다.

순보험료법과 손해율법은 동일한 데이터와 일관성 있는 가정을 취했을 때 동일한 결과가 도출됨을 보일 수 있다. 현실적으로는 위험단위수 데이터의 정확성, 요율의 안정성, 경과보험료 산출의 용이성, 기존 요율의 존재성 등에 따라 양 기법 중 한 가지 기법이 사용된다. 일반적으로는 손해율법이 더 보편적으로 사용되는 기법이라 할 수 있다. 그 이유는 손해율법으로 도출된 보험요율이 상대적으로 더 안정적이기 때문이다. 보험소비자나 감독당국의 경우 급격한 보험요율을 바람직하지 않다고 간주하기 때문이다.

3. 매뉴얼요율산정 절차

매뉴얼요율산정 절차는 크게 전체 보종별(보험의 종류별)로 이루어지는 전체 요율 수준의 변화 추정과 이를 등급별로 할당하는 등급별 상대값 추정으로 이루어진다.

1) 전체 보종에 있어서의 요율산정

전체 보종의 경험손해액, 예상사업비, 수익 및 위험부가액, 손해율법을 사용할 경우 요율산정 시점에 있어서의 요율 수준으로 수정된 언레벨 경과보험료, 순보험료법을 사용할 경우 경과위험단위수로 전체 보종에 대한 새로운 요율을 산정하게 된다. 연도별 손해율이나 순보험료 혹은 기대손해액을 구한 다음 가중평균을 써서 최종손해율 혹은 최종 순보험료율을 구한다. 일반적으로 가중치는 최근년도로 갈수록 높게 책정한다. 손해율법을 사용하는 경우 최종손해율을 허용손해율로 나누어서 새로운 요율 변화를 추정하고 순보험료법의 경우 순보험료 혹은 기대손해액을 경과위험단위수로 나누어서 위험단위당 순보험료를 산정한 뒤 허용손해율로 다시 나누어서 위험단위당 보험료율을 추정한다. 마지막으로 앞에서 논의한 신뢰도를 고려하여 최종 요율을 산출하게 된다. 손해율법을 이용한 간단한 예를 들면 <표 2-1>과 같다.

표 2-1 전체보종 요율조정 예

(1) 경험손해액-발생년도 1998~2000	20,500,000
(2) 언레벨 경과보험료-캘린더년도 1998~2000	30,000,000
(3) 경험손해율[(1)/(2)]	0.683
(4) 허용손해율	0.615
(5) 신뢰도	1.000
(6) 신 요율 변화[((3)×(5)+(4)×0)/(4)]−1.0	0.1111

이렇게 산출된 요율 변화는 기존 요율에 적용하여 그대로 사용할 수 있으나 보험계리 외적 요인에 대한 고려(예를 들어 급격한 요율 변화가 보험마케팅에 미치는 영향)에 의해 조정될 수 있다.

2) 등급분류별 요율산정

전체 보종에 대한 요율 혹은 요율 변화가 결정되면 등급별 요율에 대한 고려가 이루어지는데 이는 등급별 경험치에 따라 전체 보종에 대한 요율 혹은 요율 변화가 할당되는 과정이라 볼 수 있다. 이러한 할당과정은 기본등급의 요율에 대한 여타 등급별 요율의 상대값(Relativity)의 추정에 의해서 이루어진다. 여기서 기본등급은 경험치가 가장 안정적으로 시현되는 등급으로 정해진다. 등급별 상대값의 추정은 전체 보종에 대한 요율산정시와 유사하게 순보험료법과 손해율법을 쓸 수 있다. 순보험료법을 쓰게 되면 특정 등급의 순보험료율을 기본등급의 순보험료율로 나누어서 상대값을 산출하고, 손해율법이 사용되면 우선 경과보험료를 기본등급 요율 수준으로 조정한 뒤 경험손해액을 조정된 경과보험료로 나누어서 손해율을 구한 뒤 이를 기본등급 손해율로 나누어서 상대값을 산출한다.

여기에 추가적으로 고려해야 할 사항은 신뢰도이다. 각 등급별 상대값은 등급별로 구한 부분신뢰도(Z)를 가중치로 하고 현 상대값에 여신뢰도(1-Z)를 가중치로 하여 신뢰도를 고려한 상대값을 산출한다. 새로운 상대값과 기존 상대값을 비교하여 그 차이가 크면 한도치를 설정해서 특정 등급 상대값의 급격한 변화를 막을 수 있다.

전체 보종의 경과보험료에 신요율 변화를 고려해서 계산된 보험료 값과 등급별 경과보험료에 신상대값 변화를 고려해서 계산된 보험료 값에는 의례 차이가 발생하는데 이를 오프발란스 효과(Off-balance Effect)라 한다. 오프발란스는 새로운 등급별 상대값의 평균치가 기존요율에 내재된 등급별 상대값과 다르기 때문에 나타난다. 전체 보종 요율조정시 사용된 경험기간과 등급별 요율조정시 사용된 경험기간이 상이해도 나타나며, 등급별 요율조정시의 신뢰도 적용 및 등급별 요율인상 한계 설정으로 인해서도 나타난다.

오프발란스 효과의 조정방법은 전체 보종 요율인상효과 및 상대값 변화로 야기된 요율인상효과를 전체 보종 요율 인상효과로 나누어서 산출된 조정계수를 전체 보종 요율 변화를 반영한 기본등급 요율에 곱하여 새로운 기본등급 요율을 설정해 주는 것이다.

예를 들어 기존 기본등급 요율이 150,000원이고 전체 보종의 요율인상효과가 11.11%여서 새로운 상대값을 반영해서 산출된 총 경과보험료의 인상효과가 13.89%라면 오프발란스 조정계수는 0.9756(11.11/13.89)가 되고 기본등급의 요율은 166,667원(150,000×1.1111)이 아니라 162,600원(166,667×0.9756)이 된다.

Ⅳ 개별물건요율산정(Individual Risk Rating)

매뉴얼요율산정이 특정그룹 혹은 등급에 적용될 요율을 산정하는 것이라면 개별요율산정은 매뉴얼요율산정을 보완하는 것으로 특정물건의 특성 및 과거 경험치를 반영하여 매뉴얼요율에 수정을 가하는 체제이다. 특정그룹 내의 개별물건이 전부 동일하여 시현되는 경험치의 변화가 무작위적인 것만으로 일어나기는 힘들다. 게다가 기업성 물건의 경우 그 규모가 커서 자체만의 경험치가 어느 일정 정도의 신뢰도를 부여할 수 있는 경우도 존재한다. 그리하여 특정그룹 혹은 등급 내 개별물건의 이질성 및 어느 정도의 신뢰성 있는 경험치를 반영하는 개별요율산정의 필요성을 대두시키게 된다.

1. 개별물건요율산정체제의 요건

개별물건요율산정체제가 바람직하려면 적어도 다음과 같은 네 가지 요건을 갖추어야 한다.

1) 균형성

개별물건요율산정체제는 위험을 같은 그룹 혹은 등급 내 타 물건과 공유하는 것과 그 위험을 자체적으로 감당하는 것 간에 적절한 균형이 이루어지게 하는 것이라야 한다. 규모가 작은 개별물건의 경우에는 그 자체로 전혀 신뢰성이 없으므로 같은 그룹 혹은 등급 내 타 물건과 위험을 전적으로 공유해야 한다. 이와는 반대로 규모가 상당히 커서 전 신뢰도를 부여할 수 있는 물건의 경우에는 자체적으로 위험을 전부 소화하여야 한다. 그 중간에 놓여 있는 물건의 경우에는 위험공유와 위험 자체 소화에 가중을 둔 평균치로 보험요율이 결정되어야 할 것이다. 이는 개별물건 위험의 특성을 표시해 주는 지수 혹은 개별물건의 경험치를 나타내는 지수로 매뉴얼요율을 수정하는 형태로 이루어진다.

2) 비조작성

개별물건요율산정체제는 내적으로나 외적으로 그 조작 가능성이 배제되어야 한다. 내적으로 조작이 가능한 예로는 손해액 준비금 조작으로 요율 산정계수에 영향을 미칠 수 있는 경우이다. 즉 개별물건요율산정체제의 일종인 경험요율산정체제에 있어서의 주요한 변수는 손해율인데 손해액 준비금을 저평가함으로써 손해율 자체를 저평가하게 되고 이는 할인계수의 증가 혹은 할증계수의 감소를 야기한다는 것을 의미한다. 외적으로 조작이 가능하다는 것은 개별물건요율산정안의 일종인 스케줄요율산정안 이용에 있어서 임의로 할인요소를 과대평가하여 할인계수를 증가시켜 궁극적으로는 요율을 인하시키는 것을 그 예로 들 수 있다.

3) 간단성

개별물건요율산정체제는 그 이용 및 관리가 간단하여 한다. 그 이용 및 관리가 너무 복잡하면 아예 이용이 되지 않을 가능성이 있기 때문이다. 이용 및 관리가 간단한 요율산정체제는 또한 이해하기도 쉬울 것이다. 그 이해가 쉬운 경우 개별물건요율산정체제는 위험 통제(Risk Control)의 역할을 할 수도 있다. 이해가 쉽다면 보험료를 줄이기 위해 보험계약자가 그 요율 체제에 부응하는 행위를 할 가능성이 높기 때문이다. 예를 들어 스케줄요율산정체제에 있어서 소방기구 비치 시 보험요율 할인이 5%가 된다면 보험계약자는 이를 비치할 가능성이 높고 이에 따라 화재발생시 그 손해액의 크기를 줄일 수 있는 확률이 높기 때문이다.

4) 안정성

개별물건요율산정체제는 예상하지 못했던 대형사고로 인해 보험료의 변동이 심하게 발생하는 경우를 배제하여야 한다. 개별물건요율산정체제는 개별물건의 경험치를 신뢰할 수 있을 만큼만 반영하여야 한다. 예상하지 못했던 대형 사고는 그 물건이 내재하고 있는 진정한 위험성을 반영해 주지 못하기 때문이다. 바로 이러한 이유 때문에 화재보험에 있어서는 경험요율산정체제가 사용되지 않고, 경험요율산정체제가 사용되는 일반 및 자동차 배상책임보험, 자동차 차량보험, 근재보험 등에 있어서도 경험요율산정안에 사용되는 개별 손해액에는 사고당 최대 한도액이 설정된다.

2. 개별물건요율산정체제

개별물건요율산정체제는 크게 차후적(Prospective) 체제와 차귀적(Retrospective)체제로 나눌 수 있다. 차후적 체제는 과거 특성 및 경험치로 미래보험료를 산정하는 체제이고 차귀적 체제는 특정기간의 경험치를 이용하여 그 기간의 최종보험료를 증권효력 종결 후 산정하는 체제로 경험치에 따라 보험료의 환급 혹은 환입이 발생하는 체제이다.

1) 차후적 요율산정체제

차후적 요율산정체제에는 네 종류가 있는데 스케줄요율산정체제(Schedule Rating Plan), 경험요율산정체제(Experience Rating Plan), 손해요율산정체제(Loss Rating Plan) 및 복합요율산정체제(Composite Rating Plan)가 그 네 가지이다. 스케줄요율산정체제는 실제 손해액 경험치에는 반영이 되지 않았으나 손해액에 영향을 주리라고 예상되는 개별물건의 특성을 고려하여 매뉴얼요율을 할인/할증하는 체제이다. 경험요율산정체제는 개별물건의 신뢰도를 고려한 실제 손해액 경험치를 반영하여 매뉴얼요율에 수정을 가하는 체제이다. 손해요율산정체제는 개별물건의 규모가 충분히 커, 전 신뢰도를 시현함으로 인해 그 물건만의 과거 경험치로 기대손해액을 추정한 뒤 보험사의 사업비율, 수익율 및 위험부가액율 등을 고려하여 보험요율을 산정하는 체제이다. 복합요율산정체제는 복합적으로 사용된 위험단위수를 하나로 통일하여 보험료를 산정하는 체제이다. 통일화 기법의 일환으로 경험손해액이 흔히 쓰이는데 이로 인해 개별물건요율산정체제의 일종으로 분류된다. 이는 앞서 언급한 손해요율산정체제와 일맥상통한다.

아래에서 기 언급한 네 종류의 차후적 체제와 차귀적 요율산정체제를 구체적으로 설명하기로 한다.

(1) 스케줄요율산정체제

스케줄요율산정체제는 개별 물건의 실제 클레임 경험치를 사용하지 않고 개별물건의 클레임에 미칠 수 있는 특성을 반영하는 것이다. 이론적으로는 실제 경험치에 영향을 미치는 특성은 제외되어야 하나 실제 운용에 있어서는 그렇지 못하다. 스케줄요율산정체제는 경험요율산정체제나 손해요율산정체제를 쓰기에는 그 규모가 너무 작거나 화재보험의 예처럼 손해액이 상대적으로 대형사고에 의해서 영향을 많이 받을 때 적용한다. 스케줄요율산정체제의 운용은 항목별 할인/할증체제로 이루어진다.

스케줄요율산정체제하에서의 할인/할증은 언더라이터의 판단에 의해서 많이 좌우될 수 있는데 이러한 이유로 인해 스케줄요율산정체제를 판단적 요율산정체제(Discrete Rating Plan)라고도 부른다. ISO가 작성한 일반배상책임보험 스케줄요율산정표를 예로 들면 <표 2-2>와 같다.

표 2-2 ISO 일반배상책임보험 스케줄요율산정표

A. 물건의 위치 (i) 물건시설의 내부 (ii) 물건시설의 외부	 -5%에서 +5% -5%에서 +5%
B. 물건시설의 현재 상태 및 시설관리	-10%에서 +10%
C. 물건장비의 종류, 상태 및 관리	-10%에서 +10%
D. 분류 가능한 특수성	-10%에서 +10%
E. 피고용자에 대한 채용, 훈련, 감독 및 이들의 경력	-6%에서 +6%
F. 협조체제 (i) 의료시설 (ii) 안전프로그램	 -2%에서 +2% -2%에서 +2%
최대할인/할증율	25%

(2) 경험요율산정체제

경험요율산정체제는 과거손해액 경험치를 필요 적절한 조정을 거쳐 매뉴얼요율에서 가정된 기대손해액과 비교하여 할인/할증율을 산정하는 체제로 일반적으로 사용되는 손해액은 발생년도 기준 발생손해액(Incurred Loss)에 손해진전계수를 곱하여 최종손해액을 산출한 뒤 이를 추세화한 조정치이다.

물건의 규모가 상대적으로 작거나 빈도가 낮아 발생 손해액의 변화가 클 경우에는 본휴터-포거슨 기법을 써서 최종손해액을 산출하는 것이 바람직하다. 요율산정을 위해 쓰이는 경험기간은 일반적으로 3~5년이다. 그 기간이 짧으면 짧을수록 최근에 일어난 변화를 반영해 줄 수 있는 이점이 있으나 안정성은 떨어지게 된다. 안정성을 확보하기 위해 사고당 한도액을 설정하여 개별 손해액을 조정함으로써 총손해액을 계산한다. 일반배상책임보험에 관한 ISO 경험요율산정의 예를 <표 2-3>에서 들었다.

표 2-3 ISO 경험요율산정의 예

A. 추세 반영된 최종손해액(3년치)	₩ 15,000,000
B. 기대손해액	24,000,000
C. 실제손해액 대비 기대손해액율(A/B)	0.625
D. 사업비율 + 수익율 및 위험부가액율	0.300
E. 실제손해율(C/(1+D))	0.481
F. 기대손해율	0.469
G. 신뢰도	0.58
H. 경험할인율(F-E)/F×G	1.48%

참조: 1. B항에 포함된 기대되는 예상 미보고 손해액은 본휴터-포거슨 기법에 의해 산출되었음.
2. 손해액에 대한 추세는 A 및 B항에 이미 반영됨.

(3) 손해요율산정체제

손해요율산정체제는 개별물건의 과거 경험치로 기대손해액을 추정한 뒤 이를 위험단위수로 나누어 순보험료율 혹은 손해비용율을 구한 뒤 보험사의 사업비율, 수익율 및 위험부가액율 고려하여 특정 위험단위수당 보험료율을 산정하는 체제이다. 이에 대한 예를 들면 아래와 같다.

표 2-4 손해요율산정체제의 예

A. 추세 반영된 최종손해액(3년치)	₩ 25,000,000
B. 위험단위수	40,000,000
C. 순보험료율(손해비용율; A/B)	0.625
D. 사업비율 + 수익율 및 위험부가액율	0.300
E. 보험료율(C/(1-D))	0.893

(4) 복합요율산정체제

앞서 밝힌 것처럼 복합요율산정체제는 일종의 관리적 도구로, 담보별로 상이한 위험단위수의 사용으로 인해 요율산정이 복잡한 물건의 위험단위수를 통일화시킴으로써 요율산정을 단순화 시키는 요율산정체제이다. 흔히 위험단위수를 단일화하는 수단으로 경험손해액을 사용함으로 인해 손해요율산정체제의 일종으로도 볼 수 있다. ISO의 복합요율산정 절차의 예를 아래에서 보이고 있다.

표 2-5 ISO 복합요율산정절차

A. 포함된 담보	일반배상책임, 자동차배상책임, 차량, 유리 및 도난
B. 경험기간	5개년
C. 경험치	담보별/발생년도별 추세반영 최종손해액
D. 경험기간 조정 복합 위험단위수 산정	복합위험단위수×위험단위수 추세계수×기타변화요인 반영 조정계수
E. 경험기간 조정보험료 산정	조정최종손해액(C)/(1-사업비율-수익율 및 위험부가액율)
F. 복합요율	경험기간 조정보험료(E)/조정위험단위수(D)
G. 최종 보험료	추후 정산된 증권유효기간 위험단위수×복합요율(F)

2) 차귀적 요율산정체제(Retrospective Rating Plan)

차귀적 요율산정체제는 특정기간의 경험치를 이용하여 그 기간의 최종 보험료를 차귀적으로(Retrospectively) 산정하는 요율체제이다. 특정기간의 경험치에 따라 최종보험료가 조정이 됨으로써 보험계약자의 손해방지 및 감소노력을 촉진함으로 인해 손해통제(Loss Control)효과를 가진다. 바로 이러한 이유 때문에 보험사고의 발생이 어느 정도 보험계약자의 통제 아래 있을 때 유효한 요율산정체제이다. 또한 위험의 정도가 크거나 위험에 대한 평가가 힘들어 손해보험사가 부담해야 되는 위험을 제한시키고자 할 때에도 유용한 산정체제이다. 유한위험 전가(Finite Risk Transfer: 흔히 금융재보험이라 함)에 있어서 빈번히 사용되는 요율산정체제가 차귀적 요율산정체제인 것은 동 체제가 손해보험사의 위험을 제한시키는 데 유용하게 이용될 수 있기 때문이다.

차귀적 요율산정체제의 절차는 우선 표준보험료(Standard Premium)를 결정한 뒤, 보험계약자가 차귀적으로 지급해야 할 최대보험료 및 최소보험료를 설정한다. 최대보험료와 최소보험료는 보험계약자와 손해보험사 간의 협의에 의해 설정되는 것이 통례이며, 손해보험사가 제시한 여러 가지 안 중에서 보험계약자가 선택하기도 한다. 물론 최대보험료와 최소보험료 설정 시 위험의 성격 즉 보험사고의 발생가능성 및 보험사고의 크기, 보험계약자의 재정능력 및 위험에 대한 선호 정도가 고려된다.

사고의 발생빈도가 높고 예상되는 보험사고의 크기가 크지 않다면 최대보험료가 표준보험료와 비교해서 아주 높을 필요는 없을 것이다. 보험계약자의 재정능력이 충분하거나 위험을 회피하는 정도가 상대적으로 적다면 최대보험료는 표준보험료와 비교해서 비교적 높은 수준에서 설정되어 최대보험료와 상응되는 최대손해액 이상의 손해발생 가능성에 대해 손해보험사가 보험계약자에게 부과하는 위험 부가액의 크기를 상대적으로 줄임으로써 보험료 비용을 줄일 수 있게 된다. 앞서 언급한 표준보험료는 여러 가지 방법으로 산출할 수 있는데 가장 보편적인 방법은 매뉴얼요율에 위험단위수를 곱하여 매뉴얼보험료를 산출한 뒤 경험요율산정체제를 통해 구해진 할인/할증 계수를 매뉴얼보험료에 곱해 주는 것이다. 보험계약자의 규모가 충분히 커서 자체 경험치만으로도 보험료 계산이 가능할 경우에는 손해요율산정체제를 통하여 표준보험료가 산출된다.

표준보험료, 최대보험료 및 최소보험료가 설정이 되면 기본보험료 계수가 산정이 된다. 표준보험료에 기본보험료 계수를 곱함으로써 기본보험료가 계산이 되는데, 기본보험료는 손해가 전혀 발생하지 않더라도 손해보험사가 보험계약자에게 부과하는 보험료이다. 기본보험료는 보험사의 기본수익을 포함한 사업비와 최대보험료를 설정함으로써 보험계약자가 책임을 지는 보험료를 제한함으로 인해 손해보험사가 부담해야 하는 위험 부가액(Insurance Charge)액에 최소보험료를 설정함으로써 보험계약자가 이익을 볼 수 있는 보험료를 제한함으로 인해 보험계약자가 부담해야 하는 위험 감소액(Isurance Saving)을 차감함으로써 이루어진다. 경우에 따라서는 차귀적 보험료 산정시 사고당 최대손해액을 설정하기도 하는데 이 경우에는 위험 부가액이 추가 된다.

최종보험료인 차귀적 보험료는 보험유효기간이 경과한 후 실제손해액에 따라 보험료의 환입 혹은 환급 후의 결과보험료로 차귀적 보험료 계산은 일반적으로 보험유효기간 경과 후 6개월 후에 처음 이루어지며 보험의 종류에 따라 혹은 보험계약의 조건에 따라 조정기간이 단축되거나 생략될 수 있으나 원칙적으로는 모든 클레임이 종결될 때까지 계속된다.

차귀적 요율산정체제에 있어서 수리적으로 볼 때 가장 중요한 것이 기본보험료 계수의 도출인데 미국의 일반보험 요율산정기관인 ISO의 예를 들어 보기로 한다.

표 2-6 ISO 기본보험료 계수 산정의 예

A. 최대보험료 계수: 1.4
B. 최소보험료 계수: 0.6
C. 손해전환 계수: 1.105(할당손사비에 대한 고려)
D. 세금승수: 1.047(보험료에 연계된 제세공과에 대한 고려)

	총보종	일반배상	자동차배상	근재
1. 표준보험료	175,000	50,000	25,000	100,000
2. 기대손해액	103,200	26,700	14,600	61,900
3. 기대손해율 (2)/(1)	0.590	0.534	0.584	0.619
4. 세금제외 수익포함 사업비	44,675	15,600	6,475	22,600
5. 기대손해액 및 사업비율 {(2)+(4)}/(1)	0.845	0.846	0.843	0.845
6. 전환손해율 (3)×(C)	0.652	0.571	0.623	0.699
7. 기본보험료 계수 내의 사업비율 (5)-(6)	0.193	0.275	0.220	0.146
8. 최소보험료 계수(세금제외) B÷D	0.573	-	-	-
9. 최대보험료 계수(세금제외) A÷D	1.337	-	-	-
10. 테이블상 위험 부가값 차이 (5)-(8)	0.417	-	-	-
11. 테이블상 위험부가 엔트리율 차이 {(9)-(8)}/(6)	1.17	-	-	-
12. 최소보험료 상응손해액 대비 기대손해액	0.35	-	-	-
13. 최대보험료 상응손해액 대비 기대손해액	1.52	-	-	-
14. (13)에 대한 테이블상 위험 부가액율	0.301	0.301	0.301	0.301
15. (12)에 대한 테이블상 위험 감소액율	0.066	0.066	0.066	0.066
16. 순 위험 부가액율 {(14)-(15)}×(6)	0.153	0.134	0.146	0.164
17. 기본보험료 계수 (7)+(16)	0.346	0.409	0.366	0.310

참조 1. ISO에서 제시된 차귀적 요율산정체제의 예는 미국 근재보험요율 산정기관인 NCCI의 테이블 M(위험부가액 도표)을 원용하는 방법으로, 실제손해액 대비 특정물건의 기대손해액 비율인 엔트리율에 대한 위험부가 및 감소부분은 테이블 M에서 가져왔다.

참조 2. 12, 13, 14 및 15항의 값은 10항 및 11항의 값과 테이블 M값들을 비교하여 결정되는데 구체적인 산정절차는 여기서 생략하기로 한다.

V 결 론

이상에서 손해보험 가격결정 방법들을 알아보았다. 중요한 것은 이러한 방법들이 끊임없이 발전할 뿐 아니라 특정 보종 혹은 상품 및 물건에 따라 그 특성에 맞게 변형되어야 한다는 것이다. 가격결정에 있어서 가장 중요한 원칙은 요율이 과도하지 않고 부족하지도 않으며 불합리하게 차별적이지 않아야 한다는 것이다. 이러한 원칙하에서 손해보험요율이 산정될 때 그 요율은 바람직한 요율이 될 것이다.

PART Ⅱ

제 3 장 손해보험 지급준비금 추정

CHAPTER 03

손해보험 지급준비금 추정 (Loss Reserve Estimation)

I. 서 론

요율결정(Pricing)과 지급준비금 추정은 손해보험계리업무에 있어서 양대 산맥을 이루며, 여타 손해보험계리업무의 기본을 이룬다. 정확한 지급준비금 추정이 중요한 것은 지급준비금 추정이 손해보험사의 재정적 안정성(Financial Security) 평가 및 수익성 산정에 직접적으로 영향을 미치기 때문이다. 지급여력금(Policyholders' Surplus)은 자산에서 부채를 차감하고 비상위험준비금을 가산한 액수로 표시되는데, 일반적으로 손해보험사의 부채 중 큰 비중을 차지하는 부분이 바로 추정된 지급준비금이다. 추정된 지급준비금이 과소하게 평가되었다면 이는 부채액이 과소하게 평가된 것이 되고 결국 지급여력금이 과대하게 평가되기 때문이다. 반대로 지급준비금이 과대하게 추정되었다면 지급여력금이 과소하게 평가되게 된다.

특정 손해보험사의 수익성 산정에 있어서 지급준비금 추정이 영향을 미치는 이유는 손해보험사의 세전 수익은 경과보험료에서 사업비와 발생손해액을 차감하고 이에 순투자 소득을 가산하여 계산되는데, 발생손해액은 지급보험금과 추정된 지급준비금으로 이루어져 결국 지급준비금이 과소하게 추정되었다면 손해액이 과소하게 평가되어 세전 수익이 과도하게 산정되기 때문이다. 손해율 계산에 있어서도 추정된 지급준비금이 발생손해액의 일부로 포함되기 때문에 지급준비금이 과소하게 추정되게 되면 손해율 역시 과소하게 산정되게 된다. 결국 지급준비금 추정은 요율 변화에도 영향을 미치게 된다.

손해보험사 가치평가에 있어서 가장 중요하다고 볼 수 있는 지급여력금과 수익성에 지급준비금 추정이 직접적으로 영향을 줌으로 인해 지급준비금 추정은 손해보험사 가치평가(Valuation)에 있어서도 중요하다고 하겠다. 이러한 관계를 수식으로 표시해 보면:

지급여력금＝자산－부채＋비상위험준비금
부채＝추정지급준비금＋지급준비금외 부채
세전수익＝경과보험료－발생손해액－사업비＋순투자소득
발생손해액＝지급보험금＋추정지급준비금
추정지급준비금＝잔차준비금＋광의의 IBNR준비금

와 같이 된다.

추정지급준비금은 크게 잔차준비금과 광의의 IBNR준비금으로 나누어지는데 잔차준비금(Outstanding Reserve)은 손해사정인에 의해 사고별로 손해보험사가 지급하리라고 예상되는 손해액을 추정한 건별준비금(Case Reserve)에서 기 지급된 일부(Partial) 지급보험금을 차감한 총액수이나 흔히 잔차준비금과 개별준비금을 혼용해서 쓰기도 한다. 일부 지급보험금이 존재하지 않을 때 즉 클레임이 종결되면서 보험금 전액이 지급될 때는 잔차준비금과 개별준비금은 동일하게 된다. 광의의 IBNR준비금은 클레임이 발생은 하였으나 아직 손해보험사에 보고되지 않은 클레임에 대한 준비금인 협의의 IBNR준비금과 클레임이 발생하여 보고되어 개별준비금이 적립이 되어 있으나 그 적립액이 충분하지 않아 추가적으로 적립하여야 하는 준비금(Incurred But Not Fully Reserved)으로 구분된다.

일반적으로 쓰이는 계리적 기법은 이 양자를 구별하지 않고 직접 광의의 IBNR준비금을 추정하는데, 이를 위해 앞으로 기술할 다양한 방법을 통해 최종손해액(Ultimate Loss) 즉, 손해보험사가 궁극적으로 지급해야 되는 총손해액을 추정한 뒤 여러 가지 사항을 고려하여 선별최종손해액(Selected Ultimate Loss)을 추정한다. 추정된 선별최종손해액에서 누적지급보험금(Cumulative Paid Loss)을 차감하면 시현지급준비금(Indicated Loss Reserve) 즉, 앞으로 손해보험사가 지급해야 할 필요지급준비금(Required Loss Reserve)에 대한 추정치가 산정이 되고 시현지급준비금에서 잔차준비금을 차감하면 광의의 IBNR준비금에 대한 추정치가 산정이 된다.

지급준비금 추정에 있어서 중요한 절차는 필요한 데이터를 수집하고 그 분석이 용이한 형태로 정렬하며, 데이터의 성격 혹은 문제를 파악하여 문제 발견 시 수정하고 여러 기법을 사용하여 추정된 최종손해액을 이용하여 선별 최종손해액을 추정하고 시현지급준비금 추정치를 산정한 뒤 회사유보준비금(IBNR을 포함한 회계 장부상에 기록되어 있는 준비금: Carried Loss Reserve)의 적정성(Adequacy)을 테스트 하는 것이다. 이는 손해보험계리인의 고유업무로 고도의 전문성을 요구하는 분야이나 이에 대한 기본적인 이해는 손해보험업에 종사하는 모두에게 필요하다고 본다. 여기에서는 각 단계별 설명이 4절로 나누어서 이루어질 것이다.

Ⅱ · 용어에 대한 정의

손해보험 지급준비금 추정에 있어서 제일 처음 착수해야 되는 것은 데이터 수집인데 이에는 잔차준비금(Outstanding Reserve), 지급보험금(Paid Loss) 및 발생손해액(Incurred Loss), 보고된 사고건수(Reported Claim Counts), 종결된 사고건수(Closed Claim Counts), 재개설 사고건수(Reopened Claim Counts), 잔차 사고건수(Outstanding Claim Counts), 경과보험료(Earned Premium) 및 경과위험 단위수(Earned Exposure) 등이 있다.

1. 잔차준비금, 지급보험금 및 발생손해액

잔차준비금은 앞에서 설명한대로 손해사정사의 사고별 예상추정 준비금(Case Reserve)에서 기지급된 부분보험금을 차감한 준비금이고, 지급보험금은 특정 회계기간까지 지급된 누적지급보험금이며, 발생손해액은 잔차준비금에 지급보험금을 가산한 액수이다. 일반적으로 우리가 이해하고 있는 발생손해액의 정의 즉, 특정 회계기간 동안 지급된 보험금에 회계기간 말 잔차준비금을 가산하고 회계기간 전 잔차준비금을 차감한 액수는 캘린더년도 혹은 회계년도 기준 발생손해액으로, 정확한 준비금 추정에 있어서는 사용하지 않는 것임을 밝혀 둔다. 잔차준비금, 지급보험금 및 발생손해액은 사고년도별, 보고년도별 혹은 증권년도별로 표시될 수 있으나 가장 널리 쓰이는 형태는 사고년도별 정렬이다. 보고년도별 정렬은 회계년도와 일치하지 않는 이유로 예외적인 경우(기 보고된 클레임의 사후 손해액진전 추정)에만 사용될 수 있으며, 증권년도별 정렬은 의미있는 데이터 수집에 추가적인 기간이 필요함으로 인해 자주 사용되지 않는다 하겠다. 경우에 따라서는 분기별로 데이터를 정렬할 수 있는데 이는 회계년도와 캘린더년도가 일치하지 않거나 분기별 계절적 영향이 크게 나타날 때 쓰일 수 있겠다. 월별 데이터 정렬은 손해액 혹은 보험금 진전 추세감지가 쉽지 않기 때문에 별로 사용되지 아니하나 월별 지급패턴 혹은 보고패턴의 추정을 필요로 할 경우에는 분기별 혹은 연도별로 진전계수를 추정한 후 구간내보간법(Interpolation)을 사용하여 추정하는 것이 바람직하다고 하겠다.

사고별 데이터 정렬시 통상적으로 사용되는 기간은 5년 내지 20년인데 기간의 정도는 보종(Line of Business)에 의존한다고 하겠다. 예를 들어 차량보험의 경우와 같이 보고 및 종결기간이 짧은 경우에는 5년의 기간이 충분하다고 볼 수 있으나, 의료배상책임보험이나 산재보험의 경우에는 20년의 기간조차 충분하지 않다고 볼 수도 있다. 각 준비금, 보험금, 손해액은 원수보험(직보험: Direct), 총보험(Gross) 및 보유보험(순보험: Net) 형태로 정렬할 수 있는데, 지급준비금 추정이 요율산정에 필요한 경우에는 원수보험 데이터를, 부채계정의 지급준비금 포지션 분석 및 수익율 계산에 필요한 경우에는 보유보험 데이터를, 출재부분에 대한 최종손해액 추정시에는 총보험 데이터를 이용하여 최종손해액을 추정한 뒤 보유보험 데이터를 이용하여 추정된 (보유기준) 최종손해액을 차감하여 추정하는 것이 바람직하다고 하겠다. 구상권 및 대위권 행사액(Salvage and Subrogation)을 차감한 순보험금 및 손해액 혹은 차감하지 않은 총보험금 및 총손해액 데이터 사용을 생각할 수 있으나 그 액수를 차감하지 않은 총손해액 데이터 사용이 바람직하며, 특히 그 액수의 중요성이 큰 적하보험의 경우 더더욱 그렇다. 적하보험 외의 경우에는 그 액수가 크지 않으므로 데이터 왜곡이 적어 그 액수를 차감한 데이터를 사용해도 무방하다고 하겠다. 그 액수를 차감하지 않은 총데이터를 사용하는 경우에는 구상권 및 대위권 행사액 진전을 따로 분석하여야 한다.

데이터는 적어도 보종별(Line of Business)로 따로 분리하여 분석되어야 하며, 가능하다면 데이터의 동질성을 확보하기 위해 부보종별(Subline of Business), 물건 크기별 혹은 보상한도 및 공제액 크기별로 분석하는 것도 생각해 보아야 한다. 이뿐 아니라 가계성(Personal) 물건과 기업성(Commercial) 물건을, 클레임 발생기준(Claim Occurrence) 물건과 클레임 청구기준(Claims Made) 물건을, 자발적(Voluntary) 물건과 비자발적 물건(Assigned or Involuntary)을, 차후적(Prospective)으로 요율이 산정되는 물건과 차귀적(Retrospective)으로 요율이 산정되는 물건을 분리해서, 재앙적(Catastrophic) 손해 및 대형사고를 분리하여 분석하는 것이 바람직하다고 하겠다.

2. 보고된 사고건수, 종결된 사고건수, 재개설 사고건수 및 잔차 사고건수

보고된 사고건수는 특정평가 시점에서 기 보고된 사고수이며, 종결된 사고건수는 그 시점에서 이미 종결된 사고건수이다. 재개설 사고건수는 보고되어 종결되었으나 다시 피해자 부상의 악화 등으로 재개설 된 사고건수로 보고된 사고건수의 일부로 취급되나 이중계산이 되지 않도록 유념해야 한다. 보고된 사고건수에서 종결된 사고건수를 차감하면 잔차 사고건수가 된다. 사고건수에 관한 데이터는 준비금, 보험금 및 손해액 데이터 수준까지 자세한 데이터를 필요로 하며(금액 데이터가 부보종별 이라면, 사고 데이터도 부보종별 이어야 함), 가능하다면 종결 사고건수는 지급종결 사고건수(Claims Closed with Payment)와 비지급 종결 사고건수(Claims Closed without Payment)로 분리할 수 있어야 하겠다. 사고당 평균지급금 분석 시 지급보험금을 지급종결 사고건수로 나누어 평균지급금 진전을 분석하는 것이 데이터 왜곡을 완화시켜 주기 때문이다. 이상에서 언급한 금액 및 사고데이터의 일반적 형태를 도표로 표시하면 <표 3-1>과 같다.

표 3-1 사고년도별 데이터 진전

사고년도	진전월수					
	12	24	36	48	60	72
1996	×××	×××	×××	×××	×××	×××
1997	×××	×××	×××	×××	×××	
1998	×××	×××	×××	×××		
1999	×××	×××	×××			
2000	×××	×××				
2001	×××					

3. 경과보험료 및 경과위험단위수

경과보험료는 사고년도별 혹은 사고분기별 손해율의 계산 및 기대손해액의 계산 시 필요한 데이터로 지급준비금 추정 목적이 연도별 혹은 분기별 수익성 분석에 있다면 손해액은 보유손해액 데이터를 필요로 하고 경과보험료는 보유경과보험료를 필요로 하며, 요율산정을 위한 기대손해율 계산에 있다면 현 요율수준(Current Rate Level) 원수경과보험료를 필요로 한다 하겠다. 연도별 혹은 분기별 경과위험단위수는 연도별 혹은 분기별로 손해액 데이터를 야기시킨 전체 모집단의 크기 측정으로 사용되며, 경과위험단위수 데이터 수집이 여의치 않을 때는 경과보험료로 대체된다. 예를 들어 가장 최근년도의 손해액이나 사고건수가 적게 보고되었다면 그것이 경과위험단위수의 감소에 의한 것인지 아니면 미보고 사고건수 혹은 손해액이 적어서인지 아니면 양호한 언더라이팅에 기인한 것인지에 대한 분석이 필요하기 때문이다. 경과보험료와 경과위험단위수 데이터 역시 손해액 혹은 사고데이터 수준까지의 자세한 데이터를 필요로 한다 하겠다.

4. 날짜에 대한 정의

시간이 경과함에 따라 손해액은 진전이 되고(대부분의 경우 증가방향으로) IBNR 클레임은 보고되게 된다. 지급준비금 추정이 중요한 이유는 사고가 발생하여 보험사에 보고되어 최종적으로 종결되기까지는 짧게는 1년 이하 길게는 20년 이상의 시간이 걸리기 때문이다. 그리하여 데이터 정렬과 지급준비금 추정 과정에 있어서 관련된 날짜들이 중요한 의미를 갖게 된다. 날짜에 관한 중요한 다섯 가지를 열거하면, 사고날짜, 보고날짜, 기록날짜, 회계날짜, 평가날짜 등이다.

1) 사고날짜(Accident Date)

보험사고가 발생한 날짜로 데이터 정렬에 있어서 기본이 되며 사고년도별 데이터 정렬시 특정년도에 발생한 모든 사고가 특정사고년도 데이터에 포함되게 된다. 다른 측면에서 보면 특정년도에 보험사가 공여한 서비스의 대가가 경과보험료이며 동 서비스 기간 내에 발생한 사고는 그 서비스의 결과적 산물이 되는 것이다.

2) 보고날짜(Reported Date)

보험사에 처음으로 보험사고가 보고된 날짜로, 사고가 발생하였으나 아직 보고되지 않은 클레임이 협의의 IBNR 클레임이 된다. 사고의 발생과 보고에 있어 격차(Gap)가 발생하는 이유로는 사고자체에 대한 인식지연, 변호사 선임지연 등을 들 수 있다.

3) 기록날짜(Recorded Date)

보험사의 통계정보체제에 처음으로 보험사고가 기록된 날짜로 일반적으로 보고날짜와 동일하며, 차이가 발생하더라도 기록날짜가 보고날짜가 되는 것이 상례이다.

4) 회계날짜(Accounting Date)

준비금 추정에 있어 관계된 총클레임을 한 단위로 묶는 데 사용되는 날짜이다. 예를 들어 매년 12월 31일을 회계날짜로 선정하면 총클레임의 한 단위는 매년 1월 1일에서부터 12월 31일까지 발생된 모든 클레임이 포함된다. 회계날짜를 3월 31일로 설정하면 전년도 4월 1일부터 현재년도 3월 31일까지 발생된 모든 클레임이 포함되겠다. 회계날짜를 3월 31일, 6월 30일, 9월 30일 및 12월 31일로 설정하면 분기별로 발생되는 클레임이 개별 회계날짜에 포함되게 된다. 회계날짜를 임의로 설정할 수 있으나 지급준비금 추정 사용용도에 따라 달라질 수 있으며 이에 따라 데이터 정렬도 달라지게 된다. 예를 들어 지급준비금 추정이 요율 산정에 쓰인다면 회계날짜는 12월 31일이 되는 것이 통례이고, 지급준비금 추정이 수익계산이나 지급준비금 포지션 결정에 쓰이고 기업회계년도가 3월 31일에 종료된다면 회계날짜는 3월 31일이 되는 것이 통례이다.

5) 평가날짜(Evaluation Date)

지급준비금에 대한 추정에 기본이 되는 날짜로 보험사의 데이터 체제에 있어서 손해액 및 보험료 증감에 대한 마지막 거래(Transaction)가 이루어진 날짜이다. 이는 보험계리인에 의해 분석이 개시되거나 종료된 날짜를 의미하지는 않는다. 예를 들어 평가날짜가 2001년 12월 31일이라 함은 2001년 12월 31일까지 손해액 및 보험료 증감에 대한 거래가 데이터상에 기록된 날짜를 의미한다. 실제 데이터 출력이 그 뒤에 이루어졌다 하더라도 2001년 12월 31일 이후에 기록된 손해액 및 보험료 증감은 포함되지 않는다 하겠다. 경우에 따라서 평가날짜 이후에 손해액 증감의 큰 변화가 생겼다면 이를 지급준비금 추정시 반영하는 것이 통례이다. 평가날짜는 최종 회계날짜 보다 빠를 수도, 늦을 수도 혹은 같을 수도 있겠다. 지급준비금 추정액은 미래에 지급될 손해액의 추정치에 불과하기 때문에 평가날짜에 따라 그 액수가 달라지는 것이 상례이다.

Ⅲ • 지급준비금 추정방법

일반적으로 통용되고 있는 지급준비금 추정방법은 모두 사고년도별 클레임 변화(종적인 변화) 및 클레임 진전에 따른 변화(횡적인 변화)를 어떤 형태든 이용하고 있다. 기본 가정은 잔차준비금의 적정성 및 클레임 종결율이 시간이 변화함에 따라 일정하다는 것이다. 물론 지급준비금 적정성 및 클레임 종결율이 일정하지 않다면 이에 대한 조정이 우선적으로 이루어져야 한다.

누적지급보험금의 진전정도를 이용하여 지급준비금을 추정하는 것이 지급준비금 진전방법이다. 누적지급보험금과 잔차준비금의 합인 발생손해액의 진전정도를 이용하여 지급준비금을 추정하는 것이 발생손해액 진전방법이다. 누적 혹은 비누적 지급보험금을 최종클레임수로 나눈 평균지급보험금의 진전 혹은 평균지급보험금의 사고년도별 추세를 이용하여 지급준비금을 추정하는 방법이 평균지급보험금법이다. 발생손해액을 최종클레임수로 나누어서 계산된 평균발생손해액의 진전 혹은 사고년도별 추세를 이용하여 지급준비금을 추정하는 방법이 평균발생손해액법이다. 최종손해액에서 누적지급보험금을 차감한 뒤 추정 미지급 클레임수로 나누어서 계산된 평균 사후인지 잔차준비금을 이용하여 지급준비금을 추정하는 방법이 사후인지법이다. 지급보험금의 진전의 정도 혹은 발생손해액의 진전의 정도를 우선 산출하여 이를 지급보험금 혹은 발생손해액에 적용하고 미진전 부문에 대해 기대손해액을 최종손해액으로 대체하여 지급준비금을 추정하는 방법이 본휴터-포거슨법이다.

1. 지급보험금 진전방법

지급보험금 진전방법은 현재 CLM방법이라고 알려져 있다. 동 방법은 진전월수(12개월, 24개월, 36개월 등)에 따라 그 진전이 어떻게 일어나고 있는가를 파악하고 그 진전패턴을 추정하여 미래에 적용한다. 진전패턴은 진전계수(Development Factor)를 산출하여 표시되는데 이는 현 진전 누적지급보험금을

표 3-2 누적지급보험금 진전

사고년도	진 전 월 수						
	12개월	24개월	36개월	48개월	60개월	72개월	84개월
1994	22,603	40,064	54,301	64,114	71,257	75,950	78,224
1995	22,054	43,970	58,737	71,841	78,076	81,287	-
1996	20,166	39,147	51,319	60,417	66,402	-	-
1997	19,297	37,355	50,391	62,347	-	-	-
1998	20,555	42,898	62,832	-	-	-	-
1999	17,001	33,568	-	-	-	-	-
2000	11,346	-	-	-	-	-	-

표 3-3 지급보험금 진전계수

사고년도	진 전 월 수					
	12-24	24-36	36-48	48-60	60-72	72-84
1994	1.773	1.355	1.181	1.111	1.066	1.030
1995	1.994	1.336	1.223	1.087	1.041	-
1996	1.941	1.311	1.177	1.099	-	-
1997	1.936	1.349	1.237	-	-	-
1998	2.087	1.465	-	-	-	-
1999	1.974	-	-	-	-	-

직전 진전 누적지급보험금으로 나누어서 산정한다. 궁극적으로는 모든 클레임이 종결됨으로 인해 특별한 사정이 없는 한 진전계수의 크기는 진전월수가 증가함에 따라 감소한다. 이를 도표를 통해서 나타내 보면 <표 3-2>, <표 3-3>이 된다. 예를 들어 1994사고년도/12-24개월 진전계수 1.773은 1994사고년도 12개월 진전 지급보험금 보다 24개월 진전 지급보험금이 77.3%가 증가되었음을 의미한다. 여러 가지 사정에 의해 이러한 진전계수는 사고년도 마다 상이한 것이 보통이다. 통상적인 경우 이를 무작위적 변화에 의한 변화라 볼 수 있겠다. 동 예에서 사고년도 94년부터 99년까지의 12-24개월 진전계수를 분석하여 사고년도 2000년의 진전계수를 추정하고 이를 2000년 사고년도/12개월 진전 지급보험금에 곱하여 24개월 진전 지급보험금을 추정한다. 이를 추정하기 위해 널리 쓰이는 방법은 단순평균법, 최근 3개년 평균법, 최근 4개년

표 3-4 진전계수의 평균치 계산

	진 전 월 수					
	12-24	24-36	36-48	48-60	60-72	72-84
단순평균	1.951	1.363	1.205	1.099	1.053	1.030
최근 3개년 평균	1.999	1.375	1.213	1.099	-	-
최근 4개년 평균	1.985	1.365	1.205	-	-	-
최대/최소값 제외 평균	1.961	1.347	1.202	1.099	-	-
가중평균	1.948	1.364	1.205	1.099	1.053	1.030
기하평균	1.949	1.362	1.204	1.099	1.053	1.030

혹은 5개년 평균법, 최대/최소 제외 평균법, 가중평균법 및 기하평균법이 있다. 계리인은 어떠한 방법이 가장 데이터를 잘 반영해 줄 것인가에 대한 판단을 하여야 한다. 동 판단시 안정성(Stability)과 반응성(Responsiveness)를 염두에 두어야 한다.

경우에 따라서는 열거된 평균법에 의하지 않고 개별진전계수의 패턴 등을 고려하여 진전계수를 선별할 수도 있다. 진전월수별 계수를 선정한 뒤 가능한 데이터의 마지막 진전월수(예의 경우 72-84개월)에서 궁극적으로 진전되는 계수를 선정하여(간단한 방법은 마지막 진전계수를 보고 판단), 이를 진전월수별로 누적해서 곱하면 최종진전계수가 계산된다. <표 3-5>에 최종진전계수를 표시하였다.

표 3-5 최종진전계수의 계산

	진 전 월 수						
	12-24	24-36	36-48	48-60	60-72	72-84	84-최종
단순 진전계수	1.960	1.350	1.210	1.100	1.050	1.030	1.060
최종 진전계수	4.037	2.060	1.526	1.261	1.146	1.092	1.060

예를 들어 진전월수 24-36개월에서 최종월까지의 최종진전계수 2.060은:

$2.060 = 1.350 \times 1.210 \times 1.100 \times 1.050 \times 1.030 \times 1.060$ 으로 주어지게 된다.

이렇게 추정된 최종진전계수에 평가시점 지급보험금(사고년도별 가장 최근의 지급보험금)을 곱하게 되면 사고년도별 지급보험금 진전방법에 의한 최종손해액이 도출된다. 여기서 사고년도별로 가장 최근의 지급보험금을 차감하면 시현준비금 혹은 필요지급준비금의 추정치가 산정되게 된다. 이를 <표 3-6>에 표시하면:

표 3-6 지급보험금 진전방법에 의한 최종손해액 및 시현준비금 산출

사고년도	(1) 평가시점 지급보험금	(2) 최종진전계수	(3) 최종손해액 (1) × (2)	(4) 시현준비금 (3) – (1)
1994	78,224	1.060	82,917	4,693
1995	81,287	1.092	88,765	7,478
1996	66,402	1.146	76,097	9,695
1997	62,347	1.261	78,620	16,273
1998	62,832	1.526	95,882	33,050
1999	33,568	2.060	69,150	35,582
2000	11,346	4.037	45,804	34,458
총합	396,006	-	537,235	141,229

가 된다.

지급보험금 진전방법에 의한 최종손해액 및 필요지급준비금에 대한 추정(시현 지급준비금의 계산)시 염두에 두어야 할 문제점은 (여타 진전방법에 있어서도 유사하게 나타나지만) 진전계수에 왜곡이 발생하게 되면 그 효과의 증폭이 크다는 것이다. 이러한 왜곡 효과의 증폭은 최근 사고년도일수록 곱하는 횟수가 많아져 최종손해액 왜곡 가능성이 커지게 된다. 이러한 이유로 인해 동 방법의 사용은 매우 조심스럽게 이루어져야 하며, 최근사고년도의 추정치는 무시되거나 고려되더라도 그 비중이 여타 방법에 비해 소액으로 주어지는 것이 상례이다.

2. 발생손해액 진전방법

(누적)지급보험금과 잔차준비금의 합으로 표시되는 발생손해액의 진전패턴을 이용하여 최종손해액 및 필요준비금을 추정하는 방법을 발생손해액 진전방법이라 한다. 추정방법은 지급보험금 진전방법과 유사하나 잔차준비금이 포함됨으로 인해 지급보험금 진전방법 보다는 안정적이다. 진전계수의 크기가 지급보험금 진전방법의 계수보다 작기도 하거니와 진전년도가 오래될수록 특정사고년도의 잔차준비금이 필요준비금에 근접하기 때문(사고가 발생한 시점

이 오래되어 손해사정사의 추정준비금이 실제 필요준비금에 근접)이기도 하다. 단지 사고년도별로 손해사정사가 설정하는 케이스 준비금의 패턴이 변화하면 이에 대한 조정을 필요로 한다는 것을 유의하여야 한다. 발생손해액 진전방법 혹은 지급보험금 진전방법에 의해 추정된 최종손해액에서 발생손해액을 차감하면 광의의 IBNR준비금 추정치가 산정이 된다. 지급보험금 진전방법과 마찬가지로 지급보험금을 차감하면 시현준비금 즉 필요준비금에 대한 추정치가 산정이 된다.

3. 클레임수 추정방법

평균지급 보험금법의 사용을 위해서는 우선 사고년도별 최종클레임수를 추정해야 한다. 클레임수 진전은 손해액 진전과는 달리 비교적 단순함으로 인해 보고 클레임(Reported Claim)수 진전을 통한 추정이 일반적이다. 단지 유념해야 되는 것은 비지급종결건수(Claims Closed Without Payments)를 가능하다면 데이터 상에서 제외시키는 것이 바람직하다는 것이다. 데이터 왜곡을 방지하기 위해서이다. 발생손해액 진전방법과 유사한 방법으로 사고년도별 최종클레임수를 추정하며, 추정된 최종클레임수에서 보고클레임수를 차감한 수치가 IBNR 클레임수 추정치가 된다.

4. 평균지급금법

평균지급금 진전법은 비누적 지급보험금이나 누적 지급보험을 지급종결클레임수(Number of Claims Closed With Payments)나 최종지급종결클레임수로 나누어서 추정되는데 각 경우마다 고유한 특징이 존재하게 된다. 지급보험금 진전방법이나 발생손해액 진전방법과 같이 진전년도별 추세를 진전계수 형식으로 추정한 뒤 추정된 최종손해액 추세를 관찰하고 비정상적인 추세가 시현되었을 때 최근 사고년도의 최종손해액을 수정하거나, 진전년도별 평균지급금의 사고년도별 추세를 커브핏팅(Curve Fitting)을 통해 산출한 뒤 이를 통해 직접 미래평균지급금을 추정하여 최종평균지급금을 추정할 수 있다. 이 경우 누적평균지급보험금 혹은 비누적지급보험금을 최종클레임수로 나눈 값을 평균지급보험금으로 사용할 수 있다. 접근방법상 비누적지급보험금을 사용하는 것이 더 바람직하여 실제에도 비누적지급보험금이 더 많이 사용된다고 하겠다. 커브핏팅에 있어서도 증가율이 일정하다고 가정하는 지수함수를 많이 사용한다. 평균지급금법을 사용하여 최종평균지급금이 추정되면 추정된 최종클레임수를 곱함으로서 최종손해액의 추정치가 도출된다.

5. 평균발생손해액법

평균지급금법과 유사하게 평균발생손해액법을 생각할 수 있는데 이는 발생손해액을 보고클레임에서 비지급종결클레임수를 차감한 수치로 나누거나, 최종클레임수로 나누어서 결정할 수 있겠다. 구체적인 추정방법은 평균지급금법과 유사하다 하겠다.

6. 본휴터-포거슨법(Bornheutter-Ferguson Method)

지급보험금진전법이나 발생손해액진전법에만 의존하여 최종손해액을 추정하게 되면 특히 최근사고년도의 경우 진전계수의 증폭으로 인해 부적절한 결과가 초래될 경우가 종종 발생하게 된다. 과거 데이터가 빈약한 새로운 보종이나 대형사고가 많이 발생하여 데이터 자체의 변동이 심할 때 이러한 현상이 많이 나타나게 된다. 손해액 진전이 완결될 때까지 오랜 시간이 걸리거나 초과보험(Excess Insurance)이나 재보험의 경우와 같이 초기 2-3년 동안은 손해액이 보고되는 액수가 미미하거나 혹은 변동이 심할 때도 같은 결과를 초래하게 된다. 본휴터-포거슨법에서는 실보고손해액 또는 실지급보험금에 미래에 보고 혹은 지급되리라 예상되는 금액을 가산함으로써 최종손해액이 추정된다. 미래에 보고 혹은 지급되리라 예상되는 비율은 발생손해액 진전계수 혹은 지급보험금 진전계수를 이용하여 계산된다. 이에 기대손해액(경과보험료를 기대손해율을 곱해서 산정할 수 있음)을 곱하여 미래에 보고 혹은 지급되리라고 예상되는 손해액을 추정할 수 있다. 특정 진전년도에 있어서 최종진전계수의 역수(Inverse Value)가 그 시점에 있어서 발생된 혹은 지급된 손해액의 퍼센트가 됨으로 1에서 최종진전계수의 역수를 차감한 값이 미래에 보고 혹은 지급되리라 예상되는 퍼센트가 된다. 그리하여 특정사고년도의 최종손해액은 <표 3-7>, <표 3-8>과 같이 표시된다.

표 3-7 보고패턴 기준 본휴터-포거슨법에 의한 특정 사고년도 최종손해액

사고년도	(1) 경과보험료	(2) 기대 손해율	(3) 기대 손해액 (1)×(2)	(4) 최종 진전 계수	(5) 1-1/(4)	(6) 미래보고 기대손해액 (3)×(5)	(7) 기보고 발생손해액	(8) 최종손해액 (6)+(7)
2000	57,697	78%	45,004	1.613	38.0%	17,102	28,800	45,902

표 3-8 지급패턴 기준 본휴터-포거슨법에 의한 특정 사고년도 최종손해액

사고년도	(1) 경과보험료	(2) 기대 손해율	(3) 기대 손해액 (1)×(2)	(4) 최종 진전계수	(5) 1-1/(4)	(6) 미래보고 기대손해액 (3)×(5)	(7) 기지급 누적보험금	(8) 최종손해액 (6)+(7)
2000	57,697	78%	45,004	4.037	75.2%	33,843	11,346	33,843

7. 사후인지법(Hindsight Method)

사후인지법은 평균지급금법과 유사하게 특정 진전년도의 평균준비금의 사고년도별 추세를 추정하여 최종손해액을 추정하는 방법이다. 동 방법을 사용하기 위해서는 사고년도별 최종 클레임수와 예비적 최종손해액(Preliminary Ultimate Losses)을 필요로 하는데 일반적으로 동 방법을 적용하기 전 여타방법에 의해 추정된 최종손해액을 가중 평균하여 예비적 최종손해액을 추정한다. 사고년도별 예비적 최종손해액에서 진전별 누적지급보험금을 차감하여 평균준비금을 구한 뒤 지수함수를 사용하여 추세를 추정한다. 이를 통해 추세반영 평균준비금이 추정되면 사고년도별 미종결 클레임수(사고년도별 최종클레임수-사고년도별 종결클레임수)를 곱하고 지급보험금을 가산하여 최종손해액이 산출된다.

Ⅳ 최종손해액 선별

지금까지 여러 방법에 의해서 최종손해액을 추정하였는데 각 방법마다 장단점이 있어 특정한 방법으로만 최종손해액을 추정하는 것은 바람직하지 않다고 하겠다. 각 방법의 특성을 고려하고 데이터상의 특징을 고려한 뒤 여러 방법을 복합적으로 사용하여 최종손해액을 선별(Select)하는 것이 일반적으로 통용되는 방법이며 또 바람직하다고 하겠다. 물론 각 방법에 있어서 진전계수나 추세선정에 있어서 분석자의 주관이 개입되긴 하지만 여러 방법에 의해 도출된 최종손해액을 분석하여 최종손해액을 선별하는 데 있어서는 더더욱 분석자의 주관이 개입되므로 분석자의 심도 있고 다양한 경험을 필요로 한다 하겠다. 여러 방법에 의해 산출된 최종손해액을 분석하여 선별하는 작업은 사고년도별로 각 방법에 가중치를 부여하여 합산하는 과정이라 볼 수 있다. 그 예를 도표로 표시해 보면 아래와 같다.

표 3-9 최종손해액 가중치

사고년도	지급금 진전법	발생손해액 진전법	평균 지급금법	본휴터-포거슨법		사후인지법
				발생패턴	지급패턴	
1994	0	1	0	0	0	0
1995	0.5	0.5	0	0	0	0
1996	0.25	0.25	0.25	0	0	0.25
1997	0.25	0.25	0.25	0	0	0.25
1998	0.25	0.25	0.25	0	0	0.25
1999	0.20	0.20	0	0.20	0.20	0.20
2000	0.20	0.20	0	0.20	0.20	0.20

사고년도가 오래될수록 잔차준비금의 값이 필요준비금의 값과 유사함으로 발생손해액 진전법에 상대적으로 비중을 많이 두며, 지급금진전법의 경우 추세의 증폭이 큼으로 인해 최근사고년도에 비중을 두는 것은 가능한 삼가하여

야 한다. 일반적으로 본휴터-포거슨법은 최근사고년도 최종손해액 추정에 있어 유용한 방법이므로 이의 가중치는 최근사고년도에 치중하는 것이 상례이다. 사후인지법 역시 최근사고년도 추정에 도움을 주는 방법이나 경우에 따라서는 평균지급금법을 보완하기도 한다. <표 3-9>에 제시된 가중치는 각 방법별 최종손해액 값을 참고하여 선정한 것이다. 지면상 이유로 실제값은 실지 아니하였다.

V 결과치에 대한 모니터링

최종손해액을 선별한 뒤 다음 해에 실제 발생한 손해액, 지급된 보험금 및 발생클레임수가 최종손해액 선정에서 기대했던 발생손해액, 지급된 보험금 및 발생클레임수와 비교하여 어떤 형태를 보이는가에 대한 모니터링이 중요하다고 하겠다. 그 비교 수치가 서로 유사하여 그 차이를 무작위적 현상에 기인한다고 볼 수 있으면 분석자는 자신의 최종손해액 선별에 대한 신뢰감을 가질 수 있으나 만약 그 비교수치가 서로 유사하지 아니하다면 무엇이 잘못 되었는가에 대한 반성이 필요하게 된다. 예를 들어 <표 3-10>에서와 같이 선

표 3-10 캘린더년도 2001년 발생손해액 도출

사고년도	(1) 선별최종손해액	(2) 발생손해액	(3) 최종진전계수	(4) 단순진전계수 (3)A0/(3)A(−1)	(5) 2001 기대발생액 {(4)−1}×(2)
1994	83,196	83,372	1.010	1.005	412
1995	88,745	87,413	1.015	1.005	437
1996	74,733	73,053	1.023	1.008	584
1997	79,776	74,767	1.067	1.043	3,215
1998	95,420	87,961	1.085	1.017	1,495
1999	67,997	57,547	1.182	1.089	5,122
2000	45,863	28,800	1.592	1.347	9,994
총합					21,259

별최종손해액과 발생손해액과의 관계에서 발생진전계수를 도출할 수 있고 이를 통해 캘린더년도 2001년에 기대되는 발생손해액을 계산할 수 있다.

Ⅵ 결 론

계리인에게 주어진 데이터가 완벽하지 못함으로 인해 지급준비금 추정의 여러 단계에 있어 계리인의 주관적 판단이 개입되게 된다. 감독당국에 의해 계리인의 주관적 판단을 완전히 배제시킨 준비금 추정 규정안을 생각할 수 있지만 바람직하지 못하다고 생각한다. 자격있는 계리인으로 하여금 소신 있게 지급준비금 추정을 할 수 있게 허용하고 오히려 독립된 제3자의 의견서 첨부를 의무화하는 것이 바람직하지 않나 사료된다.

PART Ⅱ

제4장 재보험에 대한 이해

CHAPTER 04

재보험에 대한 이해

I • 서　　론

불확실한 미래사고에 대해 재정적으로 보전해 주는 거래행위를 보험이라 한다. 여기서 불확실하다는 의미는, 사고는 발생하는 것이 확실하나 그 발생 시점이 불확실할 수 있고 사고의 크기 자체가 불확실 할 수도 있다는 것이다. 전통적인 불확실성에 대한 정의는 물론 사고발생 그 자체에 둔다. 또한 전통적인 보험의 정의에 있어서 우연성에 대해 강조하고 다수에 의한 위험의 분산을 강조하나 다양한 보험기법의 발전으로 인해 이러한 정의는 과거의 산물이 되고 있다. 특히 넓은 의미에서의 보험의 한 종목인 보증보험(Surety Insurance)에 있어서 우연성은 거의 무시된다고 해도 과언이 아니다. 물론 재보험의 발전 역시 보험에 대한 정의 확대에 큰 몫을 하였다.

직접적인 보험의 혜택을 받는 개인이나 기업과 보험사와의 보험거래행위를 원수보험 혹은 직보험(Direct Insurance)이라 한다. 이때의 보험사를 원수보험사 혹은 직보험사(Direct Insurance)라고 한다. 원수보험사가 일정액의 보험료를 영수하고 인수한 물건 혹은 물건군의 일부 위험을 경감시키기 위해 다른 보험사에게 재인수시키는 보험거래행위를 재보험이라고 한다. 이러한 재보험거래행위를 전문적으로 하는 보험사를 재보험사(Reinsurance Company)라고 한다. 물론 원수보험사도 보험법에 저촉되지 않는 한 재보험거래를 할 수 있다. 원수보험사가 다른 보험사에게 재인수하게 하는 것을 출재한다고 하며 이때 다른 보험사에게 지급하는 보험료를 출재보험료, 다른 보험사로부터 받는 수수료를 출재수수료라 한다. 원수보험사로부터 재인수 받는 행위를 수재한다고 하며 이때 원수보험사로부터 받는 보험료를 수재보험료라 하고, 원수보험사에 지급하는 수수료를 수재수수료라 한다. 수재로 받은 물건을 또 다시 다른 보험사로 하여금 인수케 하는 행위를 재출재(Retrocession)라 한다.

Ⅱ 재보험의 종류

1. 거래단위에 의한 분류

재보험은 거래단위에 따라 협약재보험(Treaty Reinsurance: 국내에서는 특약재보험이라 하나 올바른 번역은 협약이라 생각한다)과 임의재보험(Faculative Reinsurance)이 있으며, 협약재보험과 임의재보험의 중간 형태로 자동임의 재보험(Automatic Faculative Reinsurance)이 있다.

1) 협약재보험

협약재보험은 거래단위가 물건군으로 이루어지는 것으로 물건군에 대한 정의는 원수보험사와 재보험사의 협의에 의해서 이루어진다. 일반적으로 물건군은 보종별로 정의되는 것이 통례로 재물, 기술, 배상책임, 근재, 적하, 선박 등이 있다. 이뿐 아니라 신상품 출시 시 특정 신상품에 대한 협약재보험 거래도 있을 수 있다. 일반적으로 특정 협약에 포함될 수 없는 직종이나 보험가입액 한도(Policy Limit) 혹은 기대최대손해액(EML; Expected Maximum Loss) 한도가 정의된다. 예를 들어 배상책임보험협약의 타이어에 관한 제조물 배상책임보험이 포함되지 않는다든지, 재물보험협약에 있어서 EML 혹은 보험가입액이 1,000억까지만 포함된다든지 하는 것이다. 일반적으로 협약재보험은 1년 단위로 이루어진다. 이를 언더라이팅년도라고 한다.

2) 임의재보험

임의재보험은 재보험거래가 물건별로 이루어지는 것이다. 임의재보험이 필요한 것은 특정 협약의 성과를 보호하기 위해 따로 임의재보험을 든다든지, 특정협약에 포함되지 않거나, EML이나 보상한도가 특정 협약에서 설정한 이상의 물건을 인수하기 위해서이다.

3) 자동임의재보험

임의재보험의 문제점은 매물건마다 재보험사가 언더라이팅을 하기 때문에 시간과 노력을 많이 필요로 한다는 것이다. 이러한 문제를 해결하기 위한 일환으로 일정한 범주를 설정해서 그 범주에 드는 물건에 대해서는 자동적으로 재보험에 가입케 하는 것이 자동임의재보험이다. 이 경우에도 재보험사가 인수거절 권한을 소유하고 있어 설정된 범주에 특정물건이 귀속되지 않는다고 판단할 수 있다.

2. 거래특성에 의한 분류

재보험의 거래 특성에 따라 비례재보험과 비비례재보험으로 나눌 수 있다. 비례재보험에 있어서 원수보험사와 재보험사 간의 보험료 및 손해액은 동일한 비율로 배분된다. 비비례재보험은 원수보험거래와 독립적으로 이루어져 재보험거래에 있어서의 보험료는 원수보험 거래의 보험료와는 원칙적으로 독립적으로 결정된다. 단지 거래의 편의를 위해 비비례재보험료를 원수보험료에 대한 비율로 환산해서 사용하기도 한다.

1) 비례재보험

비례재보험은 다시 할당율재보험(Quota Share Reinsurance)과 잉여율재보험(Surplus Share Reinsurance)으로 나누어진다. 할당율재보험은 특정협약에 적용될 때 특정물건의 보험가입액 혹은 보상한도와 상관없이 원수보험사와 재보험사 간의 보험료 및 손해액 배분율이 일정하게 설정되는 경우이다. 즉 재보험사에게 일정율의 위험을 할당해 주는 것이다. 이에 반해 잉여율재보험은 특정협약에 있어서 그 협약한도가 설정이 되고 원수보험사가 특정 정액까지 보유하기로 결정이 되면 협약한도 내에서 원수보험사 보유 외의 부분이 재보험사에 인수되는 경우이다. 즉 재보험사에게 원수보험사 보유잉여분이 배분되는 것이다. 잉여율재보험의 경우에는 배분율 혹은 할당율이 고정되는 것이 아니고 원수보험사 보유한도액이 고정되어 물건별 배분율은 변동된다. 원수보험사 보유한도액을 최소라인(Minimum Line)으로 정의하고 재보험사에 출재되는 부분을 최소라인의 배수로 라인수(Number of Line)라 한다. 협약한도액 역시 라인수로 표시된다. 할당율재보험과 잉여율재보험의 예를 들면 아래와 같다.

최소라인 1억의	5라인 잉여율 협약			10억한도 30% 할당율 협약		
	물건1	물건2	물건3	물건1	물건2	물건3
보험가입액	1억	5억	10억	1억	5억	10억
최소라인(보유액)	1억	1억	1억	3천	1억5천	3억
출재라인	0	4	5			
협약출재액	0	4억	5억	7천	3억5천	7억
임의출재액	0	0	4억	0	0	0
원수보험사 보유율	100%	20%	10%	30%	30%	30%
협약재보험사 출재율	0%	20%	50%	70%	70%	70%
임의재보험사 출재율	0%	0%	40%	0%	0%	0%

할당율재보험과 잉여율재보험을 비교할 때 할당율재보험의 경우 그 구조가 매우 단순하다는 이점이 있으나 모든 물건에 대해 일정율로 출재해야 함으로 인해 보유율이 필요 이상으로 떨어진다는 단점이 있다. 보험가입액이 적은 물건도 의무적으로 일정율로 출재해야 하기 때문에 이러한 문제가 발생한다. 잉여율재보험의 경우에는 그 구조가 상대적으로 복잡하나 보유한도액을 설정하여 그 이하로는 원수보험사가 모두 보유함으로 인해 상대적으로 보유율이 할당율재보험보다는 증가할 수 있다는 장점이 있다. 현재 국내에서는 할당율재보험과 잉여율재보험의 혼합형태로 볼 수 있는 변동할당율재보험이 많이 이용되는데 이는 특정 협약하에서 물건마다 할당율을 변동시킬 수 있는 제도이다.

동 재보험협약하에서는 원수보험사의 언더라이터가 물건의 성격에 따라 할당율을 변화시켜, 그 취지는 양호한 물건의 경우에는 가능한 보유를 많이

하고 불량한 물건의 경우에는 가능한 보유를 적게 하여 보유손해율을 개선시키자는 것이다. 이와 같이 이루어진 재보험협약은 여러 가지 문제를 야기시킬 수 있다고 생각된다. 원칙적으로 언더라이터의 임무는 원수보험 기준으로 물건을 인수할 것인가 말 것인가를 결정하여야 한다. 일단 인수하고 불량물건일 경우 가능한 많은 비율로 출재한다는 생각은 재보험사가 자선사업가가 아닌 이상 출재손해율이 올라가면 결국 그 비용이 원수보험사에게 전가되기 때문에 결코 원수보험사에게 유리한 정책이 될 수 없다. 이러한 시점에서 볼 때 재보험사는 원수보험사의 파트너가 되어 공생공존하는 관계가 바람직한 것이지 적대적 관계가 결코 원수보험사에 바람직하지 않은 것이다.

이에 대한 좋은 예로 미국 로스엔젤레스 소재 Crusader Insurance사와 General Re사의 관계를 들 수 있다. Crusader Insurance사는 자영업자 전문보험사로 General Re사와 10년 이상의 좋은 관계를 유지하여 General Re사로 하여금 계속해서 이익을 볼 수 있게 하였다. Crusader 보험사는 1992년 L.A. 폭동으로 인해 재보험 보상한도를 소진하여 자본잠식까지 당하는 처지에 놓이게 되었다. 이를 안 General Re사는 재보험 보상한도와 상관없이 무한대로 손해액을 지급하여 주어 Crusader사는 생존할 수 있게 되었다.

변동잉여율 재보험제도하에서의 언더라이터가 과연 물건별로 적정 할당율을 결정할 수 있느냐에 의문이 갈 뿐 아니라 불량물건은 아무리 보유를 적게 한다고 하더라도 결코 우량물건이 될 수 없는 것이다. 90년대 말 미국을 휩쓸고 간 Unicover 이슈는 그 좋은 예가 되고 있다. Unicover는 재보험 브로커사로 재보험요율을 상식 이하로 인하하였을 뿐 아니라 원수보험사 보유한도액 역시 통상적인 근재보험 한도액인 백만불에서 1/20인 5만불로 인하시켰다. 이로 인해 Unicover를 통해 재보험 협약에 가입한 원수보험사들은 어떤 요율로 산재보험을 인수하더라도 결코 손해볼 수 없다는 생각하에 무차별적 인수를 하였으나 결국에는 도산에 이르게 되었다. 결국 이로 인해 캘리포니아주 내의 많은 산재보험 전문 보험사들이 도산을 면치 못하게 된 것이었다.

3. 비비례재보험

1) 전형적인 비비례재보험

원수보험사가 일정한도까지는 자체 보유하고 일정한도 이상액을 재보험사에 출재하는 재보험이 비비례재보험이다. 비비례재보험에 있어서 재보험사에 출재된 부분에 대한 보험료는 원칙적으로 원수보험거래와 독립적으로 이루어진다. 물론 비례재보험의 잉여율재보험의 경우에 있어서도 일정액까지 원수보험사가 보유하지만 일단 특정물건의 보상한도액이 그 일정액을 넘어가면 손해액 발생시 손해액 배분이 보험료 배분비율로 할당되는 것이 비비례재보험과 다르다. 그 차이를 설명하기 위해 아래와 같은 예를 들었다.

	잉여율재보험	비비례재보험
보험가입액	10억	10억
보유한도액	1억	1억
재보험출재액	9억	9억
손해발생액	2억	2억
보유손해액	2천(2억×1/10)	1억

즉 손해액에 대한 배분이 잉여율재보험의 경우 종적으로 이루어지나 비비례재보험의 경우 횡적으로 이루어진다는 것이다.

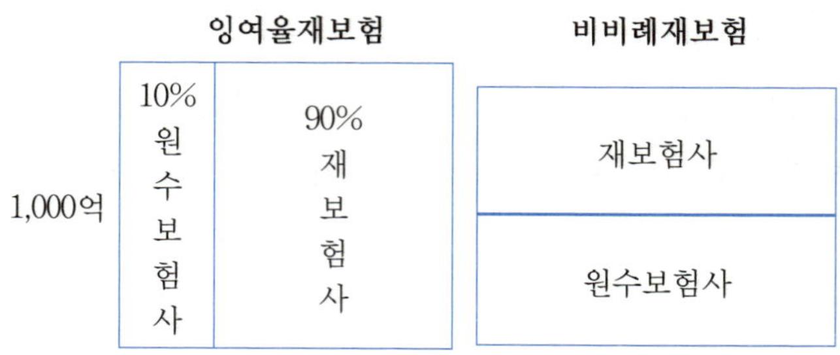

비비례재보험과 비례재보험의 혼합형태로 손해액 한도에 따라 그 비율을 달리할 수 있는데 예를 들어 손해액 1억까지는 원수보험사가 100% 보유하고 1억 이상 10억까지는 30%, 10억 이상 50억까지는 20%, 50억 이상 100억까지는 10%, 100억 이상 500억까지는 5%, 500억 이상 1,000억까지는 0%를 보유하는 형태이다. 이를 그림으로 표시하면 아래와 같이 된다.

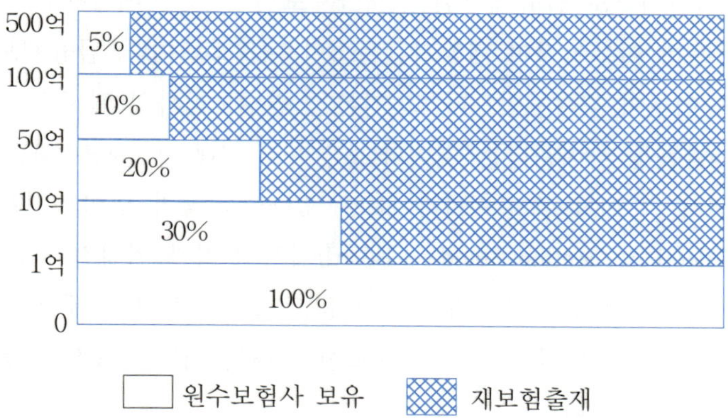

이때의 원수보험사 최대보유한도액은 36.7억(1억+9억×0.3+40억×0.2+50억×0.1+400억×0.05)이 된다.

이러한 형태의 협약이 미국 손보사의 기본 협약구조이다.

2) 총체적 한정손해 협약(Aggregate Stop Loss Treaty)

비비례재보험의 일종으로 특정 회계년도의 특정보종 혹은 전보종의 손해율이 일정수준을 상회할 때 재보험사에서 원수보험사에 그 상회분을 변상해주는 협약이 총체적 한정손해 협약이다. 일반적으로 특정손해율은 손익분기점에서 결정되는 것이 상례이다. 예를 들어 사업비율이 28%라면 특정손해율은 72%가 되겠다. 원수보험사 입장에서 볼 때는 절대적으로 손해율이 손익분기점을 넘지 않는다는 장점이 있지만 재보험사 입장에서 볼 때 상대적으로 위험이 높아 원수보험사가 그 대가로 지불해야 하는 보험료가 상대적으로 높다는 단점이 있다.

3) 금융재보험(Financial Reinsurance, Fimite Risk Transfer)

원수보험사의 연도별 수익성 변화를 안정시켜 주고 재보험사의 위험을 제한시켜 주는 재보험으로 금융재보험을 들 수 있는데 이는 최근에 들어와 유통이 되고 있다. 동 재보험거래가 원수보험거래와는 독립적으로 이루어진다는 점에서 넓은 의미의 비비례재보험의 일종으로 볼 수 있다. 물론 출재수수료의 조정을 통해 비례재보험 형태에서도 이와 같은 금융재보험이 가능하기는 하다. 일반적으로 금융재보험은 재물재보험 보다는 배상책임보험 혹은 산재보험에 흔히 이루어지며 계약기간은 3년 내지 5년이다. 금융재보험은 다양한 형태로 이루어 질 수 있으나 그 기본은 원수보험사의 연도별 수익성 혹은 손해율의 변동을 줄여준다는 것이다(물론 이로 인해 필요지급여력금을 감소시켜 주는 것 역시 그 이점 중의 하나라 할 수 있다). 미국의 연방회계표준 위원회(FASB, Federal Accounting Standard Board)에서 진정한 위험전가 없는 순수 금융재보험 거래를 보험거래로 인정하지 않으므로 인해 미국에서 일어나는 모든 금융재보험뿐 아니라 국내 금융재보험 거래는 어느 정도의 전통적 재보험 요소를 포함하고 있다.

총체적 한정손해협약이 순수 금융재보험 형태로 이루어진다면 우선 재보험사는 과거 데이터 분석을 통해 예상손해율을 추정한다. 그 손해율이 65%이고 재보험사가 2%의 보험료를 부과하고 계약기간을 3년으로 설정한다고 하자. 다음해의 손해율이 62%가 시현되었다면 3%의 잉여손해율은 여분으로 비축이 된다. 다음해 손해율이 69%가 시현되었다면 잔여손해율 1%에 해당하는 출재보험금이 재보험사에서 지급된다. 마지막 해 손해율이 다시 64%가 시현되었다면 추가적인 1% 손해율에 해당되는 금액은 재보험사에 귀속된다. 이러한 관계를 도표로 표시해 보면 아래와 같이 된다.

년도	1차년도	2차년도	3차년도	평균손해율
보험 전 원수보험사 손해율	62%	69%	64%	65%
보험 후 원수보험사 손해율	67%	67%	67%	67%

결국 원수보험사는 2%의 비용을 재보험사에 지급하고 안정적인 손해율을 유지할 수 있게 되었다. 과연 이러한 비용을 지급할 가치가 있는가에 대한 문

제는 원수보험사의 경영진이 결정하여야 한다. 금융재보험은 원수보험사의 필요에 의해서라기 보다는 재보험사의 푸쉬영업(Push Marketing)으로 최근에 들어와 많은 거래가 이루어졌는데 그 성과는 별로 좋지 않았다. 최근 배상책임보험 및 산재보험뿐 아니라 재물보험 역시 9.11테러 영향으로 실적이 좋지 않아 FASB 규정을 준수하기 위해 한계적으로 가미하였던 전통적 재보험부분의 실적악화로 인해 다수의 금융재보험 전문회사 및 전통적 재보험사의 금융재보험부문이 많은 손해를 보게 되었다. 결국 원수보험사는 원수보험사대로 추가적 비용을 재보험사에 지급하여 재보험 보호를 크게 받지 못하였고 재보험사는 재보험사대로 손해를 보게 되어 금융재보험의 앞날이 그리 밝은 것은 아니라 하겠다.

4. 보유재보험 구조의 예

일반적으로 미국 손해보험사의 보유재보험 구조는 비비례보험의 일종인 초과재보험(Excess of Loss) 위주로 되어 있다. 이에 재앙적 재보험이 가미되는데 일단 초과재보험이 커버되고 초과재보험 보유부분에 대해서 재앙적 재보험이 커버된다. 이러한 관계를 "재앙적 재보험이 초과재보험 혜택을 받는다(Inured To)"라는 표현을 쓴다. Best사의 Insurance Reports에 나타난 미국의 Atlantic Mutual 보험사의 보유구조를 보면 아래와 같다.

한 물건당 최대 순보유액: 12억($1Mill)
기업성 재물물건에 대한 초과재보험 협약: 588억 초과 12억($49M excess of $1M)
가계성 " " : 114억 초과 6억($9.5M excess of $0.5M)
배상책임 " " : 468억 초과 12억($39M excess of $1M)
재앙적 재물재보험: 1,740억 초과 120억에 대한 95%(95% of $145M excess of $10M)
그 외: 임의재보험 커버

일반적으로 우리나라 손보사의 보유구조는 비례재보험 협약이 그 근간을 이룬다. 이에는 국내협약과 해외협약이 존재하여 국내협약의 경우 보상한도액이 상대적으로 낮은 물건에 적용되고 보상한도액 혹은 EML(기대최대손해액: Expected Maximum Loss)이 일정액 이상일 경우에는 해외협약 역시 적용된다. 보상한도액 혹은 EML이 해외협약 한도를 넘어가게 되면 임의재보험이 추가로 적용된다. 임의재보험, 해외협약 및 국내협약을 통해 출재되고 남은 부분 즉, 보유부분에 대해서는 다시 초과재보험 협약을 통해서 출재된다. 일반적으로 초과재보험의 보유한도액이 원수보험사에 따라 상이하기는 하나 10억에서 50억 수준을 넘지 못하고 있다. 한국 손보사 보유구조에 있어서 초과재보험은 비례재보험의 혜택을 받는다. 즉, 비례재보험이 적용되고 나서 그 후에 초과재보험이 적용된다는 의미이다.

예를 들어 재물보험 국내협약의 한도가 보험가입액 기준으로 500억, 해외협약이 3,000억, 초과재보험이 450억 초과 50억 한도일 때 보험가입액이 1조인 물건의 경우 6,000억은 임의재보험으로, 3,000억은 해외협약으로 500억은 국내협약으로 출재하게 되면 500억이 남아 이중 450억을 초과재보험 형태로 출재하게 된다. 결국 60%가 임의재보험으로, 30%가 해외협약으로, 5%가 국내협약으로 출재되게 되는데 이는 비례재보험으로 출재되게 된다. 이 경우 2,000억의 손해가 발생하게 되면 우선 60%인 1,200억이 임의재보험사가, 30%인 600억이 해외협약 재보험사가, 5%인 100억이 국내협약 재보험사가 지급하게 된다. 100억의 손해액이 남게 되는데 초과재보험의 커버가 50억 이상 450억까지 이므로 초과재보험사가 50억을 지급하게 되고 원수보험사는 50억을 직접 지급하게 된다.

5. 출재수수료의 의미

일반적으로 비례재보험에 있어서 재보험사는 원수보험사에게 출재수수료를 지급한다. 원칙적으로 출재수수료는 재보험사가 원수보험사의 사업비를 보전해 주는 것이 그 목적이다. 예상되는 손해율이 재보험사의 허용손해율(Permissible Loss Ratio: 재보험사가 원수보험사로부터 영수하는 보험료에서 사업비 및 수익을 차감한 비율로 원수보험사에게 손해액의 형태로 되돌려 주리라고 예상하는 비율)보다 낮을 경우 재보험사는 그 차액 혹은 차액의 일부를 원수보험사에게 추가수수료의 형태로 지불하게 된다. 시현된 손해율이 예상 손해율보다 낮을 경우에는 그 차액의 일부를 재보험사가 원수보험사에게 지불하기도 하는데 이를 이익수수료(Contingent Commission)라 하고 일반적으로 재보험 계약시 명시되게 되어 있다.

예를 들어 특정 협약하에서 예상되는 손해율이 65%이고 사업비율이 30%이며 이익 및 위험부가율이 5%라면 원칙적으로 재보험사는 원수보험사에게 30%의 출재수수료를 지급하여야 한다. 이 경우 재보험사는 다른 조건이 같다면 자사의 수익목표에 도달하지 못하므로 출재수수료는 30%보다 낮은 수준이 된다. 원수보험사의 이익 및 위험부가율 5%로는 재보험사의 사업비와 이익 및 위험부가액을 보전할 수 없기 때문이다. 예를 들어 특정 재보험사가 손해율과 사업비율을 합친 목표 합산비율이 102%라고 하고 사업비율이 10% 및 이익 및 위험부가율이 5%라고 하면(재보험사의 허용손해율은 87%(102%-10%-5%)가 된다) 재보험사가 원수보험사에 지급하는 출제수수료의 수준은 22%(102%-10%-5%-65%)가 된다. 즉 재보험사에 출재함으로 인해 원수보험사에서는 추가적인 비용이 발생하게 되는 것이다. 이러한 추가적인 재보험 비용은 일반관리비에 귀속되게 된다. 즉 앞에서 예를 든 사업비율 30%에는 재보험비용이 포함되어 있다는 뜻이다. 이와는 달리 보험료에 책정된 손해율이 65%이나 예견되는 손해율이 40%라면 출재수수료의 수준은 47%(102%-10%-5%-40%)가 되어 앞의 경우보다 25%가 증가하게 된다. 이는 손해율이 양호할 것이므로 인해 재보험사가 원수보험사에게 일종의 프리미엄을 지급함에 불과하다.

결국 재보험거래는 원수보험사가 일정한 비용을 재보험사에 지불하고 위험을 전과시키는 수단일 뿐이지 결코 재보험거래를 통해서 원수보험사가 추가적인 이익을 볼 수는 없는 것이다. 이러한 관점에서 볼 때 흔히 쓰는 용어인 출재손(재보험료-출재수수료-출재손해액) 용어 자체가 있을 수 없다고 하겠다. 재보험거래를 행함으로 인해 원수보험사가 추가적인 이익을 볼 수 있다는 자체가 잘못된 발상으로 물론 일시적인 출재이익이 존재할 수 있지만 이는 극히 예외적인 경우에 불과하다고 하겠다. 재보험으로 인한 추가적 비용은 일반적으로 출재를 많이 하면 할수록, 비비례재보험보다는 비례재보험에 더 많이 발생하게 된다. 재보험으로 인한 추가적 비용의 발생은 적정보유/재보험

정책의 문제로 귀결되게 된다.

6. 적정보유/재보험 정책

보유/재보험 정책은 크게 두 가지로 나누어지는데 첫째로는 어떠한 재보험제도(비례재보험 대 비비례재보험제도, 협약재보험 대 특약재보험제도)를 얼마만큼 사용할 것인가에 대한 결정으로 이는 효율성 및 전문성에 관한 문제이고, 둘째로는 얼마만큼을 보유하거나 출재할 것인가에 대한 결정으로 수익성 및 안정성에 관한 문제이다. 양자가 서로 유기적으로 연결되어 있기는 하지만 정책결정에 영향을 미치는 변수는 서로 상이하다고 볼 수 있다.

1) 효율적 재보험 제도

일반적으로 미국의 손해보험사는 앞서 언급하였듯이 초과손해(Excess of Loss) 비비례재보험 협약을 근간으로 한다. 특약의 경우에도 예외적인 경우를 제외하고 초과손해 비비례재보험 특약이 주종을 이룬다. 예외적인 경우에 비례재보험 협약이 사용되기는 하나, 일반적이지는 않다.

저자가 미국 손보사 근무시 Pest Control Program이라 하는 신상품 출시에 관여하였다. 이는 각종 해충박멸업소를 위해 고안된 상품으로 재물, 배상책임 및 기업성 자동차 보험을 커버하는 기업성 종합보험 상품이었다. 해충박멸에 사용되는 물질이 휘발성이기는 하지만 환경오염 가능성이 있어 일반배상책임 재보험 협약에서는 제외 되었다. 초과손해 비비례재보험 형태의 협약을 원했지만 재보험사들이 응해주지 아니하였다. 하는 수 없이 울며 겨자먹기로 배상책임보험에 대해 비례협약을 체결할 수밖에 없었다. 이렇듯 미국의 손해보험사들의 기본정책은 우량물건을 인수하고 가능한 많은 부분을 보유하고자 하는 것이다.

이와는 반대로 국내 손해보험사들은 비례재보험제도를 근간으로 한다. 이에 최대손실가능액을 한정하기 위해 부가적으로 초과손해 비비례협약을 유지하고 있다. 비례재보험제도의 장점은 그 운영이 비교적 단순하다는 데에 있다. 재보험사 입장에서 볼 때에는 매 물건마다 보험료의 영수가 이루어지고 일단 보험사고가 발생하면 이에 대한 처리 즉 준비금을 적립하고 보험금을 지급하여야 하기에 사업비가 많이 드는 제도이다. 다수의 물건에 대해 출재가 이루어짐으로 인해 재보험사로의 보험료 누출이 많아 애써 영업한 많은 부분이 재보험사로 전이되는 제도가 비례재보험제도이다. 이에 반해 초과손해 비비례재보험제도는 고액사고의 발생가능성이 소액사고의 발생가능성 보다 상대적으로 적으므로 인해 보유를 상대적으로 많이 할 수 있는 제도이다. 보험가입액이나 보상한도가 높은 물건만 재보험사에 출재되기 때문에 재보험사측에서 볼 때도 사업비가 적게 드는 제도이다. 초과손해 비비례제도에 있어서는 출재되는 부분에 대한 가격결정이 원수보험료와는 독립적으로 이루어져야 하기에 비교적 전문성을 요구로 하는 제도이다. 또한 가격결정시 경험치에 대한 고려가 중요하기에 정확하고 정밀한 과거 데이터를 필요로 하는 제도이다.

일반적으로 받아들여지는 통설은 비례재보험 협약을 근간으로한 보유구조를 전형적인 개도국형 보험제도로, 비비례재보험 협약을 근간으로 한 보유구조를 선진국형 보험제도로 생각되고 있다.

실제 글로벌재보험사의 통계를 보더라도 개도국에서의 비례재보험 협약 비중이 줄고 있는데 이는 개도국의 보유구조가 선진화되면서 비례재보험 협약의 비중이 줄어드는 것을 반영하고 있다. 저자가 생각하길 국내손보사의 재보험 관련 데이터가 하루 빨리 정비되어야 하며 전문성 역시 확보하여 보유구조의 선진화를 이루어야 하겠다.

2) 적정보유/재보험 수준의 결정

적정보유/재보험 수준의 결정은 여러 변수에 의해 좌우되는데 우선 중요한 것은 보유/재보험제도와의 연관성이다. 원수보험요율 수준이 양호하며 손해액 분포가 정상적이라는 전제하에서 일정한 위험수준을 가정할 때 비비례재보험을 근간으로 하는 보유구조가 비례재보험을 근간으로 하는 보유구조보다는 보유율을 증가시킨다. 즉 비비례제도가 더 효율적이라는 것이다. 물론 비례재보험제도의 경우 출재수수료가 비비례재보험제도 보다는 더 많이 발생함으로 인해(대부분의 경우 비비례재보험제도하에서는 출재수수료가 발생하지도 않는다) 더 우량한 제도로 보일 수 있으나 이는 착시현상에 불과하다. 원칙적으로 재보험사가 원수보험사에 지급하는 출재수수료는 원수보험사 사업비 보존에 불과하기 때문이다. 출재수수료율이 원수보험사 사업비 비율보다 높다면 이는 예상되는 손해율이 원수보험료에 반영된 손해율보다 낮음을 반영하는 것에 불과하다. 물론 재보험사의 추가적 사업비와 이익에 대한 고려 때문에 손해율 차의 일부만 출재수수료에 반영된다.

다음으로 들 수 있는 변수는 지급여력의 수준이다. 지급여력의 절대적 수준과 사고당 최대보유액과는 밀접한 연관성을 갖는다. 여기서 사고라 함은 특정한 자연재해로 인해 발생한 사고(Event)로 다수의 물건을 포함할 수 있다. 지급여력의 절대적 수준이 높은 원수보험사의 사고당 최대보유액은 지급여력의 절대적 수준이 낮은 원수보험사보다 높아야 한다. 지급여력대비 사고당 최대보유액 비율은 지급여력이 높을수록 높아야 한다. 예를 들어 지급여력이 1,000억인 원수보험사의 사고당 최대보유액이 10억(1%)이라면 지급여력이 2조인 원수보험사의 사고당 최대보유액은 200억 이상 300억(1.5%)이 합리적일 수 있다. 국내 손보사의 사고당 최대보유액은 이러한 관계를 보여주지 않고 오히려 대형손보사의 그 비율이 낮은 형편이다.

일반적으로 국내 손보사의 지급여력 대비 사고당 최대보유액 비율은 미국의 손보사보다 상당히 낮은 편이다. 그만큼 재보험사에 많이 의존한다는 뜻이다. 우리는 미국의 9.11 테러시 미국의 원수손보사 및 재보험사, 유럽의 재보험사의 손해액을 주시해야 한다. 물론 여러 보종(재물보험, 배상책임보험 및 근재보험 등)에서 동시에 손해가 발생하여 의도했던 최대손해액보다 많아지긴 하였지만 그 손해액 수준을 지급여력 대비 손해액율로 환산하였을 때 10%에서 20% 수준까지 이른 손보사들이 다수 존재하였다. 이는 그만큼 선진 손보사들의 보유율이 높음을 의미한다. 일반적으로 사고당 최대보유액 수준과 기대수익수준 및 분산의 정도는 정비례한다. 즉 사고당 최대보유액 수준이 높아질수록 수익율 수준은 높아지나 분산의 정도 역시 높아져 상대적으로 위험의 정도는 커지게 된다. 이러한 관계 때문에 지급여력 수준이 충분하여야 최대보유액 수준을 높일 수 있는 것이다. 연도별 수익율 정도와 사고당 최대 보유액 수준을 도표로 표시해 보면 아래와 같이 된다.

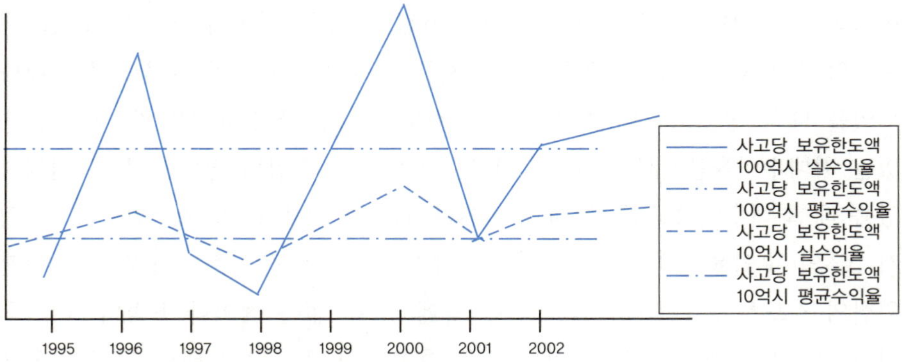

적정보유 수준에 영향을 미치는 변수로 손해보험사 경영층의 위험에 대한 성향을 들 수 있다. 경영층의 위험에 대한 성향이 소극적일수록 보유수준은 낮아지고 적극적일수록 보유수준은 높아지게 된다. 그 성향이 적극적일수록 위험의 정도는 커지게 되나 그만큼 기대수익율은 증가하게 된다. 이러한 관계를 표시해 주는 것이 프런티어라인(Frontier Line)이라 하는데 도표로 표시해 보면 아래와 같다.

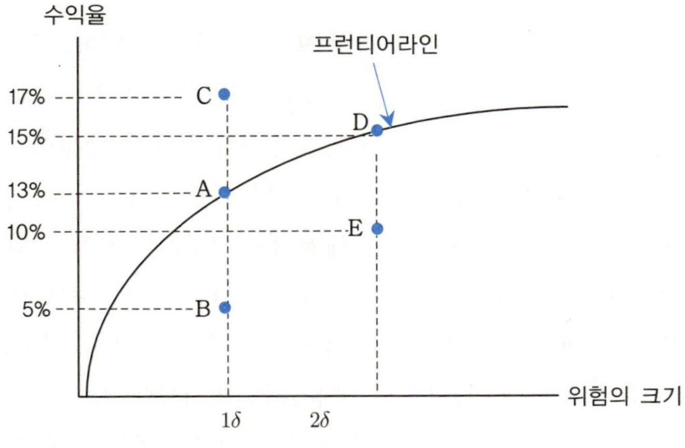

도표상에서 C점은 위험의 크기가 1δ일 때 17%의 수익율을 내는 점으로 현실적으로 실현이 불가능한 점이다. A점의 경우 위험의 크기가 1δ일 때 10%의 수익율을 내는 점으로 보유체제를 최적으로 가져가 효율성이 극대화 되었을 때의 점으로 경영층이 위험의 정도로 1δ를 설정하였을 때 도달할 수 있는 최대수익율을 내는 점이다. D점은 경영층이 위험의 정도를 2δ로 설정하였을 때 최대수익율 15%를 내는 점이다. B점의 경우 1δ의 위험의 정도 설정시 5%의 수익율을 내는 점으로 보유체제가 비효율적으로 운영되어 주어진 위험의 정도하에서 최대수익율의 반 밖에 낼 수 없는 점이다. E점의 경우 최적점 D점에 가까운 점으로 어느 정도 효율성이 확보된 상태의 점이라 하겠다. 다른 조건이 같다면 경영층의 위험에 대한 성향이 적극적일수록, 지급여력이 증가할수록 수익율-위험의 크기 조합점의 우측으로 이동하며, 보유정책의 효율성이 증대할수록 그 조합점은 프런티어라인을 향해서 위로 이동한다. 예를 들어 선진국 손보사의 조합점이 E라면 한국 손보사의 조합점은 B점이 되겠다.

Ⅲ 결 론

손보사의 보유/재보험 정책은 수익성 및 위험관리 측면에 있어서 중요한 분야임에도 불구하고 상대적으로 그 중요성이 등한시되어 왔다. 매출 혹은 시장점유율이 손보사 경영성과의 주요척도로 존재하여 왔기 때문이라고 저자는 생각한다. 경영층이 보유/재보험 정책에 관심을 가질 때는 소위 출재손이라 일컫는 출재보험료-출재수수료-출재손해액 음의 액수가 커질 때와 대형사고가 발생하였을 때이다. 출재손을 줄이기 위해 흔히 쓰는 정책으로는 가능한 악성물건은 많이 출재하고 우량물건은 많이 보유하는 것이다. 저자는 이를 보유라이팅이라 부르고 있다. 물건별로 보유율을 결정하여 보유손해율을 출재손해율과 비교하여 현저히 줄인다는 것은 불가능하다. 설사 이에 성공한다 하더라도 재보험사의 출재수수료 인하가 뒤따를 것이므로 결국 출재손 양의 변화는 없게 된다. 대형사고의 발생시 경영층은 보유를 얼마를 하였냐에 관심을 갖게 된다. 어떠한 이유에서든지 보유를 많이 하였다면 이에 대한 문책이 뒤따른다. 이러한 문책 가능성을 최소화하기 위해 보유율은 최저수준에서 결정되곤 한다.

국내 손보사의 보험료 대비 지급여력 수준은 상대적으로 취약한 편이다. 이로 인해 최대보유한도액은 제한되고 이에 따라 보유율 역시 일정수준을 넘지 못하게 된다. 지급여력이 적정하다고 판단되는 대부분의 손해보험사의 경우에도 지급여력이 적절하게 반영된 보유/재보험 정책이 제대로 실현되지 못하고 있는 실정이라고 생각한다. 이러한 현상은 거대물건에 대한 국내 손보사의 영향력을 약화시키게 되고 거대물건의 보험요율 수준은 손해보험 관련 국제적 움직임에 민감하게 반응하게 된다. 9.11 테러 이후 국내 거대물건의 급격한 요율인상은 그 좋은 예가 되고 있다. 국내 손보사의 지급여력 확충은 위험관리 측면에서 뿐 아니라 보유의 확대를 통한 외세의 영향을 덜 받는 보험요율의 정립을 위해서도 필수적이라 할 수 있다. 보험료의 국외유출도 줄일 수 있음은 물론이다.

독자적 보험요율정립을 위해서는 기존의 데이터를 정비하여 요율을 산출할 수 있는 데이터 베이스를 확립하고 필요에 따라 보정별 혹은 협약별 요율을 추정할 수 있는 전문계리인의 존재가 필수적이다. 이렇게 함으로써 국내 손해보험 산업이 선진국 수준에 가까워질 수 있을 것이라고 생각한다.

PART Ⅱ

제5장 기타 이슈들

CHAPTER 05

기타 이슈들

I 수익모델을 이용한 수익성 제고

1. 서 론

모든 산업에서 그렇듯이 손해보험회사의 경영에 있어서 가장 중요한 목표는 수익을 내는 것이어야 한다. 수익성을 무시한 매출의 증대는 아무런 의미가 없다. 매출의 증대가 의미가 있으려면 상품의 시장가격이 수익을 낼 수 있을 정도로 고정되어 있어 매출을 증대시키면 시킬수록 이익이 늘어날 때이거나, 매출의 증대로 일시적인 손해를 보지만 시장가격을 통제할 수 있는 시장지배력이 생겨 장기적으로 이익을 늘릴 수 있는 때이다. 손해보험이 자유화되어 시장가격 즉 보험요율이 변화할 수 있을 뿐 아니라 감독 당국의 규제까지 받는 현 시점에 있어 매출의 증대는 자동적인 수익성 증대를 가져오지 못한다.

주지하는 바와 같이 손해보험사의 경영은 그리 간단하지가 않다. 손해보험이 미래에 발생할 수 있는 보험사고에 대해 재정적 손실을 보전해 주는 것이기 때문이다. 손해보험계약을 하고 보험료를 영수하더라도 그 영수액이 바로 손해보험사의 수입이 될 수 없으며 그 보험료가 적정하였는지에 대한 문제는 손해보험계약이 만료되고 손해보험계약기간 동안 발생한 모든 보험사고가 종결되어야만 확정될 수 있다. 손해보험 중 여러 보종(Line of Business)에 걸쳐 있는 제3자 배상책임보험은 그 정도에 차이는 있지만 손해보험계약기간이 만료되더라도 보험사고 종결에 짧게는 2~3년, 길게는 20~30년이 걸릴 수 있기 때문에 손해보험사 수익성 평가를 더욱 어렵게 한다. 장기보험의 존재역시 손해보험사의 수익성 평가를 어렵게 하는 요인이 되고 있다.

여타 산업과 공통으로 사용되고 있는(물론 손해보험업의 특수성으로 말미암아 일부 조정되어 있기는 하지만) 회계규정의 존재 역시 정확한 수익성 평가를 어렵게 한다. 통상의 회계규정이 그 발생원천을 무시한 채 수입의 계정상 유입과 지출의 계정상 유출만을 신경 쓰기 때문이다. 손해보험사가 회계규정상 수익만을 신경 쓰게 된다면 장기적인 자산구조 건전성을 악화시켜 돌이킬 수 없는 지경에 이를 수도 있다.

지금까지 도산한 많은 미국의 손해보험사들이 재앙적 사고의 발생을 제외하면 결국 수입과 지출의 발생원천을 무시한 채 그의 유출입에만 초점을 둔 손해보험경영의 결과였던 것이다. 이러한 손해보험경영은 그 악순환을 되풀이 하게 되어 결국은 회사의 문이 감독 당국에 의해 닫히게 되는 것이다. 그 악순환의 예를 들어보면 매출을 높이기 위해 손해액과 지출경비를 보전하지 못할 정도로 보험료를 낮추어 경쟁사의 물건을 인수하고 손해를 보는 것을 감추기 위해 적정 지급준비금에 못 미치는 준비금을 적립하게 되어 손해액 지급을 위한 현금이 부족하게 되면 보험료를 더욱 낮추어 급기야는 파산의 지경에 이르게 되는 것이다. 투자소득이 어느 정도 발생하여 그 부족분을 보충할 수 있어 그 악순환의 속도를 늦출 수는 있으나 근본적인 문제가 해결되지 않는다면 파산을 막을 수는 없는 것이다.

우리나라에서 일반적으로 통용되는 수익기준은 저자의 생각에 일본에서 도입된 것이라 추정되는데 계정을 세 가지로 나누어서 실제투자수익－예정투자수익＝이차수익, 예정부가보험료－실제사업비＝비차수익, 예정순보험료－실제손해액＝이재차수익으로 정의해 가능한 세 계정에서 수익을 남기되 필요하면 특정부문은 무수익으로 하고 다른 부문에서 수익을 더 남기는 식의 수익성증대정책을 취하는 것이었다. 예를 들어 매출을 증대시키기 위해 가능한 많은 예정부가보험료를 인가받아 각종 시책비로 설계사에게 많은 보상을 공여하여 매출을 증대시키되 예정순보험료를 많이 책정하여 수익을 남기거나 이것이 여의치 않으면 주어진 예정투자수익하에서 가능한 많은 투자수익을 내어 예정부가보험료 부족분을 보충해 나간다는 정책인데 매출의 증대를 위해서는 탄력적 운용이 가능하여 합리적인 방법이라 할 수도 있겠다. 다행히 장기보험에 있어 최근에 CFP(Cash Flow Pricing) 기법이 도입이 되어 미래 현금흐름에 초점을 둔 가격결정을 할 수 있게 되었으나 과연 이러한 변화로 인해 손해보험사들이 수익에 얼마나 많은 중요성을 부여하는지는 더 지켜봐야 할 것이다.

저자가 생각하기에 손해보험사의 자산운용은 투자수익율을 증대시킨다는 측면 보다는 자산-부채 일치(Asset-Liability Matching)를 통한 효율적 자산운용에 더 중점을 두어야 한다고 생각한다. 높은 수익율을 내는 자산은 많은 경우 높은 위험을 수반하기 때문이다. 예정부가보험료 책정에 있어서도 적정영업이익 및 기본위험부과액을 제외한 여타 지출경비(혹은 사업비)는 손해보험사가 최대한 줄이는 수준에서 결정되어야 한다. 지출경비의 수준이 손해보험사의 경영효율성을 나타내 줄 뿐 아니라 경쟁적 보험료를 낼 수 있는 기반이 되기 때문이다. 손해보험업이 의무보험의 존재 등으로 인해 여타 산업과 비교하여 상대적으로 공적인 성격이 강하기 때문에 과도한 지출경비의 책정은 바람직하지도 않다고 하겠다. 예정 순보험료의 결정은 예상손해액에 보종별로 특수한 위험부과액을 가산한 형태에서 결정되어야 한다. 그 이상의 부과는 보험 요율산정의 원칙 중 하나인 "요율은 과도해서는 아니 된다."에도 위배되기 때문이다.

손해보험경영에 있어 선진기법의 도입은 절대적으로 필요하다고 본다. 그 기법이 합리적일 뿐 아니라 선진보험사와의 경쟁에 있어서도 유리하기 때문이다. 저자는 5절에 걸쳐 손해보험경영에 있어 주요한 과정 즉, 재정기획(Financial Planning), 요율산정(Rate making), 적정보유수준의 결정, 조직별 업적평가, 개별물건의 인수 및 가격결정 등에 있어서 선진수익모델을 이용한 수익성제고가 어떻게 이루어지는가를 보여 주고자 한다. 이에 앞서 우선 여러 계정에 관한 이해를 돕기 위해 미국의 경우를 예를 들어 설명하고자 한다.

2. 계정(計定, Account)에 대한 이해

수익성 측정모델 제시에 앞서 우선 언급해야 할 것이 계정(計定)에 대한 이해이다. 미국의 경우에 있어서 손해보험의 계정은 크게 세 가지로 분류된다. 그 세 가지는 감독규정에 의한 계정(Statutory Accounting), 일반적으로 용인된 계정(Generally Accepted Accounting) 및 부가가치 계정(Value Added Accounting)이다.

1) 감독규정에 의한 계정

일반적으로 미국의 모든 손해보험사는 손해보험영업 허가를 받은 주에 매년 감독규정에 의한 계정에 의거한 연례보고서(Annual Statement)를 제출하여야 한다. 손해보험사가 제출한 연례보고서를 근간으로 하여 각 주 보험국에서는 손해보험사의 재정상태를 검증하게 된다. 감독규정에 의한 계정의 특징은 보험계약자의 보호에 그 초점이 맞추어지기 때문에 계정상에 자산으로 인정되는 항목(Admitted Asset)이 제한적이라는 데에 있다. 제한이 가해지는 주 자산으로는 비운용자산, 운용자산 중 투자 적격성에 미달되는 자산, 재보험사로부터 지급 받을 항목(Reinsurance Receivable), 보험대리인으로부터 지급 받을 항목(Agency Receivable) 등을 들 수 있다. 지급여력금(Policyholders' Surplus)은 자산에서 부채를 차감한 것으로 정의되기 때문에 자산이 과소평가 되면 지급여력금이 과소평가되어 그만큼 지급여력금을 더 확충해야 되기 때문에 보험계약자에게 안정성을 더 보장해 주게 된다. 이와 아울러 감독규정에 의한 계정의 또 하나의 특징은 자산의 유동성을 강조하는 것이다. 이 역시 보험계약자 보호에 중점을 둔 것인데 예상하지 못했던 재앙적 사고의 발생이나 지급준비금의 급격한 부족으로 인해 보험계약자 혹은 보험사고 피해자로부터의 보험금 청구 지급에 어려움이 있을 때 즉각적으로 투자자산을 현금화하여야 하기 때문이다.

2) 일반적으로 허용된 계정

동 계정은 흔히 우리가 알고 있는 대로 GAAP(Generally Acceted Accounting Principle)에 의한 계정이다. 동 계정의 특징은 보험사의 연속성을 가정하여 자산의 추심가능성(Collectibility)에 그 초점을 맞추어 항상 그렇지는 않지만(예를 들어 보험대리인에 대한 채권이 특정일을 경과하면 감독규정에 의한 계정의 경우 비허용자산(Non Admitted Asset)으로 분류되어 그에 대한 증감이 지급여력금에 직접 귀속되나 일반적으로 허용된 계정의 경우 특정일에 관계없이 그 채권을 추심할 수 있는 가능성에 따라 자산으로 귀속되게 된다) 감독규정에 의한 계정보다는 허용자산의 조건이 완화되어 보험사의 현재가치에 더 관심을 두는 것이다. 결국 일반적으로 허용된 계정의 경우 그 용도는 여타 산업과의 비교를 용이하게 하여 보험계약자보다는 투자자를 염두에 둔 것이라 하겠다.

3) 부가가치에 의한 계정(관리회계에 의한 계정)

양 계정의 근본문제는 자산이나 부채의 발생원천을 간과하는 데에 있다. 바로 발생원천을 중요시하는 점이 보험산업을 여타 산업으로부터 분리시키게 하는데, 그 근본원인은 보험이 미래에 발생할지 모르는 특정사건에 대한 재정적 보전의 성격을 띨 뿐 아니라, 특히 손해보험에 있어서는 특정사건 발생과 그 사건으로 인한 배상책임의 최종 종결에 시간적 괴리가 있으며, 경우에 따라서는 그 괴리가 상당히 크다는 데에 있다. 앞서 언급한 양 계정의 경우 발생원천의 시기를 무시한 채 특정 한 해에 시현된 자산이나 부채의 변화에 그 중점을 두기 때문에 정확한 수익성 판단을 어렵게 한다. 부가가치에 의한 계정은 바로 그 발생원천을 중요시 할 뿐 아니라 이로 인한 보험사의 미래가치에도 관심을 둔다. 손해보험사 수익성 평가에 있어 발생원천에 대한 고려는 필수적일 뿐 아니라 보험의 본질을 생각할 때 당연한 귀결이라 할 수 있다. 최근에 도입되기 시작한 IFRS의 근간을 이루는 기본원칙이 발생원천에 대한 고려인 것이다.

발생원천에 대한 고려는 보험료 및 손해액의 발생연도별 분석에 의해서 이루어진다. 결국 보험료 및 손해액을 발생연도별로 분석한다는 것은 보험사의 수익성을 1차원적이 아니라 2차원적으로 분석한다고 볼 수 있겠다. 바로 이렇게 함으로써 미래가치에 대한 분석뿐 아니라 정확한 원가분석이 가능하다고 하겠다. 다음 여러 절에 제시할 수익성 평가 모델에 근거한 재정기획(Financial Planning), 요율산정(Rate making), 적정보유수준의 결정, 조직별 업적평가 등은 바로 이러한 발생연도별 분석을 가정한 것이다.

3. 정의 및 가정

손해보험사의 수익성을 여러 가지로 정의할 수 있지만 미국을 위시한 선진국에서 널리 통용되는 방법은 순자산 수익율이라 번역할 수 있는 ROE(Return On Equity)이다. 그 의미는 순자산(Equity: 자산에서 부채를 차감한 것으로 손해보험사에서는 지급여력금(Policyholder's Surplus)과 일치한다고 볼 수 있다)에 대한 총수익 중 법인세를 공제한 순수익의 비율로 볼 수 있겠다. 선진국의 많은 손해보험사들은 차년도에 이룰 목표 ROE로 설정하여 그 목표에 도달하기 위한 매출액 계획, 손해율 계획, 지출경비율 계획 등을 하는데 일반적으로 사용되는 목표 ROE는 12%에서 15% 수준이다.

일단 손해보험사 전체의 목표 ROE가 확정이 되면, 영업조직별로 목표 ROE가 하달이 되고 (특수한 상황 이를테면 상습 손해율 불량지역을 안고 있는 조직 혹은 신규조직의 경우를 제외하고 회사 전체의 목표 ROE 하달) 개별 영업조직은 보종별 목표 ROE를 설정하게 된다. 목표 ROE는 보종별로 위험성의 정도에 따라 차등을 두게 되는데 보종별 필요자본량(순자산) 역시 상품의 위험도에 따라 할당되게 된다. 예를 들면 일반보험 중 배상책임보종은 재물보종보다 위험도가 상대적으로 높아 필요자본량이 상대적으로 많이 할당될 뿐 아니라 이에 따른 목표 ROE 역시 재물상품 보다 낮게 책정되는 것이 일반적이다. 위험도를 측정하기 위해 사용할 수 있는 수치는 보종별 보험사고의 평균종결율, 보종별 보험요율의 상대적 변화, 보종별 실제손해율과 허용손해율과의 괴리 등을 사용할 수 있겠다.

수익모델을 이용한 수익성제고에 있어 중요한 것은 수익의 원천이 보종별 손해율, 지출경비율 및 투자수익율에 의해 결정되기 때문에 이에 대한 정확한 평가가 필수적이다.

보종별 손해율의 정확한 평가는 경과보험료와 발생손해액의 발생기간 일치화(Matching)에서 시작된다. 현재 일반적으로 쓰이고 있는 손해율은 회계규정에 의한 것인데 이 양자의 발생기간이 일치가 되지 않아 정확한 손해율이 도출되지 않는 데에 문제가 있다. 물론 보험사고 종결기간이 짧은 재물보험의 경우 그 오차가 크지 않다고 볼 수 있으나 예를 들어 요율산정을 위해 업종별 손해율을 보면 그 오차가 커질 뿐 아니라 손해액이 마이너스가 되는 경우도 흔히 있게 된다. 보험사고 종결기간이 비교적 긴 자동차의 대인 혹은 일반보험의 배상책임보종의 경우는 그 오차가 커질 수 있는데 그 방향은 회계규정에 의한 손해율이 저평가되는 쪽이다. 일반적인 미국 손보사의 데이터체제는 경과보험료와 발생손해액의 발생기간이 일치된 상태에서 분석을 하여 적정 지급 준비금 산정, 최종손해액(총체적으로 추정한 발생손해액의 모든 보험사고 종결시의 총손해액) 추정, 손해액추세 추정 등을 하여 정확한 손해율을 산정하고 주 감독기관이나 기타 투자기관에 보고할 회계규정에 의한 손해율을 다시 계산하게끔 되어있다.

지출경비율(사업비율)의 경우는 보종별/영업조직별로 직접 귀속될 수 있는 경비 즉 중개인수수료, 연계수수료(Contingent Commission) 등은 직접 귀속시키고 여타 경비는 합리적 배분방법에 의해 귀속되어야 한다. 영업조직 및 언더라이팅 조직과 관계되는 제 경비 즉 직원의 봉급 및 부대경비는 일정기준(이를테면 보종별 작업량)에 의해 상품별로 기타 영업비로 귀속시킨다. 간접부서의 경비는 간접부서별로 발생하는 직접비 및 간접비에서 영업 및 언더라이팅에 관여하는 비중에 따라 배분하여 기타 영업비로 귀속시킨 다음 나머지 남은 경비는 일반비로 취급하여 일정기준(이를테면 총보험료)에 의해 영업조직별/보종별로 배분된다. 지출경비 중 비할당손사비는 손해사정부서에서 발생하는 직접비 및 간접비를 계산하여 보종별 보험사고당 손해사정 필요시간 수를 측정한 다음 이에 따라 손해사정경비를 배분하는 것이 합리적이다.

투자 수익율은 보종별/조직별로 할당된 필요자본량의 투자수익과 보종별 특정 상품의 판매로 파생되는 미경과보험료 준비금 및 손해액 준비금에서 발생되는 투자수익에서 투자경비를 차감한 후 경과보험료를 나눔으로써 경과보험료 대비 투자수익율이 계산된다. 특정 상품의 판매로 파생되는 투자 재원은 보험료 납입이 신속할수록(예를 들어 분기납이나 반기납보다 일시납이 보험료 납입이 신속함), 보험사고 종결일이 늦어질수록(예를 들어 배상책임보험 상품이 재물보험 상품보다는 보험사고 평균 종결일이 늦음) 증가하게 된다. 또한 보험사고 평균 종결일이 길어질수록 장기자산에 투자할 수 있어 수익율 역시 높아지게 된다. 다음 4개 절에서는 구체적인 재정기획, 영업조직평가, 요율산정, 보유수준의 결정 등에서 어떻게 수익모델을 이용하여 수익성제고가 이루어지는지를 보기로 하겠다.

4. 재정기획(Financial Planning)

일반적으로 손해보험회사에 있어서의 기획은 전략적 기획(Strategic Planning)과 재정기획으로 나누어진다. 전략적 기획이 향후 어떤 보종을 어떤 지역에 얼마만큼을 어떻게 팔 것인가에 대해 방향 설정을 하는 것이라면 재정기획은 그것을 구체적 숫자로 표시한 것이다. 예를 들면 미국의 플로리다 지역에 허리케인의 피해가 많았고 또 많을 것이 예상되어 동 지역에서의 재물보험의 상품판매를 최소한으로 줄이기로 한다는 것이 전략적 기획이라면 구체적으로 동 지역에서의 재물보험 판매액, 예상손해액, 기타 지출 경비 및 투자소득을 계산하여 실현 가능한 ROE를 제시하는 것이 재정기획인 것이다.

재정기획의 시작은 과거 데이터의 집적에서부터 시작된다. 주로 사용되는 것이 3년~5년 정도의 통계치이고 최근년도에 있어서는 분기별 통계치를 고려하여 분기별로 재정기획을 하는 것이 일반적이다. 보험료에 관한 통계치로 총수입보험료(Gross Written Premium), 총경과보험료(Gross Earned Premium), 순수입보험료(Net Written Premium) 및 순경과보험료(Net Earned Premium)를 들 수 있고 보험금과 관련된 통계치로는 총최종손해액(Gross Ultimate Loss), 총발생손해액(Gross Incurred Loss), 총지급손해액(Gross Paid Loss), 순최종손해액(Net Ultimate Loss)을 들 수 있다. 손해사정비 중 할당손사비(Allocated Loss Adjustment Expense)가 손해액에 포함되지 않았으면 카테고리별로 따로 도출해야 하며 특별한 사정이 없는 한 비할당손사비(Unallocated Loss Adjustment Expense)는 순발생비할당손사비(Net Incurred ULAE)만 존재한다. 통상적으로 비할당손사비는 발생년도별로 취급되지 않기 때문이다. 순최종손해액을 순경과보험료로 나누어 순손해율이 산정되고, 이에 손사비를 순경과보험료로 나누어서 얻은 손사비율을 합산하면 손사비를 포함한 순손해율이 산정된다.

보험중개인에게 지급하는 수수료에서 재보험사로부터 영수한 출재수수료를 차감하여 순수입보험료로 나누게 되면 순수수료율이 계산된다. 영업 및 언더라이팅과 관련된 지출경비를 순수입보험료로 나누어 기타영업비율이 도출되고 그 외의 지출경비를 일정법칙에 의해 배분된 일반관리비를 가산하여 순수입보험료로 나누게 되면 순수수료 외의 지출경비율이 계산되고 이는 고정비에 가깝다고 볼 수 있다. 순수수료율과 순수수료 외의 지출경비율을 합산해 사업비율을 산정할 수 있다. 사업비율에, 앞에서 구한 순손해율을 가산하면 합산비율이 도출된다. 전통적으로 합산비율이 손해보험영업의 수익성 척도로 사용되어 왔으나, 투자수익에 대한 고려가 없을 뿐더러 분모로 쓰이는 순경과보험료나 순수입보험료가 여타 산업에서 분모로 쓰이는 순자산(equity)과는 그 의미가 달라 현재에 와서는 단지 손해보험사 경영평가 보조수단으로만 사용되고 있다.

보종의 특성에 따라 할당된 필요자본량, 손해액 준비금, 미경과보험료준비금과 같은 투자 재원에서 투자소득이 발생하고 투자비용을 차감하여 순투자소득을 계산하여 순경과보험료로 나누면 투자수익율이 도출된다. 1에서 합산비율을 차감하고 투자수익율을 가산하면 보험료 대비 수익율이 산출되며 이에 순경과보험료 대비 필요자본량 비율을 곱하고 1에서 법인세율을 차감한 비율을 곱해주면 세후 ROE가 계산된다. 이렇게 구해진 보종별 ROE는 보종별 필요자본량을 가중치로 해서 더하면 특정조직의 총 ROE가 된다.

일단 과거 데이터에 의해 보종별 ROE 및 총 ROE가 계산이 되면 전략적 기획에서 제안된 매출, 손해율 및 사업비 전략을 계량화한다. 이와 아울러 예상되는 재보험요율, 출재수수료의 변화, 요율의 변화, 위험단위 추세 및 손해액 추세를 반영한 손해율을 다시 추정하고, 인력의 재배치를 고려한 지출경비율을 계산하여 차년도에 예상되는 보종별 ROE 및 총 ROE를 추정한다. 이렇게 추정된 총 ROE가 목표 ROE와 일치하게 되면 더 이상의 조정은 필요하지 않게 된다. 추정된 ROE가 목표 ROE보다 높다면 한계적 손해율로 인해 갱신을 하지 않기로 한 물건이나, 같은 이유로 인해 추진하지 않기로 했던 신상품의 출시도 고려하여 손해율의 상향 조정으로 인한 추정 ROE에 대한 조정이 가능해 진다. 이와는 역으로 추정된 ROE가 목표 ROE에 미달하게 되면 한계적 물건에 대한 갱신을 강화하거나, 신상품의 출시 역시 신중하게 고려해야하며, 요율의 인상까지도 고려할 수 있겠다. 이와 같은 손해율 조정에 의한 ROE 조정뿐 아니라, 지출경비율 조정에 의한 ROE 조정도 가능한데, 중개인 수수료율의 하향조정은 보험중개인의 반발을 예상할 수 있어 실행에 옮기기가 쉽지 않겠다. 지출경비율 중 가장 비중이 높은 인력의 감축으로 인한 지출경비율 감소가 그 효과가 가장 클 뿐 아니라 일반적으로 널리 쓰이는 방법이다.

이렇게 해서 목표 ROE에 도달하기 위한 총수입보험료, 총경과보험료, 순수입보험료, 순경과보험료, 순최종손해율, 순사업비율, 투자수익율, 필요자본량이 결정 되면 이에 필요한 제반 행동계획(action plan)이 설정이 되고 분기별로 실제 업적과 재정기획 간에 얼마나 차이가 있는가에 대해 평가(물론 우리나라의 경우 월별로 이루어지지만)를 하고 필요하다면 재정기획의 수정도 가해지게 된다.

5. 조직에 대한 평가

연말 마감이 끝나고 통계적 자료가 수집이 되면 회사 전체에 대한 수익성 평가와 아울러 영업조직별 수익성 평가가 이루어지게 된다. 회사 전체에 대한 수익성 평가는 그 평가가 주식회사의 경우 그 회사의 주식가격과 맞물려 있기에 회계규정에 의한 수익성 평가로 이루어지나 영업조직별 수익성 평가는 발생기준에 의한 평가 혹은 부가가치(관리회계)계정에 의한 평가로 이루어지게 된다.

특정 영업조직에 있어 상품별 순경과보험료(Net Earned Premium), 이에 따라 배분된 필요자본량, 순수입보험료(Net Written Premium), 손해보험계리인에 의해 추정된 순최종손해액(Net Ultimate Loss), 비할당손사액(Unallocated Loss Adjusting Expense), 순수수료(Net Commission), 기타영업비(Other Acquisition Expense) 및 일반경비(General Expense)에 관한 데이터를 수집하여 보종별 손해율 및 합산비율을 계산한다. 미경과보험료준비금 및 손해액준비금에서 파생되는 순투자소득에 보종별 필요자본량에 의해 파생되는 순투자소득, 특정 상품의 보험료 납입지연시기, 보험금 지급시기 등에 따라 변이하는 투자재원에서 발생하는 순투자 소득을 가산하여 순투자소득을 구한뒤 순경과보험료로 나누어 순투자 수익율을 계산하여 합산비율을 더한 뒤 1을 차감하면 세전순경과보험료 대비 수익율이 계산된다. 순경과보험료를 필요자본량으로 나누면 보험료 대비 잉여금비율(Premium/Surplus Ratio)이 계산되고 동비율에 앞서 구한 세전순경과보험료대비 수익율을 곱하면 세전수익율(ROE before tax)이 산정되고 다시 세전수익율에 1에서 세율을 차감한 액수를 곱하면 최종수익율

(ROE)이 계산된다. 특정 영업조직의 보종별 최종수익율을 보종별 필요자본량을 가중치로 하여 더하면 그 조직의 수익율이 계산된다.

이렇게 해서 계산된 실적수익율과 재정기획에서 제시된 목표수익율을 비교하여 영업조직의 성과를 비교하게 된다. 실적수익율이 목표수익율과 비교하여 극히 저조할 경우에는 동 영업조직의 폐쇄를 결정하여 동 조직에 할당된 필요자본량을 타 우수영업조직에 할당할 수도 있겠다. 실적수익율이 목표수익율과 비교하여 비교적 불량할 경우에는 그 원인을 찾아내어 (특정 상품 혹은 특정물건) 인수제한, 요율인상 및 구조조정의 조치를 취할 수 있겠다. 실적수익율이 목표수익율과 비교하여 우수하다면 동 영업조직에 대한 보상과 아울러 필요자본량 증대를 통한 매출확대를 꾀할 수도 있겠다. 수익율에 의거한 특정 영업조직의 평가는 흔히 얘기하는 독립 채산제의 운영과도 일맥상통한다고 하겠다.

6. 요율산정

일반적으로 요율산정은 손해액에 위험단위수(exposure)를 대비시키는 순보험료법(Pure Premium Method)과 손해액에 보험료를 대비시키는 손해율법(Loss Ratio Method)이 있는바 각각 장단점이 있으나 이론적으로는 양 방법이 일맥상통하여 손해율법을 통해 수익모델이 어떻게 요율 산정에 이용되는지 살펴보고자 한다. 이 경우 특정상품 판매에 필요한 목표 ROE 및 예상매출액을 설정하고 상품의 위험도에 따라 필요 자본량이 도출되면, 예상 미경과보험료준비금 및 손해액준비금에 따라 예상 투자소득액이 도출되고, 동 상품판매에 필요한 수수료, 기타영업비 및 일반경비를 설정하면 목표 ROE를 이룰 수 있는 허용손해율(Permissible Loss Ratio)이 도출되게 된다. 특정 상품의 실제손해율이 허용손해율보다 높다면 요율은 그에 비례하여 인상되어야 되겠고, 반대로 낮다면 요율은 인하되어야 하겠다. 목표 ROE를 설정하여 요율 산정을 할 때와 전통적인 방법에 의해 요율 산정을 할 때의 차이는 목표 ROE의 크기, 필요 자본량의 정도, 투자 수익액의 크기 및 세율의 정도에 좌우되겠는데, 목표 ROE에 대한 고려 없이 투자 수익액만 요율 산정에 반영하는 것은 이론적으로 올바르지 않을 뿐더러 바람직하지도 않다고 하겠다.

예를 들어 일반배상책임 보종 상품이 화재 보종 상품과 비교하여 미경과보험료준비금 및 손해액준비금에서 파생된 투자 수익액이 많다고 할 수 있으나 그만큼 필요 자본량을 많이 요구하여 수익율이 화재 보종 상품의 경우보다 높다고 볼 수 없다. 오히려 화재 보종 상품의 경우 미경과보험료준비금 및 손해액준비금에서 파생된 투자 수익액이 적으나 필요 자본량을 상대적으로 적게 필요로 하여 수익율이 더 높을 수 있어 동일한 수익률(ROE)을 가정할 때, 전통적인 요율 산정에 있어 주어지는 영업이익 및 기본위험부담액(1－합산비율)과 수익모델을 사용할 경우 파생되는 1－합산비율의 차는 오히려 배상책임 보종 상품의 경우보다 더 적을 수도 있다.

7. 보유수준의 결정(재보험정책)

재보험은 계약형태에 따라 비례재보험과 비비례재보험으로 나뉜다. 비례재보험은 원수보험사와 재보험사가 보험계약 시 발생하는 보험료와 손해액을 계약비율로 일정하게 나누는 제도이고 비비례재보험은 보상한도를 정해 그 이하는 원수보험사에서 손해액을 지급하고 그 이상은 재보험사가 원수보험사를 통해 지급하는 형태이다. 예를 들어 원수보험료가 1억이고 1천만원의 보험사고가 발생하였을때 비례재보험의 경우는 원수보험사가 재보험자에게 60%를 출재하였다면 원수보험사가 4천만원의 보험료를 영수하고 400만원의 보험금을 지급하고 재보험자가 6천만원의 보험료를 영수하고 600만원의 보험금을 지급한다.

원수보험사 보상한도 1억의 비비례재보험의 경우에는 1억 이하의 손해가 발생하였으므로 원수보험사가 보험금 1천만원을 전액 지급하게 된다. 재보험사에게 지급되는 보험료는 보상한도 1억 이상의 손해가 발생하는 기대치에 재보험자가 필요로 하는 위험부과액, 영업이익 및 사업비에 의해 결정되게 된다. 비례재보험의 장점은 재보험계약 구조가 간단하고 재보험출재율이 높을 경우 원수보험사의 위험부담이 적다는 것이고 단점은 애써 영업을 해서 인수한 물건의 큰 부분을 재보험사에게 넘긴다는 것과 비용이 상대적으로 많이 들어 전형적인 후진국형 재보험 제도라는 것이다. 비비례재보험의 경우는 비례재보험의 단점이 장점이 되고 그 장점이 단점이 되어 전형적인 선진국형 재보험 제도라고 간주된다.

저자가 생각하기에 현재 우리나라의 손보업계의 경우 비례재보험의 비중이 큰 것은 취급하기가 간편하고 높은 출재수수료가 발생되기 때문이라고 사료된다. 일반적으로 출재수수료를 수입으로 보는 경향이 강한데 그러한 생각은 잘못된 것이라 생각된다. 보험중개인이 수수료를 수령하였다면 그것이 수입이 되지만 원수보험사의 경우에는 출재수수료가 원수사업비의 보전에 지나지 않기 때문이다. 예를 들어 원수보험료가 100원인데 허용손해율이 65%이고 지출경비율이 30%이며 영업이익 및 기본 위험부가액이 5%일 때 60%를 비례재보험으로 출재하여 20%를 출재수수료로 받았다면 원수보험사는 시작부터 손해를 보는 것으로 예상하여야 한다. 원수보험사가 100원의 물건을 팔기 위해 30원을 경비로 써야하고 65원을 손해액으로 지급하고 5원을 영업이익 및 기본위험부가액이 되는데 재보험사로부터 12원(100×0.6×0.2)을 출재수수료로 받고 보유한 보험료 중에서 12원(100×0.4×0.3)을 경비로 쓸 수 있어 지출경비의 재원이 24원(출재수수료 12원+보유보험료 경비분 12원)에 지나지 않아 필요한 경비 30원에 미달되기 때문이다.

원수보험사가 재보험사에 출재하는 기본적인 이유는 위험부담이 과중하여 그 일부를 일정의 비용을 부담하고 재보험사에게 떠맡기는 것인데 그 비용이 비례재보험의 경우 비비례재보험보다 상대적으로 높다는 것이다. 원수보험사의 보유수준결정은 바로 이러한 측면에서 보아야 한다. 그 기본은 위험부담이 높을수록 평균수익율이 높은 반면 실제 수익율의 변동이 높을 뿐 아니라 보험사가 파산할 수 있는 위험도 존재하기 때문이다.

원수보험사의 적정 수익율은 바로 목표 수익율(ROE)과 관련이 깊어 최고경영자 혹은 손보사 소유자의 위험에 대한 성향, 지급여력금의 정도, 위험도 측면에서 본 보험상품의 구성 등에 영향을 받게 된다. 결국 최고경영자 혹은 손보사 소유자의 위험에 대한 성향이 진보적일수록, 지급여력금의 수준이 높을수록 보유수준은 높아져 수익율의 변동은 상대적으로 큰 대신 기대ROE는 그렇지 않을 때 보다 상대적으로 높게 된다. 이러한 관계를 도표로 표시한 것이 효율곡선(efficient frontier)이라 하여 적정보유수준 결정에 흔히 사용된다 (제4장 p.557 하단 프런티어라인 그림 참조).

저자가 생각하기에 국내 손보사의 재보험구조는 후진국 손보사의 전형적

구조라 할 수 있겠다. 그 근본이유로 들 수 있는 것은 출재수수료에 대한 잘못된 이해, 재보험사와의 재보험요율 협상에 기본이 되는 데이터체제의 미비, 적정재보험요율을 낼 수 있는 전문계리인의 부재, 저 수준의 지급여력금으로 인한 보유수준의 제한 및 이로 야기되는 협상능력의 약화 등을 들 수 있겠다.

국내 손보업계가 당면하고 있는 여러 가지 문제가 많기는 하지만 선진기법 즉 수익모델을 이용한 재보험구조의 선진화 역시 간과될 수 없는 과제라 사료된다.

Ⅱ 손해보험업에 있어서의 위험관리(Risk Management)

1. 서 론

최근에 들어와 위험관리의 필요성이 중요한 이슈로 등장하고 있다. 손해보험사마다 위험관리에 대한 컨설팅을 받고 위험관리시스템을 도입하고 있다고 한다. 손해보험업(손해보험사가 취급하고 있는 장기보험을 논외로 하기 위해 이런 표현을 썼다)에 있어서 위험관리방법은 다분히 은행 및 생명보험에 있어서의 위험관리방법에 많은 영향을 받고 있다. 위험관리의 중요성이 은행업에서 시작되어 생명보험업을 거쳐 손해보험업에 확장됨에 따라 생겨진 현상이라 사료된다. 현재 미국의 손해보험사가 사용하고 있는 RBC제도에 있어서의 위험의 종류 분류 역시 이러한 영향을 다분히 받고 있다 하겠다. 한 가지 짚어보고 가야 할 사항은 일정 형태의 위험관리시스템을 구축하면 위험관리가 저절로 되는 것처럼 생각하는 것이다. 위험관리시스템은 위험관리를 위해 도움을 주는 한 수단에 불과한 것이지 그것 자체로 위험관리가 완성되지 않는다는 것이다.

손해보험업의 위험관리를 위해서는 우선 손해보험업의 프로세스를 이해하는 것이 중요하다. 그렇게 함으로 각 프로세스에 있어서 위험이 어떻게 존재하고 어떠한 방법으로 해결할 수 있는 것인가를 파악할 수 있게 되는 것이다.

2. 본 론

위험관리를 논하는 데 있어 우선 손해보험업에 있어서 위험을 어떻게 정의할 것인가가 문제가 되는데 저자는 위험을 손해보험사 지급여력에 압박(Pressure)을 주는 모든 현상이라 정의하겠다. 예를 들어 급격한 손해율 악화는 손해를 야기시키고 그 손해는 지급여력의 감소를 초래한다. 혹은 급격한 유동성 부족현상은 소유자산의 급 매도를 야기하고 이는 손해를 초래하여 결국 지급여력의 감소를 가져온다.

손해보험업의 프로세스는 보험상품을 만들어 보험계약자에게 판매하고 보험사고가 발생하면 그 손해액을 보전해 주는 것이다. 이를 좀 더 구체적으로 살펴보면 보험상품을 팔기 위해 보험에서 커버되는 보험사건이 어떤 것이 있고, 보험사고가 발생하였을 때 어떤 식으로 보상해 주며, 어떠한 사고가 보상이 되지 않는지를 명시하는 약관을 구성하고, 이를 어떠한 가격에 팔아야 할 것인가를 말해 주는 요율을 결정한다. 이 과정을 가격결정(Pricing)이라고 한다. 보험계약자로부터 보험 부보에 관한 문의가 들어오면 물건에 대한 심사를 통해 인수할 것인지 아니면 거절할 것인지를 결정하고, 인수를 하기로 결정하였다면 적절한 요율 적용과 아울러 재보험에 대한 결정을 하게 된다. 이 과정을 언더라이팅(Underwriting)이라 한다. 보험계약자가 보험료를 납입하게 되면 일부는 사업비로 지출이 되고 일부는 미경과 보험료 준비금으로 적립되게 되며, 일부는 보험사고 발생으로 인한 손해액 지급준비금으로 적립이 되고 나머지는 연말까지 세전이익 상태로 남게 된다. 보험계약의 발생으로 인해 도출된 현금의 잔여분(준비금+세전이익금)은 기왕에 비축하고 있던 준비금 및 지급여력금과 함께 수익이 발생되는 자산구입을 통해 추가적 이익을 발생시키는데 이를 투자(Investment)라고 한다. 보험사고가 발생하였지만 아직 종결이 되지 않은 클레임에 대해 손해보험사가 지급준비금을 적립하게 되는데 이 과정을 손해액 지급준비금결정(Loss Reserving)이라 한다. 클레임이 발생하고 종결됨에 따라 손해액 지급준비금에 변화가 생기고 보험계약이 이루어지고, 보험기간이 경과됨에 따라 미경과 보험료 준비금의 변화가 생기게 되는데 그러한 변화에 상응하는 적절한 투자자산 소유를 자산-부채 매칭(Asset Liability

Matching)이라 한다.

이상의 손해보험업 프로세스를 통해 우리는 다음과 같은 위험분류를 생각할 수 있다.

1) 위험에 대한 분류

(1) 가격결정 위험(Pricing Risk)

일반적으로 손해보험사의 보험요율은 과거 데이터를 근거로 하여 미래에 발생하리라고 기대되는 손해액 및 사업비에 정상이윤을 고려하여 책정한다. 가격결정에 있어서 발생할 수 있는 위험은 부정확한 과거 데이터를 사용하는 위험, 올바르지 않은 가격결정방법을 사용하는 위험, 잘못된 가정을 하는 위험, 기대하지 못했던 손해액 및 사업비가 발생할 수 있는 위험 등이다. 사업비에 관해서는 손해보험사의 내부통제가 어느 정도 가능하기에 발생할 수 있는 위험은 제한적이라 할 수 있다. 가격결정 위험은 기대하지 못했던 손해액 수준 혹은 손해율 수준이 일반적으로 높은 것을 의미하며 거대손해액의 발생은 이에서 제외된다(물론 거대손해액 발생 가능성으로 인해 이를 어느 정도 가격결정에 반영하기는 하지만 말이다). 가격결정에서 부가적으로 발생할 수 있는 위험은 보험약관 내용이 기대하지 않았던 보험사고의 발생으로 인해 가격이 저평가 되는 경우가 있을 수 있다. 이에 해당하는 대표적인 것으로 미국의 80년대 후반까지 일반배상책임보험에 있어서 환경오염 배상책임이나, 석면으로 인한 질병발생 피해를 제외하지 않았던 것 등을 들 수 있다. 가격결정 위험은 건별 언더라이팅이 구체적으로 일어나지 않는 가계성보종(Personal Lines)에서 주로 발생한다.

최근에 많은 보험사들이 인터넷이나 텔레마케팅을 통해 자동차보험을 직접 판매하는 경우가 생기고 있다. 설계사 수수료 및 이에 따른 판매비가 절약된다는 이유로 10~15%정도 비율을 인하하여 상품판매를 하고 있는데 과연 가격결정 위험에 대한 검토가 충분하였는지에 대해 의구심이 간다. 두 가지 경우를 생각해 볼 수 있는데, 첫째로 가격인하가 이루어지면 예상했던 것보다 손해율이 악화되는 현상이다. 이와는 반대로 가격인상이 이루어지면 오히려 예상했던 것보다 손해율이 양호하게 나타난다. 가격변화가 운전패턴 및 클레임청구에 영향을 미칠 수 있기 때문이다. 95년에 자동차요율 인상을 단행했을 때 손해율은 기대했던 것보다 더 양호하게 나타났으며, 98년에 자동차요율 인하를 하였을 때 손해율은 기대했던 것보다 더 불량하게 시현되었다.

둘째로 다른 조건이 같다면 직접판매에 의한 자동차손해율 실적은 설계사 조직에 의해 판매한 자동차손해율 실적보다 더 불량할 수 있다는 것이다. 개인자동차보험에 사용되는 언더라이팅 가이드라인은 외부요소(직업, 지역, 연령, 성별 등)에 의한 구분만이 가능하기에 직접판매시 보험계약자의 개별적 특성에 대한 파악이 불가능 해진다. 결국 자동차 사고를 일으키는 성향이 강한 개별적 특성을 가진 사람들이 직접판매를 통해 보험에 가입할 확률이 상대적으로 많아져 손해율 악화의 원인이 되는 것이다. 미국의 온라인 전문 자동차보험 회사인 Ecoverage사가 파산하였다. 이 회사의 파산과 앞서 설명한 요율인하/손해율 상승 간의 상호관계와 전혀 무관하지 않으리라 생각된다. 적어도 가격결정 위험 측면에서 볼 때 가격인하는 실제 시현(Indicated)된 수치보다 더 적게 이루어져야 한다.

(2) **언더라이팅 위험**(Underwriting Risk)

언더라이팅 위험은 인수를 해서는 아니되는 악성물건을 인수하여 손해액 증가를 야기시키는 위험이나 가격결정에서 기대하였던 수준(물건 심사기준)에 못미치는 언더라이팅으로 인하여 전반적인 손해율이 높아지는 위험 혹은 가격결정에서 예상하였던 수준 이하로 개별물건할인을 하여 일반적인 보험료율이 낮아져 손해율이 높아지는 위험을 지칭한다. 정확한 과거 데이터를 사용하여 합리적으로 가격결정을 하였다면 일반적인 손해율 악화는 주로 언더라이팅 위험에 기인한다고 보아도 무방할 것이다. 언더라이팅 위험은 개별언더라이팅이 구체적으로 일어나는 기업성보종(Commercial Lines)에서 주로 발생한다.

미국 손해보험업계에 있어서 80년대 중반의 하드마켓을 초래하였던 많은 손해보험사의 도산은 무분별한 가격경쟁 즉 가격결정 위험 및 언더라이팅 위험에 대한 무지 내지 무시에 기인한다. 이에 해당하는 대표적 손해보험사가 Mission Insurance Co. 및 Transfer Insurance Co.이다. 가격결정 및 언더라이팅 위험에 대한 비고려는 주로 MGA(Managing General Agency)를 통한 보험영업에 의해 이루어졌다. MGA는 언더라이팅 및 가격결정 권한이 있는 대리점으로 준보험사 역할을 하나 그 책임을 지지 않는 조직으로, 주 수입원이 수수료이기 때문에 영업매출이 크면 클수록 이득을 보아 철저한 감독 및 통제 없이는 가격결정 및 언더라이팅 위험에 대한 통제가 불가능하다. Zerox Company가 소유했던 Crum & Forster Insurance Companies의 몰락 역시 MGA의 기여가 컸다.

(3) 거대사고 및 재앙적 사고 위험

손해보험업의 경우 거대사고(삼풍빌딩 붕괴나, 성수대교 붕괴 혹은 대연각 화재와 같이 인재에 의해 생긴 사고)나 재앙적 사고(지진이나 홍수와 같이 자연적 재해로 인해 생긴 사고)가 발생할 위험이 상존한다. 이러한 위험이 발생했을 때 보험사에 미치는 영향은 지대하다. 이로 인해 원수보험사는 재보험을 가입하게 되는데 거대사고나 재앙적 사고와 관련된 위험은 그 위험에 대해 재보험이 충분한가에 그 초점이 맞추어 진다. 재앙적 사고 발생에 대한 재보험문제로 파산한 대표적 미국회사로 Continental Insurance Company를 들 수 있다. 이 회사는 1992년 당시 보험료 규모로 미국 내 20위 정도에 해당하는 회사였는데 Hurricane Andrew로, 재앙적 사고에 대한 재보험이 소진되었고 연이어 Hurricane Iniki가 발생하였을 때는 거의 모든 손해를 보유하는 꼴이 되어 결국 CNA 보험사에 흡수합병당하였다. 의당히 하여야 할 것을 하지 않은 것을 고려할 때는 운영 위험(Operation Risk)에 가깝다고 볼 수도 있겠다. 최근에 몇몇 손보사들이 거대물건에 대한 재보험카파(Capacity)를 완전히 확보하지 않은 상태에서 보험계약을 일단 체결하는 현상을 보이고 있는 바 이는 거대사고에 대한 위험관리 측면에서 볼 때 도저히 있을 수 없는 일이다.

(4) 지급준비금결정 위험(Loss Reserving Risk)

보험사는 보험사고가 발생하여 종결이 되기까지 지급준비금을 적립하는데 지급준비금결정 위험은 그 지급준비금이 부족하여 발생하는 위험이다. 준비금 부족발생 원인을 살펴보면 손해율을 낮추기 위해 의도적으로 준비금을 낮추거나, 보험사고 발견의 지연으로 인해 예상하지 못했던 미보고발생사고의 출현 등을 들 수 있다. 지급준비금결정 위험이 중요한 것은 지급준비금이 손해보험사 부채의 큰 부분을 차지하기에 그 부족은 자본잉여금의(Policyholders'

Surplus) 과대평가로 바로 이어지기 때문이다. 예를 들어 한 손해보험사의 자산이 1조이고, 부채가 6천억, 자본잉여금이 4천억인데 지급준비금이 1천억 부족하다고 하면, 정확한 부채는 6천억이 아니고 7천억이 되며 이때 자본잉여금은 4천억에서 3천억으로 줄어들게 된다. 많은 경우 미국의 손해보험사 파산의 직접적 형태는 준비금 부족에서 야기되는데 이때 준비금 부족분에 대해 주보험당국에서 시정명령을 내리게 되며 이를 시행하지 못할 때 결국 그 손해보험사는 청산과정에 진입하게 된다.

많은 경우 가격결정 위험, 언더라이팅 위험 및 지급준비금결정 위험은 상호연관되어 있다. 예를 들어 매출확대를 위해 가격을 인위적으로 내리거나 언더라이팅 기준을 약화시키면 손해액 발생이 보험료대비로 증가하게 되어 수익성이 떨어지게 되는데 이를 완화시키기 위해 지급준비금을 부족하게 적립하게 된다. 결국 가격결정 위험이나 언더라이팅 위험이 지급준비금결정 위험으로 전가되어 나타나게 된다. 예상하지 못했던 환경오염 클레임이나 석면클레임이 뒤늦게 보고되어 지급준비금이 급격하게 증가하는 위험은 지급준비금결정 위험에 고유한 위험으로 보는 것이 일반적이나 가격결정시 혹은 언더라이팅시 이러한 위험의 가능성을 고려하지 못했던 측면을 생각할 때 가격결정 위험이나 언더라이팅 위험과 전혀 무관하다고도 볼 수 없겠다. 80년대에 영국의 스페어드레이크란 손해보험사는 결국 AON에 합병당한 A&A사에 의해 합병되었으나 얼마 후 다시 다른 손해보험사에 팔렸는데 이 과정에서 A&A사는 세 번에 걸쳐 막대한 손해를 본 것으로 유명하다. 동 회사를 인수할 당시 인수가격이 너무 높아 손해를 보고, 인수하고 나서 적절한 언더라이팅 정책을 실시하지 못함으로 인해 손해율 악화로 손해를 보고 동 회사를 매각하고 나서 석면클레임 등으로 인한 지급준비금의 급속한 증가로 인해 손해를 보게 된 것이다. 적어도 손해보험업에 있어서 지급준비금결정 위험에 대한 우리나라 손해보험사들의 이해는 아직 일천한 것 같다. 다행인 것은 클레임 종결 속도가 비교적 짧아 상대적 위험은 미국의 경우 보다 적다고 하겠다. 보종별 자본배분모델(Capital Allocation Model)에 있어서 지급준비금결정 위험을 가장 높게 책정하는 것이 일반적이다.

(5) 자산-부채 미스매칭 위험(Asset Liability Mismatching Risk)

투자 위험과 아울러 자산-부채 미스매칭 위험은 손해보험업 본업의 문제라기 보다는 부가적 문제로, 부수적으로 발생하는 투자재원을 어떻게 효율적으로 운영하느냐와 연관된다. 손해보험업에 있어서 투자재원은 미경과보험료 준비금(Unearned Premium Reserve), 손해액 지급준비금(Loss Reserve) 및 자본잉여금(Policyholders' Surplus)이다. 미경과보험료준비금 및 손해액 지급준비금은 보험료기간이 경과되면서, 보험금지급이 이루어지면서 감소하고 보험계약이 이루어지면서(우리나라의 경우 보험료가 납입되면서), 클레임이 발생하면서 증가한다. 준비금은 일종의 부채로서 이와 매칭되는 운용자산을 수반하게 되는데 준비금이 감소하면 이에 맞추어 운용자산의 현금화가 자연스럽게 이루어지지 않고 인위적으로 이루어지게 되면 추가비용이 발생하며, 준비금감소속도보다 운용자산의 현금화 속도가 빠르다면 발생할 수 있었던 수익이 줄어들게 된다. 전자의 경우 유동성 위험이라고도 하며 유동성 위험은 자산과 부채가 미스매칭 되었을 때 일어날 수 있는 한 현상이다. 생명보험이나 장기보험과는 달리 손해보험은 계약기간이 일반적으로 1년이므로 인해 보험계약의 급속한 해약으로 인한 유동성 문제는 발생하지 않는다. 예를 들어 2012년 7월 1일 클레임이 종결되어 기 준비금 10억을 지급하기로 되어 있을 때 현금 1억이 모자라 아직 만기가 돌아오지 않은 채권을 급매하였다면 이는 자산-부채 미스매칭 위험(유동성 위험)이 발생한 것이다. 이와는 반대로 동채권의 만기가 6월 15일이었다면 7월 1일 지급시까지 발생할 수 있었던 채권의 이자를 못받고 15일간의 은행예금이자에 만족해야만 하는 현상이 생기게 된다.

(6) 투자 위험

손해보험업에 있어서의 투자는 원래 부수적 업무였다. 80년대 오일 충격 이후 이자가 급격히 상승함으로 인해 손해보험업의 투자소득이 하나의 변수로 작용하였으나 지금도 많은 미국의 주 보험국들이 투자소득의 구체화인 요율결정에 있어서 투자소득 반영을 요구하지 않고 있다. 손해보험업의 투자소득은 순보험요율 산출시 묵시적으로 반영되는 위험부가액(Risk Charge)의 일부로 간주되어 온 것이다. 이러한 전통으로 인해 미국 대부분의 손해보험사들은 투자에 있어서 매우 보수적이며 주 보험감독국 역시 그렇게 유도하고 있다. 최근에 들어와 은행 및 생명보험업의 영향으로 인해 손해보험업의 투자부문이 영업부문과 대등한 입장에서 관리되어야 한다고 하여 투자부문에 있어서의 위험관리를 위해 시스템이 도입되고 전문인력을 영입하는 손해보험사들이 많이 있는 것으로 알고 있다. 이러한 시스템은 투자 위험을 신용 위험(Credit Risk)과 시장 위험(Market Risk)으로 분리하고 시나리오 분석 등을 통해서 위험의 양을 측정하고 예측하는 것으로 알고 있다. 한 가지 염두에 두어야 할 것은 많은 미국의 손해보험사가 파산을 하였지만 투자를 잘못하여 파산한 경우는 적어도 필자가 아는 한 존재하지 않는다는 것이다. 위험성 있는 투자는 주 감독국이 허용하지 않을 뿐더러 일반적인 손해보험사 경영자들이 고려하지도 않는다.

(7) 운영 위험(Operation Risk)

마지막으로 보험회사 운영으로 인한 운영 위험(Operation Risk)을 들 수 있는바 이에 대한 예로 내부통제 미비로 인한 횡령/배임 등의 가능성 혹은 시스템의 오작동으로 인해 발생하는 손실가능성 혹은 불미스런 사건의 발생으로 인한 보험사 명성(Reputation)에 부정적 영향을 미칠 수 있는 가능성 등을 들 수 있겠다. 이에 대한 정량화는 불가능에 가깝다고 볼 수 있고 현재 국내 RBC제도하에서는 보험료의 1%를 운영 위험의 양으로 사용하고 있다. 운영 위험은 생명보험사에 있어서도 동일하게 발생하며 그 정도의 차이는 있지만 은행 및 증권회사 혹은 모든 금융기관에 있어서 공통적으로 발생할 수 있다고 볼 수 있다.

2) 각 위험에 대한 전략/정책

앞에서 7가지 위험분류를 시도하였는데, 이러한 여러 위험들을 최소화하기 위해 어떠한 전략 혹은 정책을 펴야 하는지 혹은 현재 당면하고 있는 문제가 무엇인지에 대해 고려해 볼 필요가 있다 하겠다.

(1) 가격결정 위험의 최소화

이를 위해 우선 정확한 데이터의 존재가 급선무인데 아직 우리나라 손해

보험사들의 수준은 특히 일반보험에 있어서는 이에 못 미치는 것 같다. 가격결정에 있어 요율산정데이터가 구체적으로 존재하지 않아 회계데이터에 의존하는 보험사가 존재할 뿐 아니라, 사고년도 데이터 대신 수입과 지출이 일치되지 않은 캘린더년도 데이터에 의존하는 경우도 발생하며, 보험상품(Product)과 보험의 종류(Line of Business) 개념이 혼재되어 손해보험 데이터가 복잡하고 부정확하며, 수입(납입)보험료 데이터 처리 관행으로 인한 담보수준 데이터의 부정확성 등이 중요한 문제가 되고 있다. 가격결정 기법에 있어서도 신뢰도처리 문제, 오프밸런스(Off-Balance) 처리문제, 요율수준변화가 상품별 혹은 보종별이어야 하는지 아니면 등급별이어야 하는지에 대한 문제, 추세반영문제, 거대손해 처리문제, 보상한도 인상문제, 공제액 계산문제 등에 대한 정확한 이해 및 적용이 요구된다 하겠다. 이러한 문제들이 해결되어야지만 가격결정 위험을 최소화할 수 있다고 하겠다.

(2) 언더라이팅 위험의 최소화

언더라이팅 위험은 언더라이터 혹은 경영자의 자의적 결정에 의해서 주로 발생한다. 언더라이팅 위험을 최소화하기 위해서는 언더라이터가 참조하여야 할 구체적인 언더라이팅 매뉴얼이 있어야 하며, 언더라이터의 경력에 따른 권한 수준(Authority Level) 차별화가 존재하여야 하고, 언더라이터가 변경 가능한 요율수준 변화에 대한 끊임없는 모니터링을 필요로 한다. 특히 일반보험에 있어서의 언더라이팅은 원수수준에서 이루어져야 하는데도 불구하고 많은 경우 특히 대형물건에 있어서 보유수준에서 이루어지는 것이 국내의 현실이다. 이는 국내 손해보험사들의 극심한 매출경쟁으로 인한 현상인데 대형물건의 경우 일단 인수결정을 내린 뒤 어느 정도를 보유하여야 손해를 최소화할 것인가를 언더라이터가 판단한다. 이를 저자는 보유라이팅으로 이름지었다.

언더라이터로 하여금 거대물건에 대한 요율산정을 자의적으로 하게끔 허용하는 정책은 매우 위험하다. 일반적인 언더라이터는 이를 위한 훈련을 받지 않았기 때문이다. 미국의 대표적 손해보험사였던 Signa 손보사 및 USF&G사의 몰락에 언더라이터의 거대물건에 대한 자의적 요율산정 관행이 큰 몫을 하였다고 알려지고 있다.

(3) 거대사고 및 재앙적 사고 위험의 최소화

이를 최소화하기 위해서는 거대사고 및 재앙적 사고 위험이 높은 물건들에 대한 보수적 언더라이팅이 필요할 뿐 아니라, 이러한 사고가 발생하였을 때 원수보험사의 재정악화를 방지하기 위한 적절한 재보험의 존재를 필요로 한다. 우리나라 손보사 경우의 문제는 재보험 정책이 지나치게 보수적이라는 데에 있다. 물론 이로 인해 위험은 최소화되겠지만 흔히 얘기하는 대로 출재손의 발생이 너무 과도하다고 하겠다. 재보험 정책에 관해서는 위험의 최소화가 최적의 정책이 아니고, 적절한 수준의 위험보유 및 수익성 증대가 최적 정책이 된다고 하겠다.

(4) 지급준비금결정 위험의 최소화

예상하지 못했던 IBNR클레임에 대해 지급여력금이 커버해야 되지만 그 외 여타 사항에 대해서는 보수적인 지급준비금 결정을 통해 위험을 최소화하여야 한다. 이를 위해서는 손해액에 관련되는 모든 데이터에 대한 분석이 필요하다. 예를 들면 보험지급금(Paid Loss), 잔차준비금(Outstanding Loss), 발생손해액(Incurred Loss), 발생클레임수, 종결클레임수 등에 대한 사고년도별/진전년도별 분석이 이루어져야 한다. 정확한 분석을 위해서는, 특히 데이터상에 비정규적인 현상을 목격하였을 때, 데이터에 담겨진 속 내용에 대한 분석이 필요하다 하겠다. 예를 들면 특정 사고년도/진전년도의 보험지급금이 여타 연도 보다 높을 때, 종결율 속도가 빨라져서 그러한 것인지 아니면 거대사고의 발생으로 인한 것인지에 대한 분석이 필요하다는 것이다. 손해보험업에 있어서 지급준비금결정 자체에 대한 논의가 우리나라의 경우 아주 미천한 것 같다. 이에 대한 감독당국의 관심 역시 별로 크지 않은 것 같다. 지급준비금결정 위험에 대한 중요성의 인식이 필요하다고 하겠다.

(5) 자산-부채 미스매칭 위험 최소화

결국 자산-부채 흐름에 있어서 원천을 제공하는 것이 자본잉여금, 지급준비금 및 미경과보험료 준비금이므로 이에 대한 패턴 특히 지급준비금의 발생 및 지급패턴(Payout Patten), 미경과보험료 준비금 발생 및 소멸패턴을 정확히 예측하고 이에 상응하는 자산 운용이 이루어진다면 자산-부채 미스매칭 위험을 최소화할 수 있다. 지급준비금 발생 및 지급패턴은 지급준비금 결정 과정에서 부산물로 발생한다. 국내 자본시장에 있어서 만기일이 5년 이상인 장기 국공채가 희소하여 자산-부채 매칭에 어려움이 있지만 적어도 손해보험(자동차 및 일반보험)에 있어서는 종결기간이 5년 이상 되는 클레임이 많지 않아 큰 문제가 되지 않는다고 볼 수 있다.

(6) 투자 위험 최소화

저자가 생각하기에 손해보험업에 있어서 투자행위는 가능한 위험을 최소화할 수 있는 수준에서 행해져야 한다. 자산-부채 미스매칭 위험을 최소화함으로써 투자의 효율성 및 유동성의 극대화를 이룰 수 있는 정책이 바람직하다고 하겠다. 최근에 유행처럼 번지고 있는 손해보험사들의 개인에 대한 부동산 담보대출은 이러한 측면에서 볼 때 별로 바람직하지 않다고 볼 수 있다. 설사 신용위험이 부동산 담보로 인해 어느 정도 커버된다 하더라도 시장 위험은 상존하며, 자산 유동화 채권을 발행하지 않는 한 부동산 담보대출은 별로 유동성이 없는 투자라고 할 수 있기 때문이다. 미국의 일반적인 손해보험사들의 주요 투자항목이 국공채인 것과 자산의 규모가 상당한 규모에 이르기 전까지는 가능한 본사의 빌딩조차 임대하려는 성향은 모두 보수적 투자성향 및 유동성 최대화에 대한 고려라 하겠다.

(7) 운영 위험의 최소화

이를 위해서는 철저한 내부통제 시스템을 갖추어야 하며 장기적으로는 ERM(Entrepreneur Risk Management) 시스템 도입을 통한 전사적 위험관리를 통해 운영리스크 관리를 함으로써 이에 대한 위험을 최소화시킬 수 있다고 하겠다.

3. 결 론

손해보험업에 있어서의 업무프로세스를 살펴보고 이에 따른 위험의 종류로 가격결정 위험(Pricing Risk), 언더라이팅 위험(Underwriting Risk), 거대사고 및 재앙적 사고 위험(Large Loss & Catastrophic Loss Risk), 지급준비금결정 위험(Loss Reserving Risk), 자산-부채 미스매칭 위험(Asset-Liability Mismatching Risk), 투자 위험(Investment Risk) 및 운영 위험(Operation Risk)을 들고 이에 대한 최소화 전략을 살펴보았다. 물론 위험관리체제를 갖추고 위험관리시스템을 도입함으로 인해 위험관리를 효율적으로 하는 데 있어서 도움을 줄 수 있으나 보다 근본적인 문제해결책은 손해보험업무 프로세스에 대한 체계적인 제도 정비와 그러한 제도를 마련하고 운영할 수 있는 부문별 전문가의 존재라고 생각한다.

Ⅲ 손해보험사에 있어서의 수익성 측정

1. 손해보험과 합산비율

손해보험에 있어서의 대표적인 수익성 지표로 합산비율(Combined Ratio)을 사용한다. 합산비율이 100 이하이면 보험영업에서 수익을 내고 있으며, 그 비율이 100 이상이면 보험영업에서 손해를 보고 있다고 한다. 물론 보험영업에서 손해를 보더라도 투자수익이 충분하여 그 손해부분을 상쇄하고도 적정이익을 낼 수 있다. 하지만 국내의 자동보험 및 일반보험에 있어서의 클레임 종결이 비교적 빠르게 일어날 뿐 아니라, 자본잉여금 역시 1개사를 제외하고는 그리 크지 않아, 손해보험업 영위에 대한 기대비용을 고려할 때 적어도 합산비율은 100을 넘지 않아야 한다.

합산비율은 손해율과 사업비율의 합으로 표시되는데, 손해율은 발생손해액을 경과보험료로 나눈 비율이고 사업비율은 사업비를 수입보험료(엄밀히 얘기하면 Written Premium)로 나눈 값이다. 발생손해액, 경과보험료 및 수입보험료는 출재분을 제외한 보유부분에 대한 값이고 사업비는 출재수수료를 고려한 값이다.

기본적으로 합산비율이 100을 넘지 않게 하기 위해서는, 구조적으로 사업비율이 높다면 손해율을 낮추어야 하고, 사업비율이 낮다면 손해율이 상대적으로 높아도 되겠다. 예를 들어 판매수수료를 높은 수준으로 지급하여야 해서 사업비율이 높다면, 언더라이팅을 강화하거나 보험료를 인상해서 손해율을 낮추어야 한다. 역으로 판매수수료를 낮은 수준에서 유지할 수 있어 사업비율이 낮다면, 언더라이팅을 약화시키거나 보험료를 인하하더라도 합산비율 100을 유지할 수 있다.

언더라이팅을 강화하거나 보험료를 인상할 때 필연적으로 수반되는 문제는 보험료 수입의 감소이다. 보험료 수입의 감소를 초래하지 않으려면 결국 손해보험사가 선택할 수 있는 것은 사업비의 감소이다. 손해보험업에 있어서 경쟁사보다 사업비율이 낮다는 자체가 가장 큰 경쟁력이라고 생각된다. 이와 아울러 사업비율의 크기는 효율성의 지표가 된다. 또한 사업비율이 낮을수록 그 만큼 손해보험업 영위에 있어서의 효율성이 높다고 할 수 있다.

많은 사람들은 우선 매출을 늘려야 규모의 경제가 실현되고, 규모의 경제가 실현되어야 적정 사업비율을 유지할 수 있어 생존할 수 있다고 생각한다. 물론 보험료 수입이 적어 규모의 경제가 실현되지 않는 경우 사업비율이 높은 것은 당연하다. 이에 해당되는 경우가 국내에 진출해 있는 외국계 손보사이다. 규모의 경제가 실현되는 보험료 적정규모가 얼마가 될까에 관한 문제는 보다 심층적인 연구가 필요하다고 보겠지만 저자가 생각하기에 그 규모는 중소 손보사 경영진이 생각하는 것보다는 적다고 생각한다.

미국의 경우 보험료 규모 100위에 해당되는 손해보험사의 연간보험료는 5,000억 수준이다. 절대 보험료수준, 장기보험의 존재 등을 고려할 때 이는 국내의 하위사 규모 정도라고 생각할 수 있다. 이로 미루어 보아 국내의 소형사 규모 정도면 충분한 규모의 경제를 누릴 수 있다고 생각된다. 자동차보험 손익지표를 보더라도 이를 확인할 수 있는데, 하위사인 S사, D사의 사업비율은 오히려 상위사인 H사 및 L사보다 낮은 경우도 있었다.

국내 하위 손보사들이 보다 많은 노력을 경주해야 하는 부문은 매출의 증대보다는 합산비율의 감소라고 생각한다. 이를 위해 사업비율을 줄어야 하며, 필요하다면 언더라이팅 강화를 통한 손해율 감소가 이루어져야 한다고 생각한다.

2. 손해보험에 있어서의 보험료 구성

손해보험사가 보험계약자에게 부과하는 보험료는 크게 세 가지로 이루어져 있다. 그 세 가지는 손해액(loss), 사업비(expense), 그리고 수익 및 위험부가(profit and contingence)이다.

이 세 가지가 합해져서 보험료가 되나, 일반적으로 사업비와 수입 및 위험부가액은 전체보험료에 비례하여 책정되기 때문에 사업비와 수익 및 위험부가액은 보험료 대비 일정율로 표시된다. 그리하여 보험료를 P로, 손해액을 L로, 사업비율을 E로, 수익 및 위험부가율을 R로 표시하였을 때, $P(1-E-R)=L$가 되어 $P=L/(1-E-R)$이 된다. 여기서 $(1-E-R)$을 허용손해율(permissible loss ratio)이라 하는데 그 의미는 보험사가 보험계약자로 부터 보험료를 영수하여 사업비와 수익 및 위험부가액 용도로 사용하고 보험계약자에게 손해액 형태로 돌려줄 수 있는 비율이다.

손해액의 손해보험업의 본질 즉 미래에 발생할지 모르는 사고에 대한 재정적 지원의 성격으로 인해 추정(estimation)의 과정을 거친다. 손해액에 대한 추정이 얼마나 합리적이고 정확하게 이루어지고 있는가가 넓게는 특정 국가에 있어서의 손해보험업 발달의 척도가 될 수 있으며 좁게는 타 보험사에 대한 특정보험사의 업무능력 차이에 대한 척도가 될 수 있다.

원칙적으로 손해액은 최종손해액(ultimate loss)을 산출하고 추세(trend)를 반영함으로써 추정된다. 최종손해액 산정을 위해 여러 가지 계리적 기법을 사용할 수 있는데 이에는 지급보험금 진전법, 발생손해액진전법, 본휴터-포거슨법, 평균지급금법 등이 있다.

추세반영을 위해서 사용되는 기법은 지수함수를 사용하여 커브피팅(curve fitting)을 하는 것이다. 우리나라 손해보험업계에서 손해액 추정을 위해 회계년도에 지급된 보험금에 후기 준비금을 가산하고 전기준비금 차감한 금액을 사용하기도 하는데 이는 궁극적으로 지급하여야 하는 손해액을 제대로 반영해 주지 못할 뿐더러 비교되는 경과보험료와도 불일치하는 문제점을 갖고 있다. 손해사정비(loss adjustment expense)가 손해액에 포함되기도 하나 현재 우리나라에서의 손해사정비는 일반적으로 사업비에 귀속되나 IFRS의 도입으로 손해사정비에 대한 준비금 적립을 의무화하고 있다.

손해보험사가 보험계약자와 계약을 체결, 유지 및 관리하고, 사고발생에 대한 처리 등, 손해보험을 영위하기 위해 들어가는 비용이 사업비이다. 전체 보험료 중에서 차지하는 사업비의 비중은 특정 손해보험사의 손해보험 서비스의 효율성을 표시해 준다. 물론 판매채널에 따른 사업비율의 차이가 서비스 질의 정도를 나타내 줄 수 있어 직접적인 비교가 힘들지만 적어도 동일한 판매채널을 사용한다는 전제하에서 볼 때 사업비율이 상대적으로 높은 손해보험사의 효율성은 그렇지 않은 손해보험사에 비해 효율성이 떨어진다고 볼 수 있다. 손해율이 유사할 때 상대적으로 높은 사업비율을 시현하는 손보사의 경쟁력은 떨어지게 된다. 달리 보면, 상대적으로 높은 사업비율을 시현하는 손보사가 경쟁력을 확보할 수 있으려면 타사에 비해 그만큼 손해율이 낮아야 한다.

보험료 영수시점에 비해 보험금 지급시점이 뒤에 옴으로 인해 투자수익이 발생할 수 있으며, 이는 사업비의 차감항목으로 생각할 수 있다. 특히 요율산정시 투자수익을 명시적으로 반영하여야 한다는 주장이 있으나 그 비율 자체가 크지 않을 뿐더러, 투자 수익의 귀속문제(예를 들어 지급여력금에 대한 투자수익이 누구에게 귀속되어야 하는가) 등과 같은 기술적 문제와 아울러 보험운영 손실을 투자수익을 통해 보전하려는 경향의 가능성(이를 cash flow underwriting 이라 한다) 등 때문에 바람직하지 않다고 하겠다.

수익과 위험부가항목에 있어서는 어느 정도의 비율이 적정한지가 문제가 되고 있다. 일반적으로 용인되고 있는 비율은 보험료 대비 5%이나, 자동차 보험에 있어서는 5%에 훨씬 못 미치고 있다. 자동차 보험의 일부인 배상책임 보험이 의무보험이라는 이유에서 수익 및 위험부가 부분을 상대적으로 낮게 책정하고 있으나 이는 잘못된 것이라 생각된다. 법규자체가 정부에 의해서 제정 되었다 하더라도 보험사업을 영위하여 위험을 인수하고 책임을 맡는 기관이 민영기업이기 때문에 이익 및 위험부가액을 타 보종과 달리 가져갈 이유는 없다고 생각한다. 단지 위험의 특성에 따라 그 비율을 달리 가져갈 수 있는데, 이는 소위 말하는 RAPM(risk adjusted profit model)을 통해서 달성될 수 있다.

3. 위험조정 수익모델-RARM(Risk Adjusted Return Model)

위험조정 수익모델은 기업의 필요 수익성 혹은 수익율은 위험의 양에 의해 결정 되어야 한다는 모델이다. 넓게는 손해보험사의 필요 수익율은 무위험자산의 수익율보다 높아야 한다는 것이고 좁게는 특정 물건에 있어서의 필요 수익율은 그 물건의 위험도에 따라 상이하여야 한다는 것이다.

가장 보편적으로 쓰이는 수익율 기준은 ROE(Return on Equity)로 이는 순자산 혹은 자본금(자산-부채) 대비 수익율이다. ROE는 법인세 고려 후와 고려 전으로 나눌 수 있으며 일반적으로 쓰이는 것은 법인세 고려 후이다.

1) 특정보험사의 수익율

손해보험회계상 비상위험준비금은 부채로 취급되었으나 IFRS 도입 이후 자본금의 일종으로 취급되고 있다. 그리하여 손해보험사의 ROE는 아래와 같이 표시할 수 있겠다.

$$\text{손해보험사의 ROE} = \frac{\text{법인세 납부 후 순소득}}{\text{자본총계}}$$

2) 지급여력금의 의미 및 적정성

자본총계로 표시되는 손해보험사의 지급여력금은 기본적으로 손해보험사가 정상적인 영업을 영위하기 위해 필요한 것이다. 어느 정도가 적정한 지급여력수준이냐에 대해서는 이론의 여지가 많다고 할 수 있다. 합리적이라 생각되는 가정은 적어도 대형손해보험사의 경우, 현 지급여력 수준이 적정하다고 상정하는 것이다.

3) 지급여력금 할당(Capital Allocation)

손해보험사의 정상적인 영업영위는 크게, 위험을 인수하고 그 대가로 보험료를 영수하고 보험사고 발생시 보험금을 지급하며 준비금을 책정하는 보험영업 행위와 보유자산을 투자하여 투자소득을 파생시키는 자산운용 행위로 나눌 수 있다. 양 행위 공히 위험이 수반됨으로(보유자산을 위험이 전혀 없다고 생각되는 국공채에 전부 투자 한다면 자산운용으로 인한 위험은 없다고 볼 수 있다) 이를 지지할 지급여력을 필요로 한다. 이는 일정액의 손해가 발생하더라도 정상적인 영업행위를 계속할 수 있음을 의미한다. 총체적으로 볼 때 총지급여력금은 보험영업행위를 위한 부분과 자산운용행위를 위한 부분으로 할당되어야 함을 의미한다.

4) 보종별 지급여력금 할당

보험영업행위를 위해 할당된 지급여력금은 보종(보험종류)별 혹은 상품별로 위험의 정도가 상이함으로 재할당되어야 한다. 보종별 위험의 정도는 손해율 변화의 정도, 재앙적 사고의 가능성 및 지급준비금 추정의 난이성 및 종결지연의 정도 등에 따라 상이할 수 있다. 위험의 정도에 따라 상대적 지급여력금 할당이 달라짐으로 인해 동일한 수익이 발생하였을 때 위험의 정도가 높아 지급여력금 할당이 많이 된 보종의 경우 수익율은 그렇지 않은 보종보다 떨어지게 된다. 이는 동일한 수익율을 발생시키기 위해서는 위험이 높은 경우 상대적으로 수익이 많아야 필요한 수익율을 낼 수 있음을 의미한다.

5) 물건별 지급여력금 고려

보종별 지급여력금 할당의 원리는 개별물건의 가격 결정시에도 적용될 수 있다고 하겠다.

물론 물건별로 지급여력금을 할당한다는 것이 현실적으로 어려울지라도 이러한 논리는 그대로 적용될 수 있다. 즉 개별물건의 위험이 클수록 가격 결정시 필요 지급여력금의 할당이 많이 되어야 하므로 동일한 수익율을 발생시키기 위해서는 상대적으로 그렇지 않은 물건보다 수익이 많이 발생되어야 하겠다. 이는 동일한 물건에 대해 요율산정 방법을 달리할 때에도 적용되어야 한다. 일례로 특정물건에 대해 전통적 요율산정 방식대로 고정보험료를 부과할 때보다 상대적으로 위험이 적은 레트로요율 산정방식으로 손해율에 따른 정산보험료를 부과할 때 필요지급여력금이 상대적으로 적어짐을 의미한다. 이에 따라 수익이 적다하더라도 동일한 수익율을 발생시킬 수 있는 것이다.

6) 시나리오 분석

예를 들어 S화재의 자산이 10조이고 부채가 4.5조여서, 법인세율이 25%이며 총소득이 1.1조라 하면 자본금은 5.5조가 되고 세전 ROE는 20.0%(1.1/5.5)가 되며 세후 ROE는 15.0%(1.1×(1－0.25))/5.5)가 된다. 일반적으로 구미의 많은 손해보험사들이 자사의 목표 ROE를 15%로 책정하고 있다. 생각컨데 위험이 상대적으로 높은 재보험사나 금융보장상품(Financial Guarantee Product)을 주로 판매하는 보험사의 ROE는 이보다 높아야 하며, 기업성 상품을 주로 판매하는 CHUBB사나 St.Paul사의 경우 15%가 적정하다 생각되며 개인보종의 비중이 상대적으로 높고 장기보험의 비중이 높은 우리나라 손해보험사의 경우 목표 ROE는 12% 정도가 타당하지 않을까 사료된다.

모든 자산이 투자가능 자산이라 가정하고 주식에 3조, 국공채에 7조를 투자하고 주식투자에 대한 필요자본금으로 1조를 책정하고 국공채의 경우 위험이 전혀 없다고 가정하여 필요자본금을 0으로 가정하기로 한다. 주식투자 평균수익율이 20%, 국공채 평균수익율이 5%라고 가정하면 주식투자로 인한 세전수익액은 0.6조, 국공채 투자로 인한 세전수익액은 0.35조가 발생하게 된다. 15%의 세후 ROE를 상정하였을 때, 주식투자의 경우 1조의 필요자본금을 필요로 하여 0.2조의 필요수익액을 필요로 한다(세전 ROE＝0.20조/1.0조＝20%). 자산운용에 투입된 필요자본금을 위한 수익액 0.2조를 제외한 잔여수익액은 보험영업행위를 위해 전이되어야 한다. 이는 자산운용행위가 보험영업행위로 인해 파생된 행위로 보는 것에 기인한다.

S화재는 두 보종(A 및 B)의 상품만 판매하고 각각의 보유경과보험료(재보험에 대한 필요는 없다고 가정함)가 6조 및 2조이고 필요자본금이 각각 3조 및 1.5조라고 가정한다. 보유경과보험료에 대한 필요자본율이 A보종의 경우 0.5(3조/6조), B보종의 경우 0.75(1.5조/2.0조)로 B보종이 상대적으로 위험이 높은 보종임을 알 수 있다. 세전 ROE 20%를 발생시키기 위해서는 A보종의 경우 0.6조(3조×0.2), B보종의 경우 0.3조(1.5조×0.2)의 수익액을 각각 창출하여야 한다. 잔여투자수익액 0.75조를 보유경과보험료 비율로 할당을 하게 되면 A보종의 경우 0.5625조, B보종의 경우 0.1875조가 할당이 된다. 그리하여 보험영업 필요수익액은 A보종의 경우 0.0375조(0.6조－0.5625조), B보종의 경우 0.1125조(0.3조－0.1875조)가 되어 필요합산비율은 각각 99.4%((6조－0.0375조)/6

조) 및 94.4%((2조−0.1125조)/2조)가 된다. 사업비율이 A 및 B보종 공히 25%라고 하면 세전 ROE 20%를 산출하기 위한 손해율은 각각 74.4% 및 69.4%가 됨을 알 수 있다.

이러한 관계는 개별물건의 경우에도 적용되어 예를 들어 B보종 상품의 전통적요율 적용시 보험료가 20억이라면 필요자본금은 15억, 필요자본율은 0.75억, 세전 필요수익액은 3억, 투자수익액 배분액은 1.875억이 되어 필요잔여 수익액은 1.125억이 되고 B보종상품 전체의 경우처럼 합산비율 94.4% 및 손해율 69.4%이면 세전필요 ROE 20%가 충족된다. 이에 레트로요율적용을 하게 되면 위험이 1/3수준으로 낮아지게 된다고 가정하면 필요자본금은 5억이 되고 필요 자본율이 0.25가 되어 세전 필요수익액 1억을 발생시키게 되면 세전 필요 ROE 20%를 충족시키게 된다. 투자수익액 분배분이 1.875억이므로 잔여 수익액은 −0.875억이 되어 합산비율 104.4% 및 손해율 79.4%가 되더라도 세전 필요 ROE 20%를 달성하게 된다. 결국 레트로요율적용시 합산비율 및 손해율이 올라가더라도 위험이 상대적으로 전통적 요율 적용 시보다 적어지므로 위험조정 ROE 기준시 결코 열등하다고 볼 수 없음을 알 수 있다.

물론 지급여력금이 충분하다면 레트로요율 적용 시 절대수익액이 전통적 요율 적용시보다 떨어지므로 인해 전통적 요율 적용을 받는 물건을 레트로요율 적용물건으로 변환시킬 필요는 없다고 하겠다. 단지 지급여력금이 충분치 못하다면 오히려 레트로요율 적용으로의 변환이 필요하다고 하겠다. 하지만 어떠한 이유(예를 들어 새로운 물건, 고위험 물건, 재보험부재 등)든지 전통적 요율 적용으로는 부보가 불가능하다면 레트로요율 적용을 통한 물건부보는 결코 매출액을 증가시키기 위한 방편으로만 볼 수는 없다고 하겠다. 레트로요율 적용의 경우 상대적으로 위험의 크기가 감소되어 필요자본량이 상대적으로 감소됨으로 인해 필요수익율이 적어질 뿐이다.

이상의 논의를 도표로 표시하면 아래와 같다.

표 5-1 전체 수익율(ROE) 도출

계정항목	공식	금액
A. 자산		10조
B. 부채		4.5조

C. 자본금	A−B	5.5조
D. 법인세율		25%
E. 총소득		1.1조
F. 세전 ROE(수익율)	E÷C	20.0%
G. 세후 ROE(수익율)	F×(1−D)	15%

표 5-2 자산운용 수익액 도출

자산의 종류	A 투자액	B 필요자본금	C 세전수익액	D 필요수익액	E 잔여수익액 C−D
주식 국공채	3조 7조	1조 0조	0.6조 0.35조	0.2조 0.0조	0.4조 0.35조
합	10조	1조	0.95조	0.2조	0.75조

참조 1. 세전수익액 계산에 있어서 주식평균수익율을 20%로 가정하고 국공채 수익률을 5%로 가정함.
2. 필요수익액은 필요자본금 대비 세전수익율 20%임.

표 5-3 보종별 자본할당, 필요합산비율 및 손해율 도출

보종의 종류	A 보유경과 보험료	B 필요 자본금	C 필요 자본율 B/A	D 세전필요 수익액	E 투자수익 배분액	F 보험영업 필요수익액 D−E
A 보종 B 보종	6조 2조	3조 1.5조	0.5 0.75	0.6조 0.3조	0.5625조 0.1875조	0.0375조 0.1125조
합	8조	4.5조	0.5625	0.9조	0.75조	0.15조

보종의 종류	G 필요합산비율 (A−F)/A	H 필요손해율	I 세전필요 ROE
A 보종 B 보종	99.4% 94.4%	74.4% 69.4%	20.0% 20.0%
합	98.1%	73.1%	20.0%

참조 1. 필요손해율 계산에 있어서 사업비율 25.0% 반영.

표 5-4 개별물건별 자본할당, 필요합산비율 및 손해율 도출

보종의 종류	A 보유경과 보험료	B 필요 자본금	C 필요 자본율 B/A	D 세전필요 수익액	E 투자수익 배분액	F 보험영업 필요수익액 D-E
B보종물건1	20억	15억	0.75	3억	1.875억	1.125억
B보종물건2	20억	5억	0.25	1억	1.875억	-0.875억

보종의 종류	G 필요합산비율 (A-F)/A	H 필요손해율	I 세전필요 ROE
B보종물건1	94.4%	69.4%	20.0%
B보종물건2	104.4%	79.4%	20.0%

4. 손해보험에 있어서의 발생주의와 현금주의

일반적으로 손해보험은 미래에 발생할지 모르는 우연적 사고로 입은 피해에 대해 재정적으로 보전해 주는 것이다. 미래에 발생할지 모르는 우연적 사고를 손해보험에서 취급하기에 이에 대한 처리가 일반 제조업과는 상이하게 달라, 손해보험업에 대한 보다 깊은 이해를 필요로 한다. 본 지면을 통해서는 현재 우리나라 보험업계 혹은 보험 회계상에 나타난 대표적 발생주의적 관점과 현금주의적 관점을 열거해 보고 이에 대한 개선책을 논의하겠다.

현금주의적 관점이라 함은 통계 집적 시 현금 유출입의 원인이 되는 보험계약 혹은 보험사고의 발생을 무시한 채 현금 유출입 자체에 중요성을 부여하는 것을 의미한다. 이에 반해 발생주의적 관점이라 함은 현금 유출입보다는 보험계약 혹은 보험사고의 발생에 중요성을 부여하는 것을 의미한다.

현금주의적 관점에 의거한 대표적 지표로 수입보험료를 들 수 있으며, 사업비율 산정 시 사업비를 경과보험료로 나누는 것 혹은 보험영업이익 산정 시 경과보험료에서 발생손해액과 사업비를 그대로 차감하는 것 역시 현금주의적 관점에 의거한 계산 방식이라 할 수 있다.

손해보험업에 있어서 매출로 간주되어 시장 점유율 계산에 사용되는 수입보험료는 책임개시일과 상관없이 보험계약의 성립으로 말미암아 특정시점에

보험료가 영수된 총 보험료를 의미한다. 보험료가 분납으로 영수될 경우에는 기 영수된 분납보험료만 포함이 되어 보다 정확한 표현은 납입보험료라 볼 수 있다. 수입보험료 산정에 있어 보험증권의 책임개시일(effective date)이 언제인가는 상관을 하지 않는다. 예를 들어 보험증권의 책임개시일이 2012년 12월 1일인 경우, 보험료 지급이 2012년 9월 1일에 이루어졌다면, 동 계약은 2012년 9월 수입 보험료 통계에 잡히게 된다. 이로 인해 선납/대납이라는 업계의 뿌리 깊은 병폐적 관행이 자리잡게 되었다. 특정 월에 있어서 매출(수입보험료)실적이 미달할 경우 일선 영업 소장은 매출 증가에 대한 압력에 시달리게 되고 목표달성을 위해 아직 책임개시일 도래가 요원한 계약에 대한 보험료를 미리 대납하여 목표달성을 하는 현상이 비일비재하게 되었다.

이와 같은 잘못된 관행을 바로 잡기 위해서는 매출지표로 쓰기 위한 보험료 산정이 현금주의적 관점에서가 아니라 발생주의적 관점에서 이루어져야 한다. 이는 특정 월/분기/년에 있어서의 보험료 매출은 책임개시일이 그 월/분기/년에 속하는 것만 한정시키는 것을 의미한다. 이러한 관점에 입각하여 구미에서 쓰이는 보험료 개념이 필보료(Written Premium) 혹은 계약보험료이다. 동 개념에 있어서 납입방법은 무시되어 보험증권에 기재된 총 보험료의 합이 계약보험료가 된다.

일반적으로 사업비의 발생은 보험계약이 이루어지는 전후로 해서 가장 많이 발생한다. 보험영업과 관련된 비용 즉 보험 중개수수료, 보험 상담원 수당, 카드 수수료, 기타영업비, 증권발행비용 등이 이에 해당한다. 사업비율 계산 시 사업비를 경과보험료로 나누거나, 보험영업이익 계산 시 발생손해액과 사업비를 경과보험료에서 차감하면, 사업비 발생을 제대로 반영해 주지 못하게 된다. 순 사업비 계산 시 출재수수료를 전액 사업비 차감 항목으로 반영하도록 허용하면서, 보험계약 시 발생한 사업비를 계약보험료 혹은 수입보험료에 연계 시키지 않는 것은 일관성에도 저촉된다고 할 수 있다. 출재수수료의 발생이 계약보험료 혹은 수입보험료에 비례하여 발생함으로 인해, 현금주의적 관점과 발생주의적 관점이 불일치해서 생긴 현상이라 생각된다. 발생주의적 관점에서 고려할 때 사업비율은 사업비를 계약보험료 혹은 수입보험료로 나누어서 계산되어야 하며 보험영업이익은 발생손해액을 경과보험료로 나눈 손해율과 사업비를 계약보험료 혹은 수입보험료로 나눈 사업비율을 합해서(이를 합산 비율이라 한다) 이를 1에서 차감하고 다시 그 비율을 경과보험료에 곱함으로써 산출되어야 한다. 구미에서 널리 쓰이는 보험영업이익 계산방법이 이러한 양식을 따른 것이다.

발생주의적 관점에서 매출지표를 위한 통계를 집적하고 보험영업 이익산정을 할 때 정도경영 혹은 윤리경영이 실행될 뿐 아니라 보다 정확한 통계지표를 산출할 수 있게 된다.

Ⅳ · 재앙적 위험노증실체와 모델링

1. 서 론

재앙적 위험노증실체는 보험사 실적에 막대한 영향을 미쳐, 손해보험 산업에 있어서 관심의 초점이 되고 있다. 1992년의 허리케인 앤드류 및 1994년의 LA 지역의 노스리지 지진으로 야기된 미증유의 경제적 손실로 인해 손해보험산업은 자연재해 충격을 평가하는 방법에 대해 재검토하기에 이르렀다. 또한 이와 같은 대형의 자연재앙과 연산능력의 기하학적 성장과 맞물려 재앙 모델러에게는 새로운 시장이 제공되고 있다.

본 절에서는 자연위험과 연관된 재앙적 위험에 관한 시뮬레이션 관련 최근의 기술발전과 이러한 기술발전이 보험 산업에 끼친 효과에 대해 논의하겠다. 이에 관한 구체적인 과제에는 재앙적 위험의 평가, 진보된 모델구축방법, 필요한 위험노증실체 정보, 모델 평가방법 등이 있다. 아울러 본 장에서 요율산정, 포트폴리오 관리, 재보험전략, 및 영업목적에 모델 결과치가 어떻게 쓰이는지에 대해서도 논의할 것이다. 또한 감독당국이나 요율산정소와 같은 제3자에게는 재앙모델이 어떠한 효과를 미치는지에 대해서도 논의하겠다.

2. 재앙모델링의 발전

언제부터 보험사들이 자연재해로부터의 손해를 평가하기 시작했는지에 대해 정확히 지적하기는 쉽지 않다. 초기의 도구로 Sanborn 지도회사에 의해 제작된 종이지도를 들 수 있는데, 이는 주요 도시에 있어서의 보험계약자 부동산 밀집정도를 모니터하기 위해 사용되었다. 이의 목적은 기존보험계약자가 갖고 있는 부동산 근처에서 새로운 물건을 인수하는 것을 피하고자 하는 것이었다. 1960년대와 1970년대에 컴퓨터 사용 모델링이 시작되었는데, 이로 인해 보험사들이 위험노출실체 정보를 모으기 시작하였다. 초기 기법에 있어서는 대략의 손상가능 퍼센트가 위험노출실체에 적용되어 결정적(비함수적) 손해 추정치가 산출되었다. 이와 같은 노력은 자연재해 연구서비스(NHRS)를 통한 트래블러 보험사의 Don Friedman 박사에 의해 개척된 연구를 통해 지속되었다. 허리케인으로부터의 손해정보가 처음으로 Friedman 박사에 의해 정리되었으며, 그의 작업은 계속해서 모델러들에 의해 사용되었다.

결정적 접근방법은 추후에 시뮬레이트된 사건수의 증가와 개별사건이 발생할 확률을 배정하는 것으로 인해 진보되었다. 이와 같은 기술에 대한 첫 번째 서비스 제공자는 응용보험연구(AIR)였는데, 동사는 수천 사건에 대한 결과치를 제공하여, 분석의 선명도가 극도로 개선되었다. 연이어 위험관리 해결책(RMS)에 의해 개발된 PC에 기반을 둔 원수보험사를 위한 제품이 출시되었다. EQECAT과 같은 보다 최근의 서비스 제공자들에 의해 수십만 건의 사건들을 시뮬레이트할 수 있는 모델들이 도입되었다. 이와 같은 완전 확률적 모델로 인해 보험사들이 재앙클레임 취급팀으로 하여금 계약자의 요구를 효과적으로 다룰 수 있게 해 줄 수 있을 뿐 아니라 변화하는 보험증권조건의 충격을 분석할 수 있게 되었다.

3. 자연재해-모델화된 것과 비모델화된 것

모델링에 의해 자연재해 전 영향을 분석하기란 결코 쉽지 않다. 예를 들어, 지진모델에 지진으로 인한 화재효과 혹은 연이은 쓰나미나, 산사태와 관련된 손해가 포함되지 않을 수도 있다. 이러한 부수적인 위험으로 인해 발생되는 손해가 큰 부분을 차지하지는 않지만 자연재해 위험의 잠재적 손해 가능성을 추정하기 위해서는 부수적 위험효과도 포함되어야 한다.

모델링이 되지 않은 손해원인 위험 외에, 현재 모든 보종이 자연재해 위험으로 취급되고 있지는 않다. 예를 들어, 자동차, 수송중인 제품, 보트 등과 같은 동산에 발생하는 손해는 자연재해 발생 시 그 동산이 어디에 위치해 있는지 결정하기가 불가능함으로 인해 추정하기가 쉽지 않다. 대형 지진으로 인해 제조시설이 피해를 입을 때 잠재적 상해 및 사망이 막대할 수 있으나, 산재보험은 아직 재앙모델링 업계로부터 별로 주목을 받지 못하고 있는 보종이다.

4. 위험노증실체 필요 데이터

재앙모델에 의해 요구되는 위험노증실체 형태는 다양하다. 일부 모델에서는 보험사 명칭 외에는 아무것도 필요하지 않으나, 일부 모델은 90개 이상의 데이터 필드가 있을 수 있다. 보험사 명칭만을 필요로 하는 모델에 있어서는 A.M. Best 보험료 정보에 의거하여 시장점유 손해를 추정한다. 이 보다 약간 정교한 모델에 있어서는 지역별 및 보종별 보험가입액에 의거하여 손해를 추정한다. 가장 최근에 개발된 모델에 있어서는 정확한 주소지와 상세구조물 형태까지 처리될 수 있다. 여기서 제시된 예에 있어서의 데이터 요구사항은 기본적인 것에 지나지 않아 보이나, 이들은 재앙모델에 있어서의 발전적 측면을 반영해 주는 것이라고 할 수 있다. 기본적 데이터 요소들은 아래와 같다.

- 자연재해 위험가능성이 있는 부동산의 지리적 위치: 주소정보
- 자연재해 위험가능성에 대한 구조물 관련 정보: 비즈니스 등급, 구조물 형태, 빌딩의 연수
- 자연재해 가능성이 있는 부동산의 위험가치: 개별위치에 있어서의 개별 커버리지 형태의 총 보험가입액
- 보험구조: 자기부담금 및 보상한도 정보

산출기술의 발전으로 인해 보다 많은 모수들이 분석될 수 있으나, 모델사용자는 모델구현자가 이와 같은 추가적 정보를 다룰 수 있는 적절한 능력을 보유하고 있다는 사실에 대한 신뢰감을 가질 필요가 있다. 또한 모델사용자는 모델결과가 직감적으로 의미가 있는지 확인하기 위해 가상의 데이터를 사용하여 모델을 실험해 보는 것이 필요하다.

5. 모델분석

재앙모델에는 세 가지의 주요 부분이 있다.

- 재해산출: 재해정도에 대한 추정
- 피해산출: 주어진 재해 하에서의 그라운드업 피해 추정
- 손해산출: 피해 추정치가 주어진 하에서의 보험사 혹은 재보험사의 손해 추정

6. 재해모듈

허리케인 위험이 예로 사용되겠는데, 허리케인 발생 시 이에 대한 지대한 미디어 커버리지가 예상될 뿐 아니라, 대부분의 개별보험계약자들이 허리케인의 구성부분을 쉽게 그려볼 수 있기 때문이다. 여타 위험에 있어서의 유사 적용 가능성에 대해서도 적절하다고 판단되면 언급하겠다.

허리케인 모델은 주로 매립지역의 과거 연혁적 기록과 허리케인 정도에 의거한다. 과거 연혁적 기록에 있어서 사용되는 데이터기간은 대략적으로 100년이 된다. 이렇게 장기간의 데이터 샘플을 사용할 수 있다는 것이 인상적으로 보이나, 1940년대 이전의 데이터 질은 매우 의심이 간다 하겠다. 양질의 정보는 1960년대가 되기까지는 얻을 수가 없었다. 이러한 모델을 발전시킨 기상학자들은 근면하게 과거 연혁적 데이터를 검토하고, 일관성이 결여된 점을 발견하면 조정하려고 시도하였다. 새로운 정보는 호수침상, 인공위성, 대양기록기구 및 정찰비행의 핵심 샘플로부터 이용 가능하게 되었다.

전형적으로 모델링 절차는 미국 해안선을 균일하게, 이를 테면 100마일씩 분할하는 것으로 시작된다. 이렇게 분할된 부분은 빈(bin)으로 불리는데, 빈의 크기는 모델구현자에 따라 상이하다. 개별 과거 연혁적 사건은 매립지역에 해당되는 빈에 놓게 된다. 빈의 크기가 너무 작으면 재해사건이 특정 빈에서 다른 이웃 빈에 옮겨짐에 따라 결과치가 들쑥날쑥할 수 있고, 빈이 너무 크면, 빈이 특정지역에 영향을 미치는 위상적 및 기후적 패턴을 제대로 반영을 못

하는 문제가 있게 된다. 그리하여 개별 빈의 기상학 정보를 분석하여 그 지역에 있어서의 잠재적 결과치 범위를 평가하게 된다.

모델구현자는 개별 빈에 있어서의 허리케인과 연계된 모든 모수분포를 창출한다. 그 지역에 있어서의 허리케인의 전방속도, 최대반경, 허리케인의 경로와 같은 모수분포를 도출한다. 그 후 그와 같은 분포에서부터 허리케인의 함수적 집합이 샘플화된다. 함수적 집합의 크기는 다양한데, 일부 모델구현자는 수천 개의 사건을 사용하나, 또 다른 일부 모델구현자는 수십만 개의 사건을 사용한다.

허리케인 모델은 위험에 노증되어 있는 풍속을 정의하기 위해 기상학적 공식에 있어서의 이와 같은 모수를 사용한다. 지형의 특성과 같은 여타 요인도 모델화되는데 이는 풍속의 속도 증감을 고려하기 위함이다. 모든 허리케인 모델에 있어서 허리케인을 표시하는 연속적 풍력이 산출된다. 현실에 있어서 허리케인의 불규칙적 본질로 인해 소형의 토네이도가 창출되는데, 이는 현재 어떤 모델구현자도 시뮬레이트할 수 없는 것이다.

7. 피해산출

일반적으로 얘기해서, 재앙모델에 있어서 피해산출 모듈은 물건의 위치 및 구조물 형태에 관한 두 가지 형태의 정보를 필요로 한다. 물건의 위치는 일반적으로 지오코딩으로 불리는데, 구조물 형태에 대한 기술은 보통 피해가능 함수로 특성 지워진다. 지오코딩이 우선 논의되고 피해가능성이 나중에 논의되겠다.

물건의 위치는 CRESTA(재앙위험평가 및 표준화된 목표 누적물)구역, 지역, 우편번호, 혹은 주소와 같은 몇 가지 상이한 방법으로 제시될 수 있다. 지오코딩은 위험의 위치에 대한 정확한 높낮이를 배정한다. 지오코딩은 물건이 해안선 혹은 지진대에 대한 상대적 위치를 결정하고, 태풍 풀에 속할 수 있는지를 결정하며, 물건의 지반토양의 형태를 결정하는 데 사용된다.

피해모듈은 개별물건의 구조물 형태에 관한 정보를 또한 필요로 한다. 이와 같은 구조물 등급에 의해 개별 재해정도 수준에 있어서의 피해액 추정을 위해 사용되는 피해가능 커브가 정의된다. 피해가능 함수는 경험적 클레임 정보, 엔지니어링 합일, 엔지니어 시뮬레이션과 같은 세 가지의 주요 원천으로부터 도출될 수 있다.

미국의 노스리지 지진 혹은 허리케인 앤드류와 같은 최근의 재앙적 사건으로 인해 모델구현자에게는 상당한 양의 클레임 데이터가 이용 가능하다. 모델 구현자는 주어진 위치에의 클레임 정보를 취하고, 재해사건 발생 시의 상응하는 유효 위험노증실체 정보를 그에 덧붙인다. 모델구현자는 모든 위험노증실체 정보를 사용하지, 손해가 발생한 물건의 위험노증실체만을 사용하지 않는다는 것은 매우 중요한 사실이다. 이는 손해가 발생되지 않을 수 있는 물건의 비중을 확인하기 위해서도 필요하다. 모델구현자는 발생된 재해 사고에 대한 클레임 위치에 있어서의 실제 재해정도가 어떤지를 결정한다. 클레임 위치에 있어서의 재해정도를 추정하는 것은 매우 어려운데, 재해정도를 측정하게 하는 도구의 수가 제한되어 있기 때문이다. 최종적으로 모델구현자는 실제 피해 대 모델 피해정도의 관계를 진전시킨다.

피해가능 커브 개발에 대한 또 하나의 접근방법은 엔지니어링 의견에 의한 것이다. 수십 년 동안 지진을 위해 사용된 피해가능커브는 응용기술 위원회 13보고서(ATC-13)에 의거한 것이다. 근본적으로 여기에서의 피해가능커브는 주어진 구조물, 주어진 재해피해 정도 수준하에서 가해질 가능성이 가장 높은 피해에 대한 일치된 의견의 델피기법에 의거한 것이다. 실제 클레임 경험이 없다면 본 기법은 받아들일 수 없다. 특히 복잡한 기업성 구조물에 있어서의 피해가능커브 개발을 위한 또 하나의 접근방법은, 주어진 상이한 충격하에서 구조물의 지탱모드를 분석하는 컴퓨터 지원 디자인(CAD) 시뮬레이션을 창출해 내는 것이다.

8. 손해액 계산

최종모듈에 있어서는 주어진 피해수준 하에서의 손해액을 추정한다. 판매되고 있는 재앙모델들은 다양한 원수보험사 및 재보험사 구조에 대해 현격한 차이를 보인다. 일부 재앙모델은 너무 간단하여 복잡한 기업성 물건을 판매하는 보험사가 사용하기에는 한계가 많다. 동일한 문제가 재보험 프로그램에도 적용되는데, 일부 모델에서는 재보험이 언급조차 되지 않고, 일부 모델에서는 매우 복잡한 임의 혹은 협약재보험도 다룰 수 있게 되어 있다.

미국의 노스리지 지진이나 허리케인 앤드류와 같은 대형 재해로 말미암아 자기부담금의 수준이 매우 높아지게 되었다. 예를 들어, 가주지진당국(California Earthquake Authority)이나 가주 내 여타 보험사들은 이제 자기부담금 수준이 손해액의 15%가 되는 보험을 판매하고 있다. 다수의 허리케인 다발 주에서는 허리케인이 특정 풍속이나 SSI에 도달하면 그 효과가 야기되는 계수적 자기부담금 적용 보험이 판매되고 있는 실정이다. 이와 같은 새로운 보험계약으로 인해 재앙모델구현자들은 이를 모델에 반영하기 위해 소프트웨어를 수정하여야 했다.

9. 모델의 유효성 검증

분석대상이 되는 재해발생이 잦지 않으므로, 모델의 유효성 검증이 거의 불가능하다고 볼 수 있다. 과학적 관점에서 모델이 필요한 구성부분을 소지하고 있는지에 대해 검증할 수 있다. 이러한 검증은 모델사용자에게 있어서는 지루하고 비용이 많이 드는 작업인데, 정작 사용자들은 모델이 가장 최근의 토양관련 데이터베이스와 가장 정확한 지형관련 데이터베이스를 소지하고 있는지 보다는 얼마나 손해추정이 정확한지에 관심이 있기 때문이다. 재앙모델에서는 두 가지의 상이한 형태의 손해추정액이 도출되는데, 결정론적인 추정치와 확률론적 추정치가 그 두 가지이다. 결정론적 분석에 있어서는 재앙사고와 관련이 있는 모든 필요 모수들을 고정시키고 손해액을 산출한다. 이러한 형태의 분석에 있어서는 재앙사고가 발생하는 가능성에 대해서는 아무런 배려가 주어지지 않는다. 재앙사고에 대한 결정론적 분석에 있어서는 예를 들어 사용자가 허리케인 앤드류 발생 시 위험에 처해 있던 위험노증실체를 입력하고 입력된 물건 포트폴리오에 대해 모델로 하여금 허리케인 앤드류를 시뮬레이션함으로써 그 유의성을 검증하게 된다. 전형적인 모델출력물은 시뮬레이션된 재앙사고에 대한 기대손해액이다. 추정치에 대한 신뢰구간 또한 제공될 수 있다. 모델유효성 검증은 실제손해액과 모델로 예측된 결과치 손해액을 비교함으로써 이루어진다.

확률론적 분석에 있어서는 개별사고에 대해 발생가능성이 배정된 다수의 개별재앙사고에 대한 고려가 이루어진다. 초과확률액(EP: Exceedance Probability)커브가 개별사고와 그 발생가능성으로부터 산출된 총체적 손해추정치로부터 도출된다. EP커브는 특정 손해 수준 이상에서 물건 포트폴리오로부터 야기될 손해 가능성을 나타낸다. 예를 들어, 특정 물건 포트폴리오에 대한 1% 초과확률액이 1억2천5백만불이라면, 이는 차년도의 재앙사고로 인한 손해액이 1억2천5백만불 이상이 될 확률이 1%인 것을 의미한다. EP커브의 유효성을 검증하는 것은 어려우나, 실제 발생한 재앙사고 손해액을 EP커브상의 점들과 비교하는 것은 가능하다. 상대적으로 낮은 심도사고에 대해 높은 확률의 초과손해액이 산출되면 EP로 인한 추정치는 저평가될 수 있다.

허리케인 손해 예측기법에 관한 플로리다 위원회(FCHLPM)가 재앙사고 모델들을 검토한 미국 내 유일한 기관이나, 검토의 범위는 미국 플로리다 허리케인 위험노증실체에 있어서의 개인주택 요율산정에 국한 되었다.

FCHLPM은 요율산정 목적을 위해 모델이 플로리다에서 고려되기 위해서는 지난 세기 동안 플로리다에 영향을 끼쳤던 모든 과거 재앙사고로부터 산출된 기대 연 주전체 손해액에 모델의 결과치와 비교한 값을 제시할 것을 요구하고 있다. 비교과정은 주전체를 대변해 주는 물건 포트폴리오를 입력하는 것으로부터 시작된다. 그 다음 모델구현자는 과거 100년 동안 플로리다에 영향을 끼쳤던 57건의 재앙사고에 대해 시뮬레이션을 한다. 개별 재앙사고에 대한 평균기대손해액은 확률적 재앙사고 집합으로부터 산출된 기대손해액과 비교된다. 이러한 과정은 평균손해액의 유효성을 확증하기 위한 좋은 수단이 되나, EP커브에 대한 정확한 비교는 불가능하다.

10. 재앙모델의 유용화

수십 년에 걸쳐 재앙모델에 대한 인기가 증대되어 왔다. 재보험사와 감독당국은 원수보험사로 하여금 자신의 물건에 대한 관리와 가격결정을 더 잘하라는 압력을 주고 있다. 재앙모델의 사용은 기업체의 위험관리 부서에서 시작하여 이제는 언더라이팅 과정에 있어서의 주요 부분이 되었다. 이러한 발전으로 재앙모델은 전통적 포트폴리오 관리업무에서 확장되어 자본의 배분, 재보험 구조편성, 클레임처리, 영업, 동적 재무 분석, 요율 산정소, 증권화 등에서 사용되게 되었다.

재앙모델의 사용으로 재물보험업무가 현격하게 개선될 수 있다. 보험사가 기존 포트폴리오로부터 비지니스 양을 줄이기로 결정하였다면 보험료 연수대비 가장 높은 손해액을 발생시키는 물건을 선정하는데, 재앙모델을 사용함으로써 감축결정에 도움을 받을 수 있다. 지금과 같이 인수합병이 잦은 환경에 있어 재앙모델은 고려대상의 포트폴리오가 기존 포트폴리오와 서로 상관관계가 있는지에 대한 결정을 함으로써 의사결정 과정에 도움을 준다.

V • 동적 재무 분석(DFA: Dynamic Financial Analysis)

1. 서 론

DFA는 보험 산업에 있어서의 기획과 예측 과정에 중요한 위치를 차지하고 있다. 본 장에서는 DFA 과정에 대해 정의하고, 기술하며, 이와 아울러 보험사의 운영－언더라이팅과 투자 양 부문－에 있어서의 내재하는 여러 가지 위험 요소들에 대해 요약하겠다. 또한 DFA 모델의 최종적 사용처에 대해서도 논의 하겠다.

2. 정의와 관점

DFA는 여러 사람들에게 매우 상이한 의미를 가진다. 일부 사람들은 예를 들어, 재무제표를 산출하기 위해 정교한 이자율, 자산 및 부채 모델을 사용하며 시뮬레이션 프로그램을 사용하는 것에 대해 DFA라는 이름을 부여하거나, 여타 사람들은 DFA를 보다 넓은 의미에서 사용하여, 보험문제에 있어 재무적 혹은 경제적 이슈를 고려하기만 해도 DFA라는 이름을 부여하기도 한다. 이러한 상이한 특성에도 불구하고, 실제로 DFA는 그 명칭에 의해 비교적 정확하게 기술될 수 있는 한 과정이라 할 수 있다. 우리는 "동적 재무 분석"을 구성하는 세 단어 각각을 검토함으로써, DFA의 본질에 대한 의미를 제대로 파악할 수 있다 하겠다.

DFA는 보험운영과정이 영향을 받는 여러 요소들이 고정되어 있지 않고 결정적이지 않으며, 변화할 수 있고, 함수적이라는 의미에서 동적이다. 계리인이 정적 과정에 대한 분석에 그치지 않고 보험사 소유 자산 및 부채에 대한 과정이 함수적 성질을 갖는다는 사실에 대해 인지하는 것이 중요하다. 이렇게 함으로써 보험사운영과정에 있어서의 내재하는 불확실성이 인지될 수 있다.

"재무적"이라는 단어는 손해보험 계리에 있어서의 최초의 중요한 발전을 보여주는 것으로, 보험사 운영에 있어서 재무적 운영과 언더라이팅 운영 양자가 고려될 필요가 있다는 것을 의미한다. 역사적으로 손해보험 계리인들은 재무제표상의 부채 측면과 전통적 보험사 운영 측면에 역점을 두어 왔다. 그러나 계리인들의 자질이 자산 및 재무영역에도 효과적으로 적용될 수 있으며, 사실, 보험사에 대한 철저한 재무적 분석을 위해서는 자산과 부채의 상호작용을 인지하여야 한다. 어느 정도 이러한 상호작용은 자산 및 부채에 공통되는 경제적 및 재무적 과정의 산물이라 할 수 있다.

"DFA"에 있어서의 마지막 단어인 "분석"은 DFA 과정이 여러 가지 경제적, 재무적 및 보험운영 연관관계에 대해 검토하고, 이리한 검토과정을 수행하기 위해 모델을 개발하고 사용함을 의미한다. William S. Jewell(1983)의 논문에서 인용한 아래의 인용문에서 모델에 대한 개념이 잘 설명되고 있다.

"모델은 관측된 실제상의 현상을 나타내거나, 그 현상의 원인에 대한 여러 가설에 대해 설명하거나, 의사결정을 하기 위해 혹은 그 현상의 미래양태를 예측하기 위해 사용되는 확증 가능한 수리적 관계 혹은 논리적 절차로 이루어진 집합이다." 이는 최초의 DFA 모델 개발에 있어서 계리인들이 시도하려고 하는 본질에 대해 잘 말해 주고 있다.

DFA에 대한 요약이 손해계리협회의 Dynamic Financial Analysis Handbook(가치평가 및 재무분석 위원회, 1996)에 제시되어 있다.

"동적 재무 분석은 계리인이 그 동적 재무 분석에 의해 보험사의 재무상황을 분석하는 과정이다. 재무 상황은 미지의 미래 환경 변화를 통해 보험사의 미래 운영을 적절하게 지지할 수 있는 보험사의 지급여력을 의미한다. DFA 과정은 보험사 운영에 대한 해악적 및 혜택적 시나리오 검증을 하는 것으로 이루어진다. DFA에 있어서 다양하게 선택된 시나리오에 보험사 지급여력이 어떻게 반응하는지를 평가한다." "보험사의 미래 운영"이란 의미에서 DFA가 보험사의 "영속적"(going concern) 특성을 내포하고 있음을 주목하기 바란다.

다음 관계로 DFA에서는 다양한 시나리오로부터 산출된 결과치의 분포가 평가 된다. "수용불가"-예를 들어 보험사가 파산하거나, 비즈니스의 수익성이 충분하지 않다거나 하는 경우-로 그 결과치가 분류되면, 특정 결과치가 야기된 원인을 결정하거나, 그와 연관된 주요소들을 결정하거나 하기 위해 그 결과치들이 검토된다. 필요하다면, 모델 내에서 보험사 운영의 변화가 수행될 수 있으며, 이에 따라 DFA는 재차 행해지고, 그 효과는 다시 평가 된다.

보다 개괄적인 관점에서 보거나 일반적인 기획과정과 일관된 점에서 보더라도, DFA는 전반적인 재무적 위험관리 과정에 있어 핵심적인 부분을 차지하며, 그 단계는 아래와 같다.

- 보험사 목표를 설정함 - 예를 들면, 수익성, 지급여력 등에 관한 목표.
- 위험노증실체를 찾아냄 - 예를 들면, 이자율위험, 잠재성재앙 등.
- 위험노증실체를 정량화함 - 예를 들면, 각 위험들의 변동성 측정.
- 대안적인 재무위험관리 기법을 검토함 - 예를 들면, 재보험, 금융 및 보험 파생상품.
- 적합한 도구와 접근방법을 선정함.
- 재무적 위험관리 프로그램을 수행하고 그 결과를 추적, 검토함.

이와 같이 개괄적 관점에서 볼 때, 동적 재무 분석 기법을 여타 금융기관 및 산업에서 이루어지고 있는 유사 분석 기법에 견줄 수 있다. 새롭게 출현하고 있는 정량적 분석 기법이 대중적 출판물의 최근 기고에서 일반인에게 소개되고 있는데 그 한 예는 아래와 같다(Valmanis, 1999).

"실제옵션가치평가(real option valuation) 기법", 혹은 ROV 기법은 급속하게 M&A 활동뿐 아니라 Azerbaijan에서 유전 시추를 한다든지, 암 치료제 개발을 하기 위해 수십억 달러의 투자를 하는 것과 같은 위험한 투자 행위에 대한 새로운 표준이 되고 있다. ROV는 동적 길잡이 책(road map)으로, 대형 프로젝트에 있어서의 미래 위험을 개괄하고, 전략적 투자 기획을 구상하며, 관리자가 어떻게 그 미래 위험에 적응할 것인지에 대해 보여준다.

“실제옵션가치평가”에 대한 기술을 통해 이 기법이 최근에 손해보험 산업에서 출현된 동적 재무 분석 기법과 유사함을 알 수 있다. 실제로, 단순히 여타 산업에 DFA와 유사한 유사기법이 존재하는 것이 아니라 DFA의 전신이 비보험 금융 산업에서 도래되었다. 은행에서 미국의 저축은행 위기에 대한 대응책으로 DFA 형태 모델이 발전되기 시작하였는데, 미국의 저축은행 위기는 1970년대 후반과 1980년대 초반에 있었던 이자율 상승으로 야기되었다. 은행권 모델에 있어서의 목적은 다양한 경제 상황이 저축은행에 미치는 위험을 정량화하고 그 효과를 분석하는 것이었다. 이후에, 이러한 분석적 본질이 보험 산업을 포함한 여타 금융기관에 전파되었다.

3. DFA 모델링

DFA를 통해 추구하고자 하는 목표가 단순할지라도, DFA 과정을 수행하는 데 있어서는 다양한 형태를 취할 수 있다. 개괄적으로 언급하면 모델링 관점에서 볼 때, 시나리오 검증기법 및 함수적 시뮬레이션 기법으로 대변되는 두 가지 접근 방법이 있다. 시나리오 검증기법에서는 특정 상황하에서의 재무적 및 운영적 결과치에 대한 예측이 이루어진다. 예를 들어, 재앙적 손해나 이자율 수준에 있어서의 현저한 움직임이 보험사에 미치는 효과가 각자 독자적이거나, 양자가 함께 움직이는 형태로 평가될 수 있다. 이러한 분석기법은 현금흐름이나 스트레스 검증에 종종 사용 되며, 특정 감독 당국하에서는 필수적이기도 하다. (예를 들어 뉴욕 생명보험 감독) 시나리오 검증기법에 있어서의 단점은 특정 시나리오의 잠재적 불완전성과 특정 시나리오와 연계된 확률에 대한 고려가 없다는 것이다.

이러한 문제는 DFA 모델에 함수적 시뮬레이션을 구현함으로써 해결할 수 있다. 이러한 모형하에서는, 보험사 결과치에 내재된 개별 함수적 변수에 대해 가능한 확률 분포가 설정된다. 무작위적으로 개별값을 확률 분포를 통해 선정하고 모델로 변수 간 상호작용 결과를 결정하게 함으로써 수많은 결과치가 산출될 수 있다. 그러고 나서 시뮬레이션된 결과치 집합을 분석하며 수용 가능한 결과치와 수용 불가한 결과치의 비율을 평가하게 된다. 적절한 함수적 시뮬레이션을 사용한 동적 재무 분석 모델에 있어서는 수용 불가한 결과치가 분석되어 수용 불가한 결과치에 대한 주원인을 결정할 수 있게 된다. 그와 같은 분석의 결과 수용 불가한 결과치 문제를 완화시키기 위해 보험사가 고려할 수 있는 운영적 변화가 제시될 수 있다.

마지막으로, 특정 형태와 상관없이, DFA 모델은 보험사 결과치에 영향을 줄 수 있는, 언더라이팅 및 경제적/재무적 형태의 위험들을 고려하고 평가하여야 한다. 이러한 위험들을 분류할 수 있는 다양한 방법들이 존재한다. 예를 들어, 위험들은 대차대조표 베이스로 분류되어, 개별 위험이 자산과 연계 되는 것과 부채에 연계되는 것으로 분류될 수 있다. 또 한편으로는, 운영베이스로 분류될 수 있는데, 개별 위험이 언더라이팅 운영에 연계되는 것과 투자운영에 연계되는 것으로 분류될 수 있다. 위험을 어떻게 분류하느냐에 상관없이, 보험사 운영 상황에 영향을 줄 수 있는 여러 변수들이 있다. 구체적으로 언급하면, 동적 재무 분석 모델에 있어서 일부 중요한 변수들은 아래와 같다.

1) 재무적 변수

(1) 이자율

이자율은 경제에 있어서 가장 근본적 변수중의 하나이다. DFA모델에 있어서 미래 이자율 변화에 대한 시뮬레이션이 중요한데, 그 이유는 여타 재무 및 언더라이팅 변수에 미치는 영향 및 그 변수와의 상관관계 가능성 때문이다. 예를 들어, 이자율과 인플레이션 간에는 명백하고, 안정적인 경험적 관계가 존재한다. 아울러 이자율 변화는 주식시장 실적과 여타 재무변수에 영향을 미칠 수 있다. 그러나 또한 이자율 변화가 예를 들어 언더라이팅 주기와 같은 보험고유의 과정에도 영향을 미칠 수 있다. DFA모델에 있어 고려되어야 하는 일부 구체적 이자율 특성은 아래와 같다.

① 단기/무위험 수익률

사용된 이자율 모델에서는 이자율이 시간을 통해 평균수준에 복귀하는 가능성(및 어떤 이자율이 그와 같은 평균 장기 수준 이자율인지)과 아울러 이자율변동의 속성을 고려하여야 한다.

② 채권 만기구조

보험사는 다양한 종류의 만기를 가지는 만기채권에 투자함으로, 수익률

커브에 있어서의 시뮬레이션된 변화효과를 분석하는 것이 중요하다.

③ 파산할증

상이한 수익률이 상이한 파산 특성을 가진 재무수단(투자대상)에 적용된다. 예를 들어, 동일만기를 가진 국채보다 회사채의 수익률이 더 높은데, 이는 파산의 추가적 위험 때문이다. 이들 두 재무수단에 적용되는 수익률 혹은 이자율 차이를 파산할증이라 명명할 수 있다.

(2) 인플레이션

일반적 인플레이션은 이자율과 상관관계가 있다. 또한 개별보종이 내성적 특성을 갖고 있기는 하지만, 보종별 클레임 인플레이션은 어느 정도 전반적 인플레이션과 연계되어 있다. 인플레이션 변수가 중요한데, 그 이유는 인플레이션이 미래 클레임 지급의 최종비용에 영향을 주기 때문이다.

(3) 주식시장실적

비록 대부분의 손해보험사 자산이 채권에 투자되지만, 보험사는 상당량의 자금을 주식시장에도 투자한다. 그리하여 전반적 투자 실적에 대한 시뮬레이션에 있어서 주식시장 부문(이 역시 이자율변화와 연계될 가능성이 충분히 있다고 하겠다)이 포함되어야 한다.

(4) 모기지 중도상환 패턴

모기지 중도상환 발생은 대체로 시간을 통해 발생하는 이자율 변화 경로에 의존한다. 동 변수가 중요한 것은 모기지 담보채권의 가치에 영향을 주기 때문이다.

2) 언더라이팅 변수들

(1) 비재앙적 손해

보험사의 미래 손해액과 손해사정비는, 총체적 베이스이거나, 빈도-심도의 복합과정 베이스로 시뮬레이션되어야 한다.

(2) 재앙적 손해

보험사 결과치 결정에 있어서 가장 중요한 보험 고유의 위험요소들 중에 하나는 자연재앙의 발생이다. 그 중요성 때문에, 또한 그러한 대형손해가 재보험 목적으로 분리되어서 취급되기 때문에, DFA모델은 비재앙손해로부터 분리하여 재앙손해를 시뮬레이션하여야 한다.

(3) 위험노증실체

특정보험사에 의해 부보된 위험노증실체수 역시 예측되어야 한다. 이는 손해 시뮬레이션에 있어서 중요한 한 부문이며, 무엇보다도 보험사의 성장목표와 전반적 보험시장 상황과도 연계되어 있다.

(4) 사업비

손해액과 아울러, 보험영업을 영위하기 위해서는 사업비가 발생하는데, 이는 어느 정도 함수적일 수 있다.

(5) 언더라이팅 주기

보험사의 수익성은 적어도 부분적으로 보험사가 보험영업을 영위하는 지역 내에서의 일반 경제적 및 보험 산업 상황에 의존한다. 보험사가 보험 상품을 판매할 수 있는 요율수준은 언더라이팅 주기에 있어서의 보험 산업 포지션에 대한 함수라고 할 수 있다. DFA모델은 언더라이팅 주기 상에 있어서의 한 점에서부터 다른 한 점으로의 보험 산업 움직임에 대한 가능한 미래 여파를 시뮬레이션화할 수 있는 변수를 포함할 수 있다.

(6) 손해준비금 진전

DFA모델 입력 데이터 중의 하나로 시뮬레이션되는 초기시점에 보험사가 보유하고 있는 손해 및 손해사정비 준비금을 들 수 있다. 준비금이 지급됨에 따라 초기 준비금의 과부족에 대한 시뮬레이션이 가능하다.

(7) 감독당국에 관한 위험

상이한 감독당국 관할하에 영업을 하는 보험사는 상이한 감독당국의 위험에 노출되게 된다. 감독당국 위험은 예를 들어, 요율 인상 혹은 인하 시행에 있어서의 지연, 그러한 요율변화에 감독당국이 부과한 제한 및 의무적 보험료 리베이트 등을 들 수 있다.

(8) 지급패턴

손해가 지급되는 속도와 연관된 위험이 있다. 보험사의 미래 현금흐름을 적절하게 예측하기 위해서는 지급보험금에 대한 시뮬레이션이 이루어져야 한다.

(9) 기타변수

위와 같은 함수적 변수들 외에, 보험사 운영에 있어서의 아래의 요소들이 DFA모델에서 고려되어야 한다.

① 요율

앞서 언급하였듯이 보험사에 의해 부과되는 미래요율은 과거연혁 및 출현하는 손해경험치, 언더라이팅 주기에 있어서의 위치, 시장 경쟁적 상황 및 감독당국 및 보험관련 법규 등과 같은 여러 요소들의 함수가 된다.

② 출재 재보험

DFA모델은 비례재보험, 활동초과재보험, 재해재보험, 및 총체적/정지 손해(Stop-Loss)재보험 등과 같은 일반적 형태의 재보험 관련 요소들을 수용할 수 있어야 한다. 재보험 미수금 프로그램에 있어서의 접근방법은 손해액이 개별적으로 시뮬레이션되는지, 총체적으로 시뮬레이션되는지 아니면 양 방법이 다 사용되는지에 따라 결정되어야 한다. 이와 아울러, DFA모델은 언더라이팅 주기와 이자율과 같은 일반 경제 상황의 함수일 수 있는 변수인 보험사의 출재재보험 미수금 미환수 가능성의 정도를 시뮬레이션할 수 있어야 한다.

③ 법인세

감독규정하 및 시장가치에 대한 예측과 아울러, 법인세와 연관된 미래 현금흐름 시뮬레이션을 적절하게 하기 위해서는, 적용 법인세법하에서의 재무제표 또한 DFA 과정에서 예측되어야 한다.

4. 산출물과 DFA모델의 사용처

DFA모델의 크기와 정교성의 정도에 따라 달라지기는 하지만 DFA과정을 통해 여러 가지 유용한 산출물을 얻을 수 있다. 수년의 예측기간 및 주어진 운영 시나리오하에서 시뮬레이션된 결과치에 대해 가능한 산출물로 아래와 같은 것들이 있다.

- (감독규정하 혹은 시장가치 기준) 대차대조표 및 소득계산서에 대한 견적서
- 손해율 보고서
  - 총체적 손해율 대 보종별 손해율
  - 원수손해율 대 재보험 고려 보유 손해율
- IRIS 혹은 여타 감독규정하 검증 결과치
- 다양한 확률수준하에서의 파산 확률
- 시뮬레이션된 결과치 분포를 나타내는 미래 지급여력 막대 도표
  (감독규정하 혹은 시장가치 기준)

마지막으로 언급된 산출물 형태는 유용한 경영도구로 사용될 수 있는데,

그림 5-5 5년 후 예측 지급여력 수준

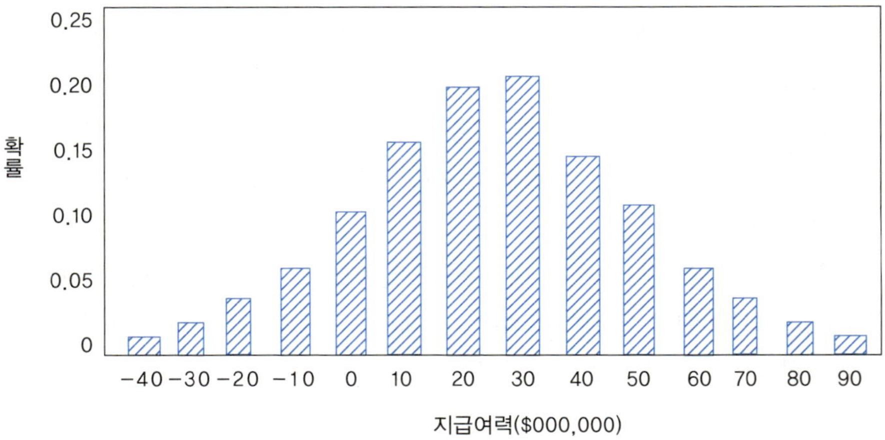

수용불가 결과치 가능성을 도표를 사용해서 보여주고 있다. 시뮬레이션된 특정보험사의 5년 이후 지급여력의 다양한 수준에 대한 상대적 확률을 보여주는 가설적인 예를 [그림 5-5]에서 보여 주고 있다.

다양한 운영적 가정하에서의 시뮬레이션 결과치를 보여주는 막대도표에 대한 비교분석-예로 상이한 출재재보험 프로그램-을 통해 상이한 경영에 관한 결정에 따른 효과를 볼 수 있다.

DFA모델 사용과 DFA를 통해 얻어진 산출물로 내부 의사결정 과정에 도움을 받을 수 있으며 보험사 외부 관계기관도 도움을 받을 수 있다. 내부사용 용도로, 일반적 전략기획, 가치평가 및 인수/합병 활동분석, 자산/부채관리, 재보험 기획, 및 경쟁사 여건분석 등을 들 수 있다. 외부사용 용도로, 보험사 등급 예측, 감독당국과의 협의지원(지급여력 혹은 위험 의거 자본 고려(risk-based capital consideration) 등에 관한) 및 금융시장 관계자와의 접촉지원 등을 들 수 있다.

Ⅵ 보험증권화

1. 서 론

보험사가 자체의 재무적 및 언더라이팅 위험을 어떻게 관리하느냐를 이해하는 것이 계리인에게 중요한 이슈가 되어가고 있다. 증권화된 보험 상품 및 그 기법에 대한 최근 발전의 잠재적 사용가능성은 보험사 운영에 있어서의 여러 측면에 있어서 고려되어야 한다. 본 절에서는 보험증권화 과정에 대해 정의하고, 보험증권화의 원조가 되는 비보험증권화에 연계시켜 논의하겠다. 그리고 나서 이제까지 개발되어 왔던 다양한 보험증권화 수단에 대한 언급을 통해 보험증권화의 발전과정을 보여주겠다.

2. 보험증권화에 관한 정의

"보험증권화"에는 두 가지 요소가 있다고 할 수 있는데, 이에는 언더라이팅의 현금흐름을 거래가 가능한 금융증권으로 변환시키는 것과 언더라이팅 위험을 보험증권 거래를 통해 자본시장에 전이시키는 것이 있다. 보험증권에로의 변환은 근본적으로 금융엔지니어링에 상응하는 것으로 기본적으로 언더라이팅 현금흐름을 합치거나 분해시키기도 하고 합치거나 분해시키는 것이 동시에 이루어져서 새롭고 상이한 금융증권화가 이루어지는 것이다.

이는 금융시장에 있어서 일상적으로 일어나는 거래가 되었는데, 그 예로 재무부 스트립(Tresury Strip) 혹은 "0-쿠폰채권"(이는 근본적으로 재무부발행 채권을 원금과 쿠폰지급액으로 분리하여, 단일-현금흐름 증권으로 판매되는 것, 담보화된 모기지 채권(모기지에 있어서 발생하는 현금흐름을 분리시키거나, 재결합시킨 채권))을 들 수 있다. 보험증권화에 있어서의 두 번째 요소인 "전이"는 거래된 위험의 궁극적 수령인에 관한 것이다. 보험사가 자체의 언더라이팅 위험을 보험 산업 내의 재보험사에게 전이시키는 대신에, 증권화된 보험위험이 보험 산업 밖의 자본시장에 전이되게 되는 것이다(이에는 여타 보험사 및 재보험사뿐 아니라, 은행, 연기금, 및 뮤추얼펀드(mutual fund) 등이 있다). 이는 현금흐름(대가 지불)이 언더라이팅 실적에 의거하는 금융도구(투자대상)를 사고 파는 것을 통해서 이루어진다.

3. 과거연혁적 관점에 있어서의 증권화

"보험증권화"를 독립해서 고려할 것이 아니라 재무적 위험관리(Financial Risk Management: FRM)라는 보다 넓은 문맥 내에서 고려해 보는 것이 보다 바람직할 수 있다. 전반적인 증권화 연혁에 대한 이해와 보험 산업에 유입된 파생상품(증권)을 포함한 FRM개념과 용어에 익숙해짐으로 계리인들은 보다 넓은 재무적 및 기업적 측면에서의 증권화된 보험 상품을 만들고 관리하는데 효과적으로 준비할 수 있게 된다.

보험 산업에서 증권화가 처음으로 주목을 받게 된 것이 1990년대이긴 하지만, 일반금융시장에서의 증권화 과정은 이미 1970년대 후반에 존재하였다. 원조적 증권화 노력은 주택모기지 시장에서의 부족한 자금을 금융시장에서 조달하려고 한 시도에서 시작되었다. 특히 모기지대출에 대한 초과수요 때문에 금융시장에서는 보다 효율적으로 자금을 공급자로부터 금융시장에 끌어들일 수 있는 대안책을 강구하게 되었다. 이러한 노력의 일환으로 모기지 증권화 시장이 발전되게 되었는데, 여기에서는 개별이자 및 원금지급액으로 새로이 창출되고, 거래가능하며 유동성이 풍부한 모기지 그룹에서 발생된 증권을 지지할 수 있는 금융도구(투자대상)가 형성되었다. 이와 같은 증권 및 증권시장 발전으로 자금을 투자자로부터 대출자에게 이동시키는 것이 한층 수월해졌다. 첫 번째 모기지 증권화 상품이 1977년에 Bank of America에 의해 출시되었다. 그 이후로 증권화 시장은 과세법 개정 및 투자관련 기술의 발전의 일부 도움을 받아 급속도로 성장하였다. 증권화 과정으로 말미암아 야기된 이점으로, 한층 좋아진 유동성, 보다 손쉽게 결정할 수 있는 시장가치 및 보다 효율적이고 저렴하게 자금을 자본시장으로부터 자금을 필요로 하는 금융기관으로 이동시킬 수 있는 방법의 출현 등을 들 수 있다.

4. 보험증권화의 전개과정

보험 파생 상품－구체적으로 재보험 퓨쳐스－은 "증권화"라는 용어가 태동되기 이전에 이미 금융시장에서 처음으로 사용되었다(Goshay 및 Sandor (1973)), 그 이후 출현된 실제로 증권화된 보험상품은 일반적 증권화 과정에 있어서의 한 진전단계라 볼 수 있다. 그러나 초기 보험증권화 노력과 여타 이전 증권화된 상품 간의 일부 차이점을 주목하는 것이 흥미로울 수 있다. 예를 들어, 모기지 금융시장에 있어서의 자금부족의 존재가 초기 증권화 개발의 주요 동기가 되었다. 이와는 반대로, 초기 보험증권화는 소프트한 보험시장 즉, 다양한 형태의 보험구입이 가능하고 보험료 역시 상대적으로 저렴한 것으로 특징지을 수 있는 기간에 시작되었다. 또 하나의 흥미로운 이슈는 증권화된 투자대상의 형태이다. 과거연혁적으로 볼 때, 가장 성공적으로 증권화된 자산은 그 양에 있어서 막대하고, 어느 정도 상대적으로 안정적인 자산이었다－예를 들면, 모기지론, 자동차론 및 신용카드 미수금 등이다. 이와는 반대로, 초기의 보험 산업에 있어서의 증권화 노력은 주로 극히 변동이 심하고, 예측하기 힘든 과정 즉, 자연재해에 집중되었다는 것이다.

보험관련 파생상품 아이디어가 처음으로 제시된 것은 20년이 넘었지만, 1990년대에 가서야 금융시장에서 그러한 상품이 개발되기 시작하였다. 보험증권화의 금융시장 출현시점에 영향을 미친 세 가지 주요 요소는 아래와 같다.

- 1990년대 전반에 1992년의 허리케인 앤드류 및 1994년의 노스리지 지진과 같은 대형의 자연재해 손해로 인해, 보험산업은 자연재해 위험에 대한 보험 산업의 위험노증수준을 재평가하기에 이르렀다.
- 자본시장의 성숙과 지속된 높은 수익률과/혹은 추가적 위험분산 추구를 목적으로 하는 새로운 금융도구(투자대상)의 개발이 이루어졌다.
- 다수의 합병, 인수 및 통합으로 특징지을 수 있는 1990년대에 있어서의 보험 산업 구조 변화가 이루어졌다. 이는 월가와 금융시장의 보험 산업에 미치는 영향력을 증대시켰다.

이러한 추세는 증권화된 보험 상품 개발에 대한 일반적으로 용인된 두 원인이 되고 있는데, 그 두 원인은 (1) 지불여력(capacity)에 대한 고려로, 이는 자본시장의 거대규모로 인해 보험 산업에 손상을 줄 수 있는 잠재적인 대형 자연재해사고를 다루기 위해 자본시장의 힘에 초점을 둔 것이고, (2) 투자에 대한 고려로, 자연재해의 위험과 연계되어 있는 현금흐름의 금융도구(투자대상)에 투자함으로써 투자 위험 분산효과를 보자는 것인데, 자연재해 위험이 여타 자본시장의 위험과는 상관관계가 없기 때문이다. 물론 이 두 원인에 대해 논란의 여지는 있지만, 이들 두 원인은 일반적으로 받아들여지고 있는 보험증권화 산업발전의 원인이 되고 있다.

5. 증권화된 보험 상품의 형태

현존하거나 제안되었던 다수의 보험관련 금융도구 형태를 분류하는 방법이 몇 가지 있지만, 아래에서 그 중 한 가지 방법으로 분류하겠다.

- 위험을 전이시키는 금융도구 – 이러한 기법에는 재보험, 스왑, 자연재해 채권 및 교환거래 파생상품 등이 있는데, 타 보험사/재보험사나 자

본시장에 위험을 전이시킨다.

- 조건부 자금화를 제공하는 금융도구 – 이러한 기법에는 신용공여(Line of Credit)(유사시 금융사가 선지급하고 신청자가 금융사에 후지급하는 약정), 조건부 잉여금 대출약정(특정 사건의 발생조건부 대출 옵션) 및 자연재해 순자산 풋(아래에서 설명됨) 등이 있다. 일부 금융화에 대해서는 아래에서 보다 자세히 설명하겠다.

1) 교환 – 거래 파생상품

1990년대 동안, 두 금융거래소, The Chicago Board of Trade(CBOT) 및 Bermuda Commodities Exchange(BCOE)에서 보험관련 파생상품을 개발하여 거래하려고 시도하였다. CBOT 파생상품은 수년 동안의 급속한 발전과정을 거쳐, 급기야는 1995년 9월 29일 자연재해 옵션 스프레드가 도입되었다(예를 들어, D'Arch, Gorvett 및 France(1999참조), 자세한 설명을 위해서는 Chicago Board of Trade(1995참조)). 이는 유럽식 현금옵션(계약만기 시 현금으로 청산)으로, 재물클레임 서비스사(PCS)에 의해 일별로 추정된 총 보험 산업 자연재해 손해액 추정치에 의거하여 가치가 산정되고, 분기별, 혹은 연별 캘린더 손해 기간을 갖고 있다. 이러한 추정치들은 개별지수 포인트가 총체적 보험 산업 자연재해 손해액 1억불에 해당하고 지수포인트당 200불의 현금 가치를 갖는 지수형태로 표시된다. 총체적 보험 산업 자연재해 손해액이 옵션의 "스트라이크 값"을 초과할 때 옵션이 가치를 갖는다. 9개의 상이한 지리적 금융도구가 이용 가능하여 구매자는 지리적으로 상이한 자연재해 위험노증실체에 대해 투기를 하거나 위험회피를 할 수 있게 된다. 근본적으로 CBOT 옵션 스프레드는 보유한도와 재보험한도가 총체적 보험 산업 자연재해 손해액에 관한 지수포인트로 표시된 초과재보험처럼 작동한다.

초과재보험과 유사한 예를 들어 보겠다. 예를 들어 텍사스 주 내 재물위험노증실체를 갖고 있는 특정보험사에 의해 12월 30/50 텍사스 콜옵션 스프레드가 구입되었다고 하자. 특정보험사의 콜옵션 구입 목적은 갖고 있는 재물위험노증실체에 연관된 자연재해 위험에 대한 회피를 위한 것일 것이다. 근본적으로 본 옵션 스프레드는 텍사스 내 4분기 총체적 보험 산업 자연재해 손해액에 대한 30억불 초과 20억불과 유사한데 그 이유는 [50-30]×$1억불=$20

억불 및 30×$1억불=$30억불이기 때문이다.

(금융적으로 볼 때, 스프레드의 초과적 특성은 행사가격 30인 콜옵션을 구입하고, 행사가격 50인 옵션을 매각하는 것으로 나타난다. 이와 같은 구매-매각 조합이 스프레드 내에 설정되어 있다) 예를 들어 만약에 4분기 텍사스 보험 산업 전체 자연재해 손해액이 45억불에 이른다면, 본 옵션 스프레드를 구입한 보험사는 3,000불을 받을 것이다. 즉 [(45억불/1억불)-30]×$200=3,000불이 된다.

Bermuda Commodities Exchange에서도 보험관련 파생상품이 거래되었다. BCOE 옵션에 내재하는 기본적인 개념은 CBOT PCS 옵션과 동일하지만, 양자 간에는 일부 중요한 차이점이 존재한다. BCOE 옵션은 Guy Carpenter 자연재해지수(예를 들어 Major(1997)참조)에 의거하고 있는데, 동 지수의 가치(혹은 손상)는 주택가치 대비 지급된 주택손해액 및 손해 형태로 되어 있다. 지수값은 우편번호 수준까지 상세하며, 분기별로 업데이트 된다. 세 종류의 자연재해 옵션이 가능한데, 단일손해(특정기간 내 발생한 최대 자연재해), 2차적 손해(두 번째 최대 자연재해), 및 총체적 자연재해 손해가 있다. 옵션 내 내재하는 위험커버기간은 반기별로, 캘린더년도 전반기 혹은 후반기로 나누어진다. BCOE 옵션은 근원적 옵션으로 만기 시 0불을 지급하거나 5,000불을 지불하여 (CBOT 옵션 스프레드와는 달리) 중간값이 존재하지 않는다.

2) 위험대상 교환

금융 스왑에는 여러 형태가 있을 수 있지만, 보험 산업에 있어서의 스왑개념 예로 위험대상 교환을 들 수 있다. 자연재해 위험대상 교환(Catastrophe Risk Exchange: CATEX) 뉴욕은 컴퓨터에 의거하여 교환거래가 이루어지는데, 참여사들로 하여금 각사의 자연재해 위험노증실체를 스왑할 수 있도록 고안되어 있다. 그리하여, 참여사들은 지리적 위치 및/혹은 재물형태에 따라 계약된 위험노증실체를 거래함으로써 각사의 위험분포 프로파일을 조정할 수 있다. 거래가 가능한 위험대상 물건은 컴퓨터시스템 상에서 홍보되어 거래가 흥정되고 완결지어질 수 있다. 개장 시부터 CATEX는 기업성 보험 및 재보험에 있어서의 중계자 역할을 해왔다. 또 하나의 위험대상 교환소로 CATEX 버뮤다를 들 수 있는데, 이는 CATEX와 버뮤다 주식교환소와의 공동투자 형태로 형성이 되었다.

3) 자연재해 순자산 풋

자연재해 순자산 풋은 조건부 금융화라고 할 수 있다. 금융화 풋은 기 설정된 가격(행사가격)으로 특정날짜 혹은 날짜들, 혹은 정해진 기간 동안에 자산을 매각할 수 있는 권리(의무는 아님)이다. 자연재해 순자산 풋은 자연재해가 발생하였을 때 기 설정된 가격에 순자산(통상적으로 우선주)을 투자자들에 매각할 수 있는 권리에 대한 약정이다. 동 주식매각 권리는 예를 들면 자연재해 손해액이 특정 한계를 초과(예를 들면 보험사의 자연재해 재보험 보호가 소진되었을 때)하는 것과 같은 기 설정된 자연재해 사건에 의해 야기된다. 이러한 조건부 순자산 유입으로 보험사는 자연재해 직후 순자산을 충당함으로써 손상된 대차대조표의 복구가 가능해 진다.

(4) 자연재해 채권

1990년대에 도입된 여러 형태의 보험관련 증권화 중에서 아마도 가장 활발하게 거래되었고 널리 알려진 증권화는 자연재해 채권일 것이다. 일반적으로, 자연재해 채권은 보험회사에 의해 발행된 채무증서이다. 이러한 재무증서는 전통적 회사채와 매우 유사한데, 단지 차이점은 특정상황하에서는, 보험사가 (전적으로 혹은 부분적으로) 채권소지자에게 이자 및/혹은 원금지급 의무를 유예 받을 수 있다는 것이다. 그러한 유예상황은 자연재해의 발생으로 인해 일어난다. 그리하여 근본적 개념은 자연재해 발생 시 보험계약자에게 지급하는 자연재해 손해액이 적어도 부분적으로는 자연재해 채권 발행자인 보험사가 채권소지자에게 지급하여야 할 금액의 감소로 상쇄되는 것이다.

대체적으로 볼 때 증권화된 금융상품으로 자연재해 위험을 회피할 수 있는 정도는 사용된 "트리거"기준에 의존한다. 여기서 "트리거"는 금융상품에 대한 지급조건을 야기하는 "사건"을 의미한다. "직접트리거"는 금융상품에 대한 지급 조건부가 금융상품 출시 보험사의 손해액에 의존하는 경우이다. "산업트리거"는 그 지급이 지수에 반영된 보험 산업 전체의 손해경험치에 의존하는 경우이다. "사건트리거"는 그 지급이 예를 들어 지진이 특정 지진심도 측정치를 초과하는 것과 같이 구체적으로 정의된 사건의 발생에 의존하는 경우이다.

자본시장에 있어서의 일반적 관행은 일련의 현금흐름을 "트랜치"라 불리는 상이한 구간으로 나눈다. 이들 트랜치들은 만기, 위험정도 혹은 여타 특성에 있어서 차이가 난다. 특정 자연재해 채권에는 몇 개의 트랜치가 있을 수 있다. 이와 같은 채권을 구매하는 투자자 입장에서 볼 때, 어떤 트랜치에 투자하였느냐에 따라, 투자된 원금의 전부 혹은 일부를 잃을 위험과 이자 지급액의 일부 혹은 전부를 잃을 수 있는 위험에 처하게 된다. 원금과 이자 양쪽을 잃을 수 있는 위험에 처해 있는 트랜치도 있을 수 있다(그리하여 그 트랜치의 쿠폰율은 이러한 고도위험을 반영하여, 상대적으로 높게 된다). 이와 아울러, 적어도 부분적으로는 원금이 보호되거나 안전화된 트랜치도 존재한다. 이는 채권이 발행될 때, 일부 채권발행 수입금은 원금을 지급할 목적으로 보호되는 계정에 입금되게 된다. 또한 자연재해가 발생하였을 경우, 보호된 원금이 어느 정도 기간 동안 나뉘어서 지급될 수 있는 유보 조항이 있기도 하다.

초기에는 자연재해 채권발행을 위해 보험사와 자본시장 간의 중개자 역할을 할 수 있는 특별목적기구(Special Purpose Vehicle: SPV)가 보험사에 의해 설립되는 것이 보통이었다. 일반적으로 역외 재보험사가 SPV가 되었는데, 이는 법인세혜택과 회계처리 편이성 때문이었다. SPV가 보험사에게 재보험계약서를 발행하였고, 보험사는 SPV를 통해 자본시장에 채권을 발행하였다. SPV가 보험사에 의해 지급된 재보험 보험료 및 투자된 채권 수입액으로부터 채권에 대한 현금흐름 지급을 하였다(기금은 재보험 보호하에 있었음).

1997년 6월 USAA 자연재해 채권은 자연재해 채권 발행 중 초기에 속하는 것으로 여기서 예로 사용하겠다. 본 채권은 원래는 1억5천만불어치만 발행하려고 하였으나, 초과발행이 되어 결국 USAA는 케이만 아일랜드 SPV인 Residential Re를 통해 4억7천7백만불어치의 자연재해 채권을 발행하였다. 1년 만기로 발행된 동 채권은 62 투자자에게 매각되었는데, 몇몇 투자은행이 조언하고 발행하는 과정에 개입하게 되었다. 4억7천7백만불 중에서 4억불이 Residential Re에 의해 공여된 재보험 커버액에 해당하였고, 나머지 7천7백만불은 트랜치 A-1(아래 참조)의 원금상환기금을 위한 청산(defeasance)계정용에 해당하였다. 재보험효과는 USAA의 허리케인 손해액에 대한 10억불 초과 5억불의 80%에 해당하였다. 그리하여 본 채권은 직접 트리거형으로 원금 및/혹은 이자 지급이 보험사 USAA의 허리케인 손해가 10억불이 초과될 때 영향을 받게 되었다.

USAA채권 발행 시 2종류의 트랜치가 존재하였는데, 트랜치 A-1은 이자 지급(원금상환 제외)만이 투자자 입장에서 볼 때 비지급 위험에 있었고, 트랜치 A-2는 원금 및 이자 양자가 비지급 위험에 있었다. 트랜치 A-1은 투자 등급 AAA(최고의 등급)를 받았는데, 청산계정의 설정으로 원금이 보장되었다. 자연재해 손해발생시, A-1 트랜치 투자자의 경우 원금상환이 보장되었으나, 그 원금상환이 최장 10년까지 연장될 수 있도록 허용되었다. 이에 반해 트랜치 A-2는 BB등급(투자대상 등급이하)을 받았는데, 이자 및 원금양자가 위험에 노출되어, 트랜치 A-1보다 더 위험이 높았다. 양 트랜치의 상대적 위험의 정도는 각각의 쿠폰율에 반영되었다. USAA채권은 변동금리 채권으로 런던은행간 공여율(London Interbank offer Rate(LIBOR)) 초과 지정위험 할증률을 지급하였다. 트랜치 A-2에 대한 위험할증률은 트랜치 A-1위험할증률의 두 배 이상이었다.

기타 주목할 만한 초기 보험관련 증권화로 성공한 예로 캘리포니아 지진에 대한 보험전체 산업 트리거에 근거한 Swiss Re(1997) 자연재해 채권, 동경지진에 근거한 자연재해 사고 트리거(일본 지진협회 지진측정단위 근거)에 의거한 Tokio Marine & Fire(1977) 자연재해 채권을 들 수 있다. 앞서 언급한 자연재해 채권 외에 기타 성공적으로 공여된 보험관련 증권화 채권에 있어서의 공통된 특징은: 이들 채권들이 변동성이 심한 자연재해 위험, 상대적으로 높은 손해계층에 대한 보장, 상대적으로 단기인 채권만기일(예를 들면 일본에서 발행된 채권의 경우는 예외), 일부 채권의 경우 원금이 보장되고, 원금이 보장되지 않을 경우 높은 수익률이 제공되었다. 그러나 높은 수익률 특징은 계속된 채권발행(예를 들면 1998년부터 2000년까지 발행된 USAA 채권)에서는 쿠폰율이 감소하였는데, 이는 아마도 동 채권 구조에 익숙해 짐에 따라 비익숙성 할증이 감소되는 까닭이라고 사료된다.

6. 보험관련 증권화에 대한 전망

1990년대 후반부에 보험관련 증권화 산업이 급속하게 발전하였다. 동 산업과 관련기법이 진화발전하고 성숙함에 따라, 보험관련 증권화의 미래 성공적 발전은 몇몇 이슈 및 문제점에 달려 있게 되었다.

- 전통적 보험 및 보험 상품 관련 비용이 보험관련 증권화 금융도구 비용과 비교하여 어느 정도 위치에 있느냐 하는 것이다. 전자는 특정 시기에 있어서의 보험시장 상황뿐 아니라 경쟁적 및 대안적인 보험 상품으로 연유된 수요－공급 압박에 달려 있다고 하겠다. 후자의 경우는, 예를 들어 자연재해 채권과 관련된 특별목적기구(SPV)를 설립하기 위해 필요한 비용, 쿠폰율의 수준 등에 의존한다.
- 위험을 정량화하는 데 있어서의 기술진보와 그 기술에 대한 보험사 및 자본시장의 수용 정도 역시 한 요소가 된다.
- 자본시장의 협조 아래 도입되는 보험중개 과정에 있어서의 잠재적 효율성 역시 한 요소가 된다.
- 증권화되는 위험의 형태, 예를 들면 자연재해 위험보다 전통적인 보종 역시 한 요소가 된다.
- 보험증권화 도구에 대한 법적지위 역시 한 요소가 된다. 개별 감독당국은 보험증권화 상품에 투자하는 투자자가 보험 산업에 종사하게 되는지에 대한 질의 해답을 제시하여야 한다.
- 각종 금융수단 도구의 법인세 및 회계 관련 문제 또한 한 요소가 된다.

보험사 금융위험 관리가 미래에 있어서 어떠한 양상을 보일 것인가? 보험사에게는 이에 대한 다양한 기법이 사용가능 하다. 예를 들면, 자산에 대한 위험회피기법, 부채에 대한 위험회피기법, 자산－부채관리, 조건부 금융화, 손해발생 후 금융화 및 재자본화가 있다. "보험관련 증권화"는 보험사가 고려할 수 있는 광범위한 재무위험관리 기법 중에서의 일개 기법의 그룹에 속한다.

Ⅶ RBC

RBC는 단순히 최근에 사용되기 시작한 감독당국의 메커니즘이라기보다는 보험사 가치평가에 있어서 고려되고, 검토되며, 측정되어야 하는 매우 중요한 모형이다. 본 절에서는 RBC체제에 대해 논의하며, 통상적인 용어를 사용하여 관련 공식에 대해서도 기술하겠다.

전통적으로, 보험사의 필요자본 및 잉여액(지급여력) 수준은 특정보험사 운영에 있어서의 위험성에 대한 적절한 고려 없이 단순하게 결정되었다. 1980년대에 있어서 보험사의 파산 수가 현저하게 증가하여, 감독당국은 필요자본금에 대한 전통적 측정치가 변동성이 증가하는 보험 산업 및 금융환경하에서 폐물에 불과하다는 것을 신속하게 인지하게 되었다. 감독당국은 보험위험을 정량화하기 위한 새로운 접근방법이 필요함을 느끼게 되었다. 그리하여 1990년대에 들어와서, 급기야는 RBC 접근방법이 도입되게 되었다.

미국의 NAIC(국가 보험감독자 협회)는 손해보험산업 RBC 표준을 1994년 연례보고서부터 채택하기로 결정하였다(생명보험 RBC 표준은 이보다 1년 일찍 채택되었다). RBC 요구사항이 목적하는 바는 아래와 같다.

- 손해보험사 재무안정성 촉진
- 특정보험사가 재정적 어려움을 겪을 때 시기적절한 감독당국의 시정적 조치 장려(RBC모형하 일부 경우에 있어서는 감독당국의 시정적 조치실행이 의무적(아래 참조)인데, 이는 그러한 경우에 있어서의 일부 감독당국의 업무가 주관적이거나, 정치적 측면을 사전에 제거하려는 노력의 일환이다)
- 잠재적인 재정적 어려움에 대한 초기 발견 및 치유를 통해 보험사 파산으로 인한 비용을 최소화

이러한 목적들은 특정회사의 필요지급여력금을 그 보험사 운영에 있어서의 특성 및 위험성에 공식적으로 연결시키려는 감독당국 규제하 구조를 통해 이루어졌다. 이와 같은 위험의거 지급여력 표준은 기 존재하였던 단일 최소필요액을 대체하려는 것이었다.

RBC공식의 근본은 보험사에 의해 취해진 위험의 본질과 정도를 확인하는 것이다(보다 자세한 설명을 위해서는, 예를 들면, Cumming, Harrington, and Niehaus(1995), Cummins, Harrington, and Klein(1995), Feldblum(1996), and Laurenzano(1995) 참조). 일반적으로, 위험은 형태에 따라 분류되고, 위험의 개별요소에 대해 "위험부가액"이 적용되어, 궁극적으로는 여러 부과액이 합산이 되어 필요지급여력금액에 연관된 금액으로 산출된다. 포괄적 위험분류에 의한 두 가지 범주는 아래와 같다.

- 자산위험: 개별 위험존재 자산과 연계된 위험부가액은 자산의 상대적 위험성을 반영한다. 예를 들어, 보험사 자산 포트폴리오에 포함되어 있는 비관계사 채권에 대한 위험부가율은 채권의 부도율에 의거하여 0에서 30퍼센트까지 변화한다(모든 RBC부과율은 본서 저술 당시 값이며, 미래 부과율은 변할 수 있다). 위험이 큰 채권의 경우 보다 높은 부과율이 배당되어 NAIC는 개별채권에 여섯 개의 등급 즉 등급1(최고등급 채권)부터 등급6(부도가 발생했거나 근접해 있는 채권) 중에서 하나를 부여한다. 우선주는 채권의 경우와 유사하게 다루어지나, 위험부과율은 조금 다르다. 비관계사 보통주 소유로 인해서 부과되는 위험부과율은 15%까지 이른다. 최종적으로, 위험부과율은 자산집중정도를 반영하기 위해 조정된다. 실로 이러한 조정은 보험사가 투자포트폴리오를 분산시키는 동기를 제공한다. 구체적 자산등급에는 자회사 보험사(R0), 고정소득투자(R1), 주식투자(R2) 및 신용(R3)이 있다. "신용"등급은 재보험 미수금 미회수 가능성에 관한 것으로 재보험 미수금에 부과된다.
- 언더라이팅 위험: 본 범주에 있어서의 초점은 손해 및 손해사정비 준비금 위험성에 대한 부과에 있다. 구체적 위험등급에는 준비금(R4)과 순계약보험료(R5)가 있다.

모든 위험부과율이 적용된 후 특정공식은 "권한 통제수준"(Authorized Control Level(ACL) 위험의거 자본금을 제공한다. 동 금액은 보험사 실제 자본금과 비교될 수 있으며, 두 값 사이의 관계에 의해 RBC과정의 결과치가 결정된다.

NAIC 위험의거 자본금 모델법(Risk-Based Capital Model Law)에 의하면, 본 과정의 결과로부터 야기된 감독당국의 조치에는 네 가지 수준이 있다.

- 보험사 조치 수준: 보험사의 자본금이 ACL의 200% 이하이면, 보험사는 감독당국에 시정안을 제출하여야 한다. 제출한 시정안에서 보험사는 자사의 재정적 상황을 설명하고, 시정적 조치에 대한 계획서를 제출하여야 한다.
- 감독당국 조치 수준: 보험사의 자본금이 ACL의 150% 이하이면, 감독당국은 동 보험사를 검사하고 시정적 조치를 구체화하여야 한다.
- 권한 통제 수준: 보험사의 자본금이 ACL의 100% 이하이면, 감독당국

은 동 보험사를 재활시키거나, 청산시키거나, 아니면 점유할 수 있는 권한이 주어진다.

- 의무통제 수준: 보험사의 자본금이 ACL의 70% 이하이면, 감독당국은 동 보험사를 점유하여야 한다.

보험 산업이 21세기에 들어섰음에도 불구하고 여전히 다수의 감독당국의 규제이슈에 대한 논의가 계속되고 있다. 미국 주정부와 연방정부 각각의 보험규제에 관한 입장, 금융시장이 수렴함에 따라, 규제의 위치와 역할, 지속된 건전성을 확보하기 위한 적합한 기법 등이 주목받는 주제들이 되고 있다. 미국에서의 보험 산업은 계속해서 가장 집중적으로 규제받고 있는 산업 중의 하나이며, 보험사가 운영되고 있는 감독 규제 모형에 대한 이해가 계리인들에게 중요하게 되었다.

참·고·문·헌

Chicago Board of Trade, *PCS 재해 보험 옵션: 사용자 안내서,* Chicago: Chicago Board of Trade, 1995.

Cummins, J. D., S. Harrington, and R. Klein, "손해보험사에 있어서의 파산 실례, 위험의거 자본금 및 신속하고 교정적인 재활노력", *Journal of Banking and Finance,* 1995, 19: 511-527.

Cummins, J. D., S. Harrington, and G. Niehaus. "손해보험사에 있어서의 위험의거 필요자본금: 재무적 분석", *보험사에 있어서의 재무적 역학 제5장,* New York: Irwin Professional Publishing, 1995.

D' Arcy, S., V. France, and R. Gorvett, "재해 위험에 대한 가격결정: CBOT 파생상품이 허리케인 앤드류의 해결책이 될 수 있었을까?", *CAS Discussion Paper Program,* 1999, 59-109.

Feldblum, S., "NAIC 손해보험사 위험의거 자본금(RBC) 필요액", *Proceeding of the Casualty Actuarial Society,* 1996, 83: 297-435.

Goshay and R. Sandor, "재보험 퓨쳐스 시장 가능성에 대한 질의", *Journal of Business Finance,* 1973, 5: 56-66.

Major, J., "가이카펜터 브로커사의 재해 지수에 대한 종합적 연혁: 방법론, 데이터 분석기법", Guy Carpenter & Company, Inc., 1997.

Laurenzano, V. "손해보험사 위험의거 자본필요액: 규정과 장래전망", *보험사에 있어서의 재무적 역학 제 4장,* New York: Irwin Professional Publishing, 1995.

Valdmanism, T., "기업 중역들이 사용가능한 전략적 도구: 위험도래에 대한 신기법", *USA Today,* May 12, 1999.

Valuation and Financial Analysis Committee, "CAS 동적재무분석 지침서", *CAS Forum,* Winter 1996, 1-72.

찾아보기

ㄱ

ㅁ

ㅂ

ㅋ

ㅌ

ㅍ

ㅎ

기타 영문색인

[저자약력]

서울대학교 사회대학 국제경제학과 졸업
남가주대학교 대학원 경제학 박사
미국 손해보험 정계리인(Fellow of Casualty Actuarial Society)

전, 삼성화재 자문위원
교보자보 경원지원실장 전무
동부화재 상품총괄, 일반보험 마케팅실장, 상무

현, EY 한영 계리팀 담당 전무
한국보험연구원 이사

[주요 저서 및 논문]

손해보험 계리학 원론(번역본), 제2판(문영사, 2012)
국제경제학(번역본)(비봉사, 1983)
C. Hsiao, C.S. Kim, G. Taylor, "A Statistical Perspective on Insurance Rate-Making", Journal of Econometrics 44: 5-24, 1990.
C. S. Kim, "A Generalized Framework for the Stochastic Loss Reserving" Variability in Reserves Prize Program Papers, Casualty Actuarial Society, 1994.
원수보험사의 재보험구조 모델링(1, 2). 2008년 9, 10월, 대한손해보험협회월보
손해보험에 있어서의 새로운 상품(보종) 체제(상, 하). 2009년 8, 9월, 대한손해보험협회월보
손해액분포와 재물보험초과재보험료(상, 하). 2010년 1, 2월 대한손해보험협회월보 외 다수

계리모형론

2015년 7월 15일 초판 발행
2015년 7월 20일 초판 1쇄 발행

저 자 김 창 섭
주 관 한국보험계리사회
발행인 배 효 선
발행처 도서출판 法 文 社

주 소 413-120 경기도 파주시 회동길 37-29
등 록 1957년 12월 12일 제2-76호(윤)
전 화 031-955-6500~6, 팩 스 031-955-6525
e-mail(영업) : bms@bobmunsa.co.kr
(편집) : edit66@bobmunsa.co.kr
홈페이지 http://www.bobmunsa.co.kr
조 판 광 암 문 화 사

정가 39,000원 ISBN 978-89-18-12266-3

불법복사는 지적재산을 훔치는 범죄행위입니다.
이 책의 무단전재 또는 복제행위는 저작권법 제136조 제1항에 의거, 5년 이하의 징역 또는 5,000만원 이하의 벌금에 처하게 됩니다.

* 저자와의 협의하에 인지를 생략합니다.